René Schumacher

W0216711

Lennartz
Kessler
Speth
Boller

Kompetenzorientierte Rechtslehre

Fachoberschule in Bayern

Lennartz
Kessler
Speth
Boller

Kompetenzorientierte Rechtslehre

Fachoberschule in Bayern

Merkur
Verlag Rinteln

Wirtschaftswissenschaftliche Bücherei für Schule und Praxis
Begründet von Handelsschul-Direktor Dipl.-Hdl. Friedrich Hutkap †

Verfasser:

Martina Lennartz

Roland Kessler

Dr. Hermann Speth

Dr. Eberhard Boller

Umschlagfoto:
Bild links unten: Kzenon – www.colourbox.de

* * * * *

2. Auflage 2021

Gesamtherstellung:
MERKUR VERLAG RINTELN Hutkap GmbH & Co. KG, 31735 Rinteln

E-Mail: info@merkur-verlag.de
lehrer-service@merkur-verlag.de
Internet: www.merkur-verlag.de

Merkur-Nr. 0656-02
ISBN 978-3-8120-0656-9

Vorwort

Dieses Schulbuch umfasst alle im **neuen Lehrplan Plus** „Rechtslehre – Fachoberschule des Landes Bayern für die Jahrgangsstufe 11" geforderten Kompetenzerwartungen.

Für Ihre Arbeit mit dem vorliegenden Schulbuch möchten wir auf Folgendes hinweisen:

- Das Buch hat mehrere Zielsetzungen. Es soll den Lernenden
  - alle Informationen liefern, die zum Kompetenzerwerb notwendig sind;
  - dabei helfen, die Kompetenzinhalte in Allein-, Partner- oder Teamarbeit zu erarbeiten, Entscheidungen zu treffen, diese zu begründen und die Ergebnisse verbal oder schriftlich zu präsentieren;
  - fächerübergreifende Zusammenhänge näherbringen.
- Um dem **Konzept des kompetenzorientierten Unterrichts** gerecht zu werden, bietet das Schulbuch praxisbezogene Situationen mit kompetenzorientierten Arbeitsaufträgen aus der Lebenswelt der Schülerinnen und Schüler. Nach der Aneignung des entsprechenden Fachwissens können die Schülerinnen und Schüler die Aufgaben selbstständig oder in der Gruppe bearbeiten. Sie sollen dadurch eine umfassende berufliche, gesellschaftliche und personale Handlungskompetenz erwerben.
- Die Lerninhalte werden zu klar abgegrenzten Einheiten zusammengefasst, die sich in die Bereiche Handlungssituation, Stoffinformation, Überblick und Kompetenztraining aufgliedern. Viele Merksätze, Beispiele und Schaubilder veranschaulichen die praxisbezogenen Lerninhalte.
- Fachwörter, Fachbegriffe und Fremdwörter werden grundsätzlich im Text oder in Fußnoten erklärt.
- Ein ausführliches Stichwortverzeichnis hilft Ihnen dabei, Begriffe und Erläuterungen schnell aufzufinden.
- In der zweiten Auflage wurde die Auswirkung des Brexit auf die Rechtsform der Private Limited Company (Ltd.) thematisiert.

Wir wünschen Ihnen einen guten Lehr- und Lernerfolg!

Die Verfasser

Inhaltsverzeichnis

Lernbereich 1: Kaufverträge abschließen und erfüllen

Lernbereich 2: Im kaufmännischen Geschäftsverkehr agieren

Lernbereich 1: Kaufverträge abschließen und erfüllen

1 Sich die Fundamente einer auf Privatautonomie basierenden Rechtsordnung bewusst machen

LB 1 Handlungssituation 1

Paul hat seinen ersten Schultag an der Fachoberschule für Wirtschaft und Verwaltung in München hinter sich gebracht. Gemeinsam mit seinen neuen Mitschülern Emma, Filiz und Luca geht er nach Unterrichtsende zur nahe gelegenen U-Bahnstation. Auf dem Weg dorthin unterhalten sich die Schüler über ihre ersten Eindrücke von der neuen Schule.

Hauptthema der Unterhaltung ist der neue Stundenplan, den sie gegen Ende des ersten Schultages von ihrer Klassenlehrerin erhalten haben. Im Mittelpunkt stehen dabei die Fächer Betriebswirtschaftslehre mit Rechnungswesen, Volkswirtschaftslehre und Rechtslehre, die in der bisherigen Schullaufbahn der vier Schüler allenfalls eine untergeordnete Rolle gespielt haben und unter denen sie sich zum Teil noch nicht allzu viel vorstellen können.

Im Zuge dieses Gesprächs führt Paul an, dass er sich besonders auf das Fach Rechtslehre freut, da er gerade auf diesem Gebiet gerne so Einiges dazulernen möchte. Nach einem fragenden Blick von Filiz und einem verständnislos wirkenden Kopfschütteln von Luca ergänzt Paul, dass man doch im Laufe seines Lebens sehr viele unterschiedliche Verträge abschließt und deshalb auch über ein entsprechendes Grundwissen verfügen sollte. Außerdem erzählt Paul, dass sein Vater vor wenigen Monaten ziemlich verärgert gewesen sei. Nach mehr als zwei Jahren Kampf gemeinsam mit seinem Anwalt sei er nämlich gezwungen worden, ein seit vielen Generationen in Familienbesitz befindliches Grundstück weit außerhalb von München wegen des Baus einer Umgehungsstraße an das Land Bayern zu verkaufen. In dieser Zeit hätte sein Vater immer wieder an der Rechtsordnung in Deutschland gezweifelt und mit dem Urteil schließlich auch die Rechtsgleichheit in unserem Land stark in Frage gestellt. *„Und um das Ganze besser zu verstehen, freue ich mich wirklich auf das Fach Rechtslehre!“*, beendet Paul seine Ausführungen.

Gleich darauf wirft Emma ein, dass sie diese Geschichte überhaupt nicht verstehen kann. Insbesondere sei ihr nicht klar, wieso man zu einem Verkauf gezwungen werden kann. Sie sei immer davon ausgegangen, dass man in Deutschland ganz frei darüber entscheiden könne, mit wem man welche Verträge abschließt. In diesem Zusammenhang meint sie sich sogar erinnern zu können, dass der Politiklehrer ihrer vorherigen Schule mal von Vertragsfreiheit gesprochen habe.

Da schaltet sich Filiz in das Gespräch ein und behauptet, dass das ja wohl grundsätzlich gelten würde. Aber wenn der Staat da irgendwie mitmischt, dann wäre das wahrscheinlich doch etwas ganz anderes. Sofort fällt ihr Luca ins Wort und führt an, dass ihn doch der Staat auch nicht zwingen könne, öffentliche Verkehrsmittel zu benutzen. Er sei doch als Privatmensch gegenüber dem Staat ganz frei darin zu entscheiden, ob er mit der städtischen U-Bahn oder einem privaten Taxi nach Hause fährt bzw. im schlimmsten Fall sogar läuft. Also dass der Staat hier irgendwie durch Zwang in die Privatautonomie eingreift, könne er sich nun beim besten Willen nicht vorstellen.

Unterstützung erhält Luca von Emma. Sie betont, dass sie an ihrer früheren Schule mal an einer kleinen Rechtskunde-AG über Privatrecht teilgenommen habe. Dabei könne sie sich nicht nur an den Begriff der Vertragsfreiheit erinnern, sondern auch daran, dass man sich auf geltendes Recht verlassen könne, dass Eigentum durch das Grundgesetz geschützt sei und dass man Rechtsmissbrauch nicht dulden müsse. Dies stelle nach ihrer Einschätzung und Erinnerung eine Verletzung des sogenannten Grundsatzes von Treu und Glauben dar.

Da fällt ihr Paul ins Wort und sagt, dass er sich irgendwie daran erinnern könne, dass sein Vater aber nicht von Privatrecht, sondern immer wieder von öffentlichem Recht gesprochen habe, was auch immer das bedeuten möge. Allerdings würden die Anmerkungen seiner Mitschüler bei ihm doch so langsam die Frage aufwerfen, ob der Anwalt seines Vaters möglicherweise einen schlechten Job gemacht und sein Vater nur deshalb den Prozess verloren habe.

Kompetenzorientierte Arbeitsaufträge:

1. In der vorangestellten Handlungssituation wird deutlich, dass sich Paul an der Fachoberschule für Wirtschaft und Verwaltung ganz besonders auf das Fach Rechtslehre freut.

   Formulieren Sie zehn mögliche Inhalte, Fragestellungen oder Aspekte, die für Sie im Zusammenhang mit diesem Fach von besonderem Interesse sein könnten bzw. die Sie von diesem Fach erwarten!

2. Im Zuge des Verfahrens gegen das Land Bayern hat Pauls Vater Zweifel an der Rechtsordnung in Deutschland geäußert.

   Erläutern Sie, was man unter der Rechtsordnung versteht!

3. Erläutern Sie den Unterschied zwischen privatem und öffentlichem Recht und nennen Sie jeweils zwei Gesetzesbeispiele!

4. Zeigen Sie jeweils an einem Beispiel die Beziehungen zwischen den folgenden Begriffen auf:

   4.1 Rechtsgleichheit – Vertragsfreiheit

   4.2 Vertragsfreiheit – Vertragsbindung

   4.3 Treu und Glauben – Privatautonomie

   4.4 Privatautonomie – Rechtsgleichheit

5. Paul zweifelt gegen Ende des Gesprächs an den Fähigkeiten des Anwalts von seinem Vater. Recherchieren Sie deshalb, ob und falls ja, unter welchen Umständen das Land Bayern den Eigentümer eines Grundstückes zum Verkauf zwingen kann!

1.1 Rechtsordnung

1.1.1 Begriff und Inhalt der Rechtsordnung

Das Leben der Menschen in einer Gemeinschaft bedarf einer rechtlichen Ordnung. Die Freiheit des Einzelnen und sein natürliches Streben nach freier Entfaltung seiner Persönlichkeit muss ebenso geschützt werden, wie der Missbrauch der Freiheit durch den Einzelnen, durch soziale Gruppen oder durch den Staat verhindert werden muss.

- Die **Rechtsordnung** ist die **Gesamtheit** aller geltenden **Rechtsnormen.**
- **Rechtsnormen**[1] sind gesetzliche Regelungen oder Vorschriften, die auf einer gesetzlichen Grundlage beruhen und für jedermann verbindlich sind.

Jede Rechtsordnung beinhaltet folgende Merkmale:

Merkmale	Erläuterungen
Verbindlichkeit	Die **Rechtsordnung ist eine für jeden Einzelnen verbindliche (autoritative) Ordnung.** Jeder muss die gültigen Rechtsnormen beachten.
Sozialer Bezug	Die **Rechtsordnung ist immer eine soziale Ordnung.** Die Rechtsordnung ist stets auf eine bestimmte Gesellschaft (Gemeinschaft) bezogen.
Streben nach Gerechtigkeit	Die **Rechtsordnung strebt die Verwirklichung der Gerechtigkeit für alle Mitglieder einer Gemeinschaft an,** z. B. die Gleichheit aller Bürger vor dem Gesetz und die Freiheit eines jeden Einzelnen. Die Gerechtigkeit zu verwirklichen ist ein Ideal, das in den verschiedenen Epochen der gesellschaftlichen (geschichtlichen) Entwicklung mit sehr unterschiedlichem Inhalt erfüllt war. So galten früher die Ketzerverfolgung und die Blutrache als gerecht.
Zwang	Wer die Rechtsordnung nicht beachtet, für den ist die **Rechtsordnung eine Zwangsordnung.** Diese Zwangsordnung durchzusetzen, ist Aufgabe der Gerichte und Vollstreckungsorgane (z. B. der Gerichtsvollzieher).
Gebote/Verbote	Dem Einzelnen (z. B. Käufer, Verkäufer, Mieter, Vermieter, Erben, Erblasser, Straßenverkehrsteilnehmer) tritt die **Rechtsordnung in Form von Geboten** („Du sollst") **oder Verboten** („Du darfst nicht") **entgegen.**

1.1.2 Gebiete der Rechtsordnung

In der Bundesrepublik Deutschland werden die Rechtsnormen entweder dem privaten oder dem öffentlichen Recht zugeordnet. Einige wenige Teilbereiche der Rechtsordnung, insbesondere das Arbeitsrecht, enthalten Rechtsnormen, die sowohl zum privaten als auch zum öffentlichen Recht gehören.

1 Siehe Kapitel 4.1.1, S. 48.

(1) Privatrecht

- Das **Privatrecht** regelt das **Recht der einzelnen Rechtssubjekte**[1] **für sich** und **im Verhältnis zu anderen** auf der Grundlage von **Selbstbestimmung** und **Gleichordnung.**
- Kennzeichnend für dieses Rechtsgebiet sind **Vertrag** und **Vertragsfreiheit.**

Beispiel:

Karl Weber überlegt sich, ob er ein E-Auto kaufen will. Er kann sich frei entscheiden, ob er überhaupt und wenn ja, ob er ein neues oder gebrauchtes E-Auto erwerben will. Er hat die Wahl, in welchem Geschäft er kaufen will. Der Verkäufer andererseits kann es ablehnen, an Karl Weber zu verkaufen. Käufer und Verkäufer können über den Preis verhandeln. Karl Weber will sich ein Rücktrittsrecht vorbehalten, der Verkäufer geht darauf nicht ein. Karl Weber schließt deshalb den Kaufvertrag nicht ab.

Bereiche des Privatrechts sind z. B. das Bürgerliche Recht [BGB], das Handelsrecht [HGB], das Gesellschaftsrecht [AktG, GmbHG, GenG], das Scheck- und Wechselrecht [ScheckG, WG] und Teile des Urheberrechts [PatG, DesignG, GebrMG].

(2) Öffentliches Recht

- Das **öffentliche Recht** regelt die Rechtsverhältnisse der Träger öffentlicher (staatlicher) Gewalt untereinander sowie die Rechte und Pflichten des einzelnen Staatsbürgers zum Staat.
- Im Rahmen des öffentlichen Rechts ist der einzelne Staatsbürger dem **Staat untergeordnet (Grundsatz der Unterordnung).**

Kennzeichnend für dieses Rechtsgebiet sind Befehl, Verbot, Pflicht, Bescheid, Weisung, Anordnung und schließlich Strafe.

Bereiche des öffentlichen Rechts sind z. B. die Verfassung, das Verwaltungsrecht, das Strafrecht, das Steuerrecht, das Wehrrecht, die Straßenverkehrsordnung sowie Teile des Arbeits- und Sozialrechts.

Beispiele:

- Wer einen Steuerbescheid erhält, kann nicht nach dem Grundsatz der Gleichberechtigung und Gleichordnung mit dem Staat (mit der betreffenden Behörde) über die Höhe der Steuerzahlung verhandeln und – wenn man sich nicht einigen sollte – die Steuerzahlung einfach ablehnen.
- Ein schulpflichtiger Schüler kann, wenn anders sein regelmäßiger Schulbesuch nicht zu erreichen ist, mithilfe der Polizei zwangsweise der Schule zugeführt werden.

1 **Rechtssubjekte** sind Personen, die durch die Rechtsordnung mit Rechten und Pflichten ausgestattet sind. Zu unterscheiden sind natürliche Personen und juristische Personen (z. B. Aktiengesellschaft, Gemeinde).

Überblick über die Gebiete der Rechtsordnung[1]

Rechtsordnung

Privates Recht

- Bürgerliches Recht
- Handelsrecht
- Gesellschaftsrecht
- …

Grundsatz der Selbstbestimmung und Gleichordnung

Bürger ⟷ Bürger

ARBEITSRECHT

Öffentliches Recht

- Staats- und Verwaltungsrecht
- Strafrecht
- Steuerrecht
- …

Grundsatz der Unterordnung

Staat

↕

Bürger

Kompetenztraining

1

1. Die Kfz-Zulassungsstelle der Stadt Ingolstadt verlangt bei der Zulassung eines Fahrzeugs, dass der Fahrzeughalter eine Bankeinzugsermächtigung für das Finanzamt erteilt, damit dieses die Kfz-Steuer vom Konto des Halters abbuchen kann. Die Zulassungsstelle weigert sich, das Fahrzeug zuzulassen, wenn der Kunde die Ermächtigung nicht unterschreibt.

   Aufgaben:

   1.1 Entscheiden und begründen Sie, ob es sich bei diesem Vorgang um öffentliches oder privates Recht handelt!

   1.2 Recherchieren Sie, ob das Verhalten der Zulassungsstelle rechtlich korrekt ist!

2. Das Versandhandelsunternehmen Autoteile Freier KG liefert Ware nur aus, wenn der Kunde im Voraus eine Bankeinzugsermächtigung erteilt.

   Aufgaben:

   2.1 Beurteilen Sie, ob die Freier KG berechtigt ist, den Vertrag so zu gestalten!

   2.2 Recherchieren Sie, welche Möglichkeiten ein Kunde im Privatrecht oder im öffentlichen Recht besitzt, wenn er keine Bankeinzugsermächtigung erteilen will!

1 In diesem Lehrbuch wird lehrplangemäß nur auf das bürgerliche Recht, Handelsrecht und Arbeitsrecht eingegangen.

1.2 Leitprinzipien des Privatrechts

1.2.1 Rechtsgleichheit

Im 17. und 18. Jahrhundert wurden die Menschen in Stände hineingeboren, die sie nicht verlassen konnten. Das Bürgertum zählte zum dritten Stand, wie die Bauern, und hatte keinerlei Rechte. Aus der sogenannten Schicht der Bildungsbürger (Beamte, Ärzte, Professoren, Künstler) entstand eine Kritik an den herrschenden Verhältnissen. Sie forderten eine Gesellschaftsform ein, die auf Gerechtigkeit, Gleichheit und Freiheit beruht.

Beispiel:

Im Jahre 1773 möchten die bürgerliche Frau Ute Koch und der Grafensohn Wilhelm von Valkenburg die freie Beamtenstelle am Gerichtshof der Stadt Nürnberg. Die Stelle bekommt Wilhelm von Valkenburg. Herr Valkenburg gehört dem Adel an und Ute Koch ist eine Frau aus dem Bürgertum. Damit ist ihr der Zugang zu einer Verbeamtung verwehrt.

In dem am 1. Januar 1900 in Kraft getretenen Bürgerlichen Gesetzbuch **(BGB)** ist die Vorstellung von Freiheit und **rechtlicher Gleichheit aller am Privatrechtsverkehr teilnehmenden Personen** aus dieser Entwicklung heraus folgerichtig ein **Grundprinzip.** Das BGB dient den rechtlich handelnden Personen als Werkzeug, mit dessen Hilfe sie Rechtsbeziehungen zu anderen auf der **Grundlage der Gleichordnung** in **Selbstbestimmung** und **Selbstverantwortung** gestalten können.

Art. 3 GG

- **Rechtsgleichheit** bedeutet, dass alle Menschen vor dem Gesetz gleich sind und dementsprechend gleich behandelt werden müssen (sogenanntes **Gleichheitsgebot** gem. Art. 3 I GG).
- Niemand darf wegen seines Geschlechtes, seiner Abstammung, seiner Rasse, seiner Sprache, seiner Heimat und Herkunft, seines Glaubens, seiner religiösen oder politischen Anschauungen benachteiligt oder bevorzugt werden. Niemand darf wegen seiner Behinderung benachteiligt werden [**Diskriminierungsverbot** gem. Art. 3 III GG].

Um schwächere, am Rechtsverkehr teilnehmende Personen vor der Macht der Stärkeren zu schützen, erhalten die Schwächeren Sonderrechte. Zu ihren Gunsten wird vom Prinzip der Rechtsgleichheit abgewichen. Dies findet besonders im Arbeitsrecht, im Verbraucherschutz und im Mietrecht Anwendung.

1.2.2 Treu und Glauben

- Eine auf Zuverlässigkeit, Aufrichtigkeit, Rücksichtnahme und Redlichkeit beruhende äußere und innere Haltung gegenüber einer anderen Person wird als **Treu** bezeichnet.
- Das Vertrauen der jeweils anderen Person auf diese Haltung bezeichnet man als **Glauben.**

Allgemein muss der Leistende auf die berechtigten Interessen des anderen Vertragspartners Rücksicht nehmen.

Insbesondere wenn die Interessen nicht explizit[1] formuliert worden sind, gewinnt dieser allgemeine Verhaltenscodex[2] eine noch größere Bedeutung.

- Aus § 242 BGB leitet sich die **Pflicht eines Schuldners** ab, seine Leistung so zu erfüllen, wie **Treu und Glauben mit Rücksicht auf die Verkehrssitte es erfordern.** § 242 BGB
- Nach § 157 BGB sind **Verträge** so auszulegen, wie Treu und Glauben mit Rücksicht auf die Verkehrssitte es erfordern. Dabei bezieht sich der Begriffsteil „Verkehr" auf den Rechtsverkehr bzw. die Rechtsbeziehungen der Rechtssubjekte untereinander und der Begriffsteil „Sitte" auf die in einer Gesellschaft üblichen erwarteten Verhaltensweisen und Bräuche. § 157 BGB

Durch den Grundsatz von Treu und Glauben werden alle Rechtsvorschriften um eine sittlichmoralische Komponente erweitert, die selbstverständlich ist und daher nicht in jedem Schuldverhältnis neu festgelegt werden muss.

Beispiel 1:

Frau Eisenhaupt kauft im Möbelhaus Brutscher GmbH einen Wohnzimmertisch. Nach vier Jahren ist immer noch keine Rechnung eingegangen.

Aufgabe:

Angenommen, Frau Eisenhaupt erhält doch noch eine Rechnung. Prüfen Sie, ob Frau Eisenhaupt diese Rechnung noch zu begleichen hat!

Lösung:

Die Brutscher GmbH hat mehrere Jahre lang keine Rechnung gestellt. Frau Eisenhaupt konnte davon ausgehen, dass die Brutscher GmbH auch weiterhin auf den Ausgleich der erbrachten Leistung verzichtet und muss die Rechnung nicht bezahlen. Von einem redlich handelnden Unternehmen wird erwartet, dass der Ausgleich von Leistungen in einem angemessenen Zeitraum gefordert wird. Für die Rechtssicherheit steht die regelmäßige Verjährungsfrist ausformuliert im § 195 BGB.

Beispiel 2:

Der schon Rente beziehende ehemalige Möbelverkäufer Anton Zodel berät in seiner Freizeit Kunden des Möbelgeschäfts Brutscher GmbH über die Vor- und Nachteile von ausgestellten Möbelstücken. Seinem ehemaligen Chef Herrn Brutscher ist dies bekannt und er toleriert das. Frau Eisenhaupt lässt sich von Herrn Zodel beraten und überredet ihn, ihr einen Kleiderschrank zum halben Preis zu verkaufen. Frau Eisenhaupt weiß nicht, dass Herr Zodel nicht für das Möbelgeschäft arbeitet.

Aufgabe:

Prüfen Sie, ob der von Herrn Zodel ausgehandelte Vertrag zwischen dem Möbelhaus Brutscher GmbH und Frau Eisenhaupt für das Möbelhaus Brutscher GmbH bindend ist!

Lösung:

Herr Zodel berät Kunden und dieses Verhalten wird von Herrn Brutscher toleriert. Frau Eisenhaupt schließt sowohl aus dem Verhalten von Herrn Zodel als auch aus dem Verhalten von Herrn Brutscher, dass Herr Zodel berechtigt ist einen Kaufvertrag abzuschließen. Herr Brutscher ist verpflichtet die geschuldete Leistung, wie Treu und Glauben es unter Berücksichtigung der Verkehrssitte erfordern, zu erfüllen. Im redlichen Geschäftsverkehr ist es nicht üblich, nur vorzugeben ein Verkäufer zu sein. Herr Brutscher und Herr Zodel verstoßen beide gegen die guten Verkehrssitten.

1 **Explizt:** ausdrücklich, deutlich

2 **Codex:** Sammlung von Gesetzen.

Beispiel 3:

Enes Yavuz hat am 06.03.20.. vom Autohaus Kern e.Kfm. einen gebrauchten Pkw gekauft. Unter anderem wurde im Kaufvertrag vereinbart, dass die abgefahrenen Reifen ersetzt werden und dass das Fahrzeug am 09.03.20.. von Enes Yavuz zu bezahlen sei, wenn es ihm übergeben wird. Enes Yavuz erfährt am 07.03.20.., dass er sehr günstig den Pkw eines Freundes kaufen könnte.

Aufgabe:

Prüfen Sie, ob Enes Yavuz den Pkw des Autohauses abnehmen und bezahlen muss!

Lösung:

Durch das Grundprinzip, dass Leistungen und Verpflichtungen nach Treu und Glauben zu erfüllen sind, und der Erwartung, dass die am Rechtsverkehr beteiligten Personen redlich handeln, wird davon ausgegangen, dass einmal eingegangene Verträge auch erfüllt werden.[1] Daher ist Enes Yavuz verpflichtet, dem Autohaus Kern e.Kfm. den vereinbarten Kaufpreis zu zahlen und das gekaufte Auto abzunehmen.

Weil die Generalklausel von Treu und Glauben sehr offen formuliert ist, dient es der Rechtssicherheit, für die jeweiligen Tatbestände zusätzlich Rechtsnormen zu formulieren. Beispiel 3 wird durch die Rechtsnorm § 433 II BGB geregelt.[2]

Treu und Glauben ist eine Generalklausel,[3] die sich nach den vorherrschenden Wertvorstellungen einer Gesellschaft richtet. Sie

- verhindert Rechtsmissbrauch,
- schützt den Glauben an den redlichen Geschäftsverkehr und
- ermöglicht eine Anpassung an gesellschaftliche Entwicklungen.

Der Grundsatz von Treu und Glauben soll Richtern auch die Möglichkeit geben, **abweichend von geltenden Gesetzen** zu urteilen, wenn sie zu der Meinung kommen, dass diese **nicht zu einer gerechten Entscheidung** führen. Dies erfordert sehr verantwortungsbewusste Richter, die nicht willkürlich entscheiden. Das Anwenden der Generalklausel Treu und Glauben bei Abweichungen von geltenden Gesetzen soll nur **sehr selten** angewendet werden.

1.2.3 Privatautonomie, Vertragsfreiheit und Vertragsbindung

(1) Privatautonomie

Art. 2 GG

Die Privatautonomie ermöglicht es dem Einzelnen, seine Rechtsverhältnisse im Rahmen der Rechtsordnung nach seinem Willen eigenverantwortlich (autonom) zu gestalten. Sie ist durch Art. 2 I GG (Recht auf die freie Entfaltung der Persönlichkeit) als Teil der allgemeinen Handlungsfreiheit garantiert. Die Vertragsfreiheit ist dabei ein Kernbestandteil der Privatautonomie.

(2) Vertragsfreiheit

Die Rechtsordnung der Bundesrepublik Deutschland beruht auf dem **Grundsatz der Vertragsfreiheit.**

1 Siehe S. 17.

2 Vgl. Kapitel 4.1.2, S. 48f.

3 **Generalklausel**: Unbestimmte offene Regelung.

Die Vertragsfreiheit ist durch folgende **Merkmale** gekennzeichnet:

Abschlussfreiheit	Sie besagt, dass jeder in eigener Verantwortung selbst darüber entscheiden kann, ob, wann und mit wem er ein Rechtsgeschäft (z. B. einen Vertrag) abschließen will oder nicht abschließen will. Niemand wird zum Abschluss von Rechtsgeschäften gezwungen. Es besteht somit kein Abschlusszwang.
Inhaltsfreiheit, Vertragsgestaltungsfreiheit	Sie besagt, dass jeder Einzelne bzw. die Vertragspartner das Recht hat (haben), über den Inhalt der abgeschlossenen Rechtsgeschäfte selbst bestimmen zu können. Treffen die Vertragspartner keine Abmachungen, dann gilt die gesetzliche Regelung.
Auflösungsrecht	Wurden Rechtsgeschäfte für eine bestimmte oder auf unbestimmte Zeit abgeschlossen (z. B. ein Miet-, Pacht-, Leih- oder Dienstvertrag), so ist es den Vertragspartnern grundsätzlich möglich, diese Rechtsgeschäfte im Rahmen der hierüber getroffenen Vereinbarungen auch wieder aufzulösen (z. B. den Miet-, Pacht-, Leih- oder Dienstvertrag unter Wahrung bestimmter gesetzlicher oder vertraglich vereinbarter Fristen zu kündigen).

Unsere Rechtsordnung enthält in vielen Gesetzen **zwingende Rechtsnormen,** die dem Gestaltungswillen der Vertragspartner entzogen sind und somit nicht durch Vereinbarungen (Verträge) abgeändert werden können.[1]

(3) Vertragsbindung

Wird ein Vertrag abgeschlossen, sind die Beteiligten grundsätzlich an den Vertrag gebunden. Nimmt man allerdings vertragliche oder gesetzliche Rechte (Rücktritts-, Kündigungs-, Widerrufs- und Anfechtungsrechte) in Anspruch, kann man sich von dem eingegangenen Vertrag wieder lösen.

Aus dem römischen Recht: **Pacta sunt servanda – Verträge sind einzuhalten.**

Überblick: Privatautonomie, Vertragsfreiheit und Vertragsbindung

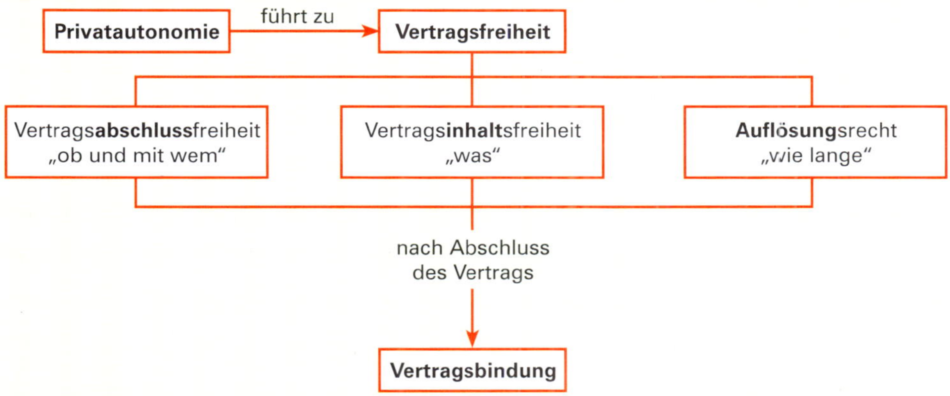

1 Am Beispiel der Nichtigkeit von Rechtsgeschäften (Willenserklärungen) werden im Kapitel 3.1.2, S. 44 ff. die Grenzen der Vertragsfreiheit näher erläutert. Die Vertragsfreiheit wird weiterhin durch besondere Vorschriften des BGB und durch weitere Gesetze zum Schutz des Verbrauchers (z. B. Produkthaftungsgesetz, Produktsicherheitsgesetz) eingeschränkt.

2 Merkur-Nr. 0656

Kompetenztraining

2 1. Die Arbeitnehmerin Sabine Ruderer wird schwanger und meldet dies ihrem Arbeitgeber. Dieser kündigt ihr sofort fristlos ihre Stelle.

   Aufgabe:

   Beurteilen Sie die Kündigung unter Berücksichtigung der Rechtsgleichheit!

2. Der Zimmermann Karl Paulussen arbeitet seit 41 Jahren für die Fuchs Dachbau GmbH. Seit Beginn der Tätigkeit für die Fuchs Dachbau KG fuhr Karl Paulussen das Material zu den einzelnen Baustellen. Auf einem Dach stand er zuletzt vor 40 Jahren. Der neue Geschäftsführer der Fuchs Dachbau GmbH verlangt von seinen Beschäftigten, dass sie vielseitig einsetzbar sind und verlangt von Karl Paulussen wieder Dächer einzudecken. Karl Paulussen weigert sich, woraufhin der neue Geschäftsführer Karl Paulussen kündigt.

   Aufgabe:

   Beurteilen Sie unter Berücksichtigung des Grundsatzes von Treu und Glauben, ob diese Kündigung wirksam ist!

3. Die Eheleute Sandra und Lukas Gumpp haben am Anfang ihrer Ehe Gütertrennung vereinbart. Gütertrennung bedeutet, dass im Fall der Scheidung der Ehe kein Ausgleich in Form einer wertmäßigen Beteiligung am Zugewinn des anderen Ehegatten erfolgt. Jeder Ehegatte behält das, was er während der Ehe erwirtschaftet hat, für sich alleine. Sandra Gumpp schenkte ihrem Gatten vor Jahren ein großes Grundstück mit einem heutigen Verkehrswert von 780 000,00 EUR. Jetzt kommt es zur Scheidung des Ehepaares vor Gericht. Sandra Gumpp ist mittlerweile arbeits- und mittellos, während Lukas Gumpp ein sehr erfolgreicher Architekt ist. Vor Gericht fordert Sandra Gumpp eine Beteiligung am Zugewinn des Vermögens des Gatten durch die Schenkung des Grundstücks, obwohl sie wegen der Gütertrennung keinen Anspruch darauf hat.

   Aufgabe:

   Diskutieren Sie, wie der Richter entscheiden soll! Begründen Sie Ihre Entscheidung!

4. Die beiden Rechtsanwälte Frieder Strutz und Lukas Maucher unterhalten sich während eines gemeinsamen Mittagessens über ihre momentan vor Gericht verhandelten Fälle. Frieder Strutz erzählt von einem Fall, bei dem er sich auf den Grundsatz von Treu und Glauben beruft. Darauf erwidert Lukas Maucher, dass er immer dann den Grundsatz von Treu und Glauben nutzt, wenn ihm sonst nichts mehr einfällt.

   Aufgabe:

   Diskutieren Sie, wie Lukas Maucher diese Aussage gemeint haben könnte!

3 1. Erklären Sie den Begriff Vertragsfreiheit und deren Bedeutung!

2. Begründen Sie die Notwendigkeit einer Einschränkung der Vertragsfreiheit anhand von zwei Beispielen!

3. Begründen Sie, warum die Vorschriften des BGB zur Geschäftsfähigkeit eine Einschränkung der Vertragsfreiheit darstellen!

   Bearbeitungshinweis: Berücksichtigen Sie im Rahmen Ihrer Bearbeitung die §§ 104–113 BGB.

4. Erläutern Sie, warum die Abmachungen zwischen Käufer und Verkäufer grundsätzlich Vorrang vor den gesetzlichen Vorschriften haben!

4 Petra Kühn hat im Textilfachgeschäft Fritz Bauer e. Kfm. eine sehr schöne antike Brosche an einem dekorierten Sommerkleid gesehen, die sie gerne erwerben möchte. Der Einzelhändler Bauer lehnt den Verkauf der Brosche ab, da er sie auch weiterhin als Dekorationsstück verwenden möchte.

Aufgaben:

1. Prüfen Sie aus rechtlicher Sicht, ob Fritz Bauer die Brosche verkaufen muss!
2. Erläutern Sie an einem Beispiel, warum der Gesetzgeber Grenzen für die Vertragsfreiheit setzt!

2 Abschluss eines Kaufvertrags vorbereiten, den Kaufvertrag abschließen und erfüllen

2.1 Rechts- und Geschäftsfähigkeit

LB 1 Handlungssituation 2

Michel, Paul und Lennard besuchen die Fachoberschule für Wirtschaft und Verwaltung in Passau. Die drei Schüler verbringen die Pausen stets gemeinsam. Wie so oft in den letzten Monaten ist das Thema Auto und Führerschein Gegenstand ihrer Pausengespräche.

Der 18-jährige **Michel** berichtet, dass er nach bestandener Führerscheinprüfung nunmehr ganz kurz vor dem Kauf eines eigenen Pkw steht. Da alle drei auf dem Land wohnen und der Weg zur Schule mit den öffentlichen Verkehrsmitteln zeit- und nervenaufreibend ist, stellt Michel eine baldige Fahrgemeinschaft in Aussicht. Dies würde ihnen viel Zeitersparnis bringen.

Lennard ist total begeistert und interessiert sich natürlich dafür, wann Michel denn Eigentümer eines Autos wird. Michel führt aus, dass er seinen „Traumwagen" bereits bei einem örtlichen Händler bis morgen hat reservieren lassen. Jetzt hänge alles davon ab, ob **Konstantin**, der Sohn des Nachbarn, seinen Motorroller heute Nachmittag kauft. Schließlich würde er als künftiger Autofahrer den Roller nicht mehr benötigen.

Michel ergänzt, dass der 15-jährige Konstantin sich ohne Wissen von dessen Eltern den Roller für drei Tage zum Probefahren ausgeliehen hat. Bisher sei er so begeistert, dass er bereit wäre, ihm den Roller für 800,00 EUR abzukaufen, auch auf die Gefahr hin, sich mit seinen eigenen Eltern anzulegen. Das Geld hätte er schließlich in den letzten 10 Jahren nach und nach gespart. Jetzt könne er sich endlich mal statt einer weiteren E-Gitarre etwas Sinnvolles davon kaufen.

Sogleich schaltet sich Paul in das Gespräch mit der Bemerkung ein, dass der Nachbarsjunge noch nicht volljährig sei und somit den Roller gar nicht kaufen könnte. Also würde sich nach seinem Verständnis am gemeinsamen Busfahren wohl künftig nichts ändern. Michel ist ziemlich erstaunt über Pauls Einwand, da er überhaupt nicht versteht, was Paul damit meint. Schließlich habe der Junge das Geld in seinem eigenen Sparschwein und könne deshalb damit machen, was er möchte. Lennard hält sich aus der Diskussion raus und zuckt nur ahnungslos mit den Schultern.

Kompetenzorientierte Arbeitsaufträge:

1. Paul zweifelt mit Blick auf das Alter an der Geschäftsfähigkeit von Konstantin. Erläutern Sie, was man unter Geschäftsfähigkeit versteht und grenzen Sie die einzelnen Arten der Geschäftsfähigkeit voneinander ab! Prüfen Sie in diesem Zusammenhang abschließend die Geschäftsfähigkeit von Konstantin!
2. Erläutern Sie, ob Konstantin gegen den Willen seiner Eltern seine Ersparnisse zum Kauf des gebrauchten Rollers rechtswirksam verwenden kann!

2.1.1 Rechtsfähigkeit

Rechtsfähigkeit ist die Fähigkeit von Personen, Träger von Rechten und Pflichten sein zu können.

Rechtsfähig sind **natürliche Personen (Menschen)** und **juristische Personen.**

(1) Natürliche Personen

§ 1 BGB Natürliche Personen sind **alle Menschen.** Der Gesetzgeber verleiht ihnen **Rechtsfähigkeit.**

Beispiel:

- Das Recht des Erben, ein Erbe antreten zu dürfen.
- Das Recht des Käufers, Eigentum zu erwerben.
- Die Pflicht, Steuern zahlen zu müssen. (Das Baby, das ein Grundstück erbt, ist Steuerschuldner, z. B. in Bezug auf die Grundsteuer.)

Die **Rechtsfähigkeit des Menschen** (der **natürlichen Personen**) **beginnt** mit der Vollendung der Geburt und **endet** mit dem Tod. **Jeder Mensch** ist rechtsfähig.

(2) Juristische Personen[1]

Juristische Personen sind „künstliche" Personen, denen der Staat die Eigenschaft von Personen **kraft Gesetzes** verliehen hat. Sie sind damit rechtsfähig, d.h. Träger von Rechten und Pflichten.

Beispiele:

- Gesellschaft mit beschränkter Haftung (GmbH);
- eingetragene Vereine;
- Handwerkskammer;
- öffentliche Rundfunkanstalten;
- Stiftungen.

2.1.2 Geschäftsfähigkeit

(1) Begriff Geschäftsfähigkeit

Geschäftsfähigkeit ist die Fähigkeit von Personen, Willenserklärungen rechtswirksam abgeben, entgegennehmen (empfangen) und widerrufen zu können.

(2) Gesetzliche Regelungen zur Geschäftsfähigkeit

§ 104 BGB **Geschäftsunfähigkeit**

Kinder vor Vollendung des siebten Lebensjahres sind **geschäftsunfähig.** Den Kindern sind Menschen, die sich in einem dauernden Zustand krankhafter Störung der Geistestätigkeit befinden, gleichgestellt.

1 **Juristisch:** rechtlich.

Rechtsfolge:

Geschäftsunfähige können keine rechtswirksamen Willenserklärungen abgeben. Verträge mit Kindern und Geschäftsunfähigen sind **immer nichtig,** d. h. von vornherein ungültig. § 105 BGB

Da Geschäftsunfähige keine Rechtsgeschäfte abschließen können, brauchen sie einen **Vertreter,** der für sie handeln kann. Bei Kindern sind dies in der Regel kraft Gesetzes die Eltern. Man bezeichnet die Eltern daher auch als **„gesetzliche Vertreter".**

Beschränkte Geschäftsfähigkeit § 106 BGB

Minderjährige, die zwar das siebte Lebensjahr, aber noch nicht das achtzehnte Lebensjahr vollendet haben, sind **beschränkt geschäftsfähig.**

Rechtsgeschäfte mit einem beschränkt Geschäftsfähigen bedürfen der **Zustimmung des gesetzlichen Vertreters.**

- Diese Zustimmung kann **im Voraus** erteilt werden. Sie heißt dann **Einwilligung.** §§ 107, 183 BGB
- Sie kann aber auch **nachträglich** gegeben werden. Die nachträglich erfolgte Zustimmung heißt **Genehmigung.** §§ 108, 184 BGB

Rechtsfolge:

Solange die Genehmigung des gesetzlichen Vertreters fehlt, ist ein durch den beschränkt Geschäftsfähigen abgeschlossenes **Rechtsgeschäft schwebend unwirksam.** Dies bedeutet, dass z. B. ein Vertrag (noch) nicht gültig, wohl aber genehmigungsfähig ist. Wird die **Genehmigung verweigert,** ist der **Vertrag**[1] **von Anfang an ungültig.** Wird sie erteilt, ist der Vertrag **von Anfang an wirksam.**

Keiner Zustimmung bedarf ein beschränkt Geschäftsfähiger für folgende Rechtsgeschäfte:

Geschäfte, die lediglich einen **rechtlichen Vorteil bringen.** § 107 BGB

Geschäfte, die er mit **eigenen Mitteln** begleicht **(Taschengeldparagraf).** Diese Regelung gilt **nicht** für Ratenkäufe und Handyverträge, da über zukünftiges Taschengeld nicht verfügt werden darf.[2] § 110 BGB

Geschäfte, die ein **Arbeitsverhältnis** betreffen, dem der gesetzliche Vertreter zugestimmt hat. Ein **Ausbildungsverhältnis** ist **kein** Arbeitsverhältnis im Sinne des § 113 BGB. § 113 BGB

---

1 Siehe S. 25.

2 Die über einen längeren Zeitraum angesammelten **Ersparnisse** gelten im Sinne des Gesetzes **nicht** als Taschengeld.

■ Unbeschränkte Geschäftsfähigkeit

§ 2 BGB Personen, die das achtzehnte Lebensjahr vollendet haben, sind **unbeschränkt geschäftsfähig**. Ausnahmen bestehen nur für Menschen, die sich in einem dauernden Zustand krankhafter Störung der Geistestätigkeit befinden.

Rechtsfolge:

Die unbeschränkte Geschäftsfähigkeit bedeutet, dass von dem Erklärenden (der natürlichen Person) jedes Rechtsgeschäft, soweit dies gesetzlich erlaubt ist, **rechtsgültig** abgeschlossen werden kann. Eine Zustimmung gesetzlicher Vertreter und/oder die Genehmigung eines Familiengerichts ist nicht (mehr) erforderlich.

Überblick: Rechts- und Geschäftsfähigkeit

- **Rechtsfähigkeit**
  - natürliche Personen
  - juristische Personen
- **Geschäftsfähigkeit**
  - Geschäftsunfähigkeit – bis 7 Jahre →|
  - beschränkte Geschäftsfähigkeit – bis 18 Jahre →|
  - volle Geschäftsfähigkeit – ab 18 Jahre →

Kompetenztraining

5

1. Unterscheiden Sie die Begriffe Rechtsfähigkeit und Geschäftsfähigkeit!
2. Erklären Sie, welche Rechtsgeschäfte eine beschränkt geschäftsfähige Person ohne Einwilligung des gesetzlichen Vertreters abschließen darf! Bilden Sie hierzu jeweils ein Beispiel!
3. Begründen Sie, warum das BGB bei den Stufen der Geschäftsfähigkeit feste Altersgrenzen zugrunde legt! Nennen Sie die Altersgrenzen!
4. Erklären Sie, welche Rechtsfolgen eintreten, wenn geschäftsunfähige, beschränkt geschäftsfähige oder voll geschäftsfähige Personen Willenserklärungen abgeben!
5. Der 17-jährige Auszubildende Finn wohnt und arbeitet mit Zustimmung seiner Eltern in Regensburg, während seine Eltern in München zu Hause sind.

   Aufgaben:

   5.1 Am Monatsende ist die Miete zu zahlen. Begründen Sie, ob Finn aus rechtlicher Sicht mit seiner Ausbildungsvergütung die Miete bezahlen darf!

   5.2 Finn möchte sich von seiner Vergütung eine High-End-Stereoanlage kaufen. Erläutern Sie die Rechtslage!

5.3 Erklären Sie, ob Finn, falls er 750,00 EUR geschenkt bekommt, eine High-End-Stereoanlage kaufen kann!

5.4 Begründen Sie, wie im Fall 5.1 zu entscheiden ist, wenn Finn von zu Hause fortgelaufen ist und seit mehreren Monaten ohne Wissen der Eltern unter falschem Namen in Würzburg arbeitet!

6. Die 17-jährige Fachoberschülerin Lisa entnimmt ihrer Sparbüchse 400,00 EUR und kauft sich davon ein Notebook, welches sie auch gleich mitnimmt.

Aufgaben:

Stellen Sie die Rechtslage dar, wenn

6.1 keine Einwilligung der Eltern vorliegt,

6.2 eine Einwilligung der Eltern vorliegt,

6.3 die Eltern den Kauf nachträglich genehmigen,

6.4 die Eltern nach Aufforderung durch den Verkäufer die Genehmigung verweigern!

7. Ein Kranker, der sich in einem Zustand dauernder Störung der Geistestätigkeit befindet, erhält von seinem Bruder ein Mietshaus geschenkt.

Aufgabe:

Prüfen Sie rechtlich, ob der Kranke Eigentümer des Hauses und wegen der Mieteinkünfte steuerpflichtig werden kann!

8. Das Finanzamt verlangt von einem 4 Jahre alten Kind die Bezahlung rückständiger Steuern.

Aufgabe:

Prüfen Sie die Rechtslage!

9. Entscheiden Sie, in welchen beiden der nachfolgenden Fälle ein Rechtsgeschäft wirksam zustande gekommen ist! Falls nur in einem Fall ein Rechtsgeschäft wirksam zustande gekommen ist, notieren Sie bitte als zweite Lösung eine ⑨!

① Die 16-jährige Maike kauft von ihrem Taschengeld ein Paar neue Schuhe. Da diese sehr teuer sind, vereinbart sie mit dem Verkäufer, dass sie die Schuhe in den nächsten drei Monaten mit ihrem Taschengeld vollständig bezahlt.

② Der 17-jährige Luca arbeitet mit Zustimmung seiner Eltern stundenweise bei einem Computer-Dienstleister. Voraussetzung hierfür ist jedoch, dass er einen eigenen Laptop besitzt. Deshalb kauft sich Luca von seinem ersten Gehalt ein gebrauchtes Gerät für 400,00 EUR.

③ Der 6-jährige Ben kauft sich auf dem Nachhauseweg von der Grundschule in einem kleinen Laden einen Krapfen.

④ Die 15-jährige Nele kauft sich in einem Modegeschäft eine Lederjacke für 300,00 EUR. Das Geld hat sie zuvor ohne Wissen der Eltern von ihrer Patentante geschenkt bekommen.

⑤ Der 17-jährige Moritz beginnt eine Ausbildung zum Pferdewirt. Der Ausbildungsvertrag wurde von ihm und seinen Eltern bereits unterschrieben. Nur mehr eröffnet Moritz für die Ausbildungsvergütung ein Konto bei einer örtlichen Bank.

⑥ Der 5-jährige Leon tauscht mit seinem 8-jährigen Bruder ein Spielzeugauto gegen eine Märchen-CD.

2.2 Zustandekommen von ein- und zweiseitigen Rechtsgeschäften und besondere Formvorschriften

Fortsetzung der Handlungssituation 2

LB 1 **Handlungssituation 3**

Am nächsten Tag berichtet Michel seinem Mitschüler Lennard von dem Ablauf des Gesprächs zwischen ihm und den Eltern von Konstantin am Vortag. Dabei äußert er, dass er sich mit Konstantin ursprünglich auf einen Kaufpreis von 800,00 EUR für den Roller geeinigt habe.

Nachdem die Eltern von Konstantin dem Kauf zunächst ablehnend gegenüberstanden, habe der Vater von Konstantin dann die verfahrene Situation doch noch einer Lösung zugeführt und gemeinsam mit seiner Frau in den Kauf eingewilligt. Allerdings sei Michel selbst rückblickend erst

aufgefallen, dass Konstantins Eltern dem Kauf lediglich bei einem Preis von 750,00 EUR zustimmen würden.

Nunmehr ist sich Michel unsicher, ob denn überhaupt durch diese einseitige und von der ursprünglichen Vereinbarung abweichende Äußerung von Konstantins Vater ein Kaufvertrag rechtswirksam zustande gekommen ist.

Kompetenzorientierter Arbeitsauftrag:

Prüfen Sie, ob im vorliegenden Fall ein Rechtsgeschäft zustande gekommen ist! Gehen Sie dabei auch auf die Unterscheidung zwischen ein- und zweiseitigen Rechtsgeschäften ein!

2.2.1 Einseitige und zweiseitige Rechtsgeschäfte

2.2.1.1 Willenserklärung als wesentlicher Bestandteil eines Rechtsgeschäfts

Wir schließen tagtäglich Verträge ab, ohne uns dessen bewusst zu sein. Wenn wir beim Bäcker Brot kaufen, liegt ein Kaufvertrag vor. Verleihen wir einem Freund eine DVD, haben wir einen Leihvertrag abgeschlossen. Leihen wir unserem Freund ein paar Euro, handelt es sich um einen Gelddarlehensvertrag. In jedem dieser Fälle handelt es sich um ein Rechtsgeschäft.

Wenn man Rechtsgeschäfte abschließen möchte (z. B. einen Kauf tätigen möchte), muss man seinen Willen äußern (erklären). Dies geschieht durch **Willenserklärungen.**

Willenserklärungen sind Äußerungen (Handlungen) einer Person, die mit der Absicht vorgenommen werden, eine **rechtliche Wirkung** herbeizuführen.

Die Willenserklärung besteht aus dem **Willen** und der **Erklärung** des Willens.

Beispiel:

Eine von Ihnen ausgesprochene Einladung, zu einem Open-Air-Konzert mitzugehen, ist keine Willenserklärung. Es fehlt der Wille auf einen rechtlichen Erfolg, d. h., Sie wollen z. B. für den anderen nicht die Eintrittskarte bezahlen.

- Der **Wille** ist das **Motiv**, das den Erklärenden (z. B. den Käufer) zur Abgabe einer Erklärung veranlasst (z. B. den Abschluss eines Kaufvertrages herbeizuführen). Der Wille muss jedoch, um nach außen hin gegenüber Dritten rechtswirksam zu werden, geäußert werden.

- Die **Erklärung des Willens** kann abgegeben werden durch:
  - **unmittelbare Handlungen**: z. B. mündlich, telefonisch, schriftlich, per E-Mail.
  - **schlüssige** (konkludente)[1] **Handlungen**: z. B. durch Einsteigen in die Straßenbahn, Münzeinwurf in einen Automaten, Kopfnicken auf ein Angebot, Handheben bei einer Auktion.
  - **ausnahmsweise Schweigen**: als Zustimmung gilt z. B., wenn dies vertraglich vereinbart war. Ein Maler schweigt auf eine Rechnung für den Bezug von Farben, obwohl der vereinbarte Preis erhöht wurde.

2.2.1.2 Begriff und Arten von Rechtsgeschäften

(1) Begriff Rechtsgeschäfte

Rechtsgeschäfte kommen durch **Willenserklärungen** zustande.

(2) Einseitige Rechtsgeschäfte

Einseitige Rechtsgeschäfte benötigen nur **eine Willenserklärung.**

- **Einseitige, nicht empfangsbedürftige Rechtsgeschäfte** sind rechtswirksam, sobald die Willenserklärung **abgegeben worden ist.**

Beispiel:

Ein **Testament** ist bereits mit der Niederschrift rechtswirksam und nicht erst dann, wenn der Erbe das Testament empfangen oder gelesen hat.

- **Einseitige, empfangsbedürftige Rechtsgeschäfte** sind erst dann rechtswirksam, wenn die Willenserklärung dem Empfänger zugegangen ist.

Beispiel:

Eine **Kündigung** ist erst dann rechtswirksam, wenn sie dem Erklärungsempfänger rechtzeitig zugegangen ist.

Eine empfangsbedürftige Willenserklärung ist

- unter **Anwesenden** mit der **Abgabe rechtswirksam.**
- unter **Abwesenden** zum **Zeitpunkt ihres Zugangs rechtswirksam.** Sie gilt als zugegangen, wenn der Empfänger normalerweise von ihr **Kenntnis nehmen kann** (z. B. die Kündigung liegt im Briefkasten des Mitarbeiters zu Hause. Ob er sie liest, ist seine Sache.).

(3) Zweiseitige Rechtsgeschäfte

- Rechtsgeschäfte, die zu ihrer Gültigkeit **mindestens zwei sich inhaltlich deckende Willenserklärungen benötigen,** sind **mehrseitige (zweiseitige) Rechtsgeschäfte.** Sie bezeichnet man als **Verträge.**
- Alle Verträge haben gemeinsam, dass sie durch **Antrag (1. Willenserklärung)** und **Annahme (2. Willenserklärung)** zustande kommen.

- Wird aus dem Vertrag nur ein Vertragspartner zur Leistung verpflichtet, so liegt ein **einseitig verpflichtender Vertrag** vor (z. B. Schenkungsvertrag).
- Werden aus dem Vertrag beide Vertragspartner zu Leistungen verpflichtet, so handelt es sich um einen **zweiseitig verpflichtenden Vertrag** (z. B. Kaufvertrag, Mietvertrag, Berufsausbildungsvertrag).

---

1 **Konkludent** (lat.): Was eine bestimmte Schlussfolgerung zulässt.

2.2.2 Besondere Formvorschriften für Rechtsgeschäfte

LB 1 **Handlungssituation 4**

Fortsetzung der Handlungssituation 2 und 3

Am Nachmittag einigen sich Michel und die Eltern von Konstantin auf einen Kaufpreis von 775,00 EUR für den Roller. Der Vater von Konstantin besteht anschließend auf einem schriftlichen Kaufvertrag. Er bittet Michel darum, ein entsprechendes Vertragspapier zu verfassen, in dem die wichtigsten Punkte des Vertragsabschlusses rechtswirksam festgehalten werden.

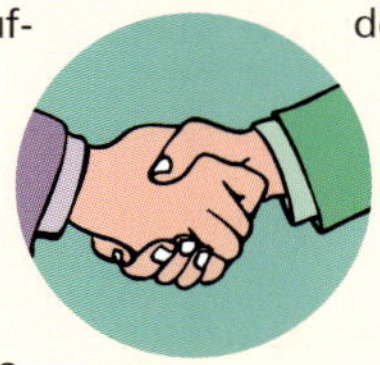

Michel hingegen vertritt die Meinung, dass der zwischen ihnen geschlossene Vertrag durch die erzielte Einigung und den bereits erfolgten Handschlag besiegelt sei und es keines derart aufwendigen Schriftstückes bedarf!

Kompetenzorientierte Arbeitsaufträge:

1. Erklären Sie, was unter dem Begriff Formfreiheit zu verstehen ist!
2. Erläutern Sie die folgenden gesetzlichen Formen für Verträge und bilden Sie jeweils zwei Beispiele:

   Gesetzliche Formen:
   - Schriftform
   - elektronische Form
   - Textform
   - öffentliche Beglaubigung
   - notarielle Beurkundung

3. Prüfen Sie die Rechtslage im vorliegenden Fall!

2.2.2.1 Formfreiheit

Formfreiheit bedeutet, dass die Rechtsgeschäfte in **jeder möglichen** Form abgeschlossen werden können.

Die meisten Geschäfte können mit beliebigen Mitteln, z. B. **durch Worte** (mündlich, telefonisch, schriftlich, mittels E-Mail), **durch schlüssige Handlungen** (Kopfnicken, Handheben, Einsteigen in ein Taxi usw.) und in bestimmten Fällen sogar **durch Schweigen** abgeschlossen werden.

2.2.2.2 Formzwang

Für einzelne Gruppen von Rechtsgeschäften schreibt das **Gesetz** bestimmte Formen vor. Der Formzwang dient vor allem

- der **Beweissicherung,**
- dem **Schutz vor voreiligen Verpflichtungen** (z. B. des Schenkers und des Bürgen) und
- einer genauen **Abgrenzung zwischen unverbindlichen Vorverhandlungen und verbindlichen Aufzeichnungen** (z. B. beim Testament und Erbvertrag).

(1) Schriftform

§ 126 BGB

Die Schriftform verlangt, dass die Erklärung niedergeschrieben und vom Erklärenden **eigenhändig durch Namensunterschrift unterzeichnet** wird. Bei Verträgen muss die Vertragsurkunde grundsätzlich von allen Vertragsparteien unterschrieben sein.

Mögliche Anwendungsbereiche:

- Berufsausbildungsvertrag,
- Beendigung von Arbeitsverhältnissen durch Kündigung oder Aufhebungsvertrag,
- Verbraucherdarlehensvertrag,
- Bürgschaftserklärung.

(2) Elektronische Form

§ 126a BGB

Die **gesetzliche Schriftform** kann grundsätzlich (soweit im Gesetz nichts Abweichendes bestimmt ist) durch die **elektronische Form ersetzt werden.** Zur Rechtswirksamkeit muss der Aussteller der Erklärung seinen Namen hinzufügen und das elektronische Dokument mit einer qualifizierten elektronischen Signatur versehen werden.

Mögliche Anwendungsbereiche:

- Onlinebanking,
- Kreditkartennutzung,
- Pay-TV, Teleshopping,
- elektronische Ausweispapiere,
- automatische Empfangsbestätigung von Schriftstücken im Schriftverkehr mit Behörden.

(3) Textform

§ 126b BGB

Die Textform verlangt, dass die Erklärung in einer Urkunde abgegeben, die Person des Erklärenden genannt und der Abschluss der Erklärung durch eine Nachbildung der Namensunterschrift (Faksimile) oder anders erkennbar gemacht wird. Geeignet hierfür sind z.B. eine Website im Internet, eine E-Mail oder ein Computerfax.

Mögliche Anwendungsbereiche:

- Belehrung über das Widerrufsrecht beim Fernabsatzvertrag seitens des Unternehmens gegenüber dem Verbraucher.
- Garantieerklärungen beim Verbrauchsgüterkauf.

(4) Öffentliche Beglaubigung

§ 129 BGB

Die öffentliche Beglaubigung ist eine Schriftform, bei der die **Echtheit der eigenhändigen Unterschrift des Erklärenden** von einem Notar beglaubigt wird. Der Notar beglaubigt nur die Echtheit der Unterschrift, nicht jedoch den Inhalt der Urkunde.

Mögliche Anwendungsbereiche:

Anmeldungen

- zum Handelsregister,
- zum Vereinsregister und
- zum Güterrechtsregister.

Beispiel für die Beglaubigung einer Unterschrift

Urkundenrolle Nummer: 333

Vorstehende, vor mir vollzogene (bzw. anerkannte) Unterschrift des Herrn Timo Müller, Kfz-Mechatroniker, wohnhaft in Ingolstadt, Carl-Benz-Straße 57, geboren am 1. Januar 1992, beglaubige ich. Herr Timo Müller wies sich durch seinen Personalausweis aus.

Ingolstadt, den 5. März 20 . .
(Ort und Datum)

§ 128 BGB

(5) Notarielle Beurkundung

Sie erfordert ein Protokoll, in welchem der Beurkundungsbeamte die vor ihm abgegebenen Erklärungen beurkundet. Der Notar beurkundet die **Unterschrift** und den **Inhalt der Erklärungen.**

Mögliche Anwendungsbereiche:

- Grundstückskaufverträge,
- Schenkungsversprechen,
- Erbverzichtsverträge,
- Erbverträge.

Rechtsgeschäfte, die **nicht** in der vom **Gesetz vorgeschriebenen Form** erfolgt sind, sind grundsätzlich **nichtig.** § 125 BGB

Überblick: Arten von Rechtsgeschäften – Formvorschriften

Arten von Rechtsgeschäften

- Einseitige Rechtsgeschäfte
  - empfangsbedürftig – z. B.: Kündigung
  - nicht empfangsbedürftig – z. B.: Testament
- Zweiseitige Rechtsgeschäfte
  - einseitig verpflichtend – z. B.: Schenkung
  - mehrseitig verpflichtend – z. B.:
    - Kaufvertrag
    - Berufsausbildungsvertrag

Gesetzliche Formvorschriften

- Schriftform
- Elektronische Form
- Textform
- Öffentliche Beglaubigung
- Öffentliche Beurkundung

Kompetenztraining

6

1. Erklären Sie den Begriff „Rechtsgeschäft"!
2. Begründen Sie, warum eine Willenserklärung zugleich ein Rechtsgeschäft sein kann und sich in anderen Fällen die Begriffe Willenserklärung und Rechtsgeschäft nicht decken!
3. Begründen Sie, ob in folgenden Fällen eine Willenserklärung vorliegt! Wenn ja, notieren Sie in welcher Form die jeweilige Willenserklärung geäußert wurde!
   3.1 Sie werden von Ihrem Onkel zu einer Ferienfahrt eingeladen.
   3.2 Sie steigen in Stuttgart mit gültigem Fahrschein in die Straßenbahn ein.

3.3 Sie möchten mit Ihrem Freund nach dem Kinobesuch mit dem Taxi nach Hause fahren. Durch „Handheben" veranlassen Sie ein vorbeifahrendes Taxi zu halten, in das Sie dann unter Angabe Ihrer Wohnung einsteigen.

3.4 Sie entnehmen in einem Selbstbedienungsladen im Regal lagernde Waren und legen diese auf das Laufband der Kasse.

4. Prüfen Sie, ob ein- oder zweiseitige Rechtsgeschäfte vorliegen und wie die Willenserklärungen abgegeben wurden:

   4.1 Der Hauseigentümer schließt mit Ihren Eltern einen Vertrag über die Benutzung von Wohnräumen ab.

   4.2 Nele Kaiser bestellt bei amazon.de eine Konzertfilm-DVD.

   4.3 Der Angestellte Max Lehmann kündigt seinen Arbeitsvertrag.

   4.4 Alexander Thein verliert seinen wertvollen Ring und lässt öffentlich bekanntgeben, dass er dem ehrlichen Finder 150,00 EUR Finderlohn zahlt (man nennt dies „Auslobung").

   4.5 Ein Unternehmen nimmt eine ohne Auftrag gelieferte Maschine in Betrieb.

5. 5.1 Erklären Sie den Unterschied zwischen einseitig verpflichtenden und zweiseitig verpflichtenden Verträgen!

   5.2 Nennen Sie zwei einseitig und drei zweiseitig verpflichtende Verträge!

6. Begründen Sie mithilfe des Gesetzes, inwieweit es rechtlich von Bedeutung ist, ob eine empfangsbedürftige Willenserklärung unter Anwesenden oder unter Abwesenden abgegeben wurde!

7

1. Begründen Sie die Notwendigkeit gesetzlicher Formvorschriften!

2. Erklären Sie, welchen Zweck die Vertragsparteien verfolgen, wenn diese für die abzuschließenden Rechtsgeschäfte eine bestimmte Form vereinbaren!

3. Die Eheleute Henrik und Inga Holzmann besitzen mehrere Grundstücke. Sie wollen ihrer Tochter Heike an deren 18. Geburtstag ein Grundstück übertragen.

   Aufgabe:

   Nennen Sie die Form, die für die Übertragung des Grundstücks erforderlich ist!

4. Karin Weber hat bis zum 31. März d. J. bei der Baumeister GmbH gearbeitet. Ihr wurde versehentlich kein Arbeitszeugnis erteilt. Jetzt ruft sie in der Personalabteilung der Baumeister GmbH an und bittet darum, ihr möglichst sofort ein Arbeitszeugnis per Fax oder E-Mail zu übermitteln.

   Aufgabe:

   Prüfen Sie, ob diese Verfahren grundsätzlich für diesen Zweck einsetzbar sind! Lesen Sie hierzu § 630 BGB! Begründen Sie Ihre Antwort!

5. Erläutern Sie den Zweck, den das BGB verfolgt, wenn es bestimmt, dass Rechtsgeschäfte, die nicht in der vorgeschriebenen gesetzlichen Form erfolgt sind, grundsätzlich nichtig sind!

6. Stellen Sie dar, in welchem Zusammenhang die elektronische Form verwendet wird!

2.3 Kaufvertrag – dargestellt am Beispiel des Verbrauchsgüterkaufvertrags

LB 1 Handlungssituation 5

Ted Schreiber ist Kunstschmied und stellt Tische, Bänke, Brunnen und Feuerschalen aus Eisen her. Karin Dreher wünscht sich schon lange eine Feuerschale für ihren Garten. Sie

sucht sich bei Ted Schreiber eine schön gestaltete Feuerschale aus, kann sich jedoch nicht entscheiden, sie sofort zu kaufen. Sie möchte sich den Kauf noch überlegen und am nächsten Tag wiederkommen. Der vereinbarte Kaufpreis beträgt 150,00 EUR.

Am Nachmittag desselben Tages verkauft Ted Schreiber diese Feuerschale an Sven Selbherr, der ein paar Tage Urlaub in der Stadt verbringt. Sven Selbherr bittet den Kunstschmied, die Feuerschale noch zwei Tage bis zu seiner Abreise aufzubewahren. Der Kaufpreis beträgt 180,00 EUR.

Am nächsten Tag kommt Karin Dreher in die Kunstschmiedewerkstatt und möchte die Feuerschale jetzt kaufen. Sie besteht auf Erfüllung, weil, so behauptet sie, nur sie Rechte aus dem abgeschlossenen Kaufvertrag habe.

Kompetenzorientierte Arbeitsaufträge:

1. Prüfen Sie, zwischen welchen Parteien ein Kaufvertrag zustande gekommen ist!
2. Erklären Sie die Form des Kaufvertrags!
3. Begründen Sie, ob Ted Schreiber die Feuerschale an Karin Dreher liefern muss!

2.3.1 Begriffe Kaufvertrag und Verbrauchsgüterkauf

Das Kaufvertragsrecht unterscheidet grundsätzlich

- in **allgemeines Kaufvertragsrecht**[1] (beide Vertragsparteien sind Unternehmen) und
- in den **Verbrauchsgüterkauf** (Unternehmer ist Verkäufer, Verbraucher ist Käufer).

§§ 474–479 BGB Der Grundgedanke des Gesetzgebers für diese Aufspaltung des Kaufvertragsrechts ist, den Verbraucher dadurch zu schützen, dass **einige gesetzliche Regelungen** des allgemeinen Kaufrechts **zugunsten des Verbrauchers abgemildert** worden sind.

(1) Begriff Kaufvertrag

Der **Kaufvertrag** kommt durch **inhaltlich übereinstimmende,** rechtsgültige **Willenserklärungen** von mindestens zwei Personen – Käufer und Verkäufer – und durch **rechtzeitigen Zugang** der zweiten Willenserklärung beim Erklärungsempfänger zustande. §§ 145 ff., 433 BGB

§ 154 I, S. 1 BGB Beide Willenserklärungen müssen in allen wesentlichen Vertragsbedingungen über einstimmen. Die Vertragsparteien müssen sich somit über alle wichtigen Einzelheiten geeinigt haben.

1 Auf das allgemeine Kaufvertragsrecht wird aufgrund des Lehrplans nicht eingegangen.

(2) Begriff Verbrauchsgüterkauf

Der Verbrauchsgüterkauf ist durch **vier Merkmale** definiert:

- Es muss ein **Kaufvertrag** vorliegen.
- Der **Verbraucher** muss der **Käufer** sein.
- Der **Unternehmer** muss der **Verkäufer** sein.
- Der **Kaufgegenstand** muss eine **bewegliche Sache** sein.

§ 474 I, S. 1 BGB

Ein **Verbrauchsgüterkauf** liegt vor, wenn ein **Verbraucher** von einem **Unternehmer** eine **bewegliche Sache** kauft.

Ein Verbrauchsgüterkauf liegt auch vor, wenn **neben dem Verkauf** einer beweglichen Sache noch eine **Dienstleistung** durch den Unternehmer erbracht wird (z. B. die verkaufte Sache wird montiert, installiert oder angepasst).

2.3.2 Abschluss eines Verbrauchsgüterkaufs

(1) Möglichkeiten des Kaufvertragsabschlusses (Beispiele)

- Der Verkäufer (Unternehmer) unterbreitet ein Angebot, der Käufer (Verbraucher) bestellt rechtzeitig und ohne Änderung. Ändert der Käufer diesen Antrag, so erlischt das Angebot. Die Änderung stellt einen **neuen** Antrag des Käufers an den Verkäufer dar.

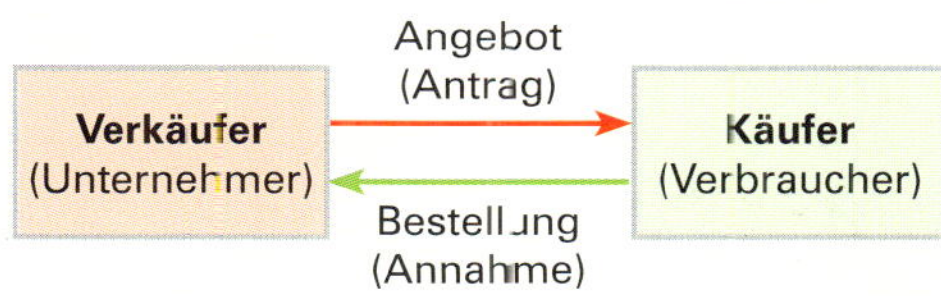

- Der Käufer (Verbraucher) bestellt ohne ein vorhergehendes Angebot. Der Verbrauchsgüterkaufvertrag entsteht, wenn der Verkäufer (Unternehmer) die Bestellung rechtzeitig und unverändert annimmt.

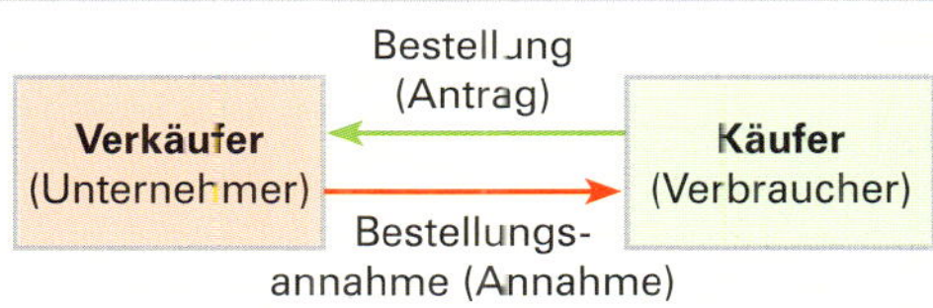

(2) Bindung an den Antrag

§ 147 BGB

Gibt ein Unternehmer einen **Antrag ohne Einschränkung** ab, so ist er an diesen **Antrag gebunden.**

- Unter **Anwesenden** (auch telefonisch) muss der Antrag sofort, d. h. solange das Gespräch dauert, angenommen werden.
- Unter **Abwesenden** besteht die Bindungsfrist für den Verkäufer solange, wie er unter regelmäßigen Umständen mit dem Eingang der Bestellung rechnen kann (z. B. ein Antrag per E-Mail erfordert eine Annahme auf gleichem Weg).[1]

1 Die **Annahmefrist** setzt sich zusammen aus der Zeit für die **Übermittlung** des Antrags, einer angemessenen **Überlegungs-** und **Bearbeitungszeit** beim Empfänger und der Zeit für die **Übermittlung der Antwort** an den Anbieter

§ 145 BGB Der Verkäufer kann die Bindung an den Antrag durch sogenannte **Freiklauseln** ausdrücklich ganz ausschließen oder einschränken.

Beispiele:

- *„Das vorliegende Angebot ist unverbindlich."*
- *„Zwischenverkauf vorbehalten."*

(3) Besonderheiten beim Onlinekauf

Rechtliche Grundlage

Die aufgeführten **Artikel in einem Onlineshop** stellen **kein Angebot im rechtlichen Sinn** dar. Der Kunde gibt das Angebot durch seine Onlinebestellung ab. Die meistens automatisch generierte Bestellbestätigung des Internethändlers stellt zumeist noch **keine** Annahme des Kaufvertrags dar. Spätestens durch die ordnungsgemäße Lieferung der bestellten Ware wird das Angebot des Kunden angenommen und der Kaufvertrag kommt zustande.

Ablauf eines Onlinekaufs

Ein Onlinehändler (z. B. Amazon) betreibt auf dem Onlinemarktplatz eine Warenplattform mit einem Sortiment, das üblicherweise aus Produkten von unterschiedlichen Herstellern besteht. Der Kunde hat damit die Möglichkeit, Preis- und Qualitätsunterschiede der einzelnen Hersteller zu vergleichen und, falls vorhanden, sich durch das Lesen von Bewertungen anderer Kunden bei der Auswahl helfen zu lassen. Den Ablauf einer Bestellung über eine Warenplattform im Internet und die daran beteiligten Parteien kann man dem folgenden Schema entnehmen:

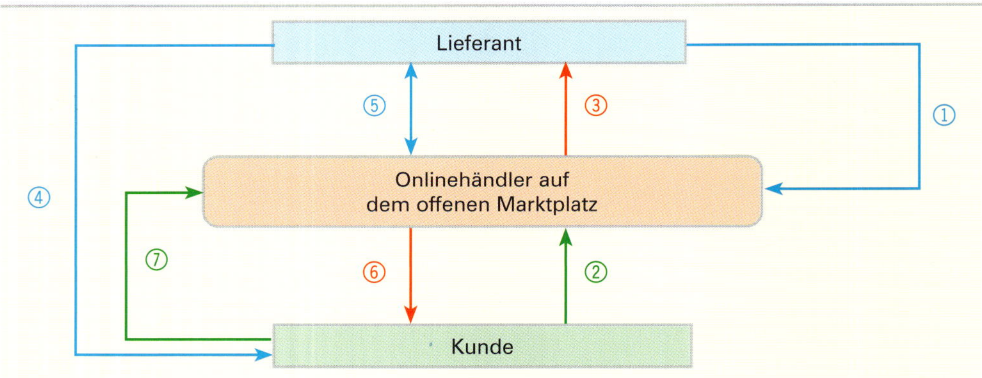

Erläuterungen:

① **Bereitstellung:** Der Lieferer stellt seine Artikel dem Onlinehändler bereit.

② **Bestellung:** Der Kunde registriert sich und kann beim Onlinehändler Artikel bestellen, die durch mehrere Lieferanten angeboten werden.

③ **Bestellweiterleitung:** Der Onlinehändler leitet die Bestellung in eigenem Namen an den jeweiligen Lieferanten mit der Lieferadresse des Kunden weiter.

④ **Warenversand:** Der Lieferer versendet die Ware im Namen des Onlinehändlers direkt an die Lieferadresse des Kunden.

⑤ **Lieferantenrechnung:** Der Onlinehändler erhält und begleicht die Rechnung des Lieferanten.

⑥ **Rechnung an den Kunden:** Der Onlinehändler stellt dem Kunden die bestellte Ware in Rechnung.

⑦ **Bezahlung:** Der Kunde bezahlt an den Onlinehändler.

2.3.3 Vertragspflichten von Käufer und Verkäufer

Mit dem Abschluss des Kaufvertrags übernehmen Käufer und Verkäufer Rechte und Pflichten, die sie zu erfüllen haben. Der Abschluss des Kaufvertrags ist daher ein **Verpflichtungsgeschäft,** dem ein **Erfüllungsgeschäft** folgen muss.

Verpflichtungsgeschäft:
Übernahme von Rechten und Pflichten

↓

Erfüllungsgeschäft:
Erfüllung der eingegangenen Verpflichtungen

2.3.3.1 Verpflichtungsgeschäft § 433 BGB

Pflichten des Verkäufers (Rechte des Käufers)	Kaufvertrag ⟷	**Pflichten des Käufers (Rechte des Verkäufers)**
■ Die bestellte Sache muss mängelfrei und fristgemäß übergeben werden. ■ Das Eigentum an der Kaufsache muss auf den Käufer übertragen werden.		■ Die bestellte Sache muss abgenommen werden. ■ Die ordnungsgemäß gelieferte Sache muss vereinbarungsgemäß bezahlt werden.

2.3.3.2 Erfüllungsgeschäft

(1) Vertragspflichten des Käufers

■ Abnahme des Kaufgegenstands

Vertragsgemäß gelieferte Waren muss der Käufer **abnehmen**[1] (körperliche Entgegennahme). Ist von vornherein erkennbar, dass die Waren beschädigt oder unvollständig sind, ist die Abnahme zu verweigern. In diesem Fall wird vom Überbringer eine Bescheinigung über den festgestellten Mangel verlangt. § 433 II BGB

■ Zahlung des Kaufpreises

Der Käufer ist verpflichtet, dem Verkäufer den vereinbarten Kaufpreis zu zahlen. Der Käufer übernimmt im Zweifel[2] die Gefahr und die Kosten der Geldübertragung. Die Zahlungsart ist in der Regel dem Käufer überlassen. § 433 II BGB § 270 BGB

(2) Vertragspflichten des Verkäufers

■ Lieferung: Besitzverschaffung durch Übergabe der Kaufsache an den Käufer

Besitz ist die **tatsächliche Gewalt** über eine Sache.

Der Besitz wird bei **beweglichen Sachen** durch **Übergabe,** bei **unbeweglichen Sachen** durch **Gebrauchsüberlassung** verschafft. § 854 I BGB

1 Die Abnahme und Annahme des Kaufgegenstands ist rechtlich scharf zu trennen.
- Die **Abnahme** ist die tatsächliche Entgegennahme der Ware, wodurch der Käufer (unmittelbaren) Besitz erlangt.
- Die **Annahme** des Kaufgegenstands ist hingegen eine Willenserklärung und bedeutet die Erklärung der vertragsmäßigen Erfüllung des Kaufvertrags. Auf die Annahme der Leistung durch den Käufer hat der Verkäufer keinen Anspruch.

2 **Im Zweifel** bedeutet, dass die Regel nur dann gilt, wenn im Kaufvertrag nichts anderes bestimmt ist.

3 Merkur-Nr. 0656

§ 271 I BGB Ist eine Zeit für die Leistung weder bestimmt noch aus den Umständen zu entnehmen, so kann der Gläubiger (z. B. Käufer) die vertragliche Leistung **sofort verlangen,** der Schuldner (z. B. Verkäufer) sie **sofort bewirken.** In der Regel wird die Leistungszeit zwischen dem Käufer und Verkäufer vertraglich geregelt.

Eigentumsübertragung an den Käufer

Die **Art der Eigentumsübertragung** richtet sich an der **vorgegebenen Ausgangssituation** aus. Im Folgenden werden **zwei Formen der Eigentumsübertragung an beweglichen Sachen** dargestellt.

Eigentum ist die **rechtliche Verfügungsgewalt** einer Person über Sachen. § 903 BGB

	Ausgangssituation	Eigentumsübertragung durch:	Beispiel
§ 929, S. 1 BGB	Ware ist beim Verkäufer (Eigentümer).	**Einigung** und **Übergabe**	Frieda Fröhlich, Inhaberin einer Kunstschmiede, übergibt der Kundin Maja Schnurr eine aus Stahl gefertigte Engelsfigur. Mit der Einigung und der Übergabe der Figur ist Maja Schnurr Eigentümerin geworden.
§ 929 S. 2 BGB	Ware ist bereits beim Käufer.	**Einigung,** dass das Eigentum auf den Käufer übergehen soll.	Herr Schmidt hat sich vom Schreiner Klaus aus dessen Sortiment eine Sitzbank ins Esszimmer stellen lassen, um diese auszuprobieren. Nach 8 Tagen teilt er der Schreinerei Klaus mit, dass er die Sitzbank erwerben möchte. Stimmt die Schreinerei Klaus zu, wird Herr Schmidt Eigentümer der Sitzbank. (Der Eigentumsübergang hat nichts damit zu tun, ob Herr Schmidt die Sitzbank bereits bezahlt hat oder nicht!)

§ 449 I BGB Will der Käufer sofort in den Besitz der Kaufsache kommen, aber erst zu einem späteren Zeitpunkt bezahlen, können Verkäufer und Käufer vereinbaren, dass der Verkäufer bis zur Zahlung des Kaufpreises Eigentümer der Kaufsache bleibt.

Beispiel:

„Die Ware bleibt bis zur restlosen Bezahlung aller Forderungen aus laufenden Rechnungen unser Eigentum. Ein Weiterverkauf ist bis zur restlosen Bezahlung der Ware nicht zulässig.“

- Der **Eigentumsvorbehalt** ist eine zusätzliche Vereinbarung beim Abschluss eines Kaufvertrags, wonach der Käufer mit der Übergabe der Kaufsache zunächst nur **unmittelbarer Besitzer, nicht aber Eigentümer** werden soll.
- Ein Eigentumsvorbehalt kann nur beim Kauf **beweglicher Sachen** vereinbart werden.

Der Eigentumsvorbehalt erlischt z. B., wenn die Ware

- vom Käufer bezahlt wird,
- verarbeitet oder umgebildet wird,
- der Verkäufer vom Kaufvertrag zurücktritt und die Kaufsache zurückverlangt,
- an einen gutgläubigen Dritten veräußert wird.

2.3.3.3 Trennungs- und Abstraktionsprinzip

Die Unterteilung in Verpflichtungs- und Erfüllungsgeschäft im BGB bezeichnet man als **Trennungsprinzip.** Durch diese Besonderheit des deutschen Rechts kann beispielsweise eine Sache verkauft werden, die noch nicht hergestellt ist, denn das Verpflichtungsgeschäft setzt keine Erfüllungsmacht voraus. Das **Abstraktionsprinzip** baut auf dieser Unterteilung auf und besagt, dass diese beiden Rechtsgeschäfte grundsätzlich in ihrer rechtlichen Wirksamkeit unabhängig voneinander sind.

Beispiel:

Der 13-jährige Niklas verkauft ein Skateboard ohne Zustimmung der Eltern an seinen 19-jährigen Nachbarn Alex und empfängt den Kaufpreis.

Der Kaufvertrag ist das Verpflichtungsgeschäft und die Übergabe des Skateboards und des Geldes sind die Erfüllungsgeschäfte. Der Minderjährige kann aber nicht ohne Einwilligung der Eltern Verpflichtungsgeschäfte wirksam tätigen. Genehmigen die Eltern das Geschäft nachträglich nicht, gilt der Kaufvertrag und die Übereignung der Sache als unwirksam, der Käufer hat kein Recht an dem Skateboard.

Dennoch ist Niklas wirksam Eigentümer des Geldes geworden, denn die Annahme des Geldes stellt ein lediglich rechtlich vorteilhaftes Geschäft dar, für das keine Einwilligung notwendig ist. Er kann es behalten, obwohl kein Kaufvertrag existiert – und damit auch nicht die Verpflichtung des Käufers, etwas zu zahlen. Die Übereignung ist also nicht abhängig von der Verpflichtung dazu.

Alex muss sich auf § 812 I S. 2 BGB (Herausgabeanspruch) stützen, um den Kaufpreis zurückzuerhalten, ist jedoch dem Risiko des § 818 III BGB ausgesetzt, falls der Minderjährige das Geld schon verbraucht hat.

Überblick: Kaufvertrag

Kaufvertrag

Zustandekommen durch zwei übereinstimmende Willenserklärungen:
1. Antrag ⟷ 2. Annahme

↓

Verpflichtungsgeschäft

Verkäufer und Käufer übernehmen Pflichten

Pflichten des Verkäufers
(Rechte des Käufers)
- mängelfreie Lieferung
- Eigentum an den Käufer übertragen

Pflichten des Käufers
(Rechte des Verkäufers)
- Abnahme der Lieferung
- Zahlung des Kaufpreises

↓

Erfüllungsgeschäft

- Käufer und Verkäufer erfüllen die eingegangenen Verpflichtungen
- Werden die eingegangenen Verpflichtungen nicht vertragsgemäß erfüllt, kommt es zu **Leistungsstörungen.**

- **Besitz** → Übertragung des Besitzes durch Übergabe
- **Eigentum** → Übertragung des Eigentums an beweglichen Sachen

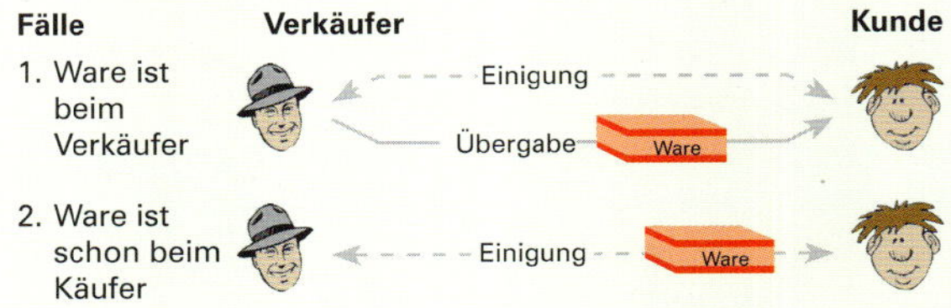

- **Abstrakionsprinzip** besagt, dass das Verpflichtungsgeschäft und das Erfüllungsgeschäft in ihrer rechtlichen Wirkung unabhängig voneinander sind.

Kompetenztraining

8

1. 1.1 Bilden Sie ein Beispiel für einen Verbrauchsgüterkaufvertrag!

   1.2 Erklären Sie, warum der Gesetzgeber für den Verbrauchsgüterkaufvertrag gegenüber dem Kaufvertragsrecht Sonderregelungen getroffen hat!

2. Beschreiben Sie, unter welchen Bedingungen ein Verbrauchsgüterkaufvertrag bereits mit der Bestellung zustande kommt!

3. Erläutern Sie, unter welchen Bedingungen ein Verbrauchsgüterkaufvertrag erst mit der Bestellungsannahme zustande kommt!

4. Jochen Baier bestellt aufgrund eines freibleibenden (unverbindlichen) Angebots Eichendielen beim Sägewerk Wattenbach GmbH.

   Aufgaben:

   4.1 Erläutern Sie, wie der Verbrauchsgüterkaufvertrag zustande kommt!

   4.2 Erklären Sie den Unterschied zwischen Verpflichtungsgeschäft und Erfüllungsgeschäft!

   4.3 Nennen Sie die Pflichten, die Jochen Baier aus diesem Verbrauchsgüterkaufvertrag hat!

   4.4 Nennen Sie die Pflichten, die die Wattenbach GmbH aus diesem Verbrauchsgüterkauf hat!

5. Begründen Sie, warum es aus dem Verbrauchsgüterkauf zwei Gläubiger und zwei Schuldner gibt!

9

1. Unterscheiden Sie zwischen Besitz und Eigentum!

2. Hannes Schmidt hat sich ein Einfamilienhaus gebaut. Er nennt sich jetzt stolz „Hausbesitzer".

   Aufgabe:

   Beschreiben Sie, inwiefern dieser Ausdruck zutreffend ist, inwiefern nicht! Beschreiben Sie, wie Ihre Antwort lautet, wenn Hannes Schmidt das Haus mietet!

3. Beschreiben Sie, warum Eigentum nicht gleich Vermögen ist!

4. Das Eigentum wird vom Gesetz grundsätzlich geschützt. Klären Sie, ob das auch für den Besitz zutrifft!

5. In den nachfolgenden Abbildungen sind symbolisch zwei verschiedene Möglichkeiten der Eigentumsübertragung durch Rechtsgeschäft dargestellt.

   Die Symbole bedeuten:

   ⟶ Übergabe einer Sache
   ←---→ Einigung zwischen Erwerber und Veräußerer

   □ Veräußerer
   ○ Erwerber
   💻 bewegliche Sache

   5.1 

   5.2 

   Aufgabe:

   Beschreiben Sie, welche rechtsgeschäftlichen Möglichkeiten der Eigentumsübertragung dargestellt werden!

6. 6.1 Begründen Sie, warum ein Eigentumsvorbehalt nur durch eine Vereinbarung zwischen Verkäufer und Käufer und nicht allein durch die Erklärung des Verkäufers, nur unter Eigentumsvorbehalt zu liefern, rechtswirksam werden kann!

   6.2 Nennen Sie Vorteile, die der Eigentumsvorbehalt dem Lieferanten bietet!

   6.3 Nennen Sie Gründe, bei deren Vorliegen der Eigentumsvorbehalt erlischt!

2.4 Fernabsatzvertrag als Beispiel eines Verbrauchervertrags

2.4.1 Begriff Fernabsatzvertrag

(1) Merkmale des Fernabsatzvertrags

Fernabsatzverträge sind

- Verträge über die **Lieferung von Waren** oder über die **Erbringung von Dienstleistungen,** die
- zwischen einem **Unternehmer** und einem **Verbraucher**
- unter **ausschließlicher Verwendung** von **„Fernkommunikationsmitteln“**
- im Rahmen eines für den Fernabsatz organisierten **Vertriebs- oder Dienstleistungssystems** abgeschlossen werden]. § 312 c I BGB

Fernkommunikationsmittel sind z. B. Briefe, Kataloge, Telefonanrufe, Telefaxe, Internet-Homepages, SMS-Nachrichten, E-Mails.[1] Der Fernabsatzvertrag knüpft allein an die **Art und Weise seines Abschlusses** und nicht an einem bestimmten Vertragsinhalt an. Damit gelten die Vorschriften des BGB zu Fernabsatzverträgen für althergebrachte Absatzwege wie den Katalogverkauf ebenso wie für das Telefonshopping und den Vertrieb über das Internet (E-Commerce). § 312 c II BGB

1 Zwischen Unternehmer und Verbraucher dürfen z. B. folgende Bereiche nicht in der Form eines Fernabsatzvertrags abgeschlossen werden: Vermittlung von Versicherungen, Immobiliengeschäfte, Fernunterricht, Lieferung von Lebensmitteln, Getränken und sonstigen Haushaltsgegenständen des täglichen Bedarfs im Rahmen häufiger und regelmäßiger Fahrten. Vgl. § 312 II bis VI BGB.

Beispiel:

amazon.de

Meine Bestellungen | Mein Konto | Amazon.de

Bestellbestätigung
Bestellung: #303-0172953-3629950

Guten Tag,

vielen Dank für Ihre Bestellung. Wir werden Sie benachrichtigen, sobald Ihr(e) Artikel versandt wurde(n).

Sie finden das voraussichtliche Lieferdatum weiter unten. Um Ihre Bestellung anzusehen oder zu verändern, besuchen Sie Meine Bestellungen auf unserer Website.

Einzelheiten Ihrer Bestellung

Bestellung: #303-0172953-3629950
Aufgegeben am 2. Mai 2021

Zustellung: **Freitag, 5. Mai – Dienstag, 9. Mai** Versandart: **Standardversand** Bestelldetails	Die Bestellung geht an **Reinhold Maier** **Forellenweg 2** **88662 Überlingen** **Deutschland**

Flacher Wassertank, Frischwassertank, Abwassertank ca. 60 l Wohnmobil Wohnwagen Boot Zustand: Neu Verkauft von: 1000tanks.de	**EUR 79,90**
Zwischensumme:	EUR 79,90
Verpackung und Versand:	EUR 5,99
Endbetrag:	**EUR 85,89**
Gewählte Zahlungsart:	Bankeinzug

Wir freuen uns auf Ihren nächsten Besuch!
Amazon.de

Entscheidend für das Vorliegen eines Fernabsatzvertrages ist das Schlüsselwort **„ausschließlich"**.

Beachte:

Die Vorschriften zu Fernabsatzverträgen gelten nicht, wenn der Vertragsabschluss nicht im Rahmen eines speziell für den Fernabsatz organisierten Vertriebs- oder Dienstleistungssystems erfolgt. Wird also nur ausnahmsweise oder gelegentlich eine Bestellung per Telefon angenommen und dann per Postversand abgewickelt, dann liegt ebenfalls kein Fernabsatzvertrag vor.

Ob ein Fernabsatzvertrag vorliegt, hängt daher von den **Bedingungen des einzelnen Falls** ab.

(2) Internetauktionen

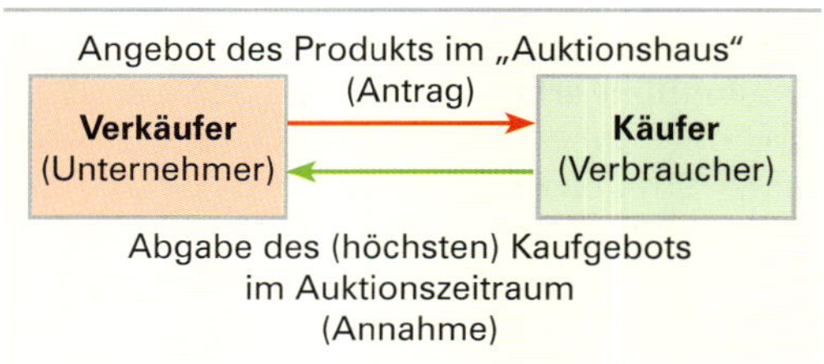

Internetauktionen fallen in der Regel unter die Gesetzgebung des **Fernabsatzrechts.**[1] Nach der aktuellen Rechtsprechung sind Internetauktionen (Onlineauktionen) keine Versteigerungen im Sinne des § 156 BGB, weil der Zuschlag **nicht zum absolut höchsten Gebot** erfolgt,

1 Wird die Internetauktion zwischen einem Unternehmen und Verbrauchern unter **ausschließlicher Verwendung von Fernkommunikationsmitteln** im Rahmen eines für den **Fernabsatz organisierten Vertriebs- oder Dienstleistungssystems** abgewickelt, so liegt ein Fernabsatzvertrag vor.

sondern zu einem **festgelegten Zeitpunkt.** Es kommt bei Internetauktionen nicht darauf an, ob noch höhere Angebote gekommen wären, vielmehr entscheidet allein das höchste Angebot zum zuvor festgelegten **Verkaufszeitpunkt.** Damit gilt für Internetauktionen das **Kaufrecht.** Das **Angebot in einer Onlineauktion** ist die rechtsverbindliche **erste Willenserklärung (der Antrag),** die **Abgabe des höchsten Kaufgebots** innerhalb des Auktionszeitraums die rechtsverbindliche **zweite Willenserklärung (die Annahme).**

Da auf Online-Auktionsplattformen (z. B. eBay) im Prinzip jeder seine Waren anbieten kann, ist jeweils die Frage zu klären, ob der Verkäufer Unternehmer oder Verbraucher ist. Hier gilt: Wer **planmäßig** und **regelmäßig** Waren bei Auktionsplattformen anbietet, gilt als **Unternehmer.** Dies gilt auch dann, wenn der Verkäufer seine Waren nebenberuflich im Internet anbietet (sogenannte Powerseller). Ist der Verkäufer bei Internetauktionen Unternehmer und der Käufer Verbraucher, so liegt ein Verbrauchsgüterkauf vor.

Beispiel:

Eine Verkäuferin in einem Textilgeschäft, die privat Einkaufstaschen und Stofftiere näht und diese planmäßig und regelmäßig im Internet zum Kauf anbietet, gilt bei Onlineauktionen als Unternehmerin.

2.4.2 Informationspflichten des Unternehmers

Setzt ein Unternehmen Fernkommunikationsmittel zur Anbahnung oder zum Abschluss von Fernabsatzverträgen ein, dann muss es den Verbraucher rechtzeitig vor Abschluss eines Fernabsatzvertrags in einer dem eingesetzten Fernkommunikationsmittel entsprechenden Weise klar und verständlich aufklären über:

- die **Einzelheiten des Vertrags,** z. B. über die Identität und Anschrift des Unternehmens, wesentliche Merkmale der Ware oder Dienstleistung, den Gesamtpreis der Ware oder Dienstleistung einschließlich Liefer- und Versandkosten, Zahlungbedingungen, das Bestehen eines Widerrufsrechts,
- den **geschäftlichen Zweck des Vertrags** [§ 312a I BGB i. V. m. Art. 246 EGBGB].

Diese strenge Informationspflicht gilt nur für **entgeltliche Verträge.** § 312 I BGB

2.4.3 Widerrufsrecht

(1) Begriff Widerrufsrecht und Beispiel einer Widerrufsbelehrung

Dem Verbraucher steht ein **14-tägiges Widerrufsrecht** zu. Die Widerrufsfrist **beginnt mit dem Erhalt der Ware.** Den **Widerruf muss der Verbraucher** gegenüber dem Unternehmer **ausführlich erklären.** Aus Gründen der Beweissicherheit sollte grundsätzlich per E-Mail, Fax oder auf dem Postweg und nicht am Telefon widerrufen werden. In der Praxis genügt es für einen wirksamen Widerruf, der Rücksendung ein Widerrufsschreiben oder -formular beizulegen.[1] § 312g i. V. m. § 355 I BGB

1 Für die Erklärung des Widerrufs durch den Verbraucher gibt es ein EU-einheitliches Formular (siehe Anlage 2 zu Art. 246a Nr. 1 EGBGB). Der Unternehmer muss dem Verbraucher das Muster-Formular zur Verfügung stellen und ihn informieren. Der Verbraucher kann, muss es aber nicht nutzen.

§ 357 BGB

(2) Rückabwicklung nach Widerruf

Bei Widerruf muss der Kaufvertrag binnen **14 Tagen rückabgewickelt** werden.

Das bedeutet, dass der **Käufer** die Ware **innerhalb von 14 Tagen zurücksenden** und der **Unternehmer** den **Kaufpreis in der gleichen Zeit zurückerstatten** muss. Allerdings darf der Händler die Rückerstattung des Kaufpreises so lange verweigern, bis er die **Ware zurückerhalten** hat oder der Verbraucher **nachweist,** dass er die **Ware abgesandt** hat.

(3) Hin- und Rücksendekosten

Bis zur Höhe einer günstigen **Standardsendung** muss der **Unternehmer** dem Verbraucher die **Hinsendungskosten** bei einem Widerruf **erstatten**.

Für die **Rücksendung** trägt **grundsätzlich der Verbraucher die Kosten,** vorausgesetzt, der Unternehmer hat ihn hierüber vorab unterrichtet. Für den Unternehmer besteht auch die Möglichkeit, die Kosten der Rücksendung freiwillig zu übernehmen.

Beachte:

§ 312 g II BGB

- **Kein Widerrufsrecht** besteht bei bestimmten Fernabsatzverträgen, z. B. bei schnell verderblichen Waren, Sonderanfertigungen, Audio-/Videoaufzeichnungen und Software (sofern die gelieferten Datenträger vom Verbraucher entsiegelt wurden), Lieferung von Zeitungen, Zeitschriften und Illustrierten.
- Von den **verbraucherschützenden Rechtsvorschriften** zu den Fernabsatzverträgen darf grundsätzlich **nicht zum Nachteil des Verbrauchers** oder Kunden abgewichen werden.

§ 312 i I BGB

2.4.4 Pflichten des Unternehmers im elektronischen Geschäftsverkehr

Benutzt der Unternehmer zum Zweck des Vertragsabschlusses über die Lieferung von Waren oder die Erbringung von Dienstleistungen **Teledienste (z. B. Internet),** dann muss er dem Kunden u. a.

- angemessene, wirksame Mittel zur Verfügung stellen, damit der Kunde Eingabefehler vor Abgabe seiner Bestellung erkennen und berichtigen kann,
- die in der Rechtsverordnung nach Artikel 246 c EGBGB bestimmten Informationen (z. B. Identität des Unternehmers, seine Anschrift) rechtzeitig vor der Abgabe von dessen Bestellung klar und verständlich mitteilen,
- den Zugang von dessen Bestellung unverzüglich auf elektronischem Wege bestätigen[1] und
- die Möglichkeit verschaffen, die Vertragsbestimmungen einschließlich der allgemeinen Geschäftsbedingungen bei Vertragsabschluss abzurufen und in wiedergabefähiger Form zu speichern.

§ 312 i I Nr. 3 BGB Bestellung und Empfangsbestätigung gelten als zugegangen, wenn die Parteien, für die sie bestimmt sind, sie unter gewöhnlichen Umständen abrufen können.

1 Bei der Bestellung durch einen Verbraucher muss der Unternehmer die Bestellsituation so gestalten, dass der Verbraucher mit der Bestellung ausdrücklich bestätigt, dass er sich zur Zahlung verpflichtet [§ 312 j III BGB]. Erfolgt die Bestellung über eine Schaltfläche (Button), muss diese mit **„zahlungspflichtig bestellen“** oder ähnlich eindeutig bezeichnet werden **(Button-Lösung).**

Überblick: Fernabsatzvertrag

- **Fernabsatzverträge** werden unter ausschließlicher Verwendung von Fernkommunikationsmitteln (z. B. Briefe, Faxe, E-Mails) zwischen einem Unternehmen und einem Verbraucher geschlossen.
- **Internetauktionen** fallen in der Regel unter die Gesetzgebung des Fernabsatzrechts.
- Neben den üblichen Einzelheiten (Beschreibung der Leistung, Lieferungs- und Zahlungsbedingungen) sind die Anschrift des Unternehmers und eine Widerrufsbelehrung **zwingende Bestandteile** des Fernabsatzvertrags.
- Der Verbraucher hat ein gesetzliches **Widerrufsrecht** innerhalb von 14 Tagen. Er muss jedoch in der Regel die Kosten der Rücksendung tragen.

Kompetenztraining

10

1. Prüfen Sie, in welchen Fällen die Vorschriften des BGB über Fernabsatzverträge Anwendung finden:
   1.1 Unternehmen kaufen Waren von anderen Unternehmen im Internet (B2B; business to business).
   1.2 Ein Verbraucher schließt im Internet mit einer Versicherungsgesellschaft einen Kfz-Versicherungsvertrag für seinen neuen Pkw ab.
   1.3 Klara Müller ruft bei ihrem Bäcker an und bestellt zur Lieferung frei Haus täglich 10 Brötchen. Da Frau Müller in der Nachbarschaft wohnt, ist der Bäcker ausnahmsweise dazu bereit.
   1.4 Sie bestellen telefonisch bei einem Pizza-Service drei Pizzen zur Lieferung frei Haus.
   1.5 Sie bestellen durch Fax beim Versandhaus Schön GmbH einen Bademantel nach den Katalogbedingungen.
   1.6 Sie bestellen im Anschluss an eine Fernsehwerbung das dort angebotene Fahrrad durch Anruf bei der in der Sendung angegebenen Rufnummer.
2. Sie haben am 15.03. d. J. bei der Internetfirma Computer-Versand GmbH nach deren Katalog ein Notebook zum Preis von 418,00 EUR bestellt. Die Lieferung erfolgt nach vier Werktagen. Nachdem Sie das Notebook am Empfangstag gestartet haben, um dessen Qualität zu prüfen, entschließen Sie sich, dieses unter Berufung auf das BGB wieder zurückzugeben. Am nächsten Tag senden Sie das Notebook per Post an den Versender zurück.

   Nach einer Woche erhalten Sie von der Computer-Versand GmbH einen Brief mit der Aufforderung, den Kaufpreis von 418,00 EUR und die bisher entstandenen Versandkosten in Höhe von 14,00 EUR innerhalb von 7 Tagen zu überweisen, da Ihre Rücksendung der Ware nicht berechtigt gewesen sei.

   Aufgaben:
   2.1 Prüfen Sie, ob Sie das Notebook abnehmen und die entstandenen Kosten zahlen müssen!
   2.2 Untersuchen Sie, ob sich die rechtliche Situation ändert, wenn Sie anstelle des Notebooks ein versiegeltes Softwareprogramm bei der Computer-Versand GmbH bestellt, getestet und zurückgegeben hätten!
3. Andreas Häring arbeitet hauptberuflich als Werkzeugmacher. In seiner Freizeit stellt er Mausefallen und Marderfallen her und bietet diese regelmäßig auf einer Internetplattform an. Da die Schließautomatik nicht in jedem Fall einwandfrei funktioniert, steht in den Lieferbedingungen der Satz: „Die Lieferung erfolgt unter Ausschluss jeglicher Haftung."

   Aufgaben:
   3.1 Nehmen Sie Stellung zu dieser Lieferbedingung!
   3.2 Prüfen Sie, ob sich die rechtliche Situation ändert, wenn Andreas Häring seine Mause- und Marderfallen nur gelegentlich und in großen Zeitabständen auf einer Internetplattform anbietet!

3 Auf Störungen beim Abschluss des Kaufvertrags angemessen reagieren

3.1 Anfechtbare und nichtige Rechtsgeschäfte unterscheiden

3.1.1 Anfechtbare Rechtsgeschäfte

LB 1 Handlungssituation 6

Fortsetzung der Handlungssituation 2–4

Um weiteren Unstimmigkeiten mit seinen Nachbarn aus dem Weg zu gehen und den Verkauf des Rollers zügig abzuwickeln, entschließt sich Michel dazu, dem Wunsch von Konstantins Vater Folge zu leisten. Über das Internet sucht er sich eine Vertragsvorlage für einen Kaufvertrag des Rollers, speichert diese PDF-Datei auf seinem Laptop und füllt den Vertrag zügig aus.

Anschließend druckt er den Vertrag aus, unterschreibt ihn an der für den Verkäufer vorgesehenen Stelle und übergibt den Vertrag seinen Nachbarn. Diese lesen den Vertrag genauestens durch und unterzeichnen ihn.

Daraufhin fragt der Vater von Konstantin, ob sie den Kaufpreis auf Michels Konto überweisen sollen oder ob er das Geld bar haben möchte. Michel entscheidet sich für eine Überweisung des Kaufpreises auf sein Girokonto, da er den geplanten Autokauf ebenfalls über dieses Konto abwickeln möchte.

Zwei Tage später stellt Michel entsetzt fest, dass auf seinem Konto lediglich ein Betrag in Höhe von 77,50 EUR eingegangen ist. Zunächst glaubt er an einen Buchungsfehler seiner Bank und nimmt telefonisch Kontakt mit seinem Bankberater auf. Dieser rät ihm, sich mit dem Auftraggeber der Überweisung in Verbindung zu setzen.

Unmittelbar im Anschluss an das Telefonat sucht Michel seinen Nachbarn auf, der ihm lächelnd die Türe öffnet. Nachdem Michel ihm das Problem dargelegt hat, behauptet der Vater von Konstantin, dass er alles vertragsgemäß abgewickelt hat. Dazu legt er Michel das Original des Kaufvertrags vor, in dem ein Kaufpreis von 77,50 EUR eingetragen ist. Als Michel den Vertrag sieht, ist er geschockt: Beim eiligen Ausfüllen des Kaufvertrages hat er beim Kaufpreis eine Null zu wenig eingetippt und den ausgedruckten Vertrag auch nicht mehr auf mögliche Fehler hin durchgelesen. Erst jetzt wird ihm klar, warum Konstantins Vater nur 77,50 EUR auf sein Girokonto überwiesen hat.

Kompetenzorientierte Arbeitsaufträge:

1. Erläutern Sie den Begriff Anfechtung und die Folgen einer rechtswirksamen Anfechtung!
2. Stellen Sie in einer Übersicht dar, aus welchen Gründen man Rechtsgeschäfte anfechten kann. Bilden Sie zu jedem Grund auch ein entsprechendes Beispiel an!
3. Prüfen Sie, ob Michel sich mit den gezahlten 77,50 EUR als Kaufpreis abfinden muss oder ob er eine Möglichkeit hat, diesen fehlerhaften Vertrag für ungültig zu erklären!

(1) Begriff Anfechtung und Anfechtungsgründe

Die **Anfechtung** ist eine Willenserklärung, die darauf abzielt, ein Rechtsgeschäft rückwirkend für ungültig zu erklären.

Anfechtbar sind Rechtsgeschäfte,

- die durch **Irrtum in der Erklärungshandlung** oder **falsche Übermittlung** zustande gekommen sind. §§ 119, 120 BGB

Beispiele:

- Ein Klempner will die Reparatur einer Dachrinne für 840,00 EUR anbieten, schreibt in seinem Angebot jedoch nur 740,00 EUR.
- Ein Vertreter der Geschäftsleitung eines Restaurants übermittelt ein Angebot falsch. Statt des richtigen Angebotspreises von 500,00 EUR für ein Buffet, enthält die E-Mail nur einen Preis von 50,00 EUR, weil sich der Mitarbeiter vertippt hat.

- die durch **arglistige Täuschung** zustande gekommen sind.

  Sie liegt vor beim **Vorspiegeln falscher** oder bei der **Unterdrückung wahrer Tatsachen.**

Beispiel:

Ein Parkettleger verkauft an einen Bauherren „Eiche Parkett gebürstet“ 2. Wahl als 1. Wahl.

§ 123 BGB

- die durch **widerrechtliche Drohung** zustande gekommen sind

  Dem Betroffenen wird, falls er sich weigert, ein „Übel“ (z.B. eine Körperverletzung) angedroht. Die Drohung muss **widerrechtlich** sein und der Drohende muss sich außerdem bewusst sein, dass seine Drohung den **Willensentschluss des Bedrohten herbeiführt oder mitbestimmt** hat.

Beispiele:

- Ein Räuber droht Ihnen: „Geld her oder Ihnen passiert etwas!“
- Ein Gläubiger droht: „Bezahlung der Schulden oder das Leben!“ oder „Wenn Sie nicht zahlen, erzähle ich Ihrer Frau, dass ich Sie am letzten Sonntag mit Ihrer Sekretärin gesehen habe.“

Nicht anfechtbar sind Rechtsgeschäfte, deren geplante Folgen nicht eintreten **(Motivirrtum).**

Beispiel:

Kai kauft seiner Freundin Katrin als Geschenk einen Ring. Gefällt Katrin der Ring nicht, kann Kai den Kaufvertrag nicht rechtswirksam anfechten!

(2) Anfechtungserklärung, Anfechtungsfrist und die Wirkung der Anfechtung

Die Anfechtung muss gegenüber dem Anfechtungsgegner erklärt werden. Die **Anfechtungserklärung** ist eine **einseitige Willenserklärung.** § 143 BGB

Beispiel:

Der Käufer ficht den Kaufvertrag an. Anfechtungsgegner ist der Verkäufer.

Die **Anfechtung wegen Irrtum** muss **unverzüglich**[1] nach Entdeckung des Anfechtungsgrunds erfolgen. Wegen **arglistiger Täuschung oder widerrechtlicher Drohung** muss **innerhalb eines Jahres,** nachdem die Täuschung entdeckt bzw. die Zwangslage durch die Drohung beendet ist, die Anfechtung erklärt werden. § 121 I, S. 1 BGB § 124 II BGB

Die Anfechtung ist ausgeschlossen, wenn seit der Abgabe der Willenserklärung zehn Jahre verstrichen sind. § 124 III BGB

1 **Unverzüglich** bedeutet ohne schuldhaftes Zögern [§ 121 I, S. 1 BGB].

§ 142 I BGB Die anfechtbare Willenserklärung ist bis zu der erklärten Anfechtung rechtswirksam. Nach einer rechtswirksamen Anfechtung wird das Rechtsgeschäft von Anfang an nichtig.

(3) Anspruch auf Schadenersatz wegen Irrtums

§ 122 I BGB Der Anfechtende ist dem Anfechtungsgegner zum Ersatz des Schadens verpflichtet, den dieser dadurch erlitten hat, dass er auf die Gültigkeit der Erklärung vertraute **(Vertrauensschaden).**

3.1.2 Nichtige Rechtsgeschäfte

LB 1 Handlungssituation 7

Fortsetzung der Handlungssituation 6

Nachdem Michel den Nachbarn das Geld erstattet und daraufhin den Roller zurückerhalten hat, fährt er zu seinem Freund Paul, um ihm von dem Missgeschick zu berichten. Wegen all der Vorkommnisse um den Verkauf des Rollers ist Michel ziemlich frustriert und lässt seinem Ärger freien Lauf.

Als er sich all seinen Frust von der Seele geredet hat, sagt er mit einem leichten Lächeln auf den Lippen: *„Der Erstbeste, der mir einen Euro für den Roller auf den Tisch legt, kann das Ding haben. Ich bin es dermaßen leid, mich mit dem Verkauf weiter zu beschäftigen, dass mir die Kohle für das Teil egal ist".*

Daraufhin zückt sein Freund Paul einen Euro, legt ihn auf den Tisch und sagt: *„Abgemacht, damit sind wir beide uns doch einig und im Geschäft. Du kannst den Roller gleich hier lassen und einen schriftlichen Vertrag musst du auch nicht mehr aufsetzen. Somit bist du allen Ärger endgültig los und musst dich um nichts mehr kümmern. Und das Beste: Ich fahre dich sogar noch kostenlos mit dem Roller nach Hause."*

Michel ist über die Aktion von Paul total verdutzt und weiß in seiner Verzweiflung überhaupt nicht, was er darauf antworten soll.

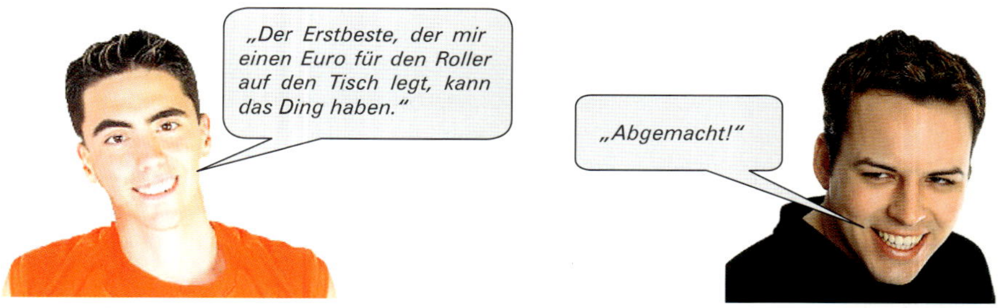

Kompetenzorientierte Arbeitsaufträge:

1. Erläutern Sie, was man unter Nichtigkeit eines Rechtsgeschäfts versteht!
2. Stellen Sie in einer Übersicht dar, aus welchen Gründen Rechtsgeschäfte nichtig sind! Geben Sie zu jedem Grund auch ein entsprechendes Beispiel an!
3. Prüfen Sie, ob Michel sich mit dem Verkauf des Rollers für 1,00 EUR abfinden muss oder ob er eine Möglichkeit hat, diesen Vertrag für ungültig zu erklären!

Rechtsgeschäfte, die nach dem Gesetz **ungültig** sind, gelten als **von Anfang an** nichtig.

Die folgenden **Mängel** führen dazu, dass Rechtsgeschäfte von Anfang an nichtig sind:

Arten der Mängel	Beispiele	
Mangel in der Geschäftsfähigkeit	■ Rechtsgeschäfte von Geschäftsunfähigen. ■ Rechtsgeschäfte beschränkt Geschäftsfähiger, sofern die Zustimmung vom gesetzlichen Vertreter verweigert wird. ■ Rechtsgeschäfte, die im Zustand der Bewusstlosigkeit oder vorübergehender Störung der Geistestätigkeit abgeschlossen werden. (Beispiel: Ein Betrunkener verkauft sein Auto.)	§ 105 BGB
Mangel im rechtsgeschäftlichen Willen (Scheingeschäfte/ Scherzgeschäfte)	■ Zum Schein abgegebene Willenserklärungen, die ein anderes Rechtsgeschäft verdecken sollen. (Beispiel: Grundstückskaufvertrag über 230 000,00 EUR, wobei mündlich ein Kaufpreis von 280 000,00 EUR vereinbart wird, um Grunderwerbsteuer zu sparen.)[1] ■ Offensichtlich nicht ernst gemeinte Willenserklärungen. (Beispiel: Das Angebot eines Witzbolds, eine Fahrkarte zum Mars für 5 000,00 EUR verkaufen zu wollen.)	§§ 117, 118 BGB
Verstoß gegen ein gesetzliches Verbot	Rauschgift- und Waffengeschäfte, Verkauf von Alkohol an 14-Jährige.	§ 134 BGB
Verstoß gegen Formvorschriften	Ein mündlich abgeschlossener Verbraucherdarlehensvertrag; Kauf eines Grundstücks ohne notarielle Beurkundung.	§ 125 BGB

Ist ein Rechtsgeschäft nichtig und sind bereits Leistungen (z. B. Lieferung des Pkw, Zahlung des Kaufpreises) erfolgt, so sind diese zurückzugewähren. Der Grund hierfür ist, dass die Leistungen ohne rechtliche Grundlage erfolgt sind, da das zugrunde liegende Rechtsgeschäft nicht mehr besteht. § 812 II S. 1 BGB

Überblick: Anfechtbarkeit und Nichtigkeit

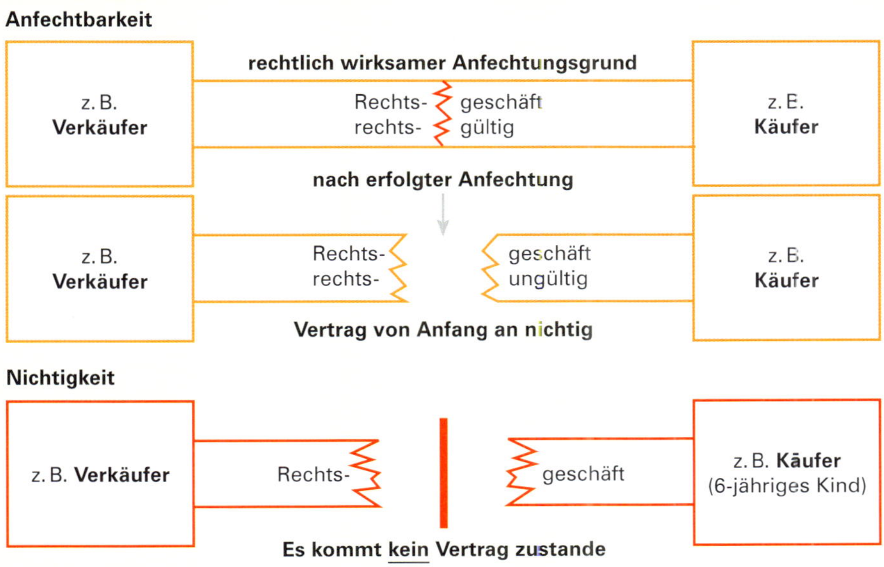

1 Die Grunderwerbsteuer wird auf den im Notarvertrag angegebenen Kaufpreis berechnet. Ein niedriger Preis mindert also die vom Käufer zu zahlende Grunderwerbsteuer. Das **Scheingeschäft** (Kaufvertrag über 230 000,00 EUR) ist nichtig.

Kompetenztraining

11 1. Erklären Sie, worin sich Nichtigkeit und Anfechtbarkeit von Rechtsgeschäften, insbesondere hinsichtlich der Rechtsfolgen unterscheiden!

2. Im Vertragsrecht unterscheidet man zwischen Nichtigkeit und Anfechtbarkeit.

   Aufgaben:

   Notieren Sie, in welchen Fällen Nichtigkeit vorliegt!

   2.1 Verstoß gegen eine gesetzliche Formvorschrift,

   2.2 Verkauf von selbst angebautem Cannabis,

   2.3 Irrtum in der Erklärungshandlung,

   2.4 arglistige Täuschung,

   2.5 widerrechtliche Drohung.

3. Notieren Sie, in welchem der folgenden Fälle der Kaufvertrag zwischen einem Kunden und seinem Händler angefochten werden kann!

   3.1 Der Händler der Ware kann den Kunden nur verspätet beliefern.

   3.2 Der Händler erhöht die Preise gegenüber dem Kunden.

   3.3 Der Händler stellt fest, dass der Preis im Angebot anstatt mit 510,00 EUR mit 150,00 EUR angegeben wurde.

   3.4 Der Händler erfährt, dass der Kunde angeblich Zahlungsschwierigkeiten hat.

   3.5 Der Kaufvertrag wurde nur mündlich abgeschlossen.

4. Prüfen Sie die folgenden Rechtsgeschäfte, ob sie voll gültig, nichtig, anfechtbar oder schwebend unwirksam sind! Begründen Sie jeweils Ihre Lösung!

   4.1 In einem Angebot werden die Ziffern vertauscht, sodass der Stückpreis mit 58,00 EUR statt mit 85,00 EUR angegeben wird.

   4.2 Die 16-jährige Schülerin Rebecca bestellt eine Zeitschrift im Abonnement. Monatlich sind 18,50 EUR zu zahlen.

   4.3 Ein Handwerker kauft auf Anraten eines gut informierten Freunds Aktien, bei denen Kurserhöhungen mit Sicherheit zu erwarten seien. Schon am nächsten Tag fällt der Kurs dieser Aktien beträchtlich.

   4.4 Der 17-jährige Lehmann ist vor einem Jahr mit Zustimmung seiner Eltern ein Arbeitsverhältnis eingegangen. Jetzt kündigt er schriftlich seinem Arbeitgeber, ohne seine Eltern gefragt zu haben.

   4.5 Der Mannheimer Baugesellschaft mbH ist bei der Addition der Angebotssumme ein Fehler unterlaufen und deshalb beträgt der Angebotspreis nicht 20 Mio. EUR, sondern nur 18,2 Mio. EUR!

5. Entscheiden Sie, in welchem der nachfolgenden Fälle ein rechtsgültiges zweiseitiges Rechtsgeschäft zustande gekommen ist.

   Erläutern Sie Ihre Entscheidung jeweils!

   Aufgaben:

   5.1 Im Anschluss an ihre Ausbildung zur Köchin erhält die 19-jährige Mareike Rosin von ihrem Chef ein Angebot für einen Arbeitsvertrag. Eigentlich wollte ihr Chef Mareike nach der Ausbildung nicht übernehmen. Nachdem Mareike ihm aber versicherte, dass sie im Falle einer Nichtübernahme der örtlichen Presse von den mangelnden Hygienezuständen im Restaurant ihres Chefs berichten würde, kam der Arbeitsvertrag umgehend zustande.

5.2 Die 20-jährige Goldschmiedin Gina Lisa verkauft einer Kundin einen Armreif aus Silber für 990,00 EUR mit dem Hinweis, dass dieser aus 18 Karat Weißgold hergestellt wurde.

5.3 Der 20-jährige Fahrradmechaniker Marvin Schummel verkauft einem 16-jährigen Bekannten sein gebrauchtes Mountainbike für 1 550,00 EUR, obwohl dieses eigentlich einen Wert von ca. 2 000,00 EUR hat.

5.4 Melanie Dahlmeyers Katze ist seit einigen Tagen spurlos verschwunden. Da die 18-jährige Melanie keine Hoffnung mehr hat, ihre Katze zurückzubekommen, kauft sie in einer Tierhandlung für 150,00 EUR eine neue Katze, die sie nach einer Impfung eine Woche später abholen soll. Als ihre alte Katze am nächsten Tag wieder auftaucht, möchte Melanie die neue Katze nicht mehr haben, da nach ihrer Auffassung der eigentliche Grund für den Kauf ja weggefallen sei.

5.5 Der 19-jährige Michel Hausmann kauft bei einem Antiquitätenhändler eine teure Blumenvase, die nach Angaben des Händlers über 100 Jahre alt sein soll, für seine Mutter. An dem Geburtstag seiner Mutter stellt sich heraus, dass es sich bei der Vase um Neuware handelt.

6. Begründen Sie, in welchem der nachfolgenden Fälle ein anfechtbares Rechtsgeschäft vorliegt!

Aufgaben:

6.1 Die 18-jährige Annabel absolviert eine Ausbildung zur Glasbläserin. Da ihr der Beruf sehr viel Stress bereitet, kauft sie von einem Bekannten eine größere Menge Rauschmittel, um so an Wochenenden besser entspannen zu können.

6.2 Nele Wagner, 18 Jahre alt, möchte ihre Ausbildung zur Drogistin nicht weiter fortsetzen. Deshalb kündigt sie in einem Gespräch mit ihrem Ausbilder mündlich ihren Ausbildungsvertrag.

6.3 Der 17-jährige Simon Geiger ist begeisterter Musiker und spielt schon einige Jahre in einer Schülerband. Auf einer Musikmesse nutzt er die einmalige Gelegenheit und kauft eine von den Rolling Stones signierte Gitarre für 400,00 EUR. Den Kaufpreis zahlt er in monatlichen Raten in Höhe von 40,00 EUR von seinem Taschengeld.

6.4 Henry Mutzke kauft von seinem besten Freund eine Autogrammkarte von Joachim Löw für 2,00 EUR, die er jedoch für wesentlich wertvoller hält. Als er die Karte über ebay verkaufen möchte, stellt er fest, dass niemand bereit ist, die von ihm geforderten 20,00 EUR zu zahlen.

6.5 Der 19-jährige Maler und Lackierer Murat kauft bei einem Gebrauchtwagenhändler einen gebrauchten Sportwagen für 6 200,00 EUR, der eigentlich viel teurer gehandelt wird. Bei einer Inspektion in einer Werkstatt wird festgestellt, dass es sich um einen Unfallwagen handelt.

Dieser Hinweis war im Kaufvertrag des Gebrauchtwagenhändlers vermerkt.

4 Eine Störung bei der Erfüllung eines Kaufvertrags nach den gesetzlichen Bestimmungen abwickeln

4.1 Grundlegendes

4.1.1 Rechtsnormen

(1) Begriff

Rechtsnormen sind generell-abstrakte hoheitliche Anordnungen, die für eine Vielzahl von Personen allgemein verbindliche Regeln für eine Vielzahl von Fällen enthalten.

(2) Aufbau

Die Rechtsnormen bestehen aus:

- dem Tatbestand und
- der Rechtsfolge.

Der **Tatbestand** der Rechtsnorm legt üblicherweise fest, **was** geregelt wird und die **Rechtsfolge** bestimmt die zu ziehenden Konsequenzen in Form von einer **Berechtigung** oder einer **Verpflichtung**.

Beispiel:

Rechtsnorm: § 433 II BGB
Tatbestand: Kaufvertrag
Rechtsfolge: Der Käufer ist verpflichtet,
a) dem Verkäufer den vereinbarten Kaufpreis zu zahlen und
b) die gekaufte Sache abzunehmen.

4.1.2 Anwenden der Subsumtionstechnik

Die Realitäten und Tatsachen des Lebens mit den eher abstrakten Formulierungen der Gesetzestexte in Einklang zu bringen wird **Subsumtion**[1] genannt. Um einen Fall lösen oder einen Sachverhalt rechtlich beurteilen zu können, muss man zunächst die passende Rechtsnorm finden. Im nächsten Schritt überprüft man, ob der Sachverhalt mithilfe dieser Rechtsnorm auch beurteilt werden kann.

Indem man den **konkreten Sachverhalt** mit der **abstrakten Formulierung der Rechtsnorm** (Tatbestand) vergleicht, ordnet man den Sachverhalt der Rechtsnorm unter (subsumiert).

Beispiel:[2]

Enes Yavuz hat am 06.03.20.. vom Autohaus Kern e.Kfm. einen gebrauchten Pkw gekauft. Unter anderem wurde im Kaufvertrag vereinbart, dass die abgefahrenen Reifen ersetzt werden und dass das Fahrzeug am 09.03.20.. von Enes Yavuz zu bezahlen sei, wenn es ihm übergeben wird.

Enes Yavuz erfährt am 07.03.20.., dass er sehr günstig den Pkw eines Freundes kaufen könnte.

Aufgabe:

Prüfen Sie, ob Enes Yavuz den Pkw des Autohauses abnehmen und bezahlen muss!

1 **Subsumtion**: Unterordnung eines Sachverhalts unter dem Tatbestand einer Rechtsnorm.

2 Das gleiche Beispiel wurde in Kapitel 1.2.2 mit dem Grundsatz nach Treu und Glauben gelöst.

Lösung:

Rechtsnorm: § 433 II BGB

Tatbestand: Kaufvertrag

Subsumtion: Es ist ausdrücklich von einem geschlossenen Kaufvertrag die Rede, d. h., beide Parteien sind Verpflichtungen eingegangen, die sie auch erfüllen müssen.

Rechtsfolge: Enes Yavuz hat das gekaufte Fahrzeug abzunehmen und zu bezahlen.

Beachte:

Schwierig wird die Subsumtion dann, wenn die in den Rechtsnormen verwendeten Begriffe nicht eindeutig sind. Dann muss der Gesetzestext ausgelegt (interpretiert) werden. Zum Teil ermöglicht der Gesetzgeber – wie mit der Generalklausel nach Treu und Glauben – ganz bewusst einen Entscheidungsspielraum, um im Einzelfall den Rechtsanwendern eine individuelle, angemessene Reaktion zu ermöglichen.

4.2 Vorliegen von Kaufvertragsstörungen prüfen

4.2.1 Leistungsstörungen

Nicht alle Kaufverträge werden den getroffenen Vereinbarungen entsprechend erfüllt. Es kommt zu **Leistungsstörungen.**

Zu einer **Leistungsstörung** kommt es, wenn der Schuldner die geschuldete Leistung nicht, nicht rechtzeitig oder nicht in der geschuldeten Weise erbringt.

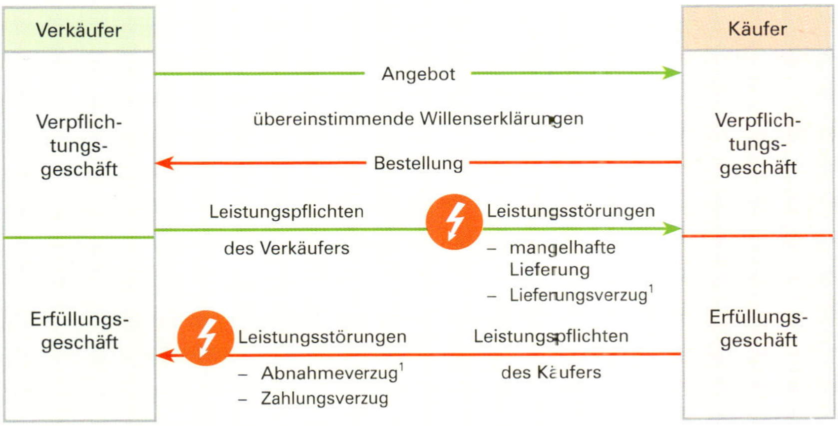

1 Der **Abnahmeverzug** und der **Lieferungsverzug** werden im Folgenden aufgrund des Lehrplans nicht behandelt.

4 Merkur-Nr. 0656

4.2.2 Mangelhafte Lieferung (Schlechtleistung)

LB 1 Handlungssituation 8

Ben, Schüler an einer Fachoberschule mit der Ausbildungsrichtung Wirtschaft und Verwaltung, hat sich am frühen Samstagmorgen auf den Weg zu einem Elektrogroßmarkt gemacht. Er hatte sich dort zu Beginn seines zweiwöchigen Urlaubs am späten Freitagnachmittag eine neue **Spielekonsole** gekauft.

Als er diese am Freitagabend ausgepackt hatte, musste er feststellen, dass der Konsole nur ein statt der gemäß Verpackung angekündigten zwei Controller beigefügt war. Als er dann die Spielekonsole an seinen Fernseher angeschlossen hatte, reagierte der vorhandene Controller aufgrund eines defekten Akkus nicht auf seine manuellen Befehle. Der Ärger darüber hat ihm den ganzen Abend verdorben.

Als er am Servicepoint des Elektrogroßmarktes ankommt, hat sich dort bereits eine längere Warteschlange gebildet. Ben stellt sich genervt am Ende der Schlange an und kommt relativ schnell mit dem vor ihm wartenden Jonas ins Gespräch.

Nachdem Ben ihm sein Leid über die mangelhafte Konsole geklagt hat, berichtet **Jonas** ihm, dass auch er ziemlich verärgert sei. Er hatte sich für seinen Fernseher und die Spielekonsole ein sehr teures **TV-Lowboard** mit Rollen zum Zusammenbauen gekauft. Das Lowboard würde ihm vom Design her ausgesprochen gefallen und wird auch nur von diesem Elektrogroßmarkt angeboten. Für den Aufbau habe er zunächst das Lowboard ausgepackt und den Inhalt auf Vollständigkeit überprüft. Da alle in der Aufbauanleitung aufgeführten Teile vorhanden waren, habe er mit dem Aufbau begonnen und sich dabei strikt an die beiliegende Montageanleitung gehalten. Nach erfolgreichem Beginn sei er allerdings an einen Punkt gelangt, wo er seinen Vater zu Rate ziehen musste. Gemeinsam hätten sie die Anweisungen der Anleitung genauestens befolgt. Diese sei jedoch, wie sich im Nachhinein gezeigt hätte, falsch gewesen, sodass der Aufbau nicht gelang. Als Ergebnis seien nunmehr in der Glasfront deutlich sichtbare Montageschrammen zu sehen. Dies wolle er so nicht akzeptieren und das Lowboard deshalb zurückgeben. Er zweifelt aber daran, ob der Elektrofachmarkt diese Einschätzung teilt, denn schließlich wären ja alle Teile in ordnungsgemäßem Zustand in der Verpackung vorhanden gewesen.

Jonas' Mutter, die das Gespräch der beiden aufmerksam verfolgt hat, schaltet sich kurz ein. Auch sie sei total enttäuscht und verärgert über ihren Kauf. Sie habe Jonas beim Kauf des Lowboards begleitet und sich am selben Tag einen **Lockenstab** gekauft, der speziell im Markt mit einem TV-Clip beworben wurde. Doch statt der in der Werbung versprochenen Lockenpracht, die garantiert zwei Tage halten solle, wären bei ihr nur leichte Wellen im Haar erkennbar gewesen, die zudem nach weniger als zwei Stunden ganz verschwunden seien.

Kaum ist das Gespräch mit Jonas und dessen Mutter beendet, tippt Ben jemand auf die Schulter. Als er sich umdreht, steht hinter ihm **Lea**, eine ehemalige Klassenkameradin vom Gymnasium, die derzeit eine Ausbildung zur Industriekauffrau absolviert. Nach einem kurzen Austausch über die Berufsausbildung berichtet Lea, dass sie ihrem Freund letzte Woche zum Geburtstag ein neues **Autoradio** in dem Elektromarkt gekauft hat. Doch entgegen ihrer Einschätzung zeigte sich ihr Freund nach dem Auspacken ziemlich enttäuscht, da ihm die rote Hintergrundbeleuchtung dieses Modells überhaupt nicht gefällt. Nunmehr wolle sie das Radio an den Elektrogroßmarkt zurückgeben. Sie geht davon aus, dass dies problemlos möglich sei, schließlich ist das Gerät noch originalverpackt. Im Übrigen habe sich ihr Freund bereits ein anderes Modell im Internet bestellt. Ben sieht die Angelegenheit jedoch kritischer als Lea. Er ist sich nicht sicher, ob es sich bei der Reklamation des Autoradios tatsächlich um einen Mangel handelt, den der Elektromarkt so ohne Weiteres akzeptiert.

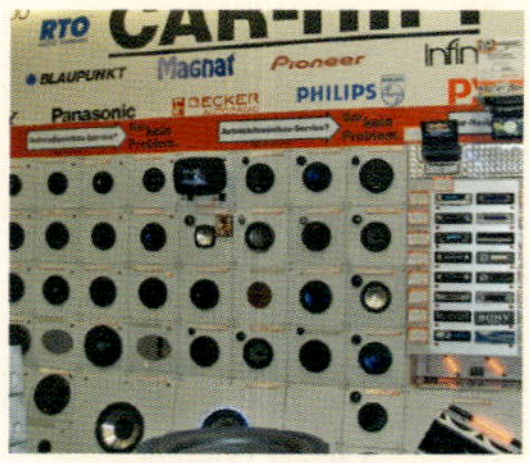

Kompetenzorientierte Arbeitsaufträge:

1. Erläutern Sie, was man unter mangelhafter Lieferung versteht!
2. Stellen Sie die Mängelarten mit jeweils einem selbst gewählten Beispiel in Tabellenform dar!
3. Bei der mangelhaften Lieferung stehen dem Käufer unterschiedliche Rechte zu. Erstellen Sie eine Übersicht zu diesen Rechten!
4. Erfassen Sie in einer Tabelle die in der Handlungssituation aufgeführten Problemfälle und prüfen Sie jeweils, ob es sich dabei um mangelhafte Lieferungen handelt. Ordnen Sie, wenn möglich, den einzelnen Fällen konkrete Mangelarten zu!
5. Wenden Sie am Beispiel der Spielekonsole die Subsumtionstechnik an!
6. Entscheiden Sie, welche Rechte die einzelnen Personen wahrscheinlich geltend machen werden!

4.2.2.1 Begriff mangelhafte Lieferung und die Arten von Mängeln

(1) Begriff mangelhafte Lieferung

Eine **mangelhafte Lieferung** liegt vor, wenn der Verkäufer dem Käufer die im Kaufvertrag vereinbarte Lieferung mit **Mängeln** behaftet übergibt und übereignet.

(2) Arten von Mängeln

Sachmängel

§ 434 BGB

Mängel	Beispiele
Falschlieferung bzw. Minderlieferung	Anstelle der bestellten 100 Silberlöffel werden 100 Silbermesser geliefert (Falschlieferung). – Statt 20 Stück eines bestimmten Posters werden nur 15 Stück geliefert (Minderlieferung).
Mangel in der Beschaffenheit (Qualitätsmangel)	▪ Der Regenmantel ist wasserdurchlässig. ▪ Die Milch ist sauer, obwohl das Mindesthaltbarkeitsdatum noch nicht überschritten ist. ▪ Der neue Wasserhahn tropft.
Falsche Werbeversprechen	Die tatsächliche Akkulaufzeit des Smartphones ist geringer als in der Werbung versprochen.
Mangel durch fehlerhafte Montage- oder Betriebsanleitung	Ein Versandhaus händigt zusammen mit der Lieferung eines Lagerregals eine fehlerhafte Montageanleitung aus. Dadurch konnte das Lagerregal nicht richtig aufgebaut werden.

Rechtsmängel

Ein Rechtsmangel liegt vor, wenn ein Dritter in Bezug auf die Sache Rechte gegen den Käufer geltend machen kann.

Beispiel:

Raubkopie eines Films; Verkauf eines gestohlenen Autos.

§ 435 BGB

Mängel im Hinblick auf ihre Entdeckbarkeit

Mängelarten	Erläuterungen	Beispiele
Offene Mängel	Sind Mängel, die bei gewissenhafter Prüfung der Kaufsache sofort entdeckbar sind.	■ Brot ist schimmlig; ■ Spiegel hat einen Sprung.
Versteckte Mängel	Diese Mängel sind bei der Übergabe der Waren trotz gewissenhafter Prüfung zunächst nicht entdeckbar. Sie werden erst später, z. B. während ihres Gebrauchs oder ihrer Verarbeitung, erkennbar.	■ Regenmantel ist nicht wasserdicht; ■ Konserven sind verdorben; ■ fehlende Seiten in einem Buch.
Arglistig[1] verschwiegene Mängel	Es sind versteckte Mängel, die der Verkäufer dem Käufer absichtlich verschweigt.	Beim Pkw-Verkauf wird ein Unfall verschwiegen.

4.2.2.2 Rechte des Käufers (Gewährleistungsrechte)

(1) Rechte ohne Fristsetzung

Nacherfüllung

§ 439 BGB Ohne Fristsetzung kann der Käufer auf **Nacherfüllung** bestehen. Dabei kann der **Käufer** nach **seiner Wahl**

- die **Beseitigung des Mangels** oder
- die **Lieferung einer mangelfreien Sache (Ersatzlieferung)**

Beispiel:

Einfache Quarzuhren lassen sich häufig nur mit unverhältnismäßigem Aufwand reparieren, soweit dies nicht ohnehin technisch ausgeschlossen ist. Entscheidet sich der Käufer dafür, die Beseitigung des Mangels zu verlangen, kann der Verkäufer dies ablehnen und stattdessen eine andere mangelfreie Uhr liefern.

verlangen. Er hat hierfür dem Verkäufer eine **angemessene[2] Zeit** einzuräumen. Die Kosten der Nacherfüllung hat der Verkäufer zu tragen. Der **Verkäufer** kann allerdings die Leistung **verweigern,** wenn die vom Käufer gewählte Art der Nacherfüllung für ihn nur mit **unverhältnismäßigen Kosten** verbunden ist.

Eine Nacherfüllung gilt als fehlgeschlagen, wenn der **zweite Nachbesserungsversuch erfolglos** war.

Schadensersatz neben der Leistung

§ 280 BGB Neben dem Recht auf Nacherfüllung hat der Käufer **zusätzlich** noch einen **Anspruch auf Schadensersatz neben der Leistung.**

Voraussetzungen:

- Pflichtverletzung
- Verschulden des Verkäufers

1 **Arglistig** handelt, wer wahre Tatsachen unterdrückt (der Verkäufer kennt z. B. den erheblichen Mangel der Kaufsache bereits bei Übergabe der Kaufsache an den Käufer) oder falsche Tatsachen „vorspiegelt“ (der Verkäufer erklärt z. B. wahrheitswidrig, dass das verkaufte Auto für 100 km Fahrstrecke auch bei Höchstgeschwindigkeit höchstens 6,0 Liter Treibstoff verbraucht).

2 **Angemessen** besagt, dass die Frist so lange sein muss, dass der Schuldner die Leistung tatsächlich noch erbringen kann. Allerdings muss sie dem Schuldner nicht ermöglichen, mit der Leistungserbringung erst zu beginnen. Der Schuldner soll nur die Gelegenheit bekommen, die bereits in Angriff genommene Leistung zu beenden.

Beispiel:

Familie Sauber kauft sich eine neue Waschmaschine. Wie der Verkäufer bei Übergabe nicht bemerkt, ist der mitgelieferte Ablaufschlauch defekt. Beim ersten Waschgang tritt Wasser aus, sodass es beim Holzboden zu einem Wasserschaden kommt. Familie Sauber kann Ersatz des Schadens verlangen.

(2) Rechte nach Ablauf einer angemessenen Frist zur Mangelbeseitigung (erfolglose Nacherfüllung)[1]

Rücktritt vom Kaufvertrag

Durch den **Rücktritt vom Vertrag** wird der **Kaufvertrag rückgängig gemacht.** Bereits gelieferte Ware ist zurückzuschicken, ein bereits gezahlter Kaufpreis ist zu erstatten.

Beim Rücktritt muss der Käufer die erhaltene **Leistung zurückgeben** und den **Nutzen** aus der Leistung **ersetzen.**

Beispiel:

Ein Käufer, der einen mangelhaften Pkw erhalten und genutzt hat, muss zum einen den Pkw zurückgeben und zum anderen sich vom Verkäufer ein Nutzungsentgelt anrechnen lassen.

Der Rücktritt des Käufers ist **ausgeschlossen,** wenn der **Mangel unerheblich** ist.

Beispiel:

Befindet sich an einem neuen Pkw ein kleiner Kratzer unter der Motorhaube, ist kein Rücktritt möglich, weil die Schlechtleistung unerheblich ist.

Trotz seines Rücktritts kann der Käufer **Ersatz der Aufwendungen** verlangen, die er im Vertrauen auf den Erhalt der Leistungen gemacht hat. § 284 BGB

Beispiel:

Carsten Mutler hat ein spezielles Gartenhaus bestellt und die entsprechenden Strom-, Wasser- und Bauarbeiten im Voraus ausgeführt. Das Gartenhaus kann aus technischen Gründen nicht geliefert werden. Carsten Mutler kann in diesem Fall alle seine entstandenen Kosten vom Verkäufer zurückverlangen.

Minderung

§ 441 BGB

- **Minderung** bedeutet, dass der ursprüngliche Kaufpreis um die Wertminderung, die der Mangel verursacht hat, gekürzt wird.
- Der Kaufvertrag **bleibt bestehen.**

1 Der **Schadensersatz statt der Leistung** wird **nicht dargestellt,** da er beim Verbrauchsgüterkauf kaum vorkommt.

Minderung wird in der Regel verlangt, wenn die Ware nur kleinere Mängel aufweist, sodass der Käufer die Ware weiterverwenden (z.B. verarbeiten oder weiterveräußern) kann.

Das Recht auf Minderung gilt auch für **unerhebliche Mängel.**

Beispiel:

Eine Musikanlage, die von Manuel Wetzel für 300,00 EUR gekauft wurde, leistet nicht wie vertraglich vorgesehen 500 Watt, sondern nur 400 Watt. Da es nicht innerhalb einer gesetzten Frist zur Nacherfüllung durch den Lieferer kommt, verlangt Manuel Wetzel Minderung. Eine Musikanlage mit einer Leistung von 400 Watt könnte er für 200,00 EUR erwerben. Manuel Wetzel steht ein Minderungsanspruch in Höhe von 100,00 EUR zu.

Sonderregelungen zu den Gewährleistungsrechten beim Verbrauchsgüterkauf

Gefahrübergang

§ 475 I BGB

Beim Verbrauchsgüterkauf tritt der Gefahrübergang erst ein, wenn der **Verbraucher** die **Kaufsache erhalten** hat. Bis zur Übergabe der Ware an den Verbraucher trägt der Verkäufer das Risiko. Nach der Übergabe der Ware trägt der Verbraucher das Risiko einer Verschlechterung bzw. des Verlusts der Ware.

Beschaffenheitsvereinbarung

Eine Vereinbarung „gekauft wie gesehen" ist **unzulässig.**

§ 476 BGB

Beweislastumkehr

Beim Auftreten eines Sachmangels in den ersten sechs Monaten nach Gefahrübergang wird zugunsten des Verbrauchers gesetzlich vermutet, dass der Mangel bereits beim Gefahrübergang der Kaufsache vorhanden war.

Beispiel:

Bei einem im Juli erworbenen Dachfenster tritt im Oktober bei Regen Wasser ein. Es zeigt sich, dass sich Dichtungen im Rahmen großflächig ablösen. Hier spricht die Vermutung für eine von Anfang an fehlerhafte Qualität der Dichtungen bzw. ihrer Verklebung.

Bestreitet der Unternehmer, dass der Mangel bereits beim Gefahrübergang bestand, dann muss er dies dem Verbraucher beweisen. Die Beweislastumkehr kann durch Allgemeine Geschäftsbedingungen[1] nicht ausgeschlossen werden.

§ 475 BGB

Ausschluss der Gewährleistungsrechte

Ein Ausschluss der Gewährleistungsrechte (z.B. über die Allgemeinen Geschäftsbedingungen) ist **rechtswirksam nicht möglich.**

1 **Allgemeine Geschäftsbedingungen [AGB]** sind vorformulierte Vertragsbedingungen, die eine Vertragspartei (z. B. der Einzelhändler) der anderen Vertragspartei (z. B. dem Kunden) bei Abschluss eines Vertrags stellt.

Überblick: Mangelhafte Lieferung

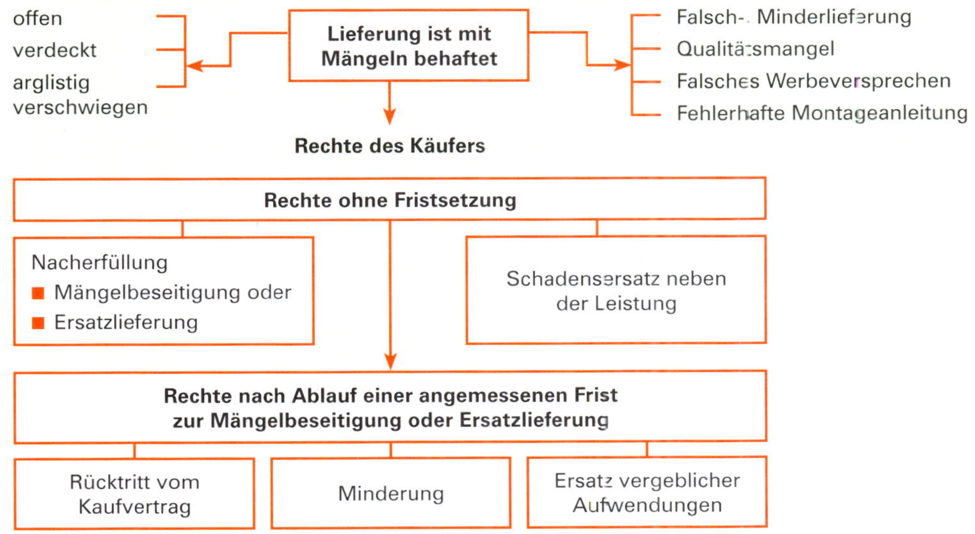

Kompetenztraining

12

1. Nennen Sie die Mangelart, die in den folgenden Fällen vorliegt!

   1.1 Bei der Warenkontrolle wurde festgestellt, dass anstatt T-Shirts aus Baumwolle solche aus Seide geliefert wurden.

   1.2 Anstatt 10 iPads wurden nur 8 geliefert.

   1.3 Bei der Montage von Regalen durch das Möbelhaus wurden die Regalflächen deutlich zerkratzt.

   1.4 Die eingekauften Jeans wurden vom Hersteller als farbecht beworben. Beim ersten Waschen der Jeans werden Verfärbungen festgestellt.

2. Begründen Sie, warum der Käufer bei mangelhafter Lieferung nicht gleich vom Kaufvertrag zurücktreten oder Minderung des Kaufpreises verlangen kann, sondern stattdessen zunächst Nacherfüllung verlangen muss!

3. Beschreiben Sie, unter welchen wirtschaftlichen Voraussetzungen Sie Ersatzlieferung, Mängelbeseitigung verlangen oder vom Kaufvertrag zurücktreten würden!

4. Das Autohaus Peter Falke e.K. verkauft an den Privatmann Norbert Speidel einen fünf Jahre alten Kleinwagen. Zwei Wochen nach dem Kauf tritt erheblicher Ölverlust an der Servolenkung auf. Herr Speidel möchte die Reparaturkosten vom Autohaus ersetzt haben. Das Autohaus lehnt die Kostenübernahme mit der Begründung ab, der Ölverlust sei erst nach Abschluss des Kaufvertrags aufgetreten.

   Aufgabe:

   Wer hat die Beweislast für den aufgetretenen Mangel zu tragen? Begründen Sie Ihre Meinung mithilfe des Gesetzestextes!

5. Frank Kühnle hat am 8. April 20.. im Baumarkt Baumat KG einen neuen Rasenmäher gekauft. Am 22. Mai 20.. brach beim Rasenmähen der Gashebel ab. Nun verlangt er von der Baumat KG einen neuen Rasenmäher.

Aufgaben:

5.1 Erklären Sie, warum der Rasenmäher wegen des Abbrechens des Gashebels einen Sachmangel hat!

5.2 Wie kann und darf die Baumat KG auf die Forderung von Frank Kühnle nach einem neuen Rasenmäher reagieren? Begründen Sie Ihre Antwort!

5.3 Angenommen, die Baumat KG lehnt alle Gewährleistungsrechte von Frank Kühnle ab. Sie verweist auf ihre allgemeinen Geschäftsbedingungen, in der sich folgende Klausel befindet:

> „Unsere Produkte unterliegen einer strengen Qualitätskontrolle. Rechte wegen Mängeln an unseren Produkten können nur gegenüber den Herstellern geltend gemacht werden."

Erläutern Sie, ob die Baumat KG einen Anspruch von Frank Kühnle auf Nachlieferung und/oder Schadensersatz ablehnen darf! Lesen Sie hierzu § 309, Nr. 8b) aa BGB.

6. Am 21. April 20.. kauft sich der Auszubildende Jürgen Witt von seinem ersten selbst verdienten Geld bei der Möbel Kaiser OHG einen neuen Schreibtisch. Am 23. April 20.. wird der Schreibtisch ausgeliefert. Am Abend, als Jürgen von der Arbeit nach Hause kommt, stellt er verärgert fest, dass die Schreibtischplatte Kratzer aufweist und an einer Seite Leimdurchschläge vorhanden sind.

Aufgaben:

6.1 Erklären Sie, welche Rechte Jürgen gegen die Möbel Kaiser OHG geltend machen kann!

6.2 Prüfen Sie mithilfe der Subsumtionstechnik Jürgens Recht auf Nacherfüllung!

7. Zerlegen Sie die folgenden Rechtsnormen in Tatbestand und Rechtsfolge: § 929 S. 1 BGB und § 631 I BGB.

13

1. Im Gästeraum seiner Urlaubspension entdeckt Moritz Schneider ein Gemälde, das mit dem Namen Karl August Brem signiert ist. Moritz Schneider, der Gemälde Brems schätzt, kauft dem Pensionsinhaber Jonas Müller das Gemälde als Original für 1700,00 EUR ab. Am Ende des Urlaubs nimmt er das Bild mit nach Hause.

Einen Monat später besucht der Kunsthändler Milan Kaltschnee seinen Freund Moritz Schneider, der ihm seine Neuerwerbung sofort vorführt. Milan Kaltschnee, ein Brem-Experte, hegt Zweifel an der Echtheit des Gemäldes. Mit dem Einverständnis Moritz Schneiders nimmt er es zur näheren Untersuchung mit in seine Galerie.

Nach acht Tagen teilt Milan Kaltschnee seinem Freund Moritz Schneider mit, dass es sich um eine gelungene, aber wertlose Imitation handelt.

Moritz Schneider informiert unverzüglich den Pensionsinhaber Jonas Müller über die neue Situation und fordert die Rückgabe des Kaufpreises. Letzterer zeigt sich überrascht, da er das Gemälde selbst als Original gekauft hatte.

Aufgaben:

1.1 Nennen Sie den Mangel, der bei dem Gemälde vorliegt!

1.2 Prüfen Sie, ob Moritz Schneider gegenüber dem Pensionsinhaber die Rechte Nacherfüllung, Rücktritt und Minderung geltend machen kann!

2. Ein Kunde kauft im Mitnahmemarkt eines Möbelhauses eine Vitrine. Die beigefügte Montageanleitung enthält für die Montage der Schubladen einen Fehler. Der Kunde erkennt bei der Montage den Fehler und montiert fehlerfrei. Nach drei Wochen sieht er in einem anderen Möbelgeschäft eine Vitrine, die ihm noch besser gefällt und auch weniger kostet. Gegenüber dem Lieferer der ersten Vitrine will er den Sachmangel wegen der fehlerhaften Montageanleitung geltend machen und vom Vertrag zurücktreten. Der Verkäufer weigert sich, den Rücktritt zu akzeptieren.

   Aufgabe:

   Beurteilen Sie das Verhalten des Verkäufers!

3. Katja kauft am 5. August d. J. im Kaufhaus Seliger OHG einen neuen Badeanzug im Schlussverkauf. Wegen einer Erkrankung kann sie diesen erst im Januar des nächsten Jahres beim Besuch des Hallenbades zum ersten Mal anziehen. Nach diesem Bad stellt sie fest, dass die Farben völlig ineinander verlaufen sind.

   Aufgaben:

   3.1 Geben Sie an, welche Rechte Katja grundsätzlich gegen das Kaufhaus Seliger OHG geltend machen kann!

   3.2 Katja verlangt von der Seliger OHG einen neuen Badeanzug dieser Art. Vom Kaufhaus Seliger wird ihr mitgeteilt, dass diese Art von Badeanzügen nicht mehr im Sortiment des Herstellers sind und das Kaufhaus Seliger OHG auch keinen Restbestand aus dem Vorjahr mehr hat.

   Prüfen Sie, ob Katja vom Kaufhaus Seliger OHG die Rücknahme des Badeanzugs gegen Auszahlung des Kaufpreises verlangen kann!

   3.3 Angenommen, Katja fände Gefallen an dem verfärbten Badeanzug. Prüfen Sie, ob sie Minderung verlangen könnte und gegebenenfalls in welcher Höhe!

4.2.3 Zahlungsverzug (Nicht-Rechtzeitig-Zahlung)

LB 1 Handlungssituation 9

Die 18-jährige Maja absolviert seit mehr als einem Monat eine Ausbildung zur Groß- und Außenhandelskauffrau. Für diese Ausbildung ist sie aus ihrer ländlichen Heimat im Bayerischen Wald nach Grafenau in ihre erste eigene Wohnung gezogen.

Damit sie sich in ihrem neuen Umfeld wohlfühlt, legt sie großen Wert auf eine hochwertige und moderne Ausstattung ihrer kleinen Mietwohnung. Zu diesem Zweck hat sie in den letzten Wochen mehrere Möbelhäuser in Passau aufgesucht, um sich nach einem für sie perfekten Sofa umzusehen. Schließlich wurde sie fündig und hat sich, trotz des hohen Kaufpreises von 1 785,00 EUR, für ein hochwertiges Echtleder-Sitzmöbel eines namhaften Herstellers entschieden. Vereinbart wurde eine Lieferung auf Rechnung, wobei Maja aushandeln konnte, dass für die Auslieferung keine zusätzlichen Kosten anfallen.

Vier Wochen nach der Bestellung wird das Sofa am 14. November 20.. ordnungsgemäß ausgeliefert und die Rechnung übergeben.

Designmöbel Wonnemann GmbH

Designmöbel Wonnemann GmbH · Winzerleite 2 · 94036 Passau
Maja Gschwindner
Lindenallee 15
94481Grafenau

Bei Rückfragen bitte stets angeben:

Rechnungsnummer:	6559/16
Rechnungsdatum:	14.11.20..
Bestellnummer:	9287
Bestelldatum:	14.10.20..
Lieferscheinnummer:	2559/16
Telefon:	0851 82577

Rechnung

Wir berechnen für unsere Lieferung vom 14.11.20..

Artikel-Nr.	Menge	Bezeichnung	Einzelpreis EUR	Gesamtpreis EUR
17-04	1	Lounge Design „New York" Nappaleder, Farbe: Wüstensand	1 500,00	1 500,00
		+ 19 % USt		285,00
		Rechnungsbetrag		1 785,00

Zahlungsbedingungen: Der Rechnungsbetrag ist innerhalb von 10 Tagen ab Rechnungsdatum fällig.

Die Finanzierung des Rechnungsbetrags hat Maja wie folgt geregelt: Von den Eltern erhält sie einen Zuschuss von 1 500,00 EUR. Den Restbetrag will sie von ihrer Ausbildungsvergütung für den Monat Dezember bestreiten. Denn ihr Chef hatte bereits angekündigt, dass sie mit dieser Zahlung ein Weihnachtsentgelt in Höhe von 350,00 EUR zusätzlich erhält.

Nach Gutschrift der Ausbildungsvergütung inklusive Weihnachtsgeld überweist Maja am 19. Dezember 20.. den offenen Rechnungsbetrag an die Designmöbel Wonnemann GmbH. Am 22. Dezember 20.. kommt Maja gut gelaunt von der Arbeit in ihre Wohnung und freut sich schon auf einen entspannten Fernsehabend auf ihrem neuen Sofa. Vor Betreten der Wohnung leert sie noch schnell ihren Briefkasten und wundert sich über ein Schreiben von der Designmöbel Wonnemann GmbH.

Sofort öffnet sie den Brief und traut ihren Augen kaum. Die Designmöbel Wonnemann GmbH verlangt von ihr die Zahlung von 7,50 EUR. Bei diesem Betrag soll es sich gemäß dem Schreiben um Verzugszinsen handeln, die durch die verspätete Zahlung angefallen sind.

Völlig empört greift sie zum Smartphone und ruft ihre beste Freundin Charlotte an. Nach kurzer Schilderung des aus ihrer Sicht unverschämten Vorgangs führt Maja an, dass sie sich zwar mit der Zahlung etwas Zeit gelassen habe, aber deshalb von dem Möbelhaus keine Mahnung erhalten hätte. Allein schon deshalb sei die Rechnung eine absolute Unverschämtheit und für sie nicht akzeptabel.

Nachdem Charlotte sich die Sichtweise von Maja aufmerksam angehört hat, schlägt sie vor, dass Maja sich doch die Rechnung in Bezug auf die Zahlung noch einmal genau ansehen solle.

Kompetenzorientierte Arbeitsaufträge:

1. Erläutern Sie, was man unter Zahlungsverzug versteht!
2. Der Eintritt des Zahlungsverzugs ist auch davon abhängig, ob der Zahlungszeitpunkt nach dem Kalender genau bestimmt (oder berechenbar) ist oder nicht. Unterscheiden Sie diese beiden Fälle und geben Sie jeweils zwei konkrete Beispiele an!
3. Bei Vorliegen von Zahlungsverzug stehen dem Gläubiger unterschiedliche Rechte zu. Erstellen Sie eine Übersicht zu diesen Rechten!
4. Prüfen Sie, ob im oben angeführten Fall die Voraussetzungen für einen Zahlungsverzug vorliegen!
5. Begründen Sie, ob die Designmöbel Wonnemann GmbH zu Recht Verzugszinsen fordern darf!

4.2.3.1 Begriff Zahlungsverzug und Eintritt des Zahlungsverzugs

(1) Begriff Zahlungsverzug

Ein Schuldner gerät mit seiner geschuldeten Zahlung **in Verzug,** wenn er **trotz Mahnung** (sofern sie erforderlich ist) **nicht oder nicht rechtzeitig zahlt.**

(2) Eintritt des Zahlungsverzugs

§ 286 BGB

Zahlungszeitpunkt nach dem Kalender genau bestimmt oder berechenbar

Ist der **Zahlungszeitpunkt** nach dem Kalender **genau bestimmt** oder lässt sich der Zahlungszeitpunkt **kalendermäßig genau berechnen,** so tritt der Zahlungsverzug **unmittelbar nach Überschreiten** des Zahlungstermins ein.

Ein **Zahlungstermin** ist nur dann **genau bestimmt,** wenn er **vertraglich vereinbart** ist.

Beispiele:

- Im Vertrag wird ein **kalendermäßig genau bestimmter Zahlungszeitpunkt** vereinbart:
  „Der Kaufpreis ist bis zum 15. Januar auf das vom Verkäufer genannte Konto zu überweisen." Der Käufer kommt mit Ablauf des 15. Januars in Verzug.
- Im Vertrag wird ein **kalendermäßig genau berechenbarer Zahlungszeitpunkt** vereinbart:
  *„Der Kaufpreis ist innerhalb von 10 Kalendertagen nach Rechnungs**datum** zu leisten."* Ist die Rechnung auf den 17. Juni datiert, ist der Käufer mit Ablauf des 27. Juni in Zahlungsverzug.

Zahlungszeitpunkt nicht genau bestimmt und nicht berechenbar

Ist der Zahlungszeitpunkt weder genau bestimmt noch kalendermäßig berechenbar, dann kommt der Käufer (Verbraucher) in Zahlungsverzug, wenn er auf eine vom Verkäufer **nach der Fälligkeit erfolgte Mahnung** nicht zahlt.

Beispiele:

- *„zahlbar 14 Tage nach Rechnungs**erhalt**"*
- *„zahlbar sofort"*
- *„zahlbar ab 20. April 20.."*

Beispiel:

Lennart Strom erhält am 2. August 20.. von der Tele GmbH eine Rechnung über die Lieferung eines Fernsehers. Erhält Lennart Strom am 17. August eine Mahnung der Tele GmbH wegen Nichtzahlung, dann ist er ab dem 17. August in Zahlungsverzug.

4.2.3.2 Rechte des Verkäufers

(1) Rechte ohne Nachfristsetzung

■ Auf Zahlung bestehen

Der Verkäufer besteht auf dem vereinbarten Kaufpreis. Zahlt der Käufer nach dem Zahlungstermin, stellt der Verkäufer keine weiteren Ansprüche.

■ Schadensersatz wegen Verzögerung der Zahlung

§ 249 I BGB

Der Verkäufer ist berechtigt, vom Käufer einen angemessenen Ersatz **aller** durch den Zahlungsverzug bedingten Verzugsschäden zu verlangen. Der Verkäufer ist so zu stellen, wie er vermögensmäßig stehen würde, wenn der Käufer rechtzeitig gezahlt hätte.

Beispiele für Verzugsschäden:

- Gesetzliche Verzugszinsen beim Verbrauchsgüterkauf 5 % über dem Basiszinssatz.[1]
- Kosten der Inkassobüros,[2] Anwalts- und Gerichtskosten, Verwaltungskosten.

(2) Rechte nach erfolgloser angemessener Fristsetzung zur Zahlung

	Rechte des Gläubigers	Erläuterungen	Beispiele
§§ 323, 325 BGB	**Rücktritt vom Verbrauchsgüterkaufvertrag**	Der Verkäufer ist berechtigt, vom Verbrauchsgüterkaufvertrag zurückzutreten. Trotz des Rücktritts ist der Verkäufer berechtigt, zusätzlich noch Schadensersatz zu verlangen.	Ein Käufer zahlt nicht. Der Verkäufer tritt vom Verbrauchsgüterkaufvertrag zurück, wenn er diesem Käufer Waren geliefert hat, die er anderweitig zu einem höheren Preis verkaufen kann. Der Käufer wird jedoch z. B. mit Rücknahmekosten (z. B. Frachtkosten) und Verzugszinsen belastet.
§ 281 BGB	**Schadensersatz statt der Leistung**	Lehnt der Verkäufer die verspätete Zahlung ab und besteht auf Ersatz des entstandenen Schadens, so kann er nach Ablauf einer erfolglosen angemessenen Fristsetzung Schadensersatz statt der Leistung verlangen.	Ein Käufer zahlt nicht. Der Verkäufer nimmt die Ware zurück und verkauft sie anderweitig, jedoch zu einem niedrigeren Preis. Den Preisunterschied, die Rücknahmekosten und gegebenenfalls weitere entstandene Verzugskosten (z. B. Verzugszinsen) hat der Käufer zu tragen.

1 Der **Basiszinssatz** wird von der Europäischen Zentralbank bestimmt. Beispiel: Basiszinssatz 0,5 %, Verzugszinssatz 5,5 %.

2 **Inkasso**: Einzug von Geldforderungen.

Überblick: Zahlungsverzug

Gläubiger hat den Zahlungsbetrag nicht oder noch nicht rechtzeitig erhalten

↓

Eintritt des Zahlungsverzugs

Wenn ...

- Zahlungszeitpunkt **genau bestimmt**
- Zahlungszeitpunkt **nach dem Kalender berechenbar**

Dann ...

→ Zahlungsverzug tritt ein mit Ablauf des bestimmten oder des berechenbaren Kalendertages

Wenn ...

- Zahlungszeitpunkt **weder genau bestimmt noch** nach dem Kalender **berechenbar**

Dann ...

→ Durch Nichtzahlung nach einer erfolgten Mahnung

↓

Rechte des Verkäufers (Gläubigers)

Rechte ohne Fristsetzung

- Bestehen auf Zahlung
- Schadensersatz wegen Verzögerung der Zahlung

Nach erfolgloser angemessener Fristsetzung zur Zahlung

- Rücktritt vom Kaufvertrag und/oder
- Anspruch auf Schadensersatz statt der Leistung

Kompetenztraining

14
1. Nennen Sie die Voraussetzungen für den Eintritt des Zahlungsverzugs!
2. Formulieren Sie Beispiele, die für den Eintritt des Zahlungsverzugs eine Mahnung erforderlich machen!
3. Erläutern Sie, unter welchen Bedingungen eine Mahnung entbehrlich ist!
4. Notieren Sie für die folgenden Fälle, wann das Entgelt von einem Verbraucher spätestens zu zahlen ist, wenn Zahlungsverzug vermieden werden soll!

Nr.	Vereinbarte Zahlungsbedingung
4.1	Zahlbar innerhalb von 10 Tagen ab Rechnungsdatum unter Abzug von 3% Skonto.[1] Ziel 30 Tage ab Rechnungsdatum.
4.2	Ziel 20 Tage ab Rechnungsdatum
4.3	Sofort
4.4	Keine Zahlungsbedingungen vereinbart
4.5	Zahlbar ab 20. April 20..
4.6	Zahlbar im Mai April 20..

1 Unter **Skonto** (Mehrzahl: Skonti) versteht man einen Preisnachlass, der dafür gewährt wird, dass ein Schuldner frühzeitig zahlt.

5. Klären Sie die folgenden Rechtsfälle:

   Christian Feuchtbeiner erhält am 2. Juni 20.. von der Baufix KG eine Rechnung über 1420,00 EUR zuzüglich 19 % USt. Als Zahlungsbedingung wurden vereinbart: Zahlung innerhalb von 10 Tagen ab Rechnungsdatum mit 2 % Skonto oder 30 Tage netto Kasse. Rechnungsdatum ist der 1. Juni 20..

   Aufgaben:

   Begründen Sie, ob Christian Feuchtbeiner in Zahlungsverzug ist, wenn er

   5.1 den Rechnungsbetrag abzüglich 2 % Skonto am 12. Juni 20.. überweist,

   5.2 den Rechnungsbetrag ohne Skonto am 15. Juli 20.. bezahlt hat!

6. Martin Schneider kauft sich einen Pkw vom Autohaus Gruber OHG. Er leistet eine Anzahlung, der Rest von 25 000,00 EUR ist fällig und bereits angemahnt zum 10. November. Der Restbetrag trifft beim Autohaus jedoch erst am 10. Januar ein. Das Autohaus hat in der Zwischenzeit bei seiner Bank einen Kredit zu 9 % Zins in Anspruch genommen.

   Aufgabe:

   Begründen Sie, ob das Autohaus die Erstattung der Zinsen verlangen kann!

7. Das Hotel Goldener Adler schickt am 20. Mai 20.. eine Rechnung über 3800,00 EUR zuzüglich 19 % USt an Familie Welter wegen Durchführung einer Familienfeier. Rechnungsdatum ist der 22. Mai 20.. Als Zahlungsbedingung wurde vereinbart: *„Zahlung sofort ohne Abzug."*

   Aufgaben:

   7.1 Erläutern Sie, ob sich Familie Welter in Zahlungsverzug befindet, wenn beim Hotel am 10. Juni noch keine Zahlung eingegangen ist!

   7.2 Familie Welter erhält am 12. Juni eine Mahnung. Der Goldene Adler weist darauf hin, dass die Rechnung bis zum 20. Juni gezahlt sein muss. Begründen Sie, zu welchem Zeitpunkt Familie Welter in Verzug ist!

8. FRITZ MAIER

   Kühlsysteme – Groß- und Einzelhandel

   Fritz Maier e.K. · Hamburger Str. 18 · 25335 Elmshorn

   Herrn
   Lars Seyfert
   Talstraße 17
   88400 Biberach

   Bitte stets angeben:
   Rechnungsdatum: 14.01.20..
   Lieferdatum: 14.01.20..
   Kunden-Nr.: 1356

   Rechnung-Nr. 5510

Pos.	Menge	Bezeichnung	Einzelpreis	Gesamtbetrag in EUR
1	1	Siemens Gefrierschrank GS 2628	663,87	663,87
		+ 19 % USt		126,13
		Rechnungsbetrag		790,00

   Zahlung innerhalb von 14 Tagen ab Rechnungsdatum.

   Aufgabe:

   Lars Seyfert hat diese Rechnung bis zum 2. Februar d. J. noch nicht bezahlt. Prüfen Sie, ob Lars Seyfert in Zahlungsverzug gekommen ist! Gehen Sie davon aus, dass Lars Seyfert die Überweisung des Rechnungsbetrages vergessen hatte!

Lernbereich 2: Im kaufmännischen Geschäftsverkehr agieren

1 Die verschiedenen Arten der Kaufmannseigenschaft unterscheiden

LB 2 Handlungssituation 1

Sebastian, Malte und Nils sind Schüler an einer Berufsfachschule für Wirtschaft und wollen alle drei anschließend eine Ausbildung zum Industriekaufmann absolvieren. An einem Freitag in der ersten Pause stehen sie auf dem Schulhof zusammen und unterhalten sich über ihren Mitschüler Jonas Bauer. Soeben haben sie über ihren Klassenlehrer erfahren, dass Jonas die Fachoberschule mit sofortiger Wirkung abgebrochen hat und somit künftig nicht mehr zum Unterricht erscheinen wird.

Während sich Nils lauthals darüber aufregt, wie jemand seine Schulausbildung einfach abbrechen kann, holt Malte sein Tablet-PC hervor und zeigt seinen beiden Mitschülern den neuesten Facebook-Post von Jonas. Zu sehen ist ein Selfie ihres ehemaligen Mitschülers mit nach oben gestrecktem Daumen vor einem Biomarkt. Überschrieben ist das Bild mit dem Slogan „Kaufmann statt Kaufmannsgehilfe – so sieht Karriere aus!“

Unterhalb des Selfies schreibt Jonas dann, dass er sich nach langen Gesprächen mit seinen Eltern dazu entschlossen hat, in den Biomarkt seines Vaters einzusteigen und den Betrieb zum Jahresende komplett zu übernehmen, da sich sein Vater aus gesundheitlichen Gründen aus dem Unternehmen zurückziehen möchte. Alles Weitere könne man dann auch nächstes Jahr im Handelsregister unter der Firma „Bauers Biomarkt e. K.“ nachlesen.

Nachdem sich die drei Mitschüler das Posting genauer angesehen haben, kommt es zu einer heftigen Diskussion. Sebastian ist der Meinung, dass Jonas schon immer ein Angeber gewesen sei und es mit einer abgebrochenen Fachoberschule zu nichts bringen werde, schon gar nicht zu einem Kaufmann. Nils fügt hinzu, dass er nicht versteht, wieso Jonas sich über seine ehemaligen Mitschüler lustig macht. Schließlich werden sie ja mal nach der Fachoberschule und der daran anschließend geplanten Ausbildung zum Industriekaufmann Kaufmann sein, wohingegen Jonas doch wohl eher nur der „Gehilfe seines Vaters“ bleibt. Lediglich Malte kommt ins Nachdenken und fragt die anderen, ob an dem Facebook-Post von Jonas nicht doch etwas Wahres dran sein könnte …

Kompetenzorientierte Arbeitsaufträge:

1. Erläutern Sie aus rechtlicher Sicht den Begriff „Kaufmannsgehilfen“. Recherchieren Sie zur Beantwortung der Frage im Internet!
2. Erläutern Sie aus rechtlicher Sicht den Begriff „Kaufmann“. Gehen Sie im Rahmen Ihrer Ausführungen auch darauf ein, ob man hierzu über eine abgeschlossene kaufmännische Ausbildung verfügen muss!
3. In dem Facebook-Post verwendet Jonas die Begriffe „Firma“ und „Handelsregister“. Erläutern Sie diese beiden Begriffe!
4. Das Unternehmen von Jonas trägt den Namen „Bauers Biomarkt e. K.“. Erläutern Sie, was sich hinter dem Kürzel „e. K.“ verbirgt! Gehen Sie bei Ihrer Antwort auch auf die wesentlichen Merkmale dieser Rechtsform ein!

1.1 Handelsrecht

1.1.1 Begriff Handelsrecht

Für die wirtschaftliche Tätigkeit eines Kaufmanns[1] gilt das Handelsrecht. Zum Handelsrecht gehören neben dem Handelsgesetzbuch [HGB] verschiedene handelsrechtliche Nebengesetze (z.B. Scheck- und Wechselgesetz, Wettbewerbsrecht, Wertpapierrecht), in denen Regelungen zu bestimmten Sachverhalten festgelegt sind. Für den Kaufmann gilt das BGB nur subsidiär,[2] das bedeutet: Fehlen spezielle Regelungen im HGB, gilt das Bürgerliche Gesetzbuch [BGB].

1.1.2 Leitgedanken des Handelsrechts

Aufgrund ihrer Ausbildung und ihrer kaufmännischen Tätigkeit können Kaufleute die Folgen ihres unternehmerischen Handelns besser einschätzen als Privatpersonen. Deswegen wird von Kaufleuten unter anderem Folgendes erwartet:

Erwartungen	Erläuterungen	Beispiele
Eigenverantwortung	Aufgrund ihrer umfangreichen kaufmännischen Kenntnisse benötigen Kaufleute bei ihrem Handeln weniger gesetzlichen Schutz als Privatpersonen.	Die Getter KG bürgt bei der Bayernbank AG für den Kredit der Speidel OHG. Wenn die Speidel OHG Insolvenz[3] anmeldet, kann die Bayernbank AG die Schuld sofort von der Getter KG einfordern (§ 349 HGB). Bei einer Privatperson muss sich der Kreditgeber in der Regel zuerst an den Schuldner wenden.
Verkehrs- und Vertrauensschutz	Durch das Führen amtlicher Register (z.B. Handelsregister, Genossenschaftsregister), deren Eintragungen üblicherweise verbindlich sind, wird der Handelsverkehr geschützt.	Im Handelsregister ist für die Getter KG als Prokurist[4] Thomas Zimmer eingetragen. Die Prokura wurde aufgrund der Unzuverlässigkeit von Thomas Zimmer jedoch vor zwei Jahren seitens der Geschäftsführung widerrufen. Allerdings wurde der Widerruf nicht gegenüber dem Handelsregister erklärt, sodass die Prokura dort nicht gelöscht wurde. Thomas Zimmer bestellt sich ohne Wissen der Geschäftsleitung für 95 000,00 EUR einen neuen Dienstwagen. Die Getter KG ist an den Kaufvertrag gebunden.
Schnelligkeit und Effizienz	Die täglich abzuschließenden Rechtsgeschäfte zwischen Kaufleuten müssen aus wirtschaftlichen Gründen zügiger und wirksamer (effizient) vonstattengehen als die Rechtsgeschäfte, die ▪ zwischen Kaufleuten und Privatperson oder ▪ zwischen zwei Privatpersonen abgeschlossen werden.	Ein Kaufmann, der von einem anderen Kaufmann mit Ware beliefert wird, muss diese unverzüglich auf Mängel untersuchen.

1 Siehe Kapitel 1.2.

2 **Subsidiär:** zur Aushilfe dienend.

3 **Insolvenz:** Zahlungsunfähigkeit.

4 **Prokura:** ist eine durch einen Kaufmann an Mitarbeiter erteilte weitreichende geschäftliche Vertretungsmacht.

1.1.3 Sondervorschriften bei Handelsgeschäften

Handeln zwei Kaufleute untereinander, haben sie andere Gepflogenheiten und Ansprüche im bzw. an den Geschäftsverkehr als Privatpersonen. Um diesen Gepflogenheiten und Ansprüchen gerecht zu werden, enthält das HGB Sondervorschriften für Handelsgeschäfte. Im Folgenden werden beispielhaft wichtige Sondervorschriften dargestellt, um den Zweck des Handelsrechts zu verdeutlichen.

(1) Mündliche Bürgschaft eines Kaufmanns

Im Gegensatz zu einer Privatperson kann ein Kaufmann für sein Handelsgewerbe auch **mündlich** eine Verpflichtung für eine Bürgschaft eingehen. Dies gilt jedoch nicht für seinen Privatbereich. § 350 HGB

Beispiel:

Aufgrund saisonbedingter Mindereinnahmen ist Gustav Schönauer, Inhaber des Biergartens Sommerau, momentan für seine Hausbank nicht kreditwürdig. Er hat jedoch über den Winter für seinen Biergarten neue sanitäre Anlagen und eine neue Küche gekauft, für die die Zahlung nun fällig wird. Damit der Kredit von der Bank eingeräumt wird, bürgt die Brauerei, die seinen Biergarten mit Getränken versorgt, in einem Telefonat unter Zeugen für den Kredit.

Mittlerweile ist es Frühling, der Biergarten hat wieder geöffnet, jedoch sind die Umsätze wegen des schlechten Wetters nicht sehr hoch, sodass Gustav Schönauer seinen Kredit bei der Hausbank nicht tilgen kann.

Die Brauerei verweigert gegenüber der Hausbank die Befriedigung der Schuld und fordert, die Hausbank soll die fälligen Forderungen bei Gustav Schönauer durch Zwangsvollstreckung[1] nach § 771 BGB einholen.

Nach § 350 HGB kann ein Kaufmann, in diesem Fall die Brauerei, mündlich eine Bürgschaft übernehmen. Der § 771 BGB, dass die Schuld erst durch Zwangsvollstreckung beim Schuldner eingeholt wird, gilt nur, wenn im HGB keine Regelung vorhanden ist. Der § 349 HGB regelt dies jedoch eindeutig. Dadurch folgt, dass § 771 BGB nur für Privatpersonen gilt. Damit ist die Brauerei zur Zahlung der Schuld verpflichtet.[2]

(2) Schweigen des Kaufmanns

Bestehen zwischen zwei Kaufleuten **dauerhafte** Geschäftsbeziehungen, kann das Schweigen eines Kaufmanns auf einen Antrag als Annahme des Antrags gewertet werden, da dieser nicht den gleichen gesetzlichen Schutz wie eine Privatperson benötigt. § 362 HGB

Beispiel 1:

Die Getter KG wird von der Weinhold AG einmal monatlich mit Holzpaneele beliefert. Auf den Antrag der Weinhold AG, dass sie auch im November wieder Paneele liefern, antwortet die Getter KG nicht. Die Weinhold KG kann dieses Schweigen als Annahme des Antrags werten.

1 **Zwangsvollstreckung**: Verfahren, bei dem mit staatlichem Zwang (z. B. über Gerichtsvollzieher) die Ansprüche durchgesetzt werden.

2 Dass die Hausbank das Telefonat unter Zeugen führte, wäre, wenn sich die Brauerei an die Generalklausel von Treu und Glauben hält, nicht notwendig. Im Normalfall kann auch davon ausgegangen werden, dass die Brauerei sich an die eingegangene Verpflichtung hält, da sie auch in Zukunft mit dem Biergarten und eventuell auch mit der Bank Geschäfte machen möchte. Für die Bank ist das Telefonat unter Zeugen jedoch eine rechtliche Absicherung. Eine schriftliche Bürgschaft war wegen der Dringlichkeit der unverzüglichen Zahlung nicht möglich.

Beispiel 2:

Zwei Kaufleute vereinbaren mündlich ein Geschäft. Zur Rechtssicherheit verfasst Kaufmann A ein kaufmännisches **Bestätigungsschreiben** und sendet es Kaufmann B zu. Reagiert Kaufmann B nicht auf das Schreiben von Kaufmann A, so kann Kaufmann A das Schweigen von Kaufmann B als Zustimmung werten und ein Vertrag kommt zustande. Auch unwesentlichen Abweichungen vom mündlich Besprochenen wird durch das Schweigen zugestimmt.

(3) Mängelrüge

§ 377 HGB Es müssen festgestellte Mängel, sofern sie erkennbar sind, bei einer Warenlieferung unverzüglich direkt nach der Lieferung der Ware gerügt werden. Diese Regelung dient damit dem Schutz des Verkäufers. Dieser soll vor einer Inanspruchnahme und Beweisschwierigkeiten nach Ablauf von längeren Zeiträumen geschützt werden. Auch soll die im Interesse von Verkäufer und Käufer liegende Schnelligkeit und Effizienz im Handelsverkehr gefördert werden.

Beispiel:

Die Getter KG erhält von der Weinhold AG eine Lieferung Holzpaneele. Frau Mayr von der Getter KG kontrolliert die Paneele sehr flüchtig, stellt aber trotzdem fest, dass die Holzart in fünf Paketen falsch ist. Leider entgeht ihr, dass in jedem Paket nur 12 Paneele enthalten sind, und nicht wie vereinbart 14. Bei der jährlichen Inventur vier Monate später werden die fehlenden Paneele bemerkt.

Weil nach § 377 HGB direkt nach Empfang der Lieferung gerügt werden muss, ist eine Reklamation der fehlenden Paneele nicht mehr möglich. Die Getter KG kann weder eine Nachlieferung verlangen noch Geld zurückfordern.

(4) Guter Glaube

§ 366 I HGB Der gute Glaube, dass ein Kaufmann über eine Sache auch verfügen kann, folgt direkt aus der Generalklausel von Treu und Glauben.

Wenn der Erwerber einer Sache im guten Glauben ist, dass der Verkäufer der Sache über diese verfügt, erwirbt er die Sache im guten Glauben und wird Eigentümer, auch wenn der Verkäufer in Wirklichkeit keine Verfügungsbefugnis über die Sache hat.

Voraussetzungen für den § 366 I HGB sind:

- Der Verkäufer muss Kaufmann im Sinne der §§ 1 ff. HGB sein.
- Der Verkauf muss im Betrieb des Handelsgewerbes erfolgen. Nur der Glaube daran, dass es ein Handelsgeschäft ist, reicht nicht aus.
- Der gute Glaube an die Verfügungsbefugnis des Verkäufers muss vorhanden sein.

Beispiel:

Der Kunsthändler Ernesto Moser erhält von einem seiner Lieferanten irrtümlich zwei alte Gemälde. Eigentlich wollte sein Lieferant die Gemälde zum Restaurieren in die Werkstatt schicken. Er hat aber die Adressen vertauscht. Ernesto Moser ist nicht Eigentümer der Bilder, hat also keine Befugnis, die Bilder zu verkaufen. Er stellt die Bilder aber in seinem Verkaufsgeschäft aus und bietet sie zum Verkauf an. Frau Sohler gefällt eines der Bilder so gut, dass sie es von Ernesto Moser erwirbt.

Obwohl Ernesto Moser nicht der Eigentümer des Bildes ist, hat Frau Sohler das Bild im guten Glauben von Ernesto Moser als Kaufmann erworben und wird Eigentümerin des Bildes.

Kompetenztraining

15 1. Finn Lohmann, Inhaber eines Fitnesscenters, behauptet, bei einem Handelskauf wird grundsätzlich immer das HGB angewendet.

Aufgabe:

Prüfen Sie die Rechtslage! Begründen Sie Ihre Antwort.

2. 2.1 Erläutern Sie, warum bei einem Handelskauf schnelles und eigenverantwortliches Handeln von den beteiligten Kaufleuten erwartet wird!

   2.2 Bilden Sie jeweils ein Beispiel für schnelles Handeln und für eigenverantwortliches Handeln!

3. Herr Becker, Geschäftsführer der Zeh GmbH, bürgt als Privatperson für den Kredit seines Neffen Alois. Als die Bank die Rückzahlung des Kredites fordert, verweigert Alois die Tilgung und verweist auf seinen Onkel. Die Bank soll die Forderung an den Onkel stellen.

Aufgabe:

Beurteilen Sie die Erfolgsaussichten von Alois. Prüfen Sie rechtlich, ob die Bürgschaft des Onkels schriftlich erfolgen muss!

4. Die Wunder GmbH bestellt bei der Ziegelfabrik Stein OHG fünf Paletten Ziegel mit integrierter Wärmedämmung. Herr Schneider überprüft für die Wunder GmbH die gelieferte Ware. Bei den gerade eingetroffenen Ziegeln mit integrierter Wärmedämmung haben die Ziegel auf zwei Paletten eine falsche Dämmung. Statt Dämmung aus Pflanzenfasern besteht diese aus Styropor. Die Ziegel auf den anderen Paletten haben zwar die richtige Dämmung, aber es wurde zu wenig von der Dämmung eingefüllt. Dies ist aber für Herrn Schneider von außen nicht erkennbar. Herr Schneider übersieht die falsche Dämmung und die fehlende Füllung. Nach sechs Monaten reklamiert die Baufirma Maurer & Söhne KG die von der Wunder GmbH gelieferten Ziegel. Die Wunder GmbH fordert daraufhin von der Stein OHG Nachbesserung in Form einer neuen Lieferung.

Aufgabe:

Zeigen Sie die rechtlichen Möglichkeiten auf, die die Stein OHG hat, um auf die Forderung der Wunder GmbH zu reagieren!

5. Herr Frey, Verkäufer bei der Autohaus Zettler GmbH, kauft von Herrn Härter ein gebrauchtes Auto an. Die beiden vereinbaren, dass die eingebauten Lautsprecher im Wert von 2400,00 EUR ausgebaut und in das Auto eingebaut werden, das Herr Härter bei der Autohaus Zettler GmbH neu bestellt hat. Leider vergisst Herr Frey die mit Herrn Härter mündlich besprochene Vereinbarung. Zwischenzeitlich verkauft Frau Zimmermann, ebenfalls Verkäuferin bei der Autohaus Zettler GmbH, das in Zahlung gegebene Auto von Herrn Härter mit den hochwertigen Lautsprechern an Simone Keller weiter. Herr Härter ist sehr erbost, als er davon erfährt, und fordert, dass die Lautsprecher in das neue Auto eingebaut werden müssen. Frau Keller sagt, die Lautsprecher gehören jetzt ihr.

   Aufgabe:

   Prüfen Sie die Rechtslage! Raten Sie dem Autohaus, wie es sich verhalten sollte!

6. Lesen Sie noch einmal das Beispiel zur mündlichen Bürgschaft auf S. 65 und bewerten Sie dabei die Wechselbeziehung zwischen Effizienz und Schutzgedanken beim zweiseitigen Handelskauf!

1.2 Kaufmann

(1) Begriff Kaufmann

Kaufmann im Sinne des HGB ist, wer ein **Handelsgewerbe** betreibt. § 1 I HGB

Ein Handelsgewerbe ist jeder Gewerbebetrieb,[1] wenn er nach Art oder Umfang einen in **kaufmännischer Weise eingerichteten Geschäftsbetrieb** erfordert.

Gewerbetreibende, deren Unternehmen **keinen** nach Art oder Umfang eines in **kaufmännischer Weise eingerichteten Geschäftsbetrieb** erforderlich macht, sind **keine Kaufleute.**

Hierzu gehören vor allem alle **Kleinbetriebe** (z. B. kleine Einzelunternehmen).

Freiberufler (z. B. Rechtsanwälte, Ärzte mit einer eigenen Praxis, Architekten) sind sogenannte **Nichtkaufleute.**

(2) Formen des Kaufmanns

■ Istkaufmann

Gewerbetreibende, deren Unternehmen nach Art oder Umfang eine **kaufmännische Einrichtung** erforderlich macht, sind **in jedem Fall Kaufmann,** gleichgültig, ob sie bereits im Handelsregister eingetragen sind oder nicht. Man spricht deswegen auch von **Istkaufmann** [§ 1 HGB]. § 1 HGB

1 Ein **Gewerbebetrieb** liegt vor, wenn die Tätigkeit selbstständig und auf Dauer angelegt ist, planmäßig betrieben wird, auf dem Markt nach außen in Erscheinung tritt, nicht gesetzes- oder sittenwidrig ist und in der Regel eine Gewinnerzielungsabsicht beinhaltet.

Der Istkaufmann ist verpflichtet, sich mit seiner Firma und mit sonstigen wichtigen Merkmalen seines Handelsgewerbes (z. B. Niederlassungsort, Zweck des Unternehmens, Gesellschafter) in das Handelsregister eintragen zu lassen. Die Eintragung erklärt dann nur noch nach außen, dass es sich um ein kaufmännisches Unternehmen handelt. Die Eintragung wirkt nur noch **deklaratorisch**[1], was besagt, dass die Rechtswirkung schon vor der Eintragung in das Handelsregister (siehe S. 70) eingetreten ist.

Kannkaufmann

- Ein **Kleinbetrieb** ist **kein Kaufmann** und unterliegt daher nicht den **Vorschriften des HGB.**
- Ein Kleingewerbetreibender **kann** sich aber in das **Handelsregister eintragen lassen.** Mit der Eintragung erlangt er die Kaufmannseigenschaft.
- Ein Kleingewerbetreibender ist daher **Kannkaufmann.**

Auch die Inhaber land- und forstwirtschaftlicher Betriebe und/oder ihrer Nebenbetriebe haben die Möglichkeit, sich ins Handelsregister eintragen zu lassen. Voraussetzung ist, dass diese Betriebe einen nach Art und Umfang in kaufmännischer Weise eingerichteten Geschäftsbetrieb erfordern. §§ 2,3 II HGB

Bei einem Kannkaufmann wirkt die Handelsregistereintragung **konstitutiv.**[2] Dies bedeutet, dass die Kaufmannseigenschaft erst mit der Handelsregistereintragung erworben wird.

Kaufmann kraft Rechtsform

Kaufmann kraft Rechtsform **(Formkaufmann)** sind die juristischen Personen[3] des Handelsrechts ohne Rücksicht auf die Art der betriebenen Geschäfte und der Betriebsgröße.

Wichtige Beispiele für einen Kaufmann kraft Rechtsform sind die Gesellschaft mit beschränkter Haftung (GmbH) sowie die Aktiengesellschaft (AG), die mit der Eintragung in das Handelsregister Kaufmann werden. Bei einem Formkaufmann wirkt die Handelsregistereintragung **konstitutiv,** d. h., die Rechtswirkung tritt erst mit der Eintragung in das Handelsregister ein.

Konzernzentrale der BMW AG in München

1 **Deklaratorisch** (lat.): erklärend, rechtserklärend. Deklaration (lat.): Erklärung, die etwas Grundlegendes enthält.

2 **Konstitutiv** (lat.): rechtsbegründend, rechtschaffend. Konstitution (lat.): Verfassung, Rechtsbestimmung.

3 **Juristische (rechtliche) Personen** sind „künstliche" Personen, denen der Staat die Eigenschaft von Personen kraft Gesetzes verliehen hat. Sie sind damit rechtsfähig, d. h. Träger von Rechten und Pflichten. Siehe auch S. 21.

1.3 Handelsregister

(1) Begriff Handelsregister

Das **Handelsregister** ist ein amtliches, öffentliches, elektronisch geführtes Verzeichnis aller Kaufleute eines Amtsgerichtsbezirks. Für die Führung des Handelsregisters sind die Amtsgerichte zuständig. § 8 HGB § 376 I FamFG

- Für die **Anmeldungen zur Eintragung** ist eine **öffentliche Beglaubigung**[1] (z.B. durch einen Notar) erforderlich.
- Die für die Anmeldung erforderlichen **Unterlagen** sind **elektronisch einzureichen.**

(2) Aufgabe und Bedeutung des Handelsregisters

Die Aufgabe des Handelsregisters besteht darin, der **Öffentlichkeit** die Rechtsverhältnisse der eingetragenen kaufmännischen Gewerbebetriebe offenzulegen. Das Handelsregister ist frei zugänglich, d.h., jeder Interessierte kann ohne Angabe von Gründen in das Register Einsicht nehmen.

Das Handelsregister genießt **öffentlichen Glauben.** Zum Schutz des Vertrauens Dritter auf die bekannt gemachten Handelsregistereintragungen gilt die **Vermutung der Richtigkeit** der Handelsregistereintragungen.

(3) Abteilungen des Handelsregisters

Das Handelsregister besteht aus zwei Abteilungen:

Abteilung A	**Abteilung B**
Hier werden u.a. eingetragen: ■ Einzelkaufleute, ■ offene Handelsgesellschaft (OHG), ■ Kommanditgesellschaft (KG).	Hier werden u.a. eingetragen: ■ Gesellschaft mit beschränkter Haftung (GmbH), ■ Aktiengesellschaft (AG).

(4) Löschung

Die Löschung der Eintragung erfolgt dadurch, dass die Eintragung rot unterstrichen wird. Auf diese Weise können alle früheren Eintragungen zurückverfolgt werden.

1.4 Firma

(1) Begriff Firma

Die **Firma** ist der im Handelsregister eingetragene Name, unter dem ein Kaufmann sein Handelsgewerbe betreibt und seine Unterschrift abgibt [§ 17 I HGB]. Der Kaufmann kann unter seiner Firma klagen und verklagt werden [§ 17 II HGB]. § 17 HGB

1 **Zur Erinnerung: Beglaubigung:** Vom Notar wird die **Echtheit der eigenhändigen Unterschrift** des Erklärenden beglaubigt.
Beurkundung: Hier werden die Willenserklärungen der Beteiligten von einem Notar in eine Urkunde aufgenommen. Der Notar beurkundet dabei die **Unterschrift** und den Inhalt der **Erklärung.**

Das Recht an einer bestimmten Firma ist gesetzlich geschützt. Das Gesetz schützt den Inhaber einer Firma beispielsweise davor, dass ein anderer Kaufmann am selben Ort eine nicht deutlich abweichende Firma annimmt. § 30 HGB

(2) Firmengrundsätze

Firmenwahrheit und -klarheit	Die Firma darf nicht über Art und/oder Umfang des Geschäfts täuschen.
Firmenöffentlichkeit	Jeder Kaufmann ist verpflichtet seine Firma und den Ort seiner Handelsniederlassung zur Eintragung in das zuständige Handelsregister anzumelden.
Firmenausschließlichkeit	Jede neue Firma muss sich von anderen an demselben Ort bereits bestehenden und in das Handelsregister eingetragenen Firmen deutlich unterscheiden. Bei gleichen Familiennamen der Inhaber muss ein Firmenzusatz eine eindeutige Unterscheidung ermöglichen.
Firmenbeständigkeit	Die bisherige Firma kann beibehalten werden, wenn sich der Name des Inhabers ändert (z. B. bei Heirat), das Unternehmen durch einen neuen Inhaber fortgeführt wird (z. B. bei Verkauf) oder bei Eintritt eines zusätzlichen Mitinhabers. Ein Zusatz, der auf das Nachfolgeverhältnis hinweist, ist möglich (z. B. Leon Härle, vormals Fritz Krause e. K.).

(3) Rechtsformzusätze

Die Firma muss einen Zusatz enthalten, der die gewählte Rechtsform des Unternehmens erkennen lässt.

Beispiel:

Die Firma der **Einzelunternehmung** muss die Bezeichnung „eingetragener Kaufmann" bzw. „eingetragene Kauffrau" enthalten. Allgemein verständliche Abkürzungen dieser Bezeichnungen sind zulässig (z. B. e. K., e. Kfm., e. Kfr.) [§ 19 I, Nr. 1 HGB].

Überblick: Kaufmann

- **Formen des Kaufmanns**

Istkaufmann	Kannkaufmann	Kaufmann kraft Rechtsform (Formkaufmann)
Alle Gewerbebetriebe, die einen in kaufmännischer Weise eingerichteten Geschäftsbetrieb benötigen	Kleinbetriebe Land- und forstwirtschaftliche Betriebe, die nach Art und Umfang eine kaufmännische Einrichtung benötigen	Juristische Personen des Handelsrechts
Die Eintragung ins Handelsregister ist Pflicht	Die Eintragung ins Handelsregister ist freiwillig	Die Eintragung ins Handelsregister ist Pflicht
Eintragung wirkt deklaratorisch	Eintragung wirkt konstitutiv	

- Die **Firma** eines Kaufmanns ist sein im Handelsregister eingetragener Name, unter dem er seine Geschäfte betreibt und seine Unterschrift abgibt.

Kompetenztraining

16 1. Lena Stehlin übernimmt für verschiedene Verlage die Texterfassung. Sie hat zwei Teilzeitangestellte beschäftigt. Ihr Gewerbebetrieb erfordert keinen nach Art oder Umfang in kaufmännischer Weise eingerichteten Geschäftsbetrieb. Dennoch möchte sich Lena Stehlin ins Handelsregister eintragen lassen. Sie sollen Lena Stehlin im Rahmen der Handelsregistereintragung beraten.

Aufgaben:

1.1 Unterbreiten Sie drei Vorschläge für einen Firmennamen!

1.2 Erläutern Sie, was unter dem Begriff Firma zu verstehen ist!

1.3 Lena Stehlin möchte wie folgt firmieren:

Die Texterfassung e. K.

Beurteilen Sie, ob diese Firma zulässig ist!

1.4 Auf Ihren Rat hin meldet Lena Stehlin beim Amtsgericht folgende Firma an:

Die Texterfassung Inh. Lena Stehlin e. K.

Die Eintragung erfolgt am 24. Mai 20. .

Zeigen Sie auf, welche rechtliche Wirkung die Handelsregistereintragung für Lena Stehlin hat!

2. Der Installateurmeister Theo Kopf hat vor Jahren einen kleinen Reparaturbetrieb gegründet, der sich gut entwickelte. Heute beschäftigt er fünf Gesellen und zwei Angestellte. Sein Betrieb ist kaufmännisch voll durchorganisiert. Im Handelsregister ist Theo Kopf nicht eingetragen.

Aufgaben:

2.1 Beurteilen Sie, ob Theo Kopf Kaufmann ist!

2.2 Der Steuerberater Klug macht Theo Kopf darauf aufmerksam, dass er seinen Gewerbebetrieb ins Handelsregister eintragen lassen muss.

Unterbreiten Sie einen Vorschlag, wie die Firma lauten könnte!

2.3 Theo Kopf lässt sich am 15. Februar 20.. unter der Firma „Theo Kopf e. K. – Installateurfachbetrieb“ ins Handelsregister eintragen.

Erläutern Sie, welche rechtliche Wirkung die Handelsregistereintragung hat!

3. Die Wirkung von Handelsregistereintragungen kann deklaratorisch oder konstitutiv sein.

Aufgaben:

3.1 Erklären Sie, was jeweils hierunter zu verstehen ist!

3.2 Ermitteln Sie, bei welchem Kaufmann die Handelsregistereintragung deklaratorisch, bei welchen sie konstitutiv ist!

2 Sich einen Überblick über mögliche Rechtsformen verschaffen, um eine begründete Entscheidung treffen zu können

LB 2 Handlungssituation 2

Der gelernte Sport- und Fitnesskaufmann Carsten Holm hat sich entschieden, seine sportlichen Aktivitäten und sein kaufmännisches Wissen in eine erfolgreiche Unternehmensgründung im Industrie- und Gewerbepark Augsburg umzusetzen. Er hat bereits durch Gelegenheitsgeschäfte im Onlineportal „E-Kauf" günstige Einkaufsquellen ermittelt und sich erste Kundenkontakte und ausgezeichnete Branchenkenntnisse angeeignet. Jetzt möchte er den Sprung wagen, aus dem Gelegenheitsgeschäft ein hauptberufliches Gewerbe aufzubauen. Parallel zum Onlineshop möchte Carsten Holm ein Ladenlokal für den persönlichen Kundenkontakt aufbauen. Beflügelt durch seine Anfangserfolge im Onlineportal fühlt er sich auf dem Weg zum Top-Verkäufer.

Carsten Holm meldet sich für ein Beratungsgespräch bei der zuständigen Industrie- und Handelskammer (IHK) in Augsburg an. Die Kammer bietet Start-up-Unternehmen die Möglichkeit, sich kostenlos und kompetent zu informieren.

Zur gewissenhaften Vorbereitung fertigt er sich folgenden Merkzettel an:

1. Mein Onlineshop bietet als Kernsortiment Sportartikel für Trend-, Extrem- und Funsportarten an. Als ergänzendes Randsortiment werden allgemein im Sportbetrieb nachgefragte Accessoires angeboten.
2. Planungszahlen meines Powerseller-Onlineshops im ersten Geschäftsjahr:
   - Umsätze 48 000,00 EUR
   - Wareneinkäufe 32 000,00 EUR
   - Vertriebskosten 10 000,00 EUR
3. Zusätzlich zum Onlineshop plane ich ein Ladenlokal im Augsburger Industrie- und Gewerbepark zu eröffnen. Hier kann ich meine Kunden aus der Urlaubs- und Bergregion Alpen persönlich beraten und Kundenbindungen langfristig aufbauen. Für mögliche Umsatzzahlen habe ich noch keine Erfahrfungswerte.
4. Neben dem Handel mit Sportartikeln will ich Kurse und begleitende Sportarrangements in der Urlaubs- und Bergregion Harz anbieten.
5. Um die drei Geschäftsfelder Onlineshop, Ladenlokal und Sportevents erfolgreich zu managen, werde ich Sport- und Fitnesskaufleute als kompetente Mitarbeiter einstellen.

Kompetenzorientierte Arbeitsaufträge:

1. Nennen Sie die Stelle, bei der eine Unternehmensgründung angemeldet werden muss!
2. Nennen Sie die Stellen, die über eine Unternehmensgründung informiert werden müssen! Begründen Sie die Informationspflicht!
3. Nehmen Sie begründet zu der Frage Stellung, ob Carsten Holm
   3.1 bereits mit seinem Berufsabschluss als Sport- und Fitnesskaufmann,
   3.2 später mit der Gründung seines Unternehmens
   automatisch Kaufmann im Sinne des HGB ist!
4. Erklären Sie, ob neben dem Gewerberegister bei der Kommunalbehörde noch weitere Meldungen bzw. Eintragungen erforderlich sind!

2.1 Rechtliche Voraussetzungen

(1) Gewerbefreiheit

Die Gründung eines eigenen Unternehmens steht grundsätzlich jedermann offen, denn in Deutschland herrscht **Gewerbefreiheit.**

Der **Betrieb eines Gewerbes** ist jedermann gestattet, soweit nicht durch die Gewerbeordnung [GewO] Ausnahmen oder Beschränkungen vorgeschrieben oder zugelassen sind. § 1 GewO

(2) Anmeldung des Unternehmens

Der Gründer **muss** sein neu zu gründendes Unternehmen bei folgenden öffentlichen Stellen anmelden:

- **Amtsgericht**

Eine Anmeldung beim zuständigen **Amtsgericht** zur **Eintragung** in das **Handelsregister** ist erforderlich, sofern ein **Handelsgewerbe** vorliegt.

- **Gemeindebehörde**

§ 14 GewO Eine Anmeldung ist auch erforderlich bei der für den betreffenden Ort zuständigen Behörde, z.B. beim **Gewerbeamt** der Gemeinde. Mit der Anmeldung erhält der Gründer der Unternehmung einen **Gewerbeschein.** Der Gewerbeschein ist der Beleg für die offizielle Anmeldung des Gewerbes.

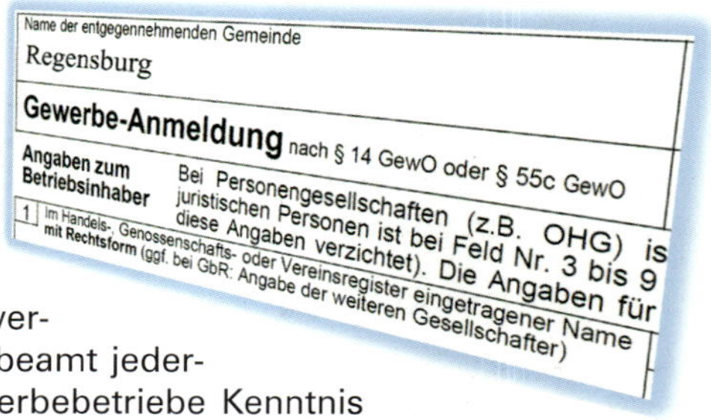
Name der entgegennehmenden Gemeinde
Regensburg
Gewerbe-Anmeldung nach § 14 GewO oder § 55c GewO
Angaben zum Betriebsinhaber
Bei Personengesellschaften (z.B. OHG) ist für jeden Gesellschafter ein eigener Vordruck auszufüllen. Bei juristischen Personen ist bei Feld Nr. 3 bis 9 diese Angaben verzichtet). Die Angaben für
1 Im Handels-, Genossenschafts- oder Vereinsregister eingetragener Name mit Rechtsform (ggf. bei GbR: Angabe der weiteren Gesellschafter)

Die Gewerbeanmeldung (Fachausdruck: Gewerbeanzeige) verfolgt den Zweck, dem Gewerbeamt jederzeit über Zahl und Art der ansässigen Gewerbebetriebe Kenntnis zu geben. Dadurch soll eine wirksame Überwachung der Gewerbebetriebe gewährleistet werden.

Mit der Gewerbeanzeige werden auch die sonstigen Meldeverpflichtungen erfüllt. Die nachfolgend genannten Stellen erhalten je eine **Ausfertigung der Gewerbeanzeige:**

- das **Finanzamt,** um die Abführung der Steuern zu gewährleisten;
- die **Berufsgenossenschaft** als Träger der gesetzlich vorgeschriebenen Unfallversicherung;
- die **Industrie- und Handelskammer** bzw. die **Handwerkskammer** als berufsständische Vertretung;
- das **Gewerbeaufsichtsamt** als Aufsichtsbehörde für Anlagen, die einer besonderen Überwachung bedürfen (z.B. Dampfkesselanlagen, Aufzugsanlagen, Getränkeschankanlagen).

Die Gewerbeanzeige ist nicht immer ausreichend. Für bestimmte Gewerbezweige ist eine behördliche Genehmigung erforderlich (z.B. für Spielhallen, Makler, Bauträger, Gaststätten, Reisegewerbe).

Sozialversicherungsträger

Werden Arbeitnehmer beschäftigt, so ist eine Anmeldung bei den Sozialversicherungsträgern (gesetzliche Krankenkassen, gesetzliche Pflegekassen, Deutsche Rentenversicherung [gesetzliche Rentenversicherung], Bundesagentur für Arbeit [gesetzliche Arbeitsförderung]) erforderlich, um Versicherungsschutz zu erhalten.

2.2 Rechtsformen im Überblick

(1) Begriff Rechtsformen

Die **Rechtsform** stellt die Rechtsverfassung eines Unternehmens dar. Sie regelt die Rechtsbeziehungen innerhalb des Unternehmens und zwischen dem Unternehmen und Dritten.

(2) Einzelunternehmung

Der Begriff **Unternehmer** kommt von „etwas unternehmen". Unternehmer ist also, wer es selbst „unternimmt", Geschäfte in eigenem Namen und auf eigene Rechnung mit vollem Risiko zu tätigen. Unternehmer dieser (ursprünglichen) Art bezeichnet man daher als **Einzelunternehmer.**

(3) Gesellschaftsunternehmen

Bei Gesellschaftsunternehmen schließen sich mehrere Kapitalgeber zusammen, um ein Unternehmen zu gründen. Je nachdem, ob die Kapitalgeber bereit sind, im Unternehmen mitzuarbeiten oder nur Kapital bereitzustellen, unterscheidet man in **Personengesellschaften** und in **Kapitalgesellschaften.**

Personengesellschaften

Personengesellschaften bestehen aus mindestens **zwei Personen,** die sich in Form einer **Gesellschaft** zusammenschließen, um einen **bestimmten Zweck** zu verfolgen. Die Personen (Gesellschafter) stehen bei den Personengesellschaften im Vordergrund. Sie bringen ihre **persönliche Arbeitskraft** ein und sie **haften** – je nach Rechtsform – **unbeschränkt**

oder beschränkt für die Schulden der Gesellschaft. Die Gesellschafter bezeichnet man daher auch als **Eigentümerunternehmer.**

Beispiele für **Personengesellschaften** sind:

- Offene Handelsgesellschaft (OHG),
- Kommanditgesellschaft (KG).

Kapitalgesellschaften

Die Möglichkeiten der Personengesellschaften reichen in kapitalintensiven[1] Wirtschaftszweigen nicht aus, um einen riesigen Kapitalbedarf zu decken. Es werden Kapitalgesellschaften gegründet.

Die **Eigenkapitalaufbringung** erfolgt durch viele „kleine" oder auch „große" **Kapitalanleger** (z. B. durch die GmbH-Gesellschafter bzw. Aktionäre), wobei das Risiko auf den Wert der Kapitaleinlage beschränkt wird. Die Leitung der Kapitalgesellschaften obliegt angestellten Geschäftsführern (z. B. bei der GmbH) oder Direktoren (z. B. Vorstandsmitgliedern der AG), die selbst nicht am Unternehmen beteiligt sein müssen. Die Leiter der Kapitalgesellschaften werden deshalb als **Managerunternehmer** bezeichnet.

Beispiele für **Kapitalgesellschaften** sind:

- Gesellschaft mit beschränkter Haftung (GmbH),
- Aktiengesellschaft (AG).

Überblick: Rechtsformen

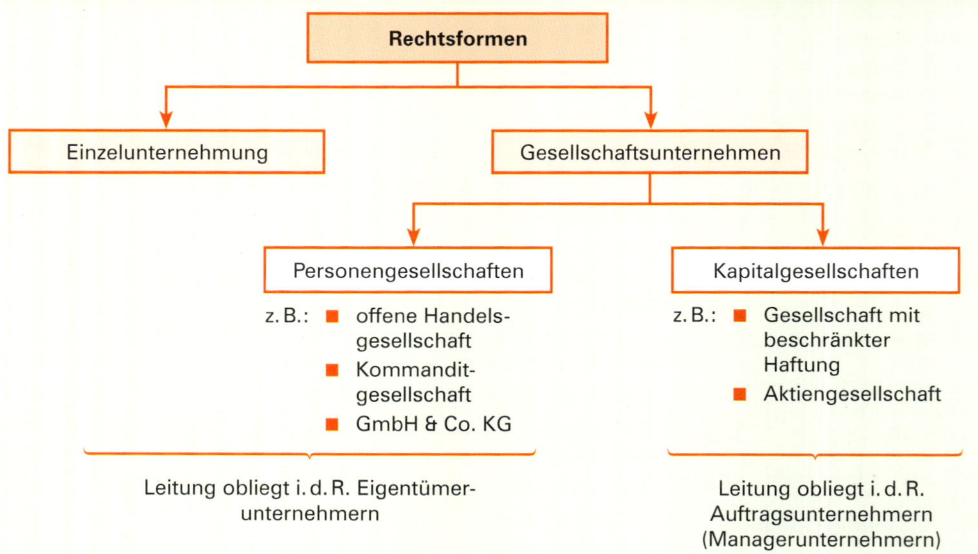

1 **Kapitalintensive** Betriebe sind solche mit hohem Kapitalbedarf (z. B. Automobilhersteller, Stahlwerke, Werften, Eisenbahnen, Raffinerien).

2.2.1 Einzelunternehmung

(1) Begriff Einzelunternehmer

Einzelunternehmer ist, wer es selbst „unternimmt", Geschäfte in **eigenem Namen** und auf **eigene Rechnung** mit **vollem Risiko** zu tätigen und hierzu sein **eigenes Geld- und Sachkapital** einsetzt.

(2) Firma

§ 19 I HGB

Die Firma der Einzelunternehmung richtet sich i. d. R. nach dem Vor- und Zunamen des Einzelunternehmers. Sie muss die Bezeichnung „eingetragener Kaufmann" bzw. „eingetragene Kauffrau" oder eine allgemein verständliche Abkürzung dieser Bezeichnung enthalten.

Beispiel:

Beauty Moments Emmy Reisacher e. Kfr.

(3) Merkmale der Einzelunternehmung

Personenzahl	Der Einzelunternehmer ist **alleiniger Inhaber** des Unternehmens.
Gründung	Für die Gründung des Einzelunternehmens bestehen keine gesetzlichen Formvorschriften. Erfordert ein Unternehmen eine kaufmännische Einrichtung, ist eine Eintragung ins Handelsregister erforderlich.
Geschäftsführung	Die Geschäftsführung, d. h., die Leitung des Unternehmens, obliegt dem Einzelunternehmer allein. Er trifft alle Anordnungen in seinem Unternehmen (also im **Innenverhältnis**) allein.
Vertretung[1]	Das Recht auf Vertretung des Unternehmens gegenüber Dritten (nach „außen") hat der Einzelunternehmer. Er schließt für das Unternehmen alle erforderlichen Rechtsgeschäfte mit Dritten ab (z. B. Kaufverträge, Mietverträge, Kreditverträge).
Haftung[1]	■ Der Einzelunternehmer haftet für alle Verbindlichkeiten des Unternehmens mit seinem Geschäfts- und Privatvermögen **unbeschränkt** und **unmittelbar**. ■ Die in der Regel geringe Eigenkapitalkraft hat eine **beschränkte Kreditbeschaffungsmöglichkeit** zur Folge.
Eigenkapital-aufbringung	Das Eigenkapital stellt der Einzelunternehmer zur Verfügung. Über die Höhe des aufzubringenden Eigenkapitals gibt es keine gesetzliche Vorschrift.
Gewinn und Verlust	Der Einzelunternehmer hat das Recht auf den gesamten Gewinn. Andererseits muss er den Verlust allein tragen.

1 **Vertretung** und **Haftung** regeln die Rechtsbeziehung des Unternehmens mit außenstehenden Dritten. Sie betreffen daher das **Außenverhältnis**.

(4) Vor- und Nachteile der Einzelunternehmung

Für einen **Unternehmer** hat diese Unternehmensform Vor- und Nachteile:

Vorteile (Gründungsmotive)	Nachteile
■ Keine Abstimmung der Entscheidungen mit anderen (Ausnahme: Mitbestimmung der Arbeitnehmer). ■ Schnelle Entscheidungsmöglichkeit. ■ Rasche Anpassung an veränderte wirtschaftliche Verhältnisse (z. B. Aufnahme neuer Produkte). ■ Klarheit und Eindeutigkeit der Unternehmensführung. ■ Großes Eigeninteresse des Inhabers an der Arbeit, da ihm der Gewinn allein zusteht (Gewinn als Leistungsanreiz).	■ Bei falschen Entscheidungen trägt der Inhaber das Risiko allein. ■ Der Erfolg des Unternehmens hängt untrennbar an der Person des Inhabers, seinen fachlichen Fähigkeiten, seinem Charakter und seiner Gesundheit. ■ In der Regel geringe Eigenkapitalkraft und beschränkte Kreditbeschaffungsmöglichkeiten. ■ Großes Haftungsrisiko.

Überblick: Einzelunternehmung

- Bei den **Einzelunternehmen** werden alle wichtigen Unternehmerfunktionen und Risiken vom Einzelunternehmer wahrgenommen, dem auch der Gewinn allein zusteht und der auch entstehende Verluste allein zu tragen hat.
- Wichtige **wirtschaftliche Voraussetzungen** sind, dass bei der Gründung und für die laufende Geschäftstätigkeit des Unternehmens (z. B. für den Einkauf, die Lagerhaltung, die Leistungserstellung und den Verkauf) ausreichend Finanzmittel vorhanden sind und das Unternehmen seine Leistungen auch langfristig mit Gewinn verkaufen kann.
- Das **Haftungsrisiko** ist aufgrund der unbeschränkten und unmittelbaren alleinigen Haftung des Einzelunternehmers für die Geschäftsverbindlichkeiten hoch.

Kompetenztraining

17 Jonas Augustin, Angestellter eines Softwareunternehmens, möchte sich als Softwareentwickler selbstständig machen und hierzu ein Einzelunternehmen gründen.

Aufgaben:

1. 1.1 Nennen Sie drei persönliche Voraussetzungen, die Jonas Augustin mitbringen sollte, um das Softwareunternehmen erfolgreich führen zu können!

   1.2 Geben Sie drei Gründe wieder, die Jonas Augustin zur Wahl dieser Rechtsform veranlasst haben könnten!

   1.3 Nennen Sie die Abteilung des Handelsregisters, in welche die Firma „Jonas Augustin e. Kfm., Softwareentwicklung" eingetragen wird!

2. Nennen und beurteilen Sie je drei Vor- und Nachteile des Einzelunternehmens

   2.1 aus der Sicht der Arbeitnehmer,

   2.2 aus der Sicht des Einzelunternehmers!

2.2.2 Offene Handelsgesellschaft (OHG)

LB 2 Handlungssituation 3

Stefan Osann e. Kfm. betreibt im Industrie- und Gewerbepark Augsburg einen Handel mit Bürobedarf, Computertechnik, Kopiergeräten usw.

Das Unternehmen hat sich in den letzten Jahren sehr erfolgreich entwickelt. Insbesondere der Bereich der Computertechnik hat einen rasanten Aufschwung genommen. Immer mehr – insbesondere kleine – Unternehmen wünschen sich allerdings eine Lösung „aus einer Hand", das heißt, sie wollen nicht nur die Hardware kaufen, sondern komplette Systemlösungen mit lokalem Netzwerk, Internetanbindung, Virenschutz, Datensicherung und laufender Wartung.

Stefan Osann ist inzwischen Mitte 50 und diesen Herausforderungen nicht mehr gewachsen. In Horst Wiedenmann, ausgebildeter IT-Systemelektroniker, hat er einen Partner gefunden, der bereit wäre, mit ihm zusammen eine Gesellschaft zu gründen. Aus seinem Privatvermögen könnte Horst Wiedenmann 150000,00 EUR in die Gesellschaft einbringen. Stefan Osann brächte das bereits bestehende Grundstück mit dem Betriebsgebäude, den Fahrzeugen und den kompletten Einrichtungen im Wert von 450000,00 EUR in das Unternehmen ein.

Stefan Osann und Horst Wiedenmann möchten eine Personengesellschaft gründen. Aber ob es eine offene Handelsgesellschaft (OHG) oder eine Kommanditgesellschaft (KG) werden soll, das wissen sie noch nicht so recht. Stefan Osann bittet Sie um Unterstützung.

Kompetenzorientierte Arbeitsaufträge:

1. Die beiden künftigen Gesellschafter bitten um eine klar strukturierte Gegenüberstellung der beiden Gesellschaftsformen OHG und KG. Dabei sollen Sie folgende Vergleichsmerkmale berücksichtigen:
   - Gründung
   - Firma
   - Geschäftsführung
   - Vertretung
   - Haftungsrisiko der Gesellschafter
2. Abschließend erwarten sie von Ihnen eine Abwägung von Pro- und Contra-Argumenten zu den beiden Unternehmensformen und einen Vorschlag zur Entscheidung!

2.2.2.1 Begriff, Gründung, Firma und Eigenkapitalaufbringung

(1) Begriff

§ 105 I HGB
- Die **offene Handelsgesellschaft (OHG)** ist eine **Gesellschaft** mit mindestens zwei Personen, deren Zweck auf den Betrieb eines **Handelsgewerbes** unter **gemeinschaftlicher Firma** gerichtet ist und bei der die **Haftung keines Gesellschafters gegenüber den Gesellschaftsgläubigern beschränkt ist.**
- Die offene Handelsgesellschaft ist eine **Personengesellschaft.**

(2) Gründung

Zur Gründung der OHG sind **zwei Voraussetzungen** erforderlich:

- Abschluss eines Gesellschaftsvertrags.
- Eintragung der OHG ins Handelsregister.

§ 11 HGB Betreibt die OHG ein Handelsgewerbe, so ist sie auch ohne Eintragung Kaufmann. In diesem Fall ist die OHG im **Außenverhältnis** entstanden, sobald ein Gesellschafter im Namen der OHG Geschäfte tätigt, z. B. einen Kaufvertrag abschließt **(deklaratorische Wirkung der Handelsregistereintragung).**

(3) Firma

§ 19 I, Nr. 2 HGB Die Firma, unter der die OHG ihre Rechtsgeschäfte abschließt (z. B. Kauf-, Miet-, Arbeitsverträge), muss die Bezeichnung „offene Handelsgesellschaft" oder eine allgemein verständliche Abkürzung dieser Bezeichnung enthalten.

Beispiele:

Karl Wagner OHG; Wagner & Wunsch – offene Handelsgesellschaft; Wunsch OHG, Kraftfahrzeughandel und -reparaturen; Kulmbacher Kraftfahrzeughandel und -reparaturen OHG.

(4) Eigenkapitalaufbringung

§§ 718 I, 719 BGB Die Eigenkapitalaufbringung erfolgt durch die OHG-Gesellschafter. Die geleisteten Kapitaleinlagen bilden als gemeinschaftliches Vermögen der Gesellschaft ein Sondervermögen und stehen den Gesellschaftern zur **gesamten Hand** zu. Das persönliche Eigentum der Gesellschafter an ihren Einlagen erlischt. Die Einlagen der Gesellschafter werden **gemeinschaftliches Vermögen (Gesamthandsvermögen)** aller Gesellschafter. Ein einzelner Gesellschafter kann damit nicht mehr über seinen Kapitalanteil verfügen.

2.2.2.2 Geschäftsführung, Vertretung, Haftung, Gewinn- und Verlustbeteiligung

(1) Geschäftsführung und Vertretung

- Zur **Geschäftsführung,** d. h. zur Leitung der OHG im Innenverhältnis, ist jeder Gesellschafter berechtigt und verpflichtet **(Einzelgeschäftsführungsrecht).** Dies gilt für **gewöhnliche Geschäfte.** Widerspricht ein Gesellschafter einer Geschäftsführungsmaßnahme eines Mitgesellschafters, so muss diese unterbleiben. Bei einem gewöhnlichen Geschäft steht jedem Gesellschafter ein **Vetorecht** zu.

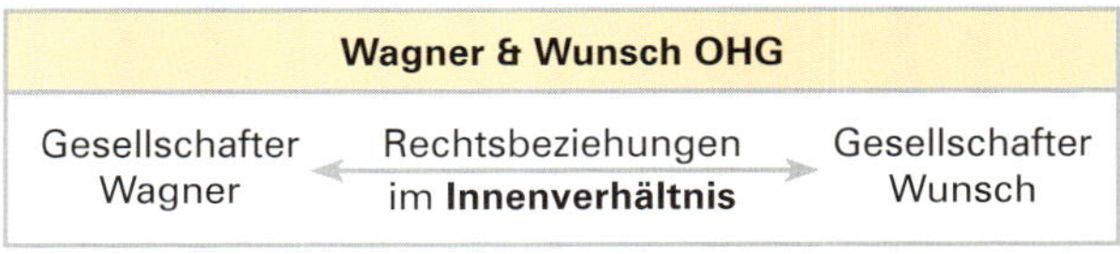

  Bei **außergewöhnlichen Geschäften** (z. B. bei Grundstückskauf, Aufnahme eines Großkredits, Aufnahme eines neuen Gesellschafters) müssen **alle Gesellschafter zustimmen (Gesamtgeschäftsführungsrecht).**

- Zur **Vertretung** der OHG gegenüber Dritten, d. h. im **Außenverhältnis,** ist jeder Gesellschafter **ohne Einschränkungen** berechtigt **(Einzelvertretungsrecht).**

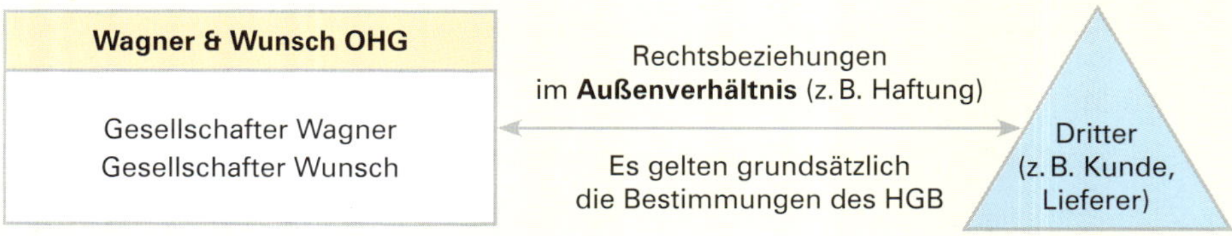

(2) Haftung

Die OHG-Gesellschafter haften gegenüber Dritten

unbeschränkt	Die OHG-Gesellschafter haften mit ihrem Geschäftsvermögen **und** mit ihrem Privatvermögen.
unmittelbar	Die Gläubiger (z.B. die Lieferanten) können die Forderungen nicht nur der OHG gegenüber, sondern zugleich unmittelbar (direkt) gegenüber **jedem OHG-Gesellschafter** geltend machen. Dies bedeutet, dass jeder einzelne Gesellschafter durch die Gesellschaftsgläubiger verklagt werden kann. Der Gesellschafter kann nicht verlangen, dass der Gläubiger zuerst gegen die OHG klagt. Eine „Einrede der Vorausklage" steht dem Gesellschafter nicht zu.
gesamtschuldnerisch („solidarisch")	Jeder Gesellschafter haftet **persönlich** (allein) für die gesamten Schulden der Gesellschaft, nicht jedoch für die privaten Schulden der übrigen Gesellschafter. § 128 I HGB

Tritt ein Gesellschafter in eine bereits bestehende OHG **ein,** haftet er auch für die vor seinem Eintritt bestehenden Verbindlichkeiten der OHG. **Tritt** ein Gesellschafter **aus,** haftet er noch fünf Jahre für die Verbindlichkeiten der OHG, die zum Zeitpunkt seines Ausscheidens bestanden. § 130 HGB § 160 HGB

(3) Gewinn- und Verlustbeteiligung

Jeder Gesellschafter hat **Anspruch auf einen Anteil am Jahresgewinn.** Ist im Gesellschaftsvertrag nichts anderes vereinbart, gilt das HGB. Danach erhalten die Gesellschafter zunächst eine **4%ige Verzinsung** der Kapitalanteile. Ein über die 4% hinausgehender Restgewinn wird unter die Gesellschafter **„nach Köpfen"**, d.h. zu gleichen Teilen verteilt. § 121 HGB

Nach der gesetzlichen Regelung wird der **Verlust** zu gleichen Teilen (nach Köpfen) verteilt. Abweichende vertragliche Regelungen sind möglich.

Beispiel:

Der Gewinn der Schuol & Hege OHG beträgt 92400,00 EUR. Die Kapitaleinlage von Schuol beträgt 150000,00 EUR, die von Hege 200000,00 EUR. Schuol hat am 31.12. d.J. 4900,00 EUR, Hege 6800,00 EUR entnommen. Die Verteilung des Gewinns erfolgt nach § 121 HGB.

Aufgabe:

Stellen Sie die Gewinnverteilung in einer tabellarischen Übersicht (Gewinnverteilungstabelle) dar!

Lösung:

Gesellschafter	Anfangskapital	4% Zinsen vom Kapital	Rest nach Köpfen	Gesamtgewinn	Privatentnahme	Gutschrift	Endkapital
Schuol	150000,00	6000,00	39200,00	45200,00	4900,00	40300,00	190300,00
Hege	200000,00	8000,00	39200,00	47200,00	6800,00	40400,00	240400,00
	350000,00	14000,00	78400,00	92400,00	11700,00	80700,00	430700,00

2.2.2.3 Vor- und Nachteile

Vorteile (Gründungsmotive)	Nachteile
■ Ausnutzung unterschiedlicher Kenntnisse und Fähigkeiten der Gesellschafter verbessert die Geschäftsführung. ■ Umwandlung eines Einzelunternehmens in eine OHG vergrößert die Eigenkapitalbasis des Unternehmens. ■ Bei guten privaten Vermögensverhältnissen ist die Kreditwürdigkeit der OHG größer als die des Einzelunternehmens. ■ Da das Eigenkapital und die Unternehmensführung in einer Hand sind, ist das Interesse der Gesellschafter an der Geschäftsführung groß. ■ Verteilung des Unternehmerrisikos.	■ Persönliche Meinungsverschiedenheiten zwischen den Gesellschaftern können den Bestand des Unternehmens gefährden. ■ Dem Wachstum des Unternehmens sind häufig finanzielle Grenzen gesetzt, weil das Eigenkapital der Gesellschafter zur Finanzierung großer Investitionen nicht ausreicht. ■ Fremdkapital kann nur in begrenztem Maße aufgenommen werden. ■ Durch aufwendige Lebenshaltung der Gesellschafter kann die Existenz des Unternehmens aufs Spiel gesetzt werden, da Kontrollorgane fehlen. ■ Unbeschränkte, direkte, gesamtschuldnerische Haftung der Gesellschafter.

Überblick: Offene Handelsgesellschaft (OHG)

■ **Gründung und Handelsrecht**
Gesellschaftsvertrag
Eintragung ins Handelsregister
Stolz & Krug OHG

■ **Praktische Eignung**
Typische Unternehmergesellschaft:
Alle Gesellschafter bringen das Kapital auf und führen die Geschäfte.
Das Haftungsrisiko ist ein Hemmnis für Gründer.

■ **Geschäftsführung und Vertretung**
Alle Gesellschafter sind zur Geschäftsführung berechtigt und verpflichtet sowie zur Einzelvertretung ermächtigt.

■ **Kapital**
Kapitalkonto Gesellschafter A
Kapitalkonto Gesellschafter B

■ **Erfolgsbeteiligung**
Gewinn:
4 % Kapitalverzinsung, Rest nach Köpfen
Verlust:
nach Köpfen

■ **Haftung und Risiko**
Persönliche Haftung, unbeschränkt mit Geschäfts- und Privatvermögen.

Kompetenztraining

18 Der Stolz & Krug OHG geht es sehr gut. Es ist daher notwendig, das bisherige Betriebsgelände um eine Produktionshalle zu erweitern. Sebastian Strobel ist Eigentümer des Nachbargrundstücks. Dieses hat einen Wert von 310 000,00 EUR. Herr Strobel hat eine kaufmännische Ausbildung und ist nur dann bereit, das Grundstück an die Stolz & Krug OHG zu verkaufen, wenn er als gleichberechtigter Partner mitarbeiten und volle Verantwortung mitübernehmen kann. Stolz und Krug beschließen, Sebastian Strobel als weiteren Gesellschafter in die OHG aufzunehmen.

Ihre Aufgabe ist es, die drei Gesellschafter im Zusammenhang mit der Gründung und einiger Geschäftsvorfälle rechtlich zu beraten.

Aufgaben:

1. Prüfen Sie, ob die bisherige Firma „Stolz & Krug OHG" fortgeführt werden kann!
2. Stolz möchte am 30. November zwei Mitarbeiter einstellen. Prüfen Sie rechtlich, ob Stolz dazu berechtigt ist!
3. Erläutern Sie, wodurch sich die Vertretungsbefugnis von der Geschäftsführungsbefugnis unterscheidet!
4. Am 20. November 20.. wendet sich die Langinger KG, Lieferer für Getreide, mit einer Forderung über 9700,00 EUR direkt an Sebastian Strobel. Dieser lehnt die Zahlung ab.

   Beurteilen Sie seine folgenden Argumente und begründen Sie Ihre Antwort:

   4.1 Die Langinger KG soll sich bitte direkt an die OHG wenden.

   4.2 Die Verbindlichkeit sei von Stolz eingegangen worden, also müsse im Zweifel dieser bezahlen.

   4.3 Die Verbindlichkeit stamme noch vom Juli, demnach aus einem Zeitraum, in welchem er noch nicht Gesellschafter der OHG gewesen sei.

19 Die Herren Meier, Schmidt und Kunz betreiben gemeinsam eine Futtermittelfabrik als OHG.

Aufgaben:

1. Nennen Sie zwei Gründe, die die Gesellschafter veranlasst haben könnten, die Gesellschaftsform der OHG zu wählen!
2. Nennen Sie vier Beispiele, wie die Firma lauten könnte!
3. Meier und Schmidt kaufen am 24. November 20.. gegen den Willen von Kunz ein zusätzliches Lagergebäude.

   3.1 Klären Sie, ob die OHG an diesen Vertrag rechtlich gebunden ist

   3.2 Der Verkäufer des Lagergebäudes verlangt am 25. November 20.. von Kunz die Bezahlung der gesamten Kaufsumme. Dieser lehnt entschieden ab. Er glaubt, ausreichende Gründe zu haben. Erstens war er gegen diesen Kauf. Zweitens müsse sich der Gläubiger doch erst einmal an die OHG wenden und, wenn diese nicht zahle, an die Gesellschafter, die den Kaufvertrag unterzeichnet haben. Drittens sehe er gar nicht ein, dass er alles zahlen solle. Wenn überhaupt, so zahle er höchstens den ihn betreffenden Anteil an der Kaufsumme, nämlich ein Drittel. Nehmen Sie zu diesen Aussagen Stellung!

   3.3 Am 30. Juni des folgenden Jahres scheidet Kunz wegen bestehender Differenzen aus der Gesellschaft aus. Am 30. September des folgenden Jahres wendet sich der Verkäufer des Lagergebäudes erneut an ihn und fordert ihn auf, den noch offenen Restbetrag von 12000,00 EUR zu bezahlen. Überprüfen Sie die Rechtslage!

4. Als Schmidt im Urlaub ist, kauft Meier ein Grundstück, das für die Erweiterung der Futtermittelfabrik notwendig ist. Schmidt, der von dem Grundstückskauf erst nachträglich Kenntnis erhält, ist gegen den Kauf.

   4.1 Prüfen Sie rechtlich, ob Meier berechtigt war, das Grundstück zu kaufen!

   4.2 Entscheiden Sie, ob der Kaufvertrag für die OHG bindend ist!

   4.3 Prüfen Sie rechtlich, ob Schmidt die Zahlung des Kaufpreises verweigern kann, wenn der Verkäufer des Grundstücks von ihm den gesamten Kaufpreis fordert!

2.2.3 Kommanditgesellschaft (KG)

2.2.3.1 Begriff, Gründung, Firma und Eigenkapitalaufbringung

(1) Begriff

- Die **Kommanditgesellschaft (KG)** ist eine Gesellschaft mit mindestens zwei Personen, die ein **Handelsgewerbe** unter **gemeinschaftlicher Firma** betreibt, wobei mindestens ein Gesellschafter **unbeschränkt haftet (Komplementär)** und mindestens ein Gesellschafter **beschränkt haftet (Kommanditist).**[1]
- Die Kommanditgesellschaft ist eine **Personengesellschaft.**

(2) Gründung

Zur Gründung der KG sind **zwei Voraussetzungen** erforderlich:

- Abschluss eines Gesellschaftsvertrags.
- Eintragung der KG ins Handelsregister.

§ 1 HGB Betreibt die KG ein Handelsgewerbe, so ist sie auch ohne Eintragung Kaufmann. In diesem Fall ist die KG im **Außenverhältnis** entstanden, sobald ein Komplementär im Namen der KG Geschäfte tätigt, z. B. einen Kaufvertrag abschließt **(deklaratorische Wirkung der Handelsregistereintragung).**

(3) Firma

§ 19 I, Nr. 3 HGB Die Firma der KG muss die Bezeichnung „Kommanditgesellschaft" oder eine allgemein verständliche Abkürzung dieser Bezeichnung (z. B. KG) enthalten.

Beispiele:

Müller und Moser sind Vollhafter (Komplementäre), Krause ist Teilhafter (Kommanditist). Mögliche Firmen sind z. B.: Müller & Moser KG; Müller Kommanditgesellschaft; Rosenheimer Import KG; Rosenheimer Import-Export KG.

(4) Eigenkapitalaufbringung

Komplementär und Kommanditist sind verpflichtet, die im Gesellschaftsvertrag übernommene Kapitaleinlage **(Pflichteinlage)** bereitzustellen.

2.2.3.2 Geschäftsführung, Vertretung, Haftung, Gewinn- und Verlustbeteiligung

(1) Geschäftsführung und Vertretung

Die **Geschäftsführung** der Gesellschaft liegt allein beim Komplementär, d. h., die Kommanditisten sind von der Führung der Geschäfte ausgeschlossen. Die Kommanditisten haben nur ein Kontroll- und Widerspruchsrecht.

§ 166 I, II HGB

- **Kontrollrecht.** Die Kommanditisten haben kein ständiges Kontrollrecht. Sie können jedoch Abschriften des Jahresabschlusses (Jahresbilanz mit Gewinn- und Verlustrechnung) verlangen und deren Richtigkeit unter Einsicht in die Geschäftsbücher und sonstiger Geschäftspapiere überprüfen.

1 Die KG muss mindestens einen Komplementär aufweisen. Tritt der einzige (letzte) Komplementär aus der KG aus, so führt dies zur Auflösung der KG. Führen die Kommanditisten die Gesellschaft ohne (neuen) Komplementär fort, dann wird die KG grundsätzlich zu einer OHG, d. h., die Kommanditisten haften unbeschränkt.

- **Widerspruchsrecht.** Die Kommanditisten können Handlungen der Komplementäre widersprechen, wenn diese über den gewöhnlichen Betrieb des Handelsgewerbes der KG hinausgehen (z. B. Grundstückskäufe und -verkäufe, Änderung des Betriebszwecks, Aufnahme eines neuen Gesellschafters). § 164 HGB

Die **Vertretung** der Gesellschaft obliegt allein dem Komplementär.

(2) Haftung

Komplementär	Er haftet wie ein OHG-Gesellschafter **unbeschränkt, unmittelbar** und **gesamtschuldnerisch** (solidarisch). Eine vertragliche Vereinbarung zwischen den Komplementären, durch die die Haftung beschränkt wird (z. B. auf den übernommenen Kapitalanteil), ist im **Außenverhältnis ungültig.**
Kommanditist	■ Soweit die Kommanditisten ihre vertraglich bestimmte und im Handelsregister **eingetragene Einlage geleistet** haben, haften sie mit ihrer Einlage nur mittelbar **(Risikohaftung)**[1]. ■ Soweit ein Kommanditist seine **Einlage** nach Eintragung **noch nicht geleistet** hat, haftet er den Gesellschaftsgläubigern **persönlich in Höhe der ausstehenden Einlage.**

§ 171 I, HGB

Bei **Eintritt** in die KG haftet der Kommanditist bis zur Höhe der eingetragenen Haftsumme auch für bereits bestehende Verbindlichkeiten. Bei **Austritt** des Kommanditisten haftet er noch fünf Jahre für die Verbindlichkeiten, die zum Zeitpunkt seines Ausscheidens bestanden.

(3) Gewinn- und Verlustbeteiligung

Jeder Gesellschafter hat **Anspruch auf einen Anteil am Jahresgewinn**. Nach dem Gesetz erhalten die Komplementäre und Kommanditisten zunächst eine **4 %ige Verzinsung** der Kapitalanteile. Der eventuell verbleibende **Restgewinn ist in „angemessenem" Verhältnis** (z. B. nach Kapitalanteilen) zu verteilen. Wegen der Unbestimmtheit der gesetzlichen Regelung ist es erforderlich, im Gesellschaftsvertrag die Gewinnverteilung eindeutig zu regeln, um Unstimmigkeiten zu vermeiden.

Entsteht ein Verlust, wird dieser in einem „angemessenen Verhältnis" der Kapitalanteile verteilt, wobei die Verlustbeteiligung des Kommanditisten auf die Höhe seiner Kapitaleinlage beschränkt ist.

Beispiel:

An der Fricker KG ist Gerald Fricker mit 400 000,00 EUR als Komplementär und Elke Vollmar als Kommanditisten mit 100 000,00 EUR beteiligt. Im abgelaufenen Geschäftsjahr wurde ein Gewinn in Höhe von 82 000,00 EUR erzielt. Der Komplementär Gerald Fricker entnahm am Ende des Geschäftjsjahres für private Zwecke 7 000,00 EUR. Im Gesellschaftsvertrag ist vereinbart, dass das Kapital zunächst mit 4 % verzinst wird und der Restgewinn im Verhältnis der Kapitaleinlagen zu verteilen ist.

Aufgabe:

Stellen Sie die Gewinnverteilung in einer tabellarischen Übersicht (Gewinnverteilungstabelle) dar!

1 Nach der Eintragung der Kapitaleinlage ins Handelsregister haftet der Kommanditist nicht mehr für die Verbindlichkeiten der Gesellschaft. Das einzige Risiko, das der Kommanditist eingeht, ist, dass er den Wert seiner Kapitaleinlage teilweise oder ganz verliert.

Lösung:

Gesellschafter	Anfangskapital	4 % Zinsen von Kapital	Restgewinn 4 : 1	Gesamtgewinn	Privatentnahme	Endkapital	Auszuzahl. Gewinn
Fricker	400 000,00	16 000,00	49 600,00	65 600,00	7 000,00	458 600,00	
Vollmar	100 000,00	4 000,00	12 400,00	16 400,00		100 000,00	16 400,00
	500 000,00	20 000,00	62 000,00	82 000,00	7 000,00	558 600,00	

2.2.3.3 Vor- und Nachteile

Vorteile	Nachteile
■ Ausnutzung unterschiedlicher Kenntnisse und Fähigkeiten der Gesellschafter verbessert die Geschäftsführung. ■ Da das Eigenkapital und die Unternehmensführung in einer Hand sind, ist das Interesse der Gesellschafter an der Geschäftsführung groß. ■ Verteilung des Unternehmerrisikos.	■ Unbeschränkte, direkte, gesamtschuldnerische Haftung der Komplementäre. ■ Persönliche Meinungsverschiedenheiten zwischen den Gesellschaftern können den Bestand des Unternehmens gefährden (siehe Kündigungsrecht!). ■ Dem Wachstum des Unternehmens sind häufig finanzielle Grenzen gesetzt, weil das Eigenkapital der Gesellschafter zur Finanzierung großer Investitionen nicht ausreicht. Fremdkapital kann nur in begrenztem Maße aufgenommen werden. ■ Durch aufwendige Lebenshaltung der Gesellschafter kann die Existenz des Unternehmens aufs Spiel gesetzt werden, da Kontrollorgane fehlen.

Überblick: Kommanditgesellschaft (KG)

■ Gründung und Handelsrecht

Gesellschaftsvertrag

Eintragung ins Handelsregister

Sport-Burr KG

■ Geschäftsführung und Vertretung

Komplementär

■ Praktische Eignung

Erweiterung der Kapitalgrundlage für Einzelunternehmen oder OHG, Geschäftsführung verbleibt bei den Vollhaftern.

■ Erfolgsbeteiligung

Gewinn:
4 % Kapitalverzinsung, Rest in angemessenem Verhältnis

Verlust:
in angemessenem Verhältnis

Gewinn | Verlust

■ Kapitalanteile

Kapitalkonto Komplementär

Kapitalkonten Kommanditisten

■ Haftung und Risiko

Komplementär
unbeschränkt geschäftlich und privat

Kommanditist
beschränkt auf die Einlage

Kompetenztraining

20 1. Der bisherige Einzelunternehmer Florian Irmler e. Kfm. möchte sich aus Altersgründen aus der Unternehmensführung zurückziehen. Zusammen mit seinen beiden Söhnen Lars und Hendrik gründet er eine KG. Kapitalmäßig möchte Florian Irmler noch im Unternehmen verbleiben.

Aufgaben:

1.1 Erklären Sie, welche Gründe Florian Irmler dazu bewogen haben könnten, eine KG zu gründen!

1.2 Erklären Sie anhand der angeführten Personen, wie man die Gesellschafter bei dieser Rechtsform bezeichnet und beschreiben Sie kurz deren Aufgaben!

1.3 Bilden Sie ein Beispiel dafür, wie die Firma der KG lauten könnte!

1.4 Um die Liquidität der KG zu stärken, wollen die Söhne Lars und Hendrik ein Betriebsgrundstück verkaufen. Der Vater Florian widerspricht dem Geschäft. Erläutern Sie die Rechtslage!

2. Häufig wird eine OHG in eine KG umgewandelt, wenn ein OHG-Gesellschafter stirbt. Nennen Sie hierfür Gründe!

3. Kommanditgesellschaften sind oft „Familiengesellschaften", d. h., die Gesellschafter sind miteinander verwandt. Begründen Sie diese Tatsache!

21 Eva Schrade betreibt die sich seit mehreren Generationen in Familienbesitz befindliche Fleisch- und Wurstwarenfabrik A. Schrade e. Kfr. Vor allem mit ihrem Schwarzwälder Schinken hatte sie einen beachtlichen Geschäftserfolg.

Der ständige Zwang zu Neuerungen und der harte Preiskampf ließen Eva Schrade wenig Spielraum zur Finanzierung mit Eigenkapital. Deshalb musste sie verstärkt auf Fremdkapital ausweichen. Um weitere Investitionen vorrangig mit Eigenkapital durchführen zu können, entschließt sie sich dazu, eine offene Handelsgesellschaft oder eine Kommanditgesellschaft zu gründen. Von den von ihr angesprochenen Personen sind ihrer Ansicht nach der langjährige und erfolgreiche Vertreter Heinz Mann und dessen Frau Doris Waggis-Mann die geeignetsten Partner. Heinz Mann will als Komplementär, Doris Waggis-Mann als Kommanditistin in die Fleisch- und Wurstwarenfabrik A. Schrade e. Kfr. eintreten.

Im Gesellschaftsvertrag vom 31. März 20.. wird unter anderem Folgendes vereinbart:

§ 1 Eva Schrade bringt ihr Unternehmen in die KG ein. Das Eigenkapital der Fleisch- und Wurstwarenfabrik A. Schrade e. Kfr. beträgt 3600000,00 EUR. Heinz Mann leistet 800000,00 EUR in bar und bringt ein unbebautes Grundstück im Wert von 1000000,00 EUR ein. Die Einzahlung auf das Geschäftsbankkonto und die Übereignung des Grundstücks auf die KG erfolgt zum 30. April 20..

§ 2 Doris Waggis-Mann übernimmt eine Kommanditeinlage in Höhe von 500000,00 EUR. Am 30. April 20.. zahlt sie 300000,00 EUR auf das Geschäftsbankkonto ein. Den Restbetrag will sie am 30. Mai überweisen.

§ 3 Jeder Gesellschafter erhält 5 % Guthabenzinsen. Der verbleibende Rest des Jahresgewinns wird im Verhältnis 4 (Schrade) : 3 (Mann) : 1 (Waggis-Mann) verteilt. Der Verlust wird im Verhältnis der Kapitalanteile der Gesellschafter verteilt.

§ 4 Die Gesellschaft beginnt am 30. April 20..

Die Eintragung der KG ins Handelsregister erfolgt am 14. Mai 20..

Aufgaben:

1. Ermitteln Sie, welche Rechtsform das Unternehmen von Eva Schrade im März 20.. aufweist!

2. Erläutern Sie, welche Vorteile Eva Schrade durch die Gründung der KG hat!

3. Beschreiben Sie, welche Nachteile Eva Schrade durch die Gründung der KG auf sich nimmt!

4. Beschreiben Sie, welche Gründe Doris Waggis-Mann und Heinz Mann bewogen haben können, als Gesellschafter in das Unternehmen von Eva Schrade einzutreten!

5. Nennen Sie zwei Beispiele, wie die Firma der neu gegründeten KG lauten kann!

6. Erklären Sie die Geschäftsführungs- und Vertretungsbefugnisse der Komplementäre Eva Schrade und Heinz Mann, wenn der Gesellschaftsvertrag hierzu keine Regelungen enthält.

7. Die Kommanditistin Doris Waggis-Mann wird vom Finanzamt am 20. Mai 20.. aufgefordert, die für die KG fällige Umsatzsteuerschuld in Höhe von 210 000,00 EUR zu überweisen. Prüfen Sie rechtlich, ob Doris Waggis-Mann zahlen muss!

8. Eva Schrade und Heinz Mann haben in Verhandlungen mit der Deutschen Bank AG die Zusage für einen Investitionskredit in Höhe von 250 000,00 EUR erhalten. Kreditlaufzeit 8 Jahre, Festzinssatz 4,8 % p. a.[1] Mit diesem Kredit und eigenen Mitteln der KG soll das Unternehmen eines Biowurstwarenherstellers übernommen werden.

   Die Kommanditistin Doris Waggis-Mann widerspricht. Die Kreditkonditionen der Deutschen Bank AG seien ungünstig und die Eingliederung eines neuen Produktes in das Herstellungsprogramm der KG sei nicht sinnvoll. Sie habe ihrerseits aber ein sehr günstiges Kreditangebot der Kreissparkasse für die KG angenommen, das einen Vorzugszinssatz von 4,4 % gewähre.

   Beurteilen Sie die Handlungsweise der Kommanditistin

   8.1 im Hinblick auf den Kreditantrag;

   8.2 im Hinblick auf die Übernahme des Betriebs des Biowurstwarenherstellers;

   8.3 im Hinblick auf den Kreditvertrag mit der Kreissparkasse!

9. 9.1 Erläutern Sie, wie bei der KG nach dem HGB die Gewinne und Verluste verteilt werden!

   9.2 An der Heinz Kern KG ist Heinz Kern mit 350 000,00 EUR als Komplementär und Hans Leberer als Kommanditist mit 175 000,00 EUR beteiligt. Im abgelaufenen Geschäftsjahr wurde ein Gewinn in Höhe von 57 990,00 EUR erzielt. Der Komplementär Heinz Kern entnahm im Laufe des Geschäftsjahres für private Zwecke 5 500,00 EUR. Die Entnahme ist nach dem Gesellschaftsvertrag nicht zu verzinsen. Im Gesellschaftsvertrag ist vereinbart die Kapitalanteile mit 5 % zu verzinsen und den übersteigenden Betrag im Verhältnis der Kapitalanteile zu verteilen.

   Aufgabe:

   Erstellen Sie die Gewinnverteilungstabelle der KG!

1 Die Abkürzung p. a. bedeutet per annum (lat.): das Jahr hindurch.

2.2.4 Aktiengesellschaft (AG)

LB 2 Handlungssituation 4

Häufig, insbesondere an Tagen der offenen Tür, wird das Parkmanagement des Industrie- und Gewerbeparks Augsburg von den dort angesiedelten oder interessierten Unternehmen um eine Beratung gebeten hinsichtlich der Wahl einer optimalen Unternehmensform.

Eine Nachbetrachtung vom letzten Tag der offenen Tür ergab, dass es zumeist die gleichen Standardfragen sind, über welche das Parkmanagement Auskunft geben muss. Die Beantwortung dieser Standardfragen raubt viel kostbare Zeit, sodass wenig Raum bleibt für eine wünschenswerte und vertiefende individuelle Beratung.

Im Rahmen dieser Nachbetrachtung macht Peter Steffens, Leiter der Unternehmensakquisition[1], folgenden Vorschlag: Er möchte, dass ein Informationsblatt zur Verfügung gestellt wird, das einen kompakten Überblick gibt über die Aktiengesellschaft (AG) als typisches Beispiel einer Kapitalgesellschaft.

Insbesondere die Komplexität der Aktiengesellschaft als Unternehmensform sorgt für viel Unsicherheit und kritische Fragen. Die Interessenten wollen wissen, worin eigentlich die Vor- und die Nachteile großer Aktiengesellschaften liegen.

Mit Blick auf die zunehmenden Anfragen international agierender Unternehmen möchte Herr Steffens in Grundzügen auch über die dort bedeutende Rechtsform der Societas Europaea (SE) informieren.

Kompetenzorientierte Arbeitsaufträge:

1. Stellen Sie die Unternehmensform der AG vor und gehen Sie dabei auf die folgenden Merkmale ein:
   - Rechtsgrundlagen
   - Gründung, Firma, HR-Eintragung
   - Kapitalausstattung
   - Rechtsfähigkeit
   - Haftung
   - Organe
   - Geschäftsführung
   - Vertretung
2. Erläutern Sie die europäische Gesellschaftsform Societas Europaea (SE) und erstellen Sie anschließend eine Übersicht zu den Merkmalen Firma, Mindestkapital und Haftung!
3. Arbeiten Sie die grundsätzlichen Unterschiede zwischen Personen- und Kapitalgesellschaften heraus!

1 **Unternehmensakquisition.** Hier: Gewinnung von Unternehmen zur Ansiedlung im Industrie- und Gewerbepark.

2.2.4.1 Begriff, Gründung und Firma der Aktiengesellschaft

(1) Begriff

§ 1 AktG

- Die **Aktiengesellschaft** ist eine **Handelsgesellschaft mit eigener Rechtspersönlichkeit (juristische Person),** deren Gesellschafter (Aktionäre) **mit Einlagen an dem in Aktien** zerlegten **Grundkapital** beteiligt sind, **ohne persönlich für die Verbindlichkeiten** der Gesellschaft zu **haften.**
- Die Aktiengesellschaft ist eine **Kapitalgesellschaft.**

Die Aktiengesellschaft ist die geeignete Unternehmungsform zur Sammlung kleinerer Kapitalien. Dazu gibt die AG Aktien aus. Die **Aktionäre** statten mit dem Kauf der Aktien die AG mit Eigenkapital aus. Sie beteiligen sich mit ihrer **Einlage (Aktie)** am Grundkapital der AG. Die Beteiligung an einer AG wird von einem Großteil der Aktionäre als eine (zeitweilige) Kapitalanlage angesehen, mit der Aussicht, einen Anteil am Gewinn der AG zu erhalten bzw. einen Kursgewinn zu erzielen. Kauf und Verkauf der Aktien erfolgen in der Regel über die Börse.

(2) Gründung

Voraussetzungen zur Gründung einer AG sind:

- ein notariell beurkundeter Gesellschaftsvertrag (Satzung),
- eine oder mehrere Personen,
- Übernahme der Aktien durch die Gründer,
- Mindestnennbetrag des Grundkapitals 50 000,00 EUR,
- Wahl von Aufsichtsrat, Vorstand, Prüfung des Gründungsberichts,
- Eintragung ins Handelsregister.

Mit der Eintragung ins Handelsregister ist die AG entstanden **(konstitutive Wirkung der Eintragung).**

(3) Firma

§ 4 AktG

Die Firma der AG muss die Bezeichnung Aktiengesellschaft oder eine allgemein verständliche Abkürzung dieser Bezeichnung (z. B. AG) enthalten.

Beispiel:

Augsburger Büromöbel AG; Jenaer Spiegelglas Aktiengesellschaft; BMW AG; Mitter & Töchter AG; Spielwarenfabrik Spiwa AG.

2.2.4.2 Eigenkapitalaufbringung, Haftung, Gewinn- und Verlustbeteiligung

(1) Eigenkapitalaufbringung

Gesetzlich ist ein Mindestnennbetrag des Grundkapitals von 50 000,00 EUR vorgeschrieben. Das Grundkapital wird in Aktien verbrieft. Eine **Aktie** ist eine Urkunde über die Beteiligung an einer AG.

Zu unterscheiden sind zwei Formen von Aktien:

- Bei der **Nennbetragsaktie** lautet der aufgedruckte Nennwert mindestens 1,00 EUR. § 8 AktG
- Der auf der **Stückaktie** (Aktie ohne Nennbetrag) entfallende anteilige Betrag des Grundkapitals darf 1,00 EUR nicht unterschreiten (siehe Beispiel S. 90).

(2) Haftung

Wer Aktien bei einer Gründung übernimmt oder über die Wertpapierbörse kauft, haftet nicht für die Verbindlichkeiten der Gesellschaft. Als juristische Person haftet die Aktiengesellschaft selbst. Das einzige Risiko, das der Aktionär eingeht, ist, dass er einen Kursverlust erleidet oder dass er im Extremfall den Wert der gesamten Aktien verliert. Das Letztere ist der Fall, wenn die Aktiengesellschaft z. B. wegen Überschuldung aufgelöst wird, also kein Eigenkapital mehr übrig bleibt. Man sagt daher, dass die Aktionäre lediglich eine **Risikohaftung** übernehmen. § 1 I, S. 2 AktG

(3) Gewinn- und Verlustbeteiligung

Gewinn. Die Aktionäre haben – im Verhältnis zu ihrem Anteil am Grundkapital – einen Gewinnanspruch. Der Gewinnanteil je Aktie wird **Dividende** genannt.

Verlust. Die Verluste werden von der Aktiengesellschaft als juristische Person getragen. Ist das Kapital der AG aufgebraucht, wird die AG aufgelöst (liquidiert). In diesem Fall verliert der Aktionär sein eingesetztes Kapital.

2.2.4.3 Organe der AG

Die Leitung und Kontrolle der Geschäftsführung übernehmen die dafür vorgesehenen Organe.[1]

Vorstand	Hauptversammlung	Aufsichtsrat
■ Wird vom Aufsichtsrat bestellt. ■ Sind in der Regel angestellte Fachleute (Manager). ■ Übernimmt die Geschäftsführung nach innen und die Vertretung nach außen.[2] ■ Unterrichtet regelmäßig den Aufsichtsrat über die Geschäftslage. ■ Beruft die ordentliche Hauptversammlung ein.	■ Ist die Versammlung der Aktionäre. ■ Beschließt über Grundfragen der AG. ■ Beschließt über die Verwendung des Gewinns. ■ Wählt den Aufsichtsrat. ■ Entlastet den Aufsichtsrat.[3]	■ Mitglieder werden von der Hauptversammlung gewählt. ■ Bestellt den Vorstand. ■ Beruft eine außerordentliche Hauptversammlung ein, wenn das Wohl der AG dies erfordert. ■ Prüft den Jahresabschluss.

1 Zur Bedeutung der Organe im Hinblick auf den Interessenausgleich der Anspruchsgruppen siehe Kapitel 3, S. 100 ff.

2 Besteht der Vorstand aus mehreren Mitgliedern, müssen bei wichtigen Entscheidungen jeweils alle Vorstandsmitglieder zustimmen **(Gesamtgeschäftsführungsbefugnis bzw. Gesamtvertretungsmacht)**.

3 **Entlastung:** nachträgliche Billigung der Tätigkeit des Vorstands und des Aufsichtsrats.

2.2.4.4 Bedeutung der AG

- Durch die Aufteilung des Grundkapitals in viele kleine Kapitalanteile sind die Aktiengesellschaften in der Lage, große Kapitalbeträge anzusammeln und zu investieren.
- Die großen Unternehmen sind aufgrund ihrer Kapitalkraft in der Lage, kostspielige Forschungsvorhaben zu finanzieren und durchzuführen (z. B. Auffinden neuer Rohstoffquellen, Entwicklung neuer Technologien).
- Die Führung der Aktiengesellschaft kann besonders geeigneten und tüchtigen Fachkräften übertragen werden.
- Die Gefahr für eine marktwirtschaftlich orientierte Wirtschaftsordnung besteht allerdings darin, dass die Möglichkeit, jederzeit Aktien anderer Unternehmen aufkaufen zu können, die Konzentration (z. B. die Machtzusammenballung durch Konzernbildung) erleichtert.
- Durch hintereinander geschaltete Beteiligungen kann mit verhältnismäßig geringem Kapital eine Gruppe von Manager-Unternehmern (denen kein „Cent" an den beherrschten Unternehmen „gehören" muss) eine Vielzahl von Unternehmen beherrschen.

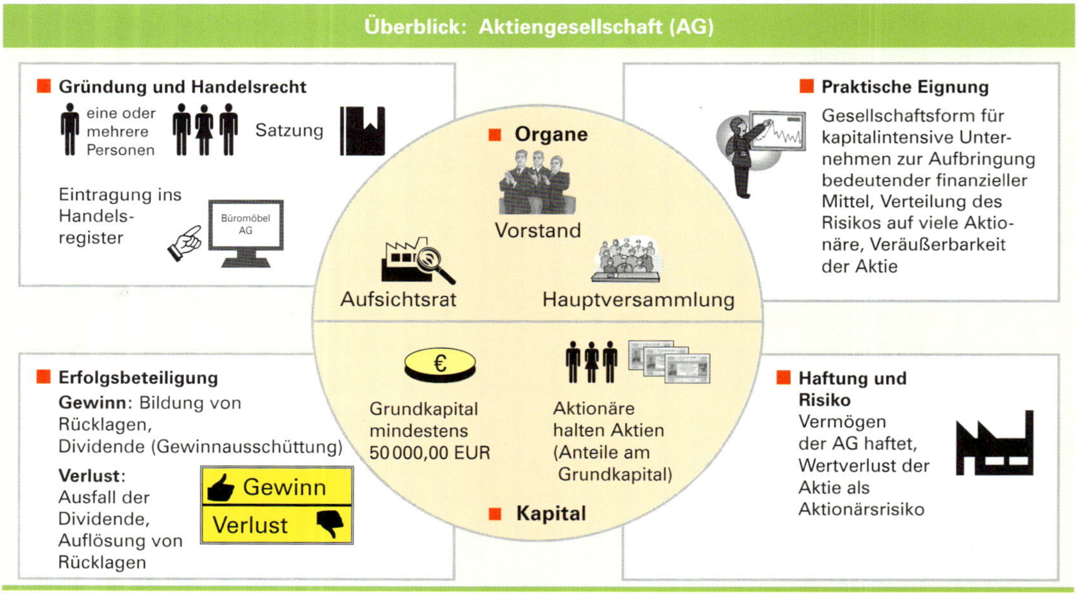

Kompetenztraining

22 Peter Kaiser, alleiniger Inhaber (Gesellschafter) einer Maschinenfabrik, hat ein neues patentiertes Verfahren zur Wiederaufbereitung (Recycling) von Kunststoffen entwickelt und möchte zur Auswertung seiner Erfindung eine Aktiengesellschaft gründen.

Aufgaben:

1. Nennen Sie zwei wichtige wirtschaftliche Entscheidungen, die bei der Gründung dieser AG außer der Wahl der Rechtsform getroffen werden müssen!
2. Stellen Sie dar, wie viel Personen zur Gründung einer Aktiengesellschaft erforderlich sind und wie viel Euro das Grundkapital mindestens betragen muss, das die Gesellschafter aufzubringen haben!

3. Bei der Gründerversammlung wird auch über die Firma der zu gründenden AG gesprochen. Nennen Sie einen Firmenvorschlag und erklären Sie kurz drei Grundsätze, die bei der Wahl der Firma berücksichtigt werden müssen!
4. Nachdem die Gründervoraussetzungen erfüllt sind, wird die Satzung am 28. Juli 20.. unterschrieben und die Aktiengesellschaft am 14. August 20.. beim Handelsregister angemeldet. Am 8. Oktober 20.. erfolgt die Handelsregistereintragung.
   4.1 Beschreiben Sie, in welcher Form der Gesellschaftsvertrag abgeschlossen werden muss und warum!
   4.2 Nennen Sie die Stelle, bei der die neu gegründete AG angemeldet werden muss, damit sie rechtlich entstanden ist und ihre Geschäfte rechtswirksam abschließen kann! Begründen Sie kurz diese Anmeldepflicht!
   4.3 Nennen Sie die Aufgabe, die das Handelsregister hat und geben Sie an, wo es geführt wird! Erläutern Sie, welche Rechtswirkung die erfolgte Handelsregistereintragung für die AG hat!
   4.4 Ermitteln Sie, an welchem Tag die AG als juristische Person entstanden ist!
   4.5 Erläutern Sie, warum eine AG sogenannte Organe haben muss! Nennen Sie die Organe und jeweils zwei ihrer Aufgaben!

23 Die Peter Böhm KG soll als Folge des gestiegenen Kapitalbedarfs in eine Aktiengesellschaft umgewandelt werden. Die Komplementäre Peter Böhm und Ralf Wetzel, die jeweils 5 Mio. EUR halten, sowie die Kommanditistin Anne Kraft, deren Einlage 2 Mio. EUR beträgt, sollen in Höhe der bisherigen Kapitalanteile Aktien zum Nennwert von je fünf Euro übernehmen. Zusätzlich sollen 20 Mio. EUR Grundkapital neu geschaffen und dem Publikum zur Zeichnung angeboten werden. Einzelheiten sind noch festzulegen.

Im Zusammenhang mit der Idee der Umwandlung der KG in eine AG diskutieren die bisherigen Gesellschafter u. a. folgende Fragen:

Aufgaben:

1. Nennen Sie drei Gründe, die für die geplante Umwandlung in die Rechtsform der AG sprechen!
2. Die Kommanditistin Anne Kraft hat Bedenken gegen die Umwandlung der KG in eine AG. Beurteilen Sie, ob sie die geplante Umwandlung verhindern kann!
3. Ein Vorteil der AG besteht darin, dass das Aktienkapital seitens der Gesellschafter unkündbar ist.
   Erläutern Sie diese Aussage!
4. Erklären Sie, warum es für eine AG leichter ist als für Personengesellschaften und Gesellschaften mit beschränkter Haftung, größere Kapitalbeträge aufzubringen!
5. Erläutern Sie, wo und wie die Aktionäre Einfluss auf die Entscheidungen der AG nehmen können!
6. Überprüfen Sie, ob ein Lieferer von einem Aktionär, der 10000 Aktien zu je 5,00 EUR besitzt, den Rechnungsbetrag in Höhe von 2000,00 EUR verlangen kann!
   Begründen Sie Ihre Meinung!
7. Stellen Sie dar, auf welche Gründe es zurückzuführen ist, dass die meisten großen Unternehmen die Rechtsform der Aktiengesellschaft (AG) aufweisen!
8. In der Hauptversammlung einer AG ist die Mehrheit der Anwesenden der Meinung, dass der Vorstand den Umsatzrückgang des vergangenen Jahres durch leichtsinnige Geschäftsführung verschuldet habe. Man verlangt die Absetzung des Vorstands.

   Aufgaben:

   8.1 Nennen Sie den Personenkreis, der in der Hauptversammlung vertreten ist!
   8.2 Erklären und begründen Sie, ob die Hauptversammlung den Vorstand absetzen kann!
   8.3 Überprüfen Sie, ob die Hauptversammlung überhaupt einen Einfluss darauf hat, wer Vorstand einer AG wird!

2.2.5 Europäische Gesellschaftsformen

2.2.5.1 Societas Europaea (SE)

(1) Begriff

- Die **Societas Europaea** ist eine **Rechtsform für Aktiengesellschaften,** die es Unternehmen erleichtert, grenzüberschreitend **überall in der EU tätig zu sein.**[1]
- Der **Sitz der SE** muss sich entweder **innerhalb der Europäischen Union** oder innerhalb des **Europäischen Wirtschaftsraums**[2] befinden.
- Die SE unterliegt dem Recht des Sitzmitgliedstaats.

Die Societas Europaea ist die geeignete Unternehmungsform für **mittlere** bis **große** Unternehmen, die **international** agieren. Die Rechtsform der SE sorgt durch ihre Bekanntheit im Ausland für internationale Akzeptanz und durch die globale Ausrichtung für einen Imagegewinn des Unternehmens.

Die SE bietet außerdem die Möglichkeit, die bei einer AG übliche Leitungsstruktur aus Vorstand und Aufsichtsrat (dualistisches System) zu verschlanken, indem ein **Verwaltungsrat** als oberstes Leitungs- und Kontrollorgan eingesetzt wird (monistisches System).

Die **Arbeitnehmermitbestimmung** im Aufsichtsrat kann durch eine Umwandlung in eine SE **eingeschränkt** werden, indem sie ab dem Zeitpunkt der Umwandlung nicht mehr verändert wird.

Beispiel:

Eine AG in Deutschland beschäftigt 1700 Mitarbeiter zum Zeitpunkt der Umwandlung in eine SE. Selbst wenn die Mitarbeiterzahl der SE auf über 2000 steigt, bleibt es dabei, dass der Aufsichtsrat nur zu einem Drittel aus Arbeitnehmervertretern besteht, obwohl eine AG mit über 2000 Mitarbeitern eine paritätische Mitbestimmung hätte, die zur Hälfte aus Arbeitnehmervertretern und Vertretern der Anteilseigner besteht.

(2) Gründung

Art. 2 SE-VO

Die Gründung einer SE ist in folgenden Fällen möglich:

- Verschmelzung von bestehenden Aktiengesellschaften, von denen mindestens zwei dem Recht verschiedener Mitgliedstaaten unterliegen.
- Gründung einer Holdinggesellschaft („Dachgesellschaft"),
- Umwandlung einer nationalen Aktiengesellschaft, wenn sie seit mindestens zwei Jahren eine dem Recht eines anderen Mitgliedstaats unterliegende Tochtergesellschaft hat,
- Gründung einer Tochter-SE durch eine SE.

---

1 Geschaffen wurde die Rechtsform durch die Verordnung (EG) Nr. 2157/2001 des Rates der Europäischen Union im Jahr 2001. Das **Gesetz** zur Ausführung der Verordnung (EG) Nr. 2157/2001(SE-VO) ist in der BRD das **SE-Ausführungsgesetz (SEAG)** sowie das die Arbeitnehmermitbestimmung regelnde **SE-Beteiligungsgesetz (SEBG)**. Zusätzlich wird das **Aktiengesetz** angewandt.

2 Der **Europäische Wirtschaftsraum (EWR)** umfasst die Mitgliedstaaten der Europäischen Union (EU) sowie Norwegen, Island und Liechtenstein.

Im Vergleich zur AG ist die Gründung einer SE relativ aufwendig, da sie nicht auf direktem Weg, sondern nur durch bereits bestehende Gesellschaften gegründet werden kann.

(3) Weitere Merkmale

Firma	Die SE muss ihrer Firma den Zusatz „SE“ voran- oder nachstellen. Die SE wird gemäß den für Aktiengesellschaften geltenden Vorschriften im Handelsregister eingetragen und im Amtsblatt der Europäischen Gemeinschaft veröffentlicht. **Beispiele:** MAN Diesel SE, Allianz SE, Fresenius SE, BASF SE.	§ 3 SEAG, Art. 11 SE-VO
Mindestkapital	Zur Gründung einer SE ist ein **Mindestkapital von 120000,00 EUR nötig**. Das Kapital wird in Aktien zerlegt.	Art. 4 SE-VO
Haftung	Der SE angehörige Aktionäre haften, wie bei der deutschen Aktiengesellschaft, nur bis zur Höhe des Kapitals, das von ihnen gezeichnet wurde.	Art. 1 SE-VO
Organe der SE	Ein Organ ist die Hauptversammlung der Aktionäre. Für die Leitungsstruktur kann zwischen ■ dem **dualistischen System** (ein Leitungsorgan **und** ein Aufsichtsorgan, wie bei der deutschen Aktiengesellschaft) oder ■ dem **monistischen System** (ein Verwaltungsorgan [Verwaltungsrat], wie z. B. in Großbritannien) gewählt werden.	Art. 38 b SE-VO

2.2.5.2 Private Limited Company (Ltd.)[1]

(1) Begriff

- Die **englische Private Limited Company by shares (Limited** oder **Ltd.)** ist eine haftungsbeschränkte, nicht börsennotierte Kapitalgesellschaft, deren Gesellschafter **mit Einlagen an dem in Aktien** zerlegten **Grundkapital** beteiligt sind, **ohne persönlich für die Verbindlichkeiten der Ltd. zu haften.** Sie ist die am häufigsten verwendete Rechtsform in Großbritannien.
- Eine Ltd. kann mit **einem Gesellschafter,** einem notwendigen **Stammkapital** von **einem britischen Pfund** schnell und ohne größeren bürokratischen Aufwand gegründet werden.[2]

Die Private Limited Company ist die geeignete Unternehmensform für **Einzelgründer** oder **kleine** und **mittlere** Unternehmen. Vergleicht man die Limited mit deutschen Rechtsformen entspricht sie am ehesten einer GmbH[3] oder einer Kleinen Aktiengesellschaft.[4]

1 Die Private Limited Company spielt seit dem Brexit des Vereinigten Königreichs in Deutschland keine Rolle mehr, wird aber aufgrund des Lehrplans im Schulbuch kurz vorgestellt.

2 Die Rechtsgrundlage der Limited ist das britische Gesellschaftsrecht, der **Companies Act 2006**.

3 **GmbH (Gesellschaft mit beschränkter Haftung)**: Die GmbH ist nicht Gegenstand des Lehrplans. Da sie jedoch gewissermaßen das deutsche Gegenstück zur britischen Limited darstellt und ihr Verbreitungsgrad in Deutschland ausgesprochen hoch ist – über 90 % der deutschen Kapitalgesellschaften sind GmbHs –, wird sie im Anhang (siehe S. 134) vorgestellt.

4 Eine kleine Aktiengesellschaft verfügt nur über einen kleinen Gesellschafterkreis und ist nicht an der Börse notiert.

(2) Gründung

Eine Private Limited Company kann sowohl von einer **natürlichen** als auch von einer **juristischen Person** gegründet werden. Der Zeit- und Geldaufwand für die Gründung sind im Vergleich zur deutschen GmbH bzw. Kleinen Aktiengesellschaft um einiges geringer, da

- die Gründungsdauer im Normalfall ein bis zwei Wochen beträgt,
- das notwendige Stammkapital ein britisches Pfund beträgt und
- auch die Gebühren und andere anfallenden Folgekosten wegen des geringen bürokratischen Aufwands niedriger ausfallen (z. B. keine Notarkosten).

Die Limited wird in **Großbritannien gegründet** und muss ins englische Handelsregister („Companies House") eingetragen werden. Der Gesellschaftsvertrag („Memorandum and Articles of Association") muss in englischer Sprache verfasst werden. Erst **nach Eintragung ins englische Companies House** und der **Ausstellung der Gründungsurkunde** („Certificate of Incorporation") ist das Unternehmen **rechtsfähig** und kann seine Geschäfte aufnehmen sowie Verträge schließen.

Der Satzungssitz der Private Limited Company kann in England, Wales, Schottland oder Nordirland liegen und muss über eine zustellfähige Postadresse verfügen. Er muss keine Verbindung zum tatsächlichen Geschäftsbetrieb oder den Geschäftsführern aufweisen.

Hinweis:

Das Vereinigte Königreich ist mit Wirkung zum 1. Februar 2020 aus der Europäischen Union ausgetreten. Nach Ablauf des im Austrittsabkommen zwischen der Europäischen Union und dem Vereinigten Königreich vereinbarten Übergangszeitraums zum 31. Dezember 2020 unterliegen in Deutschland ansässige Gesellschaften, die in einer Rechtsform des Vereinigten Königreichs organisiert sind, nicht mehr dem Anwendungsbereich der Niederlassungsfreiheit, d. h., sie werden nicht mehr anerkannt. Eine **Limited mit Sitz in Deutschland** und **mehreren** Gesellschaftern wird automatisch zu einer **OHG** oder Gesellschaft bürgerlichen Rechts **(GbR),** mit nur **einem** Gesellschafter zu einem **Einzelunternehmen**. Rechtliche Konsequenz daraus ist die **persönliche Haftung** der Gesellschafter für Verbindlichkeiten der Gesellschaft.[1]

(3) Weitere Merkmale

Firma	Die Firma der Private Limited Company by Shares muss die Bezeichnung Limited oder die Abkürzung Ltd. enthalten. **Beispiele:** Aston Martin Lagonda Limited, Garmin (Europe) Ltd., T-Mobile (UK) Ltd.
Mindestkapital	Ein britisches Pfund.
Haftung	Die Limited haftet für Verbindlichkeiten grundsätzlich **allein** mit ihrem **Gesellschaftsvermögen**. Die einzelnen Gesellschafter haften mit den von ihnen erbrachten Einlagen, mit der Höhe der von ihnen übernommenen Anteile.

1 Näheres siehe https://www.bmjv.de/DE/Themen/FokusThemen/Brexit/Gesellschaftsrecht/Brexit_Gesellschaft_node.html

<table>
<tr><td>Organe der Limited</td><td>Die Organe der Private Limited Company bestehen aus:
<table>
<tr><th>Director</th><th>Members</th><th>Company Secretary</th></tr>
<tr><td>Der „Director“ entspricht dem Geschäftsführer einer GmbH und ist für die Unternehmensführung und Vertretung der Limited zuständig.</td><td>Die Gesellschafter („Members“) sind die Aktieninhaber und haben folglich ein Recht am Gewinn. Durch Abstimmung in der Gesellschafterversammlung können sie Einfluss auf die Limited nehmen.</td><td>Der „Company Secretary“ entspricht am ehesten einem Schriftführer. Seine Aufgabe besteht darin, dass die Vorschriften gegenüber dem englischen Registergericht eingehalten werden.</td></tr>
</table>
Bei der Gründung einer Limited als Einpersonengesellschaft ist der Gesellschafter gleichzeitig der Geschäftsführer.
Die Stelle des Company Secretary kann in diesem Fall z. B. durch spezielle Agenturen übernommen werden.</td></tr>
</table>

2.3 Rechtsformwahl und -umwandlung als Entscheidungsproblem

Die folgende Tabelle gibt einen zusammenfassenden Überblick über wesentliche rechtliche und wirtschaftliche (finanzielle) Entscheidungskriterien mit den jeweils am besten geeigneten betrieblichen Rechtsformen.[1]

Mögliche rechtliche und wirtschaftliche (finanzielle) Entscheidungsmerkmale	Geeignete betriebliche Rechtsformen
Mittelbare (keine persönliche) und beschränkte Haftung aller Gesellschafter oder mindestens eines Gesellschafters	Aktiengesellschaft (AG) und Societas Europaea (SE) Kommanditgesellschaft (KG) mit der mittelbaren und beschränkten Haftung mindestens eines Gesellschafters (Kommanditisten)
Unabhängigkeit des Unternehmens vom Wechsel seiner Gesellschafter	Aktiengesellschaft (AG) und Societas Europaea (SE)
Verteilung der persönlichen Haftungsrisiken und persönlichen Arbeitslast (Geschäftsführungs- und Vertretungsbefugnisse) auf mehrere Gesellschafter (Personen)	Offene Handelsgesellschaft, Kommanditgesellschaft
Geschäftsführung und Vertretung durch Managerunternehmer (Gesellschafter wollen lediglich ihr Kapital in einem Unternehmen anlegen)	Aktiengesellschaft (AG) und Societas Europaea (SE)

1 Die Rechtsform der Private Limited Company (Ltd.) wird hier nicht mehr berücksichtigt.

Mögliche rechtliche und wirtschaftliche (finanzielle) Entscheidungsmerkmale	Geeignete betriebliche Rechtsformen
Geschäftsführungs- und Vertretungsrecht bzw. -pflicht der Gesellschafter (Geschäftsinhaber)	Einzelunternehmen, offene Handelsgesellschaft (OHG) und Kommanditgesellschaft (KG) bezüglich des Vollhafters (Komplementärs)
Gewinne als Leistungsmotivation der Gesellschafter	Einzelunternehmen und Personengesellschaften (OHG, KG)
Höhe des Eigenkapitalbedarfs	Aktiengesellschaft (AG) bei hohem Kapitalbedarf; Einzelunternehmen und Personengesellschaften (OHG, KG) bei niedrigem Kapitalbedarf
Möglichst unkomplizierte und Aufwendungen sparende Unternehmensgründung	Vor allem Einzelunternehmen und Personengesellschaften (OHG, KG)

Kompetenztraining

24 Die bisherigen Einzelunternehmer Yvonne Lang und Carsten Lehmann planen gemeinsam die Gründung eines Gesellschaftsunternehmens zur Herstellung von Büromöbeln.

Aufgaben:

1. Nennen Sie zwei Gründe, warum Yvonne Lang und Carsten Lehmann ihre Unternehmen zunächst als Einzelunternehmen betrieben haben!
2. Beide Gesellschafter möchten das Geschäftsführungs- und Vertretungsrecht haben.

   Ermitteln Sie, bei welchen Unternehmensformen ihnen dies (gesetzlich) möglich ist!
3. Yvonne Lang ist bereit, auch persönlich und unbeschränkt zu haften, Carsten Lehmann möchte jedoch nur mit seiner Kapitaleinlage und nicht direkt haften.

   Welche Unternehmensform werden beide Gründer wählen? Begründen Sie Ihre Entscheidung!
4. Erläutern Sie, welche Gründe Yvonne Lang und Carsten Lehmann veranlasst haben können, einen weiteren Gesellschafter als Voll- oder Teilhafter aufzunehmen!
5. Nach sechs Jahren sehr erfolgreicher Geschäftstätigkeit soll die Kommanditgesellschaft in eine AG umgewandelt werden.

   Nennen Sie zwei Gründe, die die Gesellschafter zur Wahl dieser Rechtsform veranlasst haben könnten!

25 **I. Sachverhalt:**

Anton Thomalla ist Inhaber eines kleinen Unternehmens, welches Dieselmotoren von Lkw-Herstellern so umrüstet, dass damit – angetrieben durch Biogas – ein kleineres Blockheizkraftwerk betrieben werden kann. Aufgrund der energiepolitischen Sensibilisierung der Bevölkerung ist die Nachfrage sprunghaft gestiegen. Anton Thomalla sieht sehr optimistisch in die Zukunft. Kunden, seine Bank und die Familie drängen ihn zur Expansion. Da er sich als Einzelunternehmer und Spezialist für die Technik von der zunehmenden Komplexität überfordert fühlt, möchte er die Einzelunternehmung in ein Gesellschaftsunternehmen umwandeln. Einen Partner hätte er bereits gefunden in Jens Nowottny, einem Freund aus Jugendtagen. Dieser wäre bereit, die kaufmännische Seite der Unternehmensführung zu übernehmen.

Noch sind sich die beiden nicht schlüssig, welche Rechtsform sie wählen sollen. Daher werden Sie um Ihren Rat gebeten.

II. Aufgaben:

1. Anton Thomalla und Jens Nowottny haben Fragen zur Kommanditgesellschaft, um deren Beantwortung sie Sie bitten. Erläutern Sie jeweils Ihre Antworten!
   1.1 „Wie unterscheiden sich grundsätzlich die beiden Positionen des Komplementärs und des Kommanditisten?"
   1.2 „Worin unterscheiden sich Geschäftsführungsbefugnis von Vertretungsmacht?"
   1.3 „Wie lassen sich gewöhnliche von außergewöhnlichen Rechtsgeschäften abgrenzen?"
   1.4 Jens Nowottny, für den die Position des Kommanditisten vorgesehen ist, will wissen, ob er wirklich nur mit seiner Einlage haftet.

2. Füllen Sie nachfolgende Tabelle aus, indem Sie „ja" oder „nein" eintragen. Wenn es nicht Ihr eigenes Buch ist, übertragen Sie bitte zuvor die Tabelle in Ihr Hausheft!

	Einzelunternehmen	OHG	KG	AG	SE
Mindestkapital nötig					
Haftungsbeschränkung					
Breiter Entscheidungsspielraum					
Wenige Formalitäten					
Eintragung ins Handelsregister					
Hohes Ansehen, Kreditwürdigkeit durch persönliche Haftung					

3 Bedeutung der Organe in einer Aktiengesellschaft hinsichtlich des Interessensausgleichs der Anspruchsgruppen beurteilen

LB 2 Handlungssituation 5

Lesen Sie zunächst den nachfolgenden Auszug aus der Rede eines AG-Vorstands!

Guten Morgen, meine Damen und Herren!

Herzlich willkommen zur 97. ordentlichen Hauptversammlung der BMW AG.

Ich begrüße auch alle, die uns im Internet zuschauen.

Der digitale Fortschritt verändert unser Leben. Wandel gehört zur menschlichen Natur. Das lehrt uns die Evolution. Was früher unmöglich war, ist heute Realität. Junge Menschen wachsen längst mit einem anderen technologischen Selbstverständnis auf. Wir erleben das bei unseren Kindern und Enkelkindern. Wer im digitalen Zeitalter langfristig Erfolg haben will, braucht vor allem Eines: Zukunftsfähigkeit. Sie hat viele Gesichter. Für uns sind das:

- die Zufriedenheit unserer Kunden.
- Profitabilität und Innovationskraft.
- Marktpräsenz und Markenstärke.
- Flexibilität und Qualität.
- und nicht zuletzt: unsere Attraktivität als Arbeitgeber.

Das ist der BMW-Weg. „Die BMW Group ruht sich nicht auf den Erfolgen der Vergangenheit aus. Sie gestaltet aktiv die Zukunft.“ Das war der Tenor in vielen Medien zu unserem 100-jährigen Jubiläum. Wir wissen, wer wir sind: Ein Unternehmen mit Geschichte. [. . .]

© BMW

Auch Sie, verehrte Aktionäre, tragen dazu bei. Sie denken langfristig. So wie wir. Sie begleiten uns durch den Umbruch der Mobilität. Ich versichere Ihnen: Über 125 000 Mitarbeitern gibt das Rückhalt und Kraft. Ihr Investment, verehrte Aktionäre, muss sich lohnen. Vorstand und Aufsichtsrat schlagen Ihnen für das Jubiläumsjahr [. . .] eine Dividende von 3,50 EUR je Stammaktie vor – und 3,52 EUR für die Vorzugsaktie. Das ist die höchste Dividende, die Ihr Unternehmen je gezahlt hat. Ein Drittel des Jahresüberschusses geht an Sie, die Aktionäre. 2,3 Mrd. EUR.

Wenn wir erfolgreich sind, kommt das auch den Mitarbeitern zugute. Dafür steht die Erfolgsbeteiligung. Sie hat bei uns Tradition – und motiviert. Viele Mitarbeiter verfolgen diese Hauptversammlung. Ein gutes Forum, um Danke zu sagen: Persönlich und im Namen des gesamten Vorstands danke ich allen Mitarbeiterinnen und Mitarbeitern weltweit. Sie alle haben in unserem Jubiläumsjahr eine starke Leistung erbracht. Mein Dank gilt auch unseren Kunden. Er gilt ebenso unseren Geschäftspartnern, Zulieferern und der Handelsorganisation.

[. . .]

Quelle: Auszüge aus https://www.press.bmwgroup.com/deutschland/article/detail/T0270684DE/rede-harald-krueger vorsitzender-des-vorstands-der-bmw-ag-97-ordentliche-hauptversammlung-der-bmw-ag-am-11-mai-2017-in-der-olympiahalle-in-muenchen?language=de

Kompetenzorientierte Arbeitsaufträge:

1. Ermitteln Sie die Anspruchsgruppen, die in der Rede des AG-Vorstands erwähnt werden und arbeiten Sie heraus, welche Zusagen ihnen der Vorstand macht!
2. Erläutern Sie, welche Organe der Aktiengesellschaft für die Feststellung des Jahresabschlusses zuständig sind!
3. Bilden Sie ein Beispiel für einen möglichen Konflikt, der aufgrund der Interessen der Aktionäre und der Mitarbeiter der BMW AG entstehen kann.

3.1 Feststellung des Jahresabschlusses

Aktiengesellschaften haben die rechtliche Verpflichtung, einen Jahresabschluss zu erstellen. (§ 242 I, II HGB) Dies ist erforderlich, um den Gesellschaftern der AG, aber auch potenziellen Aktionären und Investoren ein Bild von der Situation und der Leistungsfähigkeit des Unternehmens zu vermitteln. In der Feststellung des Jahresabschlusses sind alle Organe der AG beteiligt.

Der Jahresabschluss der Aktiengesellschaft hat unter anderem die Aufgabe:

- den Aktionären und auch den Finanzbehörden einen Überblick über finanzwirtschaftliche Lage des Unternehmens zu verschaffen und
- als Grundlage für Gewinnausschüttungen zu dienen.

Der Ablauf zur Erstellung eines Jahresabschlusses einer Aktiengesellschaft am Beispiel der Großen AG erfolgt in den folgenden vier Schritten:

1. Schritt – Aufstellung des Jahresabschlusses

Der **Vorstand** muss innerhalb der ersten drei Monate des Geschäftsjahres den Jahresabschluss der AG für das vorhergehende Geschäftsjahr erstellen. Der Jahresabschluss umfasst nach dem HGB folgende **Bestandteile**:

- Bilanz,
- Gewinn- und Verlustrechnung,
- Anhang,
- Lagebericht und
- Erklärung zum Corporate Governance Kodex[1]

2. Schritt – Prüfung des Jahresabschlusses durch einen Wirtschaftsprüfer

Die **Hauptversammlung** wählt den zuständigen Prüfer (ein Wirtschaftsprüfer oder eine Wirtschaftsprüfungsgesellschaft) für ein Jahr und bestellt ihn auch. Der bestellte Prüfer hat den Jahresabschluss zu prüfen und einen Prüfbericht zu erstellen.

3. Schritt – Feststellung des Jahresabschlusses durch den Aufsichtsrat

Der **Vorstand** legt den Jahresabschluss, den Prüfbericht des Wirtschaftsprüfers und einen Gewinnverwendungsvorschlag dem Aufsichtsrat vor. Der **Aufsichtsrat** prüft den Jahresabschluss auf seine Rechtmäßigkeit.

- Billigt er den Jahresabschluss, gilt dieser als festgestellt.
- Hat der Aufsichtsrat Einwände gegen den Jahresabschluss, entscheidet die **Hauptversammlung** über die Feststellung.

Über die Verwendung des Bilanzgewinns (Ausschüttung, Bildung von Rücklagen, Gewinnvortrag für das nächste Geschäftsjahr) entscheidet die **Hauptversammlung.**

4. Schritt – Offenlegung des Jahresabschlusses

Der Jahresabschluss muss vom **Vorstand** innerhalb von 12 Monaten offengelegt werden. Die Veröffentlichung erfolgt im elektronischen Bundesanzeiger.

1 Der Deutsche **Corporate Governance Kodex** stellt wesentliche gesetzliche Vorschriften zur Leitung und Überwachung deutscher börsennotierter Gesellschaften dar und enthält in Form von Empfehlungen und Anregungen international und national anerkannte Standards guter und verantwortungsvoller Unternehmensführung. Vorstand und Aufsichtsrat der Aktiengesellschaft müssen jährlich erklären, ob sie den Empfehlungen der „Regierungskommission Deutscher Corporate Governance Kodex" gefolgt sind oder welche Empfehlungen nicht angewendet wurden oder werden und warum nicht (§ 161 AktG). Die Erklärung ist auf der Internetseite der Gesellschaft dauerhaft öffentlich zugänglich zu machen.

3.2 Maßnahmen zur Kapitalerhöhung

Ein wichtige **Aufgabe des Vorstands** ist, dafür zu sorgen, dass der AG ständig **ausreichend Kapital** zur Verfügung steht. Reichen die vorhandenen Finanzmittel der AG nicht aus, um eine geplante Investition (z.B. Errichtung eines Zweigwerks, Beteiligung an einem Unternehmen) zu tätigen, hat der Vorstand die Möglichkeit, bei der Hauptversammlung

§ 182 I AktG eine Kapitalerhöhung zu beantragen. Um das Kapital zu erhöhen, ist ein **Beschluss der Hauptversammlung** mit **qualifizierter Dreiviertelmehrheit** des in der Hauptversammlung vertretenen Grundkapitals erforderlich.

Dem Vorstand stehen vier verschiedene Arten der Kapitalerhöhung zur Verfügung.

§§ 182–191 AktG	**Ordentliche Kapitalerhöhung**[1]	■ Hier wird das Grundkapital durch die Ausgabe junger[2] (neuer) Aktien erhöht. ■ Die Aktienemission darf **nicht unter dem Nennwert** erfolgen. ■ Die Aktionäre **zeichnen die Aktien** und **leisten die** entsprechenden **Zahlungen.**
§§ 202–206 AktG	**Genehmigte Kapitalerhöhung**	■ Durch Beschluss der Hauptversammlung kann der Vorstand für **längstens fünf Jahre** ermächtigt werden, das Grundkapital durch Ausgabe junger Aktien bis zu einem **bestimmten Nennbetrag** zu erhöhen. Den festgelegten Nennbetrag nennt man **genehmigtes Kapital.** ■ Der Vorstand kann Kapital beschaffen, **wann** und in **welcher Höhe** es notwendig ist (innerhalb des genehmigten Zeitraums). ■ Genehmigtes Kapital, von dem innerhalb des Zeitraums **kein Gebrauch** gemacht wurde, **verfällt.**
§§ 192–201 AktG	**Bedingte Kapitalerhöhung**	■ Die Hauptversammlung kann eine Erhöhung des Grundkapitals beschließen, die nur so weit durchgeführt werden soll, wie von dem Umtausch- oder Bezugsrecht Gebrauch gemacht wird, das die Gesellschaft auf die neuen Aktien (Bezugsaktien) einräumt. ■ Zweck der bedingten Kapitalerhöhung ist z.B., den Zusammenschluss mit einer anderen AG durch Aktientausch vorzubereiten.
§§ 207–220 AktG	**Kapitalerhöhung aus Gesellschaftsmitteln**	■ Rücklagen werden in Grundkapital umgewandelt. Der AG fließt kein zusätzliches Kapital zu. Das bilanzierte Eigenkapital ändert sich nicht. ■ Damit den Aktionären durch die Erhöhung des Grundkapitals keine Nachteile entstehen, haben sie im Verhältnis ihrer Anteile ein Recht auf kostenlose **Zusatzaktien** (auch **Gratisaktien** oder **Berichtigungsaktien** genannt).

3.3 Anspruchsgruppen der AG und ihre unterschiedlichen Interessen[3]

Alle Personen oder Personengruppen, die von den Entscheidungen des Unternehmens betroffen sind, haben Ansprüche an die Aktiengesellschaft, da sie einen Beitrag (z.B. Kapital, Dienstleistungen) leisten. Die unterschiedlichen Ansprüche bergen häufig Konfliktpotenzial in sich.

1 Zur Durchführung der ordentlichen Kapitalerhöhung siehe „Kompetenzorientierte Betriebswirtschaftslehre mit Rechnungswesen FOS/BOS in Bayern" Jahrgangsstufen 11 und 12, Jahrgangsstufe 12, Lernbereich 4, Kapitel 2.4.2 (Merkurbuch 0659).

2 **Junge Aktien** sind Aktien, die im Rahmen einer Kapitalerhöhung von einer Aktiengesellschaft ausgegeben werden. Sie werden zuerst den Altaktionären angeboten, die infolge ihrer durch den Aktienbesitz erworbenen Bezugsrechte ein Vorkaufsrecht besitzen.

3 Zu weiteren Einzelheiten siehe auch das Merkur Buch „Kompetenzorientierte Betriebswirtschaftslehre mit Rechnungswesen FOS/BOS in Bayern" Jahrgangsstufen 11 und 12 (Merkurbuch 0659).

(1) Konfliktpotenzial zwischen Kapitalgebern und Mitarbeitern

	Kapitalgeber	Mitarbeiter
Konflikt	**Hauptinteressen:** ■ Mehrung des Eigenkapitals ■ Hohe Dividende ■ Unternehmenswachstum	**Hauptinteressen:** ■ Hohe Löhne ■ Sicherung des Arbeitsplatzes
Ausgleich	■ Durch die **Mitbestimmungsgesetze**[1] können die Mitarbeiter Einfluss auf die Unternehmenspolitik nehmen und einen Ausgleich möglicher Interessenkonflikte herbeiführen. ■ Durch **Erfolgsbeteiligungen** oder den Verkauf von vergünstigten **Belegschaftsaktien** können die Mitarbeiter am Unternehmenserfolg beteiligt werden. ■ Aktiengesellschaften gewähren häufig **zusätzliche Sozialleistungen** (z.B. Betriebsrenten, verbilligtes Essen in Werkskantinen, eigene Erholungsheime, Werksärzte, oft auch übertarifliche Zahlungen). Dies erhöht die **Arbeitsmotivation** der Mitarbeiter, sodass für beide Interessengruppen eine **Win-win-Situation** entsteht.	

(2) Konfliktpotenzial zwischen Vorstand/Aufsichtsrat und Aktionären

Bei der Verwendung des Jahresüberschusses und bei Maßnahmen zur Kapitalbeschaffung verfolgen die Anspruchsgruppen einer Aktiengesellschaft oft unterschiedliche Interessen.

Der Vorstand legt dem Aufsichtsrat einen Vorschlag zur Verwendung des Bilanzgewinns[2] vor. Zusammen mit dem Aufsichtsrat kann der Vorstand bis zur Hälfte des Jahresüberschusses den freiwilligen Rücklagen zuführen, um Geld für Investitionen zur Verfügung zu haben. Da eine hohe freiwillige Rücklage die Dividendenausschüttung schmälert, kann es bei Aktiengesellschaften zwischen Vorstand, Aufsichtsrat und Eigentümern (Aktionären) zu Konflikten führen. **§ 170 II AktG** **§ 58 AktG**

	Vorstand/Aufsichtsrat	Aktionäre
Konflikt	Ausweisung des **kleinstmöglichen Bilanzgewinns** und damit eine möglichst **kleine Dividendenzahlung.**	Ausweisung des **größtmöglichen Bilanzgewinns** und damit eine möglichst **hohe Dividendenzahlung.**
Ausgleich	Die Aktiengesellschaft schüttet eine **hohe Dividende** an die Aktionäre aus (allerdings ohne Rücklagen aufzulösen), gestaltet dabei gleichzeitig die Konditionen für eine **Wiederanlage der erhaltenen Dividenden in junge Aktien** so, dass sie für die Aktionäre attraktiv ist und dadurch das Kapital wieder in die AG zurückfließt.	

1 Für genauere Informationen siehe § 1 DrittelbG bzw. § 1 MitbestG.

2 Der **Bilanzgewinn** errechnet sich aus dem Jahresüberschuss durch Abzug eines eventuellen Verlustvortrags, Einstellung in Rücklagen etc., siehe § 158 I AktG.

Überblick: Interessenausgleich der Anspruchsgruppen einer AG

Organe der AG
(Vorstand, Hauptversammlung und Aufsichtsrat)

Aufgabe, einen Interessenausgleich
mit den verschiedenen Anspruchsgruppen
der Aktiengesellschaft **herbeizuführen**

bei

- **der Feststellung und Prüfung des Jahresabschlusses**
- **der Kapitalbeschaffung**
- **der Gewinnverwendung**

Kompetenztraining

26

1. Nennen und beurteilen Sie die wichtigsten Vor- und Nachteile großer Aktiengesellschaften
   1.1 aus der Sicht der Kapitalgeber (Aktionäre),
   1.2 aus der Sicht der Gläubiger (Kreditgeber),
   1.3 aus der Sicht der in diesem Unternehmen Beschäftigten und
   1.4 aus der Sicht der Verbraucher!

2. Zitat des liberalen Ökonomen Milton Friedman:

   „Die einzige soziale Verantwortung der Unternehmung ist es, im Rahmen geltender Gesetze Gewinne zu erzielen. Jedes weitere Verfolgen sozialer Ziele ist Diebstahl an den Aktionären. Die Geschäftsleitungen sind nicht gewählte Volksvertreter und haben deshalb auch kein soziales Mandat. Sie dürften sich deshalb auch nicht anmaßen, das Geld des Aktionärs im Namen der sozialen Verantwortung nach nicht-ökonomischen Kriterien auszugeben."

   Aufgaben:
   2.1 Nehmen Sie zu Kernaussagen des Textes Stellung!
   2.2 Erläutern Sie, zwischen welchen Anspruchsgruppen einer AG die Sichtweise von Milton Friedman zu einem Konflikt führen kann!

3. Die E-Bike AG muss ihre Produktionsanlagen erweitern, um die stark steigende Nachfrage ihrer Kunden befriedigen zu können. Der Vorstand benötigt für diese Investition Kapital, das er sich über eine Kapitalerhöhung beschaffen möchte.

   Aufgaben:
   3.1 Ermitteln Sie, welche Art der Kapitalerhöhung für die E-Bike AG geeignet wäre!
   3.2 Nennen Sie einen Grund, weshalb ein Aktionär die Kapitalerhöhung aus Gesellschaftsmitteln bevorzugen könnte!
   3.3 Stellen Sie die Feststellung des Jahresabschlusses einer AG dar!

Lernbereich 3: Arbeitsverhältnisse rechtlich gestalten

1 Befristete und unbefristete Arbeitsverträge abschließen

LB 3 Handlungssituation 1

Der zwanzigjährige Benno Winkler hat nach seinem erfolgreichen Abschluss als Industriekaufmann eine Arbeitsstelle bei der Augsburger Büromöbel AG angeboten bekommen. Schon während des Vorstellungsge-sprächs bekommt er einen unterschriftsreifen Vertrag vorgelegt. Da Benno froh ist, so schnell einen Arbeitsplatz gefunden zu haben, unterschreibt er diesen Vertrag vorbehaltlos.

Zwischen der Augsburger Büromöbel AG, Industriepark 5, 86169 Augsburg – nachfolgend „Arbeitgeber" – und Herrn Benno Winkler, wohnhaft Hoher Weg 13, 86152 Augsburg – nachfolgend „Arbeitnehmer" – wird folgender

Arbeitsvertrag

geschlossen.

§ 1 Beginn des Arbeitsverhältnisses

Das Arbeitsverhältnis beginnt am 01.09.20..

§ 2 Probezeit

Dieser Vertrag wird auf die Dauer von sechs Monaten vom 01.09.20.. bis zum 28.02.20.. zur Probe abgeschlossen. Nach Ablauf dieser Befristung endet das Arbeitsverhältnis, ohne dass es einer Kündigung bedarf, wenn nicht bis zu diesem Zeitpunkt eine Fortsetzung des Arbeitsverhältnisses vereinbart wird. Innerhalb der Probezeit kann das Arbeitsverhältnis mit einer Frist von zwei Wochen gekündigt werden.

§ 3 Tätigkeit

Der Arbeitnehmer wird als Industriekaufmann eingestellt und mit folgenden Arbeiten beschäftigt:

- Betreuung von Lieferanten
- Erstellen und Versenden von Anfragen und Bestellungen
- Auswertung von Angeboten und Erstellen von Angebotsvergleichen
- Führen von Verhandlungen mit Lieferanten nach Zielvorgaben über Einkaufsbedingungen hinsichtlich Mengen, Preise, Termine innerhalb eines festgelegten Finanzrahmens.
- Überprüfung von Auftragsbestätigungen durch Vergleich mit den Bestellungen und Klärung von Abweichungen mit den Lieferern
- Liefertermine überwachen und gegebenenfalls reklamieren

§ 4 Arbeitsvergütung

Der Arbeitnehmer erhält eine monatliche Bruttovergütung von 2 350,00 EUR.

Der Arbeitsvertrag enthält keine Fehler (-> siehe Lehrerexemplar)

§ 5 Arbeitszeit

Die regelmäßige wöchentliche Arbeitszeit beträgt derzeit 35 Stunden. Beginn und Ende der täglichen Arbeitszeit richten sich nach der betrieblichen Einteilung.

§ 6 Urlaub

Der Arbeitnehmer hat Anspruch auf einen gesetzlichen Mindesturlaub von 24 Werktagen im Kalenderjahr. Der Arbeitgeber gewährt zusätzlich einen vertraglichen Urlaub von weiteren 6 Arbeitstagen. Bei der Gewährung von Urlaub wird zuerst der gesetzliche Urlaub eingebracht.

§ 7 Krankheit

Ist der Arbeitnehmer infolge unverschuldeter Krankheit arbeitsunfähig, so besteht Anspruch auf Fortzahlung der Arbeitsvergütung bis zur Dauer von sechs Wochen nach den gesetzlichen Bestimmungen. Die Arbeitsverhinderung ist dem Arbeitgeber unverzüglich mitzuteilen. Dauert die Arbeitsunfähigkeit länger als drei Kalendertage, hat der Arbeitnehmer eine ärztliche Bescheinigung über das Bestehen sowie deren voraussichtliche Dauer spätestens an dem auf den dritten Kalendertag folgenden Arbeitstag vorzulegen.

§ 8 Verschwiegenheitspflicht

Der Arbeitnehmer verpflichtet sich, während der Dauer des Arbeitsverhältnisses und auch nach dem Ausscheiden, über alle Betriebs- und Geschäftsgeheimnisse Stillschweigen zu bewahren.

§ 9 Nebentätigkeit

Jede entgeltliche oder das Arbeitsverhältnis beeinträchtigende Nebenbeschäftigung ist nur mit Zustimmung des Arbeitgebers zulässig.

§ 10 Kündigung

Nach Ablauf der Probezeit beträgt die Kündigungsfrist vier Wochen zum 15. oder Ende eines Kalendermonats. Jede gesetzliche Verlängerung der Kündigungsfrist zugunsten des Arbeitnehmers gilt in gleicher Weise auch zugunsten des Arbeitgebers. Die Kündigung bedarf der Schriftform.

Das Arbeitsverhältnis endet spätestens mit Ablauf des Monats, in dem der Arbeitnehmer das für ihn gesetzlich festgelegte Renteneintrittsalter vollendet hat.

§ 11 Ausschlussklausel/Zeugnis

Die Vertragsparteien müssen Ansprüche aus dem Arbeitsverhältnis innerhalb von drei Monaten nach dessen Beendigung schriftlich geltend machen und im Falle der Ablehnung durch die Gegenseite innerhalb von weiteren drei Monaten einklagen. Andernfalls sind sie verwirkt.

Bei Beendigung des Arbeitsverhältnisses erhält der Arbeitnehmer ein Zeugnis, aus dem sich Art und Dauer der Beschäftigung sowie, falls gewünscht, eine Beurteilung von Führung und Leistung ergeben.

§ 12 Vertragsänderungen und Nebenabreden

Sollten einzelne Bestimmungen dieses Vertrages unwirksam sein oder werden, wird hierdurch die Wirksamkeit des Vertrages im Übrigen nicht berührt.

Der Arbeitnehmer verpflichtet sich, dem Arbeitgeber unverzüglich über Veränderungen der persönlichen Verhältnisse wie Familienstand, Kinderzahl und Adresse Mitteilung zu machen.

Augsburg, den 26. Juli 20..	*Augsburg, den 26. Juli 20..*
(Ort, Datum)	*(Ort, Datum)*
R. Lautenbach	*Benno Winkler*
(Unterschrift Arbeitgeber)	(Unterschrift Arbeitnehmer/-in)

Kompetenzorientierte Arbeitsaufträge:

1. Erklären Sie die Abläufe, die spätestens am 28.02.20.. notwendig sind, damit ein unbefristetes Arbeitsverhältnis entsteht!

2. § 625 BGB, Stillschweigende Verlängerung, lautet: *„Wird das Dienstverhältnis nach dem Ablauf der Dienstzeit von dem Verpflichtenden mit Wissen des anderen Teiles fortgesetzt, so gilt es als auf unbestimmte Zeit verlängert, sofern nicht der andere Teil unverzüglich widerspricht."*

   Stellen Sie dar, wodurch sich die gesetzliche Regelung von der im Arbeitsvertrag vereinbarten unterscheidet!
3. Recherchieren Sie im Internet, ob die arbeitsvertraglichen Vereinbarungen in Bezug auf wöchentliche Arbeitszeit und Urlaubstage den tariflichen Vorgaben für die Holz verarbeitende Industrie entsprechen!
4. Beurteilen Sie diesen Arbeitsvertrag, indem Sie die Regelungen im Einzelnen überprüfen! Halten Sie mögliche Unstimmigkeiten fest und – wo möglich – korrigieren Sie diese!

1.1 Anbahnung, Zustandekommen und Inhalt eines Arbeitsvertrags

(1) Anbahnung eines Arbeitsvertrags

Dem Abschluss des Arbeitsvertrags geht in der Regel voraus:

- **Stellenausschreibung** des Arbeitgebers.
- **Bewerbung** des Stellensuchenden.
- Einladung zu einem **Vorstellungsgespräch** durch den Arbeitgeber.
- **Entscheidung des Arbeitgebers,** die Stelle mit dem Bewerber zu besetzen.

Im Rahmen des Vorstellungsgesprächs versucht der Arbeitgeber, zum einen die Informationen aus den Bewerbungsunterlagen zu überprüfen und zum anderen einen persönlichen Eindruck vom Bewerber zu gewinnen. Allerdings muss der Bewerber beim Vorstellungsgespräch nicht jede Frage des möglichen Arbeitgebers beantworten.

Beispiele für erlaubte Fragen an den Bewerber:

- *„Warum haben Sie sich gerade bei unserem Unternehmen beworben?"*
- *„Was gefällt Ihnen besonders an dieser Stelle bzw. an diesem Ausbildungsberuf?"*
- *„Wo sehen Sie Ihre Stärken und Ihre Schwächen?"*
- *„Welche Hobbys betreiben Sie?"*
- *„Wie stellen Sie sich Ihre Arbeit bzw. Ihre Ausbildung vor?"*
- *„Warum sollten wir gerade Sie den übrigen Mitbewerbern vorziehen?"*

Nicht beantworten muss der Bewerber Fragen, die gegen das Recht auf Schutz der Persönlichkeit verstoßen:

- **Familienplanung** und **Schwangerschaft,**
- **Vorstrafen,** außer sie sind berufsrelevant (Bewerbung als Kassierer, Buchhalter, Sicherheitsbeauftragter),
- **Krankheiten,** sofern die Krankheit die Berufsausübung nicht erschwert oder unmöglich macht (ansteckende Krankheiten, Bandscheibenleiden),
- **sexuelle Orientierung,**

- **Partei-, Kirchen- oder Gewerkschaftszugehörigkeit,**
- **finanzielle Verhältnisse,** es sei denn, es wird eine Führungsposition oder eine besondere Vertrauensstellung angestrebt.

Der Bewerber hat darauf zu achten, dass er arbeitsrechtlich zulässige Fragen wahrheitsgemäß und vollständig beantwortet. Zudem ist der Bewerber verpflichtet, dem möglichen Arbeitgeber alle Sachverhalte mitzuteilen, die der angestrebten Tätigkeit entgegenstehen (z. B. Krankheit, Kur). Diese Verpflichtung gilt auch dann, wenn der Bewerber im Bewerbungsgespräch nicht danach gefragt wird. Kommt der Bewerber der Offenlegungspflicht nicht nach, so kann der Arbeitgeber einen abgeschlossenen Arbeitsvertrag anfechten.

(2) Zustandekommen eines Arbeitsvertrags

Ein Arbeitsvertrag kommt zustande, indem der Bewerber dem vorliegenden Arbeitsvertrag innerhalb des vom Arbeitgeber vorgegebenen Zeitraums zustimmt.

- Ein **Arbeitsvertrag** liegt vor, wenn ein Arbeitnehmer in einem **Unternehmen angestellt** ist, um nach **Weisungen des Arbeitgebers Leistungen gegen Entgelt** zu erbringen. Er kommt durch zwei übereinstimmende Willenserklärungen zustande.
- Der Arbeitsvertrag kann geschlossen werden als **unbefristeter** oder **befristeter Arbeitsvertrag.**

§ 611 BGB Die Besonderheit des Arbeitsvertrags besteht darin, dass ein Arbeitnehmer **abhängige Arbeit** zu verrichten hat. Der Arbeitsvertrag ist eine **Sonderform des Dienstvertrags.**[1] Für den Abschluss eines **Einzelarbeitsvertrags (Individualarbeitsvertrag)** gibt es **keine gesetzliche Formvorschrift.**

§ 2 NachwG Das Nachweisgesetz [NachwG] bestimmt jedoch, dass der Arbeitgeber **spätestens einen Monat** nach dem vereinbarten Beginn des Arbeitsverhältnisses die **wesentlichen Vertragsbedingungen** schriftlich (nicht nur elektronisch) niederzulegen, die Niederschrift zu unterzeichnen und dem Arbeitnehmer auszuhändigen hat.

§ 2 I NachwG In dieser Niederschrift sind vor allem folgende Bedingungen aufzunehmen:

- Arbeitsvertragsparteien,
- Beginn des Arbeitsverhältnisses,
- bei befristeten Arbeitsverhältnissen die vorhersehbare Dauer des Arbeitsverhältnisses,
- Arbeitsort bzw. Arbeitsorte (z. B. bei Montagearbeiten),
- Bezeichnung oder allgemeine Beschreibung der vom Arbeitnehmer zu leistenden Tätigkeiten,
- Arbeitsentgelte (einschließlich Zuschläge, Prämien, Sonderzahlungen),
- vereinbarte Arbeitszeit,
- jährlicher Erholungsurlaub,
- Kündigungsfristen sowie
- Hinweise auf die auf das Arbeitsverhältnis anzuwendenden Tarifverträge, Betriebs- oder Dienstvereinbarungen.

1 Beim **Dienstvertrag** verpflichtet sich ein Vertragspartner zur Leistung der versprochenen Dienste, der andere Vertragspartner zur Zahlung der vereinbarten Vergütung. Es besteht lediglich die Verpflichtung zum „Tätigwerden“, nicht jedoch ein bestimmter Erfolg.

(3) Inhalt eines Arbeitsvertrags

Arbeitgeber und Arbeitnehmer sind grundsätzlich frei in ihrer inhaltlichen Ausgestaltung des Arbeitsvertrags. Wesentliche Inhalte des Arbeitsvertrags können sein:

Vertragsinhalte	Erläuterungen
Vertragsparteien	■ Arbeitgeber: Firma, Rechtsform und Sitz des Unternehmens. ■ Arbeitnehmer: Vor- und Zuname, Anschrift.
Vertragsbeginn	Genaues Datum für Beginn des Arbeitsverhältnisses.
Arbeitsort	In Unternehmen mit mehreren Standorten ist eine Vereinbarung über den Arbeitsort festzuhalten.
Probezeit	Zwischen Arbeitgeber und Arbeitnehmer kann eine Probezeit vereinbart werden. Diese darf nicht länger als sechs Monate andauern. Während dieser Probezeit kann das Arbeitsverhältnis mit einer Frist von zwei Wochen gekündigt werden.
Tätigkeitsbezeichnung/ -beschreibung	Möglichst genaue Bezeichnung, z. B. Werkzeugmechaniker. Schlecht sind ungenaue Bezeichnungen wie z. B. Kaufmann oder Mitarbeiter. Ergänzt werden muss die Tätigkeitsbeschreibung mit den damit verbundenen Vollmachten.
Dauer	Notwendig bei befristeten Arbeitsverhältnissen.
Arbeitszeit	■ Die regelmäßige Arbeitszeit ergibt sich aus dem Tarifvertrag, ersatzweise aus dem Arbeitszeitgesetz. ■ Abweichend hiervon kann die Arbeitszeit auch individuell vereinbart werden.
Urlaub	Mindestanspruch lt. Bundesurlaubsgesetz sind 24 Werktage pro Jahr, nach einer Wartezeit von 6 Monaten.
Arbeitsentgelt	Angaben über die Entgeltform (Zeitlohn, Akkordlohn, Gehalt), Höhe, Steigerung, Fälligkeit und Auszahlungsweise. Sozialleistungen wie Beiträge zur Vermögensbildung, Altersversorgung, Geschäftswagen u. Ä. sind ebenfalls festzuhalten.
Arbeitsverhinderung	Hier werden die Folgen einer unverschuldeten Arbeitsverhinderung und die Nachweispflicht bei Erkrankungen geregelt
Kündigungsfrist	Sie kann frei vereinbart werden, sofern die gesetzlichen Kündigungsfristen bzw. weitere Vorschriften des Tarifvertrags beachtet werden. § 622 BGB

Die Inhalte des Arbeitsvertrags müssen sich an dem für die Branche gültigen **Tarifvertrag**[1] ausrichten. Die im Tarifvertrag getroffenen Vereinbarungen dürfen im Arbeitsvertrag nicht verschlechtert, wohl aber verbessert werden. Gleiches gilt für die zwischen dem Arbeitgeber und dem Betriebsrat getroffene **Betriebsvereinbarung**. Zudem darf der Inhalt des Arbeitsvertrags nicht den **Regelungen des Arbeits- und Sozialrechts** widersprechen.

1 Vgl. hierzu Kapitel 1.4.3, S. 113ff.

1.2 Rechte und Pflichten der Vertragsparteien benennen

§§ 611–630 BGB

Pflichten des Arbeitgebers (Rechte des Arbeitnehmers)	Pflichten des Arbeitnehmers (Rechte des Arbeitgebers)
■ **Zahlung der vereinbarten Vergütung.**[1] ■ **Fürsorgepflicht:** Arbeitsbedingungen sind so zu gestalten, dass sie der Gesundheit der Beschäftigten nicht schaden. Der Arbeitnehmer ist zur Sozialversicherung anzumelden, die Beiträge dafür sind einzubehalten und an den Sozialversicherungsträger abzuführen. ■ **Informations- und Anhörungspflicht:** Der Arbeitnehmer hat z. B. das Recht, Einsicht in die Personalakte zu nehmen, sich bei ungerechter Behandlung zu beschweren, Verbesserungsvorschläge zu unterbreiten und Auskunft über die Zusammensetzung des Gehalts zu verlangen. ■ **Pflicht zur Ausstellung eines Zeugnisses:** Bei Beendigung des Arbeitsverhältnisses ist ein schriftliches Zeugnis auszustellen. Auf Verlangen des Arbeitnehmers muss ein qualifiziertes Zeugnis erteilt werden. ■ **Pflicht zur Urlaubsgewährung und Zahlung von Urlaubsentgelt:** Der Urlaub beträgt jährlich mindestens 24 Werktage. ■ **Entgeltfortzahlung an gesetzlichen Feiertagen** und im **unverschuldeten Krankheitsfall** bis zu sechs Wochen.	■ **Dienstleistungspflicht:** Die im Arbeitsvertrag übernommenen Arbeitsaufgaben sind ordnungsgemäß durchzuführen. ■ **Pflicht zur Verschwiegenheit.** ■ **Pflicht zur Einhaltung des gesetzlichen Wettbewerbsverbots:** Ohne Einwilligung des Arbeitgebers darf der Arbeitnehmer kein eigenes Handelsgewerbe betreiben und/oder im Geschäftszweig des Arbeitgebers Geschäfte auf eigene oder fremde Rechnung machen.[2] ■ **Pflicht den Anordnungen des Arbeitgebers Folge zu leisten.** ■ **Haftpflicht** bei grob fahrlässig oder vorsätzlich verursachten Schäden. ■ **Pflicht zur unverzüglichen Anzeige der Arbeitsunfähigkeit** (dauert die Arbeitsunfähigkeit länger als drei Kalendertage, muss ein ärztliches Attest vorgelegt werden). Die Arbeitgeber können bereits ab dem ersten Tag der Arbeitsunfähigkeit eine ärztliche Bescheinigung verlangen.

1.3 Befristete und unbefristete Arbeitsverträge

(1) Zulässigkeit der Befristung

§ 14 TzBfG

Die **Befristung eines Arbeitsvertrags** ist **zulässig,** wenn sie durch einen **sachlichen Grund gerechtfertigt** ist. Ein sachlicher Grund liegt z. B. vor, wenn

- der betriebliche Bedarf an Arbeitsleistung nur vorübergehend besteht,
- der Arbeitnehmer zur Vertretung eines anderen Arbeitnehmers beschäftigt wird oder
- die Befristung zur Erprobung erfolgt.

Liegt **kein sachlicher Grund** für die kalendermäßige Befristung eines Arbeitsvertrags vor, so ist die Befristung **bis zur Dauer von 2 Jahren** zulässig.

1 In Deutschland gilt nach dem Mindestlohngesetz (MiLoG) ein **gesetzlicher Mindestlohn.** Der gesetzliche Mindestlohn darf weder im Einzelarbeitsvertrag (Individualarbeitsvertrag) noch im Tarifvertrag (Kollektivarbeitsvertrag) unterschritten werden.

2 Eine Nebentätigkeit, die mit dem Arbeitgeber nicht in Konkurrenz steht, ist im Allgemeinen zulässig. Sie muss dem Arbeitgeber regelmäßig angezeigt werden.

Ausnahmen:

- Tarifpartner (Arbeitgeberverbände und Gewerkschaften) dürfen eine abweichende Höchstdauer für die Befristung festlegen. § 14 II TzBfG
- Neu gegründete Unternehmen dürfen Mitarbeiter bis zu vier Jahren befristet beschäftigen. § 14 II a TzBfG
- Ist ein Arbeitnehmer mindestens 52 Jahre alt und seit mindestens vier Monaten arbeitslos, darf dieser bis zu fünf Jahren befristet beschäftigt werden. § 14 III TzBfG

Befristete Arbeitsverträge müssen **schriftlich vereinbart** werden, damit die Befristung rechtswirksam ist. § 14 IV TzBfG

(2) Diskriminierungsverbot[1]

Für befristet beschäftigte Arbeitnehmer gilt ein Diskriminierungsverbot, d. h., sie dürfen nicht ohne sachlichen Grund schlechter gestellt werden als ihre unbefristet beschäftigten Kollegen. Das besagt, dass der befristet beschäftigte Arbeitnehmer in der Regel Anspruch auf ein Arbeitsentgelt hat, das dem entspricht, was der unbefristet beschäftigte Arbeitnehmer für den gleichen Zeitraum erhalten würde. § 4 TzBfG

(3) Verlängerung der Befristung

Bis zu der Gesamtdauer von zwei Jahren kann die kalendermäßige Befristung eines Arbeitsvertrages ohne Vorliegen eines sachlichen Grundes **höchstens dreimal** verlängert werden. Die Befristung eines Arbeitsverhältnisses ist nicht möglich, wenn mit demselben Arbeitgeber bereits zuvor ein befristetes oder unbefristetes Arbeitsverhältnis bestanden hat. Ausnahme wäre das Vorliegen eines Sachgrunds. § 14 II TzBfG

Eine Befristung des Arbeitsvertrags kann aber auch bei Vorlage eines Sachgrunds **nicht** beliebig oft verlängert werden. Bei einer sehr langen Gesamtdauer mit häufigen Verlängerungen liegt der **Verdacht des Missbrauchs** nahe und aus dem befristeten Arbeitsverhältnis wird ein unbefristetes.

Ist die Befristung unwirksam oder wird das Arbeitsverhältnis nicht ordnungsgemäß beendet, wird aus dem befristeten unter Umständen ein unbefristeter Arbeitsvertrag. Der Arbeitnehmer kann das unbefristete Arbeitsverhältnis in diesem Fall bis spätestens drei Wochen nach Vertragsende beim Amtsgericht einklagen.

(4) Ende des befristeten Arbeitsvertrags

- Ein **kalendermäßig befristeter Arbeitsvertrag** endet mit **Ablauf der vereinbarten Zeit.**
- Ein **zweckbefristeter Arbeitsvertrag** endet mit **Erreichen des Zwecks,** frühestens jedoch 2 Wochen nach Zugang der schriftlichen Unterrichtung des Arbeitnehmers durch den Arbeitgeber über den Zeitpunkt der Zweckerreichung.

Beachte:

Wird das befristete Arbeitsverhältnis einfach fortgesetzt, ohne dass Arbeitgeber und Arbeitnehmer darüber sprechen, so gilt das Arbeitsverhältnis als auf unbestimmte Zeit verlängert.

1 **Diskriminierung**: Benachteiligung, Herabsetzung.

1.4 Gesetzliche und tarifliche Rahmenbedingungen von Arbeitsverträgen

1.4.1 Arbeitsvertrag im Verhältnis zu anderen arbeitsrechtlichen Regelungen

Ein Arbeitsvertrag ist eingebettet in eine Vielzahl von arbeitsrechtlichen Regelungen. Deren Verhältnis zueinander lässt sich wie folgt darstellen:

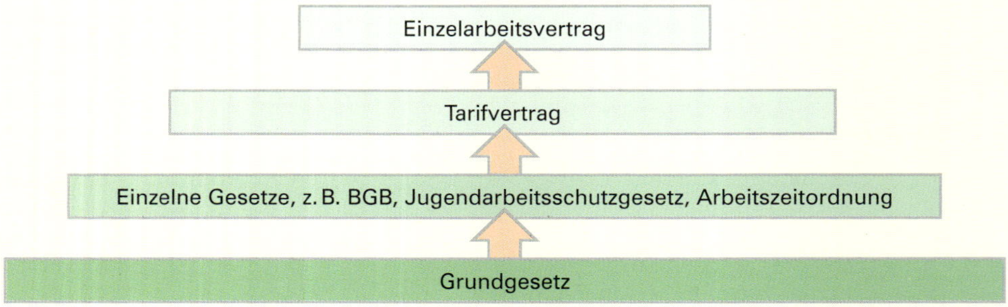

Je höher in der obigen Pyramide eine Rechtsvorschrift einzuordnen ist, desto spezieller ist sie. Dabei gilt der **Grundsatz der Unabdingbarkeit,** d. h., speziellere Vereinbarungen dürfen einen Arbeitnehmer allenfalls günstiger stellen als die allgemeinere Vereinbarung.

Beispiel:

In einem Einzelarbeitsvertrag kann ein Mitarbeiter besser entlohnt werden als nach der Vorschrift des Tarifvertrags, der umgekehrte Fall ist jedoch nicht zulässig.

1.4.2 Gesetzliche Rahmenbedingungen

Das Grundgesetz, das die rechtliche und politische Grundordnung für die Bundesrepublik Deutschland darstellt, enthält Formulierungen, die sich in einem Einzelarbeitsvertrag nicht unmittelbar wiederfinden. Gleichwohl fließen die Grundrechte, wie z. B. Schutz der Menschenwürde, Gleichberechtigung von Mann und Frau oder die Vereinigungsfreiheit (z. B. zur Gründung von Gewerkschaften), direkt oder indirekt in einen Arbeitsvertrag ein.

Die §§ 611–630 BGB bilden die allgemeine gesetzliche Grundlage und enthalten Vorschriften, z. B. über

- die Pflichten aus dem Dienstvertrag
- die Vergütung
- die Kündigung (Form und Fristen)
- die Zeugniserteilung

Spezielle Gesetze ergänzen die BGB-Vorschriften zugunsten des Arbeitnehmers, wie. z. B.

- Tarifvertragsgesetz
- Bundesurlaubsgesetz
- Kündigungsschutzgesetz
- Jugendarbeitsschutzgesetz
- Arbeitszeitgesetz
- Betriebsverfassungsgesetz
- Mutterschutzgesetz

1.4.3 Tarifvertragliche Rahmenbedingungen

1.4.3.1 Sozialpartner

Die Gründung von **Gewerkschaften** und **Arbeitgeberverbänden** ist ein in Artikel 9 III Grundgesetz [GG] ausdrücklich verbrieftes Recht. Da – zumindest kurz- und mittelfristig – die Interessen der Arbeitnehmer denen der Arbeitgeber zuwiderlaufen können, sind beide Interessenvertretungen dazu aufgerufen, auf einen Interessenausgleich hinzuwirken. Ihre Aufgabe ist es also, für einen **sozialen Ausgleich** Sorge zu tragen. Gewerkschaften und Arbeitgeberverbände als Tarifpartner werden daher auch als **Sozialpartner** bezeichnet.

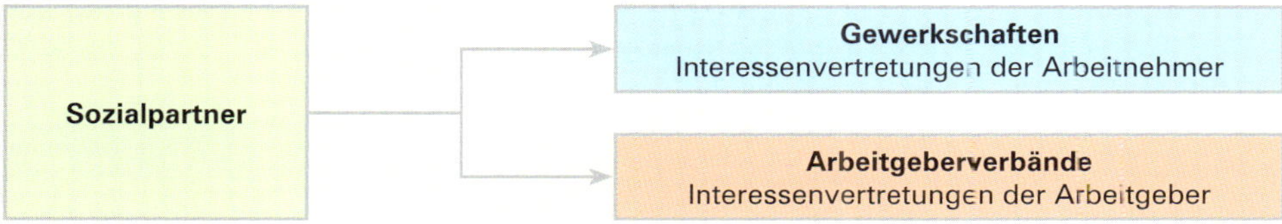

1.4.3.2 Tarifautonomie, Tarifvertragsparteien und Tarifvertrag

Das Recht der Tarifpartner, selbstständig und ohne staatliche Einmischung Arbeitsbedingungen (z.B. Arbeitsentgelte, Urlaubszeit, Arbeitszeit) vereinbaren zu können, nennt man **Tarifautonomie.**[1] Tarifpartner – auch **Tarifparteien** genannt – sind die Sozialpartner. Sie haben die **Tariffähigkeit.** Die Vereinbarungen werden im **Tarifvertrag** festgeschrieben.

Der **Tarifvertrag** ist ein **Kollektivvertrag**[2] zwischen den Tarifparteien, in dem die Arbeitsbedingungen für die Berufsgruppen eines Wirtschaftszweiges einheitlich für eine bestimmte Dauer festgelegt werden. Er bedarf der **Schriftform.**

Der Tarifvertrag regelt die Einkommens- und die Arbeitsbedingungen. Er enthält **Mindestbedingungen,** die der Arbeitgeber **nicht unterschreiten** darf, von denen er aber **zugunsten der Arbeitnehmer** abweichen kann.

1.4.3.3 Arten von Tarifverträgen

Manteltarifvertrag (Rahmentarifvertrag)	Lohn- und Gehaltstarifvertrag
■ Sie enthalten solche Arbeitsbedingungen, die sich über längere Zeit nicht ändern (z. B. Kündigungsfristen, Urlaubsregelungen, Arbeitszeitvereinbarungen, Nachtarbeit, Sonn- und Feiertagsarbeit, Lohn- und Gehaltsgruppen). ■ Sie haben eine Gültigkeit von mehreren Jahren.	■ In ihnen sind die getroffenen Vereinbarungen über Lohn- bzw. Gehaltshöhe enthalten. Dabei werden die Arbeitnehmer nach ihrer Tätigkeit in bestimmte Lohn- bzw. Gehaltsgruppen eingeteilt.[3] ■ Jeder Lohn- bzw. Gehaltsgruppe wird ein bestimmter Lohnsatz bzw. ein bestimmtes Gehalt zugeordnet. ■ Lohn- und Gehaltstarifverträge werden im Abstand von 1–2 Jahren festgeschrieben.

1 **Autonomie:** Unabhängigkeit, Selbstständigkeit.

2 **Kollektiv** (lat. collectivus): Ansammlung. Hier: Personengruppe.

3 Die Festlegung der Gehaltsgruppen sowie deren Tätigkeitsmerkmale sind im Manteltarifvertrag (Rahmentarifvertrag) enthalten.

1.4.3.4 Geltungsbereich des Tarifvertrags

(1) Flächentarifverträge

Flächentarifverträge sind Tarifverträge, die für mehrere Orte, Bezirke, ein oder mehrere Bundesländer oder für das gesamte Bundesgebiet verbindlich sind.

Um Arbeitslosigkeit zu vermeiden, werden die Flächentarifverträge zunehmend flexibler (beweglicher) gestaltet. Sogenannte **Tariföffnungsklauseln** sollen es den Betrieben, denen es wirtschaftlich nicht besonders gut geht, ermöglichen, ihre Belegschaft für eine bestimmte Zeit (z. B. für ein Jahr) bis zu einem vereinbarten Prozentsatz **unter Tarif** zu bezahlen **(Entgeltkorridor).** Die konkreten Vereinbarungen werden dann zwischen **Betriebsrat** und **Arbeitgeber** ausgehandelt.

Beispiel:

Entgeltkorridor: Tariföffnungsklausel

Zur Sicherung der Beschäftigung und/oder Verbesserung der Wettbewerbsfähigkeit am Standort Deutschland, insbesondere auch bei wirtschaftlichen Schwierigkeiten, können Arbeitgeber und Betriebsrat mit Zustimmung der Tarifvertragsparteien für Unternehmen und Betriebe befristete Betriebsvereinbarungen bis zu 10 % von den bezirklichen Tarifentgelten abweichende niedrigere Entgeltsätze vereinbaren. Diese mit Zustimmung der Tarifvertragsparteien betrieblich abweichend festgelegten Entgeltsätze gelten als Tarifentgeltsätze. Beschäftigungssichernd und wettbewerbsverbessernd sind unter anderem beschäftigungserhaltende und beschäftigungsfördernde Investitionen am Standort, die Vermeidung von Entlassungen, die Vemeidung der Verlagerung von Produktion, sonstiger Aktivitäten oder Investitionen ins Ausland oder die Vermeidung von Ausgliederungen.

(Auszug aus dem Bundesentgelttarifvertrag der Chemischen Industrie West. Abgeschlossen zwischen der IG Chemie und dem Bundesarbeitgeberverband Chemie.)

(2) Allgemeinverbindlichkeit

Grundsätzlich gilt der Tarifvertrag nur für **organisierte Arbeitnehmer und Arbeitgeber,** die Mitglied der Gewerkschaft bzw. im Arbeitgeberverband sind.

Das Bundesministerium für Arbeit und Soziales kann einen Tarifvertrag auf Antrag einer Tarifvertragspartei für **allgemein verbindlich** erklären. Mit der **Allgemeinverbindlichkeitserklärung** gelten die Bestimmungen des Tarifvertrags auch für die nicht tarifgebundenen Arbeitnehmer und Arbeitgeber.

In der Regel werden jedoch auch ohne Allgemeinverbindlichkeitserklärung die nicht organisierten Arbeitnehmer nach den Bedingungen der Tarifverträge behandelt (Grundsatz der Gleichbehandlung). Da diese in der Regel in den Genuss der Vorteile kommen, die die Gewerkschaft erkämpft hat, werden sie von Gewerkschaften als „Trittbrettfahrer“ bezeichnet.

1.4.3.5 Wirkungen des Tarifvertrags

Tarifbindung	■ Die Mitglieder der Tarifvertragsparteien sind an die Vereinbarungen des Tarifvertrags gebunden. Die Inhalte des Tarifvertrags stellen **Mindestbedingungen** für die Arbeitsverhältnisse dar (z. B. Mindestlöhne, Mindesturlaubstage). ■ Grundsätzlich unbeschränkt zulässig ist die Vereinbarung günstigerer Arbeitsbedingungen (z. B. übertarifliche Löhne), als sie der Tarifvertrag vorschreibt.[1]
Friedenspflicht	Während der Gültigkeitsdauer eines Tarifvertrags dürfen keine Arbeitskampfmaßnahmen (Streiks, Aussperrungen) ergriffen werden.
Grundsatz der Nachwirkung	Nach Ablauf des Tarifvertrags gelten seine Vereinbarungen weiter, bis sie durch einen neuen Tarifvertrag ersetzt werden.

1.4.3.6 Vorteile der Tarifverträge

Vorteile für den Arbeitnehmer	Vorteile für den Arbeitgeber
■ Sicherung der Mindestarbeitsbedingungen (Mindestlohn, Urlaubsgeld, Kündigungsschutz usw.) für die Laufzeit des Tarifvertrags. ■ Gleichstellung der Arbeitnehmer mit gleichen Tätigkeiten, gleichen Berufserfahrungen und gleicher Verantwortung (Schutz vor willkürlicher Behandlung).	■ Einheitliche Kalkulationsgrundlage durch einheitliche Lohn- und Gehaltstarife für die Dauer des Tarifvertrags. ■ Einschränkung der Konkurrenz innerhalb der Branchen bezüglich der Personalanwerbung, geringere Mitarbeiterwechsel in Zeiten der Vollbeschäftigung.

Überblick: Arbeitsvertrag

1 Die Abweichungen müssen jedoch nach dem Tarifvertrag gestaltet sein.

- Der Inhalt eines Arbeitsvertrags ist an bestehende Gesetze und Tarifverträge gebunden. So sind z. B. bestimmte **Mindestinhalte vorgeschrieben** [§ 2 NachwG].
- Es gilt der **Grundsatz der Unabdingbarkeit,** d. h., eine **Schlechterstellung** des Arbeitnehmers gegenüber gesetzlichen und tarifvertraglichen Regelungen **ist nicht möglich.**
- **Sozialpartner** (**Tarifpartner,** Tarifvertragspartei) sind einerseits die **Gewerkschaften** und andererseits **einzelne Unternehmen** oder **Arbeitgeberverbände.**
- **Tarifautonomie** ist das Recht der Tarifpartner, selbstständig und ohne staatliche Eingriffe Entgelt- und Arbeitsbedingungen vereinbaren zu können. Diese werden im **Tarifvertrag** festgelegt.
- Nach dem Inhalt unterscheidet man in **Manteltarifvertäge** und in **Lohn- und Gehaltstarifverträge.**

Kompetenztraining

27

1. Die Industriekauffrau Beate Braun stellt sich beim Personalchef der MicroTex Technologies GmbH vor. Dieser sagt ihr, dass sie am 15. des folgenden Monats ihre Arbeit in der Buchhaltung als Assistentin des Abteilungsleiters beginnen könne. Beate Braun sagt zu. Schriftlich wird nichts vereinbart.

   Aufgabe:

   Prüfen Sie, ob der Arbeitsvertrag rechtswirksam geschlossen ist!

2. 2.1 Die Kramer GmbH möchte ihr Angebot erweitern und sucht daher neue Mitarbeiter. Die Kramer GmbH ist Mitglied im Arbeitgeberverband.

   Aufgaben:

   Notieren Sie, in welchem Gesetz bzw. Vertrag sich die Kramer GmbH über die Höhe der Gehälter der neuen Mitarbeiter informieren kann!

   2.1.1 Im entsprechenden Manteltarifvertrag ihres Tarifgebiets.

   2.1.2 Im Handelsgesetzbuch [HGB].

   2.1.3 Im Bürgerlichen Gesetzbuch [BGB].

   2.1.4 Im entsprechenden Lohn- und Gehaltstarifvertrag ihres Tarifgebiets.

   2.2 Erläutern Sie, welche Bedeutung der Lohn- und Gehaltstarifvertrag beim Abschluss eines Arbeitsvertrags hat!

3. Nach Abschluss der Ausbildung wird Leo Steinke als Angestellter der CLEAN-TEC OHG übernommen.

   Aufgaben:

   3.1 Nennen Sie die gesetzlichen Bestimmungen für den Arbeitsvertrag!

   3.2 Zeigen Sie an zwei Beispielen auf, welche Handlungen Leo Steinke danach nicht vornehmen darf!

4. Recherchieren Sie den Unterschied zwischen Arbeits- und Dienstvertrag!

5. 5.1 Erläutern Sie die Voraussetzungen für einen befristeten Arbeitsvertrag!

   5.2 Nennen Sie drei Fälle, in denen die Befristung des Arbeitsvertrages gesetzlich zulässig ist (lesen Sie hierzu § 14 I TzBfG)!

   5.3 Erklären Sie, warum der Gesetzgeber für befristet beschäftigte Arbeitnehmer ein Diskriminierungsverbot festgelegt hat!

   5.4 Geben Sie den Zeitpunkt an, an dem ein befristeter Arbeitsvertrag endet!

28

1. Erklären Sie den Begriff Sozialpartnerschaft!

2. Die Arbeitgeber und die Gewerkschaften vereinbaren eine Regelung über die Entgeltfortzahlung im Krankheitsfall.

   Aufgabe:

   Nennen Sie die Tarifvertragsart, in der eine solche Regelung steht!

3. Erläutern Sie kurz folgende Begriffe:

   3.1 Tarifvertrag,

   3.2 Tarifautonomie,

   3.3 Allgemeinverbindlichkeit,

   3.4 Tarifgebundenheit,

   3.5 Manteltarif,

   3.6 Lohn- bzw. Gehaltstarif!

4. Nennen Sie die Vorteile, die die Tarifverträge für Arbeitnehmer und Arbeitgeber bringen!

5. 5.1 Nennen Sie die Vertragspartner beim

   5.1.1 Arbeitsvertrag,

   5.1.2 Tarifvertrag!

   5.2 Erklären Sie, welche Bedeutung die Entscheidung, Tarifverträge für allgemein verbindlich zu erklären, für die Arbeitnehmer hat!

   5.3 Welche Inhalte sind im Manteltarifvertrag geregelt? Nennen Sie vier Beispiele!

6. Die Klar GmbH zahlt ihren Angestellten grundsätzlich 10 % mehr als der Tarifvertrag vorsieht. Lediglich dem Neuling Lahm will man zunächst das Tarifgehalt zahlen.

   Aufgabe:

   Erläutern Sie, ob die beiden Maßnahmen zulässig sind!

7. Erklären Sie den Begriff Kollektivarbeitsvertrag!

8. In einer Pressemitteilung verlangt der Arbeitgeberverband Luftverkehr e.V. einen maßvollen Tarifabschluss, um neue Arbeitsplätze schaffen zu können. Er appelliert[1] dabei an die Bundesregierung, diese Forderung zu unterstützen. Der Pressesprecher der Bundesregierung lehnt diese Forderung mit dem Hinweis ab, die Bundesregierung habe keine Möglichkeit, direkt in Tarifverhandlungen einzugreifen.

   Aufgaben:

   8.1 Begründen Sie, ob die Bundesregierung rechtlich die Möglichkeit hat, in Tarifverhandlungen einzugreifen!

   8.2 Nennen Sie zwei Gründe, die dafür sprechen, dass der Staat nicht in Tarifverhandlungen eingreifen soll!

9. Der neue Lohntarifvertrag für die Eisen- und Stahlindustrie sieht eine Gehaltssteigerung von 2,5 % vor.

   Aufgaben:

   9.1 Stellen Sie dar, unter welchen Voraussetzungen ein Unternehmen seinen Mitarbeitern 2,5 % mehr Gehalt zahlen muss!

   9.2 Prüfen Sie, ob jeweils alle Mitarbeiter Anspruch auf die 2,5 %ige Gehaltserhöhung haben!

---

1 **Appell:** Aufruf, Weckruf.

2 Störungen beim Abschluss und der Erfüllung eines Arbeitsvertrags identifizieren

LB 3 Handlungssituation 2

Der 21-jährige Thomas Goisern hat seine Ausbildung zum Groß- und Außenhandelskaufmann erfolgreich abgeschlossen. Er bewirbt sich bei dem Autoteilegroßhandelsbetrieb AT Waldmann GmbH für eine Stelle als Kaufmann. Der Personalchef fragt ihn beim Vorstellungsgespräch, ob er homosexuell sei. Dies verneint Thomas Goisern, er ist der Meinung dies gehe den Personalchef nichts an. Nach drei Wochen erhält Thomas Goisern einen Arbeitsvertrag zur Unterschrift zugesandt. Nachdem er sechs Monate zur Zufriedenheit seines neuen Arbeitgebers gearbeitet hat, erhält er das folgende Schreiben:

Waldmann GmbH · Großhandel
Kfz-Teile • Lacke • Autoglas • Hydraulik

AutOteile

AT – Autoteile Waldmann GmbH · Gattinger Str. 20 · 97076 Würzburg
Herrn
Thomas Goisern
Frankenstraße 180
97078 Würzburg

Auflösung des Arbeitsvertrags

Sehr geehrter Herr Goisern,

wie wir erfuhren, leben Sie in einer gleichgeschlechtlichen Lebensgemeinschaft. Während des Vorstellungsgesprächs am 15.02.20.. verneinten Sie dies. Das werten wir als arglistige Täuschung. Der Arbeitsvertrag wird sofort mit Wirkung für die Zukunft nach § 123 BGB aufgelöst.

Mit freundlichen Grüßen

Peter Greiner

Personalleiter

Kompetenzorientierter Arbeitsauftrag:

Nehmen Sie begründet Stellung, inwieweit die Anfechtung des Arbeitsvertrags vonseiten des Personalleiters Peter Greiner gerechtfertigt ist! Berücksichtigen Sie im Rahmen Ihrer Stellungnahme auch die Ausführungen zur Anbahnung eines Arbeitsvertrages in Kapitel 1.1!

2.1 Nichtigkeit und Anfechtbarkeit beim Arbeitsvertrag

2.1.1 Nichtigkeit

Ein Arbeitsvertrag kommt durch zwei übereinstimmende Willenserklärungen zustande und ist somit ein Rechtsgeschäft. Weist ein Arbeitsvertrag Rechtsmängel auf, ist er schon bei der Unterzeichnung **nichtig** und somit von Anfang an ungültig.

Die Gründe für die Nichtigkeit eines Arbeitsverhältnisses sind die gleichen wie die Gründe für die Nichtigkeit eines Rechtsgeschäfts.[1]

(1) Formmangel

Ein Rechtsgeschäft, das der durch Gesetz vorgeschriebenen Form ermangelt, ist nichtig. §§ 125–127 BGB

Beispiel:

In dem Manteltarifvertrag für die Holz und Kunststoff verarbeitende Industrie ist im § 2 geregelt, dass Arbeitsverträge in der Schriftform abzuschließen sind. Wird ein Arbeitsvertrag mündlich abgeschlossen, ist dies ein Mangel in der Form und der Arbeitsvertrag ist nicht zustande gekommen.

Auszug aus dem Manteltarifvertrag § 2 Einstellung

1. Bei Einstellungen und Entlassungen gelten neben den gesetzlichen Bestimmungen – insbesondere den Vorschriften des Betriebsverfassungsgesetzes (BetrVG) – die nachstehenden Vereinbarungen.
   1.1 Bei gleicher abgeforderter Qualifikation sollen Frauen bevorzugt eingestellt werden.
2. Der Arbeitsvertrag ist vor Beginn des Beschäftigungsverhältnisses **schriftlich** zu vereinbaren. Aus ihm müssen hervorgehen:
   - Tarifgruppe,
   - Höhe und Zusammensetzung des Lohnes (brutto) bzw. des Monatsgehaltes (brutto),
   - [...]

(2) Verstoß gegen die guten Sitten

Finden sich in einem Arbeitsvertrag Inhalte, die gegen das Anstandsgefühl aller billig und gerecht denkenden Menschen verstoßen, ist dieser sittenwidrig und damit nichtig. § 138 I BGB

Beispiel:

Die italienische Eisdiele Salvatore e. K. ist sehr abhängig von schönem Wetter. Deswegen vereinbarte der Inhaber mit seinen Arbeitnehmern, dass an regnerischen Tagen nur die Hälfte des vereinbarten Stundenlohns ausgezahlt wird.

Aufgabe:

Prüfen Sie die Rechtslage!

1 Vgl. hierzu Lernbereich 1, Kapitel 3.1.1, S. 42f.

Lösung:

Für Arbeitgeber und Arbeitnehmer bestehen die Kerninhalte eines Arbeitsvertrags aus dem Zurverfügungstellen der Arbeitskraft des Arbeitnehmers an den Arbeitgeber und umgekehrt die Auszahlung der vereinbarten Vergütung. Der unternehmerische Erfolg ist im Normalfall nicht Inhalt des Arbeitsvertrags. Deswegen schuldet der Arbeitnehmer dem Arbeitgeber nicht die Herbeiführung des unternehmerischen Erfolgs. Der Arbeitnehmer wird ja auch nicht am unternehmerischen Erfolg beteiligt.

Daher ist es sittenwidrig, wenn ein Arbeitgeber seine Arbeitnehmer mit den unternehmerischen Risiken belastet. Laut Bundesarbeitsgericht ist die Vereinbarung einer Verlustbeteiligung dann sittenwidrig, wenn dafür kein Ausgleich, beispielsweise in Form einer Beteiligung am unternehmerischen Erfolg vorliegt. Die Arbeitsverträge der Salvatore GmbH sind sittenwidrig und damit nichtig.

(3) Nichtigkeit der Willenserklärung

§ 105 BGB Willenserklärungen sind nichtig, wenn sie von einem Geschäftsunfähigen erfolgen oder im Zustand der Bewusstlosigkeit oder der vorübergehenden Störung der Geistestätigkeit abgegeben werden. Unbeschränkt geschäftsfähig wird man in Deutschland erst mit Vollendung des 18. Lebensjahres.

Beispiele:

Ein Arbeitsvertrag, der von einem 20-jährigen dauernd geistig Gestörten ohne Zustimmung der gesetzlichen Vertreter abgeschlossen wird, ist nichtig. Arbeitsverträge, die zum Schein oder als Scherz abgeschlossen werden, sind ebenfalls nichtig.

(4) Verstoß gegen ein gesetzliches Verbot

§ 134 BGB Ein Arbeitsvertrag, der gegen ein gesetzliches Verbot verstößt, ist nichtig.

Beispiel:

Eine Anstellung als Drogenkurier oder als Schleuser, um Flüchtlinge zu transportieren.

2.1.2 Anfechtbarkeit

§§ 119, 120, 123 BGB Grundsätzlich gilt, dass auch ein Arbeitsvertrag wie alle Rechtsgeschäfte[1] aus folgenden Gründen angefochten werden kann:

- arglistige Täuschung,
- Irrtum in der Willenserklärung,
- falsche Übermittlung,
- widerrechtliche Drohung.

(1) Arglistige Täuschung

- Ein **Arbeitsvertrag** ist anfechtbar, wenn die arglistige Täuschung die Entscheidung zur Zusage beeinflusst hat. § 123 BGB
- Auch wenn die Täuschung erst Jahre später zu Tage tritt ist eine Anfechtung noch möglich. Die **Anfechtungsfrist** beträgt ein Jahr.

Gründe für arglistige Täuschung können sein:

- Fälschung von Prüfungsergebnissen,
- Führen falscher Titel,
- Angabe von nicht vorhandenen Qualifikationen,
- falsche Schulabschlüsse,
- Vortäuschung von Praktika.

1 Vgl. hierzu Lernbereich 1, Kapitel 3.1.2, S. 44.

Eine **arglistige Täuschung** kann nur dann vorliegen, wenn ein Bewerber auf eine **zulässige Frage** die Unwahrheit gesagt hat. Bewerber dürfen auf **unzulässige Fragen** mit der **Unwahrheit** antworten.

Ein anfechtbares Rechtsgeschäft ist als von Anfang an nichtig anzusehen. Das ist bei der Anfechtung eines Arbeitsvertrags nicht immer möglich. § 142 BGB

Beispiel:

Die 24-jährige Natalie Gundel wurde beim Vorstellungsgespräch gefragt, ob sie im Besitz des Lkw-Führerscheins sei. Dies bejahte sie, obwohl sie diesen Führerschein nicht besitzt. Nach vier Monaten in dem neuen Unternehmen weist ihr neuer Chef sie an, mit dem Lkw Ware auszuliefern. Jetzt gesteht sie ihrem neuen Chef, dass sie gar nicht im Besitz einer Fahrerlaubnis ist.

Dieser fechtet darauf hin den Arbeitsvertrag an und verlangt von ihr den Lohn der letzten vier Monate zurück, mit der Begründung, nach erfolgreicher Anfechtung ist die Willenserklärung von Anfang an nichtig.

Aufgabe:

Prüfen Sie die Rechtslage!

Lösung:

Natalie Gundel hat ihren Arbeitgeber bewusst langfristig getäuscht [§ 123 I BGB]. Damit ist der Arbeitsvertrag anfechtbar. Grundsätzlich wird der angefochtene Vertrag rückwirkend als nichtig und damit unwirksam angesehen. Normalerweise müssten jetzt die von beiden Seiten erbrachten Leistungen rückabgewickelt werden. Das Zurückzahlen des Arbeitslohns ist auch möglich. Es ist aber nicht möglich, die erbrachte Arbeitsleistung rückabzuwickeln.

Das heißt, der Arbeitgeber von Natalie Gundel hat keinen Anspruch auf Rückzahlung der Vergütung.

Ein Arbeitsverhältnis kann nur mit **sofortiger Wirkung für die Zukunft beendet** werden, weil es nicht möglich ist, Arbeitsleistungen rückabzuwickeln.

!

(2) Irrtum in der Willenserklärung

Wer eine Willenserklärung abgibt, die vom eigentlich beabsichtigten Inhalt der Erklärung abweicht, oder den Inhalt seiner Erklärung falsch versteht, kann diese irrtümliche Willenserklärung anfechten. Hierfür sieht der Gesetzgeber jedoch eine **eng einzuhaltende Frist** vor. Die Anfechtung muss bei Erklärungsirrtum unverzüglich erfolgen. § 119 I BGB

Beispiel:

Die Hochspannung KG sucht einen Energieanlagenelektroniker. Sie schreibt in die Stellenanzeige jedoch den Begriff Elektriker. Auch in den Arbeitsvertrag wird irrtümlich der Begriff Elektriker geschrieben, obwohl ein Energieanlagenelektroniker gesucht wird. Eingestellt wird der Elektriker Franz Gumpp.

Die Hochspannung KG kann die im Arbeitsvertrag irrtümlich angegebene Willenserklärung anfechten und dies unverzüglich nach Feststellung ihres Irrtums. Die Kündigung muss unverzüglich erfolgen. Das Bundesarbeitsgericht räumt maximal eine Frist von zwei Wochen ein.

Der **Irrtum über verkehrswesentliche Eigenschaften** nach § 119 II BGB kommt in der Praxis häufiger vor.

Beispiel:

Ein Unternehmen für Gebäudesicherheit, die Secure OHG, möchte einen neuen Wachmann für eines ihrer Gebäude einstellen. Eingestellt wird Hubert Maurer, der die letzten zwei Jahre wegen mehrerer Einbruchsdelikte in der Justizvollzugsanstalt Memmingen absaß. Das polizeiliche Führungszeugnis war noch nicht aktualisiert, sodass die Secure OHG von den Vergehen ihres neuen Mitarbeiters nichts weiß. Nachdem eine Angestellte der Secure OHG von der Haftstrafe erfährt, informiert sie die Geschäftsleitung. Diese kündigt Herrn Maurer mit der Begründung: Erklärungsirrtum in der Willenserklärung.

In diesem Fall wirkt Absatz 2 des § 119 BGB. Es liegt ein Irrtum über eine Eigenschaft der Person vor, die im Verkehr als wesentlich angesehen wird. Eine Vorstrafe wegen Einbruchs lässt darauf schließen, dass der Bewerber für die Stelle ungeeignet ist. Die fristlose Kündigung ist wirksam.

Die im Verkehr als wesentlich angesehene Eigenschaft muss **dauerhaft** vorliegen. Eine Beeinträchtigung der Eignung beispielsweise wegen Schwangerschaft ist kein Anfechtungsgrund.

(3) Falsche Übermittlung

§ 120 BGB Wird eine Willenserklärung falsch übermittelt, befindet sich der Empfänger der Willenserklärung im Irrtum über den Inhalt der Willenserklärung. Eine Willenserklärung wegen falscher Übermittlung kann genauso angefochten werden wie Willenserklärungen mit Irrtümern im Erklärungsinhalt.

Beispiele:

- Versprecher,
- falsche Interpretation der Erklärungsinhalte,
- Verschreiben, das die Bedeutung des Inhalts verändert.

(4) Widerrechtliche Drohung

§ 123 BGB Eine widerrechtliche Drohung liegt vor, wenn der Erklärende durch die Androhung eines empfindlichen Übels zur Abgabe einer Willenserklärung bestimmt wird. Eine solche Willenserklärung kann der Erklärende anfechten.

Beispiel:

Buchhalter Bert droht seinem Arbeitgeber mit einer Strafanzeige wegen Gewerbesteuerhinterziehung, wenn er ihn nicht einen Arbeitsvertrag als Abteilungsleiter anbietet.

Beachte:

Ist der Arbeitsvertrag von vornherein nichtig oder durch Anfechtung rechtsunwirksam und hat der Arbeitnehmer aber bereits seine Arbeit aufgenommen, so liegt ein sogenanntes **„faktisches Arbeitsverhältnis“** [1] vor. In diesem Fall hat der Arbeitnehmer

- für die in der Vergangenheit geleistete Arbeit Anspruch auf eine Arbeitsvergütung, Urlaub und Sozialversicherungsbeiträge,
- jedoch keinen Anspruch auf zukünftige Weiterbeschäftigung. Der „faktische Arbeitsvertrag“ kann von beiden Seiten zu jedem Zeitpunkt durch form- und fristlose Erklärung beendet werden.

1 Man spricht auch von einem **fehlerhaften Arbeitsverhältnis**.

2.2 Störungen bei der Erfüllung des Arbeitsvertrags

Schließen Arbeitgeber und Arbeitnehmer einen Arbeitsvertrag ab, entstehen dadurch für beide Vertragsparteien Pflichten.[1] Hält ein Vertragspartner sich nicht an die eingegangenen Verpflichtungen, spricht man von einer **Störung bei der Erfüllung des Arbeitsvertrags.**

(1) Pflichtverletzungen des Arbeitgebers

- Fehlende Auszahlung der im Vertrag festgelegten Vergütung,
- Nichtanmeldung bei der Sozialversicherung,
- Verletzung der Fürsorgepflicht bei der Einhaltung des gesetzlichen Arbeitsschutzes und Gesundheitsbestimmungen,
- Verletzung der Informations- und Anhörungspflicht,
- Weigerung, ein Zeugnis auszustellen,
- Nichtgewähren von Urlaub oder vertraglich festgelegtem Urlaubsentgelt,
- fehlende Entgeltfortzahlung im Krankheitsfall.

Die **Hauptpflicht** des Arbeitgebers ist die **fristgerechte Auszahlung der vereinbarten Vergütung** an den Arbeitnehmer. Versäumt der Arbeitgeber die fristgerechte Auszahlung, ist das für den Arbeitnehmer besonders folgenschwer, er kann seinen Verpflichtungen wie Mietzahlung oder Versorgung der Familie nicht mehr nachkommen. § 611 a II BGB

Normalerweise ist für die Zahlung der Vergütung ein Datum wie der 1. oder der 15. eines jeden Monats gesetzt. Ist dies der Fall, gerät der Arbeitgeber auch ohne Mahnung des Arbeitnehmers in sofortigen Zahlungsverzug.

Der Arbeitnehmer hat beim Zahlungsverzug die folgenden **Möglichkeiten**:

- Er kann die **Zahlung** der Vergütung **einfordern,**
- die **Zahlung** der Vergütung vor dem Arbeitsgericht **einklagen.**
- bei **größeren Zahlungsrückständen** des Arbeitgebers, beispielsweise zwei Monatsgehälter, hat er ein **außerordentliches Kündigungsrecht,**
- und ein **Zurückbehaltungsrecht der Arbeitsleistung.** § 273 I BGB

Beachte:

Die **Zurückbehaltung der Arbeitsleistung** ist **nur in Ausnahmefällen** anzuwenden. Bleibt der Arbeitnehmer ohne den Arbeitgeber zu informieren der Arbeit fern, kann er abgemahnt und im wiederholten Fall auch gekündigt werden. Bei geringfügigen Zahlungsversäumnissen oder nur kurzzeitigen Zahlungsschwierigkeiten des Arbeitgebers ist das Zurückbehaltungsrecht nicht anzuwenden.

1 Näheres hierzu in Kapitel 1.2, S. 110.

(2) Pflichtverletzungen des Arbeitnehmers

§ 611 I BGB
- Nichterfüllung der im Arbeitsvertrag festgelegten Arbeitsaufgaben,

§ 106 GewO
- Anordnungen des Arbeitgebers (Weisungsrecht gem. § 106 GewO) werden nicht durchgeführt,
- Verletzung der Verschwiegenheitspflicht,
- Verletzung der Pflicht, Nebentätigkeiten anzuzeigen
- Nichteinhalten des gesetzlichen Wettbewerbsverbots.[1]

Überblick: Störungen beim Arbeitsvertrag

Arbeitsvertrag

	ist nichtig	ist anfechtbar
Störungen beim Abschluss	■ Formmangel [§§ 125–127 BGB] ■ Verstoß gegen die guten Sitten [§ 138 BGB] ■ Nichtigkeit der Willenserklärung [§ 105 BGB] ■ Verstoß gegen ein gesetzliches Verbot [§ 134 BGB]	■ arglistige Täuschung oder Drohung [§ 123 BGB] ■ Irrtum in der Willenserklärung [§ 119 BGB] ■ falsche Übermittlung [§ 120 BGB]
Störungen bei der Erfüllung	**Pflichtverletzungen des Arbeitgebers** z. B. keine Auszahlung der vertraglich vereinbarten Vergütung	**Pflichtverletzung des Arbeitnehmers** z. B. Nichterfüllung der vertraglich festgelegten Aufgaben, Missachtung des Weisungsrechts

Rechtsfolgen:

- Ein Arbeitsvertrag, der **nichtig** ist, gilt **von Anfang** an als **unwirksam.**
- Die **Anfechtung** eines Arbeitsvertrags **wirkt sich nur für die Zukunft aus.**
- Ist ein Arbeitsvertrag von Anfang an nichtig oder rückwirkend aufgrund einer rechtswirksamen Anfechtung rechtsunwirksam und hat der Arbeitnehmer die Tätigkeit aber bereits aufgenommen, so liegt ein **„faktisches Arbeitsverhältnis“** vor.

1 Zu den rechtlichen Möglichkeiten des Arbeitgebers, auf eine Pflichtverletzung des Arbeitnehmers zu reagieren, siehe Kapitel 3.1.3, S. 127 f.

Kompetenztraining

29 1. Prüfen Sie in den folgenden Fällen, ob der Arbeitsvertrag anfechtbar, nichtig oder wirksam ist!

1.1 Frau Wiesedrum beginnt am 01.06. bei der Frücht Geller KG zu arbeiten. Einen Arbeitsvertrag hat sie nie unterschrieben.

1.2 Frau Özlem Ginzek bewirbt sich bei einem Hersteller von Textilien, der Jeans Go AG, um eine Stelle als Industriekauffrau. Herr Deuscher, Personalchef der Jeans Go AG und Mitglied einer rechtspopulistischen Partei, möchte ausschließen, dass in seinem Unternehmen Menschen arbeiten, die dem Islam angehören. Daher fragt er Frau Ginzek, wie oft sie denn in die Moschee gehe. Frau Ginzek sagt, sie sei aus dem Islam ausgetreten und zur katholischen Kirche konvertiert. Herr Deuscher erfährt nach Abschluss der Arbeitsvertrages, dass Frau Ginzek doch bekennende Muslimin ist.

2. Der Einzelhandelskaufmann Johannes Sauter möchte von Fürstenzell bei Passau nach München ziehen. Seine Eltern würden ihn finanziell unterstützen unter der Bedingung, dass er in München eine Arbeitsstelle antritt. Sein guter Freund Berkan Basali, Betreiber eines nicht besonders gut gehenden Döner-Imbiss in Schwabing, bietet ihm an, mit ihm einen Arbeitsvertrag abzuschließen, den er seinen Eltern zeigen kann. Arbeit im Imbiss hat er aber nicht für ihn. Herr Sauter zieht nach München, fordert aber nach drei Monaten die im Vertrag vereinbarte Vergütung.

Aufgabe:

Stellen Sie die Rechtslage dar. Geben Sie Berkan Basali einen Rat, wie er sich verhalten soll!

3. Frau Krüger bewirbt sich bei der Fantasia KG für eine Stelle als Fahrerin, um Spielzeug an die in der Gegend ansässigen Spielwarengeschäfte auszuliefern. Während des Vorstellungsgesprächs zeigte Frau Krüger dem Personalchef auch ihre gültige Fahrerlaubnis und unterschreibt in der Folge den Arbeitsvertrag. Frau Krüger geriet jedoch mit ihrem privaten Pkw direkt vor dem Bewerbungsgespräch in eine Geschwindigkeitsmessung der Polizei. Sie fuhr viel zu schnell und muss ihren Führerschein für einen Monat abgeben. Der Strafbescheid der Polizei wird ihr aber erst nach sechs Monaten zugestellt.

Aufgabe:

3.1 Der Personalchef der Fantasia KG fühlt sich von Frau Krüger arglistig getäuscht. Prüfen Sie, ob eine arglistige Täuschung vorliegt, und welche Rechte Frau Krüger hat!

3.2 Beurteilen sie die rechtliche Lage für Frau Krüger!

4. Der Automobilzulieferer Bremsen Fröhlich OHG ist durch stark sinkende Zahlen bei den Neuzulassungen von Pkw in eine finanzielle Notlage geraten. Herr Fröhlich möchte Entlassungen vermeiden und teilt seiner Belegschaft mit, dass die Löhne für den Monat März wahrscheinlich erst Ende Mai ausgezahlt werden können.

Aufgabe:

Diskutieren Sie die Situation des Unternehmens aus der Sicht des Arbeitgebers und aus der Sicht der Arbeitnehmer!

5. Die Unhold KG ist in ihrer Region der einzige große Arbeitgeber. Sich dessen bewusst, vereinbart sie mit ihren Beschäftigten Arbeitslöhne, die 70 % unter den branchenüblichen Löhnen liegt.

Aufgabe:

Prüfen Sie die Rechtslage!

3 Ein Arbeitsverhältnis in angemessener Form beenden

3.1 Beendigung von Arbeitsverhältnissen und Kündigungsschutz

LB 3 Handlungssituation 3

Die Augsburger Büromöbel AG sieht sich gezwungen, sich von einigen Mitarbeitern zu trennen.

Fall 1: Jürgen Knolle, 38 Jahre alt, seit 5 Jahren Monteur im Außendienst, wurde am 31. Mai zum 31. Juli gekündigt. Grund: Seine Arbeitsleistungen ließen objektiv sehr zu wünschen übrig. Eine Abmahnung diesbezüglich hatte Jürgen Knolle bereits im Vorfeld erhalten.

Am 2. Juni kommt Jürgen Knolle ins Personalbüro. Die Kündigung sei ihm erst am 1. Juni zugegangen. Sie sei daher nicht wirksam.

Fall 2: Dem 40-jährigen Schreiner Moritz Bauer, seit 18 Jahren im Unternehmen beschäftigt, wurde, mit Wirkung zum 31. August, aus zwingenden betrieblichen Gründen am 16. Mai gekündigt. Moritz Bauer zweifelt daran, dass die Kündigung wirklich zum 31. August wirksam wird. Er bittet um eine Begründung.

Fall 3: Der Buchhalterin Maria Hehl wurde ebenfalls am 16. Mai mit der gleichen Begründung gekündigt. Sie weist durch ein ärztliches Attest eine bestehende Schwangerschaft nach. Voraussichtlicher Geburtstermin: 20. Oktober. Sie möchte zudem Elternzeit in Anspruch nehmen.

Kompetenzorientierte Arbeitsaufträge:

Die Abteilungsleiterin Beate Stark gibt Ihnen die obigen drei Fälle und bittet Sie, nachfolgende Arbeitsaufträge im Laufe des Tages zu bearbeiten.

1. Erläutern Sie den Unterschied zwischen einer Kündigung und einem Aufhebungsvertrag!
2. Im Zuge einer Kündigung müssen bestimmte Fristen eingehalten werden. Erklären Sie den Unterschied zwischen einer gesetzlichen und vertraglichen Kündigungsfrist!
3. Erläutern Sie drei Fälle einer sozial gerechtfertigten Kündigung und bilden Sie hierzu jeweils zwei Beispiele!
4. Erläutern Sie vier Fälle für besonderen Kündigungsschutz!
5. Unterscheiden Sie zwischen einem einfachen und einem qualifizierten Zeugnis!
6. Beurteilen Sie die Fälle 1–3 aus rechtlicher Sicht!

3.1.1 Gründe für die Beendigung von Arbeitsverhältnissen

In einem Betrieb kann es notwendig werden, den Mitarbeiterbestand zu verringern. Die Freisetzung kann in der **Person**[1] oder dem **Verhalten des Mitarbeiters**[1] begründet sein oder auf **dringenden betrieblichen Erfordernissen** beruhen.

1 Vgl. hierzu die Ausführungen auf S. 129.

Ein Arbeitsverhältnis kann beendet werden durch

- Vertragsablauf,
- Aufhebungsvertrag,
- Kündigung.

3.1.2 Vertragsablauf und Aufhebungsvertrag

(1) Vertragsablauf

Ist der Arbeitsvertrag zeitlich befristet oder auf die Erfüllung einer bestimmten Aufgabe ausgerichtet, so endet der Arbeitsvertrag mit Ablauf der vereinbarten Frist bzw. mit Erfüllung des Auftrags.

Beispiele:

- Eine ehemalige Hörakustikerin erhält einen Arbeitsvertrag für drei Monate, um eine erkrankte Mitarbeiterin zu ersetzen.
- Für die Zeit einer Umbaumaßnahme werden zwei Aushilfskräfte eingestellt.

(2) Aufhebungsvertrag[1]

Der **Aufhebungsvertrag** ist ein **Vertrag zwischen Arbeitnehmer** und **Arbeitgeber,** der das **Arbeitsverhältnis** zu einem **bestimmten Zeitpunkt** beendet.

Der entscheidende Unterschied zur Kündigung ist, dass das Arbeitsverhältnis im **gegenseitigen Einvernehmen** beendet wird. Arbeitgeber und Arbeitnehmer können den Inhalt des Aufhebungsvertrags selbst bestimmen. Die Einhaltung von Auflösungsfristen ist nicht erforderlich. Um die Zustimmung des Arbeitnehmers zu erhalten, zahlt der Arbeitgeber oftmals eine **Abfindung.**

Beispiel:

Dem Abteilungsleiter für den Bereich Einkauf, dem mangelnder Leistungswille vorgeworfen wird, wird ein Aufhebungsvertrag mit einer Abfindung von zwei Monatsgehältern angeboten, um eine Kündigung zu vermeiden. Der Mitarbeiter stimmt zu, den Betrieb am Monatsende zu verlassen.

3.1.3 Kündigung

(1) Begriff Kündigung

Die **Kündigung** ist eine einseitige, empfangsbedürftige Willenserklärung,[2] mit der ein Arbeitsvertrag beendet werden soll. Die Kündigung muss **schriftlich** erfolgen und ist erst wirksam, wenn sie dem Mitarbeiter zugegangen ist.[3]

1 Man spricht auch von **Auflösungsvertrag.**

2 Zum Begriff Willenserklärung siehe S. 24 f.

3 Der Betriebsrat ist vor jeder Kündigung durch den Arbeitgeber unter Angabe der Kündigungsgründe zu hören. Ohne Anhörung des Betriebsrats ist die Kündigung unwirksam. § 102 BetrVG

(2) Gesetzliche Kündigung (ordentliche Kündigung)

§ 622 BGB Das Arbeitsverhältnis eines Arbeitnehmers kann vom Arbeitgeber und vom Arbeitnehmer mit einer Frist von **vier Wochen** zum **Fünfzehnten** oder zum **Ende eines Kalendermonats** gekündigt werden. Bei längerer Betriebszugehörigkeit gelten für eine Kündigung durch den Arbeitgeber verlängerte gesetzliche Kündigungsfristen.

Für Arbeitnehmer, die kündigen wollen, beträgt die gesetzliche Kündigungsfrist immer vier Wochen zum 15. oder zum letzten Tag eines Kalendermonats. In Tarifverträgen können allerdings abweichende Kündigungsfristen vereinbart werden. Auch in einzelnen Arbeitsverträgen können andere Fristen festgelegt werden. Kürzere Fristen als vom Gesetzgeber vorgesehen können nur in besonderen Ausnahmefällen vereinbart werden. Längere sind aber möglich, wobei die Frist für den Arbeitnehmer nie länger sein darf als für den Arbeitgeber.

(3) Vertragliche Kündigung

Die zwischen Mitarbeitern und Arbeitgebern vereinbarten Kündigungsfristen dürfen grundsätzlich **länger**, aber **nicht kürzer** als die gesetzlichen Kündigungsfristen sein.

(4) Fristlose Kündigung (außerordentliche Kündigung)

§ 626 BGB Das Arbeitsverhältnis kann von jeder Vertragspartei ohne Einhaltung einer Kündigungsfrist gelöst werden, wenn ein wichtiger Grund vorliegt. Wenn der Betriebsrat nicht vor der Kündigung unterrichtet wird, ist diese **unwirksam**.

Beispiele:

Verstöße gegen die Schweigepflicht; Diebstahl; grobe Beleidigungen; Tätlichkeiten; Mobbing (soziale Isolierung von Kollegen durch üble Nachrede, Missachtung und Unterstellungen); ungerechtfertigte Arbeitsverweigerung.

(5) Abmahnung

Die Arbeitnehmer haben das Recht, **vor einer Kündigung** durch den Arbeitgeber eine **Abmahnung** zu erhalten.

Mit der rechtswirksamen – gesetzlich nicht geregelten – Abmahnung muss ein konkreter Vorfall oder ein bestimmtes Fehlverhalten des Mitarbeiters (z. B. fehlende unverzügliche Krankmeldung, unpünktlicher Arbeitsbeginn) missbilligt und der Mitarbeiter aufgefordert werden, dieses Fehlverhalten künftig zu unterlassen. Weiterhin müssen bei weiteren Verfehlungen der gleichen Art Rechtsfolgen (z. B. die Kündigung des Arbeitsverhältnisses) angedroht werden.

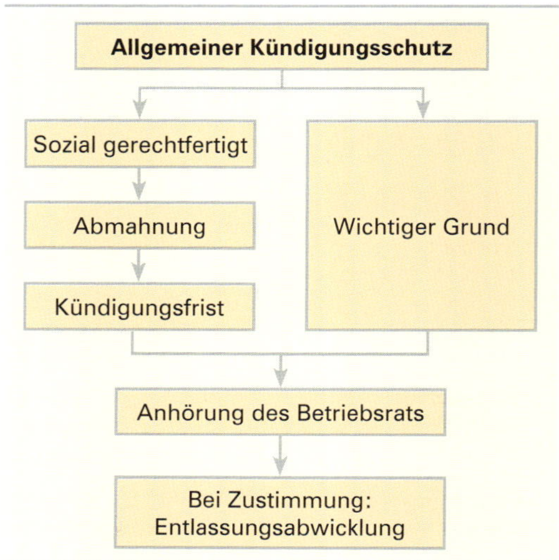

3.1.4 Kündigungsschutz

(1) Allgemeiner Kündigungsschutz

Der allgemeine Kündigungsschutz schützt Arbeitnehmer vor **sozial ungerechtfertigter Kündigung,** wenn das Arbeitsverhältnis im gleichen Unternehmen ohne Unterbrechung länger als sechs Monate bestanden hat und das Unternehmen in der Regel mehr als zehn Arbeitskräfte (Auszubildende nicht mitgerechnet) beschäftigt. § 1 KSchG

Eine **sozial ungerechtfertigte Kündigung** ist **rechtsunwirksam.** Bei notwendigen Entlassungen müssen z.B. die Dauer der Betriebszugehörigkeit, das Lebensalter und die Unterhaltspflichten der Arbeitnehmer berücksichtigt werden.

Beispiel:

Einem einzelnen Mitarbeiter am Fließband in einer Werkzeugfabrik mit 2000 Mitarbeitern wird mit der Begründung gekündigt, es läge Auftragsmangel vor.

Sozial gerechtfertigt ist eine Kündigung z.B. in folgenden Fällen:

§ 1 II KSchG

Kündigungsgründe	Beispiele
Der Kündigungsgrund liegt in der **Person** des Arbeitnehmers.	Eine Buchhalterin ist nicht in der Lage, sich auf ein neues Softwareprogramm umzustellen. – Ein Mitarbeiter leidet unter einer schweren Krankheit, sodass er seine Arbeit auf Dauer nicht mehr ausführen kann.
Der Kündigungsgrund liegt im **Verhalten** des Arbeitnehmers.	Ein Mitarbeiter an einer Stanzmaschine produziert dauernd überdurchschnittlich viel Ausschuss. – Eine Kassiererin unterschlägt mehrere tausend Euro.
Die Kündigung ist durch **dringende betriebliche Erfordernisse** bedingt.	Personalabbau aufgrund von erforderlichen Rationalisierungsmaßnahmen. – Entlassungen aufgrund von nachhaltigem Auftragsmangel.

Eine ordentliche Kündigung mit Gründen, die im **Verhalten** der Arbeitnehmer liegen, ist nur dann **sozial gerechtfertigt,** wenn ihr eine **Abmahnung** vorausgegangen ist.

(2) Besonderer Kündigungsschutz

Einen besonderen Kündigungsschutz genießen:

Auszubildende	Ihnen kann nach Ablauf der Probezeit während der Berufsausbildung nur aus einem wichtigen Grund gekündigt werden.
Betriebsratsmitglieder, Jugend- und Auszubildendenvertreter	Ihre Kündigung ist während ihrer Zugehörigkeit zum Betriebsrat bzw. zur Jugend- und Auszubildendenvertretung in der Regel unzulässig.
Frauen	Während der Schwangerschaft und bis zum Ablauf von vier Monaten nach der Entbindung besteht Kündigungsschutz.
Schwerbehinderte Menschen	Ihnen kann durch den Arbeitgeber ohne vorherige Zustimmung des Integrationsamtes nicht gekündigt werden. Die Kündigungsfrist beträgt mindestens vier Wochen.
Arbeitnehmer mit Elternzeit	Der Arbeitgeber darf das Arbeitsverhältnis ab acht Wochen vor Beginn der Elternzeit und während der Elternzeit nicht kündigen.

3.1.5 Kündigungsschutzklage

Gegen die Entlassung kann sich der Mitarbeiter innerhalb von **drei Wochen**[1] nach Zugang der Kündigung mit einer Kündigungsschutzklage zur Wehr setzen.

Für die Dauer des Verfahrens muss der Entlassene bei unveränderten Arbeitsbedingungen **weiterbeschäftigt** werden, bis der Rechtsstreit zu einem rechtskräftigen Abschluss gekommen ist. Voraussetzung ist jedoch, dass neben dem Entlassenen auch der Betriebsrat frist- und ordnungsgemäß der Entlassung widersprochen hat [§ 102 V BetrVG]. Das Arbeitsgericht kann den Arbeitgeber von der Weiterbeschäftigung auf Antrag entbinden.

Das Urteil durch das Arbeitsgericht kann zu folgenden Situationen führen:

- Die Entlassung ist **gerechtfertigt.** Die **Klage wird abgewiesen.**
- Die Entlassung ist **nicht gerechtfertigt**. Das **Arbeitsverhältnis wird fortgesetzt.** Ist eine Fortführung des Arbeitsverhältnisses nicht sinnvoll, kann das Arbeitsgericht das **Arbeitsverhältnis auflösen** und eine **Abfindung** ansetzen.

Gegen das Urteil des Arbeitsgerichts kann der Kläger beim Landesarbeitsgericht **Berufung** einlegen.[2]

3.2 Qualifiziertes Arbeitszeugnis prüfen

Jedem ausscheidenden Mitarbeiter ist ein schriftliches **Zeugnis** auszustellen. Die Zeugniserteilung in elektronischer Form ist ausgeschlossen. Das Zeugnis muss in ordentlicher Form (mit Briefkopf des Unternehmens, frei von Flecken usw.) abgefasst sein und die Unterschrift des Arbeitgebers enthalten.

(1) Einfaches Zeugnis

Das einfache Zeugnis enthält Angaben

- zur **Person** (ohne Bewertung),
- zur **Dauer** der Beschäftigung und
- zur **Art** der Beschäftigung (die einzelnen Tätigkeitsbereiche des Arbeitnehmers).

(2) Qualifiziertes Zeugnis

> Auf **Verlangen des Arbeitnehmers** hat der Arbeitgeber Angaben zu **Leistung und Verhalten (Führung)** mit in das Arbeitszeugnis aufzunehmen, also ein **qualifiziertes Arbeitszeugnis** zu erstellen.

Das qualifizierte Zeugnis enthält ebenso wie das einfache Zeugnis Angaben zur Person, zur Dauer und zur Art der Beschäftigung. Darüber hinaus beinhaltet es Aussagen **zu Leistung und Verhalten (Führung)**.

1 Versäumt der Mitarbeiter die Dreiwochenfrist, so wird auch eine sozial ungerechfertigte bzw. unwirksame Entlassung wirksam.

2 Der Fachlehrplan sieht die Behandlung der Arbeitsgerichtsbarkeit nicht vor.

Leistungs-beurteilung	Die Leistungsbeurteilung wird nach den **Schulnoten** kategorisiert, die in die übliche Zeugnissprache übersetzt werden.
Verhaltens-beurteilung	Bei der Verhaltensbeurteilung wird beschrieben, wie der **Umgang mit Kollegen** war, wie sich der Arbeitnehmer gegenüber **Vorgesetzten** verhalten hat oder gegenüber **Dritten** (Kunden, Lieferanten, Beratern usw.). Bei übertragener Leitungs- und/oder Führungskompetenz wird erläutert, wie er diese Kompetenzen wahrgenommen hat.

Ein Arbeitszeugnis darf **nichts Schädigendes** über den Mitarbeiter enthalten. Andererseits müssen auch nachteilige Eigenschaften (z.B. Untreue des Buchhalters) aufgeführt sein, um nicht **schadenersatzpflichtig** gegenüber späteren Arbeitgebern zu werden.

In Form einer bewusst gewählten Formulierungssprache hat sich in den Arbeitszeugnissen eine Art **Zeugniscode** durchgesetzt. Erst durch die Entschlüsselung dieses Codes kann eine Aussage über die dahinter stehende Beurteilung getroffen werden.

Formulierung im Zeugnis	Klartext (Bedeutung)	Notenstufe
a) Sie/er hat die ihr/ihm übertragenen Arbeiten … b) Sie/er hat unseren Erwartungen …		
a) … stets zu unserer vollsten Zufriedenheit erledigt. b) … in jeder Hinsicht und in allerbester Weise entsprochen.	sehr gute Leistungen	sehr gut (1)
a) … zu unserer vollen Zufriedenheit erledigt. b) … in jeder Hinsicht und in bester Weise entsprochen.	gute Leistungen	gut (2)
a) … stets zu unserer Zufriedenheit erledigt. b) … in jeder Hinsicht entsprochen.	befriedigende Leistungen	befriedigend (3)
a) … zur Zufriedenheit erledigt. b) … entsprochen.	ausreichende Leistungen	ausreichend (4)
a) … im Großen und Ganzen zu unserer Zufriedenheit erledigt. b) … im Großen und Ganzen entsprochen.	mangelhafte Leistungen	mangelhaft (5)
Sie/er hat sich bemüht …	ungenügende Leistungen	ungenügend (6)

Überblick: Beendigung des Arbeitsvertrags

Beendigung des Arbeitsvertrags bei Einhaltung des Kündigungsschutzes

- Zeitablauf Zweckerreichung
- Aufhebungsvertrag
- gesetzliche Kündigung
- fristlose Kündigung
- vertragliche Kündigung

→ **Arbeitszeugnis**

Kompetenztraining

30

1. Die Karosserie- und Fahrzeugbaumechanikerin Bianca Frey stellt sich beim Personalchef des Karosseriebaus Südring GmbH vor. Dieser sagt ihr, dass sie am 15. des folgenden Monats ihre Arbeit in der Entwicklungsabteilung beginnen könne. Bianca Frey sagt zu. Schriftlich wird nichts vereinbart.

   Aufgabe:

   Erläutern Sie die Rechtslage!

2. 2.1 Ein Gipser arbeitet über das Wochenende, ohne Genehmigung des Arbeitgebers, an der Renovierung eines Hauses gegen Entgelt.

   Aufgabe:

   Erklären Sie, welche Pflicht aus dem Arbeitsvertrag verletzt wurde und recherchieren Sie welche rechtlichen Folgen sich daraus für den Arbeitnehmer ergeben!

   2.2 Ein Feinwerkmechaniker verletzt sich an einer Maschine wegen einer schadhaften Schutzeinrichtung.

   Aufgabe:

   Erklären Sie, welche Pflicht aus dem Arbeitsvertrag verletzt wurde und recherchieren Sie welche rechtlichen Folgen sich daraus für den Arbeitgeber ergeben!

3. Die Umsatzerwartungen der Werkzeugfabrik Philip Leber OHG haben sich nicht erfüllt. Die Philip Leber OHG muss sich betriebsbedingt von zwei Mitarbeitern trennen. Sie werden beauftragt zu klären, ob in den folgenden Fällen eine Kündigung durch den Betrieb rechtswirksam erfolgen kann und welche Fristen zu beachten sind.

   Aufgaben:

   3.1 Auszubildender Ingo ist im zweiten Ausbildungsjahr zum Werkzeugmechaniker.

   3.2 Eva Möhrle ist seit einem Jahr im Betrieb. Sie hat eine ärztliche Bescheinigung über eine Schwangerschaft vorgelegt.

   3.3 Jens Holder, 34 Jahre, alleinstehend, ist seit 10 Jahren im Betrieb.

   3.4 Charlotte Groß, 32 Jahre, verheiratet, keine Kinder, ist seit einem Jahr im Betrieb.

   3.5 Die Philip Leber OHG will auch Kira Hübner, 28 Jahre, alleinerziehend, 2 Kinder, seit 2 Jahren im Betrieb, kündigen.

4. Die Mitarbeiterin Franziska Müller (28 Jahre; 5 Jahre im Betrieb) will zum 30. Juni kündigen.

   Aufgaben:

   4.1 Ermitteln Sie ihre Kündigungsfrist!

   4.2 Geben Sie das Datum an, an dem die Kündigung dem Arbeitgeber spätestens vorliegen muss!

   4.3 Franziska Müller kündigt am 30. Mai. Geben Sie an, wann ihr letzter Arbeitstag ist!

   4.4 Dem Mitarbeiter Fabian Specht wurde fristgemäß zum 30. September gekündigt. Fabian Specht hält die Kündigung für sozial ungerechtfertigt.

   Nennen Sie die Gründe, bei denen eine Kündigung als sozial ungerechtfertigt bezeichnet wird!

5. Dem zwanzigjährigen Kevin Bär, der seit einem Jahr bei der Kniebis KG beschäftigt ist, wird zum 31. Dezember gekündigt. Es ist davon auszugehen, dass die Kündigung sozial gerechtfertigt ist.

   Aufgaben:

   5.1 Ermitteln Sie den Tag, an dem der Unternehmer spätestens kündigen muss!

   5.2 Erläutern Sie, warum die Kündigung begründet werden muss!

   5.3 Stellen Sie dar, was Kevin Bär gegen die Kündigung unternehmen könnte!

   5.4 Nennen Sie zwei Gründe für eine fristlose Entlassung eines Mitarbeiters!

5.5 Kevin Bär erhielt rechtzeitig eine Abmahnung. Erklären Sie, was hierunter zu verstehen ist!

5.6 Bilden Sie einen Fall, bei dem eine Abmahnung entbehrlich ist!

6. Dem Mitarbeiter Albert Schön wurde fristgemäß zum 30. September gekündigt. Albert Schön hält die Kündigung für sozial ungerechtfertigt.

Aufgabe:

Recherchieren Sie, an welches Gericht sich Albert Schön wenden kann, wenn die Kündigung vom Arbeitgeber nicht zurückgenommen wird!

31

1. Nennen Sie die Inhalte eines einfachen Arbeitszeugnisses!
2. Stellen Sie dar, was die Leistungs- und Verhaltensbeurteilung beim qualifizierten Arbeitszeugnis umfasst!
3. Die Augsburger Büromöbel AG sucht per Stellenanzeige einen Einkäufer bzw. eine Einkäuferin. Nach Ablauf der Bewerbungsfrist liegen Anja Stark, der Personalleiterin, zwei Arbeitszeugnisse vor.

Aufgabe:

Bewerten Sie diese Zeugnisse! Begründen Sie Ihre Auswahl mit drei stichhaltigen Argumenten!

Kraus GmbH & Co. KG – Maschinenfabrik
In der Schwende 2, 59063 Hamm

Arbeitszeugnis

Frau Michaela Pullmann, geboren am 22. 05. 1995, trat am 1. September 2011 als Auszubildende zur Industriekauffrau in unser Unternehmen ein. Im Anschluss an ihre Ausbildung übernahm Michaela Pullmann am 1. August 2014 in der Importabteilung den Aufgabenbereich Zoll- und Zahlungsabwicklung. Sie ist allein verantwortlich für alle Einkaufsgüter aus Fernost.

Die ihr übertragenen Aufgaben erledigt Michaela Pullmann zu unserer Zufriedenheit. Bei Bedarf ist sie zur Mehrarbeit bereit. Durch ihre ruhige und unaufdringliche Art ist sie in allen Abteilungen gern gesehen. Ihr Verhalten gegenüber Kollegen, Außenstehenden und Vorgesetzten ist stets befriedigend.

Michaela Pullmann möchte uns aus eigenem Wunsch verlassen, um eine Aufgabe zu übernehmen, die ihren Neigungen eher entspricht. Für die Zukunft wünschen wir ihr alles Gute und weiterhin viel Erfolg.

...

Wenzel & Partner GmbH – Behälterbau
Daimlerstraße 13, 68250 Senden

Arbeitszeugnis

Herr Bernd Waldmann, geboren am 17. 07. 1989, ist seit 1. März 2009 für unser Unternehmen als Einkaufssachbearbeiter tätig.

Zu seinem Aufgabengebiet gehört die Marktbeobachtung und Marktanalyse von Trends. Er führt selbstständig Einkaufsverhandlungen mit Lieferanten aus Europa und Fernost und ist für die Termin- und Qualitätsüberwachung aller Einkaufsgüter zuständig.

Bernd Waldmann ist ein zuverlässiger und gewissenhafter Mitarbeiter und führt die ihm übertragenen Arbeiten zu unserer vollen Zufriedenheit aus. Stets findet er gute und kostengünstige Lösungen.

Sein Verhalten im Team ist vorbildlich. Zu seinen Vorgesetzten hatte er stets ein gutes Verhältnis.

Da wir Bernd Waldmann auf absehbare Zeit keine Aufstiegschancen bieten können, möchte er uns aus eigenem Wunsch verlassen. Unsere besten Wünsche begleiten ihn.

...

Anhang: Gesellschaft mit beschränkter Haftung (GmbH)

1 Begriff, Gründung und Firma

(1) Begriff GmbH

- Die **Gesellschaft mit beschränkter Haftung** (GmbH) ist eine **Handelsgesellschaft** mit **eigener Rechtspersönlichkeit (juristische Person),** deren Gesellschafter mit ihren Geschäftsanteilen an der Gesellschaft beteiligt sind, ohne persönlich zu haften.
- Die GmbH ist eine **Kapitalgesellschaft.**

Die **GmbH** hat **selbstständige Rechte und Pflichten.** Mithilfe ihrer Organe ist es möglich, Rechtsgeschäfte abzuschließen. Sie kann z. B. Eigentum an Grundstücken erwerben und vor Gericht klagen und verklagt werden. Die GmbH ist Gläubiger und Schuldner, nicht etwa die GmbH-Gesellschafter.

Die **GmbH-Gesellschafter** statten die GmbH lediglich mit **Eigenkapital** aus.

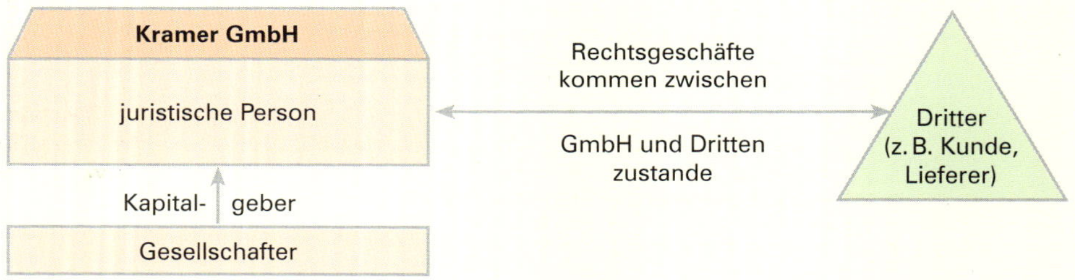

(2) Gründung

Voraussetzungen zur Gründung einer GmbH sind:

- ein notariell beurkundeter Gesellschaftsvertrag (Satzung),
- eine Person oder mehrere Personen,
- Mindesteinzahlung 12 500,00 EUR bzw. $^1/_4$ aller Geschäftsanteile,
- Eintragung ins Handelsregister.

Für unkomplizierte Standardgründungen steht den Gründern ein **Mustervertrag (Musterprotokoll)** und ein **Muster für die Handelsregistereintragung** als Anlage zum GmbHG zur Verfügung.

Die GmbH als juristische Person entsteht erst durch die Eintragung der GmbH ins Handelsregister **(konstitutive Wirkung der Eintragung).** Schließen die Gesellschafter **vor der Handelsregistereintragung** im Namen der Gesellschaft Rechtsgeschäfte ab, so haften die Handelnden persönlich und solidarisch.

(3) Firma

Die **Firma** der GmbH muss die Bezeichnung **„Gesellschaft mit beschränkter Haftung“** oder eine allgemein verständliche Abkürzung dieser Bezeichnung (z. B. GmbH) enthalten.

Beispiele:

Albrecht Büller GmbH; Kramer GmbH; Weber Metallbau GmbH.

§ 4 GmbHG

2 Eigenkapitalaufbringung

Geschäftsanteil	Ein Geschäftsanteil ist der Anteil am Stammkapital der GmbH. Er ist mit einem Nennbetrag versehen. Die **Nennbeträge** der einzelnen Geschäftsanteile können unterschiedlich hoch sein, müssen jedoch auf **volle Euro** lauten. Jeder Gesellschafter beteiligt sich im Rahmen der Gründung der GmbH mit einem oder mehreren Geschäftsanteilen. Geschäftsanteile können jederzeit – ohne dass eine Genehmigung der übrigen Gesellschafter eingeholt werden muss – veräußert werden.
Stammeinlagen	Der Betrag, der auf einen Geschäftsanteil zu leisten ist, wird als Stammeinlage bezeichnet. Die Höhe der zu **leistenden Einlage** richtet sich nach dem bei der Gründung der Gesellschaft im Gesellschaftsvertrag festgesetzten Nennbetrag des Geschäftsanteils.
Stammkapital	Dies ist der in der Satzung festgelegte **Gesamtbetrag aller Geschäftsanteile.** Das Stammkapital muss mindestens 25 000,00 EUR betragen. Von diesem Stammkapital müssen mindestens 12 500,00 EUR bzw. $^1/_4$ aller Geschäftsanteile eingezahlt werden.

§ 5 I GmbHG

Existenzgründer mit wenig Eigenkapital können eine **Unternehmergesellschaft (UG)** mit einem geringeren Stammkapital als 25 000,00 EUR gründen. Vgl. auch Kapitel 6, S. 136.

3 Gewinn- und Verlustbeteiligung

(1) Gewinnbeteiligung

Jeder Gesellschafter hat einen Anspruch auf den im Geschäftsjahr erwirtschafteten Gewinn. Die Verteilung des Gewinns erfolgt nach dem **Verhältnis der Geschäftsanteile.** Im Gesellschaftsvertrag kann eine andere Gewinnverteilung vereinbart sein.

(2) Verlustbeteiligung

Verluste werden im **Verhältnis der Geschäftsanteile** verteilt, wobei die Verlustbeteiligung jedes Gesellschafters auf die Höhe seines Geschäftsanteils beschränkt ist.

4 Haftung

§ 13 I, II GmbHG Die **Gesellschafter** der GmbH **haften nicht** für die Verbindlichkeiten der Gesellschaft. Als juristische Person haftet die GmbH selbst. Das einzige Risiko, das der GmbH-Gesellschafter eingeht, ist, dass er den Wert seines Geschäftsanteils teilweise oder ganz verliert **(Risikohaftung)**.

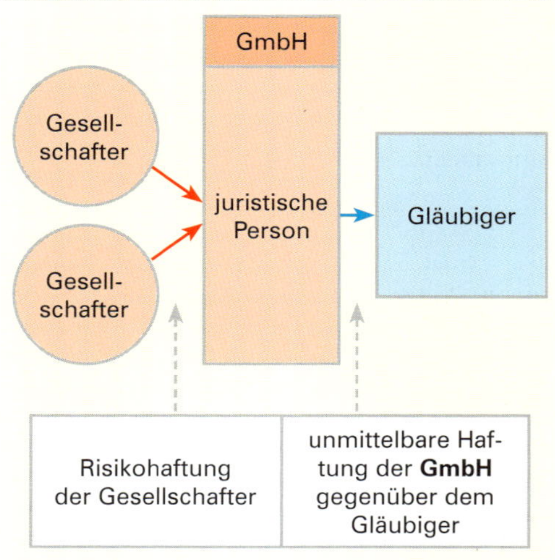

5 Organe der GmbH

Die Leitung und Kontrolle der Geschäftsführung übernehmen die dafür vorgesehenen Organe.

Geschäftsführer	Gesellschafterversammlung	Aufsichtsrat
■ Er leitet die GmbH (Geschäftsführungsrecht).[1] ■ Er muss bei der Geschäftsführung die Weisungen der Gesellschafter unmittelbar befolgen. ■ Geschäftsführer können auch die Gesellschafter sein. ■ Er vertritt die GmbH nach außen (Vertretungsbefugnis).	■ Hier nehmen die Gesellschafter ihre Rechte (z. B. Gewinnverwendung) wahr. ■ Jeder Euro des Geschäftsanteils ist eine Stimme. ■ Beschlussfassungen mit der Mehrheit der abgegebenen Stimmen. ■ Satzungsänderungen benötigen eine $^3/_4$-Mehrheit der abgegebenen Stimmen.	■ Bei mehr als 500 Arbeitnehmern muss ein Aufsichtsrat gewählt werden. ■ Überwacht die Geschäftsführung. ■ Besteht aus Arbeitgebern und Arbeitnehmern.

6 Unternehmergesellschaft (UG, „Mini-GmbH“)

Höhe des Kapitals	Die **Unternehmergesellschaft**[2] kann mit **einem geringeren Stammkapital** als dem Mindeststammkapital von 25 000,00 EUR gegründet werden. Das Stammkapital kann somit zwischen 1,00 EUR und 24 999,00 EUR liegen.
Firma	Die **Unternehmergesellschaft** muss in der Firma den Rechtsformzusatz **„Unternehmergesellschaft (haftungsbeschränkt)“** oder **„UG (haftungsbeschränkt)“** führen.

1 Hat die GmbH mehrere Geschäftsführer, müssen bei wichtigen Entscheidungen jeweils alle Geschäftsführer zustimmen **(Gesamtgeschäftsführungsbefugnis, Gesamtvertretungsvollmacht)**.

2 Die Unternehmergesellschaft ist **keine eigene Rechtsform**, sondern lediglich eine besondere Form der GmbH.

Anmeldung zum Handelsregister	Die Anmeldung einer Unternehmergesellschaft zur Handelsregistereintragung kann erst erfolgen, wenn das Stammkapital in voller Höhe eingezahlt ist.
Gewinn-ausschüttung	Die Unternehmergesellschaft darf ihre Gewinne – sofern sie welche erzielt – **zu höchstens** $^3/_4$ an die Gesellschafter **ausschütten.** Sie muss **ein Viertel** des Jahresüberschusses **ansparen, bis sie das Mindestkapital** von 25 000,00 EUR erreicht hat. Der angesparte Betrag ist in eine gesetzliche Rücklage einzustellen.
Umwandlung in eine GmbH	Wenn das Mindestkapital von 25 000,00 EUR erreicht ist, kann die Unternehmergesellschaft in eine „gewöhnliche" GmbH umgewandelt werden. Die UG ist als „Einbahnstraße" konzipiert. Das bedeutet, dass die UG nur im Rahmen einer **Erstgründung** errichtet werden kann und daher insbesondere eine Zurückführung der GmbH in eine UG nicht möglich ist.

7 Bedeutung der GmbH

Die Gesellschaft mit beschränkter Haftung ist vor allem bei Familienunternehmen und bei Unternehmen mittlerer Größe anzutreffen, weil für die

- Gründung ein sehr niedriges Anfangskapital (Eigenkapital) vorgeschrieben ist,
- die Haftung der Gesellschafter begrenzt ist,
- ein enges Verhältnis zwischen Gesellschaftern und Geschäftsführern besteht (die Gesellschafter häufig selbst Geschäftsführer sind) und
- die Gründung verhältnismäßig unkompliziert und kostengünstig ist.

Überblick: Gesellschaft mit beschränkter Haftung (GmbH)

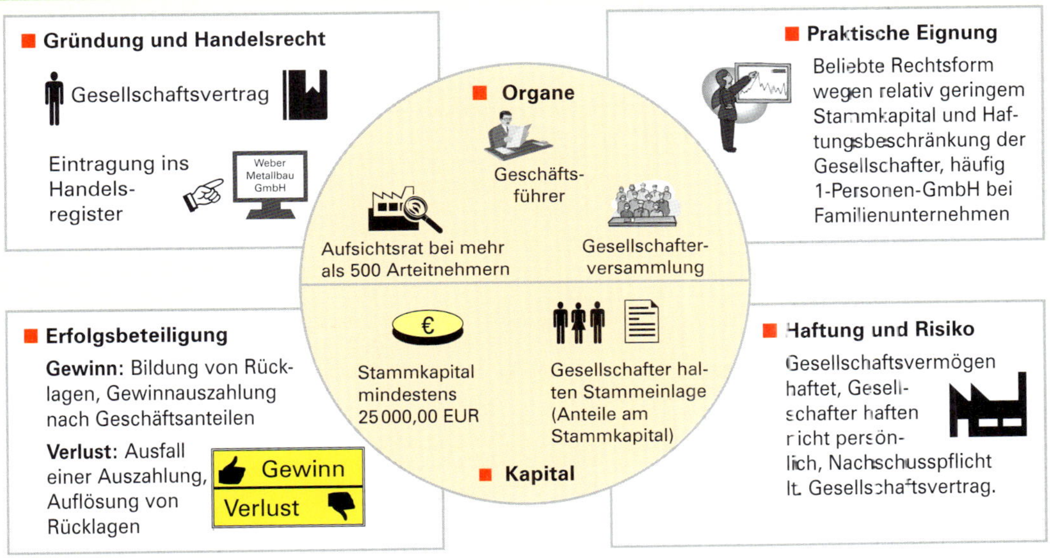

Kompetenztraining

32

1. Die Heinz Kern OHG betreibt eine Großhandlung für biochemische Erzeugnisse. Sie soll in eine GmbH umgewandelt werden. Gleichzeitig soll der bisherige Verkaufsleiter Alexander Dick als Gesellschafter in die neue GmbH aufgenommen werden.

   Aufgaben:

   1.1 Ermitteln Sie, wodurch sich die Personengesellschaft von der Kapitalgesellschaft unterscheidet!

   1.2 Nennen Sie zwei Gründe, die für die Wahl der Gesellschaftsform GmbH sprechen!

   1.3 Erklären Sie, aus welchem Grund der Gesetzgeber eine notarielle Beurkundung eines Gesellschaftsvertrags bzw. eines Musterprotokolls bei der Gründung einer GmbH festgelegt hat!

   1.4 Bilden Sie zwei Beispiele, wie die Firma der neuen GmbH lauten könnte!

   1.5 Stellen Sie dar, wie die Haftungsverhältnisse bei der GmbH und der OHG geregelt sind!

   1.6 Erläutern Sie, wie sich die Vertretung der GmbH von der der OHG unterscheidet!

2. Unterscheiden Sie zwischen Stammkapital, Geschäftsanteil und Stammeinlage!

3. Bernd Roßdeutscher, Diplom-Ingenieur, und Hans-Joachim Gommeringer, Industriekaufmann, sind Gesellschafter der Klimatechnik Roßdeutscher OHG, die Messinstrumente und automatische Regler für Klimaanlagen produziert und vertreibt.

   Bernd Roßdeutscher muss zu Beginn des Jahres 20.. seine Berufstätigkeit wegen Krankheit aufgeben. Da Hans-Joachim Gommeringer inzwischen das Seniorenalter erreicht hat, beschließen die Gesellschafter, die Klimatechnik Roßdeutscher OHG zum 31.03.20.. in eine GmbH umzuwandeln.

   Aufgaben:

   3.1 Bernd Roßdeutscher und Hans-Joachim Gommeringer behaupten, die Umwandlung bringe Vorteile hinsichtlich ihrer Haftung und Geschäftsführungspflicht. Erläutern Sie diese Aussage!

   3.2 Die Gesellschafter beabsichtigen die bisherige Firmenbezeichnung beizubehalten. Prüfen Sie dieses Vorhaben aus juristischer und wirtschaftlicher Sicht!

33

1. Die Brotfabrik Max Maier e.Kfm. benötigt für die aus Konkurrenzgründen erforderlich gewordene Erweiterung zusätzliche Finanzierungsmittel. Da Maier das für die Finanzierung notwendige Eigenkapital nicht besitzt, sieht er sich gezwungen, in Zukunft mit Gesellschaftern zusammenzuarbeiten. Er gründet mit den Herren Merger und Baum die Bamberger Backwaren GmbH, in die er selbst seinen bisherigen Betrieb einbringt, während sich Merger und Baum mit Geldeinlagen beteiligen.

   Aufgaben:

   1.1 Nennen Sie Vorteile, die die GmbH gegenüber der KG besitzt!

   1.2 Schlagen Sie eine Regelung des Geschäftsführungsrechts und der Vertretungsmacht für Max Maier vor!

2. Eric Emmrich und Hannes Heine wollen ihr neu eröffnetes Unternehmen in der Rechtsform einer GmbH führen.

   Aufgaben:

   2.1 Nennen Sie die Voraussetzungen, die für die Gründung einer GmbH erforderlich sind!

   2.2 Eric Emmrich verkauft als Geschäftsführer vor der Eintragung der GmbH in das Handelsregister einen Pkw im Namen der GmbH. Klären Sie die die Rechtslage!

3. Beschreiben Sie zwei Vorteile einer GmbH gegenüber einem Einzelunternehmen!

4. Nennen Sie zwei Nachteile, die bei einer GmbH auftreten können!
5. Vergleichen Sie die GmbH mit der UG (haftungsbeschränkt) anhand folgender Vergleichsmerkmale: Gründung, Firma und Mindeststammkapital!
6. Erklären Sie zwei Nachteile der Gründung einer Unternehmergesellschaft (haftungsbeschränkt) im Vergleich zur Gründung einer 25000,00-EUR-GmbH!
7. Übertragen Sie die nachfolgende Tabelle in Ihr Hausheft und tragen Sie Informationen über die Vertretung und die Haftung für die drei genannten Unternehmensformen ein!

	Vertretung	**Haftung**
Einzelunternehmen		
KG-Komplementär		
KG-Kommanditist		
GmbH		

34 An der Reformhauskette Bühner KG sind beteiligt Albrecht Bühner als Komplementär und Simone Bühner als Kommanditistin. Da auf dem Markt ein starker Wettbewerb herrscht, müssen erhebliche Investitionen vorgenommen werden. Albrecht Bühner entschließt sich daher, die KG in eine GmbH umzuwandeln und zwei neue Gesellschafter aufzunehmen. Es sind dies Ingo Bach und Timo Werder.

Albrecht Bühner legt folgenden Vorschlag für einen Gesellschaftsvertrag vor (Auszug):

Auszug aus dem Gesellschaftsvertrag

§ 1 Firma: Albrecht Bühner GmbH

§ 2 Sitz der Gesellschaft: Nürnberg

§ 3 Geschäftsbeginn: 10. August 20..

§ 4 Die Geschäftsanteile betragen:
- Geschäftsanteil Nr. 1, Albrecht Bühner Nennwert: 30000,00 EUR
- Geschäftsanteil Nr. 2, Simone Bühner Nennwert: 20000,00 EUR
- Geschäftsanteil Nr. 3, Ingo Bach Nennwert: 15000,00 EUR
  Einzahlung: 50 % bis zum 30. September 20..
  50 % bis zum 31. Dezember 20..
- Geschäftsanteil Nr. 4, Timo Werder Nennwert: 40000,00 EUR

Das Stammkapital der Gesellschaft beträgt 105000,00 EUR.

§ 5 Gegenstand des Unternehmens ist Ein- und Verkauf von Konsumgütern aller Art.

§ 6 Zu Geschäftsführern der GmbH werden bestellt:
- Albrecht Bühner, zuständig für Beschaffung,
- Simone Bühner, zuständig für Marketing und Vertrieb.

Die Geschäftsführer besitzen Einzelvertretungsmacht.
Ingo Bach und Timo Werder sind von der Geschäftsführung ausgeschlossen.

Die notarielle Beurkundung des Gesellschaftsvertrags erfolgt am 30. Juli 20.., die Handelsregistereintragung am 30. August 20..

Aufgaben:

1. Erklären Sie, welche gesetzlichen Gesellschaftsrechte Albrecht Bühner und Simone Bühner haben, solange das Unternehmen als Kommanditgesellschaft betrieben wird!
2. Nennen Sie Vorteile, die sich für die Gesellschafter insgesamt aus der Umwandlung in eine GmbH ergeben!
3. Geben Sie in Stichworten an, welcher Punkt im Gesellschaftsvertrag der GmbH außer den in den §§ 1–6 genannten vertraglich noch geregelt werden sollten!
4. Simone Bühner, zuständig für Marketing und Vertrieb, kauft ohne Wissen von Albrecht Bühner Biowein im Wert von 56 000,00 EUR ein. Albrecht Bühner verweigert die Zahlung mit der Begründung, der Kaufvertrag sei ohne sein Wissen abgeschlossen worden.

   Beurteilen Sie die Rechtslage!

Abkürzungen (Gesetze)

AktG	Aktiengesetz
ArbGG	Arbeitsgerichtsgesetz
ArbZG	Arbeitszeitgesetz
BetrVerfG	Betriebsverfassungsgesetz
BGB	Bürgerliches Gesetzbuch
DrittelbG	Gesetz über die Drittelbeteiligung der Arbeitnehmer im Aufsichtsrat (Drittelbeteiligungsgesetz)
FamFG	Gesetz über das Verfahren in Familiensachen und in den Angelegenheiten der freiwilligen Gerichtsbarkeit
GewO	Gewerbeordnung
GmbHG	Gesetz betreffend die Gesellschaften mit beschränkter Haftung
HGB	Handelsgesetzbuch
KSchG	Kündigungsschutzgesetz
MitbestG 1951 (MG) (Montan-MitbestG)	Gesetz über die Mitbestimmung der Arbeitnehmer in den Aufsichtsräten und Vorständen der Unternehmen des Bergbaus und der Eisen und Stahl erzeugenden Industrie (Montan-Mitbestimmungsgesetz) von 1951
MitbestG (1976)	Gesetz über die Mitbestimmung der Arbeitnehmer (Mitbestimmungsgesetz) von 1976
NachwG	Gesetz über Nachweis der für ein Arbeitsverhältnis geltenden wesentlichen Bedingungen
TVG	Tarifvertragsgesetz
TzBfG	Teilzeit- und Befristungsgesetz

Stichwortverzeichnis

G

H

I

J

K

Bilderverzeichnis

S. 31: GurZZZa – www.colourbox.de • **S. 63**: Africa Studio – Fotolia.com • **S. 65**: pichetw – www.colourbox.de • **S. 118**: Picture-Factory – Fotolia.com • **S. 130**: Ben – Fotolia.com

John P. Frisby

Optische Täuschungen

Sehen · Wahrnehmen · Gedächtnis

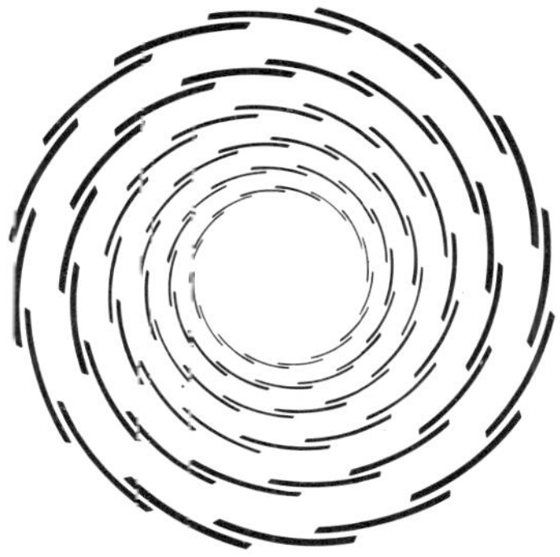

Weltbild
Verlag

Titel der englischen Originalausgabe:

Seeing, Illusion, Brain and Mind
© by Oxford University Press
ISBN 0-19-217672-2

Übersetzung:

Elke Portugall und Felicitas Schätzl

2. Auflage

Printed in the Federal Republic of Germany

ISBN 3-926187-24-7

(früher erschienen im Heinz Moos Verlag, München
ISBN 3-7879-0176-0)

Vorwort

Schriftsteller behaupten manchmal, daß sich ihre Personen auch des bestangelegten Handlungsablaufs bemächtigen und einen völlig anderen Ausgang als den ursprünglich vorgesehenen bestimmen. Etwas ähnliches passierte beim Schreiben dieses Buches, obwohl es kein Roman ist; zumindest nicht als solcher geplant war. Ich begann damit, ein amüsantes Buch über optische Täuschungen zu schreiben, mit ausgedehnten Kapiteln, die erklären sollten, warum diese Täuschungen so sind, wie sie sind. Aber es erwies sich als ein Ding der Unmöglichkeit, sehr viel Interessantes zu sagen, bevor nicht ein paar einführende Kapitel über die grundlegende Natur des Sehens und die Grundlagen unseres visuellen Systems aufgesetzt waren. Als dies geschehen war, wurde die ursprüngliche Absicht dieses Buches dahingehend verändert, daß ich nicht eine Folge optischer Illusionen aneinanderreihte, sondern statt dessen eine Folge von Kapiteln, die in ausgewählter Thematik darüber berichteten, wie das visuelle System bestimmte Aufgaben durchführt. Natürlich kommen Darstellungen optischer Täuschung in reichlichem Maße vor - sie liefern wertvolle Hinweise auf visuelle Mechanismen - aber jetzt ergänzen und veranschaulichen sie eher eine »Geschichte«, als daß sie die ursprünglich geplante zentrale Rolle übernehmen. Diese Änderung macht das Buch nicht nur für eine allgemein interessierte Leserschaft brauchbar, sondern auch als Einführungskurs in die Wissenschaft vom Sehen, besonders dann, wenn der Lehrer Wert auf einen kombinierten psychologischen, physiologischen und computerwissenschaftlichen Ansatz legt. Es sollte aber nicht der Versuch unternommen werden, ein herkömmliches Lehrbuch zu schreiben. Das Gebiet ist alles andere als vollständig beschrieben, und ein Kursleiter wird viele Lücken finden, die zu füllen sind. Aber das erscheint mir nicht unbedingt schlecht: wozu hat man denn einen Kursleiter? Wichtiger erscheint mir, daß man Material in der Hand hat, das einige grundlegende Ideen von der Wissenschaft des Sehens, so wie sie heute praktiziert wird, übermittelt. So wird eine Grundlage geschaffen, worauf der Lehrer bauen kann.
Trotz dieser Abweichung von meinen Plänen und Erwartungen hoffe ich, daß das Buch immer noch »Spaß macht«. Es ist ja für die breite Leserschaft gedacht, in dem Sinne, daß kein Spezialwissen vonnöten ist und alle Begriffe im Verlauf des Buches erklärt werden.
Trotzdem bleibt das Verstehen der Sehvorgänge ein an sich schwieriges Unterfangen; und obwohl ich immer wieder den Versuch gemacht habe, jedes Teilproblem auf das wesentlichste zu reduzieren, wird der Leser oft ein hohes Maß an Motivation benötigen, um sich mit allem, was das Buch zu sagen hat, weiter zu beschäftigen. Aber immer dann, wenn der Text ein wenig verzwickt wird, um weiterzulesen, soll er ermutigt werden, über die Zeilen zu fliegen und das Buch als das zu behandeln, als das es ursprünglich gedacht war - als ein vergnügliches Buch über optische Täuschungen. Es sind eine ganze Menge enthalten, und Anfängern auf diesem Gebiet wird es Spaß machen, daß sich unser visuelles System so irreleiten läßt. Optische Täuschungen sind eben ganz einfach faszinierend.

Danksagungen

Ich schulde David Marr besonderen Dank, dessen Schriften über das Sehen für mich das Werk eines Genius sind und dessen Einflüsse überall in diesem Buch zu erkennen sind. Ich bin John Mayhew besonders dankbar für unsere häufigen Diskussionen über das Sehen, die mir halfen, verschiedene Aspekte meines Themas zu klären. Er las fast das gesamte Manuskript zur Korrektur, gab nützliche Kommentare und verschaffte mir alle computergezeichneten Figuren.
Kevin Connolly, mein Abteilungschef, versorgte mich mit vielen Arbeitserleichterungen, gutem Rat und ständiger Ermutigung. Ohne seine Bereitschaft, einen Kompromiß zwischen meiner Lehrtätigkeit und verwaltungsmäßigen Erfordernissen zu arrangieren, so daß noch Zeit zum ruhigen und friedlichen Arbeiten blieb, wäre dieses Buch nie geschrieben worden. Ich bin mir dieser Dinge sehr bewußt, und ich weiß sie zu schätzen. Henry Hardy, zu Beginn des Projekts von Roxby Press, jetzt Oxford University Press, - - mein Verleger und der Mann, der mir als erster vorschlug, dieses Buch zu schreiben, hat mir mit Geduld und vorsichtiger Führung in allen Phasen der Arbeit zur Seite gestanden, immer wieder auf mehr Klarheit in der Darstellung dringend und mit dem ständigen Angebot, mir sein erhebliches Wissen über Wahrnehmung zur Verfügung zu stellen. Hugh Elwes von Roxby Press sei jetzt, da das Buch fertiggestellt ist, für sein Drängen gedankt, weiterzumachen, als meine Energie nachließ und ich fast aufgeben wollte. David Warner und sein Künstler-Team haben erstklassige Arbeit geleistet, als sie die Bilder entwarfen und mit viel Erfindergeist und Geschicklichkeit meine Skizzen in Illustrationen verwandelten. Unzählige andere haben auf vielfache Weise zum Gelingen dieses Buches beigetragen, manche sicherlich ohne zu wissen, wie hilfreich sie waren, und ich möchte besonders Bela Julesz, Richard Gregory, Chris Brown und Paul Dean erwähnen. Schließlich verdient und erhält meine Familie meinen herzlichen Dank dafür, daß sie soviel ausgehalten hat, während dieses Buch geschrieben wurde. Sie haben die Widmung dieses Buches wirklich verdient.

John P. Frisby

modigliani

Inhalt

1 Bilder in unserem Kopf

Was passiert in unserem Gehirn, wenn wir sehen? Die meisten Leute betrachten das Sehen als etwas so Selbstverständliches, daß nur wenige sich mit dieser Frage jemals ernsthaft beschäftigt haben. Ein normaler Mensch, der kein Fachmann auf diesem Gebiet ist, wird wenn man ihn auffordert, ein wenig zu spekulieren, gewöhnlich sagen, daß es so etwas wie eine »Innere Leinwand« in unserem Gehirn geben muß, vielleicht eine Art Kinoleinwand, nur daß sie aus Gehirngewebe besteht. Die Augen übermitteln ein Bild der Außenwelt auf diese Leinwand, und das ist dann das Bild, das wir bewußt wahrnehmen. Wenn wir diese Vorstellung über Sehmechanismen ein wenig ausarbeiten, erhalten wir folgende Theorie des Sehens, wie sie auf Bild **1** dargestellt ist:

Das Auge funktioniert wie eine Kamera. Beide, Kamera und Auge, haben eine Linse, aber während die Kamera einen lichtempfindlichen Film hat, hat das Auge eine lichtempfindliche *Netzhaut,* ein Netzwerk winziger Empfängereinheiten (Rezeptoren), die die Rückseite des Augapfels bilden. Die Aufgabe der Linse ist es, ein Bild aus der Außenwelt auf der Netzhaut zu fokussieren – das Netzhautbild, welches die Netzhaut dann dazu anregt, über Botschaften dieses Bild mit Hilfe der *Sehnerven* zum *Gehirn* zu senden. Das Gehirn setzt sich aus Millionen winziger Einheiten, Zellen genannt, zusammen. Bestimmte Zellen sind auf das Sehen spezialisiert und flächig angeordnet: die »Innere Leinwand«. Jede Zelle dieser Leinwand kann zu jedem gegebenen Moment entweder aktiv oder inaktiv sein. Wenn eine Zelle sehr aktiv ist, signalisiert sie einen hellen Fleck an einem bestimmten Punkt dieser Leinwand – und damit den entsprechenden Punkt in der Außenwelt. Wenn hingegen die Zelle nur mäßig aktiv ist, signalisiert sie einen grauen Zwischenton. Völlig inaktive Zellen signalisieren schwarze Punkte. Zellen der »Inneren Leinwand« stellen also ein Aktivitätsmuster dar, dessen Gesamtumriß die Gestalt genau spiegelt, die das Auge als Netzhautbild empfängt. Wenn zum Beispiel wie in Bild **1** ein Gemälde betrachtet wird, dann entspricht das Aktivitätsmuster direkt dem Gemälde. Sobald dieses Muster auf der Leinwand aus Zellen gebildet wird, hat der Betrachter das Erlebnis, ein Gemälde zu sehen.

Die »Innere-Leinwand«-Theorie des Sehens ist leicht zu verstehen und intuitiv sehr ansprechend. Schließlich scheinen unsere visuellen Erfahrungen in gewisser Weise der Außenwelt zu entsprechen: es liegt also nahe, anzunehmen, daß es Sehmechanismen im Gehirn geben muß, die die einfachste mögliche Form von Übereinstimmung herstellen – eine physikalisch ähnliche oder »photographische« Übereinstimmung. Tatsächlich kann die »Innere-Leinwand«-Theorie des Sehens auch mit dem Fernsehen verglichen werden, ein Bilder-Übermittlungssystem, das ja auch in diesem Sinne photographisch ist. Die Augen entsprechen Fernsehkameras, und das Bild, das schließlich auf dem Fernsehschirm erscheint, entspricht grob dem Bild auf unserer »Inneren Leinwand«, dessen wir uns gewahr werden. Der einzige wichtige Unterschied besteht darin, daß sich das Fernsehbild aus mehr oder weniger leuchtenden Punkten zusammensetzt, während unser visuelles Bild aus mehr oder weniger aktiv arbeitenden Gehirnzellen besteht.

Symbole und Szenenbeschreibungen

Als erstes muß über die »Innere-Leinwand«-Theorie des Sehens gesagt werden, daß sie eine *symbolische Darstellung* als Grundlage des Sehens annimmt. In diesem Sinne entspricht sie zwar den meisten Theorien über das Sehen, jedoch ist eine weitergehende Erklärung notwendig.

Ein *Symbol* ist etwas, das nicht für sich selbst steht. Worte sind Symbole. Zum Beispiel steht das Wort »Stuhl« für eine bestimmte Sitzhilfe – das Wort ist nicht die Sitzhilfe selbst. Außer Worten gibt es selbstverständlich viele andere Arten von Symbolen. Das rote Licht der Verkehrsampeln steht für das Signal »Halt«, das Sternenbanner für die Vereinigten Staaten von Amerika, und so fort. Bei einigem Nachdenken kommen wir darauf, daß in unseren Köpfen Symbole existieren müssen für die Dinge, die wir sehen; Symbole, die den Dingen, die sie darstellen, selbst nicht entsprechen. Der Chirurg, der bei einer Operation das Gehirn eines Patienten freilegt, wird dort nicht eine Miniaturbühnenausstattung der Welt vorfinden! Alles, was er vorfindet, ist eine rosa gallertartige Masse von Gehirnzellen. So ist die unweigerliche Schlußfolgerung, daß es eine symbolische Darstellung der Außenwelt im Gehirn geben muß, eine Darstellung, die die verschiedenen Aspekte der Welt, welche wir mit den Augen wahrnehmen, in Symbole faßt. In der Tat, als wir zu fragen begannen: »Was passiert in unserem Gehirn, wenn wir sehen?« hätten wir ebensogut fragen können: »Wenn wir sehen – welche Symbole stehen da in unseren Köpfen für die Objekte der Außenwelt?« Dies scheint nur eine müßige Umformulierung der ersten Frage zu sein, aber wir sollten im Gedächtnis behalten, daß weder Objekte noch Attribute von Objekten (so wie Helligkeit) als solche innerhalb unseres Gehirns existieren. Wir finden nichts als Gehirnzellen, und diese Gehirnzellen müssen die Funktion der symbolischen Darstellung übernehmen.

Zum Beispiel nimmt die »Innere-Leinwand«-Theorie an, daß bestimmte Gehirnzellen als Symbole für *Punkte* in der Außenwelt fungieren, die wir gerade sehen. Die Gehirnzellen sind nicht genau dasselbe wie diese Punkte in der Außenwelt, aber sie haben die Aufgabe, sie innerhalb unseres Gehirns darzustellen. Diese Gehirnzellen sind also Symbole, die für Teile der Außenwelt stehen.

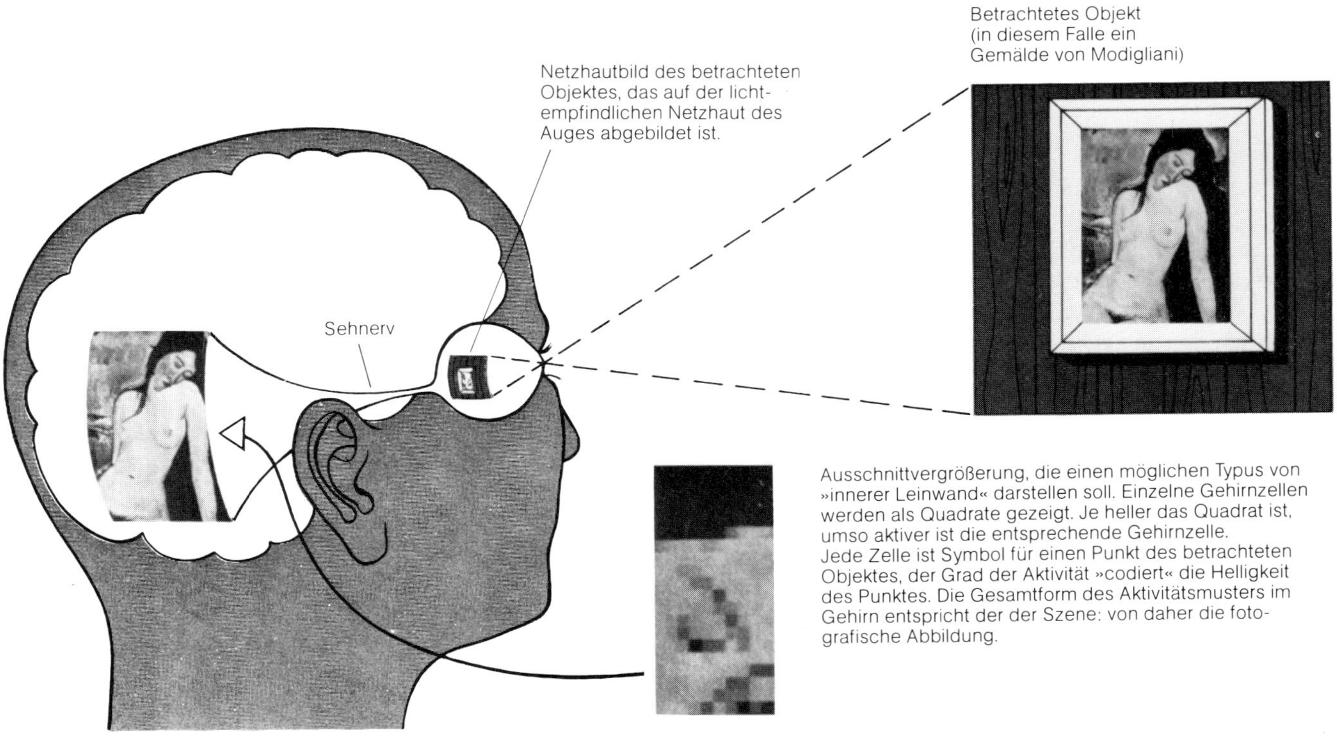

Bild 1. Die »Innere-Leinwand«-Theorie des Sehens. Die physikalische Form des Aktivitätsmusters im Gehirn entspricht dem betrachteten Objekt.

Die Vorstellung von visueller Erfahrung als symbolischer Vorgang mag seltsam erscheinen. Der wahrscheinliche Grund dafür ist, daß die Welt, die wir sehen - die sichtbare Welt - so deutlich »da draußen« ist, daß es wohl schockierend ist, erkennen zu müssen, diese ganze Welt liegt in unserem Schädel versteckt als innere Abbildung welche für die wirkliche Außenwelt steht. Es ist schwierig und fast unnatürlich, die »Wahrnehmung einer Szene« von der »Szene selbst« zu trennen, aber diese beiden Vorgänge müssen klar unterschieden werden, wenn das Sehen insgesamt verstanden werden soll. Ist der Unterschied zwischen Wahrnehmung und wahrgenommenem Objekt einmal voll erfaßt, ist die Schlußfolgerung auch leichter nachzuvollziehen, daß Sehen ein symbolischer Prozeß ist, der irgendwo in unseren Köpfen angesiedelt ist. Das Problem ist nun: welcher Art ist diese symbolische Darstellung der visuellen Welt durch das Gehirn, und wie wird sie erzielt? Dieses Problem ist das Thema des vorliegenden Buches.

Wahrnehmung, Bewußtsein und Gehirnzellen

Ein anderer Grund, weshalb es seltsam anmutet, visuelle Erfahrungen als symbolischen Prozeß zu betrachten, ist der, daß die dafür in Frage kommenden Gehirnzellen, für diese Aufgabe so ungenügend ausgestattet scheinen. Die »Innere-Leinwand«-Theorie setzt bewußte visuelle Erfahrung einerseits und Zellenaktivität andererseits in direkte Beziehung. Das heißt, Aktivität in bestimmten Zellen ist gewissermaßen von bewußter Erfahrung begleitet. Wie wir bald sehen werden, ist diese Art Parallelismus zwischen Gehirnzellenaktivität und visueller Erfahrung charakteristisch für viele Wahrnehmungstheorien. Aber ist da nicht noch mehr? Kann der Reichtum visueller Erfahrung wirklich mit der Aktivität von ein paar Millionen, selbst ein paar hundert Millionen Gehirnzellen verbunden werden? Sind Gehirnzellen die wirklichen Einheiten, um in irgendeiner Weise bewußte Wahrnehmungserfahrung herzustellen?

Mit solchen Fragen konfrontiert, wird der »normale Mensch«, der aufgefordert worden war, ein wenig über Wahrnehmungsmechanismen zu spekulieren, und der dann schließlich die »Innere-Leinwand«-Theorie aufbrachte, wahrscheinlich den Wunsch verspüren, sich auf etwas sicheren Grund zurückzuziehen und er wird vielleicht sagen, daß die Aktivität der Gehirnzellen allein noch keine befriedigende Erklärung für visuelle Erfahrung ist. Damit würde er sich einer langen philosophischen Denktradition anschließen, welche annimmt, daß Bewußtsein wohl nicht ganz mit Aktivität von Materie, und sei es Gehirnmaterie, gleichgesetzt werden kann, und dementsprechend von einer anderen »Substanz« getragen sein müsse. Dieser philosophische Standpunkt, dessen Ursprünge weit zurück in der Antike liegen, der aber normalerweise mit dem großen französischen Philosophen René Descartes (1596–1650) in Verbindung gebracht wird, heißt Dualismus, weil er das Vorkommen zweier Substanzen im Universum annimmt, Geist und Materie. Diese Substanzen seien deutlich voneinander unterschieden, wenn sie auch in irgendeiner Beziehung zueinander stehen.

Wenn am Dualismus etwas Wahres ist, ist es offensichtlich falsch, Gehirnzellenaktivität einfach und direkt wie auf Bild **1** mit der bewußten Erfahrung einer beobachteten Szene gleichzusetzen. Der Dualist würde dagegenhalten, daß Aktivität sicher notwendig zur bewußten Erfahrung gehört, als Vorläufer vielleicht, daß das Bewußtsein selbst jedoch von einer anderen Substanz getragen sei, auch wenn diese in irgendeiner Form mit den Gehirnzellen koexistieren müsse.

Descartes erkannte die Notwendigkeit für Geist und Materie, miteinander zu »sprechen« und vermutete als Treffpunkt ein kleines Gebilde tief im Gehirn, Zirbeldrüse genannt. Er wählte dieses Gebilde für seine wichtige Rolle deswegen, weil es im Gehirn einmalig ist – was seiner Meinung nach auch das Bewußtsein sein muß: die meisten Gehirnstrukturen wiederholen sich in den beiden Gehirnhälften, so wie wir rechte und linke Beine haben, haben wir auch eine rechte und linke Hemisphäre (siehe Seite 43). Niemand nimmt die Zirbeldrüsentheorie ernst, aber der Dualismus überlebte als weitverbreitete Doktrin bei vielen Philosophen, Wissenschaftlern und Theologen.

Erstaunlicherweise haben Psychologen, zu deren Arbeitsmaterial doch die Wahrnehmungserfahrungen gehören (mit Ausnahme der Behavioristen, die sicher darauf bestehen würden, daß sie auf gar keinen Fall bewußtes Erleben untersuchen, sondern nur Wahrnehmungsverhalten), wenig zum Aspekt des Bewußtseins der Wahrnehmung zu sagen. Bewußtsein bleibt das große Geheimnis, trotz beachtlicher Fortschritte in unserem Wissen über Wahrnehmungsmechanismen, und wenig Ernsthaftes kann derzeit darüber in Form von wissenschaftlicher Theorie gesagt werden. Nichtsdestorweniger ist es wohl richtig, daß die meisten Psychologen und Neurophysiologen, von einigen bemerkenswerten Ausnahmen abgesehen, im großen ganzen den Dualismus ablehnen und explizit oder implizit die eine oder andere Version der »Identitätstheorie« als Arbeitshypothese akzeptieren. Das heißt, sie nehmen an, daß eine gegebene bewußte Erfahrung, wie die Wahrnehmung eines hellen Punktes auf dem Gemälde von Bild **1**, ganz einfach ein Attribut von Aktivität der einen oder anderen Gehirnzelle ist, und daß es keiner bestimmten und unabhängigen Substanz bedarf, um Bewußtsein zu erklären.

Aber selbst wenn es korrekt ist, Identität zwischen Erfahrung und Gehirnzellenaktivität zu postulieren, läßt diese Sichtweise noch viele Fragen unbeantwortet. Ist Bewußtsein mit der Aktivität *aller* Gehirnzellen verbunden, oder nur mit einigen? Das letztere scheint wahrscheinlicher zu sein, aber dann taucht sofort die nächste Frage auf: Warum ist Erfahrung nur mit einigen Gehirnzellen verbunden und mit anderen nicht? Was ist das besondere an denen, die mit Erfahrung zu tun haben? Wir haben keine Antwort auf diese Fragen. Und tatsächlich haben die Psychologen und Neurophysiologen auch keine brauchbaren Mittel, diese Fragen derzeit zu untersuchen, und deshalb werden sie zunächst beiseite gelegt, um Fragen in Angriff zu nehmen, die lösbar erscheinen.

Sehmaschinen

So ein Problem, wenn auch ein enorm schwieriges, ist die Konstruktion einer Maschine, die Objekte erkennen kann, – in dem Sinne, daß sie, wenn ihr ein Bild eingegeben wird, in der Lage ist zu beschreiben, aus welchen Objekten die Szenerie besteht, und in welcher Beziehung diese Objekte zueinander stehen: kurz, eine Maschine, die die Funktion übernehmen kann, eine Szenenbeschreibung von einem eingegebenen Bild abzuleiten. Ob man ein solches Instrument einen »Beobachter«, eine »Sehmaschine« oder bescheidener ein bildverarbeitendes Gerät nennen will, ist eine Streitfrage, deren Beantwortung vermutlich davon abhängt, ob der Benutzer dieses Begriffs davon überzeugt ist, daß Bewußtsein jemals mit nicht-biologischen Gehirnen in Verbindung zu bringen ist oder nicht. In jedem Fall würden die meisten Computerwissenschaftler, die mit solchen Maschinen arbeiten, die Aktivität, die auf der »Inneren Leinwand« von Bild **1** erscheint, eine *Grautonbeschreibung* des Gemäldes nennen. Und zwar deshalb, weil die innere Leinwand die verschiedenen Grautöne aus dem Gemälde aufzeichnet (Ich vernachlässige für den gegenwärtigen Zweck die Farben und ebenso bestimmte Besonderheiten der Wahrnehmung von Grau: siehe Kapitel 6). Jede einzelne Gehirnzelle der Leinwand beschreibt den Grauton eines bestimmten Punktes auf dem Gemälde im Sinne eines *Aktivitätscode*. Der Code ist einfach: je aktiver die Zelle, umso heller der Punkt auf dem Gemälde. Wir wollen die Einzelheiten dieses Code später betrachten und auch, was es bedeutet, wenn eine Zelle »aktiv« ist.

Eine Form, wie eine Grautonbeschreibung mit einem Bildprozessorsystem erzielt werden kann, ist auf Bild **2** dargestellt. Die Einzelheiten, wie das System arbeitet, sind in den Bildunterschriften benannt.

Eine Kollektion von Zahlen, die im Computergedächtnis gespeichert sind, wie auf Bild **2** eine »Grautonbeschreibung« zu nennen, mag seltsam erscheinen, aber genau das liefern die Zahlen. Der Begriff »Grauton« kommt von der »Schwarz-Weiß-Natur« des Systems, wobei Schwarz als sehr dunkles Grau (durch eine niedrige Zahl dargestellt) und Weiß (durch eine hohe Zahl dargestellt) als sehr helles Grau betrachtet wird. Und die Nummern sind eine Beschreibung im eben definierten Sinne, indem sie die Grautöne des eingegebenen Bildes *explizit* machen. Das heißt, sie machen diese Grautöne benutzbar für nachfolgende Stadien der Bilddarstellung, wie in späteren Kapiteln deutlich werden wird.

Das eingegebene Motiv in Bild **2** auf dem durchsichtigen Schirm steht Kopf aufgrund optischer Gesetze, aber dies bedeutet in der Praxis keinerlei Schwierigkeiten, da sich ein Ausgleich leicht herstellen läßt. Auch das Netzhautbild im Auge steht auf dem Kopf, und viele Leute machen sich deswegen Sorgen: »Warum erscheint die Welt nicht auf den Kopf gestellt?« fragen sie. Die Antwort ist ganz einfach: solange eine konstante Korrelation zwischen Außenwelt und Netzhautbild besteht, können sich die Vorgänge der Bildinterpretation auf diese Korrelation verlassen und eine entsprechende Szenenbeschreibung aufbauen. Auf dem Kopf stehend wird einfach als richtigherum interpretiert, das ist alles. Wenn ein Beobachter mit speziellen Brillengläsern ausgerüstet ist, die das Netzhautbild optisch umkehren, wird er solange die Welt auf dem Kopf stehend sehen, bis er gelernt hat, mit der neuen Korrelation zwischen Bild und

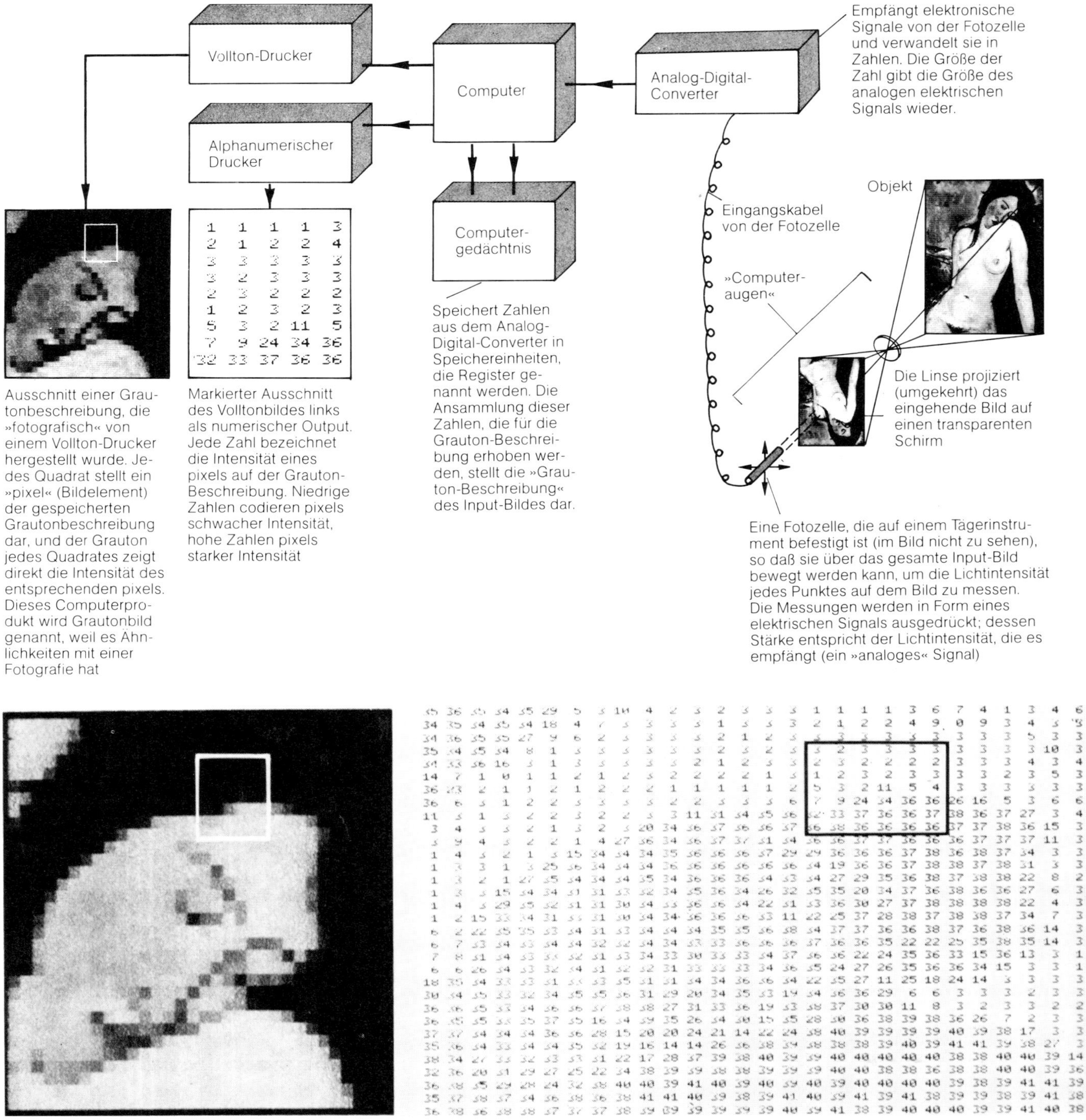

Bild 2. (oben) Ein einfaches Bildprozessorensystem, um eine Grautonbeschreibung zu erzielen und festzuhalten (zu speichern). Unten: Ein größerer Ausschnitt der Grautonbeschreibung mit markiertem Kästchen, der die Position des Ausschnitts angibt, der im linken Bild zu sehen ist.

Außenszene umzugehen – ein Anpassungsprozeß, der Wochen dauert, der aber möglich ist. Was die Natur dieses Anpassungsprozesses genau ist – fängt die auf dem Kopf stehende Welt wirklich auf einmal an, richtig herum »auszusehen«, oder lernt der Beobachter nur neue Bewegungsmuster, um sich in der seltsamen Welt zu bewegen, in der er sich befindet – das ist im Augenblick ein Gegenstand sehr intensiver Forschung.

Die Zahl der *pixels* (= picture + elements) in der Grautonbeschreibung eines Computers verändert sich entsprechend den Fähigkeiten des Computers (das heißt der Größe seines Gedächtnisses) und den Bedürfnissen des Benutzers. Zum Beispiel wird der Gebrauch von einer engen pixel-Anordnung ein großes Speichergedächtnis erfordern und eine Grautonbeschreibung hervorbringen, die sehr feine Details darstellen kann; so daß ein Volltonausdruck, der von dieser Grautonbeschreibung hergestellt werden kann, ein Grautonbild produziert, das kaum von dem Originalbild zu unterscheiden ist. Andererseits kann es notwendig werden, große pixels zu verwenden,

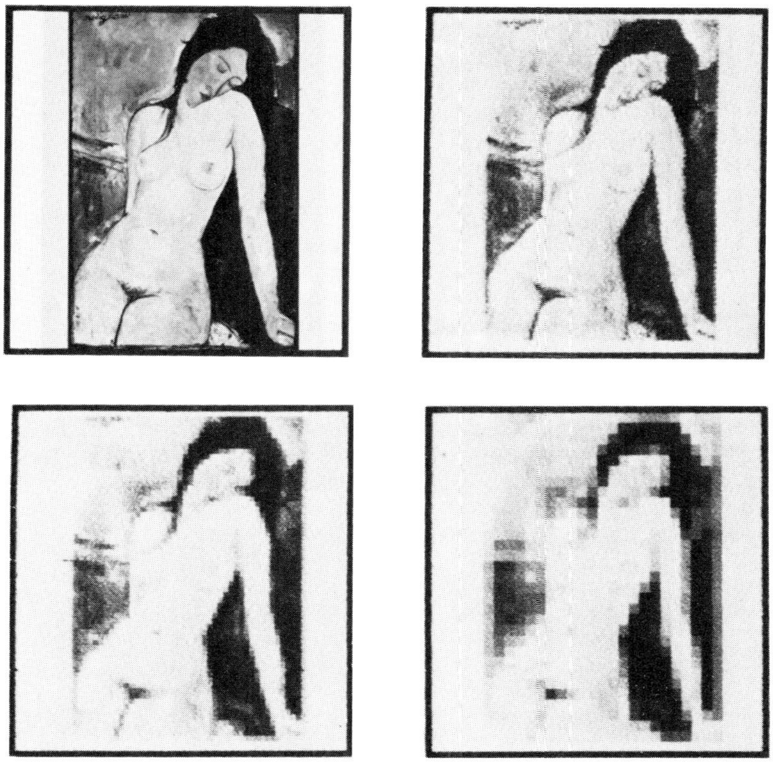

Bild 3. Grautonbilder mit variierender pixel-Größe von einem Computer-Bildprozessor.

wobei jedes pixel einen größeren Bereich des Eingabebildes darstellt; in diesem Fall wird ein Volltonausdruck, der mit der gleichen Größenskala hergestellt wird, ein blockartiges Aussehen bekommen. Diese Möglichkeiten werden in Bild **3** dargestellt, mit pixel-Anordnungen von 128 x 128, 64 x 64 und 32 x 32. Halten Sie in diesem Zusammenhang fest, daß ein gewöhnlicher Fernsehapparat ein Bild in pixelform in der Größenordnung von 625 x 625 wiedergibt. Die einzelnen pixels sind so winzig, daß sie mit dem Auge nicht zu unterscheiden sind (außer man betrachtet einen großen Bildschirm sehr nahe). Wir werden später mehr über die interessante Wirkung von großformatigen pixel-Bildern sagen.

Darstellungen und Beschreibungen

Es ist leicht zu verstehen, inwiefern die Grautonbeschreibung des Computers auf Bild **2** im Prinzip der hypothetischen »Inneren Leinwand« ähnlich ist, wie sie auf Bild **1** gezeigt wird. In der letzteren nehmen Gehirnzellen verschiedene Aktivitätsgrade auf, um verschiedene pixel-Helligkeitsgrade zu repräsentieren (oder zu codieren). In der ersteren speichert der Computer verschiedene Zahlen in seinem Gedächtnis, um exakt dasselbe zu tun. So liefern beide Systeme eine Grautonbeschreibung ihres eingegebenen Bildes, auch wenn die *Art der Darstellung* in beiden Fällen unterschiedlich ist. Diese Unterscheidung zwischen dem Status einer Bildbeschreibung (die Aufgabe) und der Art und Weise der Darstellung (die physikalische Verkörperung in Mensch und Maschinen) ist sehr wichtig und bedarf weiterer Ausarbeitung.

Betrachten wir zum Beispiel die physikalische Anordnung der Gehirnzellen der hypothetischen »Inneren Leinwand«. Das ist eine anatomisch übersichtliche Einteilung in der die verschiedenen pixel-Zellen so angeordnet sind, daß sie physikalisch der Anordnung der korrespondierenden Punkte des Input-Bildes entsprechen. Im Gegensatz dazu sind die Register des Computers mit der gleichen Aufgabe wie die Gehirnzellen nicht so angeordnet, daß sie dem Input-Bild entsprechen. Das heißt, die »anatomische« Lokalisierung der Register in einem Computergedächtnis muß nicht unbedingt gitterartig sein wie bei den Gehirnzellen. Statt dessen können die Register auf ganz verschiedene Weisen angeordnet sein, was von vielen verschiedenen Faktoren abhängig ist – wobei die meisten Faktoren sehr trivial sind und mit der Herstellung und dem Aufbau des Computergedächtnisses zusammenhängen. Nichtsdestoweniger behält der Computer die Spur jeder pixel-Messung auf sehr exakte Weise, indem er ein Kennzeichnungssystem für jedes seiner Register benutzt, um aufzuzeigen, welcher Teil des Bildes jeweils dazu gehört. Die Einzelheiten, wie dies passiert, brauchen uns hier nicht zu interessieren: es genügt zu wissen, daß die Kennzeichnungen dafür sorgen, daß jeder pixel-Wert für spätere Vorgänge gefunden werden kann – wenn und wann immer er gebraucht wird. Also ist es korrekt zu sagen, daß die Gehirnzellen von Bild **1** und die Gedächtnisregister von Bild **2** der gleichen beschreibenden Funktion dienen – den Grauton jedes pixels festzuhalten –, obwohl sich die Art und Weise der Darstellung in beiden Fällen radikal unterscheidet. Sie unterscheidet sich sowohl in der Art des pixel-Codes (Grad der Zellenaktivität versus Größe der gespeicherten Zahl) als auch in der anatomischen Anordnung der Einheiten, die die pixels darstellen.

Objekte beschreiben

Die »Innere Leinwand« von Bild **1** kann als eine Art symbolischer Szenenbeschreibung bezeichnet werden. Die Aktivität der Zellen, welche die »Leinwand« bilden, beschreibt in symbolischer Form die entsprechenden Punkte auf der beobachteten Szene. Wenn wir es auf diese Weise betrachten, ist auch leichter zu sehen, warum diese Theorie des Sehens so unangemessen ist: sie gibt uns nämlich eine recht armselige Szenenbeschreibung. Die Szenenbeschreibung in unseren Köpfen beschränkt sich ja *nicht* einfach auf die Helligkeit bestimmter Punkte in der Szene vor unseren Augen, sondern erzählt uns eine ganze Menge mehr darüber. Abgesehen vom Farbensehen, das wir im Moment nicht ansprechen, hilft uns die »Innere-Leinwand«-Beschreibung nicht dabei, zu verstehen, welche Objekte wir anschauen und wie wir in der Lage sind, ihre verschiedenen Eigenschaften zu beschreiben – Umrisse, Festigkeit, Bewegung, Größe – oder ihre räumliche Beziehung zueinander. Solche Fähigkeiten sind jedoch grundlegend beim Sehen – sie sind das, was das visuelle System letztlich ausmacht – und doch läßt die »Innere-Leinwand«-Theorie sie vollständig außer acht.

Vielleicht fühlen Sie sich bemüßigt, an dieser Stelle zu antworten: Ich verstehe nicht ganz die Notwendigkeit, mehr als eine »Fotografie-in-unserem-Kopf« als Erklärung für das Sehen anzunehmen. Sicherlich, wenn einmal diese Art der symbolischen Beschreibung aufgebaut ist, könnte das nicht genügen? Sind nicht all die anderen Dinge, die Sie erwähnen – Objekte erkennen und so fort – eine »direkt gegebene« Folge der fotografischen Darstellung, die die »Innere Leinwand« liefert?

Die Antwort auf diese Frage besteht darin, darauf hinzuweisen, daß das visuelle System tatsächlich so hervorragend in der Lage ist, uns mitzuteilen, was in der Welt um uns geschieht, daß wir leicht den Fehler machen, dies als selbstverständlich zu betrachten – und damit auch als »direkt wiedergegeben« durch eine fotografische Darstellung. Aber die Wahrheit ist genau umgekehrt! Um eine Szenenbeschreibung zu erhalten, die so gut ist wie die, die das visuelle System liefert, ist eine große Anzahl nachfolgender interpretativer Vorgänge notwendig, die sich die magere Information eines Grautonbildes zunutze machen müssen. Dies wird klarer, wenn wir in diesem Buch weiter fortschreiten. Eine Grautonbeschreibung ist nur eine der ersten und simpelsten Aufgaben.

Dieser Punkt ist so wichtig, daß wir weiter daran festhalten wollen. Die intuitive Anziehungskraft der »Inneren-Leinwand«-Theorie liegt in der Vermutung, daß das visuelle System ein fotoähnliches Gehirnbild der beobachteten Szene aufbaut, und daß dieses Gehirnbild die Basis unserer bewußten visuellen Erfahrung ist. Die Schwierigkeit dieser Theorie besteht indessen darin, daß – wenn auch Gehirnzellen als Symbole für Punkte der Szene angenommen werden können – alles übrige unerklärt bleibt. Es hat einfach wenig Sinn, das visuelle System zuerst eine fotografische Kopie der Szene aufbauen zu lassen, um dann hinterher, wenn diese Aufgabe erledigt ist, nicht wesentlich mehr Information über das, was sich in der äußeren Szene abspielt, zu erhalten, als das Netzhautbild hergibt. Die Theorie scheitert, wenn sie erklären soll, wie wir die verschiedenen Objekte und Eigenschaften von Objekten erkennen, die durch die »Gehirnbilder« dargestellt werden. Und die Fähigkeit so etwas zu erkennen, ist alles andere als eine unmittelbare Konsequenz der fotografischen Darstellung. Ein relativ genaues Abbild der Realität herzustellen (zumindest als zweidimensionales Bild) ist leicht – das Fernsehen beweist dies. Aber gerade deshalb, weil das Fernsehen nicht mehr kann, würden wir es auch nicht als eine »Sehmaschine« ansehen. Natürlich produziert es ein (begrenztes) Abbild der Welt als Bild auf seinem Bildschirm. Aber weil es nicht entscheiden kann, was »in« dem Bild ist, und welche Szene sich vor der Kamera abspielt, würden wir das Fernsehen auch nicht als »visuelle Wahrnehmungsmaschine« bezeichnen. Eine Sehmaschine zu bauen, die ein Lichtbild der Szene empfangen kann und beschreiben kann, was sich in der Szene abspielt, ist wesentlich schwieriger – ein Problem, das derzeit bei weitem noch nicht gelöst ist. Aber was immer die richtige Theorie des Sehens ist, sie muß Vorgänge enthalten und beschreiben können, die über ein simples Widerspiegeln der Außenwelt durch Gehirnbilder hinausgehen. Schlichte physikalische Ähnlichkeit ist keine angemessene Basis für die bekannten Fähigkeiten des Gehirns zur symbolischen Szenenbeschreibung.

Merken Sie sich in diesem Zusammenhang, daß das Grautonbild des Computers von Bild **2** sowohl statisch wie farblos ist; das Computergedächtnis hält einen gefrorenen Schnappschuß einfach in Schwarz-, Weiß- und Grautönen fest. Diese Begrenzungen sind gegeben, weil die gehäuften Schwierigkeiten, ein sich veränderndes oder farbiges Input-Bild zu betrachten, die heutige Sehmaschine beträchtlich überfordern würde. Auch um herauszufinden, welche Objekte die Grautonbilder enthalten und in welcher Beziehung sie zueinander stehen, würde zu große Komplikationen ergeben. Es ist nicht schwer, ein Computersystem so auszuarbeiten, daß es eine wechselnde Szene »beobachtet« und das entsprechende Grautonbild jeweils verändert wiedergibt (so wie das Fernsehen es tut). Aber die Vorgänge der Bildanalyse, die benötigt werden, um herauszufinden, was »in« dem Bild zu einer gegebenen Zeit enthalten ist, sind so kompliziert, wenig verstanden und zeitraubend für moderne Computer, daß die Analyse niemals mit den wechselnden Bildern Schritt halten könnte. Dies bringt uns zu den grundlegenden Schwächen der »Inneren-Leinwand«-Theorie zurück; insbesondere da die Beschreibung einer Szene in Form von Helligkeitsgraden jedes einzelnen Punktes eben eine recht begrenzte Art der Darstellung ist.

Optische Täuschungen und Sehen

Die Vorstellung, daß visuelle Erfahrung irgendetwas mit Fotografie zu tun hat, ist so weitverbreitet und so tiefverwurzelt, daß mancher Leser vielleicht nicht so leicht von den oben angeführten Argumenten gegen die »Innere-Leinwand«-Theorie zu überzeugen ist. Er weiß, daß das Auge tatsächlich wie eine Art Kamera arbeitet und ein Bild der Welt auf seiner lichtempfindlichen Netzhaut empfängt. Eine Möglichkeit, dieser Analogie die Glaubwürdigkeit zu entziehen, und vom Auge selbst zu den visuellen Vorgängen im Gehirn zu gelangen, besteht darin, auf die Tatsache hinzuweisen, daß das, was wir wahrnehmen, sich oftmals dramatisch von dem unterscheidet, was sich tatsächlich vor unseren Augen abspielt. Kurz gesagt, die nichtfotografische Qualität unserer visuellen Erfahrung wird bewiesen durch die große Zahl und Vielfalt von optischen Täuschungen. Viele von ihnen werden in diesem Buch dargestellt und fast alle liefern wertvolle Hinweise auf die Existenz von Wahrnehmungsmechanismen, die dazu dienen, eine explizite (deutliche) Szenenbeschreibung aufzubauen. Diese Mechanismen arbeiten unter fast allen Bedingungen ziemlich gut, sie werden jedoch gelegentlich fehlgeleitet durch einen unüblichen Reiz oder durch etwas, was außerhalb des eigentlichen Spezifikationsfeldes liegt, und daraus resultiert dann eine optische Täuschung. Betrachten Sie zum Beispiel Bild **4**, das eine optische Täuschung namens »Frasers Spirale« zeigt. Das verblüffende daran ist, daß überhaupt keine Spirale vorhanden ist. Überzeugen Sie sich selbst, indem Sie mit dem Finger die Linien der vermeintlichen Spirale nachzeichnen. Sie werden feststellen, daß Sie an den Ausgangspunkt zurückkehren. Zumindest dann, wenn Sie vorsichtig vorgehen: die Täuschung ist so stark, daß sie sogar die Fingerführung beeinflussen kann! Doch ein vorsichtiges Nachzeichnen beweist, daß das Bild aus konzentrischen Kreisen besteht. Die Spirale existiert nur in Ihrem Kopf! Irgendwie täuscht das eingegebene Bild dem visuellen System eine Spirale vor – obwohl keine Spirale vorhanden ist. Ein Vorgang, der konzentrische Kreise als Input erhält und eine Spirale als Output wiedergibt, ist beim besten Willen nicht »fotografisch« zu nennen.

An diesem Punkt sollten wir kurz abweichen und die Frage betrachten, die sich jetzt aufdrängt: Sind so erstaunlich starke Täuschungen wie Frasers Spirale repräsentativ für unsere Alltagswahrnehmungen oder handelt es sich um außergewöhnliche Phänomene, die sich Psychologen und Künstler ausgedacht haben? Solche optischen Effekte mögen uns überraschen oder begeistern, aber können sie uns wirklich helfen zu erklären, was normalerweise in unseren Köpfen vorgeht, wenn wir sehen? Wahrnehmungspsychologen würden diese Frage mit einem entschiedenen »Ja« beantworten. Auf der einen Seite betrachten sie optische Täuschungen als wichtige Hilfsmittel zum Verständnis von Wahrnehmungsvorgängen, und zwar dann, wenn sie einigermaßen korrekte Wahrnehmungen produzieren, und auch dann, wenn sie sich täuschen lassen. Im Verlaufe dieses Buches werden wir mehr über diese Vorgänge erfahren. Und andererseits kommen optische Täuschungen im täglichen Leben außerordentlich häufig vor, werden aber vom flüchtigen Beobachter oftmals nicht bemerkt. Ein gutes Beispiel dafür ist die Teetassentäuschung (Bild **5**). Das Bild zeigt eine normale Teetasse, mit Untertasse und Löffel. Entscheiden Sie nun, welche Markierung mit dem Rand der Tasse zusammenfallen würde, wenn der Löffel aufrecht in der Tasse stehen würde. Und nun blättern sie um und betrachten Bild **6**! Es ist bemer-

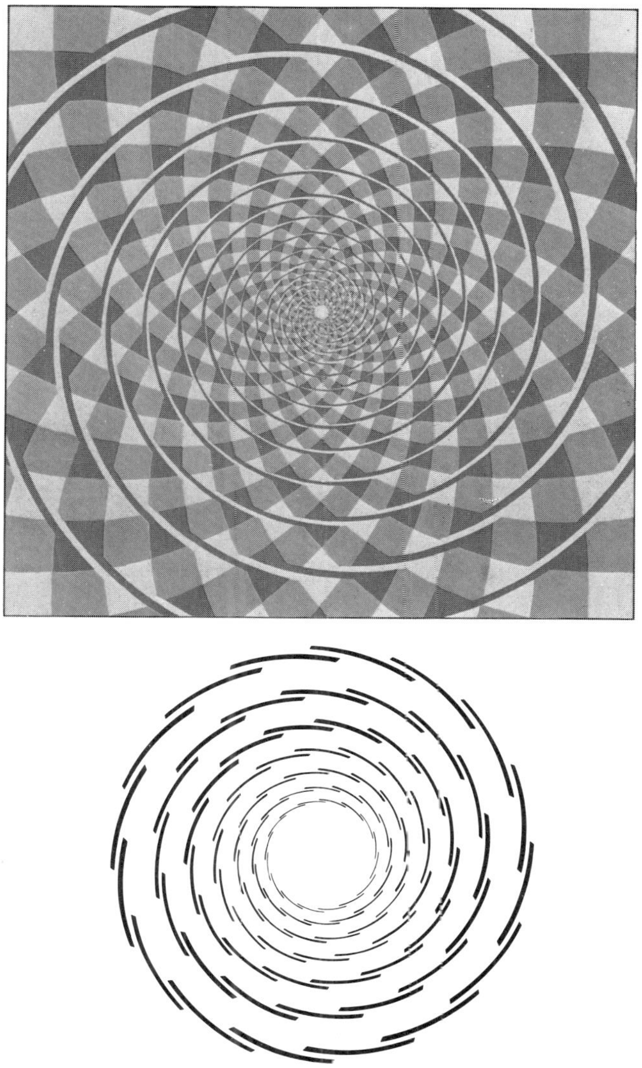

Bild 4. Frasers Spirale. Es handelt sich jedoch nicht um eine Spirale. Versuchen Sie, die »Spirale« mit Ihrem Finger nachzuzeichnen. Frasers Figur besteht in Wirklichkeit aus konzentrischen Kreisen, deren Segmente auf den Mittelpunkt hin gedreht sind.

Bild 5. Die Teetassen-Täuschung. Stellen Sie sich vor, der Löffel würde aufrecht in der Tasse stehen. Welche Markierung auf dem Löffelgriff würde mit dem Rand der Teetasse zusammenfallen? Wenn Sie sie gefunden haben, blättern Sie bitte um und schauen sich Bild 6 an.

Bild 6. Die Teetassen-Illusion noch einmal: der vertikale Löffel erscheint viel länger als der horizontale.

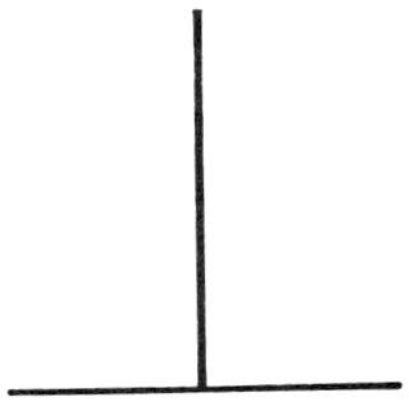

7

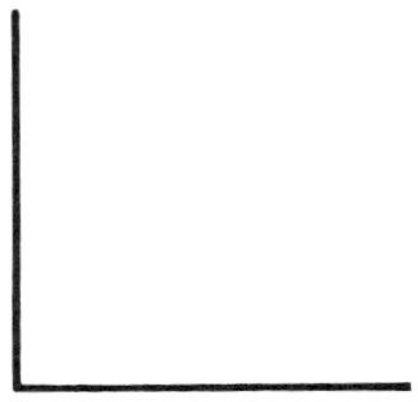

8

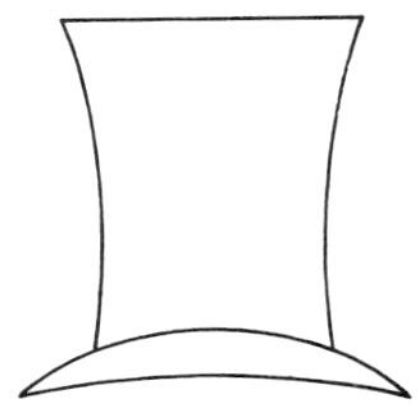

9

Bild 7. Vertikal-horizontale Täuschung: die vertikale Linie erscheint viel länger als die horizontale.

Bild 8. Die vertikale Linie erscheint immer noch länger als die horizontale, aber weniger als auf Bild 7 - was beweist, daß die vertikal-horizontale Täuschung auf die Zweiteilung einer horizontalen Linie durch eine vertikale Linie zurückzuführen ist.

Bild 9. Die Zylinder-Illusion, ein klarer Fall von vertikal-horizontaler Täuschung. Der Hut ist so hoch, wie die Krempe breit ist, erscheint aber viel höher.

kenswert, wie unterschiedlich lang der gleiche Löffel aussieht, wenn er horizontal in der Untertasse liegt oder vertikal in der Tasse steht. Überzeugen Sie sich selbst, daß dieser Wahrnehmungseffekt nicht ein fotografischer Trick ist, indem Sie das Experiment in Ihrer alltäglichen Umgebung nachvollziehen, mit wirklicher Teetasse und wirklichem Löffel. Es funktioniert genauso wie auf dem Foto. Das führt uns zu der Schlußfolgerung, daß optische Täuschungen weiter verbreitet sind, als allgemein angenommen wird. Künstler und Handwerker kennen dieses Phänomen sehr gut und lernen in ihrer Ausbildung, manchmal über den mühsamen Weg von Versuch und Irrtum, daß dem Auge nicht immer zu trauen ist. Sehen heißt *nicht* in jedem Fall glauben - zumindest sollte es nicht so sein.

Die Teetassenillusion beweist, daß wir dazu tendieren, vertikale Ausdehnungen zuungunsten horizontaler Ausdehnungen zu überschätzen, besonders wenn das vertikale Element das horizontale durchschneidet. Bild **7** illustriert die einfachste Version dieses Effekts: bekannt unter dem Begriff »vertikal-horizontale Täuschung«. Der Effekt schwächt sich ab, wenn die vertikale Linie die horizontale Linie nicht durchschneidet, Bild **8**, aber immer noch sichtbar ist. Es ist ein leichtes, viele realistische Zeichnungen anzufertigen, die diesen Effekt zur Grundlage haben. Der Zylinder (Bild **9**) ist ein gutes Beispiel dafür: der Rand ist ebenso breit, wie der Hut hoch ist! Die Wahrnehmungsvorgänge, die für die vertikal-horizontale Täuschung verantwortlich sind, sind noch nicht allzu bekannt, obwohl viele Theorien diskutiert wuden, seit A. Fick zum erstenmal 1851 darüber berichtete.

Die eben dargestellten Täuschungen sind Beispiele *räumlicher* Verzerrung: konzentrische Kreise können zur Spirale werden, vertikale Ausdehnungen können verlängert, horizontale verkürzt werden, und so weiter. Eine andere Form von Täuschung, Täuschung über die *Helligkeit,* ist auf Bild **10** zu sehen. Der graue Streifen hat, wenn man ihn allein betrachtet, auf seiner gesamten Länge den gleichen Helligkeitsgrad. Das stimmt sowohl, wenn man den Streifen objektiv mithilfe eines physikalischen Instruments mißt (zum Beispiel mit einer Fotozelle) als auch, wenn man ihn subjektiv mit unserem visuellen System mißt (das heißt er erscheint von gleichmäßiger Helligkeit). Nun betrachten Sie den gleichen grauen Streifen, wenn er von verschiedenen Grautönen flankiert wird. Es ist unglaublich, aber dieser Streifen ist physikalisch identisch mit dem einzelnen grauen Streifen! Würden sie mit einer Fotozelle gemessen, erbrächten *beide* Streifen die gleichen Meßergebnisse über die Helligkeitsintensität auf der gesamten Länge des Streifens. Und doch ist das Ergebnis unseres visuellen Systems in beiden Fällen ganz verschieden. Wenn der Streifen allein steht, ist die Antwort »richtig« - wir sehen einen Streifen von gleichmäßiger Helligkeit. Wenn der Streifen jedoch von anderen Grautönen flankiert wird, produziert das visuelle System einen auffallenden Wahrnehmungsfehler, weil die wahrgenommene Helligkeit an jedem Punkt von den flankierenden Grautönen beeinflußt wird. Sind diese Grautöne dunkel, erscheint der mittlere Streifen relativ hell; wenn sie hell sind, wirkt der Streifen relativ dunkel. Ein weiteres Beispiel für diesen *Helligkeitseffekt* wird auf Bild **11** gezeigt. Dieser Effekt macht deutlich, daß wahrgenommene Bilder nicht als simpel fotografische Abbilder der Welt betrachtet werden dürfen, auch dann nicht, wenn es sich um relativ einfache visuelle Erfahrungen wie Helligkeit handelt.

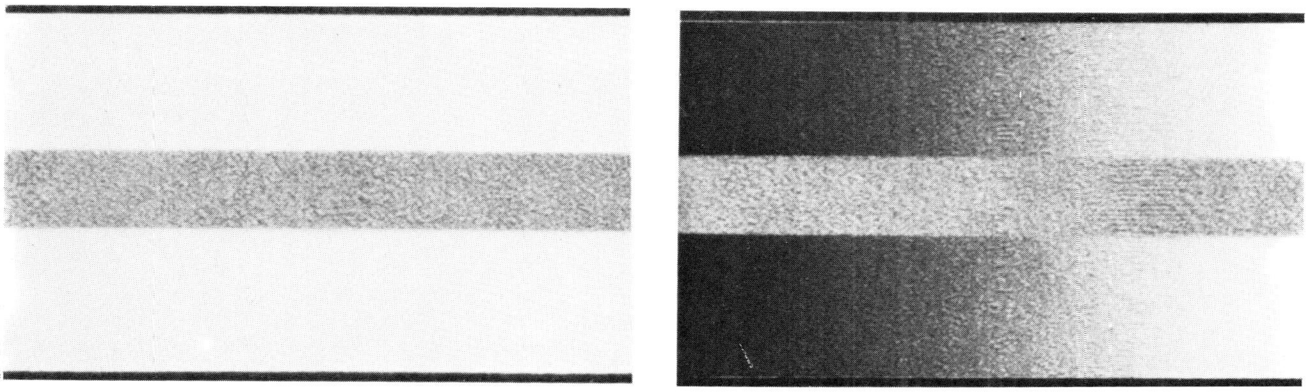

Bild 10. Eine Helligkeits-Kontrast-Täuschung.

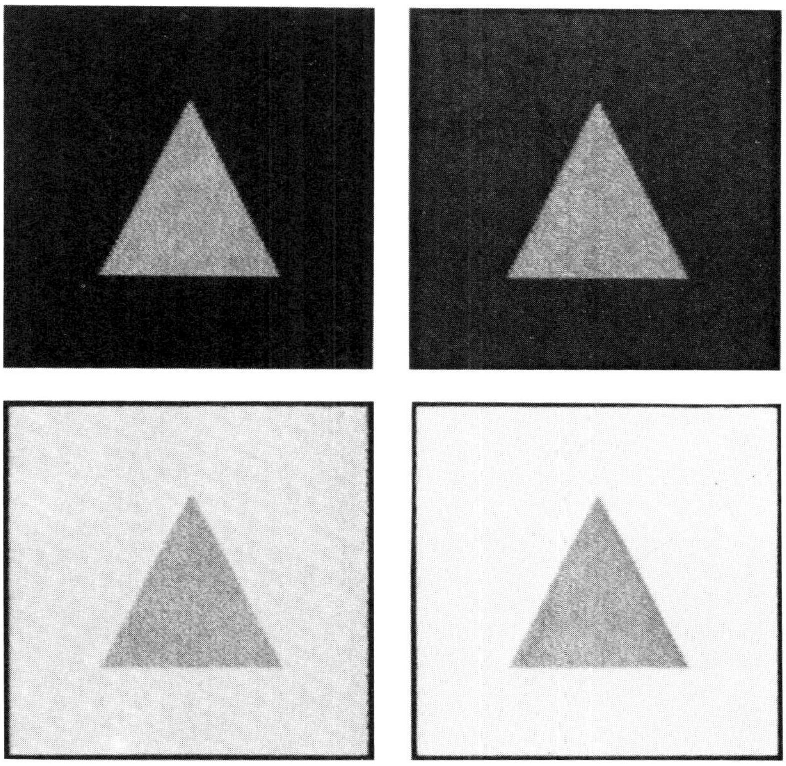

Bild 11. Noch eine Helligkeits-Kontrast-Täuschung. Die kleinen eingesetzten grauen Dreiecke haben alle die gleiche physikalische Intensität, aber ihre Helligkeit scheint unterschiedlich zu sein. Dreiecke auf dunklem Grund erscheinen heller als Dreiecke auf hellem Grund.

Szenenbeschreibungen müssen explizit sein

Im Verlaufe dieses Buches werden Erklärungen für einige dieser optischen Täuschungen gegeben. Jetzt wollen wir zum Thema Sehen als Prozeß symbolischer Szenenbeschreibung zurückkehren, und detaillierter darstellen, was dies bedeutet.

Die grundlegende Eigenschaft einer Szenenbeschreibung ist die Tatsache, daß sie einige der Bestandteile einer Szene *explizit* macht. In der »Innere-Leinwand«-Theorie von Bild **1** machen die Gehirnzellen die verschiedenen Grauschattierungen auf den verschiedenen Punkten der Szene explizit. »Explizit machen« bedeutet, daß sie die Intensität dieser Grautöne in einer Weise signalisieren, die deutlich genug ist, um von nachfolgenden Prozessen für den einen oder anderen Zweck nutzbar gemacht werden zu können. Eine Szenenbeschreibung ist in diesem Fall also das Resultat eines Prozesses, der eine Bildbeschreibung der Szene liefert zum Zweck, einen Bestandteil dieser Szene deutlich zu machen. Ein einfaches Beispiel, welches diese Art von System in der Praxis zeigt, ist auf Bild **12** zu sehen, das vielleicht primitivste denkbare »Sehsystem« – eine Alarmanlage, die mit Fotozelle arbeitet. Der Gang ist ständig beleuchtet, und wenn der Schatten des Eindringlings über den im Flur versteckten Fotozellendetektor fällt, beginnt eine Alarmglocke zu läuten. Aus unserer Sicht macht eine Fotozellen-Alarmanlage folgendes:

1. Eine Szene überwachen – einen Teil des Korridors
2. Das Licht der gesamten Szene sammeln – entspricht in diesem primitiven optischen System der Umformung eines Bildes in ein komplexes Bild
3. Die Intensität des gesammelten Lichts zu messen – die Funktion der Fotozelle

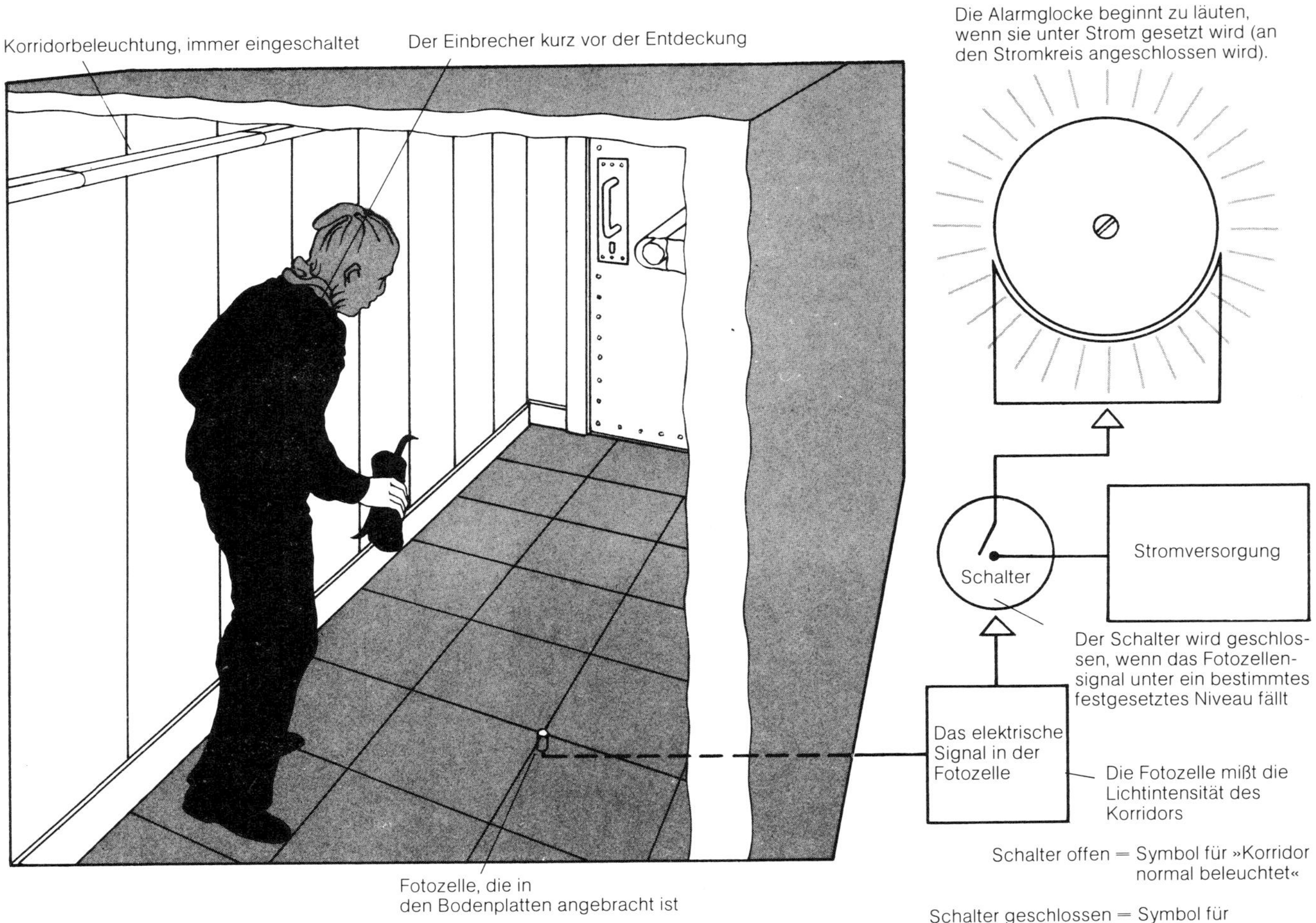

Bild 12. Eine einfache Alarmanlage, die mit einer Fotozelle arbeitet.

4. Die Meßergebnisse nutzen, um eine symbolische Szenenbeschreibung aufzubauen:
   »offen« bedeutet: Korridor normal erleuchtet
   »geschlossen« bedeutet: Korridor verdunkelt
5. Die symbolische Szenenbeschreibung als Handlungsbasis nützen – die Alarmglocke betätigen oder nicht.

Die mühelose Geläufigkeit, mit der unser visuelles System eine explizite Szenenbeschreibung von normalen Bildern liefert, ist so täuschend, daß der skeptische Leser vielleicht immer noch bezweifelt, daß es sich um den Sehvorgang schlechthin handle. Um ihn zu überzeugen, ist es hilfreich, einige »Trickbilder« zu zeigen, die das visuelle System sozusagen dabei ertappen, wie es bei einer Szenenbeschreibung verfährt. Betrachten Sie beispielsweise das Bild **13**. Eine riesige Vogelkreatur (genannt Rock) hält ein Mädchen im Schnabel. Nun drehen Sie das Buch kurz um und schauen Sie das Bild noch einmal an: welche Veränderung! Das Vogelbild hat sich in ein Fischbild verwandelt. Der Vogelkopf wird zum Fisch, der Vogelkörper wird eine Insel, das Mädchen wird ein Mann, der in einem Boot sitzt, und so fort. Der springende Punkt dabei ist, daß nur ein Bild beziehungsweise »Reiz« vorhanden ist: dieser verleitet das visuelle System dazu, völlig unterschiedliche Bildansichten zu liefern, je nachdem, von welcher Seite man es betrachtet. Der vollständige Comic strip ist auf Bild **14** zu sehen: Er entstammt einer ganzen Serie von doppelseitigen Cartoons, die Gustav Verbeek gezeichnet hat und die um 1900 im »Sunday New York Herald« veröffentlicht wurden. Obwohl er sich auf das zu seiner Zeit übliche »6-Bilder-Format« beschränken mußte, gab sich Verbeek damit nicht zufrieden und wollte einen 12-Bilder-Strip ohne Flächenvergrößerung herstellen. In den ersten sechs Bildern schuf er stets eine aussichtslose Notlage, in die seine Heldin, Little Lady Lovekins, gerät. Die nächsten sechs Bilder, welche

Bild 13. Zeichnung aus einem Cartoon von Gustave Verbeek.

Bild 14. Ein vollständiger Umkehr-Comicstrip von Gustave Verbeek. Teil 5 ist die Zeichnung von Bild 13, auf den Kopf gestellt.

den ersten sechs, aber auf den Kopf gestellt, entsprechen, zeigen seinen Helden, Old Man Muffaroo, wie er ihr zu Hilfe kommt. Wenn man sich jeder Bildfläche zweimal bedient, so muß es jedesmal einen Sinn ergeben, von welcher Seite man das Bild auch betrachtet. Verbeek machte deshalb seine Figuren austauschbar: Little Lady Lovekins wurde für gewöhnlich beim Umdrehen zu Old Man Muffaroo. Geschicklichkeit und Erfindungsgabe von Verbeek müssen beträchtlich gewesen sein; vor allem, wenn man bedenkt, daß er mit jedem Bild seinen Handlungsfaden weiterspinnen mußte.

Verbeeks doppelte Comic strips demonstrieren, wie das visuelle System vorgeht, wenn es Bildansichten aufbaut, die am besten zu den vorhandenen Erfahrungen passen. Das Umkehren des Bildes verändert sehr subtil die Bilderfahrung im Netzhautbild über das, was in der Szene zu sehen ist, und dementsprechend berichtet das visuelle System darüber. Beachten Sie bitte auch, daß zumindest für die Mehrzahl der Betrachter, beide alternativen Betrachtungsweisen ganz verschieden *aussehen.* Nicht nur, daß wir den Bildern verschiedene Bezeichnungen geben – »Fisch« versus »Vogel«, »Mann« versus »Frau«, »Bein« versus »Baumstämme«, wir sehen auch in beiden Fällen verschiedene Bilder. Die Zeichnung auf dem Blatt bleibt die gleiche, aber die Erinnerung, die Sie in uns wachruft, verändert sich von Grund auf, wenn wir das Bild umdrehen. (Zumindest bei den besten der Verbeekschen Bilder, so wie Bild **13**; einige andere sind vielleicht nicht so gut, aber grundsätzlich ändert das nichts.) Einige kleinere Züge bleiben trotz des Umkehrens gleich, aber die Gesamtszene verändert sich radikal und qualitativ und produziert entsprechend unterschiedliche Wahrnehmungserkenntnisse.

Die »Innere-Leinwand«-Theorie wird es nicht leicht haben, die unterschiedliche Wahrnehmung, die durch einfaches Umkehren eines Bildes entsteht, zu erklären. Der »Innere-Leinwand«-Theoretiker möchte seiner Leinwand die Aufgabe vorbehalten, die Inhalte visueller Erfahrung darzustellen. Völlig unterschiedliche Erfahrungen tauchen auf, wenn das Blatt umgedreht wird, also müssen unterschiedliche Inhalte auf der Leinwand erschienen sein. Dies ist aber nicht geschehen. Die »Innere Leinwand«-Vorstellung würde verlangen, daß das Umdrehen des Bildes lediglich die Wahrnehmung des gleichen Bildes produziert, diesmal aber auf den Kopf gestellt. Auch das ist nicht geschehen. Andere Beispiele dafür, wie gezeigt werden kann, daß das visuelle System völlig verschiedene Szenenbeschreibungen des gleichen Bildes produziert, sind die Bilder **15** und **16**. Das erste ist ein Porträt, das sich erheblich verändert, wenn man es auf den Kopf stellt. Das letztere zeigt eine Ansicht mit steilen Klippen und Kratern neben einer anderen mit

Bild 15. Ein Porträt aus einer Zeichnung von Rex Whistler.

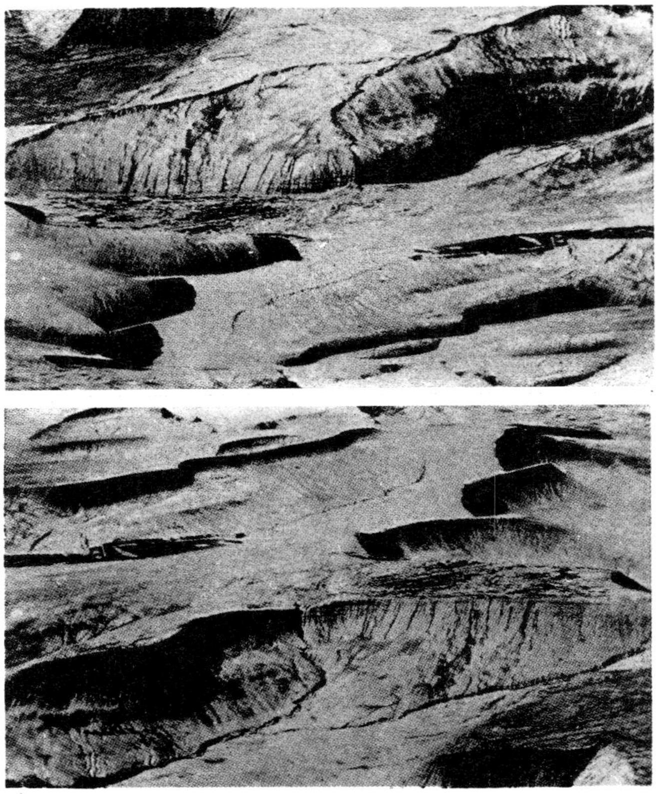

Bild 16. Die beiden Bilder sind identisch, was man nachprüfen kann, indem man sie umdreht. Das Gehirn nimmt an, daß Licht von oben kommt und interpretiert die Schatten so, daß in jedem der beiden Fälle unterschiedliche Szenenbeschreibungen aufgebaut werden.

Bild 17. Zweideutige Figuren. a) Adler/Gans, b) Vase/Gesichter, c) Ehefrau/Schwiegermutter, d) bis f) Enten/Kaninchen-Serie.

freundlich gerundeten Hügeln: es ist schwer vorstellbar, daß es sich um das gleiche Bild handelt – aber das auf den Kopf gestellte Buch beweist es.
Ein anderer Trick, wie man die Fähigkeit des visuellen Systems, Szenen zu beschreiben, hervorheben kann, ist die Eingabe mehrdeutiger Informationen, die es ermöglichen, alternativ zu verschiedenen Beschreibungen zu kommen. Bild **17** zeigt eine Reihe doppeldeutiger Figuren, wobei die untere Reihe das Erkennen der Doppeldeutigkeit leichter macht, weil die Figuren Teile einer abgestuften Bildfolge sind. Wichtig an diesen Figuren ist, daß sie die Wirkung unterschiedlicher Sichtweisen zu unterschiedlichen Zeitpunkten aufzeigen. Noch einmal: das Bild bleibt konstant, aber die Weise, wie wir es erfahren, ändert sich radikal. Einige Aspekte der Szenenbeschreibung bleiben konstant – bestimmte kleinere Züge zum Beispiel – aber der Gesamteindruck ändert sich, je nachdem, welche Deutung in Betracht gezogen wird. Die angenommene Szenenbeschreibung bestimmt dann die Weise, in der wir Bilder sehen. Wie bei den doppelseitien Figuren ist es nicht nur ein Problem der unterschiedlichen verbalen Bezeichnungen, die zu verschiedenen Zeitpunkten damit verknüpft werden. Tatsächlich *ist* die gesamte Szenenbeschreibung, einschließlich ihrer untergeodneten Züge und der Gesamtinterpretation, die visuelle Erfahrung.
Eine letzte Tricktechnik, um das Talent unseres visuellen Apparates für Szenenbeschreibungen zu demonstrieren, ist die Verlangsamung des Prozesses mit dem Ziel, ihn zu erschweren. Betrachten Sie beispielsweise Bild **18**. Was sehen Sie da? Zunächst werden Sie vielleicht nicht viel mehr sehen als schwarze Kleckse auf weißem Grund. Kein bestimmtes Objekt wird sichtbar. Nun aber drehen Sie das Buch im Uhrzeigersinn um 90 Grad und schauen Sie noch einmal. Es mag sein, daß Sie immer noch nichts bestimmtes erkennen können – für viele Leser aber wird diese Drehung das versteckte Objekt zutage fördern. Für die Unglücklichen, die mehr Hilfe brauchen, ist auf Seite 27 abgedruckt, was das Bild zeigt.
Wenn die versteckte Szene einmal gefunden und explizit gemacht worden ist, verändert sich die gesamte Erscheinung des Musters. Hier ist die normalerweise geläufige Vorgehensweise des visuellen Systems verlangsamt worden, und das gibt uns Gelegenheit, den Unterschied zwischen der »fotografischen« Darstellung, wie sie von der »Inneren-Leinwand«-Theorie angenommen wird, und der Szenenbeschreibung zu beobachten, wie sie tatsächlich passiert, wenn wir Objekte sehen. Die letztere erfordert aktive Interpretation der verfügbaren Daten. Es ist weder ein »an sich gegebener« noch ein passiver Vorgang. Eine weitere Gelegenheit, das visuelle System dabei zu beobachten, wie es sich mit der schwierigen Aufgabe der Szenenbeschreibung herumschlägt, wird im Bild **19** gegeben. Wenige Leser werden in der Lage sein, das versteckte Objekt zu entdecken, obwohl es diesmal richtig herum liegt. Die Lösung finden Sie auf Seite 27.
Eine interessante Eigenschaft der Bilder **18** und **19** ist, daß es schwierig, wenn nicht sogar unmöglich ist, die einmal gefundene richtige Szenenbeschreibung wieder zu vergessen. Es ist also nicht möglich, in das vorherige naive Stadium zurückzufallen und die Bilder so zu erleben, wie man es zunächst noch konnte. Dies sagt etwas über die mangelnde Bereitschaft des visuellen Systems aus, einmal gewonnene Schlachten auf dem Feld der Interpretation wieder aufzugeben. Ein letztes Paar versteckter Objektfiguren wird auf den Bildern **20** und **21** gezeigt. Es sind nicht reduzierte Bilder wie **18** und **19**, sondern Fotos, die ein verborgenes Objekt enthalten. Wieder werden die meisten Leser Interpretationshilfe brauchen, bevor sie das versteckte Objekt finden (siehe Seite 27). Die Benutzung schon vorhandenen Wissens über eine Szene als Hilfestellung bei ihrer Interpretation wird im einzelnen an späterer Stelle behandelt werden.

Bild 18. Was stellen die Tintenkleckse dar?

Bild 19. Was verbirgt sich zwischen den Klecksen?

Bild 20. Ein Beispiel natürlichen Versteckspiels.

Bild 21. Ein Beispiel militärischen Versteckspiels.

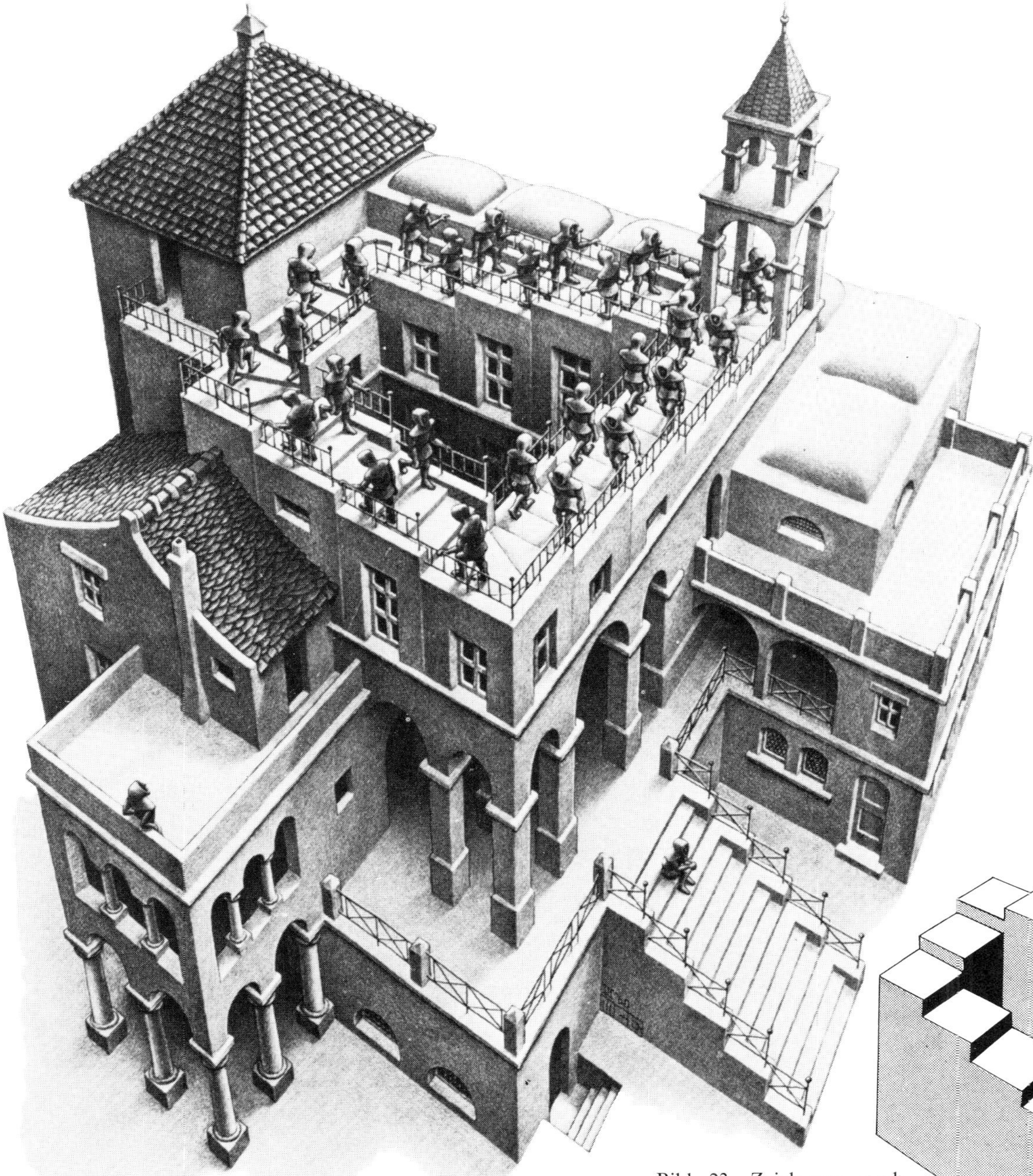

Bild 22. *Treppauf, Treppab.* Eine Lithographie des bekannten »Illusions-Künstlers« M. C. Escher, die Auf- und Abwärtsbewegungen auf einer endlosen Stiege darstellt.

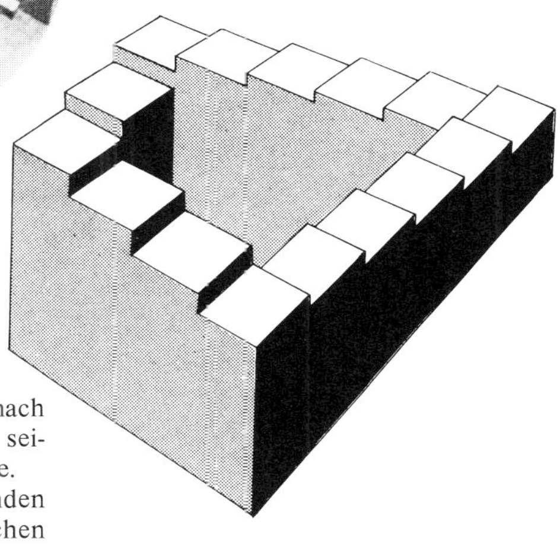

Bild 23. Zeichnung nach Penrose, auf der Escher seine Lithographie aufbaute. Sie zeigt die entscheidenden Elemente des »unmöglichen Gebäudes«.

Dreidimensionale Szenenbeschreibungen

Bisher haben wir unsere Diskussion expliziter Szenenbeschreibungen auf das Problem beschränkt, wie man über Objekte in flächigen (zweidimensionalen) Bildern Information erhalten kann. Das visuelle System ist jedoch normalerweise mit einer dreidimensionalen Szene konfrontiert. Es wird übrigens mit dieser Herausforderung hervorragend fertig und liefert eine klare Beschreibung, wo und an welcher Stelle im Raum diese Objekte oder Teile von Objekten angeordnet sind. Die »Innere-Leinwand«-Theorie wird dem nicht gerecht: ihre Darstellung ist in sich flächig. Man könnte zwar den Versuch unternehmen, die Theorie in logisch konsistenter Weise zu erweitern, dadurch, daß man die »Innere Leinwand« zur dreidimensionalen Struktur erklärt, eine solide Masse von Gehirnzellen, die die Helligkeit bestimmter Punkte in der Szene in allen Dimensionen darstellt.

Es ist allerdings zweifelhaft, ob komplexe dreidimensionale Szenen in direkter physikalischer Form durch Gehirngewebe nachgebaut werden könnten. Aber selbst wenn es physikalisch machbar wäre, was passiert eigentlich, wenn wir M. C. Eschers Zeichnung mit dem Titel »Treppauf, Treppab« sehen (Bild **22, 23**)? Die Mönche gehen auf einer

Bild 25. *Wasserfall.* Lithographie von M.C. Escher. Der Wasserfall beruht auf dem Zusammensetzen von zwei »unmöglichen Dreiecken«. Das fallende Wasser bildet einen Schenkel jedes dieser beiden Dreiecke.

endlosen Treppe auf und ab. (Escher war ein holländischer Künstler, und um zu verstehen, warum er Mönche für seine endlosen Auf- und Abstiege wählte, man muß wissen, daß der holländische Ausdruck für unnütze Arbeit »Mönchsarbeit« heißt.) Die Treppe ist Teil eines »unmöglichen« Gebäudes. Es könnte materiell niemals so gebaut werden, wie wir es sehen (obwohl wir gleich auf die Frage zurückkommen werden, wie man Trickmodelle von »unmöglichen« Objekten baut). Wenn aber der Bau dieses Gebäudes unmöglich ist, wie können wir dann jemals ein dreidimensionales Modell dieses Gebäudes in unserem Gehirn bauen? Wir müssen also anderswo nach einer möglichen Grundlage für die symbolische Repräsentation von »Tiefe« im Gehirn suchen. (»Tiefe« ist der von Psychologen normalerweise benutzte Ausdruck, der sich auf die Entfernung zwischen Beobachter und beobachtetem Objekt bezieht.)

Ein anderes »unmögliches« Objekt ist in Bild **24** auf Tafel **1** zu sehen, diesmal handelt es sich um ein »unmögliches« Dreieck. Escher hat wieder einmal eine wunderbar fabulierende Zeichnung aus dem Grundeffekt entwickelt, indem er diesen nutzte, um einen unmöglichen Wasserfall darzustellen (Bild **25**). Das Wasser in seinem Wasserfall fließt immer wieder im Kreis – verwirklichtes Perpetuum Mobile und eine Lösung der Energiekrise.

Was erzählen uns »unmögliche« Figuren über die symbolische Darstellung von Tiefe im Gehirn? Vor allem dies: untergeordnete Züge der Szene werden genutzt, um sozusagen über Einzelbestandteile eine explizite Tiefenbeschreibung zu erreichen, während der globale Aspekt der Szene, also der Gesamteindruck, in den Hintergrund tritt. Wie die Einzelbestandteile des »unmöglichen« Dreiecks für sich einen Sinn ergeben, wird in Bild **26** gezeigt, welches das Dreieck ohne schmückendes Beiwerk zeigt. Das Gehirn interpretiert die Information über Tiefe in jedem Einzelausschnitt, verliert jedoch den Überblick bei der Gesamtinterpretation. Natürlich nicht ganz und gar, sonst würden wir ja niemals bemerken, daß »unmögliche« Figuren tatsächlich unmöglich sind. (Obwohl es Leute gibt, die auf Eschers Zeichnungen wie beispielsweise Bild **23** hereinfallen und eine Hilfe brauchen, um überhaupt herauszufinden, was eigentlich mit ihnen nicht stimmt. Sie finden absolut nichts Unmögliches an ihnen und fragen sich, was der ganze Unsinn soll.) Aber das Erkennen der Unmöglichkeit als solche ist ein eher kognitiver Effekt – er wird mehr durch das Denken realisiert als die Erfahrung, daß die Figuren keinen »Sinn ergeben«.

Würde das visuelle System den globalen Aspekt ernster nehmen, hätte es die Figuren ganz anders behandeln müssen. Es hätte beispielsweise in jedem Fall einen Winkel des »unmöglichen« Dreiecks aufbrechen müssen und uns damit zu der Erkenntnis führen können, daß ein Schenkel des Dreiecks nach vorne gedreht ist und der andere sich vom Betrachter wegdreht. Dies wird in Bild **27** gezeigt. Aber das visuelle System tut dies ausdrücklich nicht, nicht bei einer Strichzeichnung (Bilder **26**, **27**) und auch nicht bei einer physikalischen Verkörperung (nach Richard Gregory, Bilder **24, 28** auf Tafel **1**). Wird ein dreidimensionales Modell der Figur von Bild **27** hergestellt und aus dem richtigen Blickwinkel betrachtet, so daß es im Netzhautbild wie eine Strichzeichnung erscheint, erfaßt unser visueller Apparat auch dieses Modell falsch, das heißt, er liefert eine Szenenbeschreibung, die zwar »lokal« stimmt, aber global gesehen unmöglich ist. Nur wenn man das »wirkliche« unmögliche Dreieck einäugig betrachtet, kann man es erkennen, ohne daß andere Tiefenhinweise ins Spiel kommen und eine konventionelle globale Wahrnehmung produzieren. (Der Vorgang der Wahrnehmung mit zwei Augen wird detailliert in Kapitel 7 behandelt.)

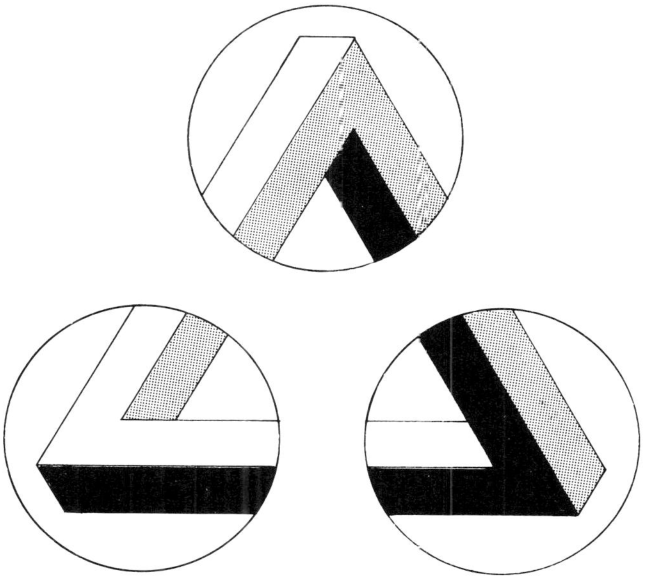

Bild 26. Die Einzelteile eines »unmöglichen Dreiecks« ergeben einen Sinn. Das Gesamtbild jedoch ist Unsinn.

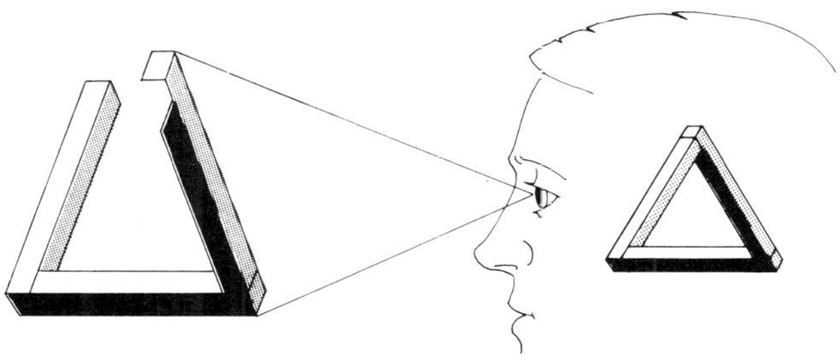

Bild 27. Ein wirkliches Objekt, wenn es vom richtigen Fluchtpunkt aus betrachtet wird, ergibt das gleiche Netzhautbild wie die Zeichnung des unmöglichen Dreiecks, die im Kopf des Betrachters zu sehen ist.

Ein interessanter Versuch mit dem Trickmodell des »unmöglichen« Dreiecks besteht darin, irgendein Objekt, zum Beispiel den eigenen Arm, durch die Öffnung des Dreiecks hindurchzustecken, während ein Beobachter das Modell korrekt ausgerichtet vor sich sieht, und damit das unmögliche Arrangement erkennt: Wenn der Arm durch die Öffnung hindurchgesteckt wird, hat der Beobachter den Eindruck, dieser würde durch einen festen Körper hindurchgeführt. Ein wichtiger Punkt, der auf Bild **28** (Tafel **1**) deutlich wird, ist die eingebaute Ambiguität von Flächendarstellungen dreidimensionaler Szenen. Die wirkliche Figur hat zwei Schenkel von verschiedener Tiefe: wenn man aber das Objekt aus der richtigen Position und einäugig betrachtet, entsteht auf der Netzhaut das gleiche Bild

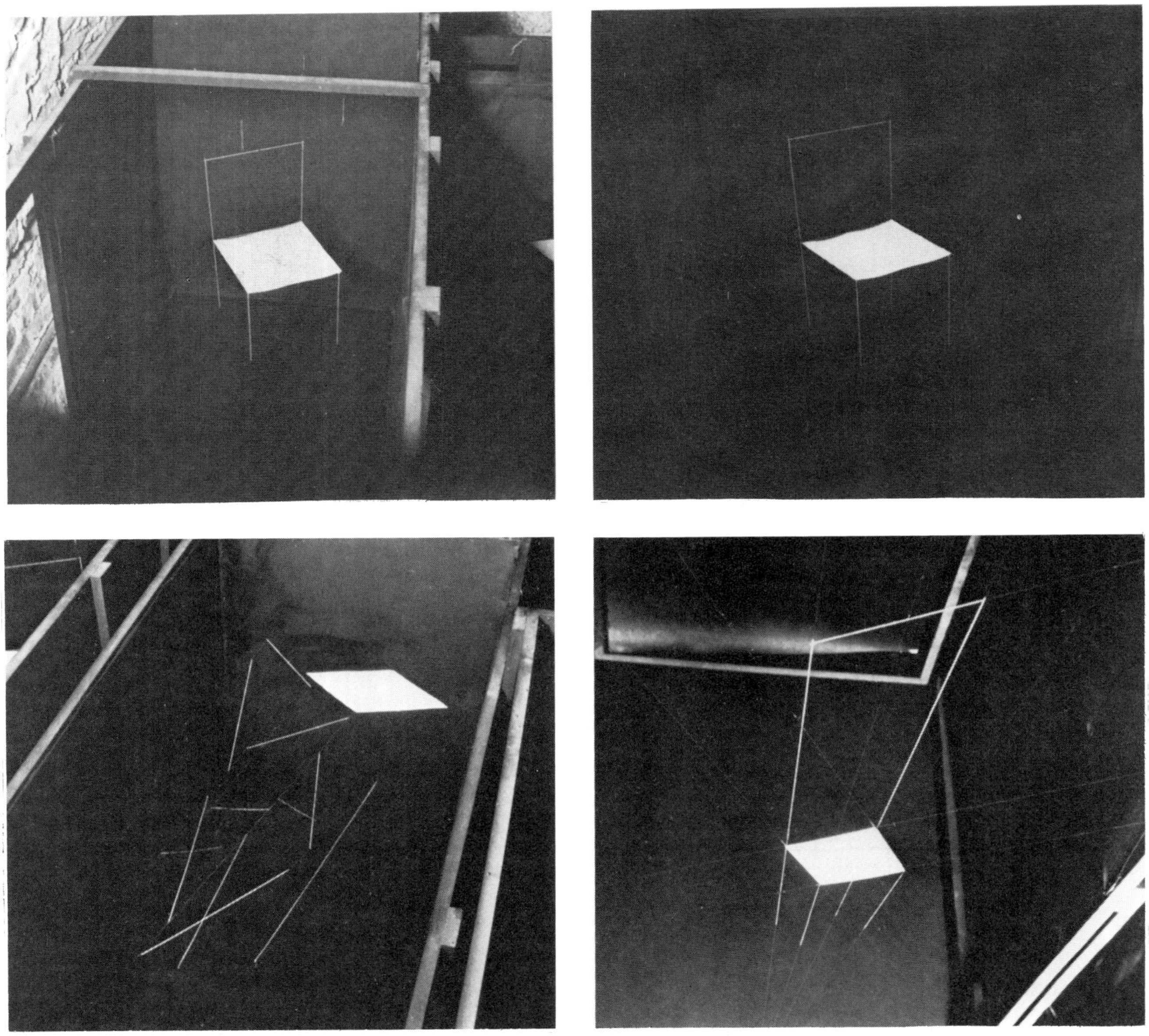

Bild 29. Der Stuhl von Ames demonstriert, a) was der Betrachter sieht, wenn er durch die entsprechenden Gucklöcher der Räume b, w und d schaut: b) einen normalen Stuhl, c) verstreute Teile eines Stuhls, und d) verzerrten Stuhl.

wie von einem Objekt, in dem sich beide Schenkel am gleichen Punkt im Raum treffen. Diese eingebaute Ambiguität, die so schwierig zu begreifen ist, weil wir so sehr daran gewöhnt sind, das flächige Netzhautbild immer nur auf eine Weise zu interpretieren, wird in der berühmten Demonstration von Ames deutlich, die auf der Bildfolge **29** zu sehen ist. Der Beobachter sieht mit einem Auge durch ein kleines Loch in drei verschiedene Räume und erkennt jedesmal einen Stuhl (Bild **29a**). Wenn er jedoch von oben in die Räume sieht, stellt er fest, daß nur in einem einzigen Raum ein Stuhl ist (Bild **29b**). Die anderen Räume beinhalten nichts als eine Anordnung leuchtender Linien etc., die im Raum an unsichtbaren Fäden hängen. Nichtsdestoweniger wird die Ansammlung von Linien jedesmal so arrangiert, daß daraus für das Auge ein Stuhl entsteht. Im mittleren Raum sind die Linien noch nicht einmal im Sinne eines Objekts angeordnet, sondern liegen im Raum an ganz verschiedenen Stellen – und der »Sitz« ist an die Wand gemalt! Im rechten Raum *sind* die Linien plus Stuhlsitz zwar ein zusammenhängendes Objekt, aber beträchtlich verzerrt. Der springende Punkt ist, daß sich in allen drei Räumen Objekte befinden, die auf dem Netzhautbild als stuhlähnliche Objekte erscheinen. Die Tatsache, daß wir sie alle gleich sehen – nämlich als Stühle – ist auf die Eigenschaft des visuellen Systems zurückzuführen, Informationen auf der Netzhaut jedesmal auf dieselbe Weise zu interpretieren, einer Weise, die wohl am ehesten der »gewonnenen« Wahrnehmung entspricht. Das visuelle System ist »blind« gegenüber allen anderen Deutungsmöglichkeiten, was aber nicht heißen soll, daß diese Möglichkeiten nicht existieren. Wie das visuelle System zu einer immer gleichen »Lesart« kommt, ist noch ein großes Geheimnis, ebenso wie die Frage, ob es wichtig ist, daß wir die Gestalt eines normalen Stuhles kennen, und dieses Wissen nützen, um die Interpretation des Netzhautbildes in eine bestimmte Richtung zu lenken.

Normale Szenen werden gewöhnlich nur auf eine einzige Weise interpretiert, trotz der Ambiguität, der Information im Netzhautbild, auf die wir gerade hingewiesen haben. Aber es ist durchaus möglich, das visuelle System dabei zu beobachten, wie es eine mehrdeutige dreidimensionale Szene auf unterschiedliche Weise interpretiert. Und zwar folgendermaßen: Falten Sie ein Blatt Papier in der Mitte und stellen es auf einen Tisch (Bild **30**). Starren Sie nun eine Weile auf einen Punkt ungefähr in der Mittes des Blattes, und zwar mit einem Auge. Wenn Sie länger hinschauen, werden Sie feststellen, daß das Papier nicht mehr wie ein Zelt ausschaut - was es eigentlich »sollte« - sondern wie eine Ecke, von innen gesehen. Der Effekt ist bemerkenswert und einen Versuch wert. Entscheidend ist, daß sowohl »Zelt« wie »Ecke« auf der Netzhaut das gleiche Bild entstehen lassen, und das visuelle System wählt einmal diese, einmal jene Interpretation. Natürlich wären wesentlich mehr Interpretationen denkbar, und es ist schon an sich interessant genug, daß es sich auf diese beiden eben genannten beschränkt.

Bild 30. Versuchen Sie, konzentriert auf ein Stück gefaltetes Papier zu schauen, das auf einem Tisch steht. Nach einer Weile erscheint es plötzlich nicht mehr als Zelt, sondern als aufgerichtete Ecke.

Schlußfolgerungen

Jetzt ist wahrscheinlich genug gesagt, um auch den hartnäckigsten »Innere-Leinwand«-Theoretiker davon zu überzeugen, daß seine fotografische Konzeption des Sehen unangemessen ist. Wenn man nun davon ausgeht, daß Sehen heißt: zu expliziten Szenenbeschreibungen zu gelangen, ist die nächste Frage: auf welche Weise geschieht dies? Es zeigt sich bald, daß der Versuch, explizite Szenenbeschreibungen aus dem Netzhautbild zu extrahieren, ein äußerst schwieriges Unterfangen ist, wenn auch ein besonders interessantes. Dieses Problem steht im Vordergrund vieler wissenschaftlicher und technologischer Forschungsarbeiten, scheint aber derzeit weitgehend unlösbar. Das Sehen hat Philosophen und Wissenschaftler jahrhundertelang an der Nase herumgeführt, und wird es wohl weiterhin tun. Sicherlich wurden in letzter Zeit einige wichtige Erfolge an verschiedenen Fronten der Psychologie, Neurophysiologie und Computertechnik gemacht, und diese Fortschritte werden in diesem Buch beschrieben. Aber wir sind noch weit entfernt, eine Maschine bauen zu können, die zum Beispiel die menschliche Handschrift lesen kann, ganz zu schweigen von einer Maschine, die komplexe natürliche Szenen beschreiben und analysieren kann. Und dies trotz Investitionen in Millionenhöhe für dieses Forschungsgebiet: Es besteht ein großer industrieller Bedarf an guten Bildprozessoren - denken Sie nur an die vielen mit der Hand geschriebenen Briefe, Formblätter etc., die immer noch mit dem menschlichen Auge gelesen werden müssen, trotz ihres meist uninteressanten und alltäglichen Inhalts. Ein so grundlegendes Verständnis des Sehvorgangs, welches die Konstruktion eines hochkompetenten visuellen Roboters ermöglichen würde, wäre eine bemerkenswerte Leistung, und dieses Ziel steht im Mittelpunkt vieler wissenschaftlicher Bemühungen. Ob wir dieses Problem noch in diesem Jahrhundert zufriedenstellend lösen, oder erst im nächsten, steht genauso zur Diskussion wie die Frage, ob ein Laie von einer solchen Leistung überhaupt beeindruckt wäre. Es ist doch eine merkwürdige Tatsache, daß wir, obwohl wir das Sehen nur mühsam verstehen, es als etwas ganz Selbstverständliches betrachten, daß wir in der Lage sind, Computer herzustellen, die gut, sogar hervorragend Schach spielen, daß wir aber keine Computer herstellen können, die die Sehfähigkeit selbst primitiver Tiersysteme imitieren. Der Computer kann auch nicht dazu gebracht werden, das Schachbrett zu »sehen« (die einzelnen Zugfolgen sind auf nicht-visuelle Weise eingefüttert), obwohl er dazu gebracht werden kann zu »denken«! Im übrigen wären die meisten Leute auch viel beeindruckter von einem guten Schachcomputer als von einem guten Bildprozessor, obwohl der erstere einer Verwirklichung viel näher ist. Es ist ein wichtiges Ziel dieses Buches, dem nichtspezialisierten Leser das Problem des »Sehens«, das immer noch so verwirrend für uns ist, nahezubringen. Vielleicht wird er am Ende des Buches einen größeren Respekt von seinem großartigen visuellen Apparat haben.

In diesem Eröffnungskapitel haben wir hoffentlich genug gesagt, um nachhaltig klarzumachen, daß jeglicher Versuch ungenügend ist, das Sehen anhand von Phänomenen zu erklären, die einfach die Außenwelt durch eine Art physiologischer Entsprechung widerspiegeln. Damit können wir die »Innere-Leinwand«-Theorie endgültig zu Grabe tragen und uns hinfort auf Theorien konzentrieren, die *explizite Beschreibung* zum Thema haben.

Lösungen der Rätselbilder auf den Seiten 21 und 22:
Bild **18** zeigt einen Reiter
Bild **19** zeigt einen Dalmatiner, der in fallenden Blättern herumschnüffelt
Bild **20** zeigt eine Waldschnepfe im dichten Unterholz
Bild **21** zeigt einen vietnamesischen Soldaten

2 Formenwahrnehmung

Das Problem des Sehens besteht darin, mithilfe der Information, die in einem eingehenden Bild enthalten ist, eine symbolische Szenenbeschreibung aufzubauen. Dies ist im letzten Kapitel klar geworden. Zur zentralen Frage wird also nunmehr: wie kommt es zu einer symbolischen Szenenbeschreibung und weiter: wie bildet sich diese im Gehirn ab? Die erste Frage betrifft die *Prinzipien*, die mit der Analyse visueller Szenen einhergehen - welcher Art ist das Problem, und welche allgemeinen Methoden werden zu seiner Lösung benutzt? Die zweite Frage betrifft den spezifischen visuellen Mechanismus menschlicher Wesen - auf welche Weise führen Auge und Gehirn tatsächlich ihre Aufgabe der visuellen Szenenbeschreibung durch? (Andere visuelle Systeme, so wie die anderer Tiere oder die von Computern, mögen vielleicht genau die gleiche Aufgabe durchführen, jedoch mit unterschiedlichen Bestandteilen - das heißt menschliche Gehirnzellen versus Insektengehirnzellen versus Transistoren). Diese Unterscheidung zwischen dem *statischen Bild* der Beschreibung (Durchführung der Aufgabe und nach welchen Prinzipien) und der *Abbildung* der Beschreibung (die physikalische Verkörperung im Menschen, bei Tieren oder bei Maschinen) wurde schon früher erwähnt (siehe Seite 13) und verdient festgehalten zu werden. In diesem Kapitel und dem folgenden werden wir mit beiden Aspekten befaßt sein, wenn wir uns mit der Beschreibung von Formen beschäftigen.

Es gibt eine Vielzahl von Bestandteilen natürlicher Szenen, die das menschliche Auge mühelos beschreiben kann (im Sinne von »sehen«), es bringt jedoch wesentliche Vorteile, dabei mit der *Formwahrnehmung* zu beginnen. Ein kurzer Blick auf die visuelle Welt um uns herum beweist, daß es ein Leichtes ist, sie im Sinne kleiner Elemente, so wie Ränder von Objekten, Winkel, Flecken, Linien etc. zu beschreiben. Sollte diese Fähigkeit, Formen in einer Szene zu erkennen, möglicherweise auf die Tatsache hinweisen, daß es »Formrepräsentanzen« in unserem Gehirn gibt - eine Ansammlung von Symbolen, die für Formen in der Außenwelt stehen; Symbole, welche in erheblichem Maße zu einer expliziten Szenenbeschreibung beitragen - was ja die Grundlage des Sehens bildet.

Formen und Objekte

Natürlich kann das Sehen nicht ausschließlich dadurch erklärt werden, daß Gehirnsymbole für Formen angenommen werden, denn wir sind ja in der Lage, wesentlich kompliziertere Bestandteile einer Szene zu beschreiben, als es einfache Formen sind. Aber selbst dann bedeutet die Formendarstellung mehr als nur die Basis unserer Fähigkeit, Formen als solche zu erkennen, sondern könnte auch ein wichtiger erster Schritt sein, komplexere Wahrnehmungsaufgaben vorzunehmen - wie das Erkennen von Objekten, Tiefenwahrnehmung etc.

Betrachten Sie zum Beispiel, auf welche Weise wir fähig sind, eine einfache Kontur wie die eines Rechtecks zu erkennen (Bild **31**). Ein Rechteck ist aus verschiedenen Formen aufgebaut: üblicherweise vier Winkeln mit den dazugehörigen Linien oder Rändern. Vielleicht ist das, was passiert, wenn wir ein Rechteck »sehen«, folgendes: das visuelle System hat eine bestimmte Winkel/Rand/Linien-Kombination identifiziert und dann entdeckt, daß diese

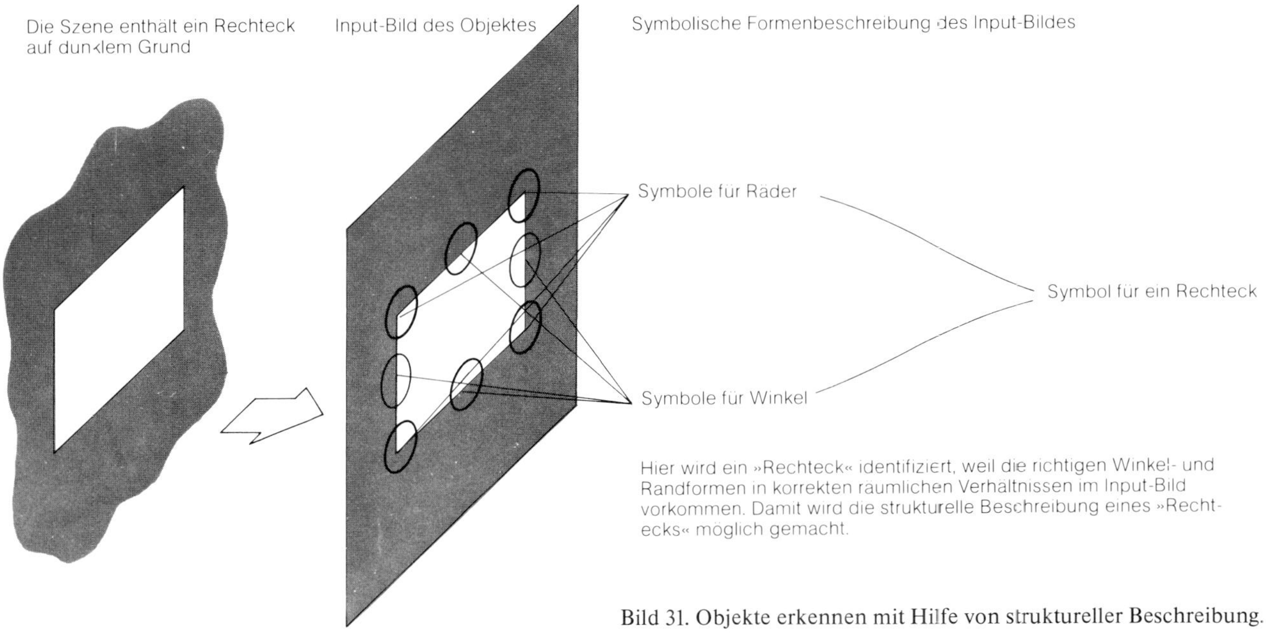

Bild 31. Objekte erkennen mit Hilfe von struktureller Beschreibung.

einander so zugeordnet sind, daß sie die Szenenbeschreibung »Rechteck vorhanden« ergibt. Wären die Formen anders angeordnet gewesen, wäre vielleicht eine andere Szenenbeschreibung herausgekommen (»Quadrat vorhanden« zum Beispiel). Und wären andere Formen und ein anderes Arrangement dieser Formen entdeckt worden, wäre natürlich auch ein gänzlich anderer Umriß beschrieben worden. Der springende Punkt ist, daß möglicherweise der Phase der Objektbeschreibung eine Phase der Formanalyse vorausgeht, bevor dann das in Frage kommende Objekt als ganzes beschrieben wird.
Wenn man das Problem des Sehens von Objekten auf die Weise angeht, daß man innerhalb einer Ansammlung von Einzelteilen nach Strukturen sucht, so wird das schlicht *struktureller Beschreibungssatz* genannt. Es ist mit Sicherheit nicht der einzig mögliche Ansatz, das Erkennen von Objekten zu beschreiben, aber es gibt gute Gründe anzunehmen, daß das menschliche visuelle System auf dieser Basis arbeitet (vielleicht neben anderen), aber darüber wird später noch vieles zu sagen sein. Im Moment soll Bild **31** lediglich illustrieren, daß es für nachfolgende Vorgänge des Erkennens von Objekten von Vorteil ist, eine Phase der Formanalyse vorzuschalten.
Um das bisher Gesagte zusammenzufassen: Ein Prinzip des frühen visuellen Prozesses ist es, alle nützlichen Informationen des Input-Bildes symbolisch in der Art eines Formen-Symbol-Wortschatzes zu codieren. Der Ausdruck »Wortschatz« ist angemessen, da Formsymbole gleich »visuellen Wörtern« sind, die für die Formen einer Szene stehen. Wie diese »Wörter« dann tatsächlich im menschlichen Gehirn dargestellt werden, wollen wir erst im nächsten Kapitel behandeln. Im Augenblick beschäftigen wir uns mit einigen allgemeinen Prinzipien wie man Informationen über Formen in einem Input-Bild erhält.

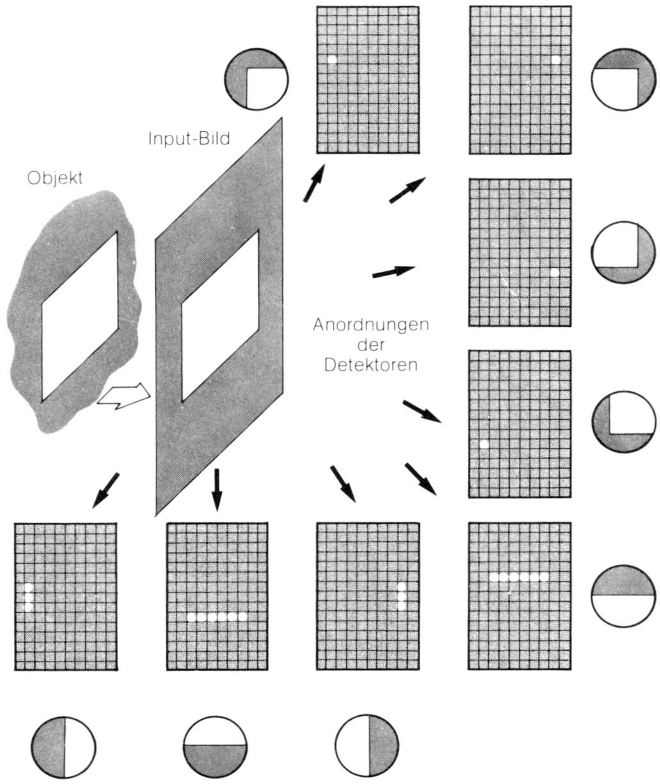

Bild 33. Multiple Formendetektoren-Anordnungen. Jede Anordnung besteht aus vielen Detektoren, alle sind auf den gleichen Form-Typus eingestimmt. Formtypen (Winkel und Ränder) werden in den danebenliegenden Kreisen gezeigt. Aktive Detektoren in den verschiedenen Anordnungen werden als helle Quadrate dargestellt.

Anordnung der Formdetektoren

Zunächst einmal, welche Symbole können wir in dieser allgemeinen Diskussion für Formen benutzen? Vorher, als wir das Problem der Alarmanlage diskutierten (siehe Seite 18) war das Symbol, das wir für »Dieb anwesend« benutzten, ein geschlossener Schalter. Die gleiche Idee soll hier noch einmal verwendet werden, wie in Bild **32** (Tafel **2**) dargestellt. Es zeigt das Input-Bild, wie es von einer Anordnung von Detektoren geprüft wird. Jeder Detektor ist als Quadrat in einem Gitter dargestellt, und jedes Quadrat muß als Schalter gedacht werden (siehe Ausschnitt). Ist ein Schalter geschlossen, bedeutet dies, daß eine bestimmte Form an dem Punkt im Input-Bild vorhanden ist, mit der der Schalter in Verbindung steht. Beachten Sie bitte, daß alle Detektoren in der Anordnung auf eine bestimmte *Auslöserform* reagieren: der einzige Unterschied zwischen ihnen besteht darin, daß sie auf verschiedene Stellen des eingehenden Bildes gerichtet sind, also an verschiedenen Stellen »nachschauen«. Der Punkt, auf den der Detektor gerichtet ist, heißt *rezeptives Feld* des Detektors. Nebeneinanderliegende Detektoren haben in gewisser Weise sich überlappende rezeptive Felder, wie in der Ausschnittvergrößerung zu sehen ist, auch wenn die Zentren der benachbarten rezeptiven Felder gegeneinander verschoben sind. Auf Bild **32** suchen alle Detektoren der Anordnung nach der gleichen Auslöserform. Das heißt, sie suchen alle nach einem »Winkel-der-nach-rechts-oben-zeigt«. Andere Formen werden wiederum von anderen Detektoranordnungen untersucht (Bild **33**). So müssen wir uns Myriaden von verschiedenen Detektoranordnungen vorstellen, für jede nur mögliche Form, die es zu erkennen gilt. Dies scheint zunächst eine recht aufwendige Art von Formanalyse zu sein, es gibt eine so große Anzahl von Formen, daß eine enorme Zahl von Schaltern benötigt wird! Wenn wir jedoch jeden Schalter einer Gehirnzelle gleichsetzen (das wird später in allen Einzelheiten zu diskutieren sein), können wir uns sofort von der Tatsache beruhigen lassen, daß es ja auch eine enorme Anzahl von Gehirnzellen gibt. Nebenbei gesagt, schwankt die Güte der Formanalyse des menschlichen visuellen Systems innerhalb des Gesichtsfeldes. An der Peripherie des Gesichtsfeldes können wir nur mühsam kleine Einzelheiten von Formen erkennen, aber durch ständige Regulierung der Blickrichtung können wir den für zentriertes Sehen besonders gut funktionierenden Mechanismus sukzessive über das gesamte Gesichtsfeld nützen.
Im Falle eines weißen Rechtecks auf dunklem Grund sind mindestens acht verschiedene Detektoranordnungen notwendig, denn ein Rechteck besteht aus acht verschiedenen

Formtypen (Bild 33). Jeder Detektor ist sozusagen *eingestimmt* auf seine eigene spezifische Form in dem eingegebenen Bild. Geschlossene Schalter werden in jeder der Anordnungen als weiße Quadrate dargestellt; offene Schalter als braune Quadrate. Damit sind Detektoren, die ihre Auslöserform in der Eingabe gefunden haben, gut sichtbar. Mehr noch, nachfolgende Stadien der Szenenbeschreibung (zum Beispiel das Erkennen von Objekten) würden in der Symbolik des geschlossenen Schalters eine präzise und verwertbare Art der Formbeschreibung vorfinden. Die Aufgabe der nachfolgenden Prozesse (auf höherem Niveau) wäre dann, im Falle des Objekterkennens, darüber zu entscheiden, was jedes gegebene Muster von geschlossenen Schaltern in den verschiedenen Anordnungen nun tatsächlich darstellt, das heißt in diesem Fall, das Rechteck zu »entdecken«.

Um das Nachfolgende wirklich verstehen zu können, ist es wichtig sich zu vergegenwärtigen, daß die hellen Quadrate auf Bild 33 *nicht* helle Punkte auf dem Input-Bild bedeuten. Sie sind nicht Teile einer Grautonbeschreibung, sondern jedes helle Quadrat bedeutet die Anwesenheit einer Form – eines Winkels, eines Randes, was immer es sei. Das helle Quadrat hat also nicht den Status eines pixels. Ein pixel ist ein einzelner Punkt in einer Grautonbeschreibung; ein aktivierter Formdetektor hingegen stellt ein Muster von hell-dunkel-pixels dar, die wie die relevante Form angeordnet sind. Der Grund, weshalb die Randdetektoren mehrere in einer Reihe angeordnete Schaltereinheiten haben, liegt darin, daß die Ränder eines Rechtecks lang genug sind, um mehrere Detektorsysteme zu beschäftigen. Das heißt, benachbarte rezeptive Felder stellen verschiedene Teilstücke des Randes dar (im Grunde sind es sich überlappende Felder) und die mit ihnen verbundenen Detektoren werden alle ausgelöst und zur Reaktion gebracht. Was die verschiedenen Randdetektoren im Grunde ausdrücken, ist dies: auf dem eingehenden Bild ist ein Rand vorhanden, und zwar in bestimmter Länge. Natürlich sind weitere Analyseschritte notwendig, um aus dieser Information die tatsächliche Länge des Randes ableiten zu können: diese Information ist lediglich implizit in den vielfältigen Reaktionen auf die verschiedenen Sektionen des Randes. Das entscheidende Prinzip ist aber, daß die Reihen heller Quadrate in den verschiedenen Detektoranordnungen *keineswegs* helle Punkte im Eingabebild darstellen. Dieser Punkt kann nicht deutlich genug gemacht werden. Sie stellen vielmehr eine zusammengesetzte »Randentdeckung« dar.

Das Schema auf Bild 33 illustriert das zu erreichende Ziel, soweit es die Formanalyse betrifft. Die Frage stellt sich nun, wie es kommt, daß jeder Detektor so ausgerichtet ist, daß er nur auf ein spezielles Formenmuster eingestimmt ist und auf kein anderes. Dies ist keineswegs ein triviales Problem, und seine Lösung würde sicher einen wissenschaftlichen Fortschritt bedeuten. Der Rest dieses Kapitels ist dementsprechend den Schwierigkeiten und möglichen Lösungen dieses Problems gewidmet.

Zunächst aber muß ein grundlegendes Prinzip der symbolischen Formbeschreibung, so wie es auf Bild 33 dargestellt ist, erwähnt werden. Und zwar werden alle nur denkbaren Formen durch physikalisch identische Schalter dargestellt. Eckendetektoren haben genau die gleiche physikalische Struktur wie Randdetektoren. Nachfolgende Prozesse wissen nur aus folgendem Grund, welche Formen die Schalter darstellen: sie wissen, an welchen Orten die Schaltersysteme lokalisiert sind. Diese Art der Darstellung ist bekannt als *Ortcode*: der Platz, an dem sich der Schalter befindet, zeigt an, was ein Schließen des Schalters bedeutet. Das heißt also, ein geschlossener Schalter in der einen Detektoranordnung bedeutet »Winkel« und in einer anderen »vertikale Linie«. Ortcodes in dieser Form sind auch im menschlichen Gehirn üblich, wie wir im weiteren Verlauf noch sehen werden.

Formenmodelle

Nehmen wir einmal an, wir wollten einen Detektor bauen, der »Winkel-die-nach-rechts-oben-zeigen«, aufspüren soll, das heißt einen Apparat, der einen Schalter zumachen würde, wenn er eine Winkelform dieses Typs in seinem rezeptiven Feld finden würde. Wie könnte dies gemacht werden? Eine Möglichkeit bestände darin, ein *Formenmodell* für den Winkel auf das rezeptive Feld anzuwenden.

Die Idee des *Formenmodells* ist am besten so zu verstehen: man stelle sich vor, daß das rezeptive Feld von einem Satz lichtempfindlicher Fotozellen abgetastet wird, wie die gesuchten Formen angeordnet sind. Wir betrachten nun den Fall des Winkels, dessen Spitze nach rechts oben zeigt (im folgenden der Einfachheit halber »Winkel« genannt). Stellen Sie sich also entsprechend zehn miteinander verbundene Fotozellen vor, wie auf Bild 34 zu sehen. Jede der Fotozellen in diesem *Formenmodell eines Winkels* empfängt Licht nur von *dem* Punkt des Bildes, auf den sie gerichtet ist und produziert dann ein fotografisches Signal, dessen Stärke mit der Intensität des Lichteinfalls variiert. Lassen Sie uns zum Beispiel annehmen, daß sehr intensiver Lichteinfall ein maximales fotoelektrisches Signal von zehn Einheiten pro Fotozelle hervorruft, und daß gar kein Lichteinfall null Einheiten produziert. Ein Kabel verbindet nun jede fotoelektrische Zelle des Modells mit einem *Schaltpult*, das alle *Erregungseinheiten* zusammenrechnet, um die Summe der Erregung, die vom Modell als Ganzes produziert wurde, zu erhalten. Die Erregungsberechnung wird dann von einem *Schwellapparat* überprüft, dessen Aufgabe es ist zu entscheiden, ob das Ergebnis groß genug ist, um ein Schließen des Schalters zu rechtfertigen, was ja das Symbol für »Winkel vorhanden« darstellt. Wenn die Berechnung über der Schwelle liegt (das heißt 50 Erregungseinheiten und mehr), wird der Schalter geschlossen, und die Anwesenheit eines Winkels an der Stelle angenommen, auf die der entsprechende Detektor in dem eingegebenen Bild gerichtet ist. Liegt die Berechnung unterhalb des Schwellenwertes (das heißt weniger als 50 Erregungseinheiten) wird der Schalter offengelassen und das Vorhandensein eines Winkels wird nicht festgestellt.

Diese beiden Möglichkeiten werden auf Bild 34 gezeigt: Ein Winkelmodell inspiziert einen Winkel auf dem Input-Bild, und so empfängt jede einzelne Fotozelle einen starken

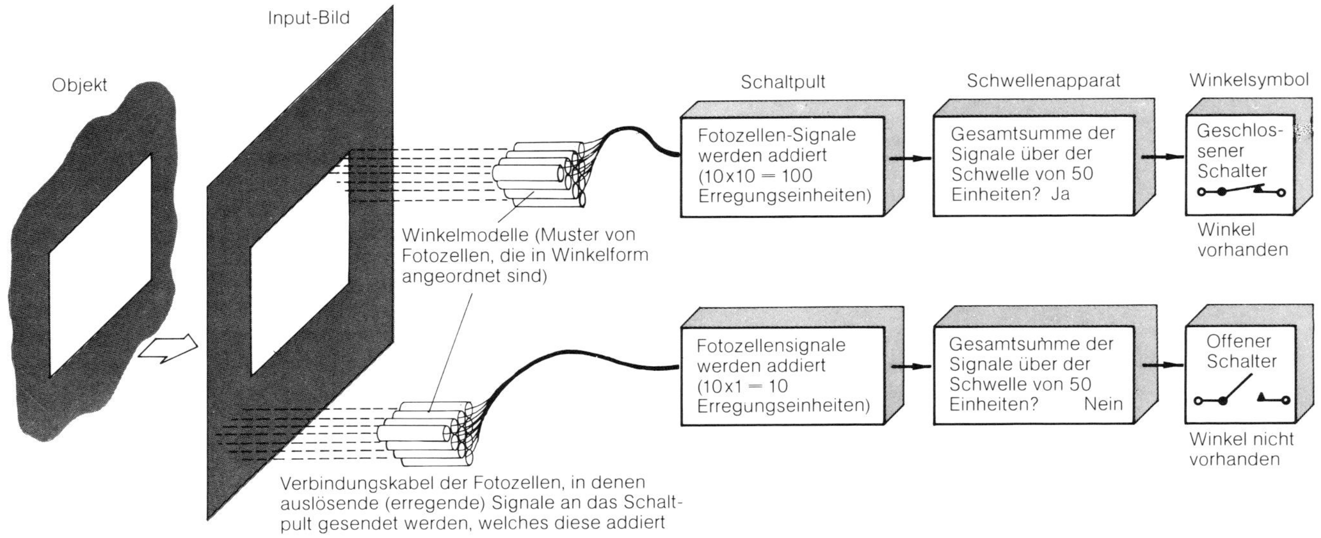

Bild 34. Ein einfacher Winkeldetektor.

Reiz. Angenommen, das Rechteck ist stark ausgeleuchtet, so gibt jede Fotozelle eine Maximalreaktion von 10 Einheiten, und das Schaltpult addiert einen Gesamterregungswert von 100 Einheiten. Das ist oberhalb der Schwelle von 50 Einheiten, und so wird durch das Schließen des Schalters ein Winkel dargestellt. Das andere Winkelmodell hingegen inspiziert einen Ausschnitt des dunklen Untergrunds, und so ist die einzelne Fotozelle im Winkelmodell nur schwach stimuliert - sagen wir, sie sendet eine Erregungseinheit zum Schaltpult. Der Gesamtwert liegt nun eindeutig unter der Schwelle und so bleibt der Schalter offen: kein Winkel vorhanden.

Formenmodelle, die Erregung und Hemmung messen

Wie Sie vielleicht selbst bereits festgestellt haben, hat das bestechend einfache Schema auf Bild **34** eine entscheidende Schwäche. Der Schalter würde nämlich nicht nur dann schließen, wenn das rezeptive Feld über einem korrekten Winkel läge, sondern auch dann, wenn es in der Mitte des Rechtecks läge! Dessen Lichtregion wäre nämlich stark genug, um das Winkelmodell mit Licht einzudecken, so daß jede Fotozelle ausreichend stimuliert würde, und ein über der Schwelle liegender Gesamtwert erzielt würde. Folglich würde ein Winkel identifiziert, wo überhaupt kein Winkel vorhanden ist. Jedes System, das nach der eben beschriebenen Methode funktioniert, würde an dieser Stelle des eingegebenen Bildes einen Winkel registrieren! Es ist also offensichtlich hoffnungslos. Jede Sehmaschine, die so anfällig für Täuschungen wäre, ist ein wahrlich amseliges Instrument - sie könnte niemals sicher sein, ob ein Winkel vorhanden ist oder nicht. Es muß also ein Weg gefunden werden, den Winkeldetektor wählerischer zu machen, so daß er nur bei wirklichen Winkeln reagiert.

Ein Weg aus diesem Unvermögen heraus wird auf Bild **35** dargestellt. Ein winkelförmig angelegter Satz von Fotozellen sendet *positive* Signale zum Schaltpult, flankiert von

Bild 35. Ein verbesserter Winkeldetektor, der mit Erregung und Hemmung arbeitet.

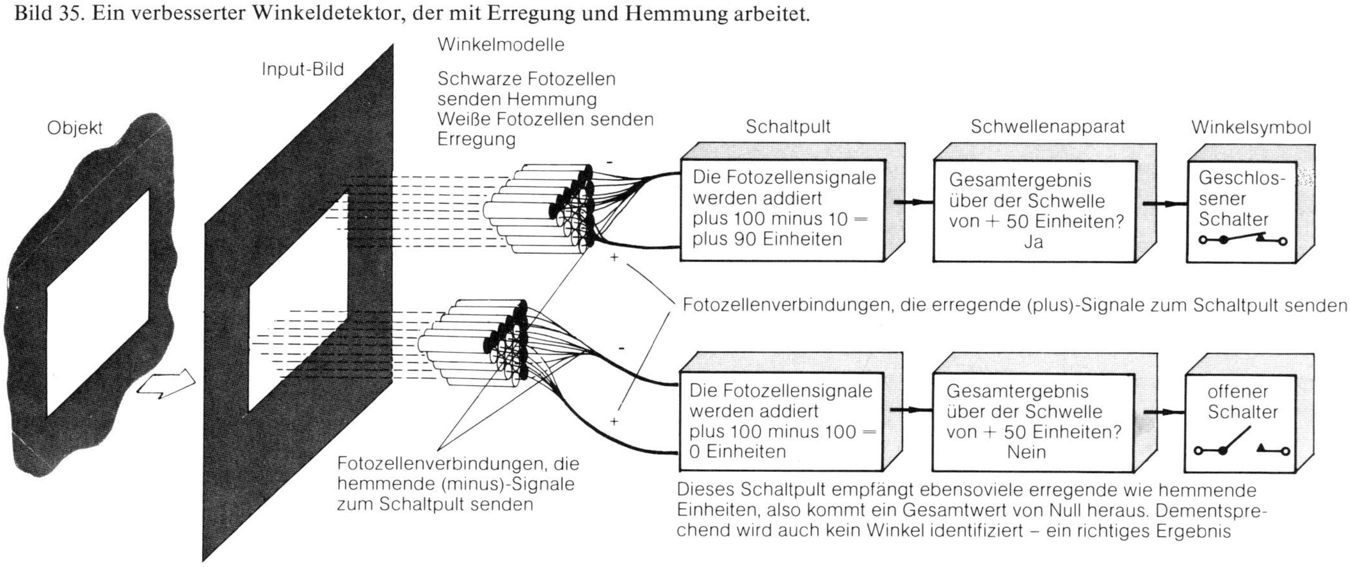

anderen Fotozellen, welche *negative* Signale senden. Beide Sätze von Fotozellen reagieren nur, wenn sie durch Licht stimuliert werden: sie unterscheiden sich nur durch die Signale, die sie an das Schaltpult senden. Das Schaltpult empfängt also Erregung und *Hemmung*, wobei letzteres der Begriff für negative Signale ist.

Die Aufgabe der hemmenden Flanken ist es, den Winkeldetektor davor zu bewahren, der Illusion eines starken Lichtfeldes aufzusitzen, welches sein gesamtes Modell bedeckt. Würde dies passieren, würden die erregenden Signale auf 100 Einheiten berechnet werden, die hemmenden Signale würden aber ebenfalls 100 Einheiten ergeben. (In den Flanken befinden sich zehn Fotozellen mit einer maximalen Stimulationsmöglichkeit von zehn Einheiten, wie die beiden anderen Fotozellen auch). Folglich würde das Schaltpult mit plus 100 Einheiten und minus 100 Einheiten konfrontiert, was das Gesamtergebnis Null erbrächte. Das liegt unter der Schwelle, und damit wird eine »Winkelillusion« verhindert. Durch Hinzufügen der hemmenden Flanken haben wir offensichtlich einen verbesserten Winkeldetektor erhalten. Diese Zonen greifen nicht ein, wenn es sich um einen korrekten Winkel handelt, denn dann werden die Flanken nur schwach stimuliert (zehn Fotozellen, jede signalisiert eine Einheit = zehn Hemmungseinheiten, siehe Bild **35**). Folglich hebt die schwache Erregung der Flanken die starke Erregung nicht auf und der Gesamtwert liegt oberhalb der Schwelle, so daß der Schalter geschlossen werden kann.

Der verbesserte Winkeldetektor beruht auf einem Zusammenspiel zwischen Erregung und Hemmung, das sich in vielen sensorischen Systemen wiederfindet, seien sie biologisch oder künstlich. Gerade weil es Allgemeingut zu sein scheint, und weil es ein Schlüsselprinzip ist, das beim Sehvorgang zum Tragen kommt, muß es wirklich gründlich verstanden werden. Lassen Sie uns dieses Prinzip näher betrachten.

Einen vergrößerten Ausschnitt des Fotozellendetektormodells zeigt Bild **36**, wie es einen passenden Winkel auf dem Input-Bild inspiziert. (Sehen Sie auch die Schattierung an: es handelt sich um einen Winkel, dessen Spitze nach links oben zeigt.) Jede Zeile ist als Kreis dargestellt, und die Zahl im Kreis zeigt das Erregungsniveau der Fotozelle an, welches von dem auf dem Bild vorhandenen Licht bestimmt wird, auf das die Fotozelle gerichtet ist.

Der rechnende Teil des Detektors muß als ein Apparat gedacht werden, der Signale von seinen Sensoren empfängt und berechnet – von den Fotozellen, welche das Modell bilden. Diese Sensoren inspizieren eine Region des Eingabebildes, welches das rezeptive Feld des Detektors genannt wird. Da jedoch die Sensoren selbst bestimmen, welches das rezeptive Feld ist, werden die Sensoren selbst manchmal das rezeptive Feld genannt – das Sensorenmodell und die Region des Inputs, welche sie inspizieren, sind im Grunde zwei Seiten der gleichen Münze.

Jeder Sensor sendet entweder erregende (+) oder hemmende (–) Signale zum Schaltpult. Die Signale sind in ihrer Wirkung gegensätzlich, der eine Typus tendiert dazu, den Wert zu vergrößern, der andere, ihn zu verringern. Die Berechnung in einem gegebenen Moment stellt also die Balance zwischen Erregung und Hemmung dar. Den rechnenden Teil des Detektors kann man sich als eine Art Wahlurne vorstellen, die für die Parteien »Erregung« und

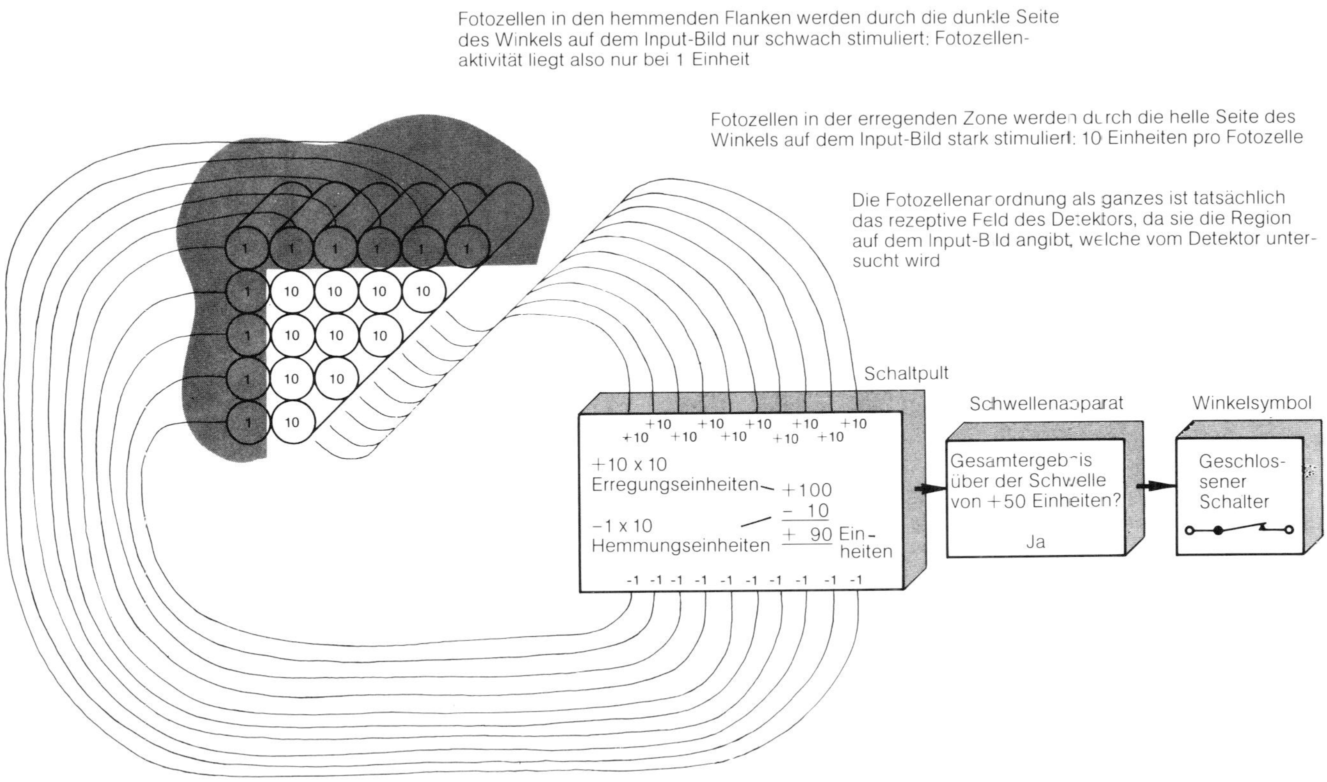

Bild 36. Der Winkeldetektor als Rechenmaschine: Detailvergrößerung des rezeptiven Feldes.

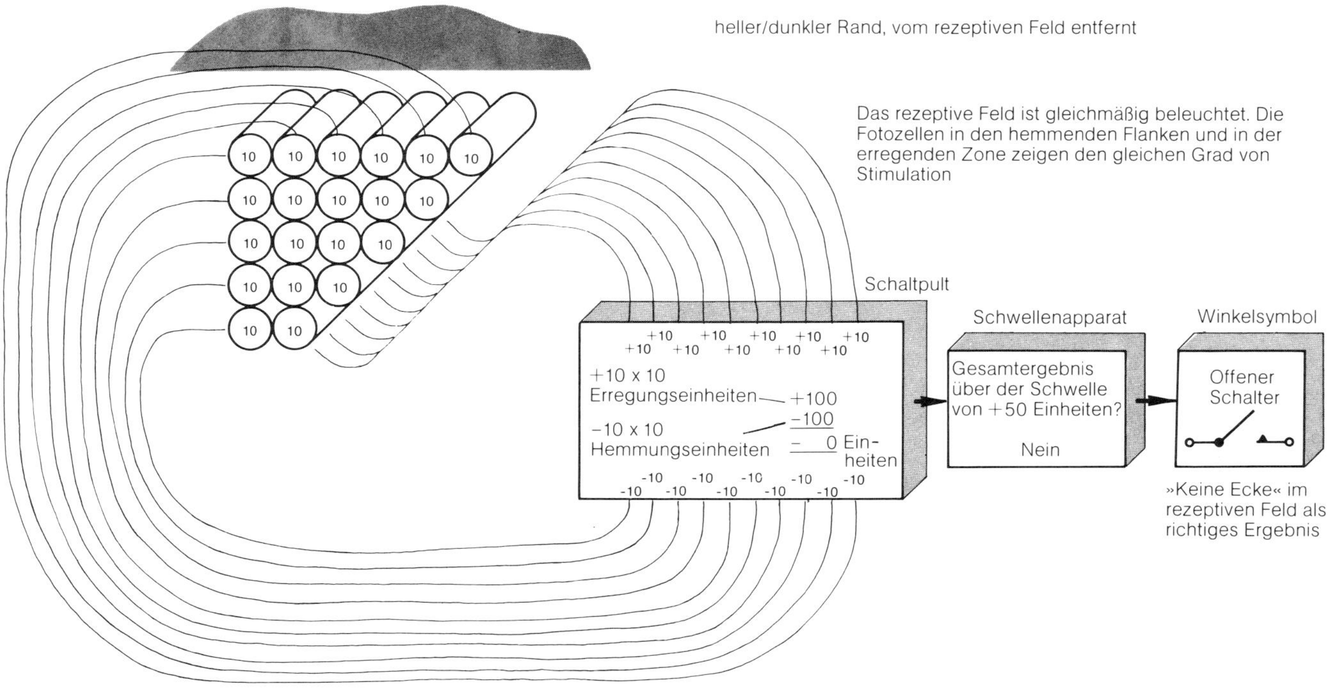

Bild 37. Der Winkeldetektor, der mit gleichmäßiger Beleuchtung konfrontiert wird.

»Hemmung« bestimmte Votierungen aufnimmt. Sie zählt dann die »abgegebenen Stimmen« zusammen, zieht den einen Wert vom anderen ab und leitet das Ergebnis zum Schwellenapparat. Ist die resultierende Zahl positiv und groß genug, wird der Schalter sofort geschlossen und ein Winkel ist als vorhanden identifiziert worden. Einzelheiten darüber, wie der verbesserte Detektor auf Regionen gleichmäßiger Beleuchtung nicht mehr reagiert, sind in Bild **37** zu sehen. Jetzt findet das Schaltpult nämlich, daß sich erregende und hemmende Signale gegeneinander aufheben und ein Gesamt von Null produzieren, was natürlich unterhalb der Schwelle liegt. Das gleiche Erebnis würde auch unabhängig vom Beleuchtungsgrad erzielt werden. So würde der Detektor auch überall auf der dunklen Umrandung des Rechtecks nicht reagieren, weil die schwach erregenden Signale sich genau gegen die schwach hemmenden Signale aufheben würden.

Erregung und Hemmung in Nervenzellen

Wir haben schon darauf aufmerksam gemacht, daß die Art von Zusammenspiel zwischen Erregung und Hemmung, wie sie gerade für den Winkeldetektor beschrieben wurden, in biologischen Systemen häufig vorkommt. Wir wollen nun kurz von unserer Diskussion über den Aufbau von Formenbeschreibungen abschweifen, um Erregung und Hemmung als Prozesse zu betrachten, die die Aktivität von Nervenzellen steuern.

Nervenzellen, fachlich als *Neurone* bezeichnet, sind viel zu klein, um vom bloßen Auge erkennbar zu sein; wir brauchen ein Mikroskop, um ihre physikalische Struktur zu studieren. Die übliche Technik besteht darin, mikroskopisch dünne Scheibchen von Nervengewebe zu untersuchen, die mit speziellen Stoffen gefärbt sind, um ihre Struktur und Zusammensetzung besser erkennen zu können.

Eine mikroskopische Vergrößerung eines einzelnen Neurons, das schwarz eingefärbt wurde, um als Ganzes erkennbar zu werden, ist auf Bild **38** zu sehen. Es hat einen *Zellkörper* von etwa 0,05 mm Durchmesser (Neuronen unterscheiden sich in der Größe), mit dem verschiedene *Nervenfasern* verbunden sind.

Eine Faster heißt *Axon.* Es ist relativ glatt und hat die Aufgabe, Botschaften an andere Neuronen zu senden oder an Körperstrukturen wie Muskeln und Drüsen. Gehirnaxone sind relativ kurz, aber Neuronen in der Wirbelsäule können beispielsweise Axone von über einen Meter Länge haben (zum Beispiel die, welche vom Wirbelsäulenende bis zur Zehenspitze reichen). Das Axon ist die *Ausgangsfaser* des Neurons, und wir müssen es uns ungefähr wie das Kabel vorstellen, das vom Schaltpult in Bild **36** zum Schwellenapparat führt.

Alle anderen Fasern des Neurons heißen *Dendriten* und sind die *Eingangsfasern.* Sie sammeln Botschaften von den Axonendpunkten der anderen Neuronen, oder im Fall bestimmter Neuronen auf der Netzhaut von *lichtempfindlichen Rezeptoren* (denen in etwa die oben beschriebenen Fotozellen entsprechen). Dendriten sind oft mit dornartigen Fortsätzen bedeckt, die dann die eingehenden Botschaften sammeln. Eingangsaxone können allerdings auch direkt am Zellenkörper enden. Üblicherweise empfängt ein Neuron Botschaften von einer großen Anzahl anderer Zellen, deren Zahl oft in die Tausende geht.

Die Verbindung zwischen dem Axonendpunkt eines Neurons und dem Dendriten oder dem Zellkörper eines anderen Neurons wird *Synapse* genannt (griech: Verbindung). Die Verbindung ist allerdings nicht fest: eine kleine physikalische Lücke befindet sich zwischen Axon und Dendrit, oder zwischen Axon und Zellkörper. Eingehende Signale werden durch chemische Zwischenträger über den Spalt hinweg übermittelt, und diese Zwischenträger heißen Transmitter - wie diese arbeiten, braucht uns im Moment nicht zu interessieren.

Die Dendriten von Bild **38** und **39** haben kein genaues Äquivalant in den Schaltpulten von Bild **36** und **37**, aber die Synapsen würden etwa dort liegen, wo die eingehenden Kabel von den Fotozellen auf der Oberfläche des Schaltpults enden.

Botschaften der Nervenfasern, die durch die Axone transportiert werden, entsprechen schwachen elektrochemischen *Impulsen* (etwa 70 Millivolt). Jeder Impuls ist eine kurzfristige lokale Veränderung der elektrischen Ladung, die zwischen der Innen- und Außenseite des Axons besteht, sie wird von einer ebenfalls kurzfristigen Veränderung der Durchlässigkeit der Axonaußenhaut verursacht. An jedem Punkt entlang des Axons dauert diese Veränderung des elektrischen Potentials jeweils nur eine Millisekunde, aber sie breitet sich innerhalb der Faser vergleichsweise langsam aus, mit Geschwindigkeiten zwischen 1 und 100 Meter pro Sekunde, abhängig von der Art des Axons. Jedenfalls erreicht dieser Impuls dann die Synapse eines anderen Neurons, wobei er dieses andere Neuron entweder *erregt* oder *hemmt* (mithilfe chemischer Transmitter - siehe oben). Welche Art von Einfluß genommen wird, hängt vom Typus des Axons ab, das den Impuls übermittelt. Erregende Impulse bewegen das Neuron dazu, selbst zu »feuern«, das heißt, Impulse entlang seines eigenen Axons zu senden, hemmende Impulse bewirken genau das Gegenteil, das heißt, das Neuron hört auf, Impulse weiterzugeben. Wie das genau passiert, ist im Moment unerheblich - alles, was wir wissen müssen, ist, daß einige Impulse hemmend und andere erregend sind.

Ein Neuron, das beide Typen von Impulsen erhält, ist auf Bild **39** schematisch dargestellt. Einige Dendritendornen empfangen erregende Einflüsse von den Axonendpunkten, während andere wiederum Hemmung aufnehmen. In Wirklichkeit sind beide Typen von Impulsen nicht, wie auf Bild **39**, jeweils in Gruppen zusammengefaßt, sondern ineinander vermischt. Wir stellen sie getrennt dar, um zu verdeutlichen, daß ein Neuron genauso wie das vorher beschriebene Schaltpult funktioniert (vergleichen Sie zum Beispiel Bild **36** und **39**). Genau wie die Schaltpulte ist das Neuron eine Art Wahlurne. Erregende und hemmende »Stimmen« werden addiert und die sich dann ergebende Bilanz, die natürlich variabel ist, wird als Output weitergegeben.

Natürlich sind Neurone nicht im wörtlichen Sinn Schaltpulte; die Art, wie sie erregende und hemmende Einflüße kombinieren, ist nicht arithmetisch im Sinne eines elektronischen Rechners. Aber sie stellen ein Zusammenspiel zwischen Erregung und Hemmung dar, welches im Prinzip dem ähnlich ist, wie es für die Schaltpulte beschrieben wurde. Sie wägen ihre hemmenden und erregende Eingänge ab und antworten entsprechend. Nur wenig mehr muß über die Funktion von Neuronen für unseren Zweck verstanden werden. Wir brauchen nur dieses Zusammenspiel von Erregung und Hemmung zu begreifen - das wird uns

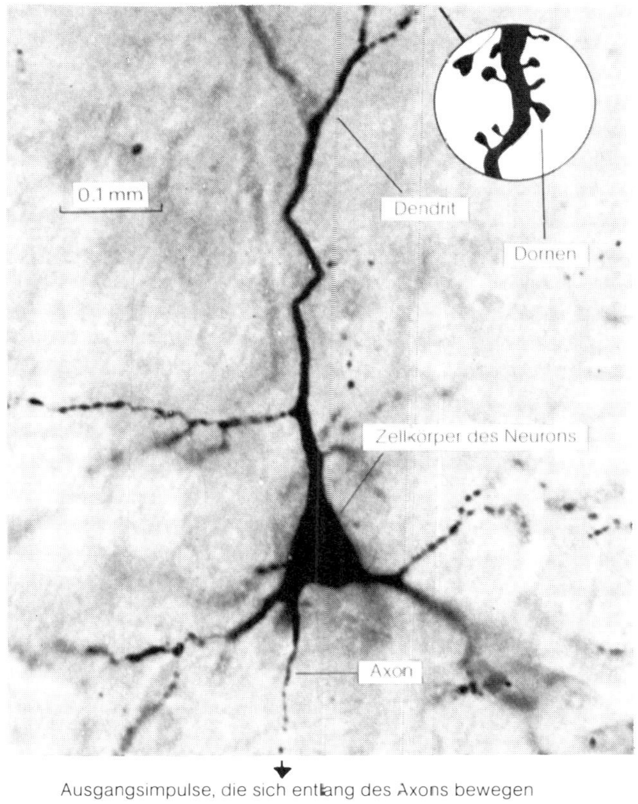

Bild 38. Mikroskopisches Bild eines einzelnen Gehirnneurons. Im Kreis wird in Diagrammform ein vergrößerter Ausschnitt eines Dendriten dargestellt. Er besitzt dornenartige Fortsätze, welche Inputs von den Axonen anderer Neuronen aufnehmen (letztere sind weder in der Ausschnittvergrößerung noch im Originalbild dargestellt).

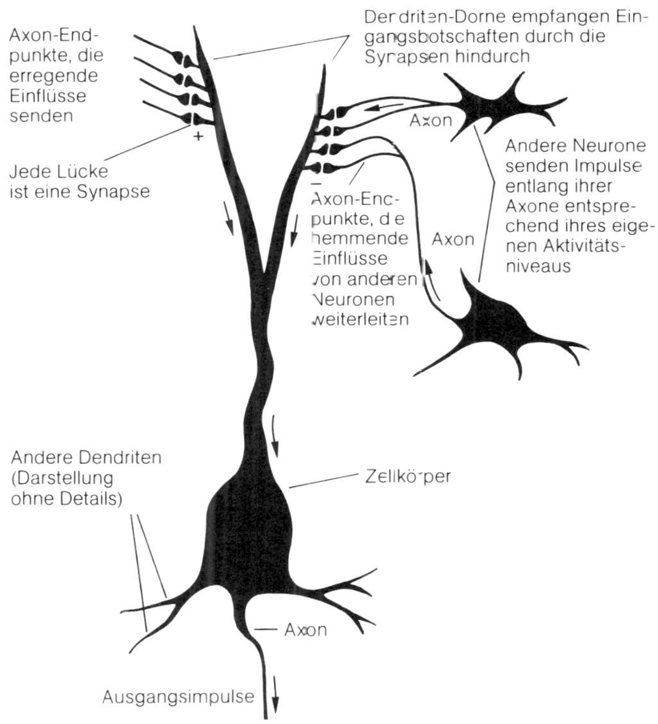

Bild 39. Diagramm eines typischen Neurons, das hier als Apparat dargestellt ist, der erregende und hemmende Einflüsse »verrechnet« und dementsprechend mit einer Entladungsrate von soundsoviel Impulsen pro Sekunde reagiert. (Vergleichen Sie Bild 38).

ein großes Stück weiterbringen zu verstehen, wie das Gehirn arbeitet, wenn es ein Abbild der visuellen Welt aufbaut.

Es wurde eben erwähnt, daß jedes Neuron wie das Schaltpult sein Erregungs-minus-Hemmungs-Potential als Output zum Ausdruck bringt. Der Output (die Ausgabe) eines Neurons ist natürlich keine Zahl wie beim Schaltpult, und der sich verändernde Output des Neurons nimmt nicht die Form einer sich verändernden Impulsstärke an. Nervenimpulse finden statt oder nicht: man sagt, sie folgen dem Gesetz des »Alles oder Nichts«, jeder Impuls ist ähnlich in Stärke und Dauer. Die Variation des Outputs eines Neurons drückt sich vielmehr in seiner *Entladungsrate* aus, das heißt der Anzahl von Impulsen, die pro Sekunde stattfinden. Ein sehr aktives Neuron kann manchmal bis zu 1000 Impulse pro Sekunde senden, üblich ist jedoch eine Rate von 50 - 200 Impulsen pro Sekunde. Grundsätzlich werden hohe Impulsraten dann festgestellt, wenn die erregenden Einflüsse die hemmenden übersteigen. Ein Neuron, dessen erregende Eingabe sich mit der hemmenden die Waage hält, ist entweder völlig inaktiv oder sendet mit einer niedrigen Restentladungsrate. Wenn eine Zelle auf dieser Restrate sendet, muß die Hemmung die Erregung bis zu einem gewissen Punkt übersteigen, bevor die Zelle völlig inaktiv wird und keinerlei Impulse entlang des Axons sendet.

Eine Einzelheit ist vielleicht an diesem Punkt der Diskussion wichtig: einige Neuronen (zum Beispiel die bipolaren Zellen der Netzhaut, siehe Seite 140) reagieren auf die Erregungs- und Hemmungswerte, die sie empfangen, mit einer *graduellen Veränderung ihres Potentials* entlang der Zellmembranen. Das ändert allerdings nichts an der grundsätzlichen Situation, daß die meisten Neuronen ihren Output über Axone vermitteln, und zwar als »Alles oder Nichts«-Impulse, die lediglich in ihrer Häufigkeit, nicht in ihrer Stärke variieren. Auch Rezeptoren reagieren mit einer graduellen Potentialänderung und nicht mit Impulsen, ihr Spannungspotential ist proportional der Lichtstärke des eingehenden Bildes. Dieses graduelle Spannungsniveau entspricht also vollständig den Zahlen auf der Grautonbeschreibung eines Computers (siehe Seite 11 in diesem Kapitel auch Seite 38).

Weil Neuronen ihre Ausgabe als Entladungsrate ausdrükken und weil ihre Restrate normalerweise sehr niedrig ist, haben sie im Vergleich zu Schaltpulten Schwierigkeiten, starke Hemmung zu registrieren. Schaltpulte können mit Leichtigkeit negative Zahlen ausdrücken. (Denken Sie auch daran, wie leicht es für einen elektronischen Rechner ist, negative Zahlen zu produzieren!) Aber Neurone können keine »negative Entladungsrate« haben, sie können nicht unter Null Impulse pro Sekunde fallen. Das Beste, was sie noch tun können, ist ihre Restrate auf Null zu bringen – einige Neurone haben noch nicht einmal eine niedrige Restrate, die sie auf Null bringen könnten! Natürlich könnte man sich fragen, welchen Sinn es haben soll, starke Hemmung zu registrieren. Wenn Hemmung die Erregung aufhebt, ist das nicht genug? Die Anwort ist, daß starke Hemmung es erst ermöglicht, eine Form mit umgekehrten Helligkeitsverhältnissen zu erkennen. Auf Bild **36** löst ein weißer Winkel auf dunklem Grund ein stark erregendes Signal aus. Hätte es sich um einen dunklen Winkel auf hellem Untergrund gehandelt, wäre ein ebenso starkes hemmendes Signal ausgelöst worden (Bild **40**). Und zwar deswegen, weil das Licht, das auf die hemmenden Flanken fällt, eine Menge Hemmung stimuliert hätte, und diese nicht durch die begrenzte Erregung, die aus der erregenden Zone kam, aufgehoben worden wäre. Ein stark hemmendes Signal ist also ein guter Indikator für eine Winkelfigur, wenn auch mit umgekehrten Helligkeitsverhältnissen. Und wenn die Schwelle im Schwellenapparat *entweder* auf plus 50 *oder aber* minus 50 gesetzt würde, wären beide Bedingungen ausreichend, um den Schalter zu schließen, was »Winkel vorhanden« bedeutet.

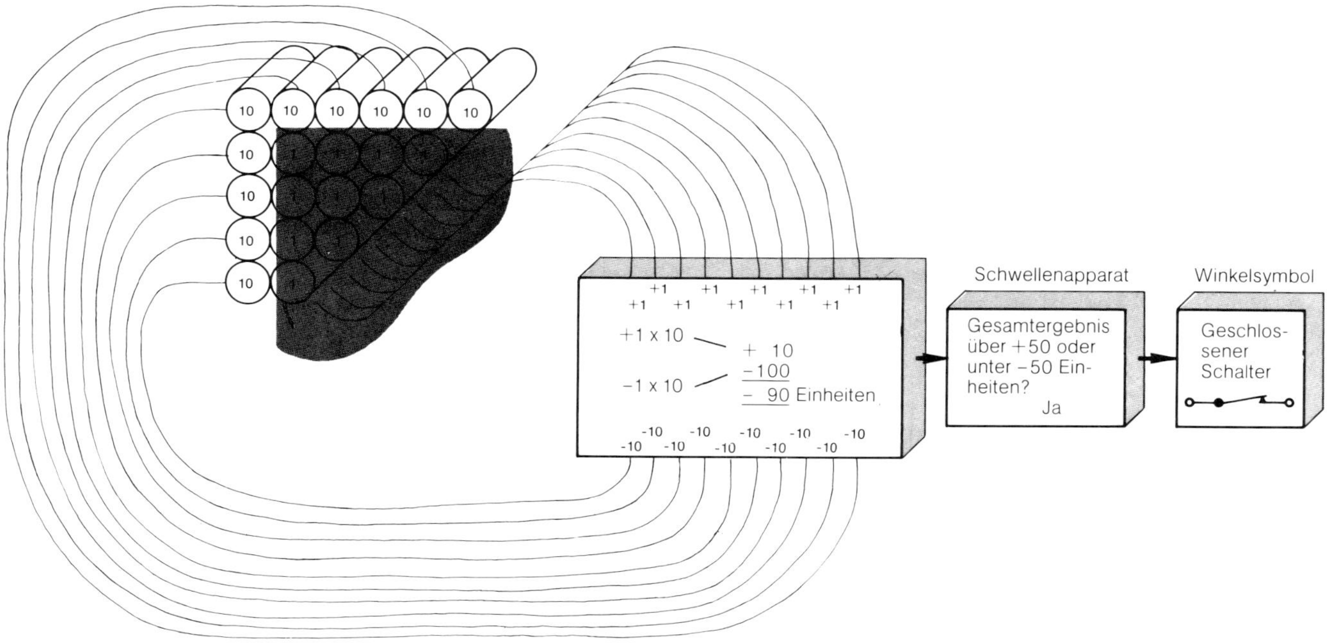

Bild 40. Der Winkeldetektor, der mit einem dunklen Winkel auf hellem Grund konfrontiert wird.

Der Gebrauch von stark hemmenden Signalen, um Dunkel-auf-hell-Winkel darzustellen, ist dem Gehirn nicht möglich. Seine Neuronen empfangen Botschaften von den lichtempfindlichen Rezeptoren der Netzhaut (Bild **41**), die den schon beschriebenen Fotozellen grob ähneln. Wenn das Erregungs-minus-Hemmungs-Niveau für irgendein beliebiges Neuron Hemmung favorisiert, ist das einzige, was ein Neuron tun kann, sich still zu verhalten. Wie oben erklärt, kann es keine Minusmenge in seinem Output ausdrücken. Das Gehirn benötigt dementsprechend zwei unterschiedliche Sätze von Neuronen, einen Satz für Hell-auf-dunkel-Figuren und einen Dunkel-auf-hell-Figuren. Die Art und Weise, wie beide Sätze arbeiten, ist auf Bild **41** schematisch dargestellt: ein hypothetisches Winkelformneuron. Der Trick des Gehirns ist dabei einfach der, die Art der Wirkung umzukehren, je nach Bedürfnis der Zelle. Im oberen Neuron (hell-auf-dunkel) des Bildes **41** stimuliert der Winkel selbst Erregung, die Flanken Hemmung, wie beim Schaltpult auf Bild **36**. Im unteren Neuron jedoch (dunkel-auf-hell) stimuliert der Winkel Hemmung und die Flanken stimulieren Erregung – die umgekehrte Anordnung wie beim oberen Neuron. Nun kann aber jedes Neuron ein positives Signal an die Schwelleneinheit senden, und das Problem keine negativen Entladungsraten senden zu können, ist ausgeräumt. Ein schlauer Trick, nicht wahr?

Das Rezeptormosaik des Auges

Ein Unterschied zwischen den Darstellungen auf den Bildern **36**, **37** und **40** und dem Bild **41** ist der, daß in der Netzhaut ein *Rezeptormosaik* die Fotozellenanordnungen ersetzt. Diese Modelle waren, wie gesagt, Anordnungen von Fotozellen; jede Fotozelle stand in Verbindung mit einem Schaltpult, das erregende oder hemmende Impulse aufnahm. Aber bedenken Sie nur das Problem, das entstehen würde, wenn man ein gegebenes Fotozellenmuster über das gesamte Bild hin anwenden würde. Erinnern wir uns an die Absicht, die wir in Bild **33** noch hatten, nämlich daß immer dort, wo es die Detektorenanordnung mit einer bestimmten Form zu tun hat, ein Schalter geschlossen wird. Wenn nun jeder Schalter seine eigene Fotozellenanordnung hätte, würde sofort die Schwierigkeit auftauchen, ihnen allen gleichzeitig einen guten Eindruck von dem Input-Bild zu verschaffen. Auf Bild **35** sind zwei Fotozellenanordnungen zu sehen, die gleichzeitig ein Input-Bild

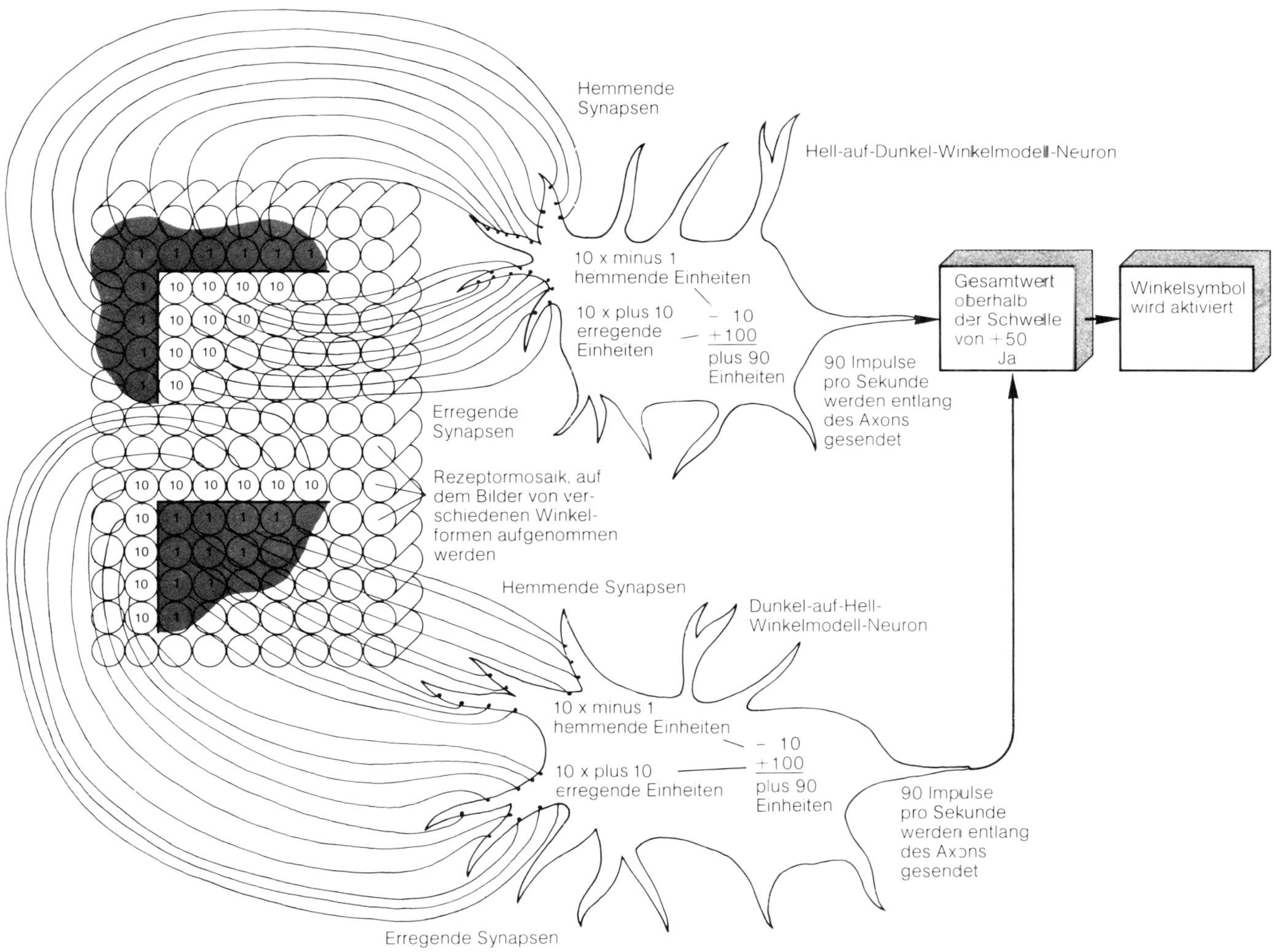

Bild 41. Die Lösung des Gehirns zur Unterscheidung von Hell-auf-dunkel- und Dunkel-auf-hell-Formen. (Die sensorischen Neurone empfangen die Information nicht vom Auge direkt, sondern über die Vermittlung anderer Nervenzellen; insofern ist dieses Diagramm vereinfacht und schematisch.)

untersuchen, aber sie tun dies in verschiedenen Regionen des Bildes. Was wäre nun, wenn sich die Regionen überschneiden würden? (Betrachten Sie, nur zur Erinnerung, den Ausschnitt von Bild **32** auf Tafel **2**, wo sich überlappende rezeptive Felder zu sehen sind.) Die Muster würden sich selbst im Wege stehen, eins würde dem anderen die Sicht blockieren. Zum Beispiel würde eine Fotozellenanordnung, die nach »Winkel-die-nach-rechts-obenzeigen« sucht, einer anderen Anordnung, die in der gleichen Region nach einem Rand sucht, den Blick verstellen. Und dieses Problem würde sich immens vergrößern, wenn die Fotozellenanordnungen von allen Detektoren, die auf Bild **33** zu sehen sind, zur gleichen Zeit das gleiche Bild inspizieren würden.

Computersysteme umgehen dieses Problem oftmals dadurch, daß sie *serielle Raster* des Input-Bildes herstellen. Auf Bild **2** wurde ein solches Arrangement dargestellt: eine einzelne Fotozelle konnte sukzessive über ein ganzes Bild bewegt werden, um eine Grautonbeschreibung des Inputs herzustellen. Wenn diese einzige Fotozelle nun durch eine entsprechende Fotozellenanordnung ersetzt würde, könnte eine ähnliche Rasteroperation zur Identifizierung von Formen duchgeführt werden – wobei die Ergebnisse in der jeweiligen Region dazu genützt würden, den Schalter zu schließen, der in der entsprechenden Region der angeschlossenen Detektoranordnung »Form anwesend« symbolisiert. Und wenn einmal das Input-Bild mit einem bestimmten Typ von Fotozellenanordnung für eine bestimmte Form bearbeitet (gerastert) ist, könnte diese Anordnung durch eine andere ersetzt werden, die die nächste Figur erkennt, und neue Raster könnten hergestellt werden, bis alle Detektorenanordnungen auf Bild **33** versorgt wären.

Obwohl serielles Rastern, wie es gerade beschrieben wurde – ein Fotozellenmuster wird physikalisch über das gesamte

Bild 42. Foto von Zellen in der menschlichen Netzhaut, die mit Geradeaus-Sehen zu tun haben (die Fovea), von oben unter einem Mikroskop betrachtet. (x 1200)

Bild bewegt – theoretisch machbar ist, wird in den meisten Computersystemen einer anderen Form des seriellen Rasterns der Vorzug gegeben. Von Bild **2** her werden wir uns erinnern, daß die Grautonbeschreibung eines Input-Bildes im Computergedächtnis als eine Anzahl von Nummern gespeichert wurde. Diese Art der Beschreibung wird tatsächlich meist durch ein Rastersystem aufgebaut, manchmal wie in Bild **2** beschrieben, häufiger jedoch durch Benutzung des elektronischen Rastersystems einer Fernsehkamera. Ist diese Grautonbeschreibung jedoch einmal gemacht, sind keine weiteren direkten Raster des Input-Bildes mehr nötig. Stattdessen ist es ein leichtes, den Computer zu instruieren (technisch, ihn zu »programmieren«), die benötigten weiteren Raster von der Grautonbeschreibung selbst zu erheben. Der Computer wird über eine Winkelfigur (oder irgend eine andere Form) informiert, und er wendet sukzessive dieses Muster auf die Zahlenkollektion in seinem Gedächtnis an. Das heißt, er schaut in die Region des Bildes, die in der Grautonbeschreibung von dem Winkelmuster abgedeckt wird, das heißt auf die entsprechende Position des rezeptiven Feldes, notiert, welche Grautonnummern für erregend gelten und welche für hemmend und berechnet das entsprechend. Dieser Rechenvorgang wird für jede Subregion aller rezeptiven Felder der Grautonbeschreibung durchgeführt, und immer dann, wenn Berechnungen gefunden werden, die oberhalb des Schwellenwertes liegen, wird ein Schalter geschlossen. Diese Rasterermittlung ist im großen und ganzen immer noch seriell und entspricht mehr oder weniger dem direkten Rastern eines Bildes mit Hilfe einer Fotozelle. Der Vorteil des Rasterns auf diese Weise besteht darin, daß die ungeheure Geschwindigkeit, mit der heutige Computersysteme arbeiten, genutzt werden kann. Auf diese Weise können nämlich die seriellen Berechnungen von einer Grautonbeschreibung, die im Computergedächtnis gespeichert ist, viel schneller durchgeführt werden als entsprechende Berechnungen, die mit einer Fotozelle arbeiten, welche mechanisch über das gesamte Bild bewegt wird.

Das menschliche visuelle System löst das Problem der multiplen Formenraster auf noch andere Weise, übrigens ähnlich wie die meisten biologischen visuellen Systeme. Seine Bausteine, die Neuronen, sind in mancherlei Hinsicht, verglichen mit Computerbestandteilen, äußerst langsam arbeitende Instrumente. Müßte das Gehirn sich auf serielles Rastern verlegen, würde es kaum die Aufgabe meistern können, eine momentan stattfindende Szene zu analysieren, bevor diese Szene nicht schon wieder gewechselt hätte und eine neuerliche Analyse notwendig würde! Auch wenn moderne Computer schnell arbeiten, betreiben sie das serielle Rastern dermaßen zeitaufwendig, daß ihre Fähigkeit, mit einem eingehenden Bild auf zufriedenstellende Weise fertig zu werden, recht beschränkt ist. Im gegenwärtigen Stadium der Entwicklung findet man nicht selten Computer, die gedankenverloren für Stunden über einem einzigen Bild brüten. So etwas wäre unbrauchbar für ein Tier, das visuelle Informationen blitzschnell nutzen muß, um seine Überlebenschancen in einer natürlichen Umwelt zu vergrößern. Biologische visuelle Systeme haben das Problem dadurch gelöst, daß sie reich ausgestattete *parallel*

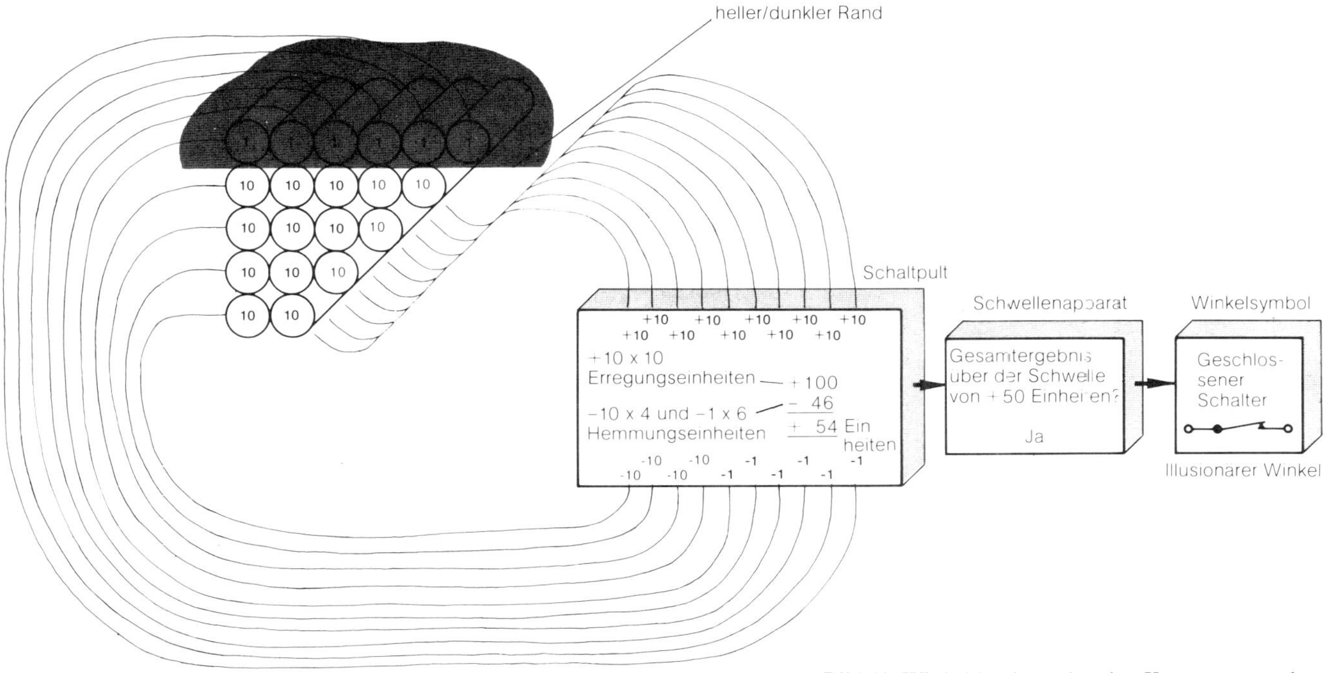

Bild 43. Winkeldetektor, der eine Kante untersucht.

arbeitende Prozessorensysteme entwickelt haben. Das heißt, sie haben die Methode gewählt, Muster von Formen anzufertigen, so daß alle Zonen des eingehenden Bildes und alle Arten von Figuren und Formen parallel, das heißt gleichzeitig untersucht werden können. Das menschliche visuelle System hat einige Ähnlichkeiten mit seriellen Rastern, wobei das zentrale Sehen besonders gut mit Fähigkeiten zur Bildverarbeitung ausgestattet ist, welche sukzessive über das ganze Gesichtsfeld genutzt werden. Dieser serielle Modus wird möglich gemacht durch schnelle Augen- und Kopfbewegungen, die das Zentrum des Gesichtsfeldes dahin verlagern, wo es gerade am nötigsten gebraucht wird. Die grundlegende Anordnung des visuellen Systems ist jedoch die Parallelität, und erste Hinweise darauf finden sich im Rezeptormosaik der Netzhaut.

Ein vergrößerter Ausschnitt einer kleinen Region des menschlichen Rezeptormosaiks ist auf Bild **42** zu sehen. Das ist die lichtempfindliche Oberfläche des Auges, und auf dieser Oberfläche wird das Input-Bild durch die Linsen des Auges abgebildet. Jeder Rezeptor ist eine spezialisierte Zelle, welche in der Lage ist, auf Licht zu reagieren und eine Botschaft über die Intensität der Lichteinwirkung an die nächste Schicht von Zellen in der Netzhaut weiterzugeben. In Kapitel 6 werden diese Netzhautmechanismen in allen Einzelheiten beschrieben werden. Im Moment genügt es, jeden Rezeptor als die Entsprechung einer Fotozelle zu verstehen, wie es so oft im vorliegenden Kapitel dargestellt wurde.

Das wichtigste, was über das Rezeptormosaik im Gedächtnis zu behalten ist, ist die Tatsache, daß es eine Grautonbeschreibung des Input-Bildes herstellt. Jedoch nicht, wie auf Bild **2**, durch sukzessives Rastern mittels einer einzigen Fotozelle, sondern durch eine Vielzahl von Rezeptoren, die gleichzeitig jeden Punkt des Bildes als Grauton beschreiben. Es gibt etwa 160 Millionen Rezeptoren im menschlichen Auge, und der Output des Rezeptorenmosaiks kann in etwa als eine Grautonbeschreibung angesehen werden, wie auf Bild **2**, wo jeder Rezeptor ein »pixel« liefert.

In Bild **41** wird jeder Rezeptor mit einem »Kabel« gezeigt, das das Signal der Grauton-Intensität an eines der Winkelmusterneuronen weiterleitet. Dieser einzigartige, direkte Typ von Kommunikation existiert in der Praxis nicht, und wird nur verständnishalber so vereinfacht dargestellt. In Wirklichkeit füttern die Rezeptoren ihre Signale anderen Zellen in der Netzhaut ein (siehe Kapitel 6), und diese Zellen wiederum füttern dann die Gehirnneuronen über die Sehbahnen (siehe Kapitel 3). Mehr noch, und das ist für unser augenblickliches Thema viel wichtiger, jeder Rezeptor beeinflußt in Wirklichkeit nicht nur ein Neuron, wie auf Bild **41**, sondern Hunderttausende von Neuronen, vielleicht sogar Millionen. Kurz gesagt, die *Grautonberechnung die von jedem Rezeptor hergestellt wird, wird immer wieder durch viele, viele Gehirnzellen benutzt, die alle parallel arbeiten.* Viele Bildanalysen – auf Bild **41** nur durch eine Winkelformanalyse dargestellt, obwohl tatsächlich wesentlich mehr ausgeführt werden – laufen zur gleichen Zeit in allen Bereichen des Gesichtsfeldes ab. Diese ungeheure Fähigkeit des visuellen Systems, parallel zu arbeiten, bewirkt, daß es die Aufgabe einer Szenenbeschreibung so schnell leisten kann. Die parellele Verarbeitung belastet die Nachrichtenübermittlungssysteme zwar sehr, denn jeder Rezeptor steht letztendlich mit vielen Gehirnzellen in Verbindung, aber die Belastung wird durch das Gehirngewebe gut verkraftet, wie wir in Kapitel 3 sehen werden. Im Moment sieht es so aus, daß wohl Computer erfunden werden müßten, die ebenfalls auf paralelle Weise arbeiten, wenn sie in der Lage sein sollen, effektiv und schnell mit natürlichen Szenen in einer realistischen Umwelt umzugehen.

Das Problem der Mehrdeutigkeit im Formen-Erkennen

Soweit unsere Abschweifung in Mechanismen, die das visuelle System benutzt, um Erregung und Hemmung zu berechnen. Wir werden dieses Thema der visuellen Mechanismen des Gehirns im nächsten Kapitel wieder aufnehmen, doch im Moment wollen wir zum Hauptthema dieses Kapitels zurückkehren, zu den Grundlagen des Aufbaus einer Formenbeschreibung.

Wir haben bisher herausgefunden, daß der verbesserte Winkeldetektor bei einer wirklichen Ecke sehr gut arbeiten würde und sich auch nicht durch große gleichmäßig beleuchtete Flächen täuschen lassen würde. Was aber wäre mit anderen Bereichen des Input-Bildes, so zum Beispiel mit den Rändern, die den Winkel bilden? Sind hier vielleicht Probleme zu überwinden?

Auf Bild **43** ist zu sehen, welches Ergebnis resultiert, wenn man einen hell-dunklen Rand im rezeptiven Feld anvisiert. Die Erregungsberechnung ist wie vorher: plus 100 Einheiten. Aber das Hemmungsniveau ist weit geringer als minus 100 Einheiten, die im Falle gleichmäßiger Ausleuchtung des gesamtes Feldes erzielt worden wären (siehe Bild **37**). Die Hemmung beträgt nur mehr minus 46 Einheiten. Die hemmende Flanke, die gut beleuchtet ist, ergibt einen Wert von minus 40 Einheiten. Die obere Flanke ist nur schwach erleuchtet und ergibt nur minus 6 hemmende Einheiten. Die gesamte Rechnung ergibt nun plus 54 Einheiten, was über dem Schwellenwert liegt. Konsequenterweise wird ein Winkel da angezeigt, wo nur ein Rand existiert. Wir finden hier also ein weiteres Problem vor: der Winkeldetektor produziert ein mehrdeutiges Signal. Von der Schließung des Schalters her ist es unmöglich, festzustellen, ob wir einen Rand oder einen Winkel vor uns haben.

Die Lösung könnte darin bestehen, daß wir die für das Schließen des Schalters notwendige Schwelle erhöhen, von sagen wir plus 50 Einheiten auf plus 70 Einheiten. Doch dies führt unweigerlich zu der bereits bekannten Schwierigkeit: dunkle Winkel würden dann, wie in **44** gezeigt, verfehlt werden. Tatsächlich war das Problem der Entdeckung dunkler Winkel implizit in den Winkeldesigns von Bild **34** und **35** enthalten. Der Schwellenwert war willkürlich für den Zweck der Demonstration auf plus 50 gesetzt worden, aber sogar dieses Niveau hatte sehr dunkle Winkel bereits davor bewahrt, entdeckt zu werden. Damit sind wir an einem kniffligen Punkt angelangt: wird der Schwellenwert niedrig angesetzt, erhalten wir illusionäre Winkel bei tatsächlich vorhandenen Rändern; wird er hoch angesetzt, können wir sehr dunkle Winkel nicht mehr erkennen. Wie kann dieses Dilemma gelöst werden? Die grundlegende Schwierigkeit ist einfach auszudrücken; die Signale der Detektoren *sind in sich mehrdeutig.* Dies wird auf Bild **45** sehr deutlich, wenn bei der Benutzung unseres alten Schwellenarrangements mit plus 50 Einheiten eine Ypsilonform aus hellen Punkten auf dunklem Untergrund als Winkel registriert wird! Das ist natürlich ziemlich lächerlich

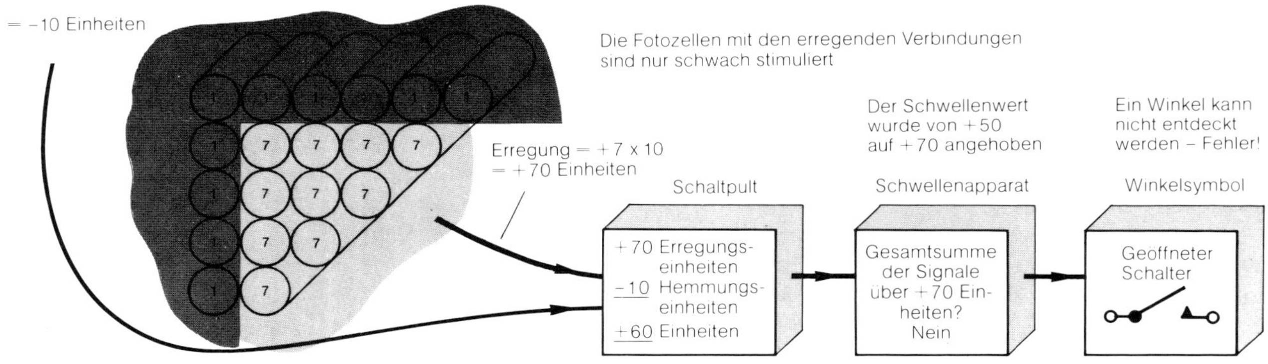

Bild 44. Winkeldetektor, der einen relativ dunklen Winkel untersucht.

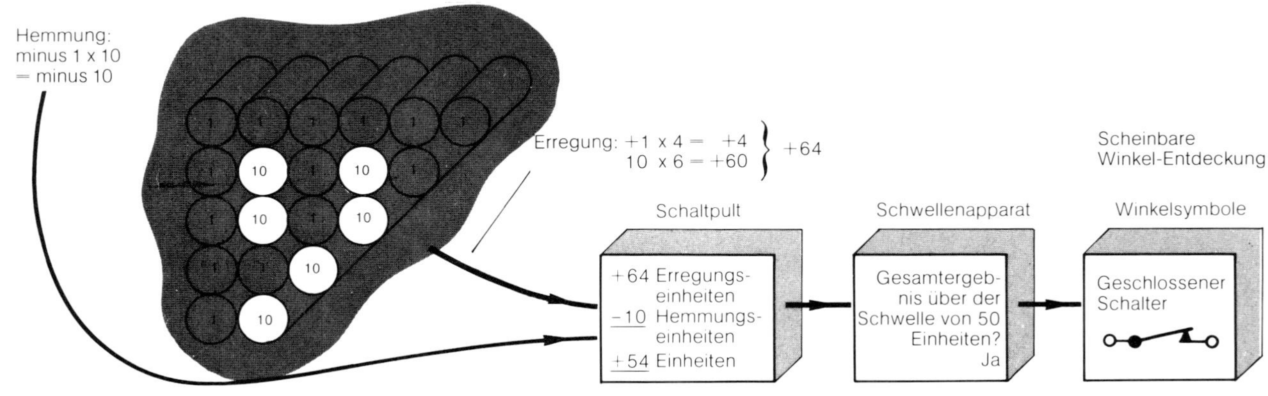

Bild 45. Ein durch in Y-Form angeordnete helle Punkte in die Irre geführter Winkeldetektor.

und zeigt nur noch einmal, wie mehrdeutig die Detektorensignale sind. Mit anderen Worten, es ist überhaupt nicht klar, ob eine starke Reaktion des Detektors auf eine Form im Input-Bild die Anwesenheit eines Winkels reflektiert oder nicht. Wenn auch schon mancherlei Tricks versucht worden sind, die Ergebnisse von Formendetektoren dieses Typs zu verbessern (siehe Vorschläge zur weiterführenden Lektüre am Schluß dieses Buches) wird der neue Ansatz zum Problem des Formenerkennens ein radikal anderer sein müssen und auf folgenden Prämissen basieren:

1. es wird der Versuch aufzugeben sein, Formenmuster zu bauen, die so komplex wie ein Winkel sind; stattdessen wollen wir uns darauf konzentrieren, nur noch Ränder zu erkennen und dann die Muster-Beschreibung einer Ecke aufbauen aus der Beschreibung zweier Ränder, die (gleich einer Ecke) im rechten Winkel zueinander liegen;
2. wollen wir *mehrere Messungen* vornehmen, mit unterschiedlichen Mustern, denen dann
3. eine *Interpretation dieser Messungen* als Ganzes folgt, um eine eindeutige und gesicherte Antwort über den Typus der vorhandenen Winkelform abgeben zu können.

Dieser dreifache Ansatz berührt das grundlegende Problem der Mehrdeutigkeit von Mustersignalen direkt, und er scheint darüber hinaus der Ansatz zu sein, den das biologische visuelle System, einschließlich des menschlichen visuellen Systems, gewählt hat. Die Einzelheiten dieses Problems sollten wir jedoch besser beiseite lassen, bis im nächsten Kapitel der Sehapparat des Gehirns beschrieben wird.

Konvolution (Drehung)

Bevor ich zu diesem Kapitel fortschreite, möchte ich noch einmal die inhärente Mehrdeutigkeit des Winkeldetektors betonen, indem ich ihn bei der Arbeit an einem reichdetaillierten Grautonbild zeige. Dies ist eine besonders gute Möglichkeit zu demonstrieren, daß der Detektor auf unerwünschte Weise sensibel gegenüber vielen anderen Formen neben Winkeln des speziellen Typs ist. Das Motiv, das ich gewählt habe (Bild **46**), ist eine gerahmte Version des Modigliani-Gemäldes, mit dem ich dieses Buch begann. Die obere linke Ecke des Bildes, die innerhalb des rezeptiven Feldes liegt, ist ein besonders geeigneter Testfall für unseren Detektor für helle Winkel, deren Spitze nach links oben zeigt auf dunklem Untergrund. Aber das Gemälde enthält auch alle möglichen anderen Formen, denen gegenüber der Detektor »blind« sein müßte, wäre er ein wirklich zuverlässiger Winkeldetektor. Wie aber geht ein Winkeldetektor wirklich vor, wenn er mit einem so reich detaillierten Grautonbild konfrontiert ist?
Es wäre eine recht aufwendige Arbeit, alles von Hand zu machen und den Detektor auf jede Subregion der Grautonbeschreibung des Gemäldes anzusetzen und die Erregungs-Hemmungs-Berechnung jeweils vorzunehmen. Gottlob ist diese mühselige Übung nicht notwendig: wir können einen Computer programmieren, der diese Aufgabe für uns übernimmt. Von Bild **2** haben wir noch in Erinnerung, daß die Grautonbeschreibung eines Input-Bildes vom Gedächtnis des Computers gespeichert werden kann. Diese Grautöne sind als Nummern registriert und entsprechen den Fotozellenergebnissen, wie sie auf vielen Abbildungen dieses Kapitels zu sehen sind. Es ist problemlos, den Computer dahingehend zu programmieren, daß er die Erregungs-Hemmungs-Berechnungen vornimmt, die für die Winkeldetektoranlage vorgesehen sind. Er notiert einfach aus seinem Gedächtnis die Fotozellenergebnisse, stellt fest, welche entsprechend der Modellvorlage erregend bzw. hemmend zu sein haben, und zählt die Ergebnisse zusammen, um die verlangte Erregungs-minus-Hemmung-Berechnung zu erhalten. Er nimmt diese Berechnung für jede einzelne Subregion des rezeptiven Feldes vor (siehe Bild **32**, Tafel **2**) und speichert den errechneten Wert in einem anderen Teil seines Gedächtnisses.
Die Frage nun:
wie können die Berechnungen für das gesamte Bild so »sichtbar gemacht werden«, daß wir sehen, wie der Computer seine Aufgabe gelöst hat? Die Antwort lautet: Es muß ein Volltonbild hergestellt werden, auf dem jedes Quadrat einen Grauwert entsprechend dem errechneten Zahlenwert hat (**46**). Ist der errechnete Wert hoch, wird ein heller Punkt gedruckt. Ist der Wert null oder nahe null, muß ein mittelgraues Quadrat gedruckt werden. Und ist der Wert negativ, weil die Hemmung die Erregung übertrifft, wird das Quadrat mehr oder weniger schwarz sein müssen. Das fertige Ergebnis ist dann ein Vollton-*Konvolutionsbild* (Drehungsbild), so genannt, weil der Vorgang, ein Formenmodell über ein gesamtes Bild anzuwenden und dann zu sehen, wie gut es funktioniert, *Konvolution* (Drehung) heißt. Ein einzelnes Quadrat im Konvolutionsbild auf Bild **46** ist zu klein, um als separate Einheit sichtbar zu werden, denn das ganze Bild enthält 16.384 (128 mal 128) Quadrate (vergleiche Bild **3**). Es ist trotzdem wichtig, sich dieses Drehungsbild aus vielen kleinen Quadraten zusammengesetzt *vorzustellen*, in dem die Helligkeit jedes einzelnen Quadrates die Berechnung eines Winkelformmodells darstellt. Einen Detektor mit einem Input-Bild zu »konvoltieren«, ist eine häufig angewandte Technik des Bildherstellungsverfahrens, in künstlichen sowie biologischen Systemen, und es ist grundlegend, diesen Vorgang zu verstehen. Der wichtigste Punkt ist, sich klarzumachen, daß das Konvolutionsbild keine Grautonbeschreibung ist: seine zahlreichen Elemente variieren in der Intensität der Grautöne, aber *nicht* entsprechend der Lichtintensität der Punkte auf dem Input-Bild. Vielmehr variieren die Elemente in verschiedenen Grautönen, um die Güte und Exaktheit der Musterform, die auf das Input-Bild angewendet wurde, zum Ausdruck zu bringen. Jedes Element des Konvolutionsbildes hat eine Position, welche den Punkt auf dem Input-Bild darstellt, auf welchen die Musterform gerichtet war, als die Güte und Übereinstimmung des Modells mit dem entsprechenden Punkt berechnet wurde. Dies wird auf Bild **46** durch die verlängerten, konisch verlaufenden Linien dargestellt, die bestimmte Elemente des Konvolutionsbildes mit deren rezeptiven Feldern auf dem Grautonbild verbinden. Zur Vereinfachung sind nur drei dieser Beziehungen auf Bild **46** hervorgehoben, doch sollte man sich jedes Element so vorstellen, daß es ein ebensolches entsprechendes rezeptives

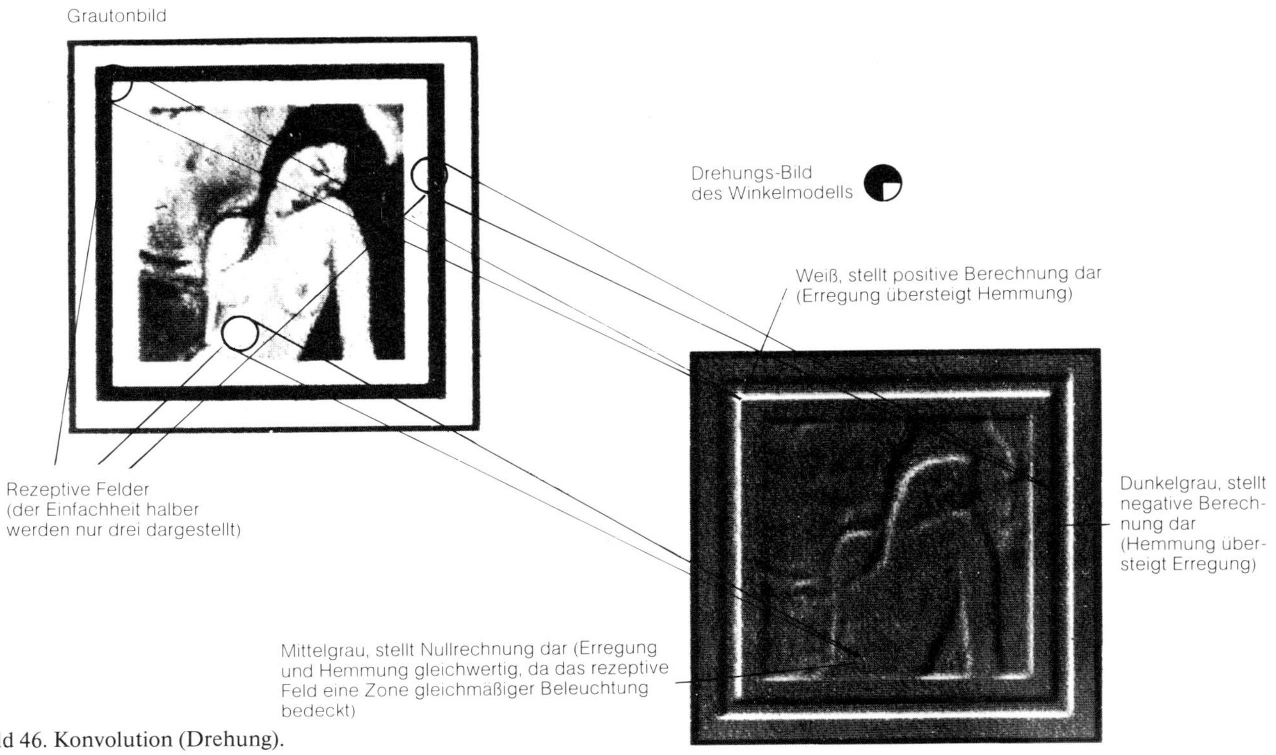

Bild 46. Konvolution (Drehung).

Feld, das sich mit benachbarten rezeptiven Feldern überschneidet, besitzt - so etwa, wie es auf dem vereinfachten Diagramm auf Bild **32** (Tafel **2**) dargestellt wird.

Der offensichtlichste und gleichzeitig überraschendste Aspekt des Konvolutionsbildes ist, daß der Umriß des Gemäldes getreu nachgezeichnet wurde. Etwas ganz anderes hätte passieren müssen, wenn unser Winkeldetektor so arbeiten würde, wie wir es von ihm erwarten. Dann hätte nämlich nur ein einziges Element im Konvolutionsbild ganz weiß sein dürfen - das Element, dessen rezeptives Feld die obere Ecke des Bildrandes abgedeckt hat - während alle anderen Elemente höchstens mittelgrau sein dürfen. (Sehen Sie noch einmal auf Bild **33** nach!) Wir wären ja schon zufrieden, wenn wenigstens einige »nahezu mittelgraue« Elemente zu sehen wären, (welche einen niedrigen Wert, aber Nicht-Null-Berechnung darstellen), weil diese unterhalb jedweden vernünftigen Schwellenwerts gefallen wären, den wir zur Darstellung von »Winkel vorhanden« gesetzt haben. Auch die Anwesenheit sehr dunkler Elemente wäre nicht weiter störend gewesen, weil diese ja sinnvollerweise die Anwesenheit eines dunklen Winkels auf hellem Grund symbolisieren könnten (das heißt, ein Winkel des richtigen Typs mit umgekehrten Helligkeitsverhältnissen, siehe Bild **40**). Kurz gesagt, das Problem auf dem Konvolutionsbild **46** ist das Vorhandensein vieler Elemente, deren Helligkeitsgrad weder nahe am Mittelgrau-(=Null)-Wert liegt, noch nahe den weißen oder schwarzen Endpunkten der Skala. Diese Elemente illustrieren also sehr gut die *inhärente Mehrdeutigkeit des Winkeldetektors*, und als solche stellen sie das Hauptproblem dar. Wie sollen sie interpretiert werden? Stellen sie nun schwach kontrastierte Winkel des richtigen Typs dar, oder sind sie Spurenelemente von Rändern, oder Winkel des falschen Typs, Flecken etc.? Spätere Prozesse, die die Modellberechnungen zu nutzen versuchen, hätten, so wie die Dinge stehen, keine Möglichkeit, es herauszufinden. Offenbar können die Winkelmodellberechnungen nicht einfach als Grundlage für das Schließen eines Schalters genommen werden, was »Winkel vorhanden« bedeutet, (oder auch für die Aktivierung von irgendwelchen anderen Winkelsymbolen, diejenigen eingeschlossen, die vom menschlichen Gehirn verwendet werden). Das Ziel, das auf Bild **33** in Angriff genommen werden sollte, kann nicht auf der Grundlage solch *mehrdeutiger Daten* erreicht werden.

Schlußfolgerungen

Es mag müßig erscheinen, soviel Zeit auf die Beobachtung des Verhaltens eines Winkeldetektors zu verwenden, nur um ihn hinterher als unbrauchbar für die Entdeckung von Winkel zu verwerfen! Tatsächlich aber bestehen gute Gründe für diese sorgfältige Prüfung. Der Hauptgrund ist, daß dies eine gute Einführung in einige fundamentale Konzepte der Bildverarbeitung ist, wie Erregung, Hemmung, Formenmodelle, Konvolution, Schwelle, rezeptive Felder, Ortcodes etc. Die Kenntnis dieser Konzepte ist notwendig für das Verständnis des nachfolgenden Kapitels. Ein zweiter Grund ist der, daß erst seit kurzem die Schwierigkeiten, die die Ambiguität von Formenmodellen mit sich bringt, vollends klar geworden ist, und daß diese Erkenntnis zu einer radikalen Neuinterpretation einiger klassischer Befunde über den Sehapparat des Gehirns geführt hat, wie wir im nächsten Kapitel sehen werden. Die Bedeutung dieser Neuinterpretation kann erst richtig eingeschätzt werden, wenn man den Standpunkt kennt, der ihr vorausging.

3 Das visuelle System des Gehirns

Das menschliche Gehirn ist ein ungeheuer kompliziertes Gebilde, das eng gepackt in seinem schützenden Gehäuse, dem Schädel sitzt. Die allgemeine Erscheinung des Gehirns ist einem graurosa Gelée mit faltiger Haut ähnlich, und seine Weichheit und Konsistenz entspricht auch in etwa der eines Gelées. Auf irgendeine Weise vermittelt oder kontrolliert dieses oberflächlich unscheinbare Gebilde solch komplexe Prozesse wie Denken, Erinnern, Fühlen, Sprechen, Gehen, Sehen usw. Das Gehirn hat etwa 100 000 000 000 Bestandteile, die als *Neuronen* (siehe Kapitel 2, Seite 34) bezeichnet werden, um diese Aufgaben zu erfüllen und eine noch größere Zahl von Gliazellen, die die Neurone umgeben. Die Rolle der *Gliazellen* ist gegenwärtig noch ungewiß. Bisher glaubte man allgemein, daß sie lediglich die Funktion haben, die Neuronen zu ernähren und zu unterstützen, so daß diese in der Lage sind, mit den oben aufgezählten Informationsverarbeitungsaufgaben voranzukommen. Es kann sich jedoch sehr wohl herausstellen, daß auch die Gliazellen eine unmittelbare Rolle in der Informationsverarbeitung spielen. Die Rätsel der Gehirn-Funktionen überwiegen zum gegenwärtigen Zeitpunkt bei weitem die abgesicherten Erkenntnisse, selbst da, wo es sich um etwas so Grundlegendes handelt wie die Frage, welche verschiedenen Gehirnbestandteile diese Arbeit leisten.

Es kann hier nur eine vereinfachte Darstellung darüber gegeben werden, wie das Gehirn aufgebaut ist und wie es zu funktionieren scheint, und auch dies nur bei den Teilen, die am unmittelbarsten mit dem Sehen zu tun haben. Das Ziel wird sein, einen Einblick darauf zu gewähren, was die neuesten neurophysiologischen Erkenntnisse darüber zu sagen haben, wie die visuelle Welt wohl im Hirngewebe wiedergegeben wird, und einige der Hinweise zu erörtern, die diese Erkenntnisse darüber geliefert haben, wie man Bildverarbeitungsprobleme im allgemeinen lösen kann.

Das Großhirn

Der hervorstechendste Teil des Gehirns, und der Teil, den Sie sehen würden, wenn Sie die Schädeldecke wie eine Kappe abheben würden, ist das *Großhirn.* Dieses Gebilde enthält den größten Teil des Sehapparates des Gehirns, obwohl es noch andere wichtige Plätze dafür gibt, wie wir sehen werden. Das Großhirn liegt über etlichen anderen Gehirnteilen, wie in dem vereinfachten Gehirndiagramm von Bild **47** (Tafel **3**), dem Querschnittdiagramm von Bild **48** (Tafel **3**), welches ebenso einige Funktionen darstellt, und in dem Schnitt eines wirklichen menschlichen Gehirns in Bild **49** (Tafel **3**) zu sehen ist.

Das Großhirn ist der Mitte entlang von vorne nach hinten in zwei Hälften geteilt, die linke und rechte Hemisphäre. Die Kommunikation zwischen den beiden Gehirnhälften wird durch ein Gebilde, genannt *Corpus callosum,* ermöglicht, das sie verbindet.

Die Oberflächenschicht beider Hälften wird *Cortex* (lateinisch »cortex«: Rinde) genannt. Die Hirnrinde ist beim Menschen etwa 3 bis 4 mm dick, und ihre natürliche Farbe ist graurosa, aber im Gehirnschnitt von Bild **49** (Tafel **3**) wurde die Hirnrinde besonders gefärbt, so daß sie wie ein gefälteltes blaues Band aussieht. Um die Struktur der Hirnrinde zu veranschaulichen, stellen Sie sich einen Fußball von etwa der doppelten Größe des Kopfes vor, aus dem die Luft herausgelassen wurde, und der dann zusammengeknüllt wurde, damit er in den Schädel hineinpaßt. Wenn Sie sich die zusammengeknüllte Haut des Fußballs als die Hirnrinde denken, dann haben Sie eine ziemlich gute Vorstellung von ihrer Struktur. Entsprechend dieser kompakten Fältelung der Hirnrinde innerhalb des Schädels, erscheint sie im Querschnitt als vielschichtiges Gebilde (Bild **49**, Tafel **3**), aber man stellt sie sich tatsächlich am besten als ein aufgefälteltes Tuch vor.

Das Gehirngewebe direkt unterhalb des Cortex heißt *weiße Masse,* so benannt, weil ihre natürliche Farbe weiß ist. Sie besteht aus vielen Billionen von *Nervenfasern.* Jede Faser kann man sich als winziges Telephonkabel vorstellen, das Botschaften entweder von einem Ort zum anderen innerhalb des Gehirns oder aber zwischen Gehirn und dem Rest des Körpers übermittelt. Die Großhirnrinde enthält ebenfalls Fasern, hauptsächlich aber besteht sie aus einer ungeheuren Anzahl von Zellkörpern. Zellkörper und Nervenfasern sind die beiden wesentlichen Teile des Typs von Gehirnzellen, die als Neuronen bezeichnet werden (Kapitel 2, Seite 34).

Visuelle Nervenbahnen zum Gehirn

Die zentralen Sehbahnen, die die Botschaften von den Augen zum Gehirn transportieren, sind in Bild **50** grob skizziert (Tafel **5**), wo gezeigt wird, wie eine Person betrachtet wird, und wo mithilfe von Nummern die Stellen dieser Szene im visuellen System demonstriert werden.

Als erstes bemerkt man, daß die Augen nicht genau dieselben Bilder empfangen. Das linke Auge sieht etwas mehr von der Szene links der zentralen Sehachse (Abschnitt 1 und 2) und umgekehrt das rechte Auge (Abschnitt 8 und 9). Es gibt auch noch andere Unterschiede zwischen den Bildern des rechten und linken Auges im Falle dreidimensionaler Szenen: diese sollen in Kapitel 7 ausführlich dargestellt werden, das sich damit befaßt, wie die Unterschiede zwischen den Bildern in den beiden Augen für die räumliche Wahrnehmung verwendet werden.

Stellen wir als nächstes fest, daß die Sehnerven sich am *Chiasma Opticum* treffen: Einige Fasern innerhalb jedes Sehnerven überkreuzen sich an diesem Punkt und senden

deshalb ihre Botschaften zu der Gehirnhälfte, die dem Ausgangspunkt entgegengesetzt ist. Andere Fasern bleiben durchgehend auf der gleichen Seite. Das Endresultat dieser teilweisen Überkreuzung der Fasern besteht darin, daß Botschaften die mit jeder beliebigen Region des Gesichtsfeldes zu tun haben, an einem gemeinsamen Bestimmungsort in der Großhirnrinde zusammentreffen, egal von welchem Auge sie kommen. Mit anderen Worten: die Abbildung eines jeden beliebigen Gegenstandes einer Szene auf dem rechten oder linken Auge wird in derselben physischen Region der *gestreiften Großhirnrinde* (=Sehrinde) analysiert. Die Natur dieser *»binokularen Analyse«* wird ausführlich im entsprechenden Zusammenhang (wieder in Kapitel 7) dargestellt werden.
Die linke und rechte Hälfte des *Corpus geniculatum laterale* ist die erste »Schaltstation« der Fasern auf dem Weg von den Augen zum Gehirn. Das heißt, daß Axone der Retina hier auf den Dendriten und Zellkörpern von neuen Neuronen endigen, und es sind die Axone dieser letztgenannten Zellen, die dann zum Cortex weitergehen. Wir wollen die möglichen Funktionen dieses Corpus geniculatum laterale im Detail nicht weiter erörtern, sondern lediglich feststellen, daß die Frage, was dieses Gebilde tut, noch viele Geheimnisse beinhaltet. Weil es Inputs nicht nur von den Augen, sondern auch von anderen Sinnesorganen empfängt, glauben machen, daß es damit beschäftigt ist, Botschaften von den Augen entsprechend dem zu filtern, was in anderen Sinnesorganen vor sich geht. Wir sind imstande, wahlweise einem Sinnesorgan oder einem anderen »zuzuhören«, und es ist möglich, daß das Corpus geniculatum laterale damit beschäftigt ist visuelle Inputs für das Gehirn auszublenden, wenn die Aufmerksamkeit einer anderen Informationsquelle gewidmet wird.
Bevor wir die Art, wie die Faserenden im gestreiften Cortex gelagert sind, weiter diskutieren, beachten Sie, daß die Sehnerven visuelle Information noch zwei anderen Gebilden liefern (siehe Bild **51**), den *Colliculi superiores.* Das ist eine Gehirnstruktur, die unter dem Großhirn liegt und eine Funktion zu erfüllen scheint, die von den für das Sehen verantwortlichen Regionen der Gehirnrinde ausgeübten abweicht. Die Befunde deuten gegenwärtig hauptsächlich darauf hin, daß die Colliculi superiores mit etwas zu tun haben, das man als Lenkung der visuellen Aufmerksamkeit bezeichnen könnte. Wenn zum Beispiel ein Gegenstand plötzlich im Gesichtsfeld erscheint, dann entdecken Mechanismen innerhalb der Colliculi superiores seine Gegenwart, stellen fest, wo er sich befindet und lenken dann die Augenbewegungen so, daß das neue Objekt unmittelbar mit der ganzen visuellen Verarbeitungskraft des geradeaus gerichteten Sehens beobachtet werden kann. Diese detaillierte Prüfung von Formen, das Erkennen von Objekten usw. scheint die besondere Aufgabe des visuellen Systems der Großhirnrinde zu sein.
Es ist wichtig zu erkennen, daß auch noch andere visuelle Bahnen außer den beiden hauptsächlichen, die in Bild **51** dargestellt sind, existieren. Tatsächlich speisen die Fasern der Sehnerven bei Affen und höchstwahrscheinlich auch beim Menschen unmittelbar nicht weniger als sechs verschiedene Gehirngegenden. Das ist ein Beweis für die ungeheuer wichtige Rolle des Sehens für uns selbst und artverwandte Wesen.
Aber das Wichtigste von allem aus Bild **51** ist die ordentliche, wenn auch etwas merkwürdige Anordnung der Faserenden im gestreiften Cortex. Beachten Sie zunächst, daß ein Gesicht auf der Hirnrindenoberfläche ausgebreitet gezeigt wird. Das ist das Gesicht, das die Augen sehen. Zweitens: die Darstellung ist umgekehrt (wie es tatsächlich auch die Netzhautbilder sind; dies wird allerdings in Bild **51** nicht gezeigt; blättern Sie zurück zu Bild **2**, um sich daran zu erinnern). Drittens: die Darstellung ist so, daß die Wiedergabe der Szene in der Mitte durchgeschnitten ist, und jede Gehirnhälfte befaßt sich mit nur einer Hälfte. Viertens, und vielleicht am seltsamsten: der Schnitt in der Wiedergabe plaziert die Regionen der Szene auf beiden Seiten des Schnitts am weitesten auseinander im Gehirn! Fünftens: die Wiedergabe ist räumlich verzerrt, da dem zentralen Gesichtsfeld eine größere Fläche der Großhirnrinde gewidmet ist als dem peripheren: von daher das relativ geschwollene Gesicht und der verkleinerte Arm und die Hand. (Das heißt aber nicht, daß wir tatsächlich Menschen in dieser verzerrten Weise sehen – offensichtlich tun wir es nicht. Es ist nur ein graphisches Mittel, um zu zeigen, daß eine unverhältnismäßig große Fläche unseres Gehirns so angelegt ist, die zentral liegenden Gegenstände in den Blick zu fassen). Daß der Großteil des kortikalen Gewebes der Analyse der zentralen Region der Szene dient, entspricht auch der Tatsache, daß wir die Details einer Szene, die wir direkt anschauen, viel besser sehen können als die Details, die am Rande unseres Gesichtsfeldes gelagert sind.
Alles in allem ist die kortikale Anordnung der eintreffenden Nervenfasern merkwürdig, aber trotzdem geordnet. Das heißt: nebeneinander gelegene Regionen der Großhirnrinde entsprechen nebeneinandergelegenen Regionen der Szene, ausgenommen die seltsame Trennung entlang der Mittellinie. Die Ordentlichkeit der Wiedergabe erinnert an die »Innere Leinwand«, die in Bild **1** vorgeschlagen wurde. Aber die Merkwürdigkeiten der Wiedergabe können jedem eingefleischten Theoretiker der »Inneren Leinwand« zu denken geben. Die erste »Leinwand«, die wir im Gehirn vorfinden, ist wirklich eine sehr seltsame!
Die Sehrinde ist keineswegs der einzige Teil der Hirnrinde, der mit dem Sehen zu tun hat. Nervenfasern führen von der Sehrinde zu angrenzenden Regionen, die als *Cortex prästriata* bezeichnet werden (lateinisch: »striata«: gestreift), weil sie gerade vor der gestreiften Region liegen. Diese Fasern behalten die Ordentlichkeit der Darstellung, die in der gestreiften Region erscheint, bei, und tatsächlich kann man noch einige sauber angeordnete Szenendarstellungen mehr in der »Area prästriata« finden. Die Details dieser zusätzlichen Darstellungen übersteigen den Rahmen dieses Buches. Aber jede einzelne scheint auf eine besondere Art der visuellen Analyse spezialisiert zu sein, wie zum Beispiel Farbensehen, räumliches Sehen, Bewegungssehen. Gegenwärtig herrscht jedoch wenig Gewißheit über die genaue Funktion dieser zusätzlichen Anordnungen, da der Großteil der Forschung sich auf die gestreifte Hirnrinde konzentriert hat. Ein großes Geheimnis ist es, wie die visuelle Welt uns als ein so gut integriertes Ganzes erschei-

nen kann, wenn ihre Analyse doch in Wirklichkeit an so vielen verschiedenen Stellen durchgeführt wird, wobei jede eine andere analytische Funktion erfüllt. Es müssen doch noch weitere Gehirnabschnitte in diesem Prozeß engagiert sein, in dem die Resultate der Analysen der »gestreiften« und »vorgestreiften« Zonen integriert werden, und diese Stellen befinden sich wahrscheinlich in den optischen Assoziationsfeldern.

Die Hyperkolumnentheorie

Sehen wir uns nun etwas genauer die Natur der gestreiften »Landkarte« an. Einige bemerkenswerte Forschungsresultate jüngeren Datums von David Hubel und Torsten Wiesel über die gestreifte Hirnrinde der Affen legen nahe, daß diese Landkarte der Detektoranordnung im vorigen Kapitel (siehe Bild **32**) ziemlich ähnlich sieht, obwohl sie in vielerlei Hinsicht wesentlich komplizierter ist.

Das entsprechende Bild für die gestreifte Landkarte wird in Bild **52** (Tafel **5**) gezeigt. Die gestreifte Region der rechten Hirnrinde ist in Quadrate aufgeteilt, genauso wie die Detektoranordnung von Bild **32**. Jedes Quadrat auf der gestreiften Oberfläche stellt eine Verarbeitungs-Untereinheit dar, die von Hubel und Wiesel als *Hyperkolumne* bezeichnet wird. Der Grund für diesen Namen wird im geeigneten Zusammenhang vollständig klarwerden. Stellen Sie sich vorerst jede Hyperkolumne als ein Bündel von vielen Einzelkolumen von Zellen vor, von denen jede von der Oberfläche des Cortex bis hinunter zur weißen Masse (Fasern) reicht. So ist also jede Hyperkolumne ein kleiner Block aus Zellen, die in Kolumnenuntereinheiten organisiert sind, mit einer Gesamtfläche von etwa 0,5 bis 1 mm^2 auf der Cortexoberfläche und ungefähr 3 bis 4 mm tief (erinnern Sie sich, daß der Cortex ungefähr 3 bis 4 mm dick ist). Jede Hyperkolumne enthält Zehntausende von Zellen, vielleicht bis zu einer Viertelmillion. Es ist die Aufgabe all dieser Zellen, gemeinsam eine bestimmte Gegend der Netzhaut zu inspizieren, eine Gegend, die wir das *Hyperfeld* nennen wollen. (Stellen Sie sich das Hyperfeld als das rezeptive Feld der Hyperkolumne vor, aber erinnern Sie sich auch daran, daß die Zellen, die die Hyperkolumne konstruieren, ihre eigenen rezeptiven Felder haben, die innerhalb des Gebietes liegen, welches von der größeren Fläche des Hyperfeldes bedeckt ist.)

Die Hyperkolumne ist ein Verarbeitungsapparat, der zu entscheiden hat, welches Bildobjekt gegenwärtig in seinem Hyperfeld vorhanden ist. Dadurch wird die Hyperkolumne beträchtlich komplizierter als die Einheiten in der Detektoranordnung von Bild **32**, die mit nur einem Formtyp befaßt sind. Im Gegensatz dazu ist die Hyperkolumne mit vielen verschiedenen Formtypen befaßt. Trotzdem ist die grundlegende Idee, die in Bild **32** für den Winkeldetektor dargestellt wurde, auch im gestreiften Cortex vorhanden: die Analyse des Input-Bildes durch Tausende und Abertausende ähnlicher visueller Prozessoren, von denen jeder mit nur einem Teil des zu analysierenden Bildes befaßt ist. Die Hyperfelder überschneiden sich zwar bis zu einem gewissen Ausmaß, ebenso, wie auch die rezeptiven Felder des Winkeldetektors (siehe das vergrößerte Detail von Bild **32**), aber im wesentlichen ist jede Hyperkolumne mit nur einem Ausschnitt des Input-Bildes befaßt. Die Hyperkolumnen »schwatzen« also alle gleichzeitig drauf los, welche Formkomplexe sie in ihrem eigenen beschränkten Bereich »sehen«, und es ist die Aufgabe der darauffolgenden Prozesse, aus dieser Formbeschreibung herauszulesen, welche Gegenstände in der Szene vorhanden sind.

Obwohl die Hyperkolumnen gleichmäßig über die Cortexoberfläche verteilt sind, unterscheiden sich die Hyperkolumnen, die sich mit der zentralen Netzhaut befassen, von denen, die mit der Peripherie zu tun haben, dadurch, daß sie kleinere Hyperfelder haben. Dies ist in Bild **52** dargestellt, wo der kleine Kreis an der Nase (ungefähr bei der Ortsziffer 5 im Netzhautbild) das Hyperfeld einer zentralen Hyperkolumne wiedergibt, und der viel größere Kreis auf der Höhe des Ellbogens das Hyperfeld einer peripheren Hyperkolumne repräsentiert. Die ungefähre Cortexfläche bleibt in etwa konstant über die ganze Hirnrindenoberfläche hinweg: nur bearbeiten die peripheren Hyperkolumnen eine viel größere Netzhautfläche und können deshalb nur eine relativ grobe Formanalyse dieser größeren Fläche liefern. Die zentralen Hyperkolumnen können dagegen mit ihren kleineren Hyperfeldern eine viel feinere Analyse hervorbringen. Dies erklärt den Unterschied zwischen dem genauen, detaillierten Sehen von Objekten, die direkt in den Blick genommen werden (zentrales Sehen) und der groben Beurteilung von Objekten, die am Rande des Blickfeldes liegen (peripheres Sehen). Da die zentralen Hyperkolumnen kleinere Felder haben, sind natürlich mehr von ihnen notwendig, um ein bestimmtes Areal der Netzhautoberfläche abzudecken. Diese Tatsache verleiht der kortikalen Landkarte ihre merkwürdige räumliche Verzerrung, die sich in der großen Nase, den kleineren Ohren und den winzigen Händen äußert.

Die Quadrate von Bild **52** können auf dem gestreiften Cortex selbst nicht gesehen werden. Die Quadrate stellen lediglich eine funktionelle Organisation dar, deren Einzelheiten auch noch kurz beschrieben werden sollen, welche einem Gebilde auferlegt ist, das selbst bemerkenswert homogen in seiner Erscheinung ist.

Eine Mahnung zur Vorsicht

Die Forschungsergebnisse über die Hyperkolumnen und dazugehörige Themen, die in diesem Kapitel dargestellt werden, sind noch sehr neu, vieles davon ist noch nicht vollständig verifiziert. Außerdem stützt sich die Forschungsarbeit vor allem auf ein Tier, den Rhesusaffen, und es ist immerhin möglich, daß das menschliche visuelle System (ganz zu schweigen von anderen visuellen Systemen) ganz anders arbeitet, und das trotz großer Ähnlichkeit zwischen dem visuellen System des Menschen und dem des Rhesusaffen. Trotzdem passen die Erkenntnisse von Hubel und Wiesel über die Hyperkolumne recht gut zu bestimmten jüngeren Erkenntnisfortschritten, die das Verständnis der *Prinzipien* betreffen, wie Informationen über Formen aus visuellen Bildern entnommen werden. Dementsprechend

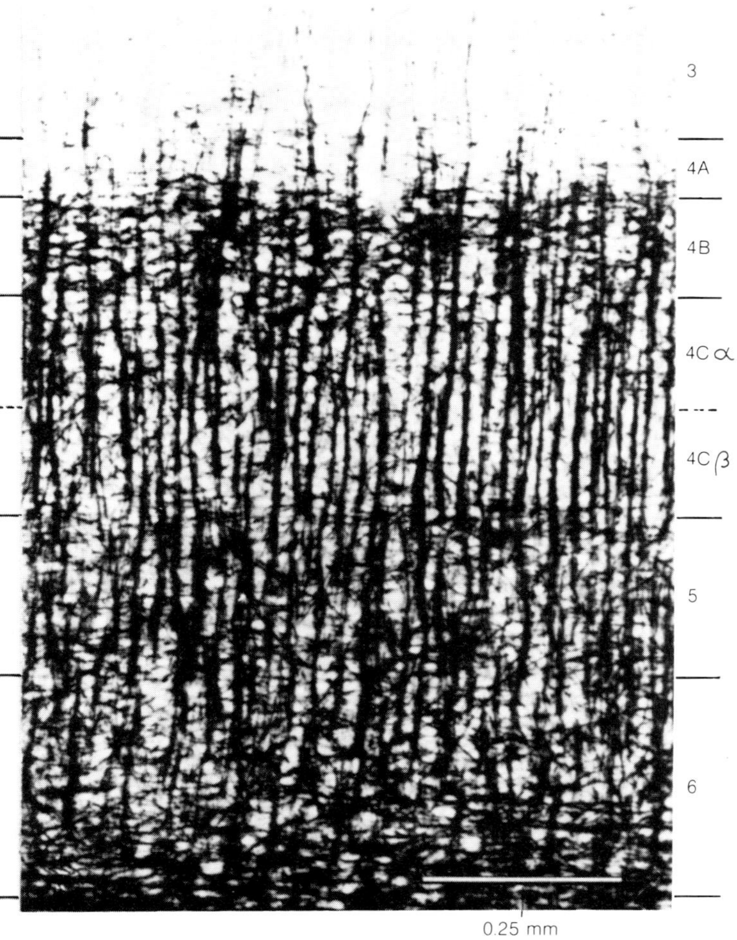

Bild 53. Der gestreifte Cortex eines Affen: mikroskopische Vergrößerung. Der Ausschnitt wurde gefärbt, um die Zellkörper hervorzuheben.

Bild 54. Der gestreifte Cortex eines Affen: wie in Bild 53, aber jetzt so gefärbt, daß die Nervenfasern hervorgehoben werden.

haben wir die Hyperkolumnentheorie als den gegenwärtig »gelungensten Wurf« zu der Frage, wie man sich am besten die Formbeschreibungen in unserem visuellen System vorstellt, in dieses Buch aufgenommen, aber nicht als eine »bewiesene Tatsache«. Es ist sehr gut möglich, daß weitere Forschungsarbeit in den nächsten Jahren die gegenwärtigen Vorstellungen über die Hyperkolumnen wesentlich verändern wird. Tatsächlich ist eine solche Revision mehr als wahrscheinlich, da unsere Unkenntnis der visuellen Mechanismen unser Wissen bei weitem überwiegt. Aber die Revision von Theorien im Lichte neuer Erkenntnisse ist das alltägliche Geschäft der Wissenschaft, und diese Tatsache sollte man dem nicht-wissenschaftlichen Leser, für den dieses Buch bestimmt ist, nicht verschweigen. Ich ziehe es vor, ihn darüber zu informieren, in welche Richtung die neueste Forschungsarbeit zu gehen scheint, anstatt ihn allzu vorsichtig in den Grenzen eines gut abgesicherten Wissens zu halten. Auf diese Weise kann er vielleicht auch die Spannung miterleben, die die gegenwärtige Erforschung des Sehens begleitet, eine Spannung, die sich aus der faszinierenden Mischung von psychologischen, pysiologischen und computerwissenschaftlichen Entdeckungen zusammensetzt. Aber dabei muß der Nicht-Wissenschaftler zur Kenntnis nehmen, was der Wissenschaftler als selbstverständlich annimmt: die vorläufige Natur wissenschaftlicher Theorien. Ständig muß man neues Datenmaterial, das sich auf die Theorien bezieht, sondieren, und sie müssen verworfen werden, wenn sich anhand dieses Datenmaterials herausstellt, daß sie tatsächlich nicht aufrechtzuerhalten sind, auch dann, wenn sie uns geholfen haben, einige Aspekte der Natur besser zu verstehen. Gegenwärtiges Datenmaterial weist auf Hyperkolumnen hin, aber zukünftiges wird das vielleicht nicht tun. Trotzdem haben wir die Hyperkolumnen-Vorstellung als lohnendes Thema für dieses Buch ausgesucht, denn, wie lang- oder kurzlebig sie letztlich auch sein mag, sie liefert einen hervorragenden Rahmen für die Diskussion der grundlegenden Probleme, die bei der Formbeschreibung einer visuellen Szene entstehen. Indem ich diese Vorstellung so verwende, werde ich sie spekulativ weit über den Erklärungsgehalt hinaus entwickeln, der ihr bei Hubel und Wiesel zugestanden worden ist.

Mikroskopische Neuroanatomie der gestreiften Hirnrinde

Wir wollen nun die Feinstruktur einer Hyperkolumne genauer betrachten. Dies erfordert eine mikroskopische Beobachtung von dünnen Scheiben der gestreiften Hirnrinde. Die Bilder **53** und **54** zeigen entsprechend vergrößerte Ansichten von Scheiben der gestreiften Hirnrinde eines Affen. Beide Ausschnitte kommen von derselben Cortexgegend, aber sie wurden verschieden gefärbt, um verschiedene Formationen hervorzuheben. Tausende von kleinen Flecken sind in Bild **53** zu sehen. Jeder einzelne ist der Zellkörper eines Neurons, die Verkleinerung ist weit geringer als in Bild **38**, wo nur eine Zelle dargestellt ist.
Ein ganz anderer Eindruck der gestreiften Hirnrinde wird in Bild **54** vermittelt, das einen Ausschnitt darstellt, dessen Färbung mehr die Fasern als die Zellkörper hervorhebt. Tatsächlich sind die dunklen Streifen, die von oben bis unten verlaufen, Bündel, die aus mehreren Fasern bestehen. Das Vorherrschen der Fasern, die vertikal verlaufen, unterstreicht die *säulenartige Organisation* der gestreiften Hirnrinde (lateinisch »columna«: Säule). Schauen Sie nochmals zurück zu Bild **53**. Vorher haben Sie Bild **53** wahrscheinlich ziemlich undifferenziert gesehen, vielleicht so ähnlich wie rauhes Sandpapier. Schauen Sie jetzt genauer hin, und Sie werden Zellsäulen entdecken können, die eine Ähnlichkeit mit Zwiebelzöpfen aufweisen. Um sie zu finden, hilft es vielleicht, wenn Sie das Buch fast flach vor sich hin halten, so, als ob Sie an den Säulen hinaufsähen. Dadurch werden sie unterscheidbar. Die Faserbündel von Bild **54** haben mit individuellen Zellkolumnen zu tun, sie transportieren innerhalb der Kolumne Botschaften auf und ab, von Zelle, zu Zelle. Es gibt auch horizontal verlaufende Fasern, die Zellen in verschiedenen Kolumnen verbinden, aber diese Fasern fallen in Bild **54** weniger auf als die vertikalen.
Jetzt nehmen Sie Bild **55** wahrscheinlich ganz anders wahr als am Anfang. Sie haben »gelernt«, wie man es anschauen muß, und dabei hat Ihnen teilweise die im Text vermittelte Information geholfen, teilweise auch das wiederholte Betrachten. Das ist ein schönes Beispiel von Wahrnehmungsinterpretation, das man noch zu denen aus Kapitel 1 hinzufügen könnte. Der gestreifte Cortex ist nicht nur in Kolumnen, sondern auch in *Schichten* organisiert. Das sind relativ dicke Gewebebänder, die unterschiedliche anatomische Eigenschaften aufweisen. Die Ziffern zwischen Bild **53** und **54** sind die technischen Bezeichnungen für die verschiedenen Schichten. Wir werden uns hier um solche Details nicht kümmern, obwohl es interessant ist festzustellen, daß Fasern vom »Corpus geniculatum laterale« (das Botschaften von den Augen weiterleitet) in den Schichten 4A, 4Cα und 4Cβ enden. Das heißt also, sie kommen direkt in der Mitte des Cortex an (siehe auch Bild **47**). Die Schicht 4B weist insofern eine Besonderheit auf, als sie keine hereinkommenden Fasern aufnimmt, sondern statt dessen ein dichtes Netz horizontal verlaufender Fasern enthält. Dieses Netzwerk kann man mit bloßem Auge in Gehirnschnitten sehen, dort erscheint es als weißer Streifen. Dieser sogenannte Gennaristreifen (nach dem Entdecker benannt) ist das Gebilde, das der gestreiften Hirnrinde ihren Namen gibt.
Die anatomische Gesamtdarstellung einer Hyperkolumne wird in Bild **55** gezeigt. Viele Einzelheiten dieses Gebildes sind noch unklar, aber es erscheint ungefähr quadratisch im Querschnitt, mit einer Seitenlänge von ungefähr 0,5 bis 1 mm. Jede Seite besteht aus ungefähr 20 bis 40 Zellkolumnen, so daß es insgesamt etwa 400 (20 x 20) bis 1600 (40 x 40) sein müssen. Jede Kolumne enthält wohl ungefähr 120

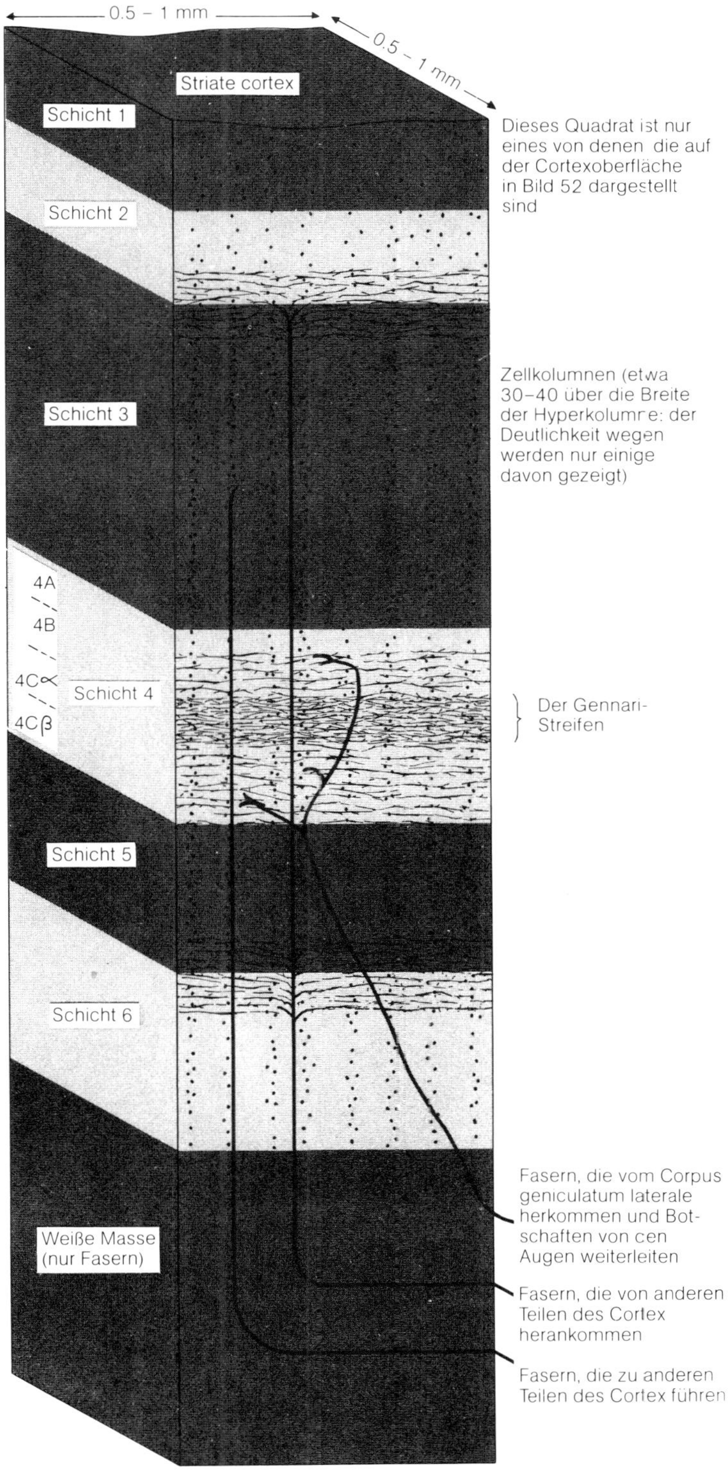

Bild 55. Schematische Darstellung der Aufteilung einer Hyperkolumne in Kolumnen und Schichten.

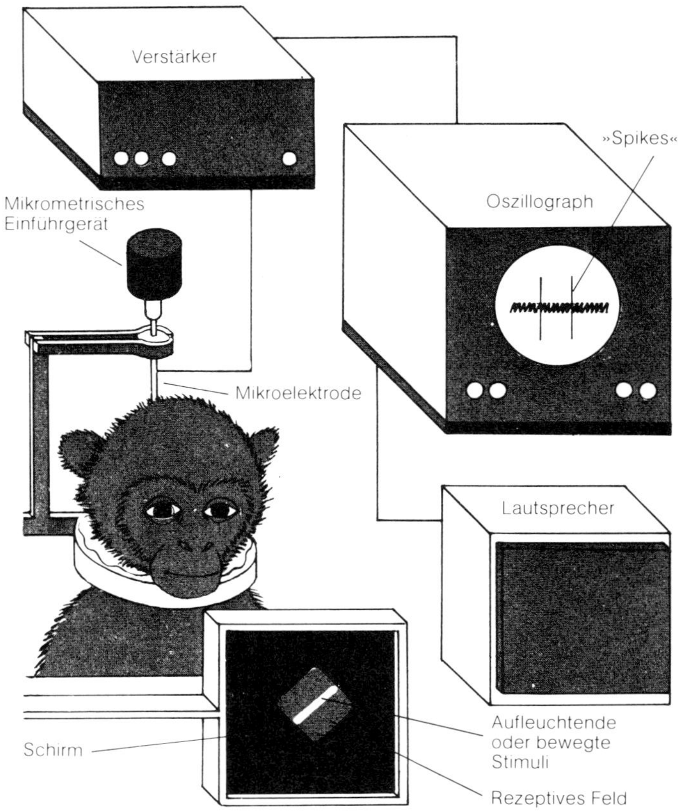

Bild 56. Einzelzellen-Aufnahmen im gestreiften Cortex. Die Mikroelektrode nimmt Nerven-Impulse von Zellen auf, die auf dem Schirm sichtbar gemacht werden.

Zellen, so daß die Gesamtzahl der Zellen in einer Hyperkolumne etwa an eine Viertelmillion (1600 x 120 = 192000) heranreicht. All diese Ziffern sind nur angenähert, aber sie sind geeignet, zu zeigen, daß die Hyperkolumne eine Bearbeitungs-Untereinheit ist, die reich mit Einzelbestandteilen ausgestattet und ungeheuer komplex ist - jedenfalls weitaus komplexer als unsere einfachen Detektoranordnungen aus Bild **33**. Trotzdem ist die Komplexität etwas gemildert durch die große Geordnetheit der Funktionen, die allem Anschein nach in den Bestandteilen einer jeden Hyperkolumne herrscht. Um jedoch etwas vom Funktionieren der Hyperkolumne zu verstehen, muß man von dem Studium der Strukturen, die die Neuronen bilden, zum Studium ihres Verhaltens übergehen - von der Neuroanatomie zur Neurophysiologie.

Ableitungen von einzelnen Zellen

Die neurophysiologische Methode, die unser Verständnis des sensorischen Systems am weitesten vorangebracht hat, ist die sogenannte *Ableitung von einzelnen Zellen*; sie wird in Bild **56** dargestellt. Ein Versuchstier (in diesem Fall ein Affe, aber es wurden auch viele andere Tiere untersucht, zum Beispiel Krabben, Fische, Frösche, Vögel, Ratten und Katzen - und sogar menschliche Patienten, denen krankes Hirngewebe operativ entfernt wurde,) es wird also ein Versuchstier gezeigt, das auf einen Bildschirm blickt, auf dem eine Vielzahl von Stimuli abgespielt werden kann. Der Affe auf dem Bild sieht wach aus, und tatsächlich werden manchmal Tiere bei vollem Bewußtsein verwendet (sie zeigen kein Zeichen von Schmerz, wenn man vorsichtig vorgeht), aber meist wird das Tier narkotisiert, um vollständige Bewegungslosigkeit zu erreichen, wodurch es wiederum möglich wird, genau zu kontrollieren, wohin die Augen blicken. Eine feine Sonde, die *Mikroelektrode*, wird mit großer Präzision durch ein Loch, das in den Schädel gebohrt wurde, in eine ausgewählte Stelle des visuellen Systems eingeführt. Diese Elektrode, normalerweise ein dünner Draht, der, abgesehen von der Spitze, isoliert ist, nimmt die winzigen elektrischen Veränderungen auf, die rings um die aktiven Nervenzellen vor sich gehen. Diese winzigen Spannungsänderungen (ungefähr 70 Millivolt) werden verstärkt auf dem Schirm eines Oszillographen (eines elektronischen Geräts, dessen Bildschirm dem eines Fernsehapparats ähnlich ist) abgespielt. Wie oben schon erwähnt, sendet ein aktives Neuron eine Reihe von Impulsen aus: diese erscheinen auf dem Schirm des Oszillographen als senkrechte »spikes« (= Zacken). Wenn eine Zelle stark reagiert (das heißt wenn die Erregung die Hemmung übersteigt), dann erscheint eine schnelle und langgezogene Reihe von spikes auf dem Schirm. Wenn die Zelle nur wenig Stimulierung erhält, oder wenn die stimulierenden Inputs durch hemmende aufgewogen werden, sieht man nur einige wenige spikes - die Entladungsrate des Ruhezustands. Und wenn die Zelle stark gehemmt wird, dann erscheinen überhaupt keine spikes auf dem Bildschirm.

Die Impulse werden vom Verstärker auch auf einen Lautsprecher übertragen, so daß der Neurophysiologe buchstäblich der schwatzenden Pulssprache des Gehirns zuhören kann. Von einem aktiven Neuron hört er eine Reihe von Klicks, wobei jeder Klick ein individueller Impuls ist.

Die allgemeine Strategie, die der Technik der Ableitung von einzelnen Zellen zugrunde liegt, besteht darin, daß man die Mikroelektrode nur ganz allmählich in den Teil des visuellen Systems weiter schiebt, der für die Untersuchung ausgewählt worden ist, bis die Aktivität eines Neurons entdeckt ist. Bei diesem Vorgang ist es sehr nützlich, die Impulse mit Hilfe des Lautsprechers hörbar zu machen, weil es den Versuchsleiter davon befreit, ständig den Oszillographenschirm beobachten zu müssen. Wenn der Versuchsleiter einmal die Aktivität eines Neurons mit seiner Mikroelektrodensonde aufgeschnappt hat, kann er auf dem Stimulusschirm eine Reihe von visuellen Stimuli ausprobieren, um herauszubekommen, welche visuellen Inputs die Zelle erregen und welche sie hemmen.

Wir werden als erstes die Ergebnisse dieser Methode beschreiben, die man bei der Erforschung der Eigenschaften der Zellen in der Sehrinde erhielt. Diese Technik wurde jedoch auch erfolgreich an vielen anderen Stellen im visuellen System einschließlich der Netzhaut angewandt, und wir werden uns einigen dieser Ergebnisse im geeigneten Zusammenhang zuwenden.

Die erste wichtige Eigenschaft der Sehrindenzellen, die durch Ableitungen entdeckt wurde, besteht darin, daß jede Zelle sich mit nur einem begrenzten Fleck auf der Netzhaut befaßt - ihrem rezeptiven Feld. Dies entspricht voll und ganz der Erwartung, wenn man bedenkt, was bis jetzt über die neuroanatomische Entsprechung der Netzhaut auf der Sehrinde gesagt wurde - die Art nämlich, wie Neuronen von jedem Teil der Netzhaut mit einer entsprechenden Stelle im Cortex geordnet verbunden sind. In dem Experiment von Bild **56** wurden die Augen des Affen bewegungslos gemacht, wodurch es möglich wird, das rezeptive Feld der Zelle mittels der auf dem Schirm gezeigten Stimuli zu registrieren. Wenn man zulassen würde, daß die Augen des Tieres sich frei bewegen (wie es in manchen Experimenten auch erlaubt wird), dann würde das rezeptive Feld der Zelle sukzessiv über verschiedene Bereiche des Schirmes wandern.

Mit der Neuroanatomie übereinstimmende Ergebnisse erhält man, wenn die Mikroelektrode senkrecht zur Oberfläche in den Cortex eingeführt wird, so daß sie innerhalb einer Kolumne von einer Zelle zur nächsten gelangt. Wenn Aufnahmen von aufeinanderfolgenden Zellen, so wie sie der Sonde begegnen, gemacht werden, dann stellt sich heraus, daß sie alle ihre rezeptiven Felder in derselben Region der Netzhaut haben. Die ganze Zellkolumne »blickt« deshalb ungefähr auf dieselbe Stelle des Netzhautbildes (die Stellen der rezeptiven Felder sind etwas gestreut). Wonach sucht jede einzelne Zelle?

Es stellt sich heraus, daß sich in jeder Kolumne viele verschiedene Typen von Zellen befinden. Einige werden *einfache Zellen* genannt, andere *komplexe Zellen* und wieder andere *hyperkomplexe Zellen.* Diese Bezeichnungen wurden von den Entdeckern der Zelleigenschaften, Hubel und Wiesel, erfunden, und sie spiegeln die relative Komplexität der Analyse wieder, die von jedem Neuron vollführt wird. Aber obwohl es viele verschiedene Typen von Zellen innerhalb einer jeden Kolumne gibt - wir werden diese Typen kurz beschreiben - haben doch alle Zellen innerhalb jeder Kolumne eine sehr wichtige Eigenschaft gemeinsam: Sie werden alle maximal erregt durch *Linienstimuli mit derselben Richtung.* Diese gemeinsame Eigenschaft der Zellen in einer Kolumne wird im weiteren Verlauf deutlich werden. Die einzige Ausnahme von der Regel, daß alle Zellen in einer Kolumne dieselbe Richtungspräferenz gemeinsam haben, findet sich in Schicht 4, in der die Zellen überhaupt nicht richtungsmäßig abgestimmt sind. Sie werden sich erinnern, daß einige Teile von Schicht 4 afferente Fasern vom Corpus geniculatum laterale empfangen, und in diesem frühen Stadium der kortikalen Informationsverarbeitung ist die richtungsmäßige Analyse noch nicht aktiviert. Beachten Sie, daß die Zellen des Corpus geniculatum laterale wie auch die der Netzhaut (siehe Seite 44 und 76), ebenfalls nicht richtungsmäßig abgestimmt sind: Richtungsselektivität ist eine ausschließliche Eigenschaft der kortikalen Zellen.

Einfache Zellen

Beginnen wir mit den einfachen Zellen, die, wie ihr Name schon nahelegt, auch am einfachsten zu verstehen sind. Ihr charakteristisches Unterscheidungsmerkmal besteht darin, daß ihr rezeptives Feld in erregte und gehemmte Zonen aufgeteilt werden kann, wenn man stationäre Stimuli verwendet. Das heißt, wenn ein stationärer Stimulus wie zum Beispiel ein heller Lichtfleck in einen bestimmten Bereich des Feldes projiziert wird, wird die Zelle erregt und sendet einen Schwall von Impulsen aus. Genauso wird die Zelle gehemmt, wenn ein stationärer Lichtfleck in eine andere Gegend des Feldes projiziert wird, das heißt sie hört auf, Impulse auszusenden, oder ihre Entladungsrate fällt zumindest unter ihre normale Entladungsrate im Ruhezustand. (Tatsächlich haben viele einfache Zellen sehr niedrige, auf Null zugehende Entladungsraten im Ruhezustand. Wenn wir also das Vorhandensein einer Hemmungszone im rezeptiven Feld demonstrieren wollen, müssen wir vielleicht die Zelle zuerst erregen, indem wir einen Stimulus in die Erregungszone ihres Feldes projizieren, und dann einen Stimulus in die Hemmungszone projizieren. Die letztere Projektion bringt den hemmenden Effekt zum Vorschein, indem sie die durch den Erregungsstimulus erzeugte Entladungsrate reduziert).

Als nächstes stellt sich die Frage: Wie sind die Erregungs- und Hemmungszonen des rezeptiven Feldes einfacher Zellen *geformt*? Dies kann beantwortet werden, indem man die Wirkungen kleiner leuchtender Lichtpunkte über das ganze Feld hinweg erforscht, wobei man jedesmal die Wirkung der Projektion auf die Zelle festhält. Wenn man die Erregungs- und Hemmungswirkungen dadurch registriert, daß man jeweils Plus- und Minuszeichen auf einem Stück Papier angibt, das die Netzhautgegend darstellen soll, die vom rezeptiven Feld abgedeckt wird, dann entstehen einige typische Feldkarten von einfachen Zellen, wie sie in der linken Spalte von Bild **57** gezeigt werden. Auf den ersten Blick kann die Vielfalt verwirrend erscheinen, aber bei sorgfältiger Untersuchung ist es möglich, die verschiedenen Zellen in bestimmte Kategorien zu gruppieren, genannt *Randdetektoren, Schlitzdetektoren und Liniendetektoren.* Unglücklicherweise stellt sich heraus, daß diese Bezeichnungen - die im Augenblick üblichen - insofern wahrscheinlich Fehlbezeichnungen sind, als die Zellen, die diese Felder besitzen, mit ziemlicher Sicherheit Rand-, Schlitz- und Linienbeschreibungen nicht *unmittelbar* signalisieren - aber schon bald mehr davon.

Sehen sie sich zuerst die rezeptiven Felder der einfachen Zellen an, die als Randdetektoren bezeichnet werden. Beachten Sie, daß jedes Feld in zwei Zonen aufgeteilt ist - eine Erregungs- und eine Hemmungszone. Dies wird durch die Plus- und Minuszeichen dargestellt, wobei die ersteren anzeigen, daß die Zelle aktiv wurde, wenn man einen Lichtpunkt auf sie projizierte, und die letzteren, daß ein Lichtfleck Hemmung verursachte. Die Grenze zwischen den Erregungs- und Hemmungszonen hat eine Richtung, die die *Richtungsempfindlichkeit* der fraglichen Zellen bestimmt. In Bild **57** sind alle Randdetektoren vertikal eingestellt: das heißt, wie wir sehen werden, daß sie am besten auf vertikale Ränder reagieren. Tatsächlich sind auch alle Feldkarten aus Bild **57** vertikal eingestellt - seien es nun Rand-, Schlitz- oder Liniendetektoren. Das kommt daher, daß alle Feldkarten von Zellen aus einer einzigen Kolumne kommen. Erinnern Sie sich, daß alle Zellen

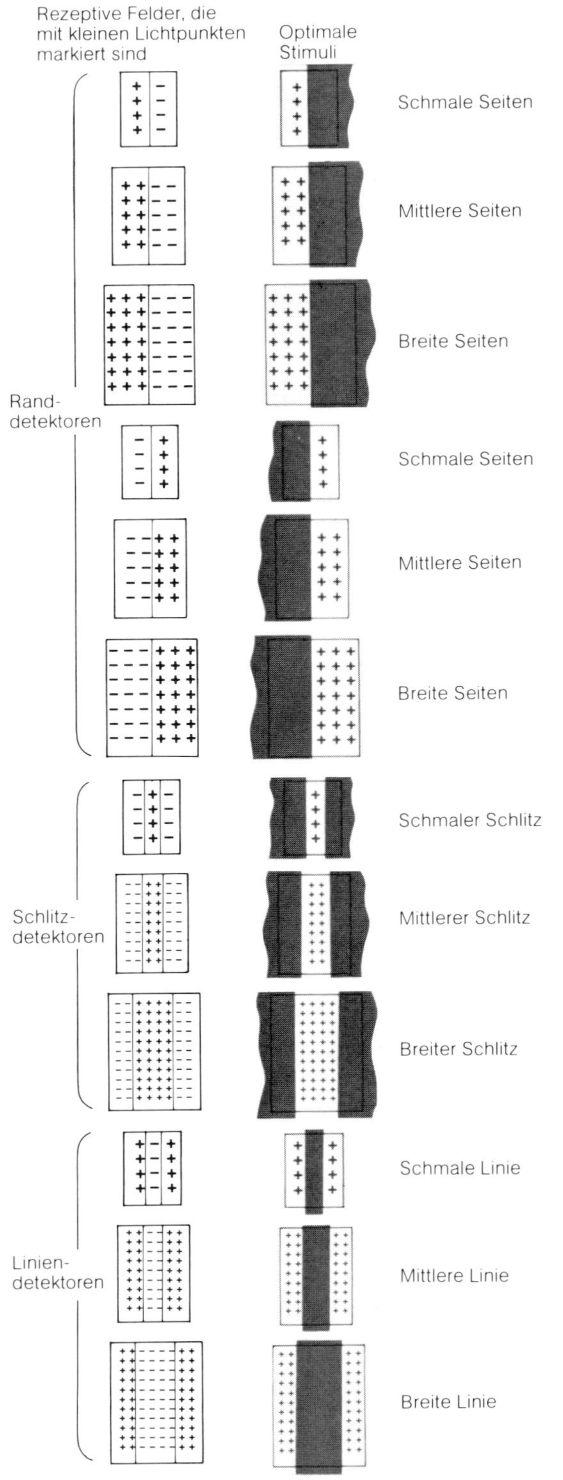

Bild 57. Karten von rezeptiven Feldern und optimale Stimuli von einfachen Zellen aus einer vertikal eingestellten Kolumne.

innerhalb einer Kolumne dieselbe Richtungsempfindlichkeit haben, wobei unterschiedliche Kolumnen sich in ihrer Richtungsempfindlichkeit unterscheiden.

Wie angemessen es ist, die Zellen von Bild **57** vertikal eingestellt zu nennen, kommt vielleicht besser zum Ausdruck, wenn man sich die für die Erregung dieser Zellen *optimalen Stimuli* ansieht. Der optimale Stimulus für jede Zelle ist seitlich von ihrer Plus-Minus-Anordnung dargestellt. Man muß sich vorstellen, daß diese optimalen Stimuli über den rezeptiven Feldern liegen, wobei die Lichtregion des Stimulus auf die Pluszeichen fällt, die dunkle Region auf die Minuszeichen. Weil das Licht auf die Pluszone fällt, die durch die Pluszeichen in der entsprechenden Region der optimalen Stimuli von Bild **57** angezeigt wird, erhält die Zelle offensichtlich viel erregende Stimulation von einem Stimulus der beschriebenen Art. Das heißt, daß jedes Pluszeichen einen Fleck auf dem rezeptiven Feld darstellt, welches Lichtstimulation erfährt (vergleichen Sie die entsprechenden Fotozellen-Inputs aus dem letzten Kapitel), und da *alle* Pluszeichen durch das Licht, das sie erhalten, gleichzeitig erregt werden, erhält die Zelle die größtmögliche Erregung - von daher auch der Gebrauch des Wortes »optimal«. Dieses Wort paßt in doppelter Hinsicht, weil nicht nur jede Zelle maximale Erregung von den in Bild **57** gezeigten Stimuli empfängt, sondern zusätzlich keine Hemmung erfährt, weil jeder Hemmungsfleck nur Dunkelheit empfängt (entsprechend der Anordnung). So erhält die Hemmungszone also keine Stimulation und schickt deshalb auch keine Hemmung zur Zelle. Kurz gesagt, der Erregungs-Input ist sehr stark und wird durch Hemmung nicht verringert, so daß die Entladungsrate jeder Zelle ihr Maximum erreicht: von daher der Gebrauch des Wortes »optimal«, um den Stimulus in beiden Fällen zu beschreiben. Beachten Sie, daß die Abwesenheit der Hemmung in jedem optimalen Stimulus in Bild **57** durch nicht vorhandene Minuszeichen auf den dunklen Flächen eines jeden Stimulus vermittelt wird.

Was jetzt über die optimalen Stimuli für Randdetektorzellen gesagt wurde, trifft ebenso auf alle anderen Zellen in Bild **57** zu. Auf jeden Fall ist der optimale Stimulus derjenige, der ein Maximum von Erregung und ein Minimum von Hemmung verursacht.

Der Ausdruck »Schlitz«, der sich auf einen optimalen Stimulus in Form einer weißen Linie in dunkler Umgebung bezieht, mag etwas merkwürdig klingen, aber es ist eine gebräuchliche Bezeichnung geworden, seit Hubel und Wiesel diese Stimuli für ihre Experimente hervorriefen, indem sie buchstäblich Licht durch einen Schlitz scheinen ließen. Auch der Ausdruck »Linie« ist gebräuchlich geworden, um eine dunkle Linie in weißer Umgebung zu bezeichnen. Dies ist allerdings in vieler Hinsicht eine unglückliche Bezeichnung, weil alle optimalen Stimuli, die in Bild **57** dargestellt sind, in gewisser Weise Linienstimuli sind, und nicht nur die so benannten; manchmal allerdings werden die Schlitz- und Linienstimuli als helle bzw. dunkle Balken bezeichnet.

Wenn Sie sich in der Spalte der optimalen Stimuli von oben bis unten die verschiedenen Arten einfacher Zellen ansehen, dann können Sie leicht verstehen, warum diese Zellen so oft auch als Formbeschreibungsdetektoren bezeichnet worden sind. Und zwar ist allgemein angenommen worden, daß, da jede Zelle als optimalen Stimulus die eine oder andere Linienform besitzt, sie auch eine Signalvorrichtung sein muß, die meldet, ob diese Form auf dem Netzhautflecken, der von der ganzen Zellkolumne überprüft wird, vorhanden ist. Aber jüngere Arbeiten, vor allem die von David Marr, legen nahe, daß dies eine viel zu verein-

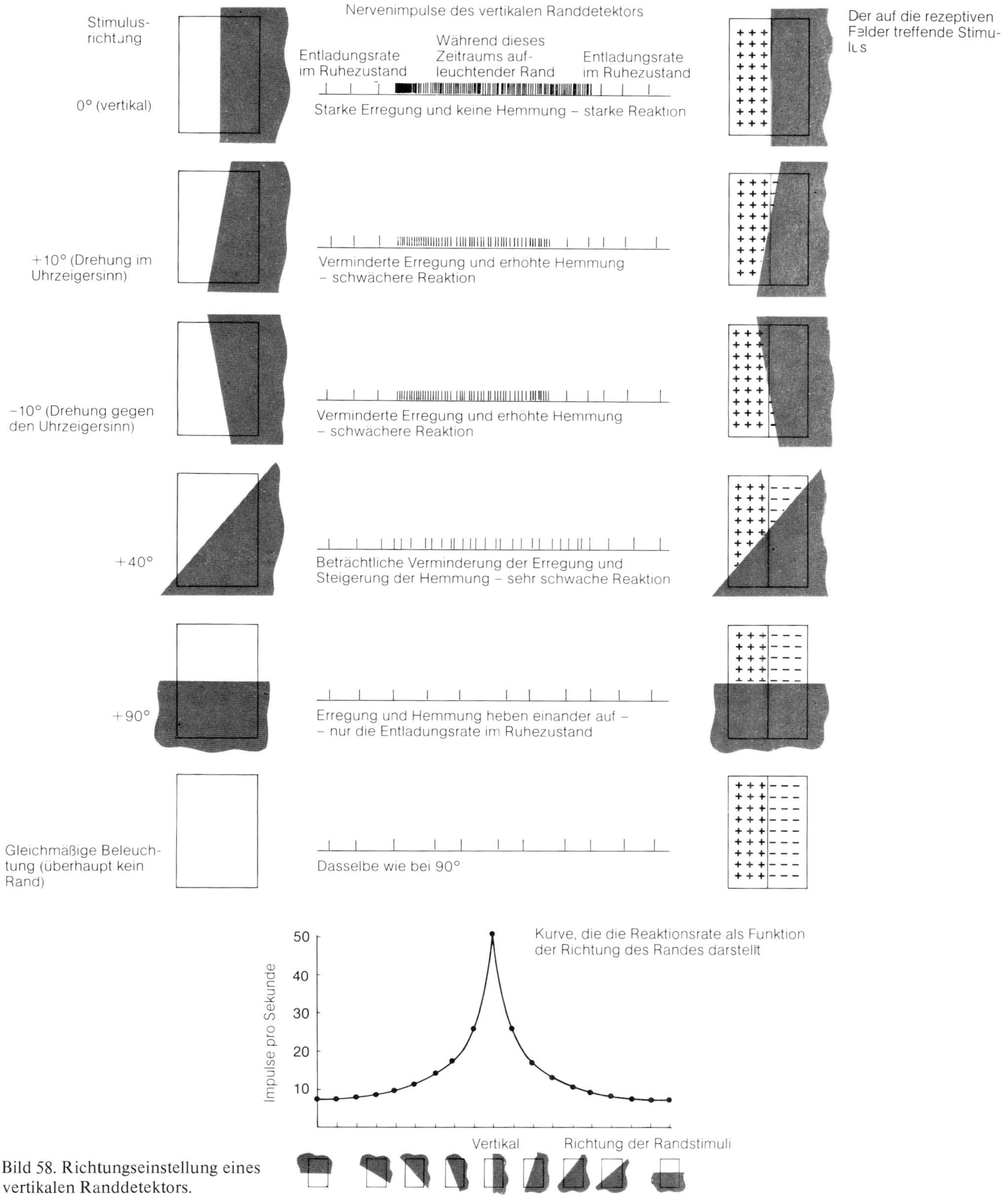

Bild 58. Richtungseinstellung eines vertikalen Randdetektors.

fachende Vorstellung von ihrer Funktion ist. Als er versuchte, ein künstliches (computerisiertes) Formbeschreibungs-Detektorensystem herzustellen, entdeckte er, daß der Output einer Zelle dieser Art nicht unmittelbar als ein Signal für eine bestimmte Form genommen werden kann. Die Aktivität einer beliebigen, isoliert betrachteten Zelle ist viel zu vieldeutig, um direkt als Formbeschreibung verwendbar zu sein, vieldeutig in genau derselben Weise wie auch der Winkeldetektor im letzten Kapitel. Wir werden zu dieser wichtigen Frage später zurückkehren. Aber in diesem Stadium lohnt es sich, Marrs Vorstellung zu erwähnen, um sich die Outputs der einfachen Zellen am besten als *Messungen* des Input-Bildes vorzustellen, die einen ersten Schritt darstellen, um herauszufinden, welche Form welchen Komplex von Messungen erzeugt hat. Die wesentliche Erkenntnis, die aus Marrs Arbeit hervorgeht, besteht

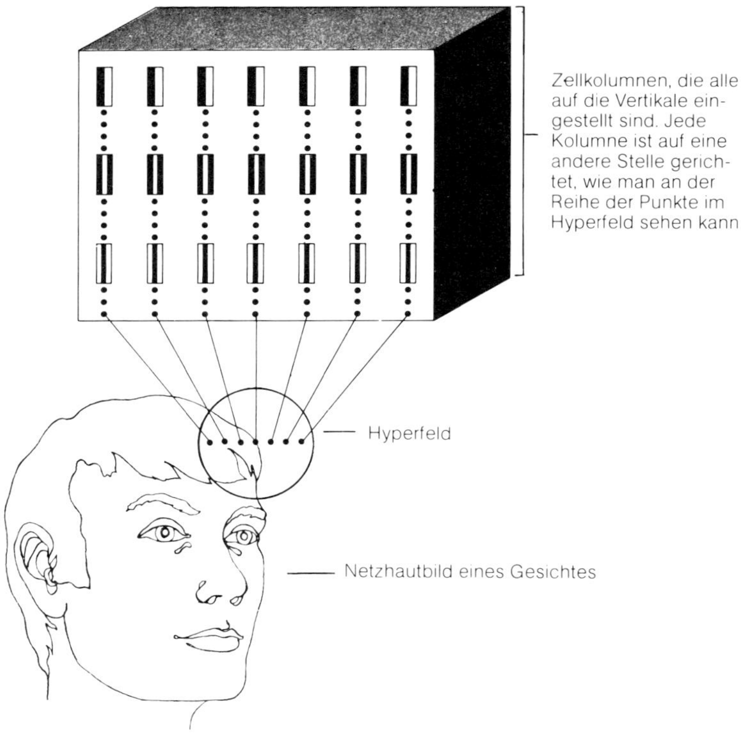

Bild 59. Eine Platte von vertikal eingestellten Kolumnen in einer Hyperkolumne. Es gibt viele Zellen in jeder Kolumne. Es werden nur wenige davon als Punkte gezeigt. Nur jeweils drei Zellen in jeder Kolumne sind vergrößert, damit man die Arten ihrer rezeptiven Felder sehen kann (von oben nach unten: Rand-, Schlitz- und Linien-Felder.)

darin, daß ein weiteres Stadium der *Interpretation* der Messungen der einfachen Zellen notwendig ist, bevor man eine Formbeschreibung erhält: Die einfachen Zellen selbst sind keine Formbeschreibungsdetektoren. Ich werde Marrs Ansichten im geeigneten Zusammenhang noch ausführlicher behandeln. Ich erwähne sie an dieser Stelle nur, um zu unterstreichen, daß die Bezeichnungen »Randdetektor«, »Schlitzdetektor« und »Liniendetektor« nicht zu wörtlich genommen werden sollen. Es sind insofern passende Termini, als sie die Input-Formen beschreiben, die die einfachen Zellen optimal erregen, aber mehr besagen sie nicht.

Ich erwähnte bereits, daß alle rezeptiven Felder, die in Bild **58** dargestellt werden, vertikal gerichtet sind, und daß deshalb die Zellen, die mit ihnen verbunden sind als vertikal eingestellt bezeichnet werden. Wir wollen dies nun etwas genauer untersuchen. Zunächst ist die Richtungsachse durch die Grenzlinie zwischen den Erregungs- und Hemmungszonen gegeben. In Bild **57** ist diese Grenzlinie natürlich immer vertikal und die optimalen Stimuli sind deshalb auch vertikal. Aber was passiert, wenn nicht-vertikale Stimuli auf diese Felder treffen? Die Antwort darauf ist, daß die Reaktion der Zellen in dem Maße reduziert wird, in dem der nicht-vertikale Stimulus vom vertikalen abweicht. Dies ist in Bild **58** anhand eines Randdetektors illustriert, der optimal auf linksseitig helle und rechtsseitig dunkle vertikale Ränder reagiert. Es werden Nervenimpulse gezeigt, wie sie auf dem Oszillographenschirm von Bild **56** erscheinen würden, bevor, während und nachdem ein Randstimulus auf dem Bildschrim aufleuchtet. Verschiedene Arten von Rändern, die sich richtungsmäßig voneinander unterscheiden, sind auf der linken Seite des Bildes dargestellt. Die Impulsaufzeichnungen zeigen, daß die Reaktion umso geringer wird, je mehr die Richtung vom vertikalen Zustand abweicht, bis sie zum Schluß die Entladungsrate des Ruhezustands (die Rate, die vor und nach dem Auftauchen des Stimulus auftritt) erreicht. Die übergreifende Wirkung der Stimulusrichtung, und zwar für wesentlich mehr Randstimuli als auf der linken Seite des Bildes dargestellt, wird durch die Kurve unterhalb der Aufzeichnungen demonstriert. Diese Kurve zeigt einen hohen Gipfel an der vertikalen Stelle, wodurch die Notwendigkeit eines vertikalen optimalen Stimulus für die maximale Reaktion der Zelle deutlich wird. Darauf folgt dann ein scharfes Abfallen der Reaktionsrate in dem Maß, wie der Stimulusrand von der Vertikalen wegbewegt wird, sei es nun im Uhrzeigersinn oder umgekehrt.

Die rechte Seite von Bild **58** zeigt, warum der Randdetektor diesen vertikalen Einstellungseffekt aufweist. In dem Maße, wie der Stimulusrand von der Vertikalen wegbewegt wird, fällt Dunkelheit auf einen Teil der Erregungszone (so daß der Erregungs-Input in die Zelle verringert wird) und zur selben Zeit fällt Licht auf die Hemmungszone (wodurch Hemmung in Gang gesetzt wird, die die Erregung teilweise aufhebt). Wenn am Ende der Rand horizontal liegt, (was auf der Abbildung als ein Richtungsunterschied von 90° von der Vertikalen erscheint), empfängt die Zelle ebensoviel Hemmung wie Erregung, und auf diese Weise wird ihre Entladungsrate auf die entsprechende Rate im Ruhezustand reduziert. Die Balance zwischen Erregung und Hemmung wird in diesem Fall durch die gleiche Anzahl von Plus- und Minuszeichen angezeigt, die durch die horizontale Lage des Randes hervorgebracht wird. Kleinere Richtungsverschiebungen von der Vertikalen, sei es im Uhrzeigersinn oder gegen den Uhrzeigersinn, erzeugen kleinere Verminderungen in der Entladungsrate als eine volle 90°-Drehung, weil sie nicht soviel Licht von der Erregungszone wegnehmen und nicht so viel auf die Hemmungszone werfen. So ist also der vertikale Randdetektor von Bild **59** vertikal eingestellt, weil mit einem Stimulus mit jeder beliebigen anderen Richtung die totale Erregungminus-Hemmung-Rechnung nicht so groß ist wie bei einem Stimulus, der vertikal ausgerichtet ist.

Am besten stellt man sich die Erregungs- und Hemmungszonen einer jeden Zelle so vor, als trügen sie alles in allem dasselbe Gewicht. Wenn gleichmäßige Beleuchtung das ganze rezeptive Feld bedeckt, würde das normalerweise bedeuten, daß die Zelle dies nicht »bemerkt«, weil alle Pluszeichen durch die Minuszeichen aufgehoben sind: Es herrscht zwischen ihnen ein vollkommenes Gleichgewicht.

Das Grundprinzip der Erregungs- und Hemmungsrechnung, das für den vertikalen Randdetektor von Bild **58** dargestellt wurde, läßt sich auch auf alle anderen Arten von einfachen Zellen, die in Bild **57** dargestellt sind, anwenden. Wann immer der optimale Stimulus bei irgendeiner von ihnen gedreht wird, bemerkt die Zelle die Verringerung der Erregung und das Anwachsen der Hemmung und beeinflußt ihre Entladungsrate entsprechend.

Beachten Sie, daß die Spalten von Zelltypen aus Bild **57** noch weitere Unterteilungen innerhalb der Rand-, Schlitz- und Liniendetektoren aufweisen. So haben manche Zellen optimale Stimuli für einen engen Schlitz, andere für einen mittleren Schlitz, usw. Die dargestellten Zellfelder sind dann auch tatsächlich nur eine Auswahl aus der ganzen Population der Zelltypen in der Kolumne, und es existieren noch viel mehr Feldtypen, die einen weiten Bereich von Schlitzbreiten, Linienbreiten und von Flankenbreiten auf jeder Seite eines Randes umfassen. Warum nun eigentlich so viele verschiedene Breiten innerhalb einer jeden Unterklasse erforderlich sein sollen, wird später noch diskutiert werden; stellen Sie sich im Augenblick die Zelle innerhalb einer Kolumnen in der Weise vor, daß sie eine große Anzahl verschiedener Messungen vom Formenkomplex des Bildes in ihren rezeptiven Feldern vornehmen. Der Nutzen dieser Messungen wird im entsprechenden Zusammenhang deutlich werden.

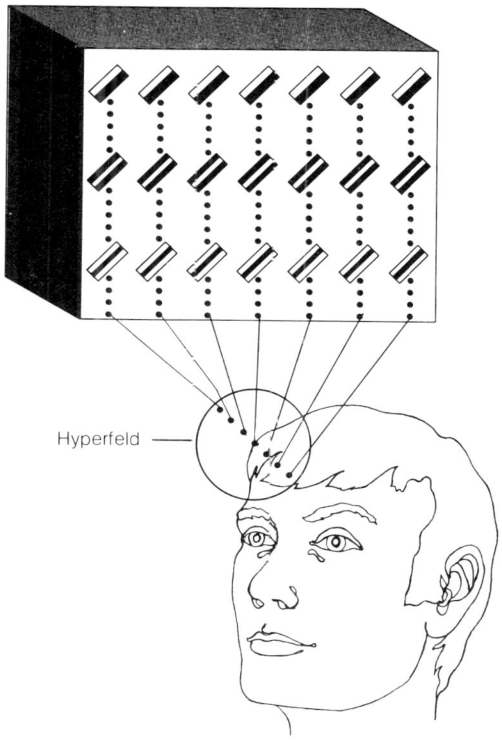

Bild 60. Eine Platte von schräg eingestellten Kolumnen in derselben Hyperkolumne wie die von Bild 59.

Richtungskolumnen und Richtungsplatten

Bis jetzt haben wir nur eine vertikal eingestellte Zellkolumne beschrieben. Aber in Wirklichkeit ist jede Hyperkolumne mit vielen solchen Kolumnen ausgestattet, die alle ähnlich eingestellt sind, aber von denen jede mit einem etwas unterschiedlichen Teil des Hyperfeldes zu tun hat (siehe Bild **59**). Das heißt, jede vertikal eingestellte Kolumne konzentriert sich auf einen anderen Punkt des Hyperfeldes, so daß eine *Platte von Kolumnen* entsteht, die die ganze Breite des Hyperfeldes abdeckt. Der Gebrauch des Ausdrucks »Platte« ist durchaus angemessen, da die Kolumnen in der Großhirnrinde tatsächlich so angeordnet sind: die Kolumnen innerhalb der Platte liegen buchstäblich Seite an Seite.

Obwohl jede Kolumne sich auf einen anderen Fleck im Hyperfeld konzentriert, überschneiden sich natürlich die rezeptiven Felder von Zellen in benachbarten Kolumnen der Platte. Wie diese Überschneidung aussieht, wird in Bild **32** (Tafel **2**) anhand des früher beschriebenen (hypothetischen) Eckendetektors dargestellt. Aber trotz dieser Überschneidung sind die Zentren der rezeptiven Felder der Kolumnen leicht gegeneinander verschoben, so daß das ganze Hyperfeld abgedeckt ist, wie in Bild **59** gezeigt wird. Auf diese Weise sind die Messungen, die von der Zellplatte geliefert werden, über die ganze Fläche des Feldes gestreut: Die vertikal eingestellte Kolumnenplatte liefert eine breitere Streuung von Messungen, als eine einzige Kolumne es könnte.

So viel über die vertikal eingestellten Kolumnen. Wie ist es mit anderen Richtungen? Es gibt tatsächlich Kolumnen in allen Richtungen des Uhrzeigersinns, wobei die Richtung einer jeden Kolumne um ungefähr 10° von der ihres nächsten Richtungsnachbars abweicht. Eine Reihe schräg eingestellter Kolumnen, wiederum in einer Platte angeordnet, ist in Bild **60** dargestellt. Beachten Sie, daß jede Kolumne innerhalb der Platte ihr rezeptives Feld auf einen anderen Punkt im Hyperfeld richtet. Aber übersehen Sie nicht, daß diese Punkte das Hyperfeld unter einem anderen Winkel berühren als dem, der in Bild **59** bei der vertikal eingestellten Platte gezeigt wurde. Die Regel nach der sich diese Punkte über das Hyperfeld erstrecken, besteht darin, daß dies immer im rechten Winkel zur Richtungseinstellung der Platte geschieht. Daher hat die vertikal eingestellte Platte von Bild **59** die Prüfpunkte ihrer Kolumnen horizontal über das Hyperfeld gestreut, und die schräg eingestellte Platte von Bild **60** hat die Prüfpunkte ihrer Kolumnen entlang dem schrägen Gegenstück zu ihrer eigenen Richtungseinstellung gestreut. Am wichtigsten ist es also zu verstehen, daß jede Platte das Hyperfeld in einer Richtung »ausspäht«, die zu der Richtungseinstellung ihrer eigenen Zellen senkrecht steht. Es ist auch diesmal wieder am besten, die Erklärung dieser Eigenschaft der Hyperkolumnenorganisation aufzuschieben, bis dargestellt worden ist, wie man, ausgehend von der Gesamtheit der Messungen, die in der Hyperkolumne stattfinden, zu Beschreibungen von Formkomplexen gelangt.

Es ist jetzt genügend gesagt worden, um zu verdeutlichen, daß jede Hyperkolumne aus einer Reihe von Platten besteht, wobei jede Platte sich aus Zellen zusammensetzt, die alle dieselbe Richtungseinstellung besitzen. Und wie ist nun das ganze Gebilde einer Hyperkolumne aufgebaut? Unser gegenwärtiges Wissen über diese Struktur ist in Bild **61** dargestellt. Das ist natürlich eine sehr verkürzte, spekulative und schematische Zeichnung. In Wirklichkeit gibt es viel mehr gerichtete Platten als dargestellt – etwa 18 bis 20 insgesamt. Diese Zahl paßt zur Größe der Verschiebungen in der Richtungseinstellung zwischen den einzelnen Platten. Wenn jede Platte auf eine Richtung eingestellt ist, die um etwa 10° von der ihrer unmittelbaren Nachbarn differiert, dann sind 18 bis 20 Platten erforderlich, um den ganzen Uhrzeigersinn zu durchlaufen. (Erinnern Sie sich, daß

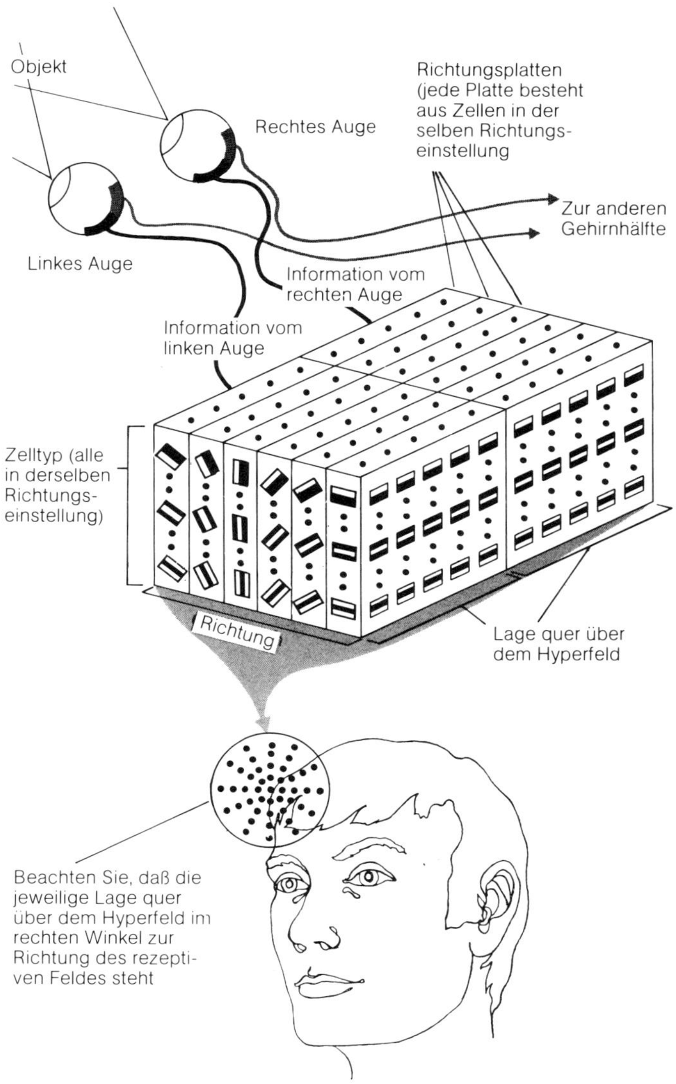

Bild 61. Die Hyperkolumne (sehr schematisch und spekulativ).

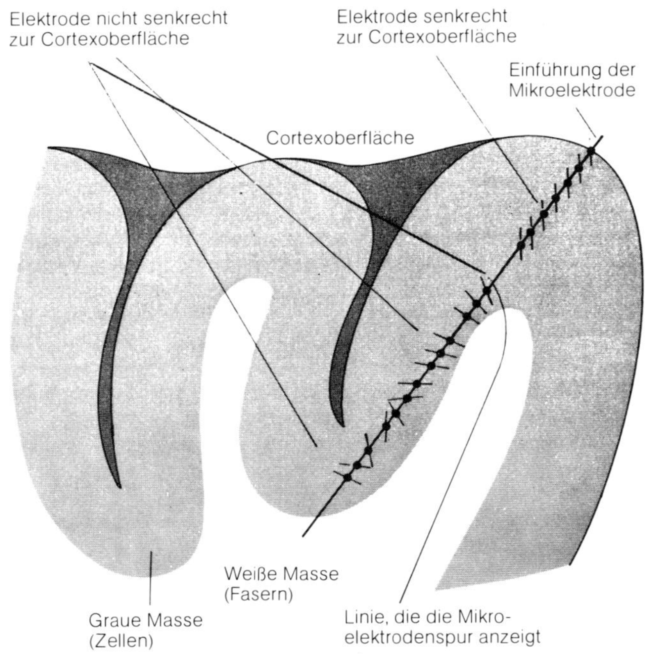

Bild 62. Ergebnisse einer Elektroden-Einführung.
Die Elektrode stand am Anfang senkrecht zur Cortex-Oberfläche und traf deshalb auf Zellen, die alle die gleiche Richtungs-Präferenz hatten (in diesem Fall bevorzugten sie die Vertikale). Danach durchquerte die Elektrode viele verschiedene Kolumnen, als sie einen Gewebe-Teil des Cortex nicht senkrecht durchdrang. Deshalb traf sie auf viele verschiedene Richtungs-Präferenzen. Jeder Punkt auf der Spur gibt eine einzelne Zelle wieder, die Linie, die durch den Punkt gezogen ist, stellt die Richtungs-Einstellung dieser Zelle dar.

beim Drehen einer Schnur ihre Drehrichtungen sich nach 180° wiederholen.)

Eine weitere Vereinfachung von Bild **61** besteht darin, daß sich in Wirklichkeit Tausende und Abertausende von verschiedenen Zelltypen innerhalb einer jeden Kolumne befinden. Nur einige wenige davon werden in Bild **61** gezeigt.

Ein besonderer Wesenszug, der aus Bild **61** ersichtlich wird und den ich in Verbindung mit der Hyperkolumne noch nicht erwähnt habe, ist die Tatsache, daß sie eigentlich zwei Hälften hat - eine linke und eine rechte. Ich habe am Anfang dieses Kapitels darauf hingewiesen, daß die Überkreuzung einiger von den Augen kommenden Fasern im Chiasma opticum Ansichten der Szene, die vom linken und rechten Auge kamen, zu einer gemeinsamen Stelle der Sehrinde weiterleitete. Diese gemeinsame Stelle ist die Hyperkolumne. Wiederum zur Vereinfachung werden die zum linken und rechten Auge gehörenden Hälften der Hyperkolumne als völlig getrennte Entitäten in Bild **61** dargestellt. Tatsächlich erweisen sich einige Zellen der Sehrinde als *binokular* aktivierbar. Das heißt, sie reagieren aktiv auf optimale Stimuli in beiden Augen. Andere werden vorzugsweise nur von einem Auge aktiviert. Deshalb ist die Aufteilung der Hyperkolumne in zwei klar umrissene Hälften, die jeweils zu einem der beiden Augen gehören, mit ziemlicher Sicherheit eine allzu starke Vereinfachung. Trotzdem ist die *monokulare Dominanz* (d.h. die überwiegende Empfindlichkeit für Stimuli in einem bestimmten Auge) bestimmter Regionen der Hyperkolumne von Hubel und Wiesel ausführlich belegt worden, wie wir bald sehen werden. Beachten Sie auch noch, daß die linke und rechte Hälfte der Hyperkolumne ebenfalls als Platten gedacht werden können, allerdings größere als die Richtungsplatten.

Beweismaterial zugunsten der Hyperkolumne

Die in Bild **61** skizzierte Struktur der Hyperkolumne ist hypothetisch, aber sie paßt zu einer großen Zahl neurophysiologischer Daten. Betrachten Sie zum Beispiel Bild **62**, welches die Ergebnisse des Eindringens einer Mikroelektrode zeigt, die eine ziemlich große Region der gestreiften Hirnrinde durchquert hat. Jeder Punkt auf der Spur der Mikroelektrode stellt eine registrierte Zelle dar. Man befaßte sich mit einer Zelle nach der anderen, beginnend mit derjenigen, die der Oberfläche am nächsten war, und der optimale Stimulus einer jeden Zelle wurde auf die vorher schon beschriebene Weise herausgefunden. In Bild **62** wird nur die Richtungseinstellung einer jeden Zelle dargestellt (und nicht, ob es ein Rand-, Schlitz- oder Liniendetektor war), und zwar durch die Linien, die durch jeden Punkt gezogen sind. So zeigen die vertikalen Linien vertikal eingestellte Zellen an, die horizontalen Linien horizontal eingestellte Zellen und so weiter.

Man sieht, daß dort, wo der Weg der Elektrode senkrecht zur Oberfläche der Gehirnrinde blieb (wie am Anfang der Penetration) alle Zellen dieselbe Richtungseinstellung gemeinsam hatten, die an diesem Punkt eben vertikal war. Aber dort, wo der Weg der Elektrode einen anderen Winkel zur Cortexoberfläche einnimmt (wie im späteren Teil der Penetration), ändert sich die Richtungseinstellung aufeinanderfolgender Zellen in ziemlich regelmäßigen Abschnitten. Beachten Sie, daß der Weg der Elektrode selbst immer gerade ist, aber während sie in das Gehirn eindringt, verändert sich ihr Winkel zur Cortexoberfläche, da der Cortex gefaltet ist.

Ergebnisse wie die von Bild **62** stimmen offensichtlich mit der Vorstellung überein, daß einzelne Zellkolumnen dieselbe Richtungseinstellung gemeinsam haben. Wenn die Elektrode innerhalb einer einzelnen Kolumne (oder zumindest innerhalb einer einzelnen Platte) verbleibt, stellt man fest, daß die Zellen eine gemeinsame Richtungspräferenz besitzen. Aber wenn die Elektrode von einer Kolumne zur nächsten übergeht (oder von einer Platte zur nächsten), so wird man herausfinden, daß die Zellen sich systematisch in ihrer Richtungspräferenz verändern, und zwar im allgemeinen so, wie aus Bild **62** hervorgeht.

Einige Teile der nicht senkrechten Spurenaufzeichnung von Bild **62** zeigen aufeinanderfolgende Zellen mit der selben Richtungspräferenz: das ist deshalb so, weil die Elektrode für eine kurze Strecke in einer bestimmten Richtungsplatte verblieb. Aber die Platten sind sehr schmal, vielleicht nur eine Zelle dick, und die Elektrode bleibt selten lange in einer Platte. Insofern kann man die Plattenstruktur des Cortex besser zeigen, wenn man aufeinanderfolgende Aufzeichnungen von etwa drei parallelen, schrägen Penetrationen macht, wobei jede von der nächsten um einen Bruchteil von einem Millimeter entfernt ist. Typische Resultate, die von Hubel und Wiesel mit dieser Technik im Affencortex erzielt wurden, sind in Bild **63** dargestellt. Es werden drei Elektrodenspuren gezeigt. Die erste Spur wurde zuerst aufgezeichnet, dann die zweite und dann die dritte. Man kann sehen, daß das regelmäßige Fortschreiten in der Richtungseinstellung der ersten Spur auch in den beiden anderen erscheint. Daraus kann abgeleitet werden, daß die Elektrodenspuren einen Komplex von Richtungsplatten fast rechtwinklig gekreuzt haben, diese wurden mit Hilfe paralleler Linien, die die Plattengrenzen kennzeichnen, eingezeichnet. Diese Linien würde man natürlich im Cortex nicht sehen: sie werden aus den Daten abgeleitet und zeigen die funktionale Organisation des gestreiften Cortex, wie Hubel und Wiesel sie als Erklärung ihrer Resultate vorschlagen.

Die Bilder **62** und **63** zeigen in stark verkürzter und vereinfachter Form das neurophysiologische Beweismaterial, das die Hyperkolumnentheorie der gestreiften Cortexorganisation begünstigt, so wie sie in Bild **61** schematisch dargelegt worden ist. Es gibt aber auch bestätigendes Beweismaterial aus der Neuroanatomie, das die Hyperkolumnen-

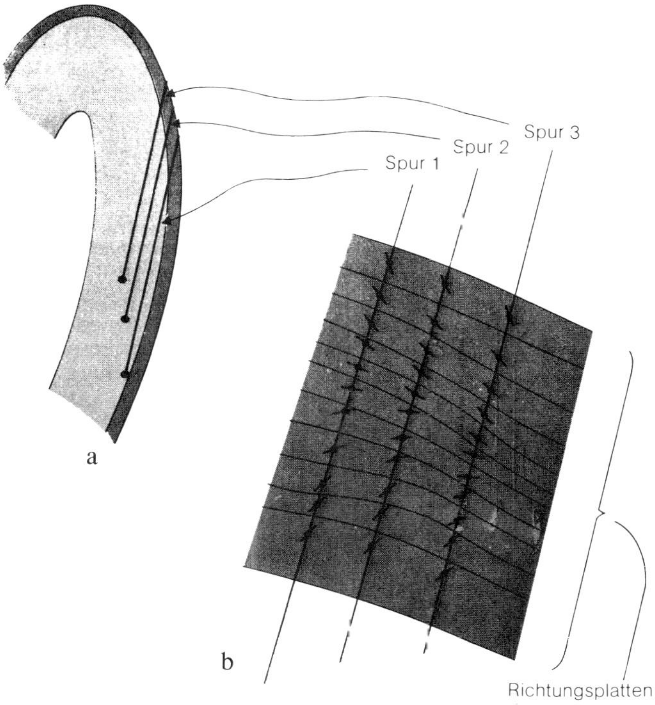

Bild 63. a) Schnitt durch den gestreiften Cortex, und zwar senkrecht zur seiner Oberfläche (wie in Bild 62).
Es werden drei Elektroden-Spuren gezeigt, die annähernd parallel zur Cortexoberfläche verlaufen. Die Spuren liegen leicht übereinander, wie man sehen kann, aber wichtiger ist, daß sie auch seitlich über die Cortexoberfläche hin verschoben sind. Diese letztere Anordnung kann auf Papier nicht leicht dargestellt werden, aber stellen Sie sich vor, daß die Spuren auf verschiedenen Höhen über der Seite liegen, so daß sie in leicht verschiedene Schnitte fallen würden. Stellen Sie sich jetzt vor, daß Sie selbst auf die Cortexoberfläche herabschauen (oder daß Sie auf die Seite von links schauen), so daß die drei Elektroden-Spuren nebeneinander gesehen werden (b), wodurch sie seitliche Verschiebung zum Vorschein kommt. In b) sind auch die bevorzugten Richtungen der Zellen dargestellt, auf die die Elektroden gestoßen sind, als sie in den Cortex eingedrungen sind. Durch diese Technik wird die Annahme der Existenz von Richtungs-Platten bekräftigt (siehe Text).

theorie beträchtlich untermauert. Ein besonders bemerkenswertes Experiment, das vor kurzem von Hubel und Wiesel zusammen mit einem Kollegen namens Michael Stryker durchgeführt wurde, benutzt einen narkotisierten Rhesusaffen, dessen offene Augen 45 Minuten lang durchgehend einem Muster von vertikalen Streifen ausgesetzt wurden. Die Streifen waren unregelmäßig breit, füllten das ganze Gesichtsfeld eines jeden Auges und wurden bewegt, um sicherzugehen, daß alle vertikalen Linien-Detektoren in der Sehrinde des Affen während des ganzen Beobachtungszeitraumes sehr aktiv sein würden. Unmittelbar vor diesem Zeitraum war dem Affen eine besondere chemische Substanz injiziert worden, die die Eigenschaft besitzt, viel leichter von aktiven als von inaktiven Gehirnzellen absorbiert zu werden. Dementsprechend würden während dieses 45minütigen Zeitraums die aktiven vertikalen Liniendetektoren, erregt durch die vertikalen Streifen, diese Substanz aus der Blutbahn des Affen in viel größeren Mengen aufnehmen als andere Zellen der gestreiften Hirnrinde, die auf nicht vertikale Richtungen eingestellt sind und deshalb

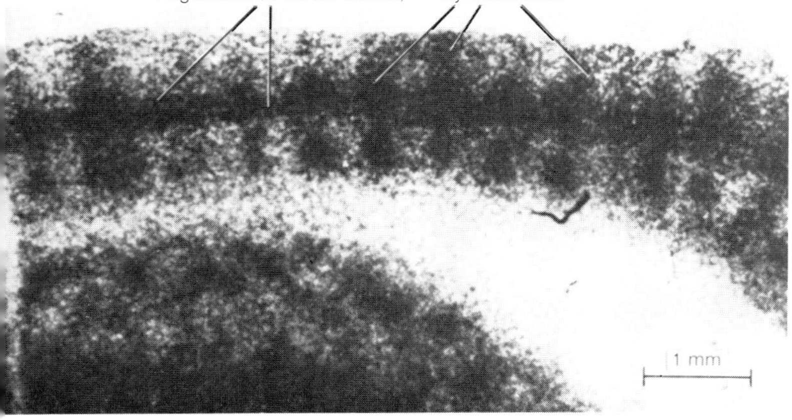

Bild 64. Senkrechter Schnitt durch den gestreiften Cortex eines Affen, unmittelbar nachdem ihm ein Muster von bewegten vertikalen Streifen unregelmäßiger Breite vorgeführt wurde, welches das Gesichtsfeld beider Augen füllte. Eine besondere Technik (siehe Text) ermöglicht es, vertikal eingestellte Kolumnen, die während der Vorführung des Stimulus aktiv sind, als dunkle Bänder zu sehen.

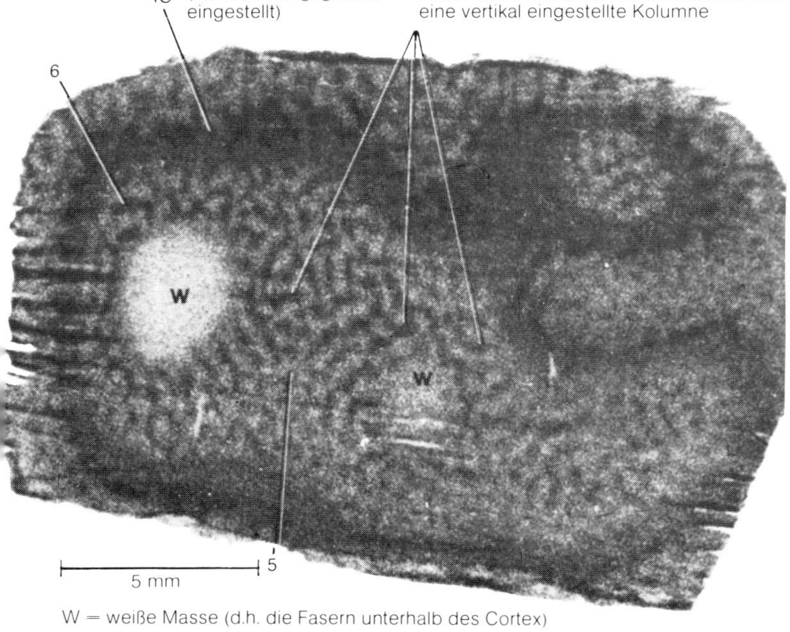

Bild 65. Schnitt durch dieselbe Region des gestreiften Cortex wie die von Bild 64, diesmal aber annähernd parallel zur Cortexoberfläche. Der Schnitt durchtrennt mehrere Schichten des Cortex, die mit Ziffern bezeichnet sind. (4C, 5 und 6)

während der Präsentation des Stimulus auch nicht so aktiv sind. Nach der Stimuluspräsentation wurde der Affe sofort getötet und eine mikroskopische Untersuchung der Stellen vollzogen, an denen sich diese chemische Substanz angesammelt hatte. Genau, wie man auf der Basis der beschriebenen neurophysiologischen Daten erwarten konnte, war es möglich, in Scheiben der gestreiften Hirnrinde Kolumnen aus Gehirngewebe zu identifizieren, die die Substanz enthielten. So stellen also in Bild **64** die dunkel hervorgehobenen Bänder die Regionen dar, die viel von dieser chemischen Substanz aufgenommen haben. Sie sind in Kolumnen angeordnet, die senkrecht zur Cortexoberfläche stehen. Diese Bänder geben also Kolumnen von vertikal eingestellten Zellen wieder, die während des Präsentationszeitraums ständig aktiv waren. Die Bänder sind ziemlich breit und sicherlich breiter als eine einzige Kolumne, weil jede einzelne Sehrinden-Zelle nicht nur auf ihren optimal gerichteten Linienstimulus, sondern auch auf Richtungen zu beiden Seiten dieses Optimums reagiert (blättern Sie zur Erinnerung zurück zu Bild **58**). Deshalb müssen auch Zellen mit optimaler Einstellung auf beiden Seiten der Vertikalen bis zu einem gewissen Maße durch die vertikalen Streifen aktiviert worden sein und deshalb auch in Bild **64** als Teil des dunklen Bandes von aktiven Zellen erscheinen. Die hellen Bänder zwischen den dunklen zeigen Kolumnen an, die auf Richtungen rund um die Horizontale (etwa $\pm 40°$ bis $60°$) eingestellt sind und in keinem nennenswertem Maße durch die vertikalen Streifen (siehe Bild **58**) aktiviert worden sein können. Dementsprechend haben sie auch nur wenig von der chemischen Substanz gespeichert.

Das dunkle Band, das sich durch die dunklen Kolumnen zieht und zu der Cortexoberfläche von Bild **64** parallel verläuft, zeigt aktive Zellen in der Schicht 4C. Diese Zellen haben keine Richtungseinstellung und so müssen sie alle bis zu einem gewissen Ausmaß durch die vertikalen Streifen in Gang gesetzt worden sein. Deshalb erscheinen alle Zellen in dieser Schicht schwarz.

Bild **64** gibt einen senkrechten Schnitt durch den gestreiften Cortex des Experimentieraffen wieder. Interessant ist auch die Ansicht eines schrägen Schnitts (siehe Bild **65**), die man dadurch erhält, daß man fast parallel zur Cortexoberfläche schneidet. Hier zeigen sich die aktiven Kolumnen nicht als dunkle Bänder wie in Bild **64**, sondern eher als dunkle Flecken. Das liegt daran, daß die Kolumnen jetzt im Querschnitt gesehen werden. Tatsächlich stellt jeder dunkle Fleck eine Platte vertikal eingestellter Kolumnen dar (und dazu natürlich auch noch Richtungsnachbarn, die ebenfalls bis zu einem gewissen Ausmaß durch die vertikalen Streifen aktiviert wurden, wie wir vorher im Zusammenhang mit Bild **64** schon bemerkt haben). Dementsprechend kennzeichnen die hellen Flecken inaktive Platten, die zwischen $\pm 40°$ bis $60°$ um die Horizontale liegen und deshalb durch die vertikalen Streifen nicht erregt werden. Der ganze Schnitt auf Bild **65** spricht deshalb stark zugunsten einer Verteilung von Richtungsplatten aller Arten über die Cortexoberfläche. Jede Hyperkolumne würde dann natürlich einen vollen Satz von Platten mit allen Richtungseinstellungen von beiden Augen enthalten. Es ist aufschlußreich, Bild **65**, das das experimentelle Beweismaterial aus der Neuroanatomie zeigt, mit den Bildern **52** und **61** zu vergleichen, die in schematischer Form die gegenwärtigen Vorstellungen über die Organisation der gestreiften Gehirnrinde darstellen, welche auf experimentellem und dem bereits beschriebenen neurophysiologischen Beweismaterial beruhen.

Diese Technik zur Hervorhebung von aktivem Gewebe, die ich gerade erklärt habe, ist in diesem Zusammenhang auch noch in anderer Weise nützlich, abgesehen von der neuro-

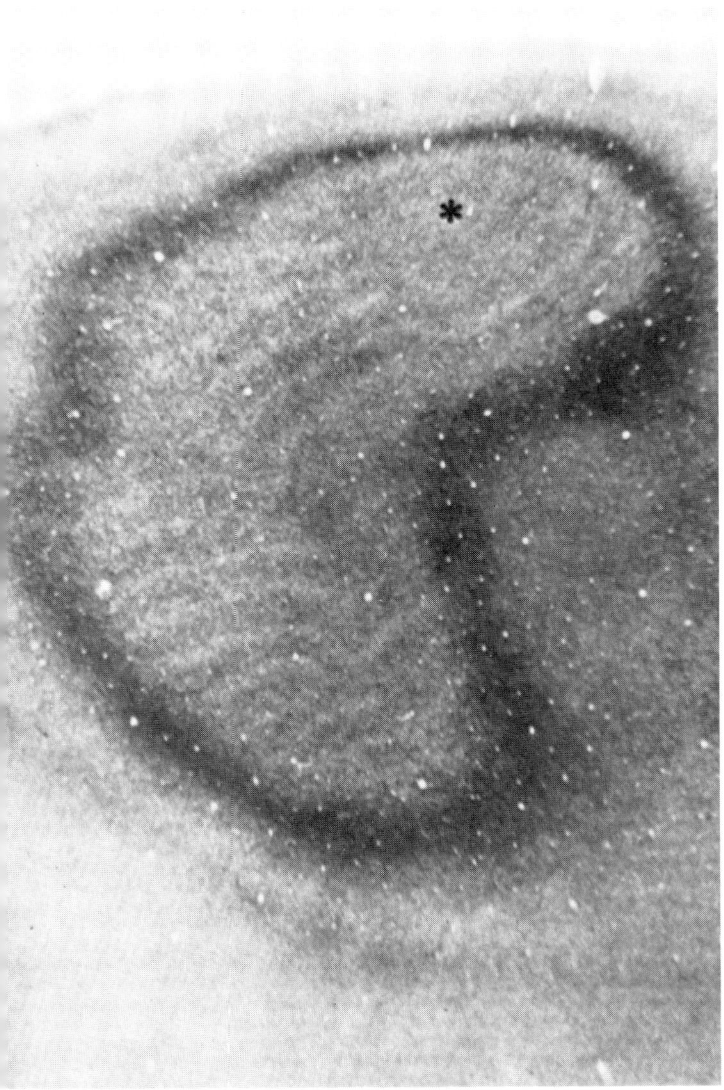

Bild 66. Schnitt durch den gestreiften Cortex in einem Winkel zu seiner Oberfläche. Er wurde gefärbt, um Bänder von links-äugig und rechts-äugig dominanten Zellen sichtbar zu machen. Das Sternchen bezeichnet eine Region, wo der Schnitt Schicht 5 streift. Dort sind die Bänder nicht zu sehen. Der dunkel gefärbte Ring ist der Gennari-Streifen (Schicht 4 B), und innerhalb dieses Rings ist eine Region der Schicht 4 C, in der man die Bänder sehen kann.

anatomischen Ortung der Richtungsplatten. Sie kann mit gleichem Erfolg auch eingesetzt werden, um die Anordnung der Platten herauszufinden, die überwiegend empfindlich sind für die Stimulierung von nur einem Auge – die »monokularen Dominanzplatten«. In der Tat benützte sie Sokoloff, der diese Vorgehensweise zur Hervorhebung des aktiven Hirngewebes entwickelte, am Anfang zu genau diesem Zweck. In seinem Experiment betrachtet der unter Narkose stehende Affe einen reich gemusterten Stimulus, der fast alle Liniendetektoren im Cortex stimulieren müßte, aber er sieht ihn mit nur einem Auge. Die mikroskopische Erscheinung seiner gestreiften Hirnrinde bei der darauffolgenden Untersuchung erweist sich als sehr ähnlich zu der von Bild **64**, wobei die alternierenden dunklen und hellen Balken nun alternierende Zellplatten darstellen, die jeweils vorzugsweise von einem Auge aktiviert werden.

Vor kurzem entdeckten jedoch Hubel und Wiesel und ein Kollege namens Simon LeVay, daß die monokularen Dominanzplatten auch direkt unter dem Mikroskop zu erkennen sind, wenn man die üblichen Einfärbungstechniken anwendet, so daß man die Verstärkung nicht benötigt, die durch Sokoloffs Prozedur zur Hervorhebung aktiven Hirngewebes bereitgestellt wurde. Es stellt sich heraus, daß die parallel zur Cortexoberfläche verlaufenden Fasern in Schicht 4C *innerhalb* der monokularen Platten dichter liegen als *zwischen* den benachbarten Platten. Das heißt, daß eine gefärbte Sektion des gestreiften Cortex, die sich durch Schicht 4C parallel zur Cortexoberfläche zieht, abwechselnd dunkle Bänder (»dicht gefasert«: monokulare Platten) und helle Bänder (»spärlich gefasert«: Grenzgebiete zwischen monokularen Platten) aufweist. Diese Bänder kann man im Schnitt von Bild **66** sehen und die ganze Anordnung wird in dem schematischen Diagramm von Bild **67** verdeutlicht. Es zeigt in einer Rekonstruktion aus vielen Schnitten wie von Bild **66** monokulare Bänder über eine ziemlich weite Region des Cortex. Es ist wichtig, in Bild **67** zu erkennen, daß die blassen Bänder durch die Grenzen beschrieben werden, die die rechten oder linken monokularen Platten voneinander abheben (wobei beide monokularen Typen durch einen Farbton symbolisiert werden). In Bild **67** ist auch ein Paar von (hypothetischen) aneinandergrenzenden Hyperkolumnen eingezeichnet um darzustellen, wie die Bänder aus vielen aneinanderliegenden monokularen Platten von verschiedenen Hyperkolumnen zusammengesetzt sind. Das wirbelartige Muster der Bänder läßt klar hervortreten, daß die Hyperkolumnen nicht so ordentlich über die Sehrindenoberfläche ausgebreitet sein können, wie in der schematischen Darstellung von Bild **52** gezeigt wurde, aber dies ist eine komplizierende Einzelheit, die wir vernachlässigen können. Das Organisationsprinzip von Bild **52** paßt zu den Daten. Es gibt eine Verteilung von Verarbeitungsuntereinheiten – Hyperko-

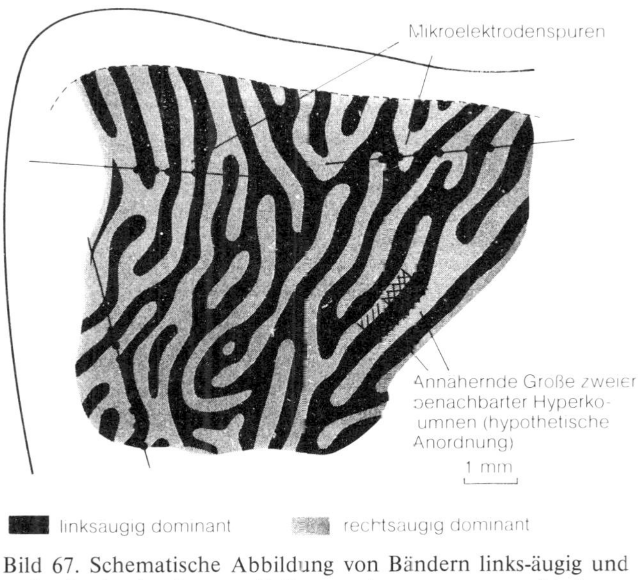

Bild 67. Schematische Abbildung von Bändern links-äugig und rechts-äugig dominanter Zellen, und zwar aus verschiedenen Schnitten des Typs, der in Bild 66 gezeigt wird.

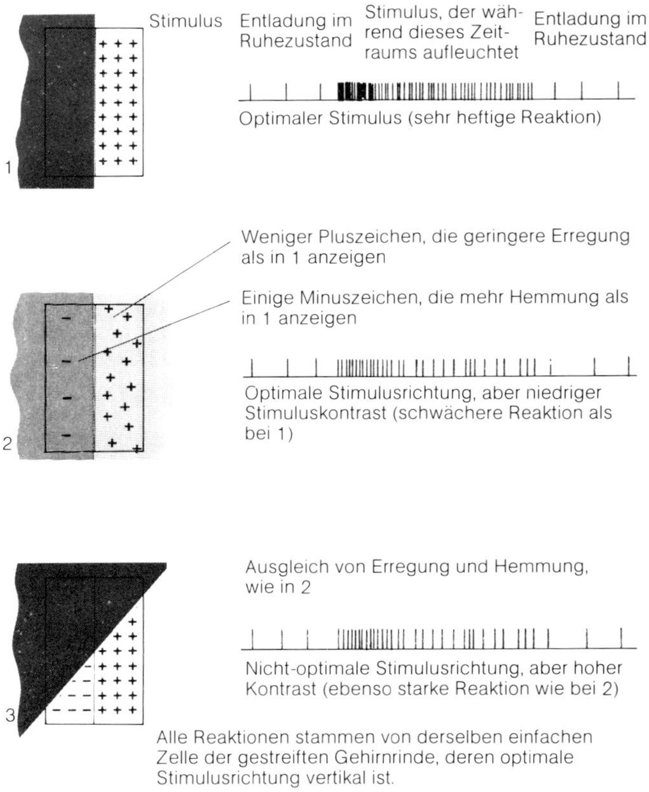

Bild 68. Die Doppeldeutigkeit von Reaktionen einfacher Zellen.

lumnen - über den ganzen gestreiften Cortex hinweg, die sich untereinander in ihrer Anlage sehr ähnlich sind. Insbesondere enthält eine jede Region des gestreiften Cortex (zumindest in Schicht 4C) Teile, die vorzugsweise auf Inputs von beiden Augen, dem rechten und dem linken, eingestellt sind, wie Bild **67** bezeugt.

Ein besonders faszinierender Aspekt von Bild **67** bezieht sich auf die Mikroelektrodenspuren. Hubel und Wiesel sammelten Einzelzellenaufnahmen von diesen Spuren, bevor sie mikroskopische Untersuchungen durchführten, um damit das rekonstruierte Muster aufzubauen, und legten dann diese Spuren über die Rekonstruktion. Die Spuren sind mit Punkten versehen, und diese Punkte zeigen die Stellen an, wo die Zellen von der vorzugsweisen Aktivierung durch das eine Auge zur vorzugsweisen Aktivierung durch das andere wechselten. Das Faszinierende daran ist, daß die Punkte genau auf den blassen Bändern liegen, das heißt auf den Grenzen zwischen den mikroskopisch festgestellten monokularen Bändern. Diese Übereinstimmung zwischen neurophysiologischen und neuroanatomischen Befunden ist ein ungeheurer Erfolg. Wenn das Beweismaterial von zwei so verschiedenen Vorgehensweisen so genau zusammenpaßt, wächst das Vertrauen in das Gesamtbild, das aus beiden abgeleitet wurde, sehr stark.

Wie die Hyperkolumnen funktionieren

Das Beweismaterial für die Existenz von Hyperkolumnen, die über den ganzen gestreiften Cortex verteilt sind, ist recht gut, wie aus dem letzten Abschnitt hervorgeht. Als nächstes drängt sich die Frage auf: Wie erfüllt die Hyperkolumne die Aufgabe, die wir ihr zugeschrieben haben, nämlich, daß sie ihren eigenen Netzhautflecken (ihr Hyperfeld) untersucht und zu einer Formbeschreibung des Bildes gelangt, das auf diesen Flecken fällt? Hier müssen wir uns der Hinweise bedienen, die uns durch neurophysiologische Erkenntnisse angeboten werden, und zwar bezogen darauf, wie Sehrindenzellen selektiv auf bestimmte Linienstimuli reagieren, und wir müssen diese Hinweise mit Fortschritten im Feld der Bildverarbeitung durch Computer in Zusammenhang bringen. Soweit es das letztere Gebiet betrifft, wird unsere Darstellung an dieser Stelle stark auf die Abhandlungen von David Marr zurückgreifen.

Als erstes müssen wir unterstreichen, daß man nicht jede bisher beschriebene Zelle in der Hyperkolumne als einen simplen Nervencode für einen bestimmten Formkomplex, nämlich den für die Zelle optimalen Stimulus, nehmen kann. (Wenn die Dinge so einfach wären, dann würde die Aktivität in einer Zelle, deren optimaler Stimulus etwa ein vertikaler Rand in einer bestimmten Netzhautgegend wäre, bedeuten: »vertikaler Rand in der und der Position vorhanden« usw.). Ich erwähnte dies schon oben, als ich darauf hinwies, daß die Bezeichnungen »Liniendetektor«, »Randdetektor« und »Schlitzdetektor« in dieser Hinsicht irreführend sind. Der Grund, warum nicht jede Zelle einfach und unmittelbar als ein Formdetektor angesehen werden kann, besteht darin, daß der Output einer jeden Zelle mehrdeutig ist, genauso wie der Output des Winkel-Detektors aus Kapitel 2. Betrachten Sie zum Beispiel eine einfache Zelle, deren optimaler Stimulus ein vertikaler Rand ist. Eine solche Zelle würde natürlich dann am stärksten reagieren, wenn ein stark kontrastierter schwarzweißer Rand auf die entsprechende Stelle in ihrem rezeptiven Feld trifft (siehe Bild **68** oben). Wenn der Kontrast verringert würde, indem man die schwarze Zone dunkelgrau und die weiße Zone hellgrau macht, dann würde die Zelle immer noch reagieren, aber weniger stark (Bild **68** Mitte). Die Reaktion ist verringert, weil weniger Erregung und mehr Hemmung als zuvor der Zelle zugeführt wurde. Betrachten Sie nun die Reaktion der Zelle auf einen stark kontrastierten Rand, der um einige Grad (etwa $\pm 30°$) von der optimalen vertikalen Richtung weggedreht wird (siehe Bild **68** unten). Die Zelle würde auf diesen nicht-optimal gerichteten Stimulus genauso stark reagieren wie auf den optimal orientierten, aber geringer kontrastierten! Wenn die Aktivität in dieser Zelle einfach und unmittelbar als die neurale Repräsentation eines vertikalen Randes genommen würde, könnten wir seltsamen Täuschungen zum Opfer fallen! Wir würden blasse vertikale Ränder mit stark kontrastierten, aber aus der Vertikale gedrehten verwechseln, eine sehr unbefriedigende Situation, die ja zum Glück nicht eintritt.

Die generelle Antwort auf das Ambiguitätsproblem, das in Bild **68** angerissen wurde, besteht darin, daß man den Output einer jeden Zelle nicht isoliert betrachtet, sondern im *Kontext* der Aktivitäten von anderen Zellen in der Hyperkolumne. Unterstellen Sie zum Beispiel, daß es innerhalb der Hyperkolumne Mechanismen gibt, die

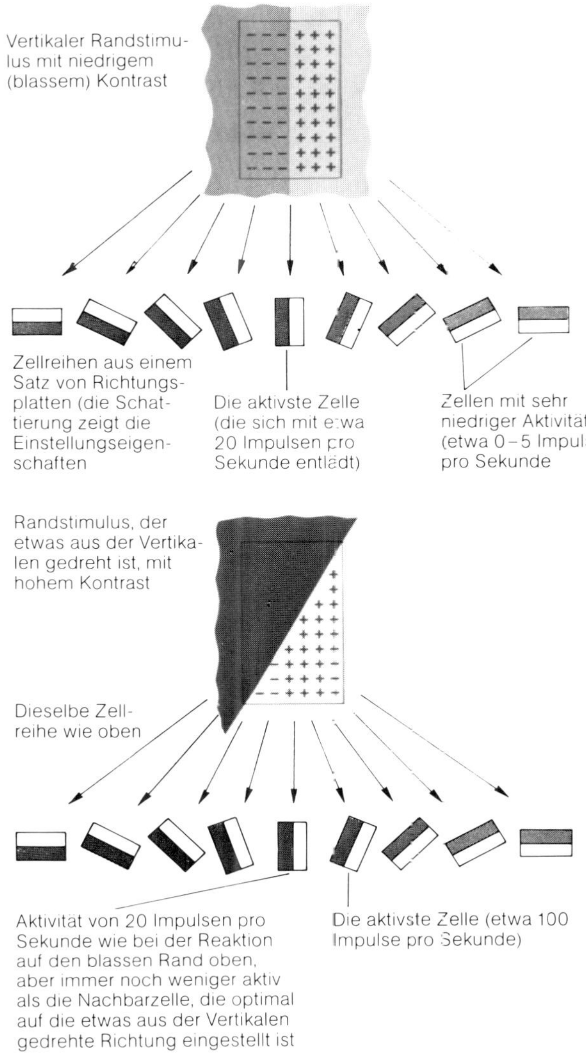

Bild 69. Die Interpretation von Reaktionen einfacher Zellen im Kontext.

darauf abgerichtet sind, das *aktivste Neuron* zu registrieren, wenn es darum geht, die Orientierung einer Input-Form zu beurteilen. Wenn in diesem Fall der blasse vertikale Rand von Bild **68** das Input-Objekt wäre, dann würde sich die aktivste Zelle immer noch in einer vertikal eingestellten Kolumne (siehe Bild **69**) auffinden lassen, obwohl diese Zelle sich nicht so heftig entladen würde, falls der Rand kontrastreich und vertikal wäre. Das heißt, daß eine vertikal eingestellte Zelle das Rennen machen würde, gegenüber der Konkurrenz aller anderen, weniger aktiven Zellen. Folglich würde der hypothetisch angenommene Mechanismus (der natürlich noch recht unspezifiziert ist) registrieren, daß diese Zelle die aktivste war, und würde die Input-Form als vertikal gerichtet annehmen. Wenn nun der stark kontrastierte, aber aus der Vertikalen gedrehte Stimulus erscheint, entlädt sich das vertikal eingestellte Neuron mit genau derselben Stärke, mit der es auch auf den blassen vertikalen Rand reagierte (siehe die untere Hälfte von Bild **69**). Aber in diesem Fall entlädt sich die danebengelegene Zelle mit einer noch höheren Intensität, weil der aus der Vertikalen gedrehte Rand ihrer optimalen Richtungseinstellung entspricht. Dementsprechend wird der Mechanismus, der das aktivste Neuron ermittelt, die Input-Form nicht als vertikal, sondern der Realität entsprechend als aus der Vertikalen gedreht registrieren. Indem die Hyperkolumne auf diese Weise den Kontext, in welchem die Aktivität einer beliebigen Zelle auftritt, ausnützt, braucht sie sich durch die in sich mehrdeutigen Reaktionen einzelner Zellen nicht täuschen zu lassen.

Dieses Richtungsbeispiel illustriert sehr schön die übliche Vorgehensweise, nämlich einzelne Zellreaktionen als *Messungen für Interpretationen* zu betrachten und nicht als eigene Formbeschreibungen des Gehirns. Tatsächlich ist die Notwendigkeit der Interpretation sogar noch größer, als dieses Beispiel nahelegt. Betrachten Sie zum Beispiel die früher schon erwähnte Tatsache, daß es nur 18 bis 20 Richtungsplatten für jede Hyperkolumne zu geben scheint, um alle Richtungen im betreffenden Hyperfeld abzudecken. Wenn die Zellenreaktionen so interpretiert würden, wie in Bild **69** vorgeschlagen, und nur die aktivste als Signal für die Richtung des Input-Komplexes genommen würde, dann wären wir darauf beschränkt, Linienstimuli nur dann als richtungsverschieden wahrzunehmen, wenn ihre tatsächlichen Richtungen sich um mindestens 10° voneinander unterscheiden würden. Dies ist natürlich eine grobe Unterschätzung unserer Wahrnehmungsfähigkeiten: Wir können ohne weiteres Richtungsunterschiede von etwa 2° wahrnehmen. Es muß offensichtlich eine Methode der *Interpolation* zwischen je zwei Richtungsmessungen geben. Das heißt, wenn eine Zelle mit einer optimalen Richtung auf der Vertikalen etwa 40 Impulse pro Sekunde abgibt, und ihr Richtungsnachbar, optimal eingestellt auf eine Richtung von 10° aus der Vertikalen gedreht, etwa 35 Impulse pro Sekunde aussendet, dann müssen diese Messungen so interpretiert werden, daß sie von einer Input-Form kommen, deren Richtung ungefähr zwischen den beiden optimalen Richtungen liegt, also in diesem Fall etwa 4° aus der Vertikalen gedreht. Dies ist eine viel raffiniertere Interpretationsmethode der Messungen von einfachen Zellen, als nur das aktivste Neuron herauszufinden und zu unterstellen, daß seine optimale Richtung auch der tatsächlichen Richtung der Input-Form entspricht.

Indem gezeigt wurde, daß zwischen den Orientierungsmethoden der relativ wenigen Richtungsplatten in jeder Hyperkolumne interpoliert werden muß, wurde nachdrücklich illustriert, wie wichtig es ist, ganz und gar von der Vorstellung abzugehen, daß einfache Zellen Formdetektoren sein können. Diese Erkenntnis steckt hinter meinen früheren Bemerkungen über die Unangemessenheit der gebräuchlichen Bezeichnungen für diese Zellen: »Schlitzdetektoren« usw. Der Schluß, den Marr aus seinen Bemühungen gezogen hat, Einheiten, ähnlich einfachen Zellen, in eine computerisierte Formbeschreibungsmaschine einzubauen, besteht darin, daß man einfache Zellen lediglich als Bildmessungsvorrichtungen betrachten kann, die Daten über Formen des Input-Bildes liefern, aber diese Daten müssen weiter interpretiert werden, bevor man zu einer richtigen Bildbeschreibung gelangt.

Aber wenn die Notwendigkeit der Interpretation der Aktivität in einfachen Zellen jetzt klar geworden ist, wie sieht dann der Code aus, in dem die Resultate des Interpretationsprozesses geschrieben sind? Wie ist die im Gehirn lokalisierte Formbeschreibung, die das nervliche Korrelat unserer bewußten Wahrnehmung von Formen darstellt? Wenn wir einen »scharfen Rand mit einer Richtung von 23° im Uhrzeigersinn von der Vertikalen und mit mittlerem Kontrast« sehen, wie sieht die nervliche Repräsentation dieser Form-Beschreibung, dieser Wahrnehmung aus? Wir sehen die Form ziemlich gut; wie ist sie also in unserem Kopf codiert?

Die ungewöhnliche Antwort darauf lautet: Wir haben fast keinerlei Vorstellung davon! Trotz all der ungeheuren Fortschritte, die unser Wissen über die Neurophysiologie der Sinnesorgane in den letzten zwanzig Jahren gemacht hat, Fortschritte, die in dem Hyperkolumnenkonzept und all den neurophysiologischen und neuroanatomischen Erkenntnissen, die in diesem Kapitel beschrieben wurden (und natürlich noch vielem mehr) ihren Höhepunkt gefunden haben, trotz all dieser Fortschritte haben wir noch immer nur vage Hypothesen – und noch dazu recht wenig ausgearbeitete – über die Beschaffenheit dieses Codes. Auf den, der diese kaum faßbare Sprache entdeckt, wartet mit Sicherheit ein Nobelpreis.

Es gibt vier mögliche »Kandidaten« für den Code. Erstens könnte es sein, daß die Formen tatsächlich als *aktive Einzelzellen* codiert werden, wobei verschiedene Zellen verschiedene Typen von Formen repräsentieren würden. Dies wäre mehr oder weniger das, was man ursprünglich dachte, als die Liniendetektoren eben so benannt wurden, wobei aber andere Zellen als die bisher beschriebenen den Form-Code darstellen würden. Zweitens könnte es sein, daß eine große Anzahl *aktiver Zellen*, anstatt nur einer einzigen aktiven Zelle den Formen-Code darstellt. Drittens könnten Formen auch in Impulsmustern der Nervenfasern codiert sein, die sogenannte Impuls-*Codierungs*-Möglichkeit. Diese Vorstellung geht über die Frage hinaus, ob eine Zelle aktiv ist oder nicht, sie beinhaltet vielmehr die Frage, ob sich das Muster der von der Zelle ausgesendeten Impulse in einer Weise verändert, die Formen darstellen könnte. Viertens könnte es sein, daß der Code ganz und gar *biochemisch* ist und daß Formen nicht als Zellaktivität auf der Ebene von Impulsen wiedergegeben werden, sondern auf der viel feineren Ebene der biochemischen Bestandteile der Zellen und ihrer jeweiligen Zustände.

Wir werden diese Möglichkeiten später noch genauer erörtern. Aber es lohnt sich zu sagen, daß gegenwärtig nicht nur über die Beschaffenheit des Formen-Codes Unklarheit besteht, sondern auch darüber, wo er sich befindet. Die Hyperkolumne wurde durchweg als die Vorrichtung beschrieben, die eine Botschaft darüber aussendet, was für eine Form gegenwärtig auf ihr Hyperfeld trifft. Dies ist eigentlich eine Hypothese, die über das gegenwärtige Beweismaterial hinausgeht. Sicherlich scheint der Komplex von einzelnen Zellen in der Hyperkolumne die wesentlichen Bildmessungen zu liefern, die notwendig sind, um eine Formenbeschreibung herzustellen. Aber wo genau diese Messungen interpretiert werden, ist noch nicht bekannt. Trotzdem scheint im Augenblick eine Lokalisierung in der Hyperkolumne am wahrscheinlichsten. Schließlich hat jede Hyperkolumne wohl etwa eine Viertelmillion Zellen, und nicht alle davon sind einfache Zellen. Außerdem paßt die Anordnung der Bestandteile der Hyperkolumne bemerkenswert gut zu den Interpretationsprozessen von Bildmessungen, die notwendig zu sein schienen, wenn man von Arbeiten aus dem Gebiet der computerisierten Bildverarbeitung ausgeht (siehe den nächsten Abschnitt). Aber es ist offensichtlich Vorsicht geboten, wenn man über ein Gebilde wie das Gehirn spricht, dessen Funktionen noch immer so rätselhaft sind. Es könnte zum Beispiel sein, daß die Hyperkolumnen die Aufgabe des Interpretierens nur bis hierher übernehmen und es anderen Stellen im Gehirn überlassen, sie zu vervollständigen. Zukünftige Erkenntnisse zu diesem und anderen Aspekten der Gehirnfunktionen dürften faszinierend sein.

Beschreibungen von Formtypen

Im vorangegangenen Abschnitt wurde erörtert, wie im Prinzip die Reaktionen einfacher Zellen verwendet werden könnten, um die Richtungen von Formen einzuschätzen. Aber wie ist es mit dem Formentypus (Schlitz, Linie, Rand etc.)? Soll man Schlitzdetektorreaktionen mit hellen Linien auf dunklem Grund, Liniendetektorreaktionen mit dunklen Linien auf hellem Grund und Randdetektorreaktionen mit hell-dunklen Rändern gleichsetzen? Auch hier weisen Marrs Arbeiten darauf hin, daß unmittelbare Gleichsetzungen dieser Art nicht vorgenommen werden können, und daß diese grundlegenden Reaktionen einem weiteren Interpretationsprozeß unterzogen werden müssen.

Betrachten Sie Bild **70**. Es zeigt, wie das Bild einer vertikalen Linie auf eine Region des Rezeptormosaiks der Netzhaut projiziert wird, welche das Hyperfeld einer bestimmten Hyperkolumne bildet. Als erstes bemerkt man, daß die Linienfigur als eine Grautonbeschreibung im Rezeptormosaik selbst aufgezeichnet wird. Beachten Sie als nächstes die Leitungen, die von den Rezeptoren zu zwei Zellen in einer vertikal eingestellten Platte der Hyperkolumne führen. (Diese Leitungen wären in der Realität natürlich keine unmittelbaren Verbindungen, wie es auf dem Bild gezeigt wird; es gibt Zwischenschaltungen sowohl in der Netzhaut wie auch im Corpus geniculatum laterale, aber dies sind Einzelheiten, die wir für unsere gegenwärtigen Zwecke ignorieren können.) Leitungen (das heißt Nervenfasern) werden nur für zwei Zellen gezeigt, und in nur einer Zellenreihe der Platte. Dies geschieht nur der Einfachheit halber: ähnliche Ansammlungen von Leitungen muß man sich für alle Zellen in der Platte vorstellen, so daß jede einzelne Zelle auf ihre eigene Region im Hyperfeld »schauen« kann, und zwar mit ihrem jeweiligen Typ der Organisation ihres rezeptiven Feldes: Schlitz, Linie oder Rand.

Beachten Sie, daß jede Zelle in jeder Reihe auf einen anderen Teil der Grautonbeschreibung im Rezeptormosaik »schaut«. Das heißt, sie empfängt Input-Verbindungen von unterschiedlichen Regionen des Hyperfeldes, so wie es in Bild **70** für die beiden Zellen in der oberen Reihe gezeigt wurde. Nebeneinanderliegende Zellen hätten zwar sich

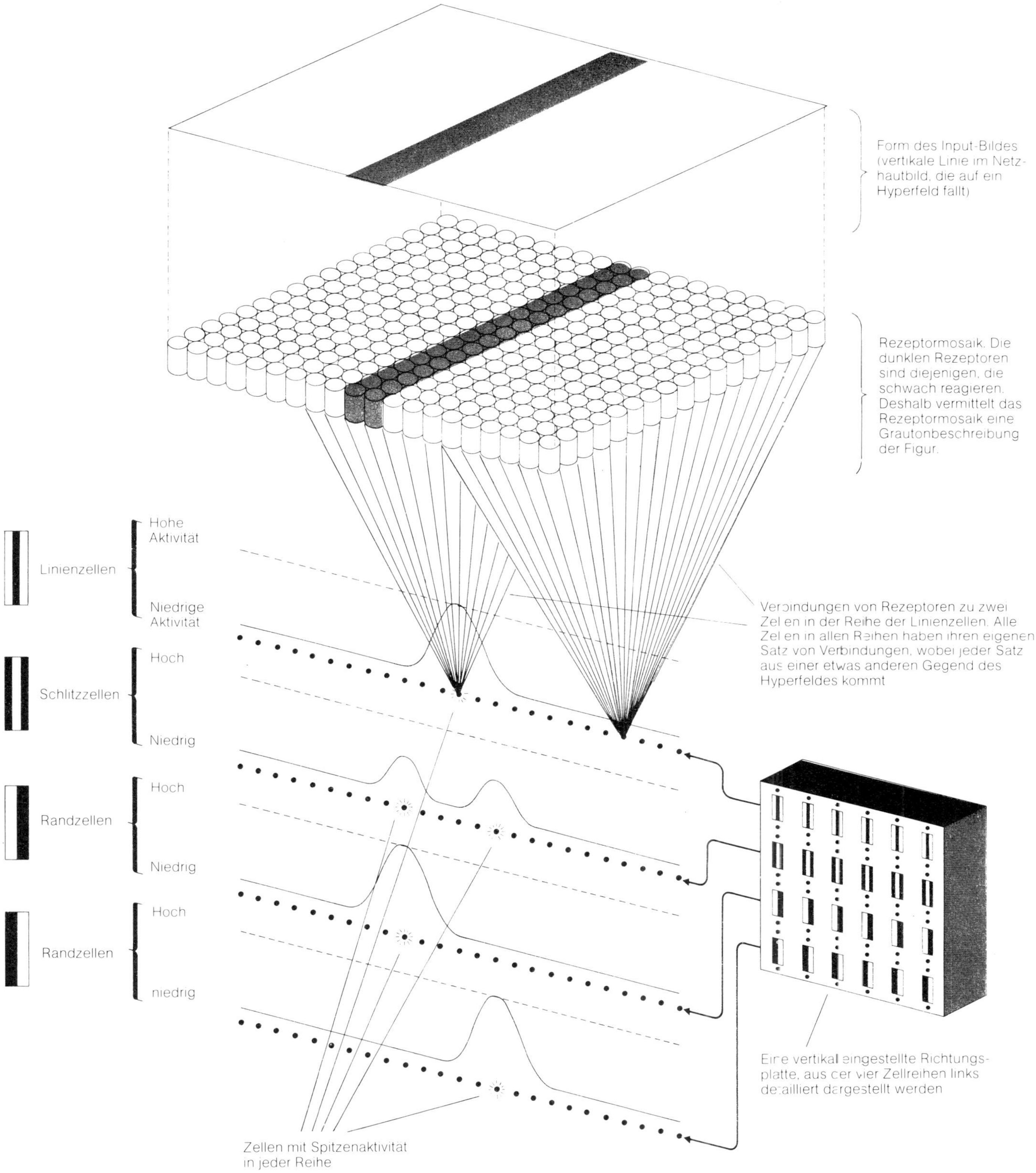

Bild 70. Aktivitäts-Profile in der Platte einer Hyperkolumne, die sich mit einer vertikalen Platte befaßt.

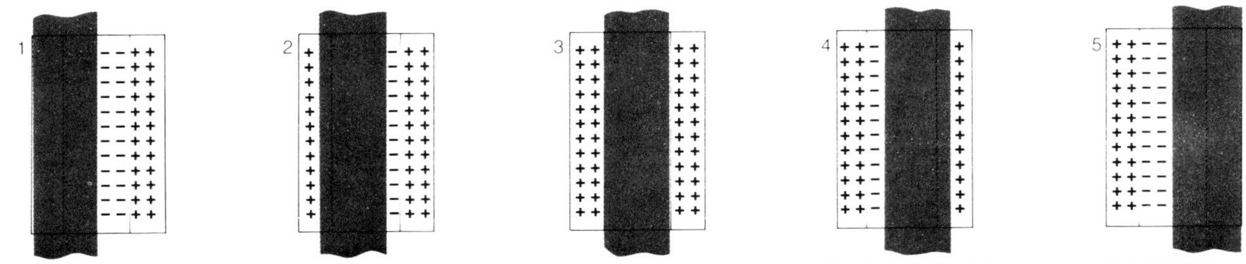

Null-Reaktion. Plus- und Minuszeichen heben sich auf und ergeben so ein Null-Ergebnis der Erregungs-minus-Hemmungs-Rechnung.

Verminderte Reaktion. Einige Minuszeichen werden jetzt durch Licht aktiviert und einige Pluszeichen durch Dunkelheit bedeckt. Deshalb ein reduziertes Ergebnis der Erregungs-minus-Hemmungs-Rechnung.

Optimale Lage. Alle Pluszeichen werden durch Licht aktiviert. Alle Minuszeichen sind im Dunkeln und erzeugen wenig oder keine Hemmung.

Verminderte Reaktion. Ergebnis wie 2

Null-Reaktion. Ergebnis wie 1

Bild 71. Die Wirkung der Lage des Stimulus auf die Reaktion einer einfachen Liniendetektor-Zelle.

überschneidende Leitungsverbindungen, aber das rezeptive Feld einer jeden Zelle wäre auf einen anderen Punkt zentriert. Die Verbindungen zu den Zellen sind entweder erregender oder hemmender Natur, und die Anordnung dieser beiden Typen von Inputs bestimmt den Formentyp, für den jede Zelle optimal empfindlich ist - Schlitz, Linie oder Rand.

Über jeder Zellenreihe ist ein *Aktivitätsprofil* aufgeführt. Die Linien, die diese Profile bilden, existieren natürlich in der Platte selbst nicht. Sie sind nur eine graphische Hilfe, um die Aktivität einer jeden Zelle zu zeigen. So stellt die Höhe der Linie über jeder Zelle dar, wie aktiv die Zelle ist. In der obersten Reihe zum Beispiel ist die aktivste Zelle diejenige, die unmittelbar auf die Linienfigur gerichtet ist. Die Zellen auf beiden Seiten sind weniger aktiviert, weil ihre Erregungs-minus-Hemmungs-Bilanzen kleiner sind - die Linienfigur ist nicht genau richtig gelagert für ihre optimalen Stimulusbedürfnisse. Die Wichtigkeit, die einfache Zellen (das heißt alle Schlitz-, Linien- und Randdetektoren, die bisher in diesem Kapitel besprochen wurden) der Lage ihres optimalen Stimulus beimessen, wurde bis jetzt noch nicht hervorgehoben. Aber wenn eine Linie auch nur leicht von der optimalen Lage für einen Liniendetektor abweicht, wird der Output dieses Detektors verringert, wie auf Bild **71** zu sehen ist. Die maximale Erregungs-minus-Hemmungs-Bilanz wird nicht länger aufrechterhalten.

Verschiedene Zelltypen, die eine gegebene Figur im Hyperfeld überprüfen, weisen Spitzen in ihrem Aktivitätsprofil an verschiedenen Punkten auf, und zwar in Abhängigkeit von der Beschaffenheit ihrer rezeptiven Felder. Wie bereits bemerkt, ist der Gipfel für die oberste Zellenreihe in Bild **70** über der Input-Linienfigur lokalisiert. Außerdem ist dies der einzige Gipfel, der in dieser Reihe für diesen Stimulus auftaucht. Aber betrachten Sie die nächste Reihe darunter, die die Reaktionen der Schlitzzellen über das Hyperfeld hinweg zeigt. Erinnern Sie sich, daß wir hier Sehschlitzzellen haben, die so genannt werden, weil sie auf einen dunklen Linienstimulus auf hellem Grund reagieren. Obwohl im Stimulus keine eigentlichen Schlitze sind, reagieren einige Zellen in bestimmten Positionen sehr gut! Warum dies so abläuft, wird in Bild **72** dargestellt. Dort wird gezeigt, was passiert, wenn eine dunkle Linie auf die Hemmungsseite eines Schlitzdetektors fällt. Diese Zone enthält keine Lichtstimulation mehr und sendet deshalb auch keine Hemmung mehr zur Zelle. Die Folge davon ist, daß die Erregung von der zentralen Zone ungehindert durch Hemmung von dieser Seite bleibt. Die andere Hemmungsseite sendet weiterhin Hemmung, und

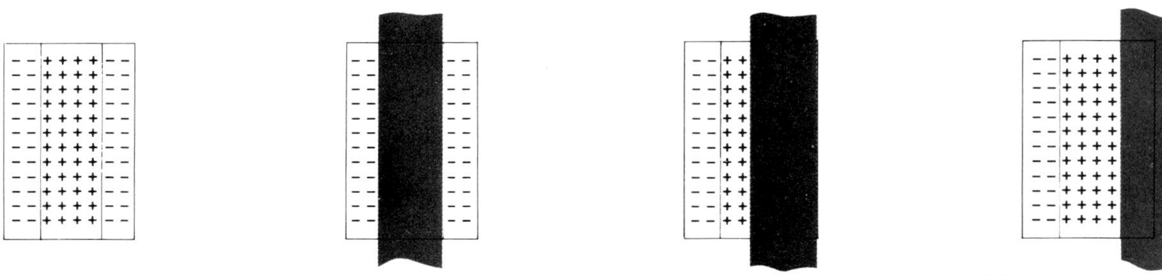

Rezeptives Feld des Schlitzdetektors

Null-Reaktion. Alle Minuszeichen werden durch Licht aktiviert, während die Pluszeichen von Dunkelheit bedeckt sind. Deshalb ist die Zelle stark gehemmt.

Null-Reaktion. Einige Pluszeichen werden jetzt aktiviert, und eine Hemmungsseite ist bedeckt, aber die Erregungs-minus-Hemmungs-Rechnung geht noch immer mit Null auf.

Mittlere Reaktion. Alle Pluszeichen sind jetzt aktiviert, und eine Hemmungsseite ist bedeckt. Deshalb mehr Erregung als Hemmung, und so reagiert auch die Zelle. Dies ist die Spitzenlage für einen Schlitzdetektor, der mit einem (dunklen) Linienstimulus

Bild 72. Reaktionen eines Schlitzdetektors auf eine dunkle Linie, die auf verschiedene Stellen des rezeptiven Feldes abgebildet wird.

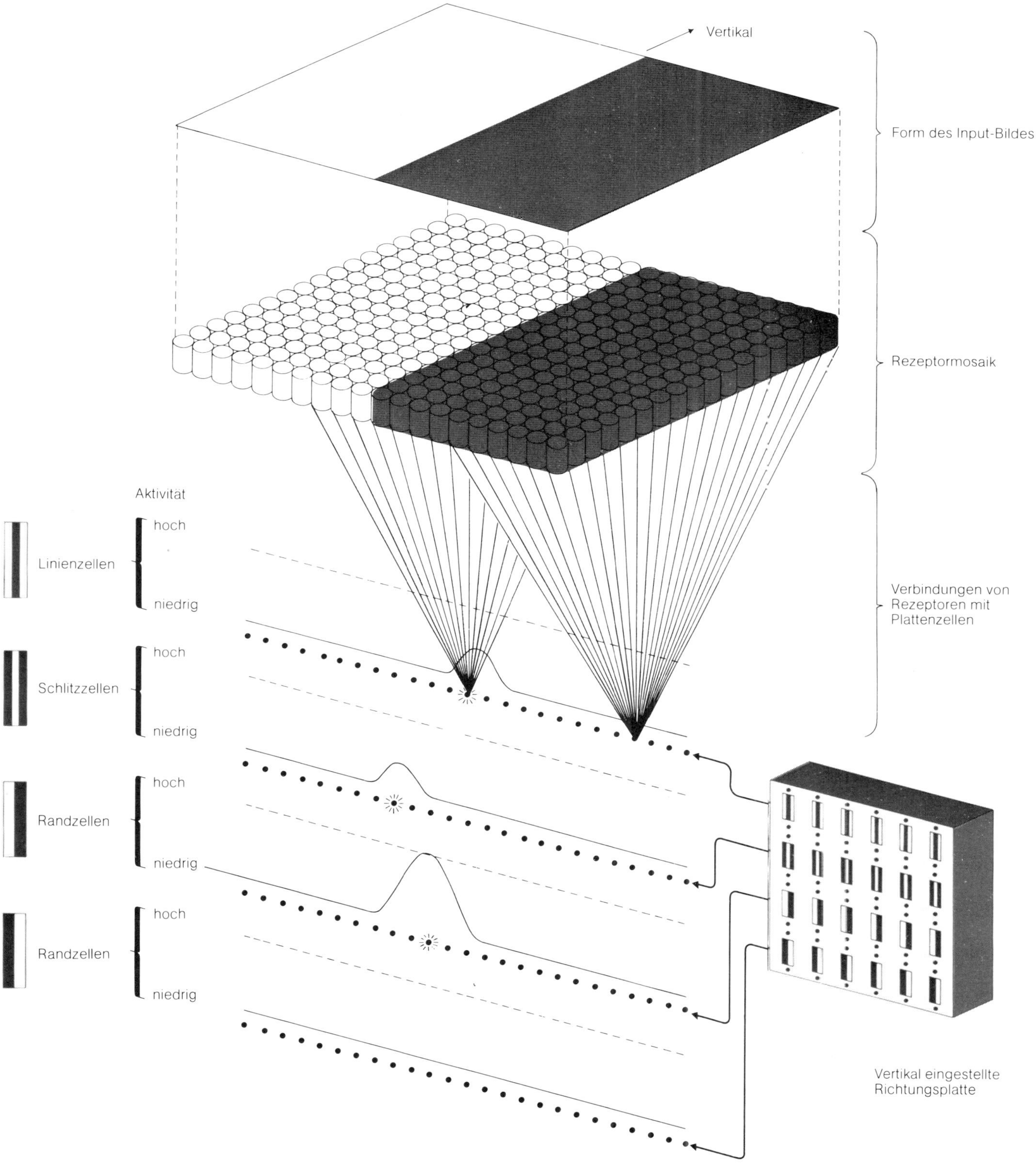

Bild 73. Aktivitäts-Profile in der Platte einer Hyperkolumne, die sich mit einem vertikalen Rand befaßt.

so ist die Antwort der Zelle um diesen Betrag verringert, verglichen mit der Stärke, die sie gehabt hätte, wenn ein optimaler Stimulus - ein passend gelagerter Schlitz - auf dem rezeptiven Feld gewesen wäre. Aber das Entscheidende ist, daß eine recht ansehnliche Entladungsrate von einem Schlitzdetektor erzielt werden kann, auch wenn ein Linienstimulus benutzt wird. Hier ist eine andere Form des Mehrdeutigkeitsproblems: Schlitzdetektoren können Linienstimuli »sehen«, wenn sie entsprechend auf dem Hyperfeld gelagert sind. So viel über die Schlitzdetektoren, die als solche gut funktionieren, wenn ihre Outputs isoliert betrachtet werden!

Der Grund dafür, daß zwei Gipfel im Aktivitätsprofil der Schlitzdetektoren auftauchen, besteht darin, daß der eine Gipfel dort erscheint, wo die eine Hemmungsflanke bedeckt ist, der andere da, wo die andere Hemmungsflanke bedeckt ist.

Die Profile der Randdetektoren zeigen auch Aktivitätsgipfel seitlich der Hyperfeldmitte. Jeder Gipfel taucht da auf, wo der Rand eines Linienstimulus genau auf die Erregungs-Hemmungs-Grenze innerhalb des rezeptiven Feldes des Randdetektors trifft. Das geschieht offensichtlich bei Zellen, deren Felder auf eine der beiden Seiten von der Mitte des Linienstimulus fallen.

Die Aktivitätsprofile von Bild **70** sind nur Annäherungen, aber sie vermitteln den richtigen Eindruck, daß eine Linienfigur an verschiedenen Stellen der dargestellten vertikal eingestellten Platte Aktivität erzeugt. Die Linie erzeugt, wenn Sie so wollen, eine Kennmelodie der Aktivität. Es ist die Aufgabe anderer Mechanismen, zu erkennen, daß diese Kennmelodie zu einem bestimmten Typ von Figur gehört, in diesem Fall zu einer Figur »schwarze Linie auf hellem Grund«. Dies ist eine andere Art zu sagen, daß die Reaktionen der einfachen Zellen, die in Bild **70** dargestellt sind, *interpretiert* werden müssen und nicht einfach und unmittelbar als Form-Code genommen werden dürfen. So sehen wir hier genauso wie bei der Formorientierung, daß es eine recht verzwickte Aufgabe ist, zu einer Beschreibung von Formtypen zu gelangen.

Verschiedene Formtypen erzeugen verschiedene Gipfelmuster in den Aktivitätsprofilen. Die Profile für einen Rand werden in Bild **73** gezeigt. Wenn Sie wollen, können Sie sich diese Profile im einzelnen selbst durchsehen, wie wir es vorher im Falle der Linie getan haben. Aber es genügt, den wesentlichen Punkt festzuhalten, nämlich, daß das Reaktionsmuster für einen Rand verschieden ist von dem einer Linie. Und dieses Muster muß in jedem Einzelfall vom visuellen System identifiziert werden, wenn es korrekt entscheiden soll, welcher Formtyp gerade repräsentiert wird.

Wie diese Muster der Gipfelaktivität von den Gehirnmechanismen in ihrer Zugehörigkeit zu bestimmten Formtypen identifiziert werden, ist ein aktueller Forschungsgegenstand. Es ist interessant, dazu noch anzumerken, daß Marr das Vorhandensein von Gipfeln bei dem Paar von Randdetektorprofilen aus Bild **70** als Kennzeichen für eine Linienfigur verwendet. Es ist nicht ohne Ironie, daß sich das als brauchbar für sein Computersystem erweist: die »Randdetektoren« werden als »Liniendetektoren« verwendet! Dies unterstreicht noch all das, was bis jetzt darüber gesagt wurde: Einfache Zellen sind nicht schon selbst ein Form-Code, sondern nur Messungen, um zu diesem Code zu gelangen. Aber es gibt wahrscheinlich viele Wege, um die Muster der Aktivitätsprofile zu identifizieren, und wie das Gehirn dabei vorgeht, ist unklar.

Die Abbildungen **70** und **73** zeigen Aktivitätsprofile einer Platte, die auf die Vertikale eingestellt ist. Aber erinnern Sie sich, daß es noch viele andere Platten gibt, von denen jede auf ihre spezifische optimale Stimulusrichtung eingestellt ist. Jede Platte hätte dann ein eigenes Aktivitätsmuster, das nach Interpretation verlangt, genauso, wie es für den vertikalen Fall beschrieben wurde. Beachten Sie jedoch, daß verschiedene Platten sich mit verschiedenen Richtungen rings um die Uhr in Schritten von etwa 10° befassen, so daß sie in Abhängigkeit davon aktiv werden, welche Richtung die Input-Figur aufweist. Nur die Platten, deren Richtungseinstellung der Richtung der jeweiligen Figur ähnlich ist, werden jeweils aktiviert. Die letztendliche Beurteilung der Richtung der Form muß durch eine Interpolation zwischen den aktivsten Platten erreicht werden, wie wir es früher schon erklärt haben, als das Problem der Formorientierung im allgemeinen beschrieben wurde (siehe Seite 53). Wenn Sie zu Bild **59** und **60** zurückblättern, werden Sie sich erinnern, daß die Zellen einer jeden Platte darauf ausgerichtet sind, das Bild auf dem Hyperfeld an den verschiedenen Stellen zu messen, die im rechten Winkel zur bevorzugten Richtung der Platte verteilt sind. Eigentlich ist dieses Attribut der Hyperkolumnenorganisation eine reine Hypothese von mir und John Mayhew und ist unseres Wissens noch nicht durch neurophysiologische Befunde bestätigt worden. Es ist eine Hypothese, die insofern vernünftig ist, als Sehleistungen dieser Art genau dem entsprechen, was Marr in seinem computerisierten Formenbeschreibungssystem verwendet. Es stellt sich heraus, daß diese Art der Verarbeitung der Interpretation von Aktivitätsmustern im Sinne einer Formerkennung, erheblich erleichtert. Es wird interessant sein zu sehen, ob zukünftige neurophysiologische Erkenntnisse diese Spekulation bestätigen oder widerlegen. Wenn sie diese bestätigen, wird es ein interessanter und ungewöhnlicher Fall, wo Fortschritte in der computerisierten Bildverarbeitung auf eine spezifische und nützliche Weise biologische Erforschungen der Gehirnorganisation anleiten.

Jetzt noch ein letzter Punkt, bevor wir das Problem der Beschreibung von Formtypen verlassen. Sie werden sich fragen, warum um Himmels willen wir uns mit dem ganzen komplexen Mechanismus der Hyperkolumne befassen, wenn doch die Messungen all ihrer Zellen so vieldeutig sind, daß sie in jedem Stadium interpretiert werden müssen. Die Antwort darauf lautet, daß in der Hyperkolumne *als Ganzem* Aktivitätsmuster angelegt sind, die eindeutig mit den Formtypen in Beziehung stehen. Es gibt charakteristische Gipfelprofile für verschiedene Arten von Linienformen trotz der Unterschiedlichkeit der Formkontraste. Diese Muster sind auch ziemlich unempfindlich gegenüber einer Verschlechterung des Input-Bildes. Auf diese Weise löst die Hyperkolumne die in Kapitel 2 aufgeworfenen Probleme, wo versucht wurde, einen unmittel-

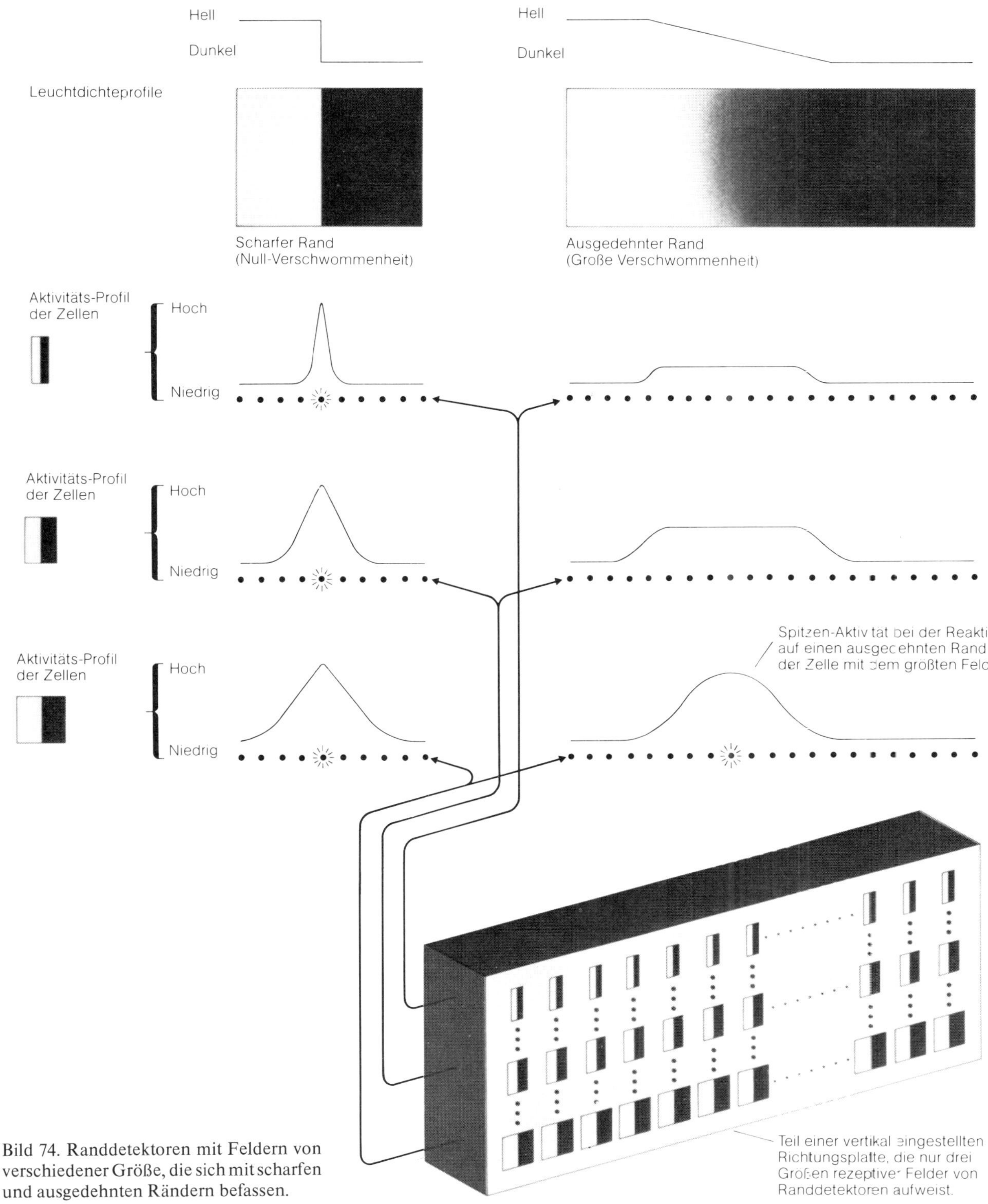

Bild 74. Randdetektoren mit Feldern von verschiedener Größe, die sich mit scharfen und ausgedehnten Rändern befassen.

bareren Zugang zur Formbeschreibung zu finden, der dringend erforderlich war. Natürlich sind wir noch nicht dabei angekommen, komplexere Formen, wie zum Beispiel Ecken oder sogar Flecken zu beschreiben. Diesen Dinge werden wir uns später zuwenden.

Zur Beschreibung der Verschwommenheit visueller Objekte

Bis jetzt haben wir uns nur Linienformen mit scharfen hell-dunklen Grenzen angesehen. Dies ist natürlich ganz unrealistisch. Viele Linienformen in den meisten natürlichen Szenen haben mehr oder weniger fließende Übergänge von hell zu dunkel. Das heißt, sie sind mehr oder weniger *verschwommen.* Ein scharfer Rand kann als »Null-verschwom-

men« betrachtet werden; ein sehr unklarer oder ausgedehnter Rand hat eine »hohe Verschwommenheit«. Das Problem ist: wie kann man dieses wichtige und augenfällige Merkmal von Formen aus der Art von Messungen entnehmen, die von einfachen Zellen geliefert werden?
Die allgemeine Antwort darauf lautet: Indem man Aktivitätsmuster in Zellen mit verschieden großen rezeptiven Feldern ansieht und entsprechende Interpretationen vornimmt. Diese Vorgehensweise wird in Bild **74** dargestellt. Im oberen Teil dieser Abbildung werden zwei Ränder gezeigt, ein scharfer und ein ausgedehnter bzw. verschwommener. Das Leuchtdichteprofil (das heißt die Intensität des Lichts) eines jeden ist unmittelbar darüber graphisch dargestellt, und aus den Profilen der Leuchtdichte kann leicht entnommen werden, daß der eine Rand einen schnellen Übergang von hell zu dunkel hat, während der andere diesen Weg langsam geht. Unter jedem Randtyp sind Zellenreihen dargestellt, die von einer vertikal eingestellten Richtungsplatte stammen. Diese drei Zellenreihen unterhalb eines jeden Randes sind in beiden Fällen dieselben: auf der linken Seite des Bildes wird ihre Reaktion gezeigt, wenn der scharfe Rand auf das betreffende Hyperfeld fällt, auf der rechten Seite die Reaktion, wenn der scharfe Rand durch einen ausgedehnten ersetzt wird.
Beachten Sie, daß die obere Reihe aus Zellen mit kleinen rezeptiven Feldern besteht, die mittlere mit mittelgroßen und die unterste mit großen Feldern. Wie zuvor haben die Zellen einer jeden Reihe ihre Felder auf verschiedene Punkte im Hyperfeld gerichtet, wobei benachbarte Zellen Felder haben, die sich überschneiden, die aber auch leicht gegeneinander verschoben sind.
Betrachten Sie zuerst die Reaktionen auf einen scharfen Rand. Man kann sehen, daß der Aktivitätsgipfel in allen drei Zellen dieselbe Höhe hat. Das ist tatsächlich ein Zeichen dafür, daß ein scharfer Rand präsentiert wird, und die Interpretationsmechanismen können dies verwenden, um eine Null-Verschwommenheit zu registrieren.
Sobald umgekehrt der Rand ganz verschwommen ist, weisen die Reihen verschieden große Gipfel auf. Dies erscheint auf Bild **74** besonders deutlich, weil die Input-Figur ein sehr ausgedehnter Rand ist. Wenn verschieden große rezeptive Felder verschieden große Gipfel produzieren, dann ist das Maß für die Verschwommenheit des Randes in der Regel durch die kleinste Feldgröße gegeben, die von allen Zellen die größte Reaktion erreicht. Mit anderen Worten, wenn größere Felder keine größeren Reaktionen erzeugen, dann lautet die Regel, daß man die Feldgröße des kleinsten Feldes, das die größte Reaktion erzeugt, als eine Messung der Verschwommenheit akzeptiert. Das ist die Regel, die Marr bei der Interpretation von Zellreaktionen als brauchbar gefunden hat, um die Verschwommenheit zu beurteilen, aber es könnte natürlich sein, daß das Gehirn dies ganz anders macht. Eine Beschreibung anderer Möglichkeiten wäre hier fehl am Platz, aber es ist genug gesagt worden, um die allgemeine Vorstellung zu vermitteln, daß die sogenannten Randdetektorzellen tatsächlich bestenfalls als Vorrichtungen gedacht werden können, die die Grade der hell-dunklen Lichteinfallstärke messen.

Bild **74** liefert wie üblich eine hypothetische und höchst schematische Erklärung dafür, wie die Hyperkolumne wohl funktionieren könnte, um eine bestimmte Aufgabe zu erfüllen. Wie bereits bemerkt, muß beachtet werden, daß es wahrscheinlich wesentlich mehr Feldbreiten gibt als in Bild **74** gezeigt werden, und darüber hinaus muß man sich für jeden Zelltypus - Schlitz-, Linien- und Randdetektoren - viele Feldbreiten vorstellen. Aber das bisher Gesagte reicht zur Verdeutlichung des Nutzens der verschiedenen Breiten aus, und weitere Details sollen hier nicht angeführt werden.
Es sollte nicht übersehen werden, daß die in Bild **74** und vielen anderen Abbildungen dieses Buches, die die Organisation von Platten betreffen, so ordentlich angelegten Zellreihen, die den Feldtypus und die Feldbreite gemeinsam haben, sehr spekulativ sind. Ein solches Organisationsprinzip im gestreiften Cortex wird durch neurophysiologische Daten von Lamberto Maffei und Adriana Fiorentini angezeigt, aber es gibt bis jetzt noch keine Berichte über Untersuchungen von Affen, die dies nachweisen. Ich habe mir erlaubt, diese Anordnung der Einfachheit halber in diesem Buch wiederzugeben. Es könnte sein, daß die Aktivitätsprofile, die von Marr für so brauchbar befunden wurden, um die Verschwommenheit von Figuren zu bestimmen, auch ohne diese saubere und ordentliche Zellanordnung erreicht werden können, aber es scheint ein deutlicher ökonomischer Vorteil für das Leitungsgeflecht im gestreiften Cortex zu sein, wenn ähnlich arbeitende Zellen nebeneinander angeordnet sind. Wieder müssen wir zukünftige Forschungsarbeit abwarten, um über diesen Punkt wie über so viele andere zu entscheiden.
Zusätzlich zu den Beschreibungen des Formtypus, seiner Richtung und Verschwommenheit wird auch eine Beschreibung der Kontrasterscheinungen benötigt (siehe Kapitel 4), aber wir werden dies hier nicht im einzelnen betrachten.

Wie Hyperkolumnen an einem ganzen Bild arbeiten

Es ist nun an der Zeit, darzustellen, wie die Hyperkolumnen an einem ganzen Bild arbeiten, um unsere detaillierte Betrachtung, wie jede einzelne Hyperkolumne aufgebaut ist und zu funktionieren scheint, abzurunden.
Betrachten Sie zuerst die Drehungsbilder (= Konvolutionsbilder) von Bild **75**. Sie zeigen die Outputs von Liniendetektoren, die als eingesetzte Teile in jedes Bild eingezeichnet sind, wenn sie mit dem Input-Bild über ihnen gedreht werden. Das heißt, daß die Typen von rezeptiven Feldern, die in den eingesetzten Teilen gezeigt werden, überall am Input-Bild Messungen vorgenommen haben, und daß für jede Stelle eine Erregungs-minus-Hemmungs-Bilanz aufgestellt wurde. Das quantitative Ergebnis einer jeden Zählung wird in den Drehungsbildern als Dichte des Grautons ausgedrückt. So zeigt jeder Punkt in den Drehungsbildern, wie aktiv eine Zelle mit dem eingesetzten rezeptiven Feld ist, wenn dieses Feld den entsprechenden Punkt im Input-Bild im Blick hat. (Wenn Sie Probleme haben, dies zu verstehen, dann blättern Sie zurück zu Kapitel 2, Seite 41

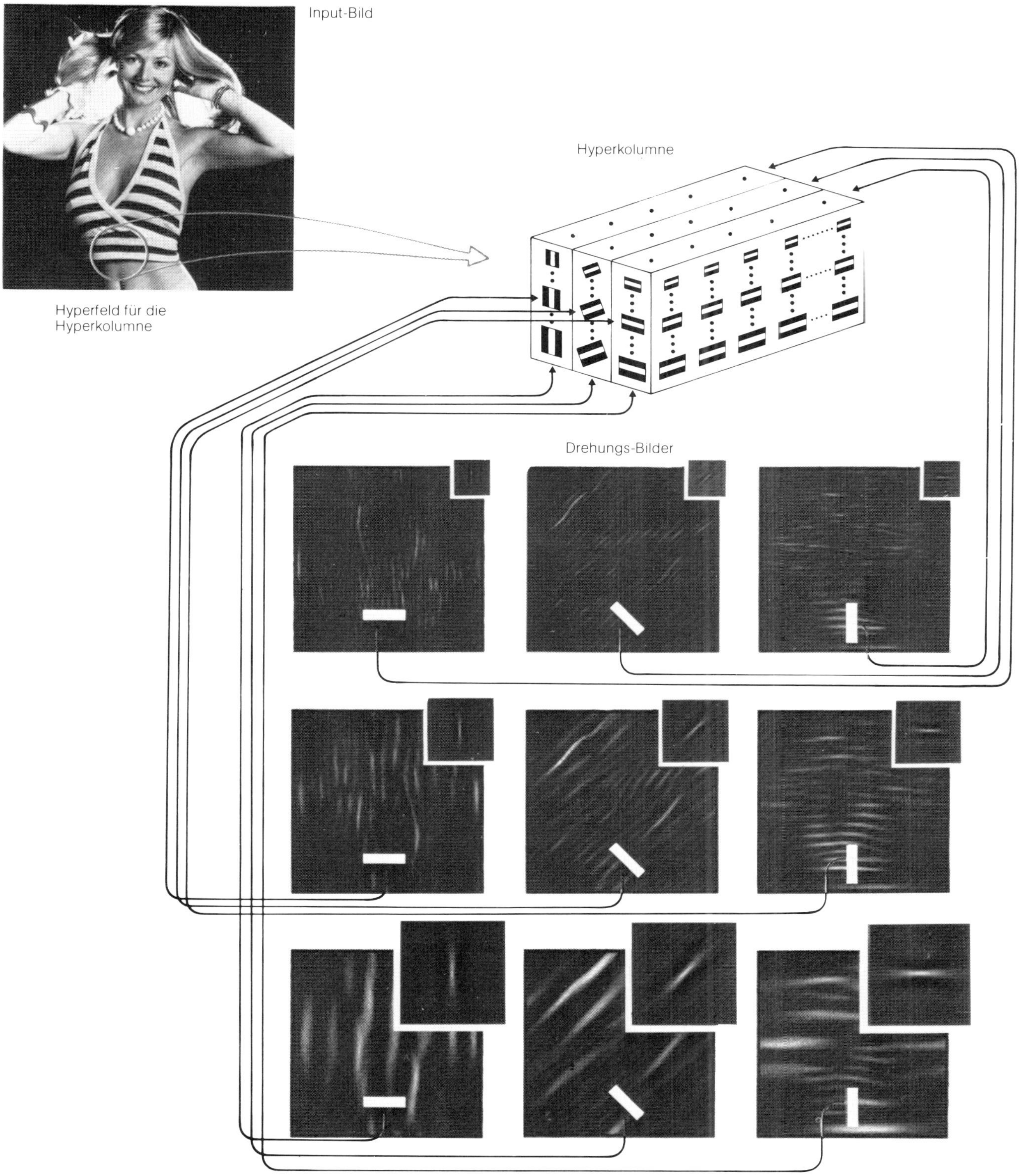

Bild 75. Hyperkolumnen und ein ganzes Bild.

damit Sie sich an die Drehung beim Eckendetektor von Bild **46** erinnern können. Wie in dieser Abbildung werden Nullzählungen durch Mittelgrau und positive Zählungen durch die mittelgraue bis weiße Region der Helligkeitsskala dargestellt, wobei Weiß die größtmögliche positive Zählung repräsentiert. Hier wurden jedoch der Einfachheit halber negative Zählungen – in Bild **46** die Schattierungen von Mittelgrau bis Schwarz – überhaupt ausgelassen, und alle negativen Punkte werden ebenfalls durch Mittelgrau wiedergegeben. So vermitteln die Drehungsbilder hier, indem sie nur positive Zählungen wiedergeben, eine Vorstellung von der Aktivität in den Zellen samt ihrer rezeptiven Felder, wenn sie sich mit diesem bestimmten dargestellten Input-Bild befassen).

Wie beziehen sich die Drehungsbilder von Bild **75** auf die Hyperkolumnenzellen? Die Antwort ist, daß jede Hyperkolumne in sich ein Aktivitätsmuster hat, das genau einem Flächenteil eines jeden Drehungsbildes entspricht. Die Hyperkolumne von Bild **75** zum Beispiel hat ein Hyperfeld, das im Input-Bild sehr weit unten liegt. Das heißt, daß dies die Region des Inputs ist, die von den Zellen dieser bestimmten Hyperkolumne »angeschaut« wird. Die Darstellung der Hyperkolumne ist der Einfachheit wegen sehr verkürzt. Es wird nur die eine Hälfte von ihr gezeigt (erinnern Sie sich, daß jede Hyperkolumne je einen Abschnitt für das rechte und linke Auge hat); weiterhin sind nur drei verschiedene Richtungen dargestellt; schließlich sind nur Liniendetektorzellen vorhanden und von diesen auch nur drei verschiedene Breiten. Aber für unsere augenblicklichen Zwecke ist diese Hyperkolumne reich genug ausgestattet. Und der hauptsächliche Zweck ist, aufzuzeigen, daß jede Zellreihe in dieser Hyperkolumne ein Aktivitätsprofil aufweist, welches nur einen Ausschnitt aus allen Aktivitätsprofilen darstellt, die durch jede Drehung gegeben sind. Diese Ausschnitte sind in den Drehungsbildern als kleine Rechtecke eingezeichnet. Beachten Sie, daß die Ausschnitte zu den Richtungen der rezeptiven Felder rechtwinklig stehen. Stellen Sie sich die Ausschnitte im Prinzip so vor, als hätten sie die Größe eines Punktes, so daß jeder winzige Punkt in jedem Ausschnitt genau eine Zelle repräsentiert, wobei die Aktivität dieser Zelle dadurch gezeigt wird, wie weißgrau der Punkt ist.

Wenn wir voraussetzen, daß diese bestimmte Hyperkolumne aus Bild **75** genau die Aktivitätsprofile, die als Ausschnitte der Drehungen gezeigt werden, »sieht«, dann können wir uns jetzt auch bei den anderen Drehungsflächen vorstellen, was andere Hyperkolumnen »sehen« würden. Bewegen Sie einfach in Gedanken den Ausschnitt, der auf jedem Drehungsbild eingezeichnet ist, an eine beliebige von Ihnen gewählte Stelle (wobei Sie seine Richtung immer rechtwinklig zur Richtung des betreffenden Feldes halten müssen). Das Ergebnis dieser imaginären Reise könnte Sie überraschen. Es ist ziemlich leicht zu verstehen, zumindest intuitiv, daß der gestreifte Badeanzug des Mädchens in den entsprechend gerichteten Zellen von Hyperkolumnen, die mit den entsprechenden Teilen des Input-Bildes zu tun haben, stark aufscheinen würde. Aber es ist nicht so leicht zu verstehen, warum all die andere Aktivität vorhanden sein soll, so zum Beispiel der Aktivitätsstreifen, der im mittleren rechten Drehungsbild dort erscheint, wo die Augen des Mädchens an der entsprechenden Stelle im Input-Bild sind. Zumindest ist es dann nicht so leicht zu verstehen, wenn man an diese einfachen Zellen mit einem »Liniendetektor«-Verständnis ihrer Funktion herantritt. Aber wenn man sie nur als Meßvorrichtungen versteht, die das Input-Bild so sortieren, daß Formenkomplexe aus ihren Outputs hergestellt werden können, dann ist die Überraschung etwas geringer. Jedenfalls müssen die anfänglichen Messungen reichhaltig genug sein, um die Interpretation von allen möglichen Figuren zu ermöglichen, seien sie groß oder klein, verschwommen oder scharf usw. (In dem erwähnten Beispiel ist die Form der Augen des Mädchens so, daß die rezeptiven Felder der passenden »Liniendetektoren« viel mehr Erregung als Hemmung empfangen und so in dem entsprechenden Drehungsbild einen hellen Output geben.)

Die Drehungsbilder von Bild **75** vermitteln uns also eine gute Vorstellung von den Aktivitätsprofilen, die überall im gestreiften Cortex in der Hyperkolumnenmasse angelegt sind. Erinnern Sie sich, daß benachbarte Hyperkolumnen sich überschneidende Hyperfelder besitzen (das heißt, daß die Ausschnitte, die auf den Drehungsbildern gezeigt werden, sich tatsächlich mit anderen Ausschnitten überlappen, so daß eine gewisse Verdoppelung der Daten der Aktivitätsprofile im gestreiften Cortex entsteht). Zumindest denken wir gegenwärtig, daß Hyperfelder so angelegt sind; aber die Frage, in welchem Ausmaß sie sich überschneiden, ist eine Frage der gegenwärtigen Forschung, über die bis jetzt noch nicht entschieden werden kann. Auf jeden Fall zeigt Bild **75** die Art von Daten, die bei den Hyperkolumnen ankommen, und die dann interpretiert werden, um zu einer Formbeschreibung für jede Unterregion des Inputs zu gelangen.

Hyperkolumnen in der Zusammenfassung

Sie sollten nun eine Vorstellung von der Hyperkolumne als einer Verarbeitungsuntereinheit haben, die über die ganze Oberfläche des gestreiften Cortex hin vorhanden ist, so daß jeder Teil des Input-Bildes analysiert werden kann. Jede Hyperkolumne hat in sich eine Anzahl einfacher Zellen (wie auch andere, die gleich beschrieben werden), und diese Zellen liefern eine große Zahl von Messungen von den Formen des Input-Bildes, das auf das Hyperfeld der Hyperkolumne projiziert wird. Aus diesen Messungen werden verschiedene Formbeschreibungen aufgebaut, und sobald diese vollständig sind, ist Typ, Richtung, Verschwommenheit und Kontrast der Figur auf dem Hyperfeld bekannt. Die Interpretation dieser Messungen wird durch die funktionelle Anordnung der einfachen Zellen in der Hyperkolumne wesentlich erleichtert, und zwar dadurch, daß die Aktivitätsgipfel leicht identifiziert werden können und daß Zellen, die mit derselben Richtung zu tun haben, nebeneinanderliegen, usw. Es ist sehr wahrscheinlich, aber keinesfalls sicher, daß die Interpretationsprozesse inner-

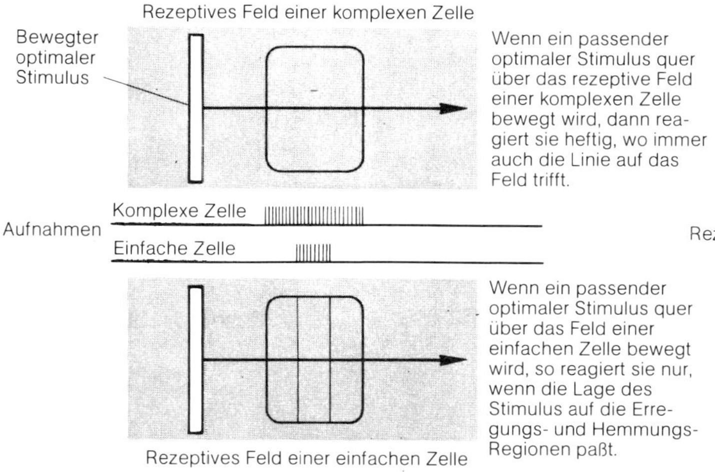

Bild 76. Komplexe und einfache Zellen im Vergleich.

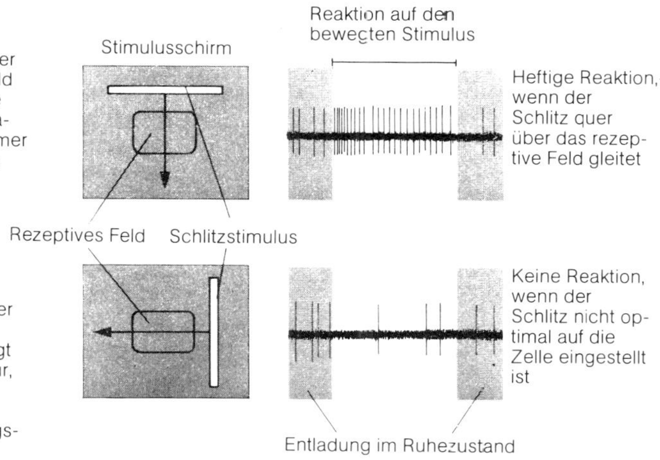

Bild 77. Richtungseinstellung einer komplexen Zelle.

halb einer jeden Hyperkolumne stattfinden, so daß der gestreifte Cortex als Ganzes seine Informationen darüber, welche Formen in jeder Unterregion des Sehfeldes vorhanden sind, zu anderen Gehirnregionen sendet. Der Code, in dem diese Forminformationen geschrieben sind, ist noch nicht bekannt. Es müssen noch andere Prozesse existieren, die die Formangaben der Hyperkolumnen empfangen und sie zu Beschreibungen von größeren Wahrnehmungsentitäten gruppieren, wie zum Beispiel lange Linien oder Ränder, die viele Hyperfelder überspannen; und diese größeren Entitäten müssen ihrerseits in noch größere gruppiert werden, bis das Material für die Objekterkennung entstanden ist (siehe Kapitel 5). Schließlich nehmen wir wesentlich mehr wahr als nur winzige lokale Details von der Art, mit denen sich isoliert betrachtete Hyperkolumnen befassen. Es muß weitere Verarbeitungsstadien geben, die gleichzeitig das ganze Material, das in all den Drehungsbildern von Bild **75** dargestellt ist, überblicken und von dieser Datenmasse eine Beschreibung des ganzen Bildes »ablesen« – eine Beschreibung, die sich vermutlich als die bewußte Wahrnehmung der gesehenen Szene in unserem Bewußtsein widerspiegelt.

Komplexe Zellen

Bis jetzt haben wir nur einen Zelltypus der Sehrinde beschrieben, und zwar die einfache Zelle. Das Kennzeichen der einfachen Zelle ist es, daß ihr rezeptives Feld in Erregungs- und Hemmungszonen aufgeteilt werden kann, was relativ unmittelbare Wirkungen zeitigt. Das heißt, daß einfache Zellen sehr anspruchsvoll sind in Bezug auf die Position des Stimulus innerhalb ihres rezeptiven Feldes (siehe Bilder **71** und **72**). Aber es finden sich in einer Hyperkolumne auch andere Zelltypen ohne diese Eigenschaft, und ihrer Beschreibung wollen wir uns nun zuwenden.

Das Charakteristikum einer *komplexen Zelle* ist, daß sie gleichmäßig stark auf ihren optimalen Stimulus reagiert, wo auch immer dieser Stimulus ihr rezeptives Feld trifft. Auch hier muß der optimale Stimulus entweder Linie, Schlitz oder Rand sein, genauso wie bei den einfachen Zellen, und er muß auch zur Richtungseinstellung der fraglichen komplexen Zelle passen. (Wie bei einfachen Zellen finden sich auch bei den komplexen Zellen optimale Richtungen, und man findet sie in denselben Richtungsplatten wie die gleich eingestellten einfachen Zellen.) Aber es spielt kaum eine Rolle, wo der optimale Stimulus ins rezeptive Feld einer komplexen Zelle fällt, wie aus Bild **76** ersichtlich ist. In dieser Abbildung wird eine bewegte Linie gezeigt, die über die Felder sowohl einer komplexen wie auch einfachen Zelle streicht, um den Unterschied zwischen beiden darzustellen. Die bewegte Linie erzeugt eine sehr lebhafte Reaktion in der komplexen Zelle, sobald sie auf dem Feld erscheint, und diese Reaktion wird beibehalten, bis sie das Feld verläßt, nachdem sie es ganz durchlaufen hat. Die einfache Zelle reagiert dagegen nur, wenn die bewegte Linie gerade in die Erregungs- und Hemmungszonen paßt, und deshalb hängt ihre Reaktion wesentlich von der genauen Lage des Stimulus ab. Beachten Sie, daß in Bild **76** keine Erregungs- und Hemmungszonen für die komplexe Zelle gezeigt werden, da ihr Feld so nicht aufgeteilt werden kann: von daher die Bezeichnung »komplex«.

Daß komplexe Zellen ebenso wie einfache Zellen eine Richtungseinstellung besitzen, ist in Bild **77** dargestellt, wo gezeigt wird, wie eine horizontal eingestellte, komplexe Zelle nicht zu reagieren vermag, wenn der Stimulus vertikal ist.

Andere typische Merkmale der komplexen Zellen bestehen darin, daß sie tendenziell größere Felder besitzen als einfache Zellen, daß sie nur schwach, wenn überhaupt auf stationäre Stimuli reagieren, die anhaltend leuchten (aber kurz aufleuchtende oder, noch besser, bewegte Stimuli vermögen sie zu erregen), und daß sie oft nur auf Bewegungen in einer Richtung reagieren (zum Beispiel in Bild **76**: die komplexe Zelle könnte zwar auf die Bewegung von links nach rechts reagieren, aber nicht auf die Bewegung von rechts nach links). Diese beiden letzteren Eigenschaften haben zu Vermutungen geführt, daß komplexe Zellen an der Bewegungswahrnehmung beteiligt sind. Dieser Vorschlag ist zwar interessant, muß aber gegenwärtig mit Vorsicht betrachtet werden. Ein Großteil dieses Kapitels wurde darauf verwendet zu erklären, daß es gefährlich ist, den

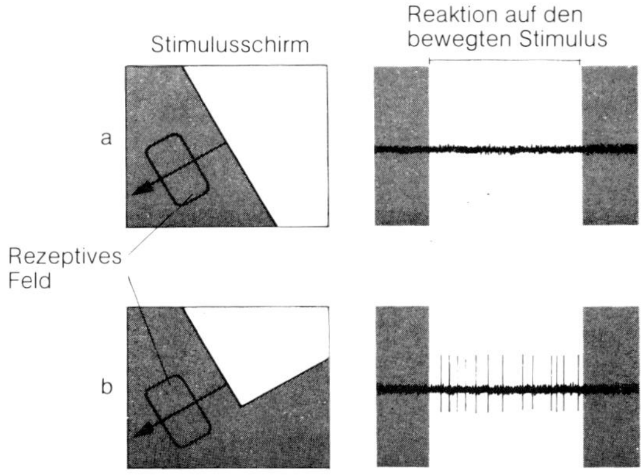

Bild 78. Eine hyperkomplexe Zelle. Diese Zelle reagiert nicht, wenn sich ein langer weißer Rand über ihr rezeptives Feld bewegt (a), aber sie reagiert dann, wenn der Rand gekürzt wird und eine Ecke bildet (b).

»optimalen« Stimulustyp mit dem »von der Zelle beschriebenen Stimulus« gleichzusetzen. Diese Überlegung trifft auf die komplexen Zellen genauso zu wie auf die einfachen. Aber während im Falle der einfachen Zelle der Rahmen einer Bildverarbeitungstheorie geschaffen worden ist, die den einfachen Zellen zumindest eine plausible Rolle zuteilen kann, scheint dies für die komplexen Zellen leider nicht zu existieren. Gegenwärtig haben wir eine sehr unklare Vorstellung über ihren Beitrag zu den Berechnungen der Hyperkolumne.

Als letztes ist über komplexe Zellen noch zu bemerken, daß sie vielleicht von ganz anderen Netzhautzellen gespeist werden als die einfachen Zellen. Bestimmte Netzhautzellen, sogenannte *Y-Zellen*, haben große Zellkörper und Axone, übermitteln Botschaften relativ schnell (etwa 40 Meter pro Sekunde), haben große rezeptive Felder und sind eher in der Peripherie der Netzhaut angesiedelt. Sie sind eher für Bewegung empfindlich und reagieren hauptsächlich auf Veränderungen der Stimulation. Andere Netzhautzellen, sogenannte *X-Zellen*, haben kleine Zellkörper und Axone, senden relativ langsame Signale zum Gehirn (etwa 20 Meter pro Sekunde), haben kleine rezeptive Felder und befinden sich hauptsächlich in der zentralen Region der Netzhaut. Man vermutet, daß Y-Zellen die komplexen Zellen speisen und dem Gehirn Veränderungen im Sehfeld mitteilen, während die X-Zellen die einfachen Zellen speisen und zu deren detaillierten Analyse von stationären Stimuli beitragen könnten. Wir werden in Kapitel 6 mehr über diese Netzhautmechanismen berichten.

Für einige Leser, die die Arbeiten von Hubel und Wiesel vor einigen Jahren als Studenten kennengelernt haben, könnte es interessant sein zu hören, daß man nicht mehr allgemein annimmt, daß die einfachen Zellen den komplexen Zellen Inputs zuführen. Einfache Zellen leisten vielleicht einen Beitrag in dieser Hinsicht, aber verschiedene Beweislinien haben dazu geführt, Hubel und Wiesels früheren Vorschlag zu verwerfen, der besagte, daß die Reaktionen von komplexen Zellen vielleicht darauf zurückzuführen seien, daß jede komplexe Zelle von einer Anzahl einfacher Zellen gespeist würde, wobei jede einfache Zelle ihr rezeptives Feld auf eine andere Stelle der Netzhaut gerichtet hätte. Eine solche Anordnung könnte zwar im Prinzip erklären, weshalb die komplexe Zelle auf einen Linienstimulus über eine weitere Strecke der Netzhaut hin reagieren kann. Der Tatbestand scheint jedoch anders zu liegen, obwohl die Details noch unbekannt sind.

Hyperkomplexe Zellen

Wie ihr Name erraten läßt, sind hyperkomplexe Zellen noch komplizierter als komplexe. Sie sind den komplexen insofern ähnlich, als sie rezeptive Felder besitzen, die nicht in Erregungs- und Hemmungszonen aufgeteilt werden können, ähnlich auch in der Hinsicht, daß sie bewegte Stimuli vorziehen. Aber hyperkomplexe Zellen unterscheiden sich durch ihre zusätzliche Selektivität für die *Stimuluslänge*. Das heißt, sie reagieren nur schwach, wenn der Linienstimulus, sei es Schlitz, Linie oder Rand, an einem der beiden Enden oder an beiden, zu lang ist. Deshalb ist der beste Stimulus für sie entweder ein Balken von begrenzter Länge oder eine Ecke wie in Bild **78**.

Wieder haben wir im Augenblick nur vage Vermutungen darüber, wofür hyperkomplexe Zellen zuständig sind. Es ist eine verführerische Möglichkeit zu spekulieren, daß die Aktivität in der hyperkomplexen Zelle von Bild **78** den Form-Code für »Ecke vorhanden« in der Hyperkolumne darstellt. Kurz gesagt: ist eine aktive hyperkomplexe Zelle im Gehirn das Symbol für eine Eckform, genau wie die Ecksymbole in den entsprechenden Anordnungen von Bild **33** darstellten? Wir wissen es nicht, aber es ist eine Hypothese, die gegenwärtig von vielen Gehirnwissenschaftlern ernsthaft unterstützt wird. Dieser Vorschlag impliziert, daß jede Hyperkolumne mit einem ganzen Satz von Formzellen ausgestattet ist und daß jeder Satz einer Unterregion einer Anordnung von Bild **33** entspricht. Mit Sicherheit gibt es viele verschiedene Zellen innerhalb einer jeden Hyperkolumne (vielleicht bis zu einer Viertelmillion), folglich kann diese Möglichkeit nicht unmittelbar auf Grund der Knappheit von Bestandteilen ausgeschlossen werden. Aber es gibt andere Möglichkeiten für den Form-Code, wie wir vorher auf Seite 64 bemerkten.

Jedoch ist es vielleicht am wahrscheinlichsten, daß der gestreifte Cortex nicht der eigentliche Sitz einer voll ausgearbeiteten Formbeschreibung auf der Ebene von Ecken usw. ist. Vielleicht ist sein Output nur ein Zusammenhang von lokalen Symbolen (das heißt Symbolen für Formen in kleinen Regionen des Sehfeldes) - eine ziemlich primitive Ebene der Analyse. Diese Symbole könnten den Formtyp betreffen, der den Erkenntnissen zufolge in jedem bestimmten Hyperfeld liegt, seine Richtung, seine Verschwommenheit und sein Kontrast. Diese Symbole könnten die Form von Zellaktivität, einem Impuls-Code und/oder biochemischen Veränderungen annehmen, aber wie auch immer sie geartet sind, es ist möglich, daß sie gar nicht die Symbole sind, die unserer bewußten Wahrnehmung von Formen unterliegen. Es werden wahrscheinlich weitere Stadien der Interpretation benötigt. Schließlich scheint es, daß jede Hyperkolumne nur mit einem relativ kleinen Netzhautflecken zu tun hat, während die Formen, die wir wahrnehmen, oft größere Entitäten sind, die viele Hyperfelder überspannen. Deshalb ist es leicht möglich, daß die Hyperkolumnen in Wirklichkeit nur ein sehr frühes Stadium auf dem Weg zu einer richtigen, ausgereiften Formbeschreibung darstellen.

Beweismaterial aus den Folgen von Gehirnschäden

Was passiert mit Menschen, wenn ihr gestreifter Cortex durch Unfall oder Krankheit zerstört ist? Jüngere Studien von Larry Weiskrantz, Elisabeth Warrington und ihren Kollegen zeigen auf, daß solche Patienten manchmal einen Gesichtssinn haben, den diese Forscher als »Blind-Sehen« bezeichnen. Das heißt, wenn visuelle Stimuli präsentiert werden, bestreiten die Patienten, sie zu sehen. Aber wenn man sie befragt, wo die Stimuli sich befinden könnten, lokalisieren sie oft den Stimulus ganz genau, während sie gleichzeitig behaupten, daß sie ihn nicht sehen können! Dieses Blind-Sehen könnte durch andere Gehrinmechanismen, die mit visueller Analyse zu tun haben, vermittelt sein, etwa durch die der Colliculi superiores (siehe Seite 44), Mechanismen, die vielleicht trotz der Schädigung der gestreiften Hirnrinde einigermaßen funktionsfähig bleiben.

Dieses Konzept der unterschiedlichen Aufgaben der Colliculi superiores und der gestreiften Hirnrinde wird durch viele Tierexperimente gestützt, in denen eine *Läsionstechnik* verwendet wird. Hier wird an ausgewählten Stellen ein genau lokalisierter Gehirnschaden erzeugt und die Folgen für das Verhalten beobachtet. Daraus geht als allgemeines Bild hervor, daß der gestreifte Cortex für Formanalysen besonders geeignet scheint, während die Colliculi superiores die Entdeckung neuer Ereignisse an der Peripherie der visuellen Szene vermitteln, vielleicht mit der beigeordneten Funktion der Steuerung der Augenbewegungen. So könnten die Colliculi superiores sicherstellen, daß neue Ereignisse direkt angeschaut werden und auf diese Weise vom gestreiften Cortex mit seiner Fähigkeit zur Formwahrnehmung sorgfältig untersucht werden.

Einige komplizierende Überlegungen

Dieses Kapitel hat lediglich einen ungefähren Abriß des visuellen Systems des Gehirns vermittelt. Einerseits muß man beachten, daß im gestreiften Cortex und den Colliculi superiores viele Variationen der beschriebenen elementaren Zelltypen existieren, und daß aller Wahrscheinlichkeit nach andere Zelltypen darauf warten, entdeckt zu werden. Andererseits sind der gestreifte Cortex und die Colliculi superiores keineswegs die einzigen Stellen im Gehirn, die mit dem Sehen zu tun haben.

Der letzte Punkt kann durch Brodmanns »Landkarte« des Gehirns illustriert werden (siehe Bild **79**), die vom Anfang dieses Jahrhunderts stammt. Brodmann untersuchte Sektionen des Gehirns mit dem Mikroskop und teilte es in verschiedene Regionen auf, und zwar entsprechend der Größe und Form der Nervenzellen und Faserstränge. Der winzige Abschnitt ganz hinten (Zone 17) ist der gestreifte Cortex. Vor Zone 17 liegen relativ große Cortexzonen, die der visuellen Analyse zugeordnet sind. Zum Beispiel hat Semir Zeki kürzlich gezeigt, daß die Zonen 18 und 19 (der »vorgestreifte Cortex«) etliche zusätzliche »Landkarten« von der visuellen Szene enthalten. Jede davon ist der aus Zone 17 (siehe Bild **51**) insofern ähnlich, als sie in einer geordneten Weise über die Cortexoberfläche gebreitet ist, aber jede unterscheidet sich von der anderen in den Einzelheiten ihrer Anordnung und der Funktion, die sie zu erfüllen scheint. Die genaue Zahl dieser zusätzlichen Karten ist noch immer ungewiß, aber es scheint Karten zu geben, die auf die Analyse von Bewegungen, von Farben und Tiefe spezialisiert sind.

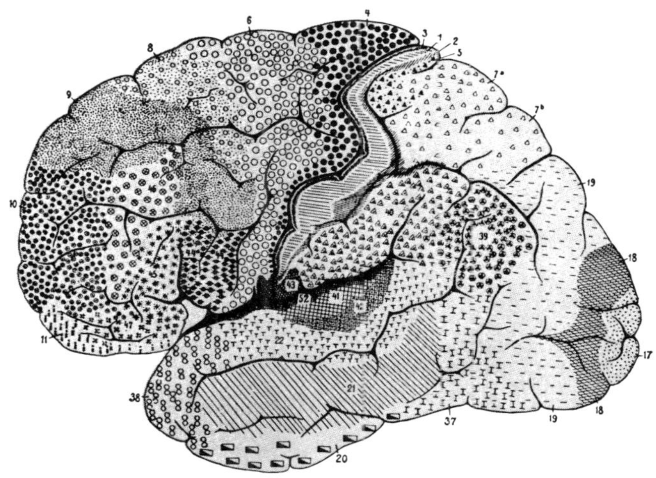

Bild 79. Brodmanns Landkarte der Hirnrinde. Jede bezifferte Region unterscheidet sich in der Größe und der Art ihrer Nerven-Zellen. Teil 17 ist die gestreifte Hirnrinde, Teile 18 und 19 sind die vorgestreifte Hirnrinde.

Die Untersuchung dieser zusätzlichen Karten steckt noch in den Anfängen und ich will nicht versuchen, diese Arbeiten hier zu beschreiben (obwohl die binokulare Wahrnehmung des Raumes etwas ausführlicher in Kapitel 7 betrachtet werden soll, und zwar zusammen mit ihrer physiologischen Basis in Mechanismen der gestreiften und vorgestreiften Zone). Wesentlich ist jedenfalls, daß im Gegensatz zu der Analyse von Formen, der die Mechanismen in Zone 17 gewidmet zu sein scheinen, andere Attribute von visuellen Gegenständen anderswo analysiert zu werden scheinen. Unser gegenwärtiges Verständnis des visuellen Mechanismus des Gehirns geht also dahin, daß es viele Unterregionen hat, von denen jede auf eine bestimmte Aufgabe spezialisiert ist. Es ist fast so, als wäre der Gesichtssinn kein einzelner Sinn, sondern ein Zusammenhang vieler unterschiedlicher Sinne.

Trotzdem ist die uns bewußte visuelle Welt offensichtlich völlig einheitlich. Obwohl wir die verschiedenen Eigenschaften einer jeden Figur in dieser Welt, ihre Form, Farbe, Entfernung, ob sie sich bewegt oder stationär ist usw., explizit beschreiben können, sind wir uns gleichzeitig dessen bewußt, daß jede Figur eine eigene Entität darstellt, und daß Gruppen von Figuren Bestandteile von größeren Wahrnehmungseinheiten, also Objekte sind.

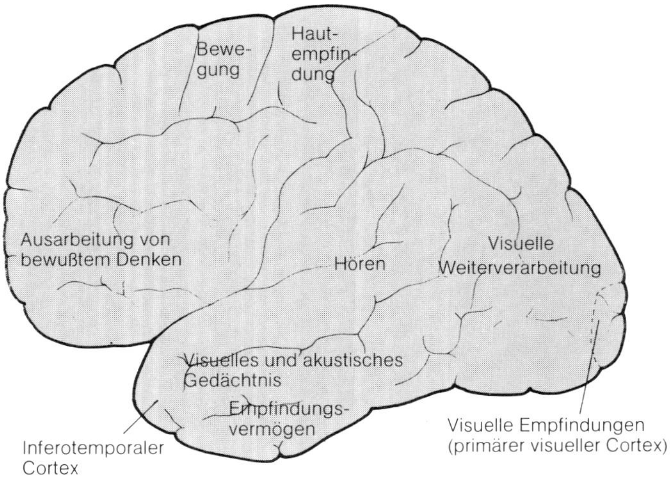

Bild 80. Landkarte der Hirnrindenfunktionen auf der Grundlage von Penfields Stimulations-Experimenten.

Irgendwie müssen die Ergebnisse der Einzelanalysen zusammengebracht werden, und jede Formbeschreibung für eine Eigenschaft muß mit der Formbeschreibung für eine andere Eigenschaft zusammengebracht werden. Aber wir haben kaum eine Vorstellung, wie dies im Gehirn geschieht.

Aber wenn wir auch noch nicht wissen, wie das Gehirn diese bemerkenswerte Leistung vollbringt, so haben wir doch eine Vorstellung davon, wo dies geleistet wird. Eine weitere Gehirnkarte ist in Bild **80** dargestellt, sie beruht auf den Arbeiten von Wilder Penfield. Penfield stellte seine Karte zusammen, indem er die Ergebnisse einer sanften elektrischen Stimulation der Cortexoberfläche beobachtete, die auf menschliche Patienten während Gehirnoperationen ausgeübt wurde. Die chirurgische Arbeit wurde nur unter lokaler Narkose vollzogen, der Patient war also wach und konnte über bewußte Empfindungen berichten, die durch die Stimulation erzeugt wurden. Elektrisches »Kitzeln« des gestreiften Cortex erzeugte beim Patienten die Vision von strudelnden farbigen Formen. Diese Formen wurden als »außerhalb« wahrgenommen, irgendwo vor den Augen des Patienten, und nicht innerhalb des Kopfes. Eine Stimulation, die weiter vorne angesetzt wurde, erzeugte viel komplexere visuelle Empfindungen. Tatsächlich verursachte die Stimulation des inferotemporalen Cortex (siehe Bild **80**) beim Patienten manchmal die Vision ganzer Szenen mit vollständiger Detailangabe erkennbarer Objekte. So scheint es möglich, daß Stellen am inneren Schläfenlappen dafür zuständig sind, die endgültige Integration der relativ primitiven Formenanalysen aus den Zonen 17, 18 und 19 zu vollbringen. Aber diese Spekulation müßte erst noch bestätigt werden. Mit ziemlicher Sicherheit kann nur gesagt werden, daß ein großer Teil der Gehirnmasse für das Sehen verwendet wird, was uns nicht überraschen sollte, wenn wir uns die beherrschende Rolle, die diese Sinnesleistung in unserem Leben spielt, vergegenwärtigen. Was uns allerdings tatsächlich in Staunen versetzen sollte, ist der Tatbestand, daß das Gehirn es überhaupt vollbringt, das Sehen zu vermitteln! Wir nehmen seine Szenenbeschreibungen, die visuelle Welt, die uns bewußt ist, für so selbstverständlich hin: aber wie das Gehirn arbeitet, ist äußerst mysteriös.

Bild 24. (oben) Unmögliches Dreieck: dreidimensionale Version nach Richard Gregory (siehe Text Seite 25).

Bild 28. Wenn das visuelle System dazu bestimmt wäre, uns das unmögliche Dreieck von Bild **24** global wahrnehmen zu lassen, hätte es eine Ecke »aufgebrochen« und uns zwei Bestandteile in unterschiedlichen Entfernungen sehen lassen, das heißt, das Objekt, das wirklich vorhanden ist. Die Abbildung illustriert dieses wahrscheinliche Ergebnis, indem sie das Objekt aus einer leicht seitlichen Sicht zeigt, so daß der potentiell wahrnehmbare Bruch offensichtlich wird. Tatsächlich ermöglicht uns unser visuelles System diese Sichtweise nicht.

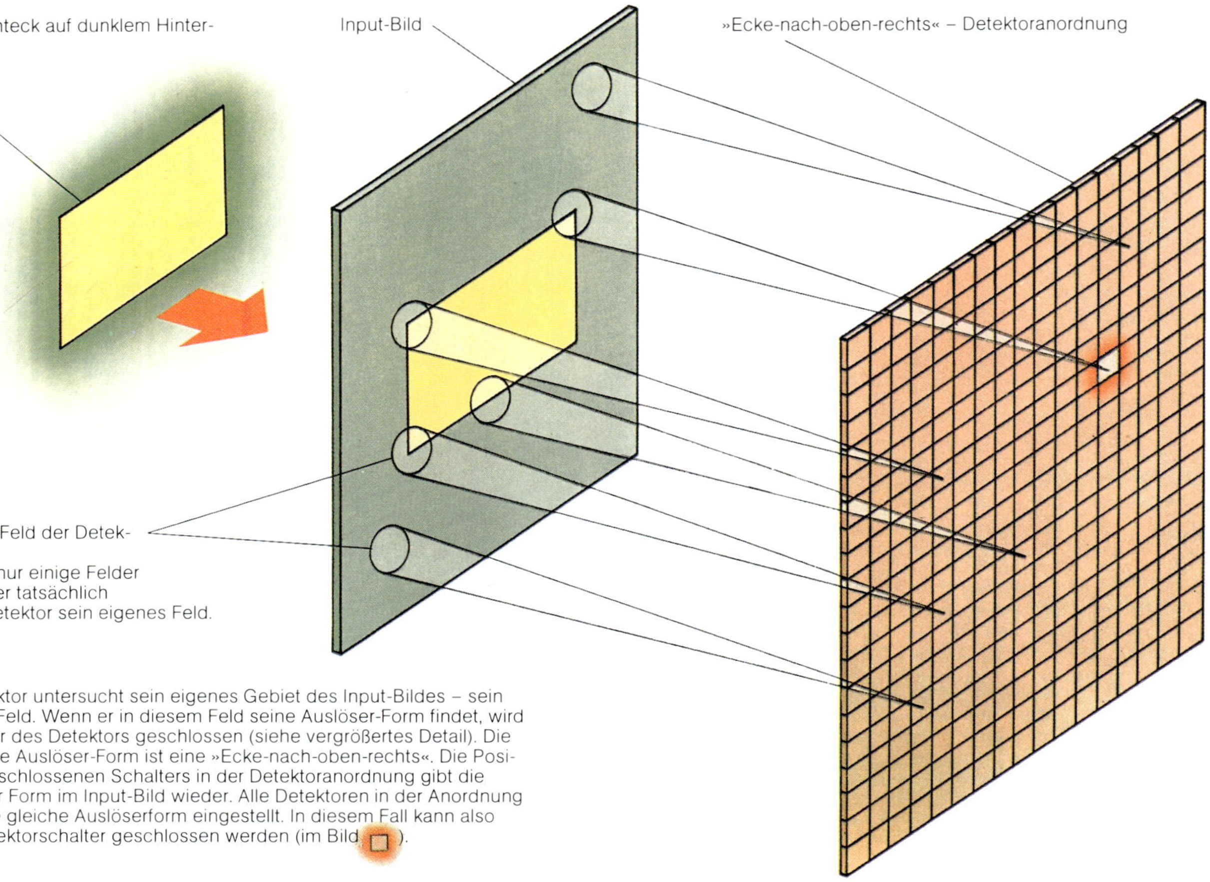

Jeder Detektor untersucht sein eigenes Gebiet des Input-Bildes – sein rezeptives Feld. Wenn er in diesem Feld seine Auslöser-Form findet, wird der Schalter des Detektors geschlossen (siehe vergrößertes Detail). Die erforderliche Auslöser-Form ist eine »Ecke-nach-oben-rechts«. Die Position des geschlossenen Schalters in der Detektoranordnung gibt die Position der Form im Input-Bild wieder. Alle Detektoren in der Anordnung sind auf die gleiche Auslöserform eingestellt. In diesem Fall kann also nur ein Detektorschalter geschlossen werden (im Bild □).

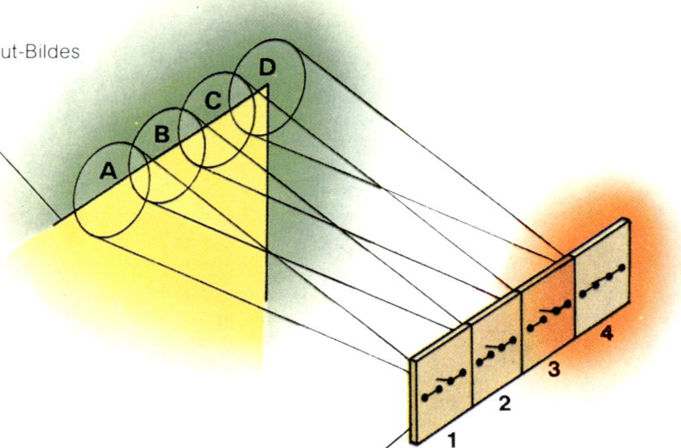

Vergrößertes Detail, das die sich überlappenden Felder (A, B, C und D) der benachbarten Rezeptoren der Anordnung (1, 2, 3 und 4) zeigt.

Jeder Detektor ist ein Schalter. Der geschlossene Schalter (4) symbolisiert 'Ecke vorhanden', und alle anderen Schalter (1, 2 und 3) bleiben offen, da sie in ihren rezeptiven Feldern keine Eckformen finden, sondern nur Ränder.

Bild 32. Eine Formdetektorenanordnung.

Bild 48. Der schematische Querschnitt zeigt die Hauptbestandteile des Gehirns und ihre Funktionen.

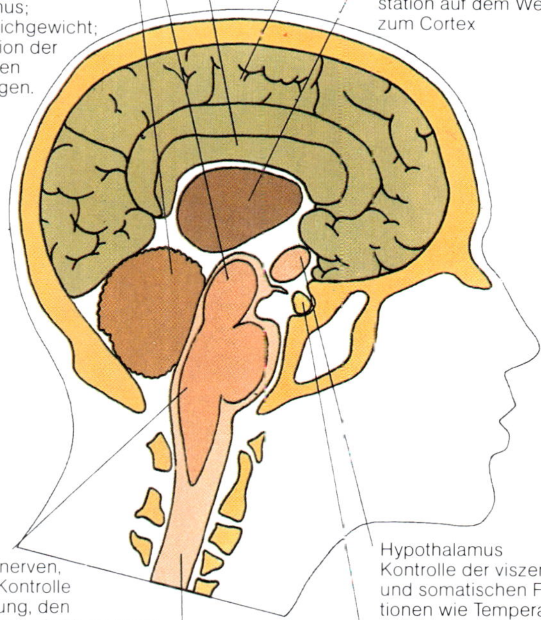

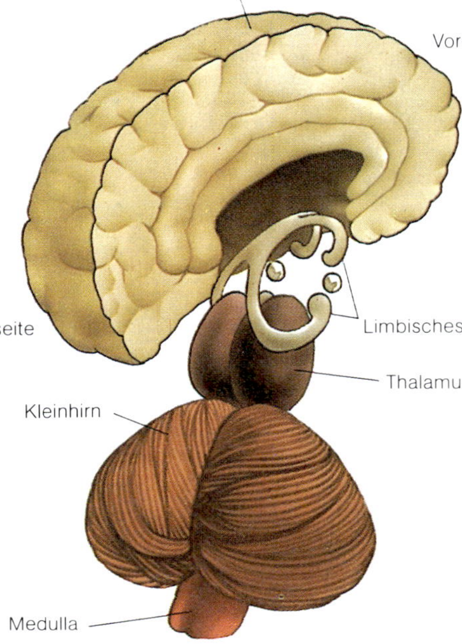

Bild 47. Darstellung der Anordnung der wichtigsten Gehirnstrukturen. Das limbische System befaßt sich mit Emotionen: Die Funktionen der anderen bezeichneten Teile beschreibt Bild **48.**

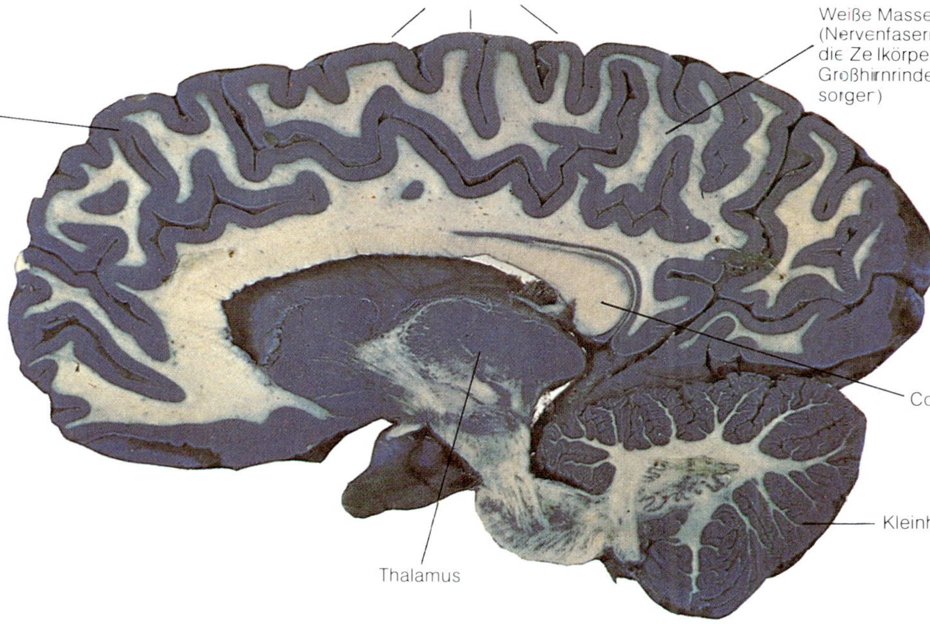

Bild 49. Das menschliche Gehirn. Schnitt von der Vorderseite zur Rückseite durch die rechte Hemisphäre. In diesem Schnitt sind nicht alle der in Bild **47** und **48** gezeigten Strukturen deutlich zu sehen.

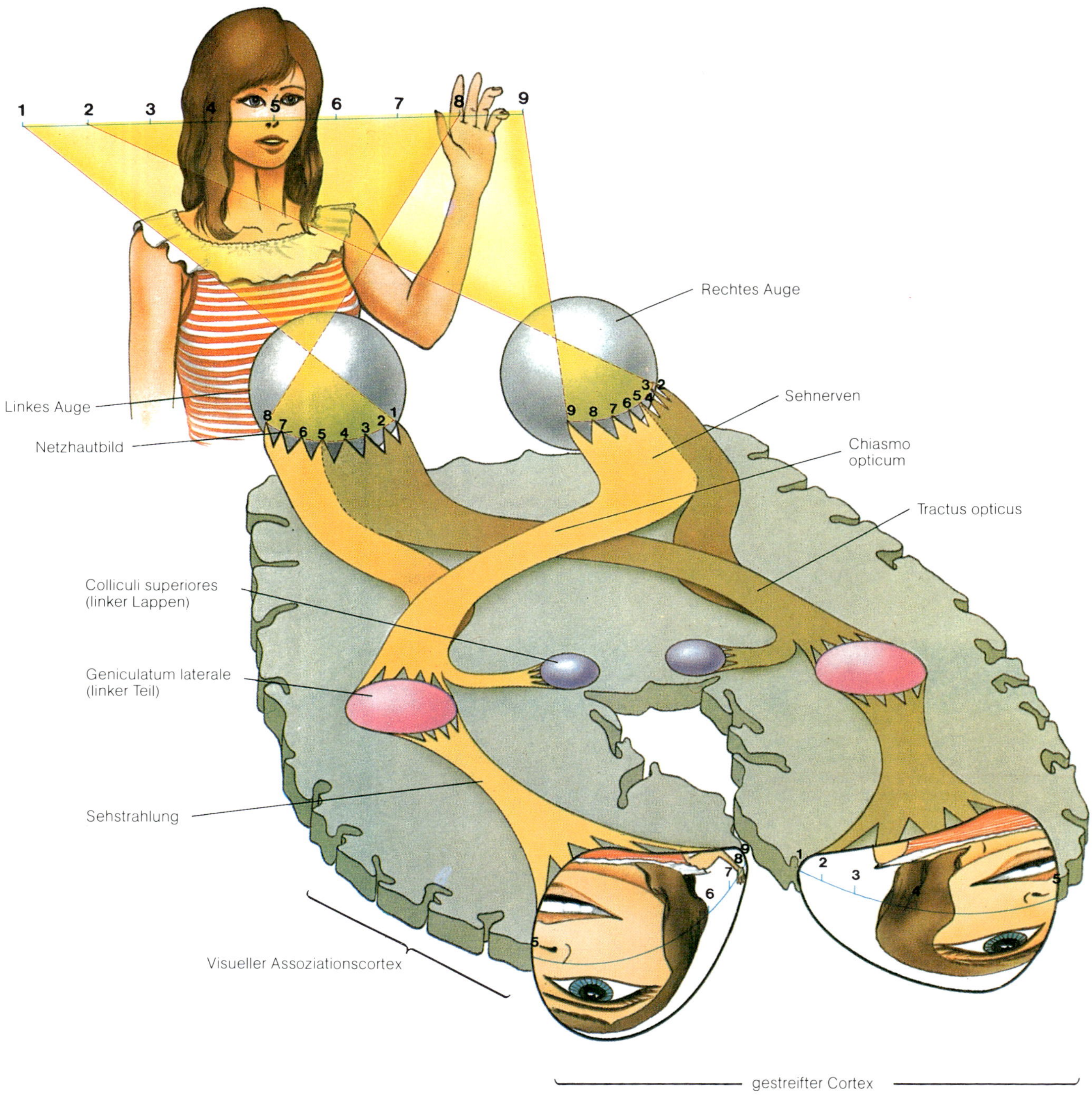

Bild 51. Schematische Illustration zweier wichtiger Sehbahnen, eine von den Augen zum gestreiften Cortex, die andere zu den Colliculi superiores. Die Botschaften der ersten Bahn beginnen in der lichtempfindlichen Netzhaut beider Augen, wandern von jedem Auge durch den Sehnerv, gehen dann durch Strukturen, genannt Chiasma opticum und Geniculatum laterale, ziehen weiter durch die Sehstrahlung und kommen schließlich in einer Region des Großhirns im Hinterkopf an, die *gestreifter Cortex* genannt wird.

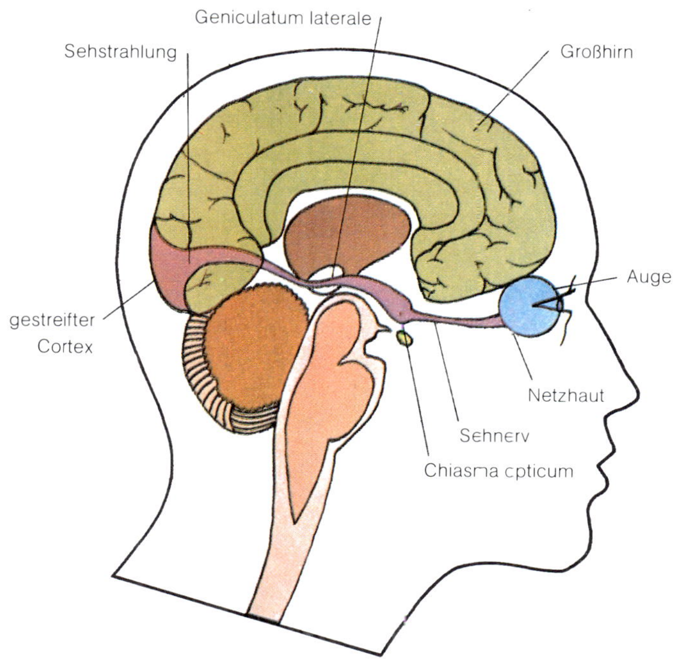

Bild 50. Schematischer Schnitt durch den Kopf, der die wesentlichen Bestandteile der Sehbahn zeigt, die die Augen mit dem Großhirn verbindet.

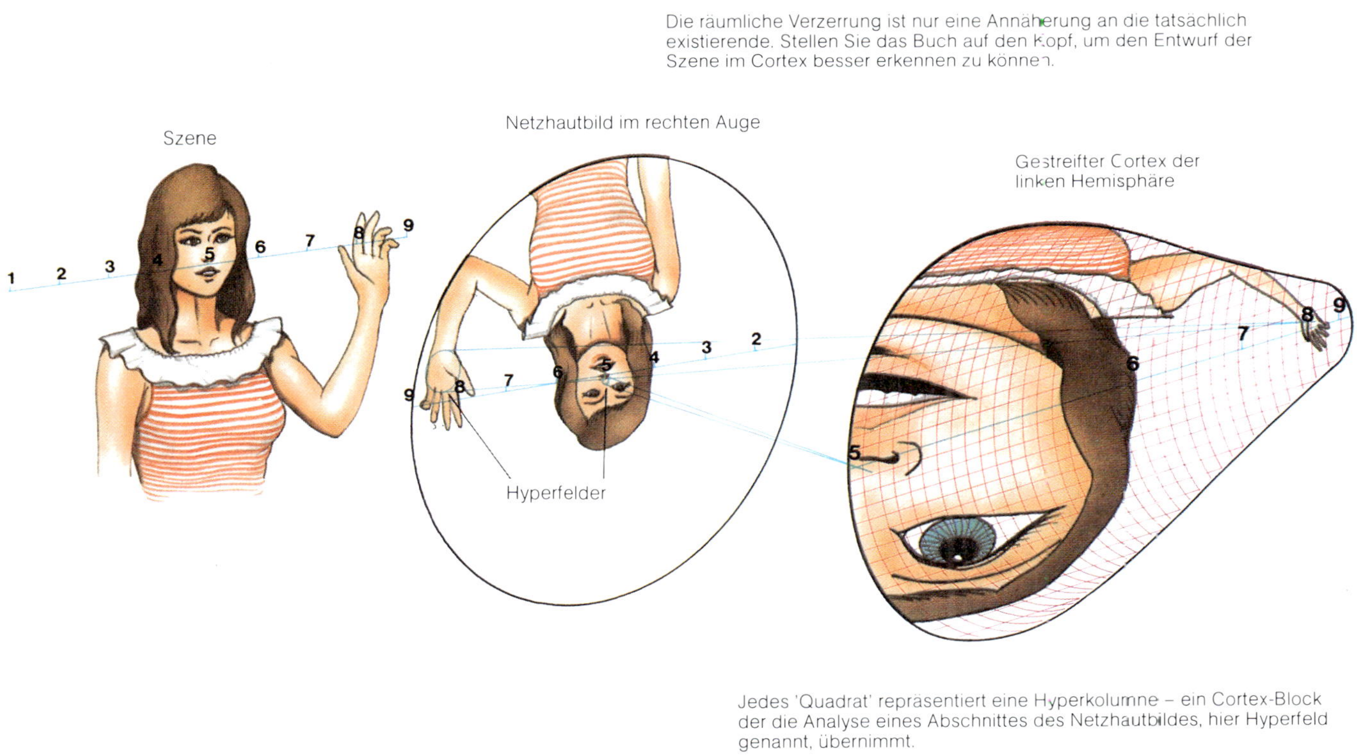

Bild 52. Kartographie des Netzhautbildes im gestreiften Cortex. Stellen Sie das Buch auf den Kopf, um den Entwurf der Szene im Cortex besser erkennen zu können.

Bild 99. (rechts) Der McCollough-Effekt. Siehe Text Seite 111.

Bild 99a. Test-Stimulus.

Bild 98. (unten) Schauen Sie kurz auf das Kreuz in Bild **98a** und beachten Sie, daß es in einem gleichmäßig grauen Feld liegt. Danach adaptieren Sie sich für etwa 45 Sekunden an die farbigen Sektoren in Bild **98b.** Versichern Sie sich, daß Sie während des ganzen Zeitraums ständig das Kreuz in der Mitte fixieren. Wenn die Adaptionszeit um ist, schauen Sie schnell zurück auf das Kreuz in Bild **98a.** Sie werden nun, aufgesetzt auf das graue Feld, täuschende farbige Sektoren sehen, und zwar komplementär zu den Farben in Bild **98b.** Der rote Sektor ergibt also ein grünes Nachbild, und der grüne Sektor ein rotes. Genauso ergibt der blaue Sektor ein gelbes Nachbild und der gelbe ein blaues. Unter Komplementärfarben versteht man die Farben, die, im richtigen Verhältnis unter Verwendung farbiger Lichtquellen (*nicht* Farben) gemischt, eine Grau-Wahrnehmung erzeugen. Genaugenommen ist die Komplementärfarbe zu Grün rötliches Purpur, zu Rot Blaugrün, zu Gelb Blauviolett und zu Blau Orangegelb. Deshalb können bei genauer Betrachtung (und normaler Farbwahrnehmung) diese streng definierten definierten Komplementärfarben in den Nachbildern von Bild **98b** erkannt werden.

Bild 98a. Gleichmäßig graues Testfeld.

Bild 98b. Adaptionsstimulus für negative farbige Nachbilder.

Bild 99b. Grüner Adaptionsstimulus.

Bild 99c. Roter Adaptionsstimulus.

Bild 117. Meinen beiden kleinen Töchtern wurde jeweils dasselbe Altair-Muster zum Ausmalen gegeben, und sie sahen völlig verschiedene Figur-Grundstrukturen, wie ihre Wahl der ausgefüllten Felder zeigt. Louises Version (a) und Abigails Version (b).

a

b

Bild 130. Ein Blockbild, entworfen von Leon Harmon. Können Sie das versteckte Objekt erkennen? Wenn nicht, versuchen Sie Ihre Augen so zusammenzukneifen, daß Ihre Sicht verschwimmt, und betrachten Sie das Bild aus ca. 2 m Entfernung. Dann entdecken Sie vielleicht ganz plötzlich, wen es darstellt. Vergleichen Sie Ihre Antwort mit der Auflösung auf Seite 133.

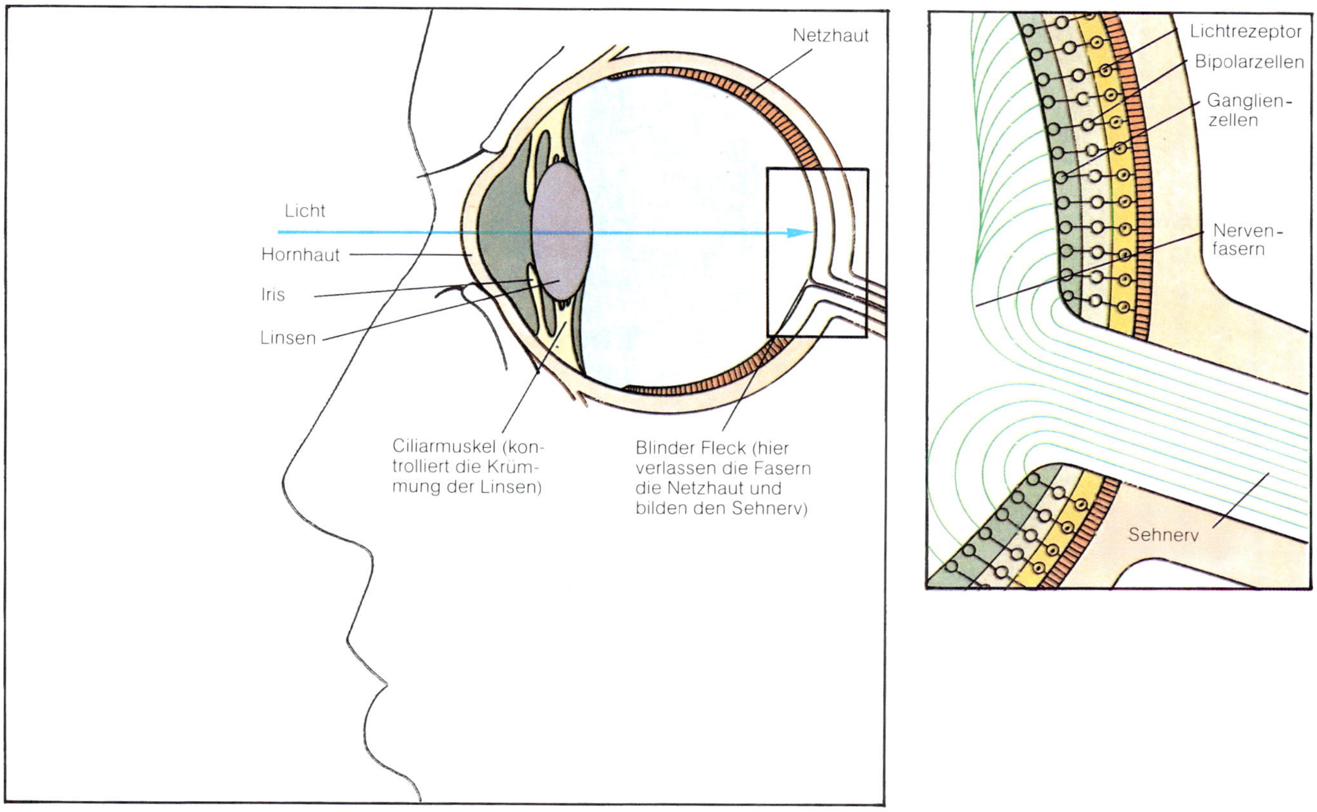

Bild 149. Die Lage der Rezeptoren, Bipolarzellen und Ganglienzellen der Netzhaut, Amakrinen und Horizontalzellen nicht dargestellt.

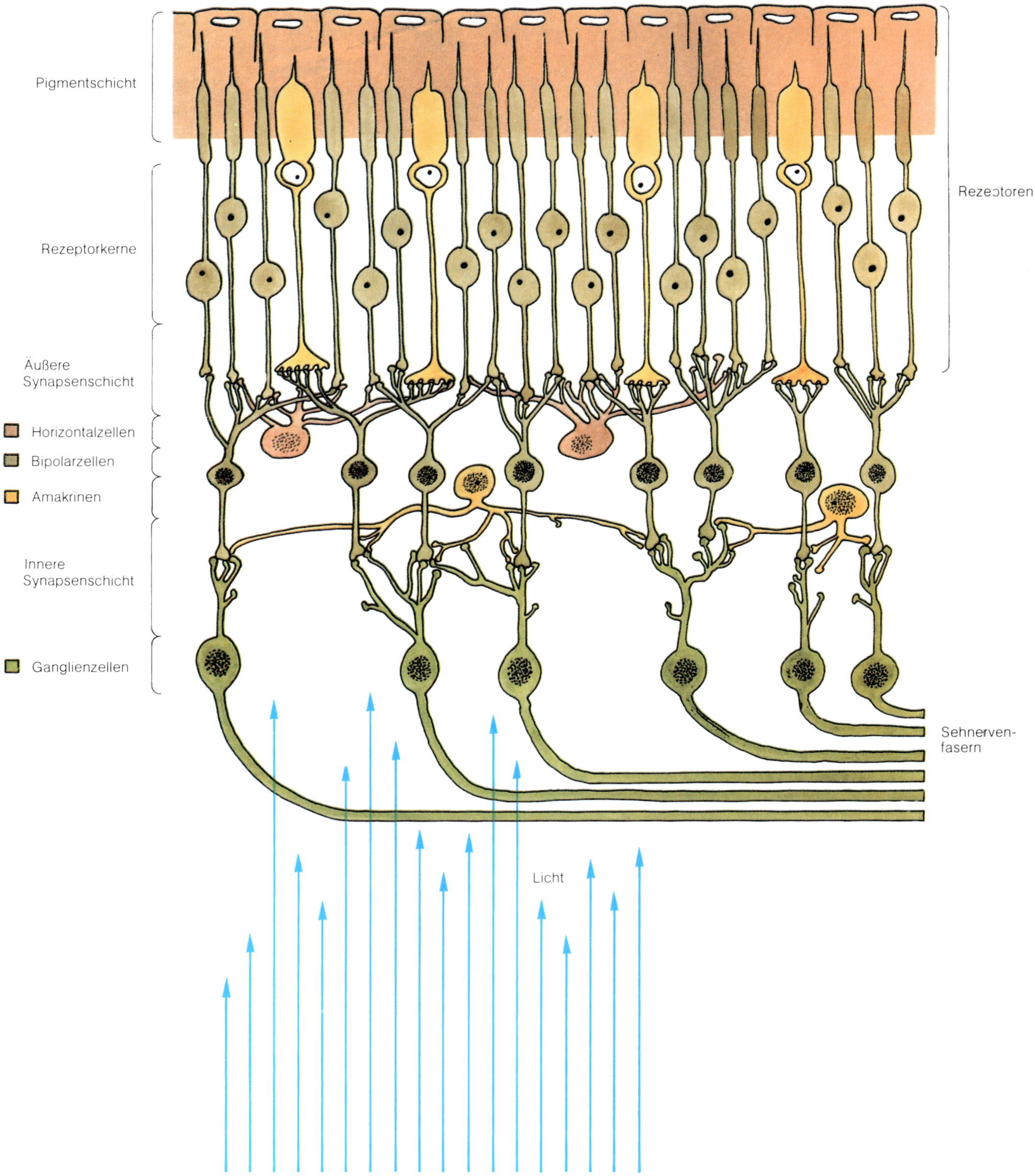

Bild 154. Schematischer »Schaltplan« der Netzhaut.

Bild 166. (oben und rechts) Die drei Helligkeitsskalen nach Land. Die drei Schwarzweiß-Fotografien wurden mit einem Schwarz-weiß-Film und Farbfiltern hergestellt, so daß jeweils nur Licht einer Farbe selektiert wurde.

»Blauer« Grauton

»Roter« Grauton

»Gruner« Grauton

Bild 165. Kanizsas Figur in zarten Pastelltönen gezeichnet. Die täuschenden Konturen sind nach Ansicht des Autors schwach oder gar nicht vorhanden.

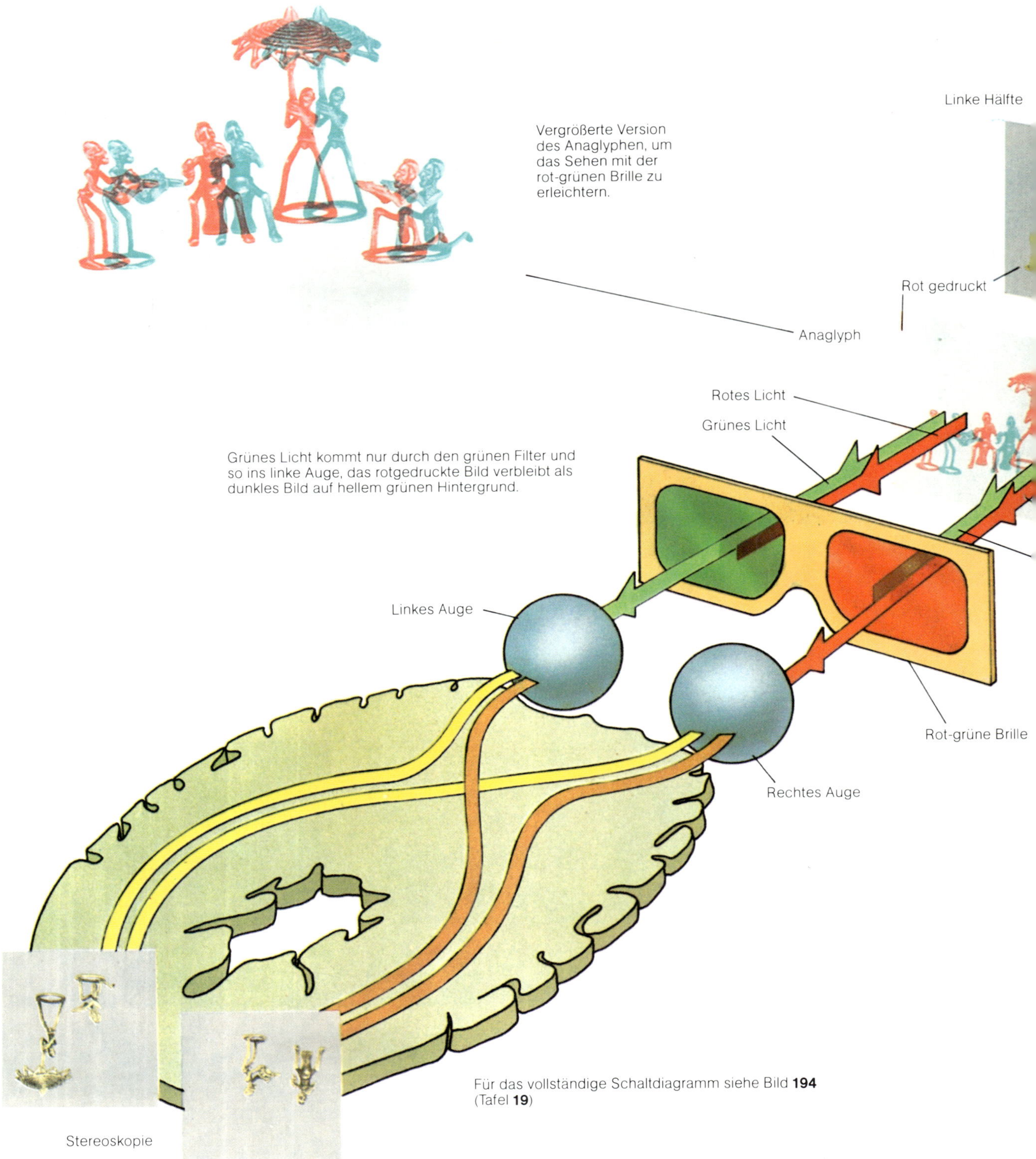

Bild 168. Ein Stereogramm in Form eines Anaglyphen. Licht, reflektiert vom Anaglyph, trifft auf die rot-grüne Brille. Der rote Filter läßt nur rotes Licht durch, der grüne Filter nur grünes Licht. Dies bewirkt, daß das grüngedruckte Teilbild für das rechte Auge wie ein dunkel gedrucktes Bild aussieht, weil der grüne Druck wenig rotes Licht reflektiert und so nur wenig von diesem Teil durch den Filter gelangt. Das selbe geschieht, mit den notwendigen Abänderungen, für das linke Auge: es sieht ein dunkel gedrucktes Bild des roten Teils. Sehen Sie sich, durch die rot-grüne Brille, das Anaglyph erst mit dem einen, dann mit dem anderen Auge an. Beachten Sie, daß die rote und grüne Farbe, leider nicht vollkommen mit den rot-grünen Filtern übereinstimmt, so daß jedes Auge ein Bild von ziemlich starkem Kontrast zusammen mit einem zweiten, wesentlich schwächer kontrastierten, erhält. Das letztere, ungewollt schwächere Bild neigt dazu, die Tiefenwirkung bei einfachen, aus wenigen Linien zusammengesetzten Stereogrammen, zu schwächen. In den meisten Fällen ist das jedoch nicht festzustellen.

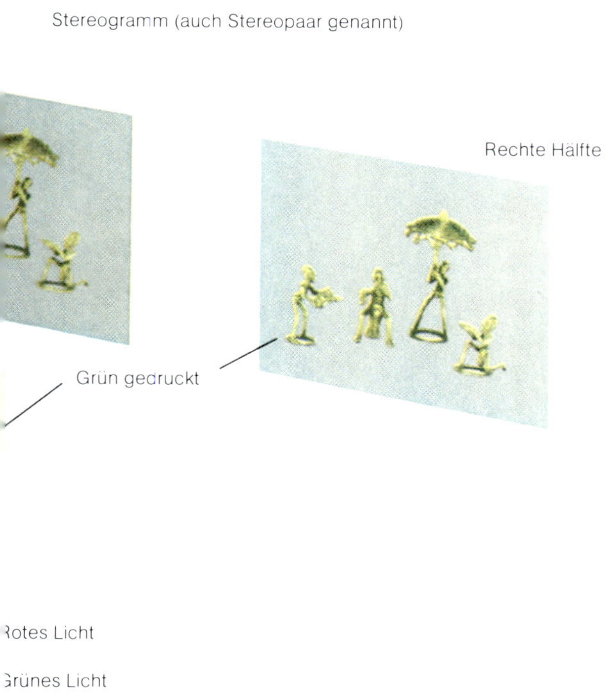

Rotes Licht kommt nur durch den roten Filter und so ins rechte Auge, das grünbedruckte Bild verbleibt als dunkles Bild auf hellem roten Untergrund.

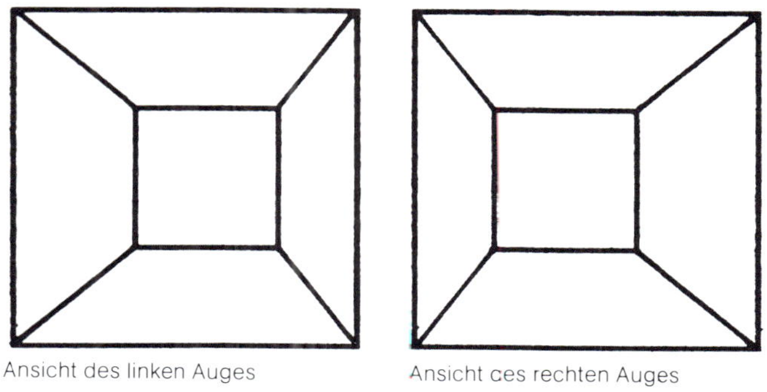

Bild 169. Die beiden Augen haben leicht verschobene Ansichten der räumlichen Szenen (siehe Text Seite 162).

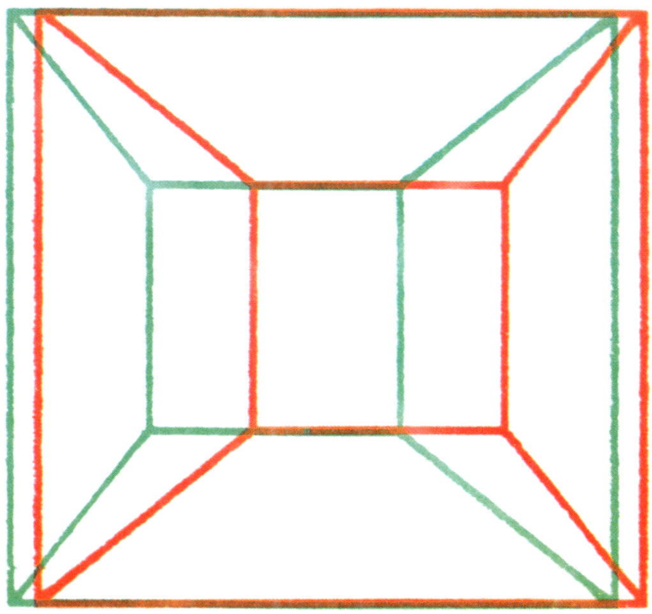

Bild 173. Ein Anaglyph, das die dreidimensionale Ansicht einer abgeschnittenen Pyramide vermittelt.

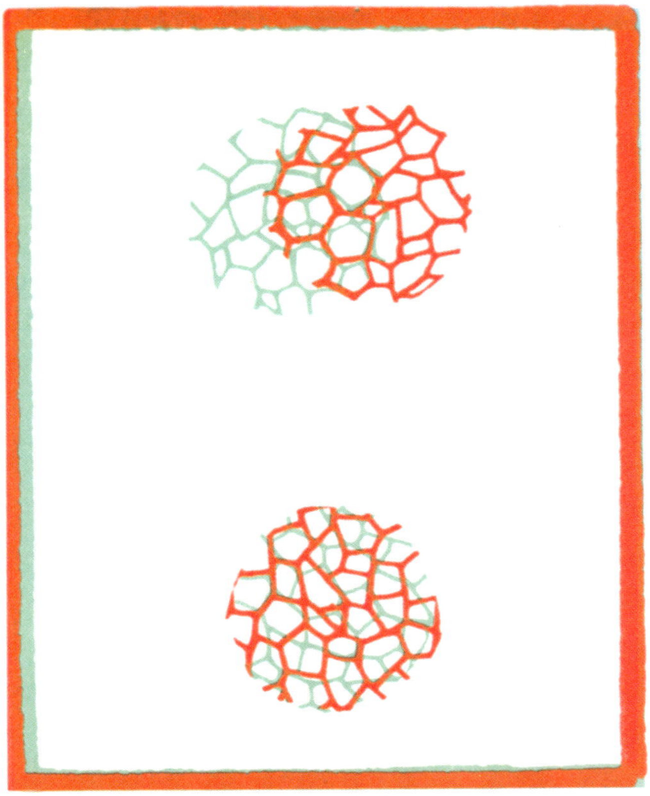

Bild 177. Der obere Fleck scheint vor dem unteren hervorzutreten, obwohl viele Details der rechten und linken Stereohälfte nicht übereinstimmen.

Bild 181. Texturen eines Zufallspunktstereogramms können von unterschiedlicher Art sein.

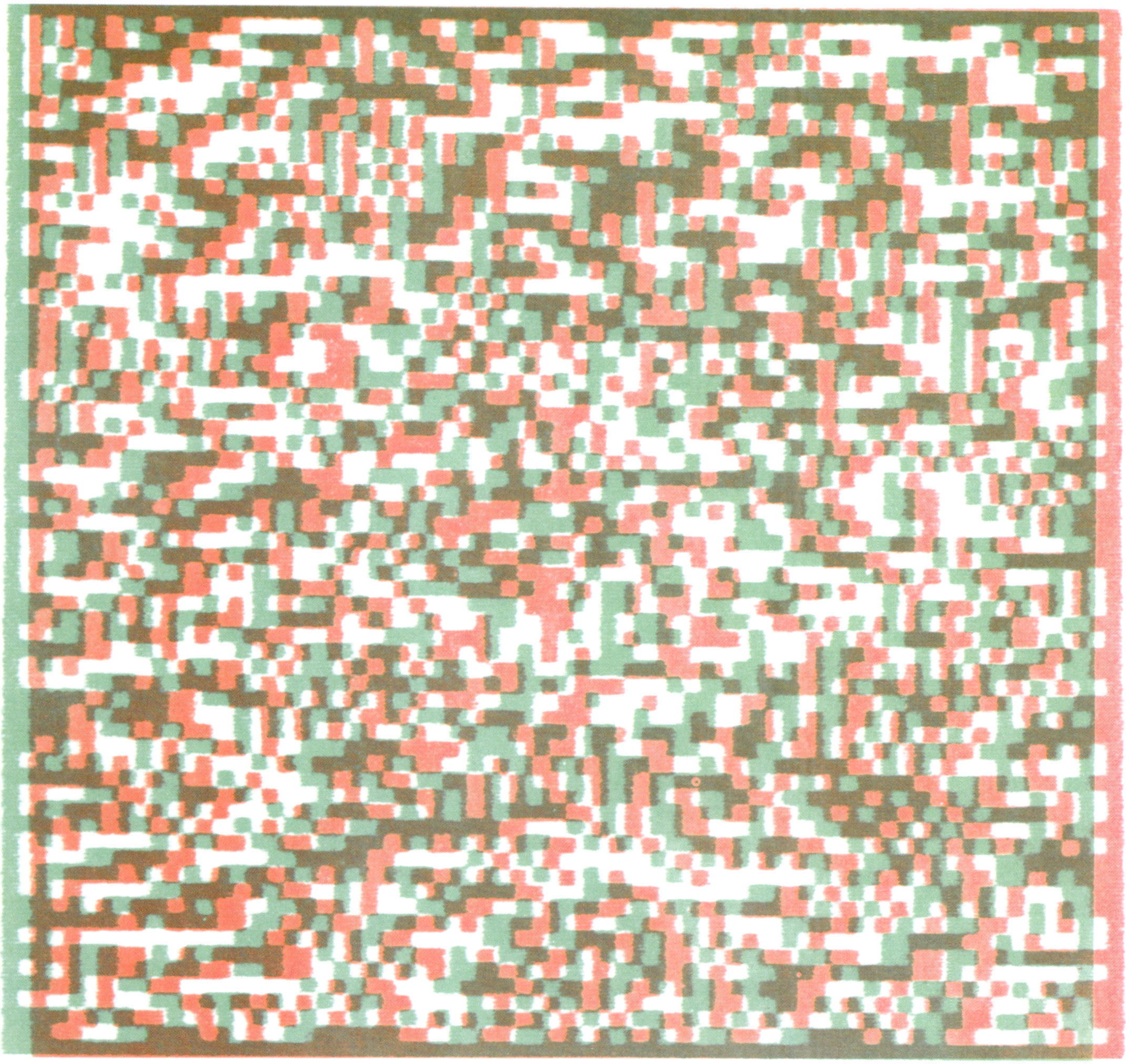

a

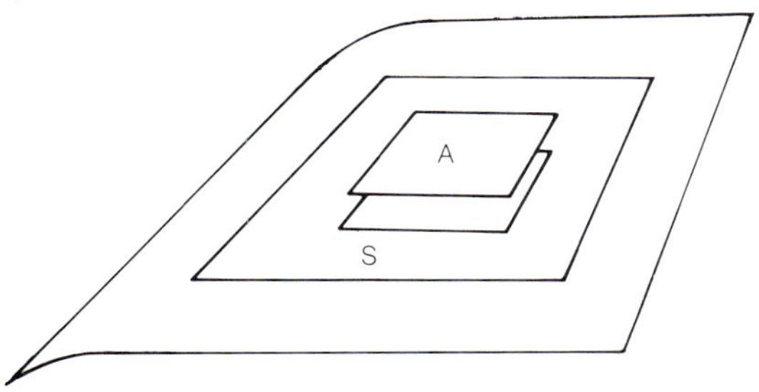

b

c

d

Bild 180. Ein Zufallspunktstereogramm. (Einzelheiten im Text) (a) Anaglyph; (b) Zeichnung, die die Erscheinung des Anaglyphen zeigt; (c) linke Stereo-Hälfte; (d) rechte Stereo-Hälfte.

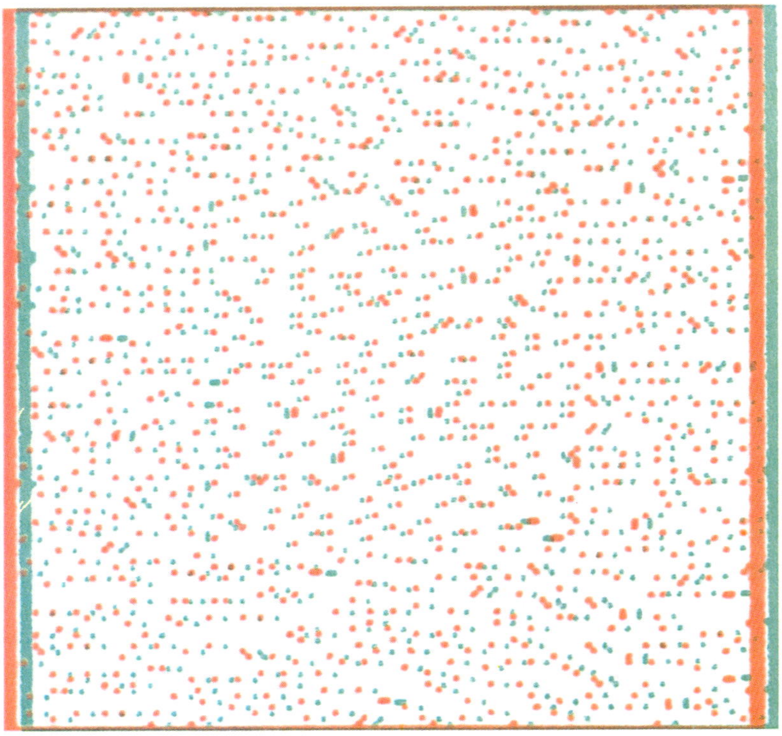

Bild 185. Das Problem der globalen Stereoskopie. Zufallspunktstereogramm, dessen Struktur aus kleinen Punkten das Ambiguitäts-Problem hervorhebt, welcher linke Punkt zu welchem rechten Punkt gehört.

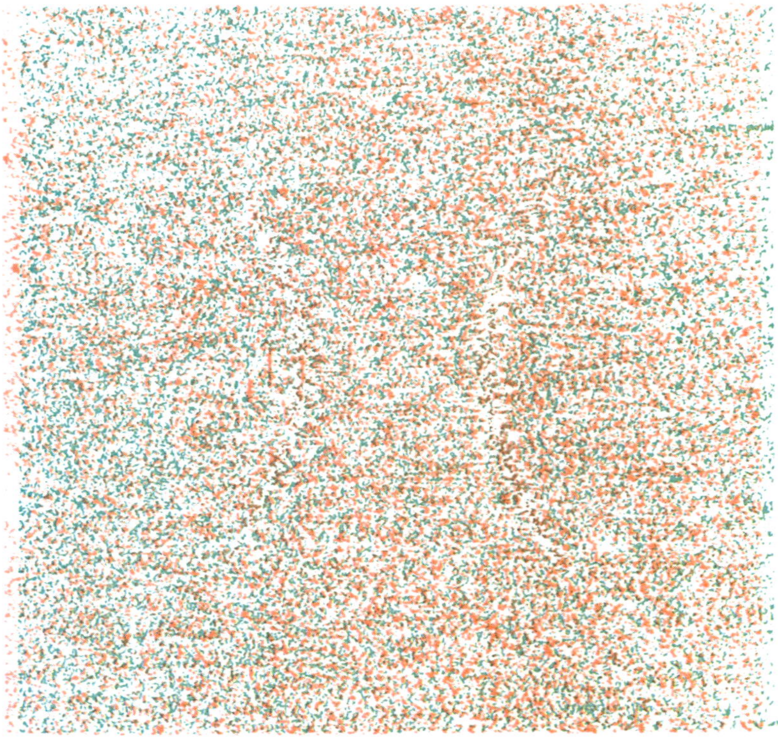

Bild 186. Hyperbelparaboloid, dessen Torus durch ein Zufallspunktstereogramm dargestellt wird.

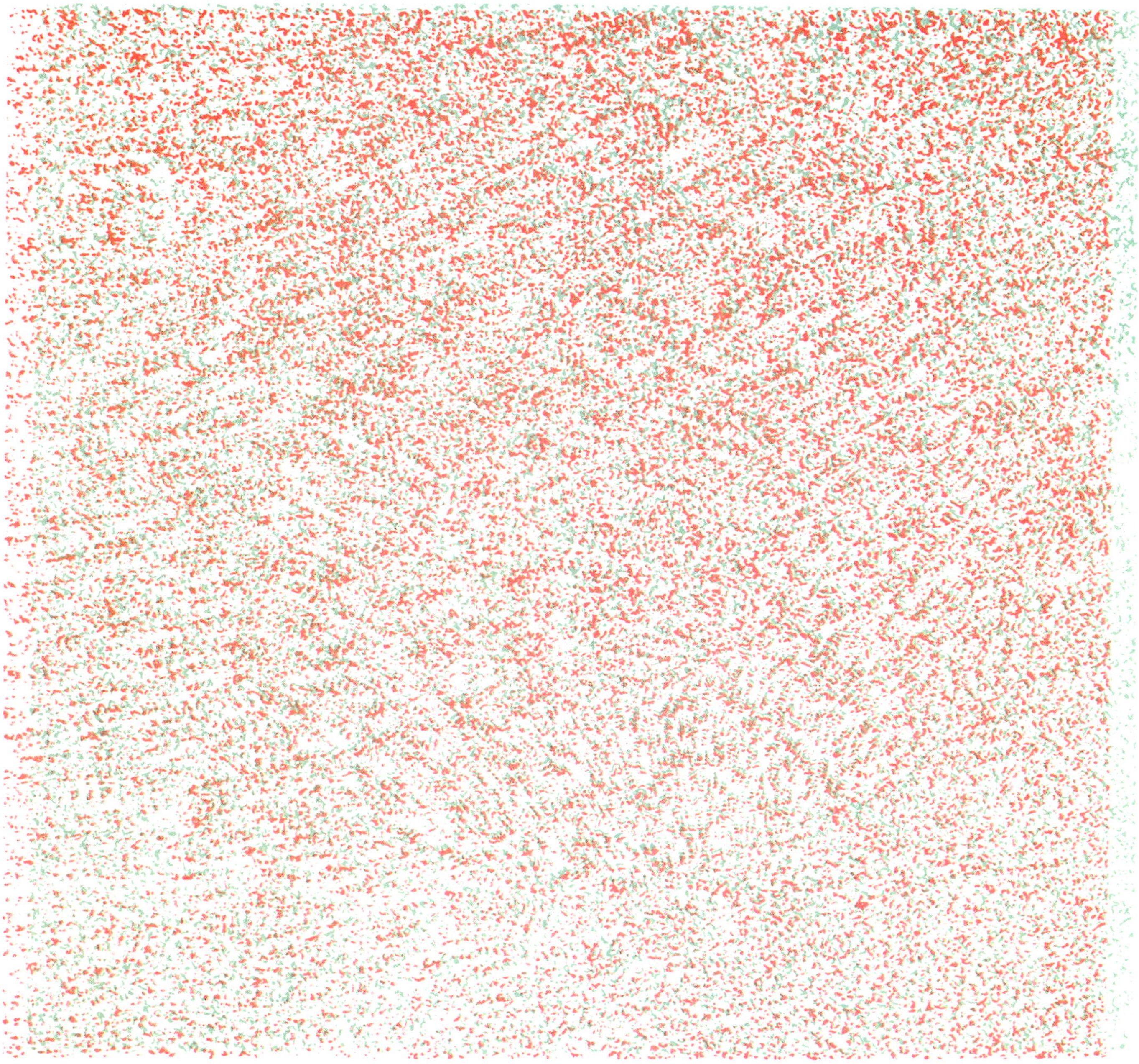

Bild 187. Wendeltreppe, dargestellt durch ein Zufallspunktstereogramm.

Bild 188. Anaglyph einer Wendeltreppe (siehe Bild **187**), aber mit einer umrissenen Form in jeder Stereohälfte, um die Fusion zu erleichtern.

Bild 189. Die Größe der Disparität bestimmt die Ausdehnung der wahrgenommenen Tiefe. Oberes Quadrat (große Verschiebung) scheint stärker hervorzutreten als das untere Quadrat (kleine Verschiebung).

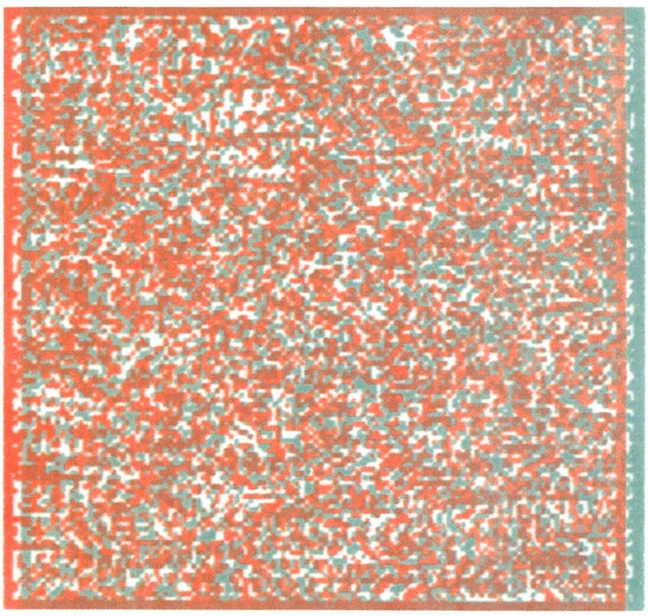

Bild 190. Zufallspunktstereogramm mit großer Disparität. Die Fusion ist schwierig.

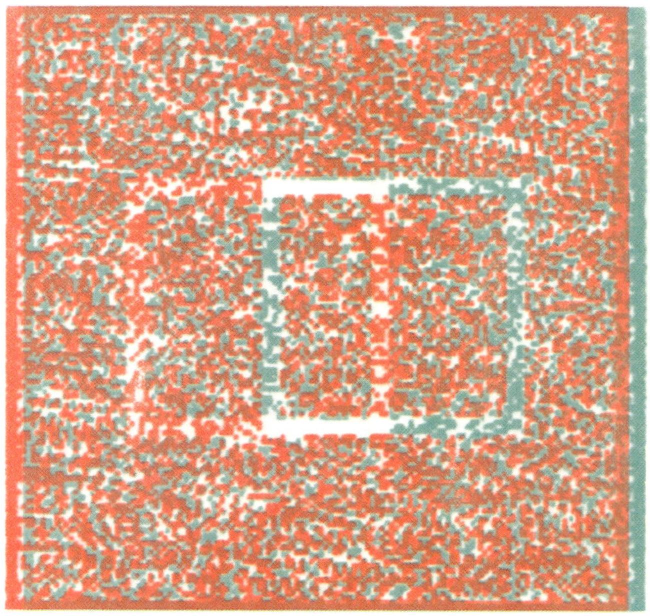

Bild 191. Stereogramm mit großer Disparität, unterstützt durch monokulare Konturen.

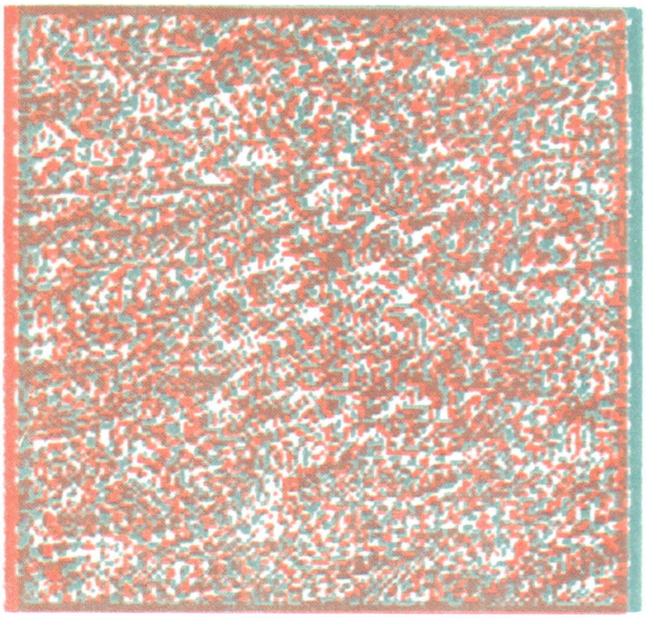

Bild 192. Version von Bild **190** mit kleiner Disparität. Die Fusion ist einfacher.

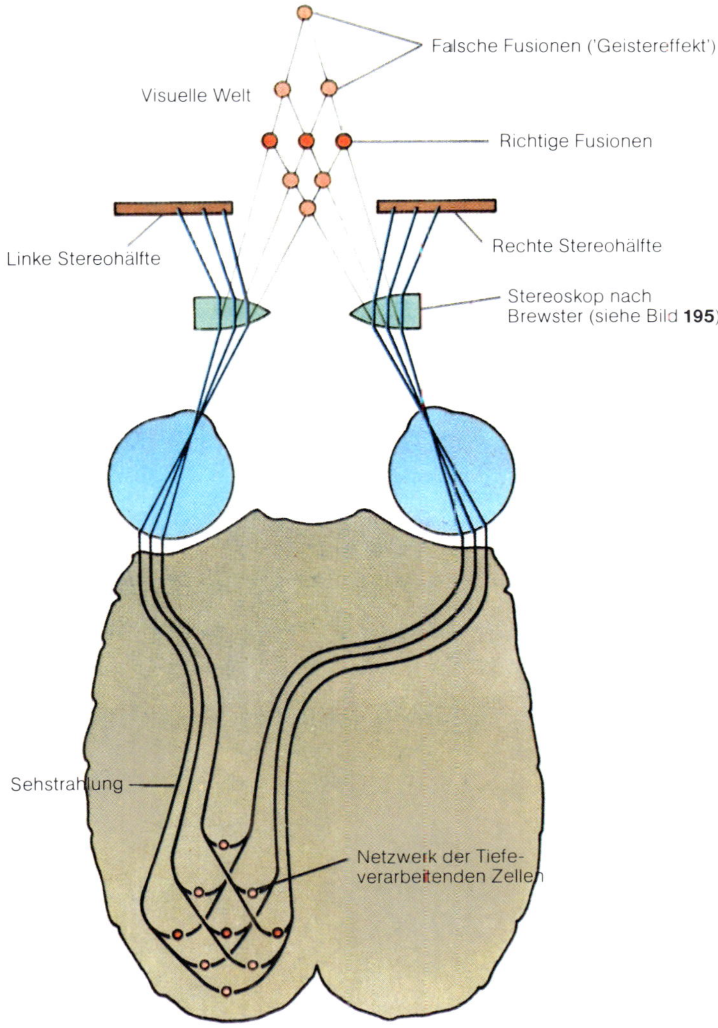

Bild 194. Das Problem der globalen Stereoskopie. Richtige und falsche Fusionen, sowohl in der 'wahrgenommenen visuellen Welt', als auch im Netzwerk der tiefeverarbeitenden Einheiten werden illustriert.

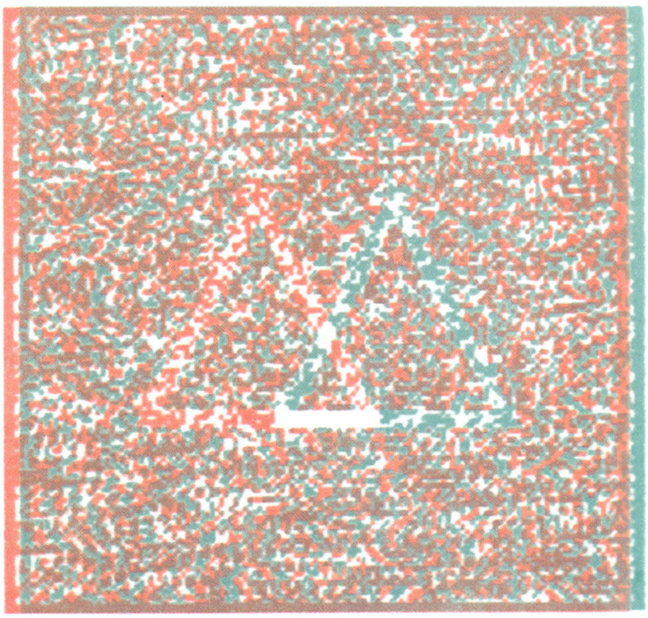

Bild 193. Version von Bild **190** mit großer Disparität, aber mit monokularen Markierungen, die nicht die Form des disparaten Objekts verraten. Das Dreieck hilft, obwohl das Objekt ein Quadrat ist.

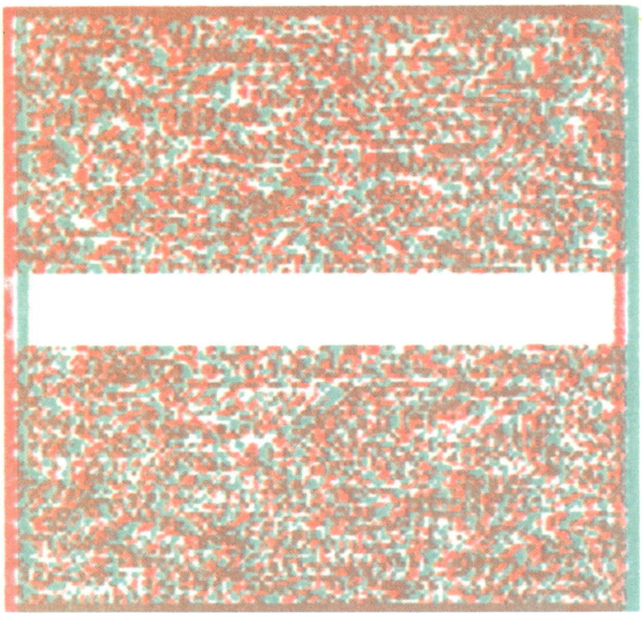

Bild 199a. Täuschende Tiefenkonturen überbrücken den Spalt (siehe Text).

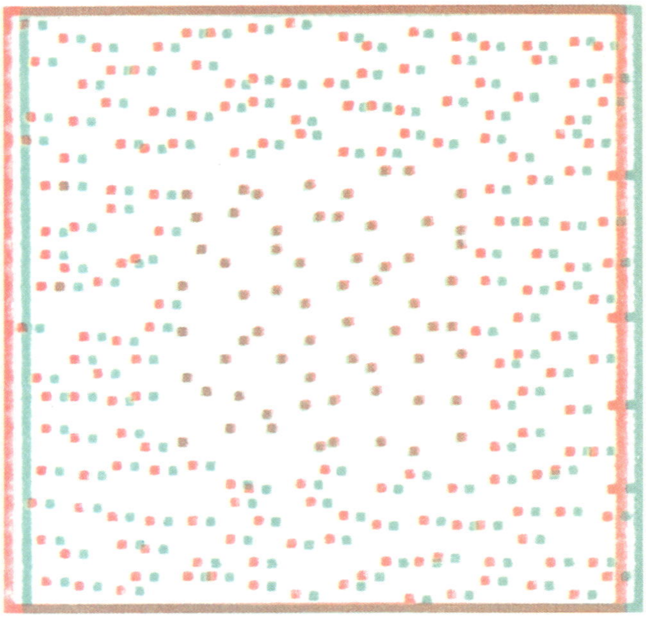

Bild 199b. Die Punkte des räumlichen Quadrats »ziehen« den weißen Grund, auf dem sie liegen, »hoch«.

Bild 200. Niedrig und hoch kontrastierte Stereohälften können verschmolzen werden.

Bild 201. Stereoskopisches Sehen ist unmöglich, wenn die rechte Stereohälfte eine Kontrastumkehrung (Schwarz-zu-Weiß und Weiß-zu-Schwarz) der linken Hälfte ist.

Bild 202. Einfaches Stereogramm mit umgekehrtem Kontrast. Stereoskopisches Sehen ist möglich.

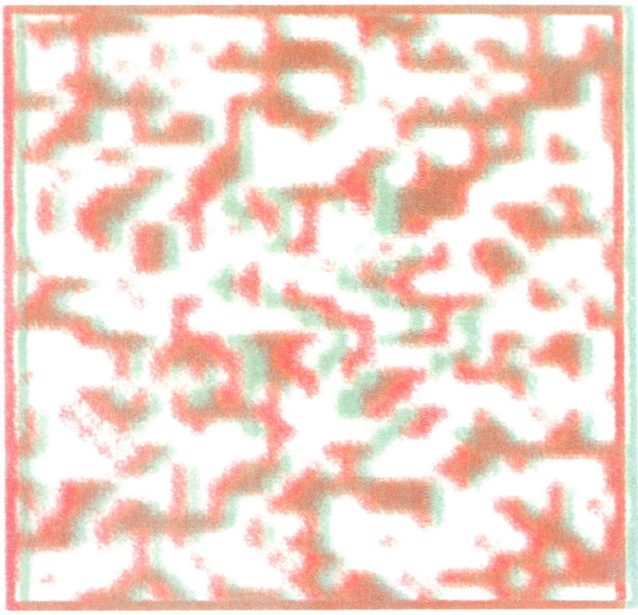

Bild 204. Die Stereoskopie übersteht das Verschwimmenlassen beider Stereohälften. Dies ist die verschwommene Ansicht eines normalen Zufallspunktstereogramms, wie zum Beispiel in Bild **180**. (Technisch ausgedrückt ist die Information niedriger Raumfrequenz beibehalten und die Details hoher Raumfrequenz - scharfe Kanten etc. - sind ausgefiltert worden.) Stereoskopie übersteht die Verschlechterung des Bildes gut.

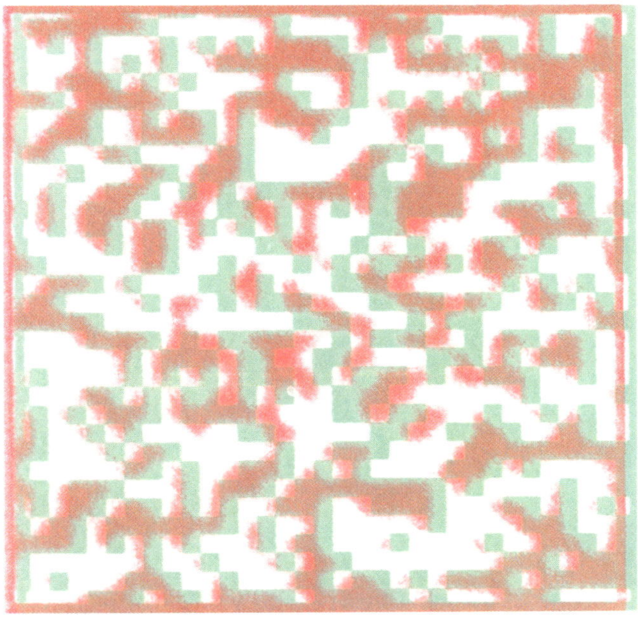

Bild 205. Stereoskopie übersteht das Verschwimmenlassen einer Stereohälfte. Dies ist überraschender als das Bestehen der Stereoskopie in Bild **204**. Das Verschwimmenlassen einer Stereohälfte ergibt ein visuelles Input ähnlich dem, das jemand erhalten würde, der auf einem Auge schlecht sieht und keine Brille trägt.

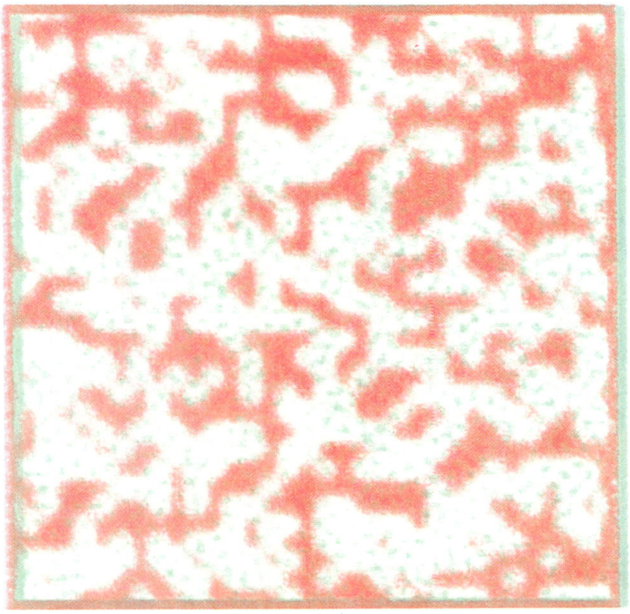

Bild 206. Stereoskopie, getragen von verschwommenen Flecken, übersteht gesprenkeltes Rauschen, das von einem Feld hinzugefügt wurde. Einer Hälfte dieses verschwommenen Stereo-Paares wurde ein gesprenkeltes Rauschen hoher Raumfrequenz hinzugefügt (»Rauschen« ist ein Fachausdruck für einen, dem Bild hinzugefügten, unwesentlichen Inhalt). Dies verhindert **nicht** stereoskopisches Sehen. Siehe Bild **207**.

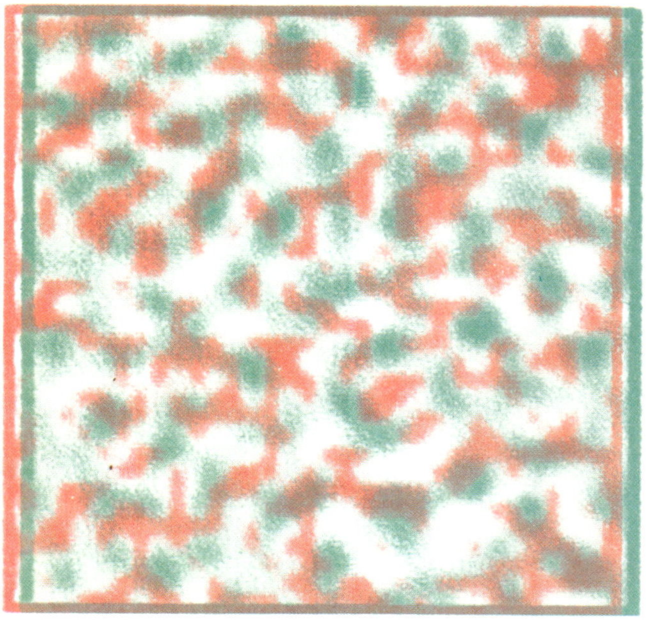

Bild 207. Stereoskopie, getragen von verschwommenen Flecken, wird zerstört, wenn gleichartig verschwommenes Rauschen einem Feld hinzugefügt wird. Hier ist das hinzugefügte Rauschen (siehe Bild **206**) von niedriger Raumfrequenz und so der Struktur, die die Disparitätskriterien trägt, sehr ähnlich. Das zerstört die Stereoskopie.

Bild 208. Stereoskopie ist möglich, wenn nur die Kanten (hohe Raumfrequenz) gegeben sind. Dieses Stereogramm wurde so gefiltert, daß es nur noch scharfe Kanten enthält; technisch wird es als ein auf »hohe Raumfrequenz gefiltertes Stereogramm« bezeichnet.

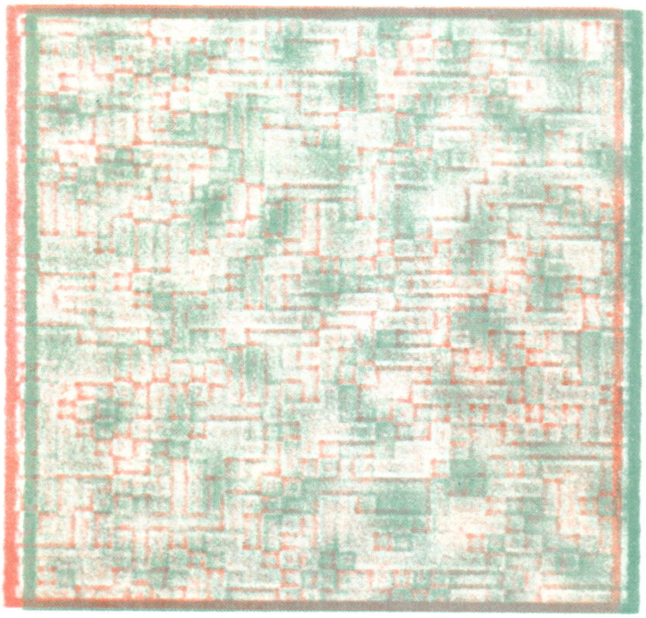

Bild 209. Stereoskopie, getragen von Kanten (siehe Bild **208**) übersteht (gerade!) ein einem Feld hinzugefügtes Rauschen aus verschwommenen Flecken. Hier wurde ein Rauschen niedriger Raumfrequenz zu einer Hälfte von Bild **208** hinzugefügt und stereoskopisches Sehen ist noch möglich. Diese Darstellung ist die Umkehrung von Bild **206**. Ist das hinzugefügte Rauschen von hoher Raumfrequenz (z.B. ähnlich der Frequenz des zugrunde liegenden Stereogramms, vergleiche Bild **207**, wird stereoskopisches Sehen möglich.

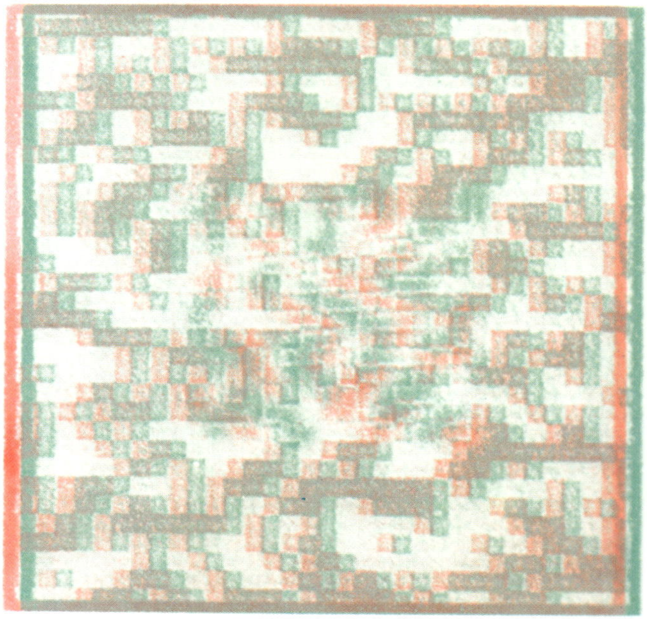

Bild 210. Ein Zufallspunktstereogramm mit zwei aufliegenden, räumlichen Oberflächen. Ein zentrales Quadrat mit Flecken niedriger Raumfrequenz tritt hinter ein darüberliegendes Muster aus Sprenkeln hoher Raumfrequenz zurück. Vergleichen Sie das zum Beispiel mit einem Goldfisch, der hinter Teichgewächsen schwimmt, oder einem Laternenpfahl hinter Spitzengardinen, wo zwei Tiefenebenen hintereinander gesehen werden. Dies widerspricht der Marr/Poggio-Regel, daß jeder gegebene Stimuluspunkt nur in jeweils einer Tiefenebene untergebracht werden kann.

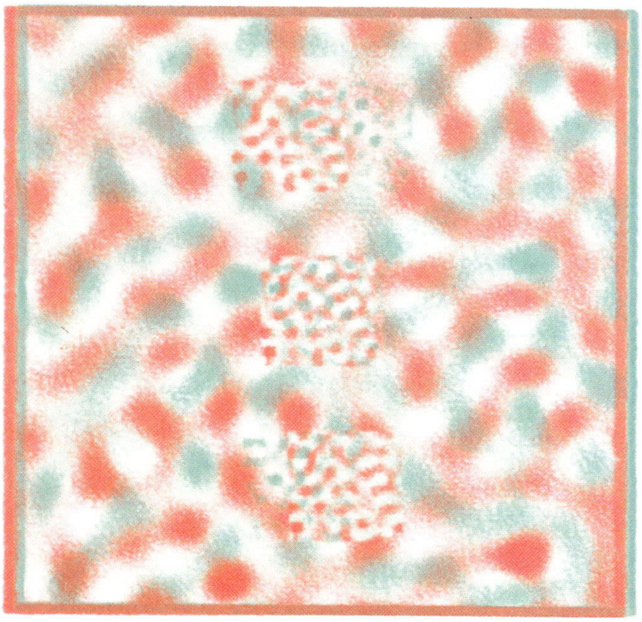

Bild 211. Stereogramm mit rivalisierender Struktur (siehe Text).

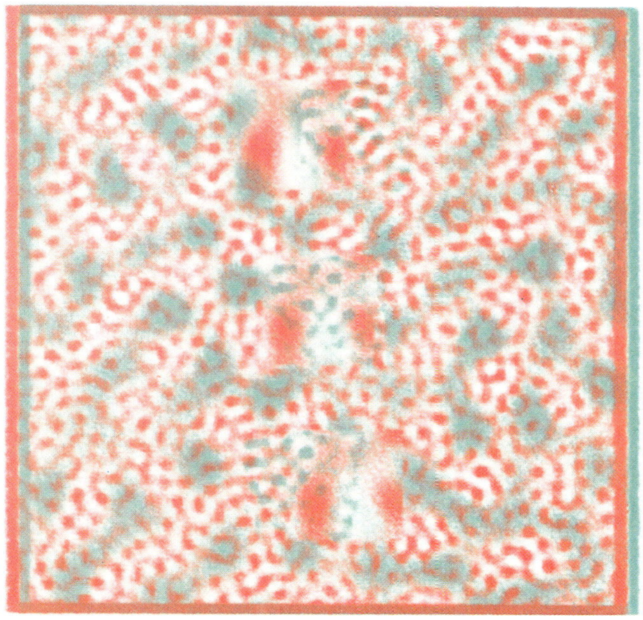

Bild 212. Stereogramm mit rivalisierender Struktur, in dem Stereoskopie schwierig, vielleicht unmöglich ist (siehe Text).

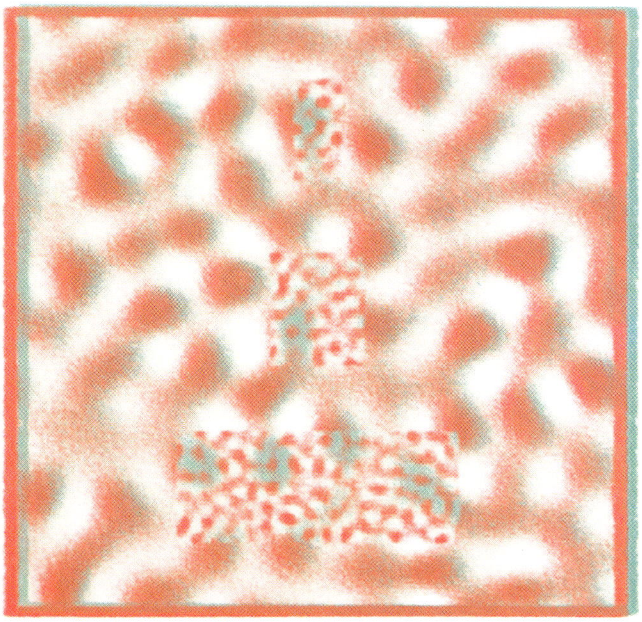

Bild 213. Paradoxe Stereoskopie (siehe Text).

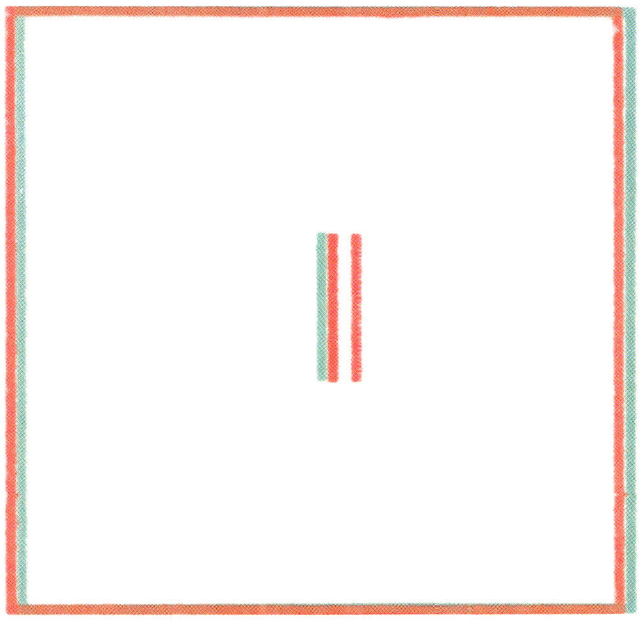

Bild 214. Panums Grenzfall.

Bild 216. Die Berechnung der Helligkeit scheint der Stereoskopie voranzugehen (siehe Text). Nach der Fusion kann man ein zeltförmiges Oberflächenpaar sehen, deren Laschen zur Oberfläche der »gegenüberliegenden Seite« verlaufen (siehe Bild **217**).

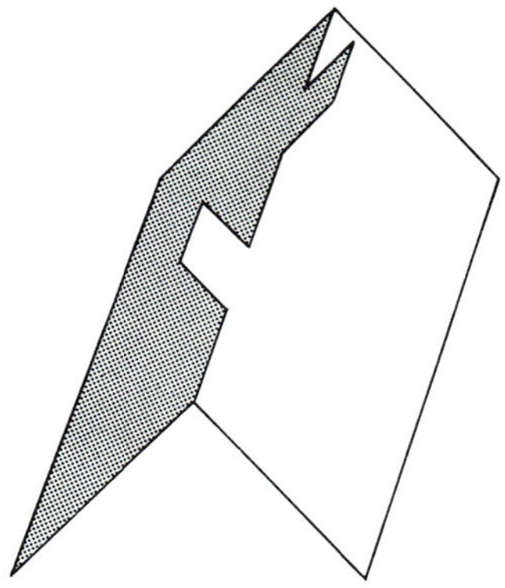

Bild 217. Die Zeichnung zeigt, was nach der binokularen Fusion von Bild **216** erscheint.

Bild 218. Ein Stereogramm mit großen Elementen, das eine Sicht in weite Entfernung hervorruft (siehe Text).

4 Nachwirkungen - die Mikroelektrode des Psychologen

Die Neurophysiologie hat uns viel über das visuelle System des Gehirns gelehrt, wie aus Kapitel 3 hervorgeht. Sie hat uns insbesondere gelehrt, daß Liniendetektoren verschiedener Arten eine hervorragende Rolle in den frühen Stadien der Informationsverarbeitung durch visuelle Gehirnmechanismen spielen. Indem wir Vorschläge aufnahmen, die aus Arbeiten über die Bildverarbeitung durch Computer stammen, konnten wir den Schluß ziehen, daß diese Liniendetektoren vom Netzhautbild abgenommene Messungen liefern, die dazu verwendet werden, eine symbolische Formbeschreibung der betrachteten Szene herzustellen. Im folgenden Kapitel werden wir uns ansehen, wie diese frühe Formbeschreibung wohl in eine reichhaltigere symbolische Beschreibung ausgearbeitet werden kann, die zum Beispiel explizite Objektbeschreibungen enthält. Aber im gegenwärtigen Kapitel stellen wir die Frage: gibt es irgendeinen *psychologischen* Beweis aus der visuellen Erfahrung für das, was wir aus der Neurophysiologie über Liniendetektoren wissen?

In Kapitel 1 wurde behauptet, daß optische Täuschungen interessante Hinweise über die Mechanismen des Sehens leisten können. Kann diese Behauptung nun dadurch gestützt werden, daß wir optische Täuschungen finden, die aufweisen oder zumindest sehr nahelegen können, daß eine Analyse des Netzhautbildes durch Liniendetektoren tatsächlich einen wesentlichen Beitrag zum Sehen leistet?

Nachwirkungen

Eine große Gruppe von optischen Täuschungen, die dazu verwendet wurden, die Neurophysiologie mit der Psychologie zu verbinden, beruht auf der Tatsache, daß nach einem Zeitraum lang anhaltender oder ständiger intensiver Stimulation bestimmte merkwürdige Täuschungsphänomene erfahren werden. Diese Täuschungen werden als *Nachwirkungen* bezeichnet und sind in sensorischen Systemen weit verbreitet.

Die vielleicht am häufigsten erfahrene Nachwirkung kommt aus der zufälligen Beobachtung von hellem Licht: der Sonne zum Beispiel oder einer elektrischen Birne. Nach solch unbeabsichtigten Einwirkungen auf das ungeschützte Auge bleibt üblicherweise ein *Nachbild* der Lichtquelle für einige Zeit erhalten und legt sich über jede beliebige Szene, die wir als nächste beobachten.

Helle Lichter sind jedoch nicht notwendig, um Nachbilder zu erhalten. Schauen Sie zum Beispiel das Kreuz auf Bild **81** an und beachten Sie, daß es auf einem einheitlich grauen Feld liegt. Fixieren Sie als nächstes etwa 15 Sekunden lang das Kreuz von Bild **82**, das weiße Scheiben über sich und schwarze Scheiben unter sich hat. Wenn Sie diesen Zeitraum gleichbleibender Stimulation beendet haben, schauen Sie schnell wieder zurück zu dem Kreuz von Bild **81**. Sie werden um dieses Kreuz herum kein gleichmäßig graues Feld mehr sehen, sondern statt dessen eine Menge von aufgesetzten Nachbildern: dunkle Scheiben über dem Kreuz und helle darunter. Weil die Nachbilder die entgegengesetzte Helligkeit zu den Scheiben, die sie erzeugt haben, aufweisen, werden sie als *negative Nachbilder* bezeichnet. Im Gegensatz zu den Nachbildern von sehr hellen Lichtern, die einige Minuten lang anhalten können, dauern die negativen Nachbilder nur einige Sekunden. Die Dauer der Nachbilder von Bild **82** kann jedoch dadurch ausgedehnt werden, daß man länger auf das Kreuz starrt. Die täuschenden Nachbilder beruhen fast mit Sicherheit auf einer Art von Ermüdung oder ähnlichen Prozessen, die wahrscheinlich in der Netzhaut entstehen und dadurch verursacht werden, daß das Auge über einen längeren Zeitraum hinweg einer gleichbleibender Stimulation ausgesetzt wird. Wir werden über die möglichen Ursachen dieser Nachbilder später in diesem Kapitel und auch in Kapitel 6 noch mehr zu sagen haben.

Wie bereits bemerkt, sind Nachbilder nur ein bekanntes Beispiel einer großen Klasse von Wahrnehmungsphänomenen, den sogenannten Nachwirkungen. Sie sind nicht auf das Sehen beschränkt, sondern kommen auch in anderen sensorischen Systemen vor. Wenn Sie zum Beispiel mit geschlossenen Augen an einem gekrümmten Rand mit dem Finger auf und ab streichen, wird ein danach abgetasteter gerader Rand in entgegengesetzter Richtung gekrümmt erscheinen. Wenn Sie eine lange Zeit (etwa 90 Minuten) in einer Atmosphäre verbringen, die ein Übermaß von Kohlendioxid enthält, dann wird frische Luft daraufhin einen täuschenden Geruch von Ammoniak annehmen. Wenn man wiederholt einen Ton hört, der an Intensität zunimmt, dann klingt ein Ton mit gleichmäßiger Intensität, der kurz darauf vorgeführt wird, meist, als ob er an Intensität abnähme.

Nachwirkungen sind schon seit langem von Psychologen untersucht worden, aber in der letzten Zeit werden sie besonders intensiv erforscht. Der Grund dafür ist, daß sie dem Psychologen ein sensibles Werkzeug zur Erforschung der vom Neurophysiologen entdeckten Sinnesmechanismen liefern. Zumindest stellt sich heraus, daß viele dieser Wirkungen eine unmittelbare Erklärung durch bekannte neurophysiologische Mechanismen finden, und deshalb haben die Psychologen versucht, die ganze Geschichte umzudrehen und die Nachwirkungen als einen indirekten Weg zu diesen Sinnesmechanismen zu erforschen. Wegen der engen Beziehung, die oft zwischen psychologischen Erkenntnissen über Nachwirkungen einerseits und neurophysiologischen Entdeckungen mit Hilfe von Mikroelektroden andererseits besteht, sind die Nachwirkungen als die „Mikroelektrode des Psychologen« bezeichnet worden. Genauso wie der Physiologe durch Mikroelektrodenaufnahmen einer einzelnen Zelle im Gehirn entnehmen kann,

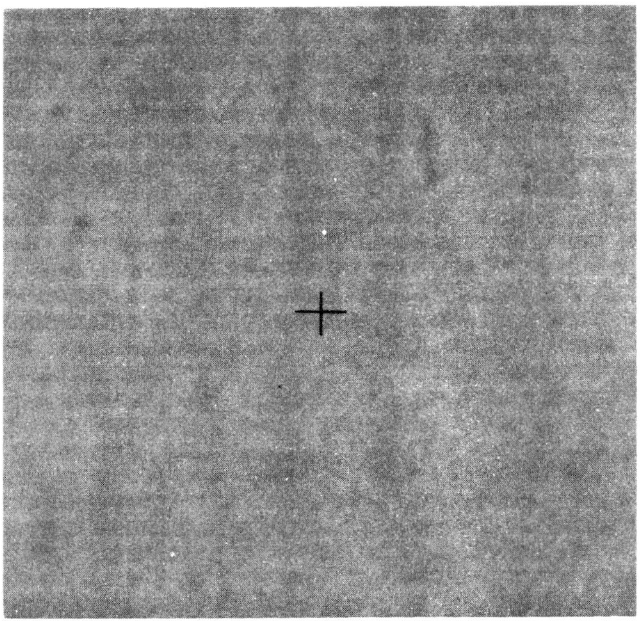

Bild 81. Gleichmäßig graues Testfeld.

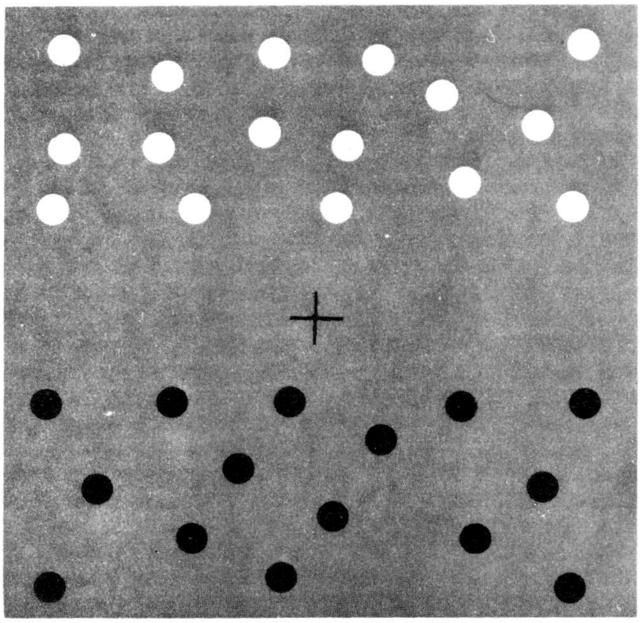

Bild 82. Adaptions-Stimulus zur Gewinnung negativer Nachbilder.

daß diese Zelle für einen bestimmten Stimulustyp - etwa einen dünnen dunklen vertikalen Balken - besonders empfindlich ist, so schließt auch der Psychologe, wenn er entdeckt, daß wir einer Nachwirkung unterliegen, wenn wir einer lang anhaltenden Stimulierung durch ein Bild mit dünnen dunklen vertikalen Balken ausgesetzt werden, daß es eine »Population« von Zellen im visuellen System geben muß, die speziell darauf eingestellt ist, einen solchen Formtypus zu messen. Er hat dieselbe Art von Entdeckung gemacht wie der Physiologe, aber ohne das visuelle System unmittelbar mit einer Mikroelektrode zu berühren. Mit anderen Worten: die Nachwirkungen erlauben dem Psychologen seine eigene Sondierung der frühen Prozesse der visuellen Analyse, wobei die »Sonde« in das visuelle System auf dem indirekten, aber nicht weniger aufschlußreichen Weg der Erforschung bestimmter optischer Täuschungen eindringt. In mancherlei Hinsicht ist dieses indirekte Sondieren wirksamer als das Sondieren mit einer Mikroelektrode, weil es Fakten über ganze Populationen von Zellen enthüllt, die als Einheit zusammenarbeiten, anstatt über nur eine Zelle, die für sich allein funktioniert.

Zu diesem Zeitpunkt ist es ratsam, die typische Vorgehensweise in der dazugehörigen Terminologie einzuführen:

Erstens: die Versuchsperson schaut auf einen Teststimulus (zum Beispiel das graue Feld von Bild **81**) und bemerkt irgendeinen Aspekt seiner Erscheinungsform, wie Helligkeit, Farbe usw. Bei Experimenten wird, im Unterschied zu bloßen Demonstrationen, die fragliche wahrgenommene Eigenschaft mit Hilfe *psychophysischer* Techniken gemessen. (*Psychophysik* ist die Tätigkeit des Messens von Beziehungen zwischen den wahrgenommenen und den tatsächlichen Attributen von Stimuli; griechisch *»psyche«*: Geist, Seele; *»physikos«:* die Natur betreffend.)

Zweitens: die Versuchsperson fixiert einen *Adaptionsstimulus* über einen Zeitraum, den sogenannten *Adaptionszeitraum,* hinweg, um Ermüdung oder irgendeine andere Adaptionsstörung in den fraglichen Sinnesmechanismen zu erzeugen.

Drittens: die Versuchsperson kehrt zum *ursprünglichen Teststimulus* zurück und betrachtet seine Erscheinung ein weiteres Mal. Auch hier wird bei formellen Experimenten die fragliche Wahrnehmungseigenschaft nochmals gemessen.

Diese Abfolge wird als *»Test-Adaption-Test«* -Zyklus bezeichnet. Die Adaptionswirkung wird als Veränderung in der Erscheinung des Teststimulus vor und nach den Adaptionsleistungen festgehalten (oder gemessen).

Gitterstimuli

Der im Laufe der letzten 15 Jahre vielleicht am häufigsten in der Psychophysik verwendete Stimulustyp war das Gitter. Ein Gitter besteht einfach aus einer Menge sich wiederholender Linienelemente. Die Linienelemente können in ihrer Richtung, der Breite, der Schärfe ihrer Ränder und in ihrem Kontrast variieren.

Um mit dem *Kontrast* zu beginnen: Wenn ein Gitter sehr dunkle schwarze und sehr helle weiße Linien hat (das oberste Gitter von Bild **83**), dann hat es einen hohen Kontrast. Wenn umgekehrt die »schwarzen« Linien nicht sehr dunkel sind und das Licht mit fast der gleichen Intensität reflektieren wie die nicht sehr hellen »weißen« Linien (siehe das unterste Gitter von Bild **83**), dann sagt man, daß das Gitter einen niedrigen Kontrast hat; und natürlich sind auch dazwischenliegende Kontraste möglich (siehe das mittlere Gitter von Bild **83**). Jedes Gitter aus der Serie von Bild **83** hat ein *Leuchtdichteprofil*, das heißt, eine Kurve, die darstellt, wie sich die Intensität des reflektierten Lichtes über die Oberfläche des Gitters hinweg verändert. Diese Profile tragen dazu bei, klarzustellen, was mit Kontrast gemeint ist.

Beachten Sie, daß trotz der Kontrastveränderung von hoch zu niedrig die gesamte Lichtmenge, die in Bild **83** von jedem Gitter reflektiert wird, durchwegs dieselbe bleibt. Das heißt, wenn das ganze Licht des obersten Gitters irgendwie gesammelt und seine Intensität mit einer Fotozelle gemessen würde, und wenn man dann diese Messung mit einer entsprechenden Messung des Gitters mit niedrigerem Kontrast vergleicht, dann wären die beiden Meßergebnisse identisch. Einen höheren Kontrast erhält man also nicht, indem man die absolute Menge des Lichts erhöht, die von der Buchseite reflektiert wird. Vielmehr wird der Kontrast dadurch erhöht, daß man die absolute Menge des Lichts »zusammenpackt«, um »weißere« Regionen zu schaffen, was auf Kosten der dunklen Streifen geht, die dann »schwärzer« werden. Die *durchschnittliche Leuchtdichte* eines jeden Gitters in Bild **83** ist also identisch (wenn man von Ungleichmäßigkeiten im Druck absieht), obwohl der Kontrastunterschied zwischen den verschiedenen Gittern enorm ist.

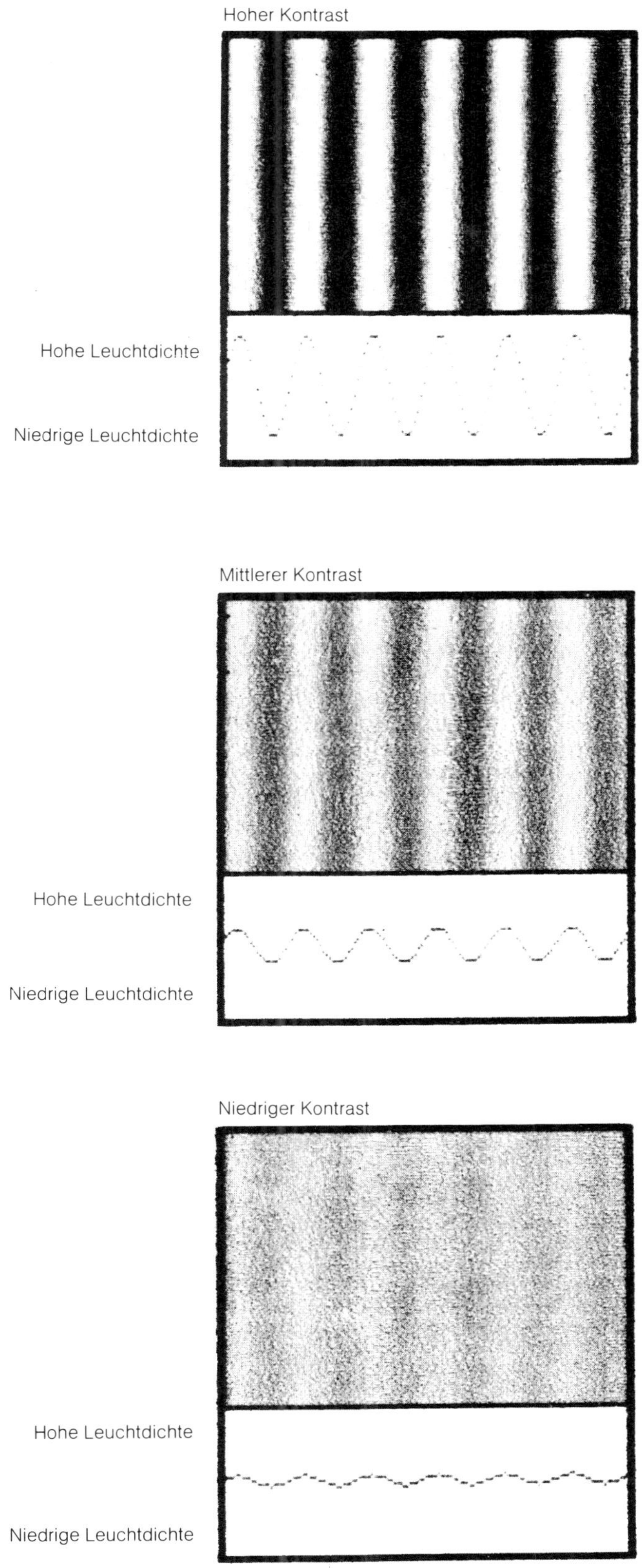

Bild 83. Gitter mit variierenden Kontrasten. Für technisch interessierte Leser sei angemerkt, daß bei Gittern mit solchen Leuchtdichte-Profilen (die ihrer Form wegen als Sinusschwingungs-Gitter bezeichnet werden) der Kontrast durch die Formel (Maximale Leuchtdichte – Minimale Leuchtdichte) – (Maximale Leuchtdichte + Minimale Leuchtdichte) definiert ist, die eine Zahl hervorbringt, die von 1 (sehr hoher Kontrast) zu 0 (Null-Kontrast, das heißt keine Gitter vorhanden) variiert.

Kontrastschwellen bei Gittern

Die Gitter von Bild **83** unterscheiden sich im Kontrast und deshalb in ihrer Sichtbarkeit. Wenn man die Reihe vom hohen zum niedrigen Kontrast am niedrigen Ende weiter fortführen würde (was in dieser gedruckten Illustration schwierig wäre; deshalb auch die beschränkte Anzahl in Bild **83**), dann würde es immer komplizierter, die Gitter zu entdecken, und schließlich würde man einen Punkt erreichen, wo ein sehr niedrig kontrastiertes Gitter überhaupt nicht mehr zu sehen wäre. Das heißt, das sehr niedrig kontrastierte Gitter würde sich nicht von einem gleichmäßig grauen Feld unterscheiden, und man würde es technisch als »unter der *Kontrastschwelle* liegend« bezeichnen. Der Ausdruck »Schwelle« ist sinnvoll, weil er einen Schritt anzeigt - das wäre in diesem Falle der Kontrastwert, der den Schritt zwischen Erkennen und Nicht-Erkennen markiert. Kontraste unterhalb der Schwelle lassen den Beobachter nur gleichmäßiges Grau sehen; Kontraste oberhalb der Schwelle werden als Gitter wahrgenommen. Kontraste unmittelbar über der Schwelle erzeugen ein Gitter von niedrigem sichtbaren Kontrast – ein Gitter von ausgewaschenen grauen Streifen, die gerade noch voneinander in ihrer Intensität unterschieden werden können. Kontraste, die weit über der Schwelle liegen, erzeugen deutlich sichtbare Gitter, die als Ansammlung von schwarzen und weißen Streifen erscheinen.

Kontrastschwellen sind jedoch wie die Schwellen der Sinnesorgane im allgemeinen keine unveränderlichen Stimuluswerte. Das heißt, es gibt niemals einen bestimmten Kontrast, der für alle Gelegenheiten die Grenze zwischen Sehen und Nicht-Sehen fest definiert. Vielmehr wechselt die Fähigkeit eines Beobachters, ein nahe der Schwelle liegendes Gitter zu entdecken, andauernd, sogar, wenn der Kontrast des Gitters selbst genau konstant gehalten wird, so daß der Beobachter es manchmal sieht und ein anderes Mal nicht.

Bild 84. Die Richtungsspezifität der durch Adaption erzeugten Kontrastschwellenerhöhung. Lesen Sie die Einzelheiten im Text nach. Die Apparatur, die von Psychophysikern bei der Erforschung dieser Wirkungen verwendet wird, ist in Bild 86 dargestellt.

Kontrastschwellenerhöhung durch Adaptation

Schauen Sie auf die Kolumne der niedrig kontrastierten Testgitter von Bild **84** aus einer Entfernung von etwa zwei Metern. Sie werden feststellen, daß sie gerade noch sichtbar sind und daß ihre Winkel zwischen der Horizontalen und der Vertikalen variieren. Wenn Sie die Gitter aus dieser Sichtweite nicht unterscheiden können, (d.h. wenn sie unter Ihre Kontrastschwelle fallen), führen Sie das Buch ein wenig näher an sich heran, bis Sie sie gerade sehen können. Adaptieren Sie als nächstes Ihr visuelles System an die vertikalen Linien, indem Sie das hoch kontrastierte vertikale Adaptionsgitter (oben links) etwa eine Minute lang fixieren. Nehmen Sie dieselbe Sichtweite ein wie die, die sie hatten, als Sie die Testgitter fixierten. Erlauben Sie ihrem Blick, während dieser einminütigen Fixierungszeit innerhalb des Kreises umherzuwandern, der auf dem Adaptionsgitter eingezeichnet ist. Dies ist eine wichtige Vorsichtsmaßnahme, die die Entstehung eines Nachbildes gleich dem auf Bild **82** dargestellten verhindert.

Wenn schließlich die ganze Adaptionsminute abgelaufen ist, schauen Sie schnell zurück zur Spalte der Testgitter. Sie werden bemerken (wenn alles richtig gelaufen ist!), daß das vertikale Testgitter nicht mehr sichtbar ist. Alles, was man von diesem Teststimulus sehen kann, ist der Eindruck einer einfarbigen grauen Fläche. Beachten Sie aber andererseits, daß das horizontale Testgitter (unten in der Spalte) nach der Adaptionsminute noch sichtbar bleibt. Das heißt, es kann nach der Adaption genauso entdeckt werden wie vorher. Betrachten Sie die Testgitter mit den Zwischenrichtungen von oben bis unten und versuchen Sie zu entscheiden, ob sie nach der Adaption sichtbar bleiben oder nicht. Mit einiger Aufmerksamkeit werden Sie bemerken, daß der Adaptionszustand nach einigen Sekunden verschwindet. Kehren Sie deshalb immer wieder zum vertikalen Adaptionsgitter zurück, um ihn durch Adaptionszeiträume von jeweils mindestens 15 Sekunden sozusagen wieder aufzufrischen.

Was hat uns dieser Ablauf gezeigt? Am wichtigsten ist, daß der Zeitraum der Adaption an das vertikale hochkontrastierte Gitter Ihre Kontrastschwelle für das Sehen vertikaler Streifen erhöht hat. Das heißt, daß vertikale Streifen, die Sie vor der Adaption sehen konnten, wenn es auch niedrigkontrastierte waren, die Ihre Kontrastschwelle vor der Adaption gerade überstiegen, nach der Adaption nicht mehr gesehen werden konnten. Es ist, als ob Ihr visuelles System während der Adaptionsperiode »ausgeleiert« worden wäre, und später, als es aufgefordert wurde, ein niedrig kontrastiertes Gitter zu sehen, dazu einfach nicht mehr in der Lage war. Es war ermüdet. Außerdem *beschränkte* sich diese Ermüdung *nur auf vertikale Streifen.* Andere Gitter aus der Testserie von Bild **84** konnten nach der *Adaption* genausogut gesehen werden wie vorher (obwohl die Sichtbarkeit des 67,5° - Gitters bei einigen Lesern nach der Adaptation vielleicht etwas gelitten hat: sehen Sie später, besonders Bild **90**). Dieses Phänomen wird als *richtungsspezifische* Erhöhung der Kontrastschwelle bezeichnet.

Sie sollten sich überzeugen, daß diese Richtungsspezifizierung der Nachwirkungen auch für andere Adaptationsrichtungen außer der Vertikalen gilt. Adaptieren Sie sich beispielsweise an das hoch kontrastierte 45°-Gitter, das in Bild **84** gezeigt wird, und Sie werden bemerken, daß das niedrig kontrastierte Testgitter mit 45° nach der Adaptation vorübergehend unsichtbar wird, während die anderen Testgitter ralativ unbeeinflußt bleiben. Versuchen Sie dasselbe mit dem horizontalen, hoch kontrastierten Gitter und Sie werden bemerken, daß sich die Nachwirkung jetzt auf das horizontale Testgitter beschränkt. Lassen Sie sich einige Minuten Zeit zwischen dem Wechsel der Adaptionsstimuli, so daß sich die Wirkungen der Adaptation an die Vertikale verflüchtigen können, bevor Sie von einer Adaptation zur anderen übergehen.

Breitenspezifische Erhöhung der Kontrastschwellen

Die eben beschriebene Abfolge von richtungsspezifischer Adaption kann durch eine ähnliche Abfolge von breitenspezifischer Adaption weitergeführt werden. Schauen Sie auf die Spalte mit den Testgittern von Bild **85** und beachten Sie, daß sie alle einen niedrigen Kontrast haben und daß sie in der Breite der Streifen, aus denen jedes einzelne Gitter besteht, variieren. Blicken Sie auf die Gitter wie zuvor aus einer Entfernung von etwa zwei Metern und bleiben Sie durchgehend bei dieser Distanz. Adaptieren Sie als nächstes Ihr visuelles System an das Gitter der dünnen Linien, das sich oben in der Spalte der Adaptionsgitter befindet. Erlauben Sie Ihrem Blick wiederum, in dem Kreis auf diesem Gitter herumzuwandern, damit ein normales Nachbild verhindert wird. Blicken Sie nach einer Minute Adaptionszeit schnell auf das Gitter daneben, dessen Streifen die gleiche Breite haben und Sie werden feststellen, daß diese Streifen für einige wenige Augenblicke unsichtbar sind. Frischen Sie Ihren Adaptationszustand auf, indem Sie von neuem das hoch kontrastierte Gitter für weitere 15 Sekunden ins Auge fassen und schauen Sie dann auf die anderen Testgitter. Diese Gitter werden durch die Adaptationszeit an das dünn gestreifte Gitter nicht beeinflußt, ihre Linien bleiben auch nach der Adaptation noch sichtbar. Dies ist also wieder eine spezifische Nachwirkung, diesmal speziell für die Breite der Linien des Gitters.

Prüfen Sie nach, daß diese Spezifizierung auch auf andere Adaptionsbreiten zutrifft, indem Sie den Adaption-Test-Zyklus mit den anderen Adaptationsgittern von Bild **85** durchlaufen. Befolgen Sie durchgehend dieselben Richtlinien bezüglich der Entfernung, der Länge der Adaptationszeit, der Wiederherstellung des Adaptationszustandes usw. Sie müßten jedesmal zu dem Ergebnis kommen, daß die durch die Adaptation verminderte Empfindlichkeit auf die Stimuli beschränkt ist, die dieselbe Breite haben wie die, die für die Adaptation verwendet werden.

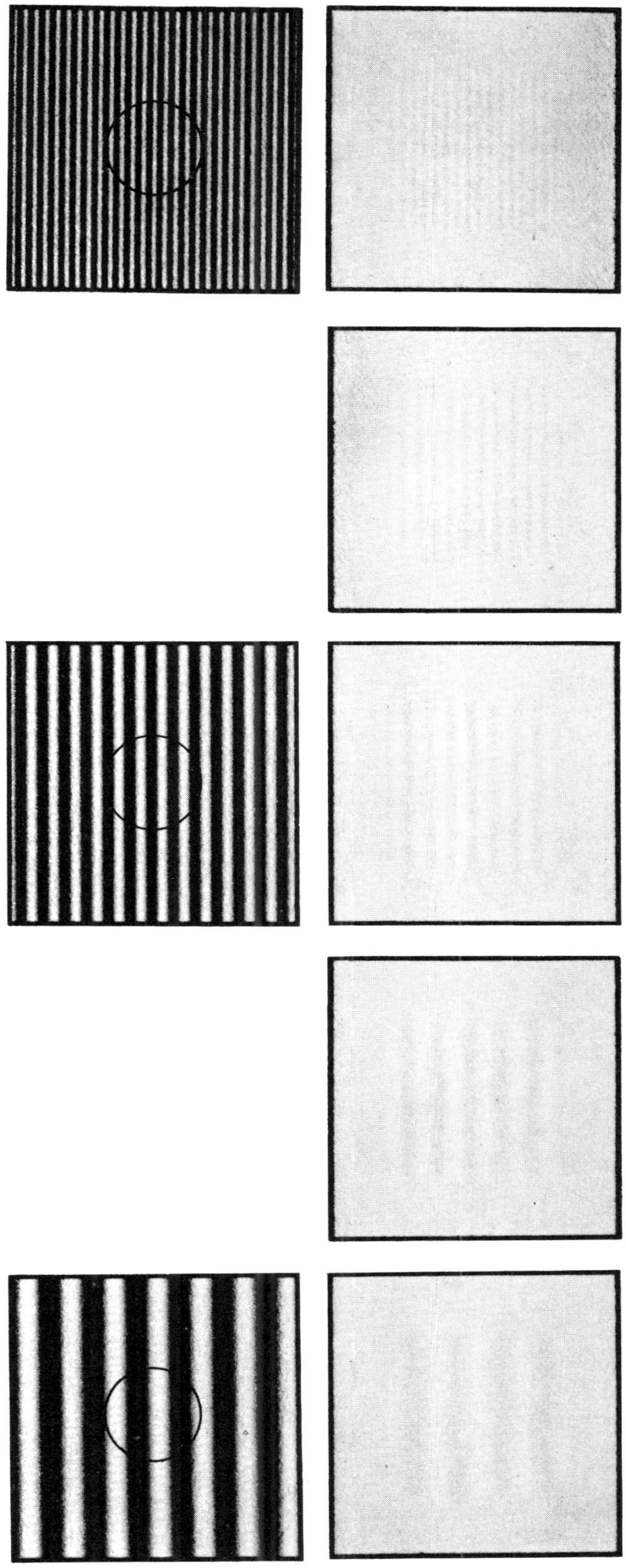

Bild 85. Die Linienbreitenspezifität der durch Adaption erzeugten Kontrastschwellenerhöhung. Lesen Sie die Einzelheiten im Text nach.

Zur Vermittlung von Psychologie und Physiologie mit Hilfe der Nachwirkungen

Sie haben inzwischen wahrscheinlich erraten, warum Gitterstimuli in diesem Kapitel eine so hervorragende Rol-

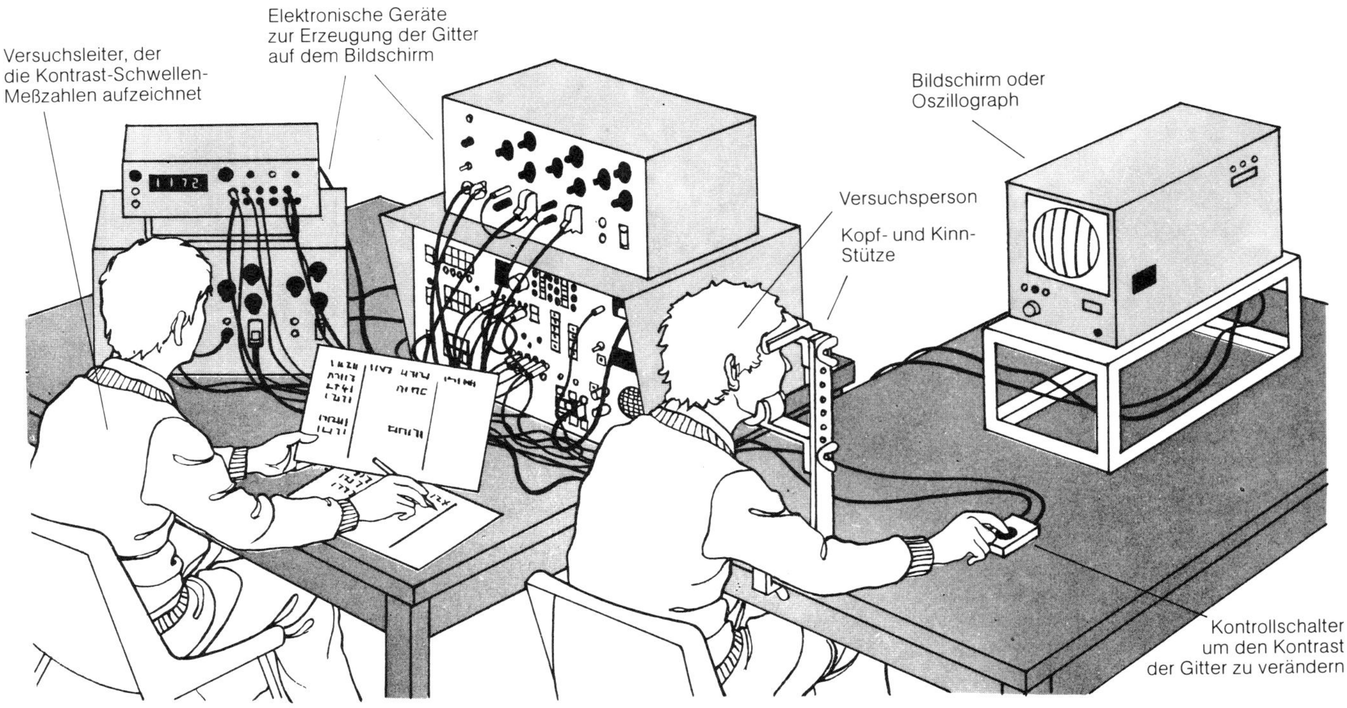

Bild 86. Vereinfachte Versuchsanordnung, um die Kontrastempfindlichkeit zu messen. Diese Geräte ermöglichen es, dem Versuchsleiter, in den Kopf der Versuchsperson »hineinzuschauen« und zu messen, was die Versuchsperson sieht. Die Versuchsperson betätigt einen Schalter, um den Kontrast des Gitters auf dem Bildschirm einzustellen, ohne seine durchschnittliche Leuchtdichte zu verändern. Sie wird aufgefordert, das Gitter so einzustellen, daß es gerade noch sichtbar ist, auf diese Weise wird ihre Kontrast-Schwelle gemessen.

le eingenommen haben. Gitter liefern geeignetes Anschauungsmaterial für Linienstimuli, die sich in ihrer Richtung und Breite unterscheiden. Und diese beiden Stimulusmerkmale gehören natürlich zu denen, die für die Bestimmung der optimalen Stimuli gewisser Neurone im visuellen System des Gehirns sehr wichtig sind, wie aus Kapitel 3 hervorgeht. Sie werden sich zweifellos erinnern, daß einige Neuronen der Sehrinde durch dünne vertikale Linien am stärksten erregt wurden, andere durch horizontale dünne Linien, wieder andere durch schräge breite Linien und so weiter, und dies alles in einer großen Skala verschiedener Kombinationen (blättern Sie zurück zu Bild **57**, falls Sie Zweifel haben sollten). So wird also jeder beliebige Gitterstimulus der Art, wie er auf Bild **84** und **85** gezeigt wird, eine jeweils verschiedene Population von Sehrindenneuronen optimal stimulieren. Jedes Gitter ist groß genug, um auf viele Hyperfelder zu fallen, und auf diese Weise werden Zellen in vielen Hyperkolumnen durch nur ein Gitter stimuliert. Aber alle optimal stimulierten Zellen werden demselben Typ angehören. Jedes Gitter ist deshalb ein wirkungsvoller Sondierungsstimulus, um eine beschränkte Anzahl von Zellen eines bestimmten Typs zu erregen. Und ein Zeitraum der Adaption an ein hoch kontrastiertes Gitter wird eine länger anhaltende Aktivität in dieser erregten Population verursachen.

Es stellt sich nun heraus, daß Gehirnzellen ermüden, wenn sie über einen langen Zeitraum hinweg ständig erregt werden. Das heißt, sie reagieren am Ende einer Aktivitätsperiode weniger gut als am Anfang (dieser Empfindlichkeitsverlust ist vielleicht in Wirklichkeit auf den Aufbau einer Hemmung zurückzuführen). In dieser Hinsicht sind sie

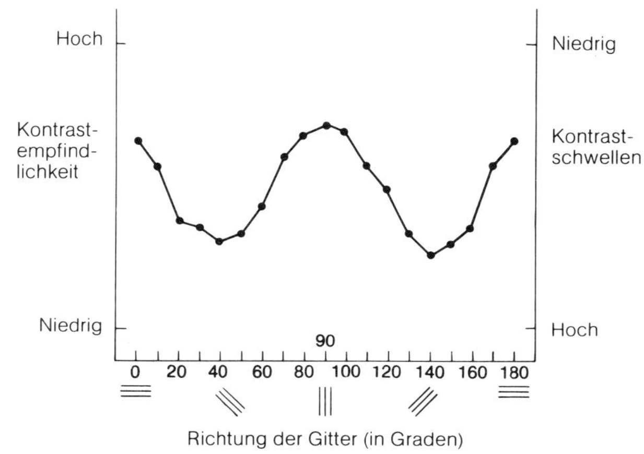

Bild 87. Graphische Darstellung der Veränderungen der Kontrast-Empfindlichkeit im Zusammenhang mit der Richtung eines Gitter-Stimulus (imaginäre aber repräsentative Daten). Technisch wird Empfindlichkeit als reziproker Wert der Schwelle definiert.

allen anderen Körperzellen ähnlich: man kann sich vorstellen, daß eine Zelle, die eine ganze Minute lang ständig ihrem optimalen Stimulus ausgesetzt ist, sich in einer ähnlichen Lage befindet wie die Muskelzelle eines Armes, der ein schweres Gewicht eine ganze Minute lang hochhalten muß. Sehr bald wird die Muskelzelle müde, mit allen darausfolgenden Konsequenzen für die Gesamtleistung des Armes. Diese Analogie scheint für Neuronen der gestreiften Hirnrinde recht gut zuzutreffen. Wenn sie veranlaßt werden, für längere Zeit sehr aktiv zu sein, werden sie »müde«.

Wenn Neuronen, die durch ein gegebenes Adaptionsgitter optimal stimuliert werden, durch ihre ständige Aktivität während der Adaptationszeit ermüden, dann ist es kaum erstaunlich, daß sie nicht reagieren, wenn sie später mit einem sehr schwachen Stimulus, also mit einem niedrig kontrastierten Gitter ihres Typs, konfrontiert werden. Und wenn es ihnen nicht gelingt, den schwachen Stimulus zu »bemerken«, dann wird es der Versuchsperson auch nicht gelingen, ihn zu sehen. Die notwendigen Messungsleistungen, die normalerweise durch die ermüdeten Neuronen geliefert werden, um zu den angemessenen Formbeschreibungen zu gelangen, sind für eine kurze Zeit nach der Anpassung einfach nicht vorhanden. Bis die entsprechenden Zellen sich erholt haben, wird kein niedrig kontrastiertes Gitter nahe der Schwelle vor der Adaption entdeckt werden.

Wir sind nun in der Lage zu verstehen, warum die Erhöhung der Kontrastschwelle, die durch die Adaption verursacht wird, für denjenigen *Gittertyp spezifisch* ist, der für die Adaption verwendet wird. Da Sehrindenneuronen auf ganz bestimmte Linienrichtungen und -breiten eingestellt sind, wird sich die Wirkung des Adaptionszeitraums nur auf einige Zellen erstrecken, auf andere wieder nicht. Die letzteren werden also niedrig kontrastierte Gitter auch nach der Adaption entdecken, auch wenn die ermüdeten Zellen das nicht tun. Von daher die beobachtete Selektivität der Nachwirkungen.

Dieses präzise Zusammenspiel zwischen bekannten neurophysiologischen Entdeckungen einerseits und psychophysikalisch gemessenen Wirkungen andererseits hat in den vergangenen zwanzig Jahren eine ungeheure Zahl von Experimenten in psychologischen und physiologischen Laboratorien angeregt. Es sind tatsächlich Hunderte von Studien publiziert worden, von denen jede einen neuen Beitrag lieferte, oder ein zusätzliches Detail, zum Beispiel darüber, wie die Einstellung der für die Richtung zuständigen Sehrindenzellen mit der Richtungsspezifizierung der wahrgenommenen Nachwirkung in Verbindung steht. Das gesamte Wissen, das in diesem Buch steckt, spiegelt eine sehr intime Beziehung zwischen den beiden Vorgehensweisen wieder: die psychologischen und physiologischen Erkenntnisse ergänzen einander so gut, daß es kaum zu bezweifeln ist, daß beide Forschungsrichtungen dieselben Mechanismen erschließen. Natürlich ist bei jeder einzelnen Interpretation Sorgfalt geboten. Wenn man eine Ähnlichkeit zwischen physiologischen und psychologischen Ergebnissen findet, so ist das noch kein zwingender Beweis dafür, daß die letzteren tatsächlich unmittelbar von den Mechanismen herrühren, die durch die ersteren enthüllt worden sind. Aber trotz alledem ist die Verwendung von Nachwirkungen als psychophysikalische Sonde, um die Mikroelektrodensonde des Neurophysiologischen zu ergänzen, eine der großen Leistungen der Psychophysik.

Kontrastempfindlichkeit und Richtung

Die Kurve von Bild **87** zeigt die Ergebnisse eines imaginären Experiments, das mit einer psychophysikalischen Standardausrüstung, wie sie auf Bild **86** dargestellt ist, durchgeführt wurde. Es zeigt, wie unsere Kontrastempfindlichkeit entsprechend der Richtung des Gitters variiert. Beachten Sie, daß eine hohe Empfindlichkeit (linke vertikale Achse) einer niedrigen Kontrastschwelle (rechte vertikale Achse) entspricht und umgekehrt: wenn zum Beispiel die Versuchsperson eine sehr niedrige Kontrastschwelle für ein Gitter hatte, hieß das, daß sie das Gitter sehen konnte, wenn es in einem sehr schwachen Kontrast gehalten war, so daß man sinnvollerweise sagen kann, daß sie sehr empfindlich dafür war.

Die in Bild **87** dargestellten Daten beruhen auf tatsächlichen Daten, die aber für unsere Zwecke etwas vereinfacht und erweitert wurden. Die Kurve zeigt, daß die Versuchsperson für vertikale und horizontale Gitter am empfindlichsten war, und am wenigsten empfindlich für schräge. Das heißt, sie benötigte wesentlich mehr Kontrast, um ein schräges Gitter zu sehen, als dafür, ein vertikales oder horizontales zu entdecken.

Der besondere Charakter von vertikalen und horizontalen Stimuli wird bei der psychophysikalischen Forschung sehr häufig beobachtet. Es wurden verschiedene Hypothesen aufgestellt, warum dies wohl so sei, und diese Hypothesen reichten von optischen Faktoren, die mit dem Linsensystem des Auges zu tun haben (eigentlich eine unwahrscheinliche Basis, zumindest, um alle Wirkungen zu erklären) bis zu strukturellen neurophysiologischen Ursachen. Dieser letzte Typ von Hypothese weist darauf hin, daß der Hyperkolumnenapparat, der im letzten Kapitel beschrieben wurde, irgendwie besonders darauf spezialisiert ist, sich mit vertikalen und horizontalen Richtungen zu befassen. Aber wie diese Spezialisierung im Aufbau angelegt ist, bleibt ungewiß. Eine Möglichkeit ist, daß vertikale und horizontale Richtungsdetektoren feiner eingestellt sind als die, die auf schräge Richtungen bezogen sind. Alternativ oder zusätzlich dazu befassen sich vielleicht etwas mehr Neuronen mit Winkeln nahe der Vertikalen und Horizontalen; eine gesteigerte Dichte, die unsere Fähigkeit, diese Richtungen zu entdecken und uns mit ihnen zu befassen, erhöhen könnte: aber die Neurophysiologen haben bis jetzt noch keinen Beweis für diese hypothetisch angenommene gesteigerte Dichte bei ihren Versuchstieren entdeckt. Ohne eine vollständige Einschätzung dieser und anderer Möglichkeiten unternehmen zu wollen, möchten wir darauf hinweisen, daß es möglich wäre, daß die Vorliebe unseres visuellen Systems, wie auch immer sie im Nervensystem angelegt sein mag, das Ergebnis einer besonderen Einstellung zu unserer Umwelt ist. Unsere moderne Welt ist beherrscht von horizontalen und vertikalen Linien, was Sie leicht bestätigen können, wenn Sie sich in irgendeinem Raum oder jeder typischen Stadtlandschaft umsehen. Ist es möglich, daß das visuelle System von dieser Umwelttatsache irgendwie Notiz nimmt und sich entsprechend spezialisiert?

Beweismaterial zugunsten dieser Hypothese kommt von einem Experiment, das von Blakemore und Cooper durchgeführt wurde. Sie haben gezeigt, daß zumindest bei Katzen die frühe visuelle Erfahrung eine wichtige Rolle in der Entwicklung der gestreiften Hirnrinde spielen kann. Sie zo-

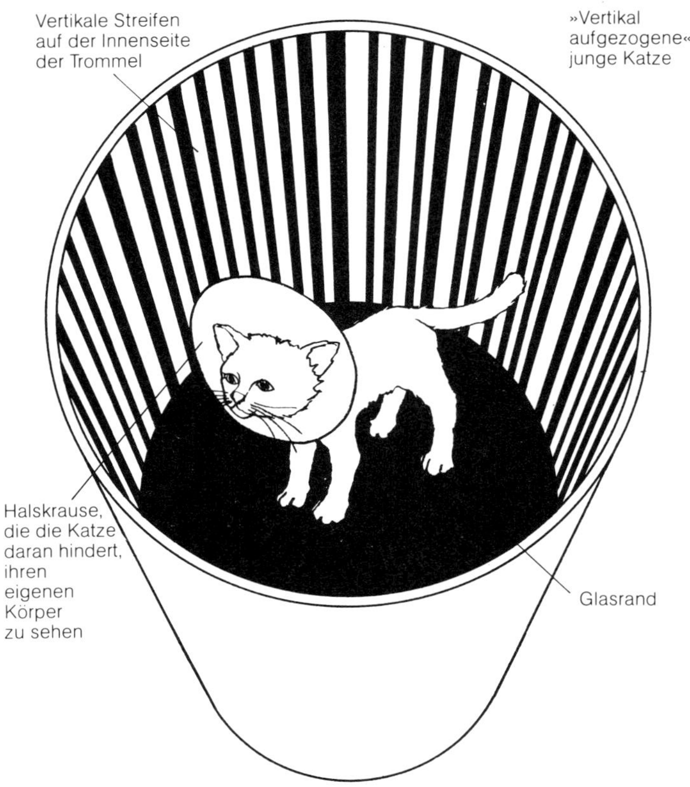

Bild 88. Blakemore und Coopers Experiment.

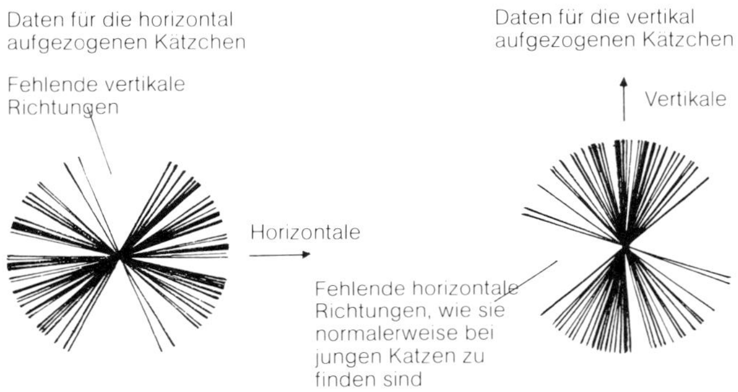

Bild 89. Jede Linie stellt die optimale Richtung einer gestreiften Zelle dar, die bei der neurophysiologischen Untersuchung beider Arten von jungen Katzen in Blakemore und Coopers Experiment gefunden wurde. Die vertikal aufgezogenen Kätzchen (siehe Bild 88) hatten nur Zellen, die auf die Vertikale eingestellt waren, und die horizontal aufgezogenen Kätzchen hatten nur Zellen, die auf die Horizontale eingestellt waren.

gen junge Katzen in fast vollständiger Dunkelheit auf, und setzten sie jeden Tag nur für eine begrenzte Zeit einer besonderen visuellen Umgebung aus. Einige Kätzchen wurden nur horizontalen Streifen ausgesetzt, andere nur vertikalen Streifen. Dies wurde dadurch erreicht, daß man die Kätzchen in einen Zylinder setzte, dessen Innenseite so gemustert war, um die benötigte Stimulation zu vermitteln (siehe Bild **88**). Die Kätzchen mußten eine Halskrause tragen, damit sichergestellt war, daß sie nicht einmal ihren eigenen Körper sehen konnten, so sorgfältig grenzten Blakemore und Cooper die visuelle Erfahrung auf entweder vertikale oder horizontale Linien ein. Darauffolgende neurophysiologische Untersuchungen des Gehirns der jungen Katzen zeigten, daß die »vertikal« aufgezogenen von ihnen nur vertikal eingestellte Sehrindenneuronen besaßen, und die »horizontal« aufgezogenen nur horizontal eingestellte (siehe Bild **89**). Mit anderen Worten, es scheint, als ob die merkwürdigen optischen Umgebungen, in denen die Kätzchen aufgezogen wurden, eine dramatische Wirkung auf die Entwicklung ihres visuellen Cortex gehabt hätten.

Darauffolgende Arbeiten haben gezeigt, daß diese Einstellungswirkung durch die Umgebung nicht immer leicht herzustellen ist, und die Gründe dafür sind noch nicht so klar. Aber die Erforschung der Rolle, die die frühe visuelle Erfahrung bei der Enwicklung der visuellen Mechanismen spielt, ist gegenwärtig sehr aktiviert, und wir können erwarten, daß in den nächsten Jahren sowohl dieser merkwürdige Tatbestand erklärt werden wird, als auch neue wichtige Entdeckungen hinzugefügt werden. Die Schlüsselfrage lautet: in welchem Ausmaß ist das visuelle System durch die Entfaltung genetisch festgelegter Wachstumsprozesse in den ersten Lebenswochen vorstrukturiert, und in welchem Ausmaß werden genetisch festgelegte Strukturen »angepaßt«, um sich mit bestimmten visuellen Umgebungen, auf die sie treffen, zu befassen? Verschiedene Forscher haben verschiedene Ansichten über die Frage der sogenannten *visuellen Plastizität*, und die Antworten werden sicherlich bei verschiedenen Tieren verschieden ausfallen. Einige Tiere werden mit geschlossenen Augen geboren (zum Beispiel Katzen) und haben eine vergleichsweise langsame visuelle Entwicklung, die einige Wochen nach der Geburt am lebhaftesten zu sein scheint (ungefähr um die fünfte Lebenswoche bei Katzen). Andere Tiere (zum Beispiel Lämmer) werden in einem Zustand hoher Bereitschaft, sich mit ihrer Umgebung zu befassen, geboren, die sie befähigt, vor Raubtieren weglaufen zu können, und diese anscheinend »auf den ersten Blick« zu erkennen. Es läßt sich darüber streiten, wo der Mensch in dieser Reihe einzuordnen ist, aber es gibt keinen Zweifel, daß Kleinkinder ihre visuelle Fähigkeiten in den ersten Lebenswochen verbessern, und daß es sie für das ganze Leben schädigen kann, wenn sie unter bestimmten Anomalien der Augen leiden. Zum Beispiel folgt angeborenem Schielen fast mit Sicherheit eine lebenslange Unfähigkeit, einen binokularen (beidäugigen) Tiefeneindruck zu entwickeln, wenn es jahrelang unkorrigiert bleibt (siehe Kapitel 7). Entdeckungen über die Rolle der frühen visuellen Erfahrung bei Tieren beeinflussen sehr stark die Art, wie Fachärzte für Augenkrankheiten (und andere), die mit dem Sehen von Kindern zu tun haben, sich die wirksamste Behandlung von Augenleiden vorstellen. Der allgemeine Anstoß, der aus der Tierforschung kommt, läuft darauf hinaus, eine frühe Behandlung anzustreben, die, solange das visuelle System noch in einem ausreichend flexiblen oder »plastischen« Entwicklungsstand ist, am vielversprechendsten ist.

Bevor wir die Frage, warum vertikale und horizontale Linienstimuli vom visuellen System bevorzugt werden, verlassen, möchte ich darauf hinweisen, daß nicht alle Rassen diese Wirkung gleichermaßen aufzuweisen scheinen. Einige Forschungsarbeiten legen zum Beispiel nahe, daß Asiaten, verglichen mit Kaukasiern, kaum einen Unterschied zwischen vertikalen/horizontalen und schrägen Linien zei-

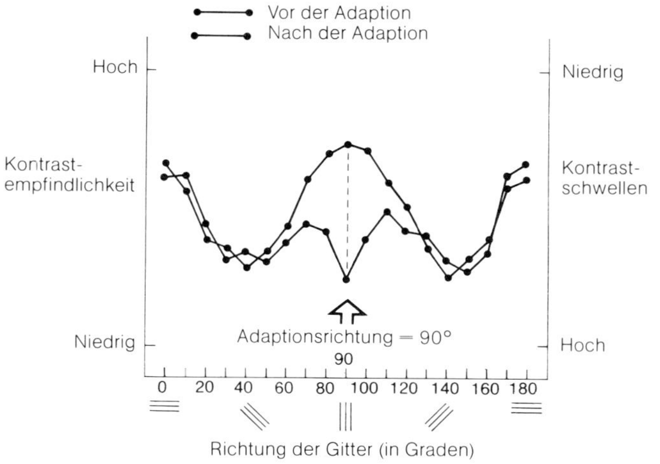

Bild 90. Kontrastempfindlichkeit für Gitter mit wechselnder Richtung vor und nach der Adaption an ein vertikales Gitter (90°).

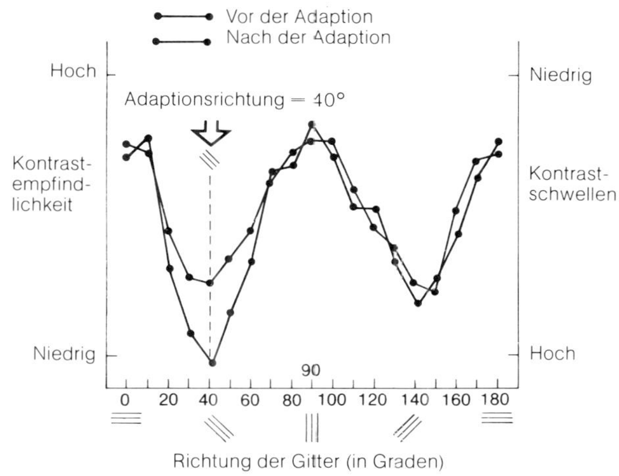

Bild 91. Kontrastempfindlichkeit für Gitter mit wechselnder Richtung vor und nach der Adaption an ein schräges Gitter (40°).

gen, – sogar Asiaten, die in einer westlichen Umgebung aufgewachsen sind, die die vertikalen und horizontalen Formen betont. Folglich kann man eine rein genetische Erklärung dieser Wirkung nicht ausschließen.

Wir sind also mehr empfindlich für vertikale und horizontale Stimuli als für schräge. Aber wie würde die Kurve von Bild **87** aussehen, wenn ihre Daten nach einer Adaptationszeit an ein hoch kontrastiertes Gitter mit, sagen wir, vertikaler Richtung, gesammelt worden wären?

Dieses Experiment könnte man durchführen, indem man einen zweiten Oszillographen mit einem hoch kontrastierten vertikalen Gitter auf seinem Bildschirm neben den auf Bild **86** gezeigten stellen würde. Die Versuchsperson könnte sich an dieses Gitter adaptieren und dann ihren Blick unmittelbar auf den anderen Oszillographen werfen, der die Teststimuli zeigt, um auf diese Weise die Schwellenmeßwerte nach der Adaption zu sammeln.

Die zu erwartenden Resultate werden in Bild **90** gezeigt. Als erstes bemerkt man, daß die Daten von Bild **87** als Empfindlichkeitskurve vor der Adaption mit eingeschlossen sind. Diese Kurve gibt die Grundlinie der Versuchsperson vor der Adaptation wieder, an der die Wirkungen der Adaption beurteilt werden können. Der nächste und wichtigste Aspekt von Bild **90** ist die Kerbe, die in die nach der Adaptation gewonnene Kurve im Vergleich zu der Kurve vor der Adaptation geschnitten ist. Diese Kerbe ist auf die vertikale Adaptationsrichtung konzentriert. Die Empfindlichkeit für Gitter, die mehr als 20 - 30 ° von der Vertikalen entfernt sind, wird durch die Adaptionszeit kaum beeinflußt: das zeigt sich an der Art, wie die Kurven vor und nach der Adaptation sich bei allen anderen Richtungen, die nicht um die Vertikale liegen, in etwa überlagern. Mit anderen Worten, Bild **90** zeigt eine psychophysikalische Demonstration richtungsspezifischer Adaption, und sie entspricht der Erfahrung, die Sie beim Betrachten von Abbildung **84** selbst machen konnten.

Nehmen wir an, daß die Versuchsperson sich nicht an eine vertikale, sondern statt dessen an eine schräge Richtung von, sagen wir, 40 ° adaptiert hätte. Die Daten würden dann eher denen von Bild **91** ähnlich sehen. Auch diesmal ist zum Vergleich die Empfindlichkeitskurve vor der Adaption eingezeichnet worden, und wieder gibt es eine Adaptionskerbe in der Kurve nach der Adaptation. Diesmal liegt die Kerbe um die 40 °, wie zu erwarten war, da dies die Adaptionsrichtung war. Also haben wir auch hier wieder eine richtungsspezifische Adaption, diesmal bei einer anderen Richtung.

Der Vorteil von Kurven, wie sie in Bild **90** und **91** wiedergegeben werden, besteht darin, daß man die Adaptionswirkungen in allen Einzelheiten und für eine große Skala von Testgitterrichtungen sehen kann. Auf diese Weise kann eine Messung der *Einstellung* der Adaptionswirkung, das heißt, der Skala der davon berührten Testgitterrichtungen, vorgenommen werden. Und es stellt sich heraus, daß die Natur dieser psychophsikalisch beobachteten Richtungseinstellung außerordentlich gut zu der neurophysiologisch beobachteten Richtungseinstellung der Sehrindennervenzellen paßt. Eben diese Art des engen Zusammenspiels zwischen den Daten dieser beiden Methoden hat in den letzten Jahren viel Spannung und eine große Menge miteinander zusammenhängender Forschungsarbeiten verursacht. Wenn Daten wie diejenigen, die in Bild **90** und **91** gezeigt werden, mit einer Kurve für die Richtungseinstellung einer einfachen Zelle (siehe Bild **58**) verglichen werden, ist es nicht erstaunlich, daß die Adaptionsnachwirkungen als die Mikroelektrode des Psychologen bezeichnet worden sind.

Die Kurven von Bild **90** und **91** fanden ihre Erklärung in der verminderten Kontrastempfindlichkeit, die durch die Adaptation verursacht wird. Aber es wäre ebensogut möglich gewesen, sie als erhöhte Kontrastschwellen (verursacht durch Adaption) abzuhandeln. Stellen Sie einfach das Buch auf den Kopf, und Sie werden die Gipfel der erhöhten Kontrastschwellen sehen, die sich wiederum um jede Adaptionsrichtung konzentrieren. Diese Gipfel sind natürlich mit den Kerben identisch. Was das Bild **87** betrifft, so kann man ebenso von Kontrastempfindlichkeit wie von Kontrastschwellen sprechen, wie es eben gerade paßt oder bevorzugt wird.

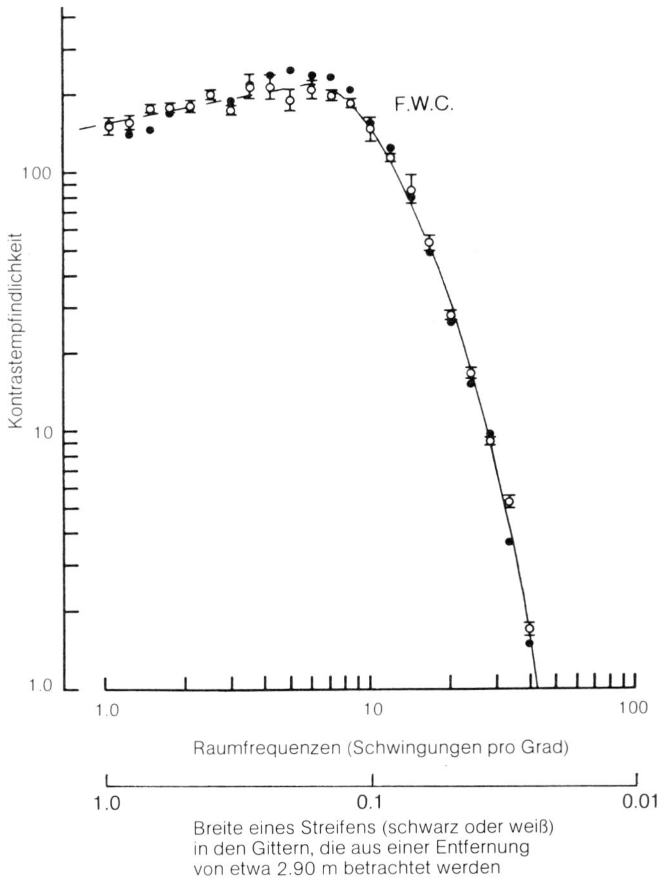

Bild 92. Kontrastempfindlichkeit für Gitter mit wechselnder Linienbreite (die Linienbreiten sind - wie in der Psychophysik üblich - durch Raumfrequenzen ausgedrückt, das heißt durch die Anzahl der schwarz-weißen Schwingungen pro Winkeleinheit des Blickfeldes).

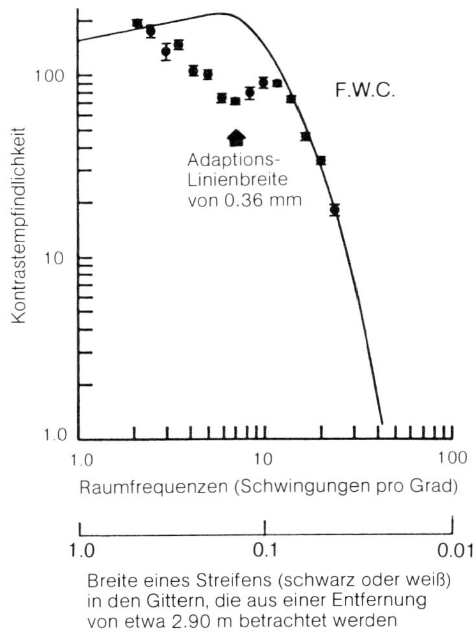

Bild 93. Kontrastempfindlichkeit für Gitter mit wechselnder Linienbreite nach der Adaption an ein Gitter mit einer Linienbreite von etwa 0,35 mm (aus einer Entfernung von etwa 2.90 m betrachtet).

Kontrastempfindlichkeit für die Breite von Gitterlinien

Das Experiment, das oben für die richtungsspezifische Adaption beschrieben wurde, kann ebensogut für Stimuli wiederholt werden, die in der Breite ihrer Gitterlinien (ihrer Größe, wenn Sie so wollen) variieren. Hier würde das Experiment damit beginnen, die Kurve für die Kontrastempfindlichkeit der Versuchsperson für eine große Skala verschiedener Breiten zu ermitteln. Dann würde die Versuchsperson an ein Gitter mit nur einer Linienbreite adaptiert und ihre Kontrastempfindlichkeit für alle Breiten ein zweites Mal gemessen. Aber in diesem Experiment würde die Richtung durchgehend konstant gehalten, da die variable Stimuluseigenschaft, die uns interessiert, lediglich die Linienbreite ist.

Diesmal können wir uns tatsächliche Daten ansehen, die einem klassischen Aufsatz von Colin Blakemore und Fergus Campbell aus dem Jahre 1969 entnommen wurden. So zeigt also Bild **92** Campbells Kurve für Kontrastempfindlichkeit vor der Adaption (seine Initialen sind F. W. C.), und zwar für Gitter mit wechselnder Linienbreite. Die technischen Ausdrücke, die in den Achsenbezeichnungen verwendet werden, brauchen für unsere Zwecke nicht vollständig erklärt zu werden; die zusätzlich angebrachte horizontale Achse zeigt deutlich die vorkommenden Linienbreiten (aber lesen Sie dazu die Bildunterschrift).

Der wichtigste Punkt, der durch Campbells Kontrastempfindlichkeitskurve von Bild **92** illustriert wird, besteht darin, daß Linienbreiten von weniger als 0,25 mm, die aus einer Entfernung von mehr als 2,90 m (114 inches) betrachtet wurden, mehr Kontrast benötigen, um gesehen zu werden als größere Breiten. Mit anderen Worten in dieser Gegend findet eine starke Verminderung der Kontrastempfindlichkeit statt. Die Grenze für diese Verminderung ist bei Breiten von 0,125 mm erreicht. Über diesen Punkt hinaus war Campbell nicht mehr imstande, ein Gitter zu sehen, unabhängig davon, wie hoch der Kontrast war. Deshalb kennzeichnet dieser Punkt die Grenze seiner Sehschärfe. Darüber hinaus kann sein visuelles System die Gitterlinien nicht mehr ausmachen: sie sind unsichtbar für ihn, und er sieht nur mehr einfarbiges Grau. Dies ist die Grenze, für die sich Optiker ineressieren, wenn sie beurteilen, ob eine Person eine Brille braucht, obwohl sie auch noch andere Methoden haben, dies herauszufinden (normalerweise mit Wandtafeln, die Buchstabenreihen abnehmender Größe enthalten, die Person muß die Buchstabenreihen vorlesen, und wenn es ihr nicht mehr gelingt, sie zu entziffern, dann ist die Grenze ihrer Sehschärfe erreicht). In welchem Ausmaß diese Grenze, die in Bild **92** gezeigt wird, durch optische Faktoren bedingt ist (zum Beispiel eine eingeschränkte Fähigkeit der Linsen des Auges, ein scharfes Bild auf die Netzhaut zu werfen) und in welchem Ausmaß sie auf Beschränkungen neurophysiologischer Art zurückzuführen ist, ist eine Frage, die ich beiseite lassen will.

Das visuelle System zeigt auch eine abnehmende Empfindlichkeit für sehr große Linienbreiten, obwohl die Skala der Linienbreiten, die in Bild **92** gezeigt wird, diese Tatsache nicht klar zum Vorschein bringt.

Was passiert mit Campbells Kontrastempfindlichkeitskurve nach der Adaption an ein Gitter mit einer Linienbreite von etwa 0,35 mm (0,14 inches), wieder aus einer Entfernung von etwa 2,90 m betrachtet? Die Ergebnisse eines Experiments dieser Art sind in Bild **93** dargestellt. Die Kurve vor der Adaptation ist als durchgehende Linie gezeichnet: es ist die gleiche Linie, wie die durch die Datenpunkte von Bild **92** gezogene. Die Kerbe der verminderten Empfindlichkeit, die durch die Adaptation verursacht wurde, zeigt sich ganz deutlich in der Kurve nach der Adaptation (stellen Sie sich eine neue Kurve vor, die durch die neuen Datenpunkte gezogen wird), und diese Kerbe konzentriert sich um die Linienbreite der Adaptation. Die Adaptionswirkung ist etwas gestreut, genau wie im Falle der Richtungsexperimente, aber Linienbreiten, die weit genug von derjenigen entfernt sind, die für die Adaptation verwendet wurde, zeigen keine Verminderung der Empfindlichkeit. Hier sehen wir also wieder einmal die spezifische Natur der Adaptation, diesmal bei einer »Linienbreiten-spezifischen« Adaptation.

Die Kippnachwirkung

Bis jetzt haben wir nur die Nachwirkungen der Kontrastschwellenerhöhung, die durch die Adaptation an Gitterstimuli verursacht wird, betrachtet, aber es gibt auch noch andere aufschlußreiche Folgen einer solchen Adaptation. Schauen Sie zum Beispiel auf Bild **94**. Beginnen Sie damit, den Punkt zwischen den beiden mittleren Testgittern zu fixieren (das heißt, ihren Blick unmittelbar darauf zu richten), und beachten Sie, daß die Linien in beiden Gittern vertikal erscheinen. Adaptieren Sie sich als nächstes für etwa 45 Sekunden an die beiden gekippten Gitter. Vermeiden Sie ein normales Nachbild, indem Sie ihrem Blick erlauben, auf dem kurzen horizontalen Balken zwischen den Gittern hin und her zu wandern. Wenn schließlich die Adaptationszeit vorüber ist, werfen Sie Ihren Blick schnell zurück auf die mittleren Testgitter, wobei Sie wiederum den Punkt zwischen ihnen fixieren. Sie müßten jetzt sehen, daß die Testgitter kurzzeitig so erscheinen, als wären sie von ihrer tatsächlichen vertikalen Richtung weggekippt worden. Die Kipptäuschung eines jeden Gitters geht in die dem entsprechenden Adaptationsgitter entgegengesetzte Richtung. Deshalb sehen die vertikalen Testgitter nach der Adaptation wie ein nach links zeigendes Streifenmuster aus, wenn man sie beide zusammen sieht, während die Adaptionsgitter einem nach rechts zeigenden Streifenmuster gleichen. Diese optische Täuschung, die von James Gibson entdeckt wurde und aus ersichtlichen Gründen als Kippnachwirkung bekannt ist, zeigt, daß die Adaption an Linien einer bestimmten Richtung hinterher die wahrge-

Bild 94. Gitter zur Erzeugung der Kipp- und Größennachwirkungen.

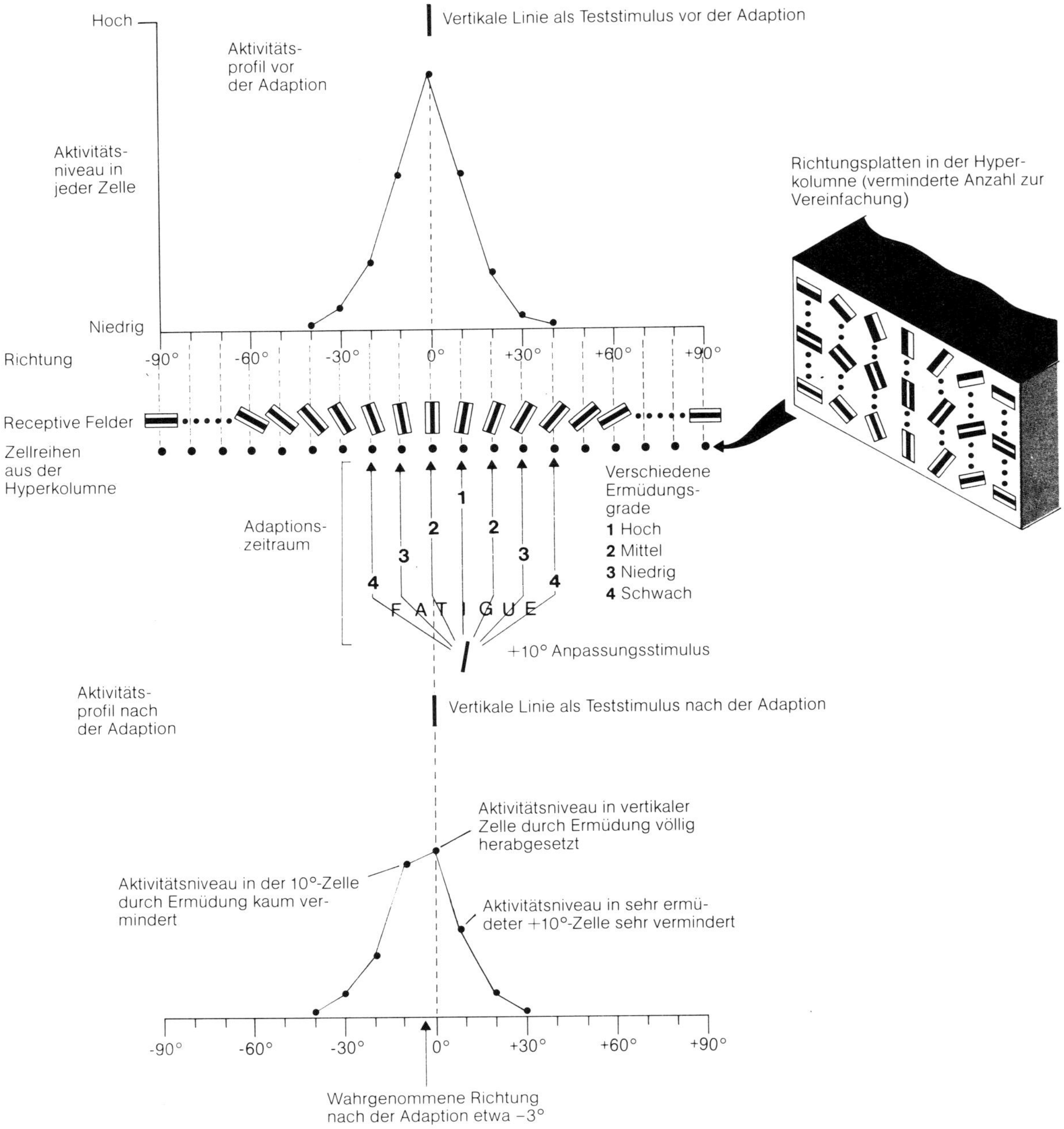

Bild 95. Eine neurophysiologische Theorie der Kippnachwirkung. Erklärung im Text.

nommene Richtung von Linien einer anderen Richtung beeinflussen kann. Das Wesen dieser Wirkung liegt darin, die scheinbare Richtung der Testlinien von der Richtung der Adaptionslinien *weg*zudrehen. Wie kann diese Wirkung am besten erklärt werden?

Es wäre eine höchst plausible neurophysiologische Erklärung, wenn man auf der Basis all dessen, was wir über das visuelle System des Gehirns wissen (siehe Kapitel 3), annehmen würde, daß der Adaptionszeitraum eine Art von Ermüdung bei den Liniendetektoren hervorruft, die dann die darauffolgende Berechnung der wahrgenommenen Richtung der Testlinien stört. Sehen wir uns im einzelnen an, wie dies geschehen könnte.

Wenn Sie zu Kapitel 3 (Bild **69** und **70**) zurückblättern, werden Sie sich erinnern, daß dort vorgeschlagen wurde, daß die Formrichtung durch die Interpretation der *Aktivitätsprofile* von richtungsmäßig eingestellten einfachen Zellen in der Hyperkolumne berechnet werden könnte. Wenn man im gegenwärtigen Fall zur Vereinfachung nur eine Linie anstelle von Gittern betrachtet, so würde ein Aktivitätsprofil, das durch das Anschauen einer einzelnen vertikalen Linie vor der Adaption entstanden ist, so aussehen wie dasjenige, das in der oberen Kurve von Bild **95** gezeigt wird. In dieser Kurve sind die Aktivitäten einer aus einer Hyperkolumne entnommenen Zellreihe dargestellt, wobei jede einzelne Zelle von einer anderen Richtungsplatte stammt. Der Einfachheit halber werden nur die Aktivitäten von Liniendetektoren gezeigt, aber natürlich würden auch andere Zellen in der Hyperkolumne »daherschwatzen« und vermutlich zu der Berechnung der Figurrichtung beitragen.

Die Zellreihen und ihre rezeptiven Felder sind unter der horizontalen Achse der Kurve dargestellt; die eingezeichneten Punkte sind die Aktivitäten dieser Zellen, die durch einen vertikalen Linienteststimulus erzeugt werden.
Der mittlere Abschnitt von Bild **95** zeigt die Ermüdung an, die durch die Adaption an eine Linie, die um 10° im Uhrzeigersinn von der Vertikalen weggedreht wurde, verursacht worden ist. Man muß sich vorstellen, daß dieser Linienstimulus die Ermüdung aufgrund der langanhaltenden Fixierung erzeugt. Sie ist am höchsten bei einem Liniendetektor mit einer optimalen Richtung von 10° im Uhrzeigersinn, da dies die Richtung des Adaptionsstimulus ist, aber auch benachbarte Zellen werden durch die Adaptionslinie stimuliert und erleiden eine gewisse Ermüdung. Es wird eine Ermüdungsskala, die von »hoch« bis »niedrig« reicht, gezeigt, und zwar entsprechend der Entfernung – im Sinne der Richtungseinstellung – der Zellen von der Richtung der Adaptionslinie (+ 10°).
Der unterste Abschnitt von Bild **95** zeigt, was passieren würde, wenn die teilweise ermüdete Reihe von Liniendetektoren wieder mit einem Teststimulus vertikaler Richtung konfrontiert würde. Anstelle eines symmetrischen Profils mit einem Gipfel um die vertikal eingestellte Zelle, würde das Profil nun asymmetrisch sein. Die vertikale Zelle würde immer noch die aktivste sein, obwohl ihre Reaktion durch die Ermüdung verringert wäre, die sie während der Adaptionszeit erlitt. (Erinnern Sie sich, daß sie diese Ermüdung erlitt, obwohl der Adaptionsstimulus nicht vertikal war, da diese Zellen die Eigenschaft haben, für Richtungen, die ihrer optimalen Richtung nahe liegen, ebenso empfindlich zu sein, wie für die optimale selbst). Die nächstaktive Zelle, die beinahe ebenso aktiv ist wie die vertikal eingestellte, ist die optimal auf - 10° eingestellte Zelle. Sie war richtungsmäßig relativ weit vom Adaptionsstimulus entfernt und erlitt deshalb nur ein geringes Maß an Ermüdung. Zellen, die auf Richtungen eingestellt sind, die noch mehr gegen den Uhrzeigersinn von dem Adaptionsstimulus entfernt sind, als die - 10°-Zelle, werden durch Ermüdung fast gar nicht beeinflußt und reagieren genauso wie vor der Adaptation. Aber beachten Sie, daß die Zelle, die auf + 10° eingestellt ist, die meiste Ermüdung von allen erleidet, da sie genau auf die Adaptionsrichtung eingestellt ist, und daß deshalb ihre Reaktion nach der Adaption an die vertikale Linie sehr viel geringer ist.
Das Endergebnis der Adaption besteht dann also darin, daß ein asymmetrisches Aktivitätsprofil als Reaktion auf den vertikalen Teststimulus nach der Adaption erzeugt wird. Und dieses besondere asymmetrische Profil ist genau die Art von Aktivitätsprofil, das unter normalen Umständen durch eine Linie von etwa -3° erzeugt würde.
Demzufolge sollte man also folgende wesentlichen Punkte verstehen: daß die Adaption Ermüdung hervorrief, daß diese Ermüdung in einigen Zellen größer war als in anderen, und daß sie so geartet war, daß sie das Aktivitätsprofil nach der Adaptation in einer Weise geändert hat, die normalerweise nicht durch einen vertikalen Teststimulus erzeugt würde, sondern durch eine Linie, die leicht von der Vertikalen weggedreht ist, und zwar in eine Richtung, die der Adaptionsrichtung entgegengesetzt ist. Von daher die gekippte Nachwirkung. Die in Bild **95** dargelegte Erklärungsweise wurde zum erstenmal im Jahre 1929 von Georg von Békésy erdacht.
Eine merkwürdige Eigenschaft der Kippnachwirkung, mit der sich eine Erklärung im Stil von Békésy auseinandersetzt, ist das sogenannte *Entfernungsparadox:* das Paradox besteht darin, daß die Adaption ihre Wirkung dann zeitigt, wenn wir Teststimuli mit einer Richtung auf *einer der beiden Seiten* der Adaptionsrichtung verwenden, nicht aber, wenn wir einen Teststimulus derselben Richtung wie der Adaptionsrichtung verwenden – sozusagen eine Art Fernsteuerungseffekt. Wenn die Adaptationsrichtung *selbst* als Teststimulus benutzt würde, dann würde ein symmetrisches Aktivitätsprofil entstehen, und es gäbe so auch keine täuschende Verschiebung im Sinne des Kippeffekts. Das heißt, die ganze Aktivitätsverteilung würde durch die Adaptation verringert, aber das Profil der Aktivität würde sich nicht verändern, und damit auch nicht die wahrgenommene Richtung. Nur wenn ein Teststimulus in einem von der Adaptionsrichtung etwas »entfernten« Winkel vorgeführt wird, werden die Wirkungen der Adaptation sozusagen »einseitig«, und erzeugen auf diese Weise das gedrehte Aktivitätsprofil, das die optische Täuschung hervorruft.
Ein Entfernungsparadox ist charakteristisch für Formeigenschaften, von denen es heißt, daß sie durch einen *Ort im Raum codiert* werden. Das heißt, daß Richtungsunterschiede von Neuronen an verschiedenen »Orten« im Gehirn entdeckt werden. Natürlich sind die Unterschiede der tatsächlichen physischen Lage im Gehirn winzig: der wesentliche Punkt dabei ist, daß der Unterschied in der Stimuluseigenschaft durch Aktivität in verschiedenen, aber physisch gleichartigen Bestandteilen wiedergegeben wird. (Ein besserer technischer Ausdruck für diese Art von Codierung wäre vielleicht »Codierung durch Verbindungen«). Bis jetzt hat uns die Neurophysiologie gezeigt, daß die Zellen in einer Reihe von Hyperkolumneneinheiten identisch sind. Jede scheint dieselbe Struktur, die selben Nervenimpulse zu haben usw. Deshalb sind alle Bestandteile der Hyperkolumnenreihe von Bild **95** dem Anschein nach gleich – genauso wie die Schalter in den Detektoranordnungen von Bild **32** (siehe Tafel **2**). Nur die Verbindungen, die sie empfangen, dienen dazu, sie zu unterscheiden, so daß einige durch diese Figurrichtungen, andere durch jene Figurrichtungen »eingeschaltet« werden, usw. Dies ist eine Art der Codierung, die in Computern häufig angewendet wird: alle Transistoren können ihrer elektrischen Bauart nach identisch sein und doch völlig unterschiedliche Funktionen erfüllen.

Die Größennachwirkung

Wenn die neurophysiologische Erklärung der Kippnachwirkung richtig ist, dann beruht diese Wirkung auf einer richtungsspezifischen Anpassung der Liniendetektoren. Nun wissen wir, daß diese Detektoren sich auch um die Linienbreite und Linienrichtung kümmern, und wir wissen weiterhin, daß die linienbreitenspezifische Adaption durch die Technik der Kontrastschwellenerhöhung demonstriert werden kann. Dementsprechend müßte es möglich sein, eine Breitennachwirkung zu erzeugen ähnlich der Kippnachwirkung, indem man eine täuschende Verschiebung der wahrgenommenen Linienbreiten nach der Adaption verursacht. So gingen Colin Blakemore und Peter Sutton gedanklich vor, und sie entdeckten genau diesen Effekt, den sie selbst ausprobieren können, indem sie Bild **94** benutzen.

Fixieren Sie zuerst den Punkt zwischen den beiden mittleren vertikalen Gittern und beachten Sie, daß sie aus Streifen derselben Breite bestehen. Adaptieren Sie als nächstes Ihr visuelles System an die Gitter auf der rechten Seite des Bildes. Erlauben Sie Ihrem Blick, auf dem horizontalen Balken zwischen den oberen (dünnen) Streifen und den unteren (breiten) Streifen hin und her zu wandern. Halten Sie die Adaptionszeit etwa 45 Sekunden durch: Eine noch längere Zeitspanne kann dabei helfen, diese Nachwirkung zu sehen, die nicht so deutlich ist wie die Kippnachwirkung. Schauen Sie nach dem Adaptionszeitraum schnell auf den Punkt zwischen den beiden mittleren Gittern zurück, und wenn alles richtig gelaufen ist, müßten Sie bemerken, daß diese Gitter für kurze Zeit unterschiedlich breit aussehen: das obere Gitter scheint aus dickeren Streifen zusammengesetzt zu sein als das untere Gitter. Erwarten Sie nicht zuviel, die Wirkung ist nicht sehr groß, aber deutlich genug. Man kann hier ganz einfach die gleiche physiologische Überlegung anstellen wie für die Kippnachwirkung, um Blakemore und Suttons sogenannte Größennachwirkung zu erklären. Die Adaption verursacht also eine breitenspezifische Adaptation der Reihen von Hyperkolumnenzellen, die auf die Breiten der Adaptionslinien eingestellt sind (siehe Bild **74**). Später, wenn die Testgitter ein zweites mal angeschaut werden, ist das Aktivitätsprofil in den breitenspezifischen Zellen gestört, so daß die scheinbare Breite der Linien in jedem Test-Gitter von der Breite ihres Adaptionsgitters »wegbewegt« wird. Deshalb erscheint das obere Testgitter breiter und das untere schmaler in der jeweiligen Linienzusammensetzung. Wenn in der Beschriftung der horizontalen Achse von Bild **95** die Richtung durch die Bezeichnungen für die Breite ersetzt wird, dann treffen die Kurven ebenso für die Größennachwirkung wie für die Kippnachwirkung zu.

Die Größen- und Kippnachwirkungen sind in den letzten Jahren oft untersucht worden, wiederum als Mikroelektrode für den Psychologen fungierend. So kann die Einstellung dieser Wirkungen - Grad und Ausmaß ihres Einflusses - durch die Anwendung psychophysikalischer Techniken vollzogen werden, und es können daraus Schlüsse über die wahrscheinliche Einstellung von Richtungs- und/oder-Breitendetektoren beim Menschen gezogen werden.

Bild 96. Spiralenstimulus zur Erzeugung einer starken Bewegungsnachwirkung. Einzelheiten im Text.

Die Bewegungsnachwirkung

In diesem Kapitel wurden bis jetzt vor allem die richtungsspezifischen und breitenspezifischen Nachwirkungen hervorgehoben, da diese sich am unmittelbarsten auf den in Kapitel 3 beschriebenen Hyperkolumnen-Apparat beziehen. Aber die Familie der Nachwirkungen ist groß, und damit nicht fälschlicherweise der gegenteilige Eindruck entsteht, werden wir uns nun einem ganz anderen Beispiel dieser Gattung zuwenden - der *Bewegungsnachwirkung*. Diese Bezeichnung beruht auf der Tatsache, daß, nachdem man für längere Zeit eine Bewegung in eine bestimmte Richtung beobachtet hat, eine unbewegte Szene, die danach betrachtet wird, sich in die Gegenrichtung zu bewegen scheint. Diese Wirkung ist stark und wird in Alltagssituationen oft erfahren. Sie ist allgemein als *»Wasserfall-Phänomen«* bekannt, da sie sich einstellt, wenn man etwa eine Minute lang auf einen Wasserfall blickt, der das entsprechende, sich ständig bewegende Bild bietet. Wenn der Beobachter dann schnell seinen Blick auf eine unbewegte Szene wie etwa das Flußufer wirft, so scheint sich diese Szene für einige Sekunden nach oben zu bewegen.

Sie können eine besonders lebhafte Version dieser Bewegungsnachwirkung bei sich selbst feststellen, wenn Sie dazu die Spirale von Bild **96** verwenden. Kopieren Sie die Spirale auf ein rundes Stück Papier und befestigen Sie diesen Kreis auf der Drehscheibe ihres Plattenspielers. Stellen Sie den Plattenspieler auf 33 1/3 Umdrehung pro Minute ein, setzen Sie ihn in Bewegung und blicken Sie auf die Mitte des Kreises, während er sich dreht. Fixieren Sie sie etwa eine Minute lang, um eine wirklich gute Wirkung zu erzielen. Wenn diese Adaptionszeit vorüber ist, halten Sie den Plattenspieler an und beobachten Sie, was passiert. Jetzt müßte die eigentliche Bewegung der Spirale, die als ständige Zusammenziehung der Spiralringe zum Kreismittelpunkt hin wahrgenommen wurde, durch eine scheinbare Bewegung in die entgegengesetzte Richtung ersetzt werden - die Spirale scheint sich beständig auszudehnen anstatt zusammenzuziehen. Diese optische Bewegungstäuschung bleibt einige Sekunden lang sehr lebhaft und schwächt sich dann ab, wobei sie sehr langsam in einem Zeitraum bis zu 20 Sekunden, ausläuft. In diesem Zeitraum kann eine sehr langsame Bewegung gerade noch bemerkt werden. Adaptieren Sie

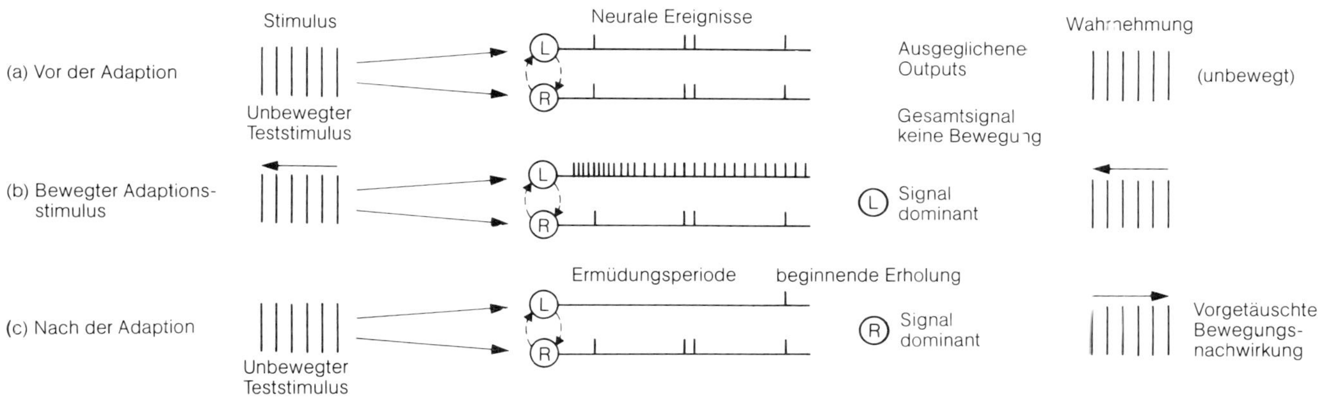

Bild 97. Exners Erklärung der visuellen Bewegungsnachwirkung. »L« und »R« stehen für »Bewegung nach links« bzw. »Bewegung nach rechts«.

sich ein paarmal an den Kreis, um sicherzugehen, daß Sie die Wirkung klar erleben: die Mühe lohnt sich. Blicken Sie nach einem dieser Adaptionszeiträume nicht mehr auf die stationäre Spirale als Teststimulus, sondern statt dessen auf irgendeine andere unbewegte Oberfläche. Sie werden bemerken, daß die scheinbare Bewegung immer noch ganz leicht gesehen werden kann. Beachten Sie auch, daß die scheinbar sich bewegenden Formen trotzdem stillzustehen scheinen, obwohl die Nachwirkung einen sehr deutlichen Eindruck von Bewegung vermittelt! Das heißt, wir sind uns der Formen immer noch so bewußt, als seien sie am »richtigen« Platz, obwohl wir sie in Bewegung sehen. Was wir sehen, ist logisch unmöglich! Dieses Wahrnehmungsparadox läßt wie so vieles andere vermuten, daß das visuelle System eine bestimmte Formeigenschaft ganz unabhängig von anderen wahrnehmen kann, und daß, wenn ein Teil des Formbeschreibungssystems aus irgendeinem Grund einer optischen Täuschung unterliegt, dies nicht heißt, daß andere Aspekte der gesamten Formbeschreibung diesem einen Teil angeglichen werden, um eine »vernünftige« Gesamtwahrnehmung zu erhalten. Das visuelle System stört sich nicht weiter an Paradoxen, seine einzelnen Teile scheinen in mancher Hinsicht wie separate Einheiten zu arbeiten, ja fast wie unabhängig voneinander funktionierende Sinnessysteme. Das erinnert an die Bemerkungen, die in Kapitel 1 über unmögliche Objekte gemacht wurden.

Die normalerweise am meisten akzeptierte Erklärung für die Bewegungsnachwirkung ist in Bild **97** dargestellt. Wir verdanken sie Sigmund Exner, der über diese Wirkung schon im Jahre 1894 geschrieben hat. Das Prinzip besteht darin, daß verschiedene Richtungen der Stimulusbewegung durch verschiedene Neurone entdeckt werden, und daß Neuronenpaare, die mit entgegengesetzten Richtungen zu tun haben, in irgendeiner Weise miteinander gepaart sind. Wenn die Versuchsperson für einen längeren Zeitraum nur einer Stimulusrichtung ausgesetzt wird, tritt die Ermüdung bei nur einem Teil eines jeden Paares ein, und dies führt zu einem Ungleichgewicht in ihrer Aktivität, welches die Bewegungsnachwirkung erzeugt. Verfolgen wir die Einzelheiten dieser Erklärung der Reihe nach: Dies ist wichtig, da es ein *Gegensatzprozeß*-System in Aktion zeigt, und solche Systeme sind bei Wahrnehmungsmechanismen häufig anzutreffen.

Erstens: es wurden in Kapitel 3 bestimmte visuelle Neuronen erwähnt, die eine *Richtungsselektivität* aufweisen, das heißt, sie reagieren optimal auf eine ganz bestimmte Richtung der Bewegung und überhaupt nicht auf Bewegung in der entgegengesetzten Richtung. Ein Paar von solchen Neuronen, das auf ein unbewegtes Gitter reagiert, zeigt Bild **97 a**. Wie man von Zellen erwarten kann, die eine Bewegung entdecken sollen, erregt sie ein solcher unbewegter Stimulus kaum. In der Abbildung reagieren sie einfach mit der niedrigen Entladungsrate des Ruhezustands (der Einfachheit halber bei beiden Zellen als identisch eingezeichnet). Es wird angenommen, daß, wenn ihre Outputs sich auf diese Weise gleichen, der Stimulus unbewegt ist, was er ja tatsächlich auch ist.

Zweitens: Bild **97b** zeigt dieselben beiden Zellen in ihrer Reaktion auf einen Adaptionsstimulus, ein Gitter, das sich für längere Zeit nach links bewegt. Das Neuron, das mit der Bewegung nach links zu tun hat, wird mit einer zunächst sehr heftigen Reaktion gezeigt, wobei diese Reaktion sich dadurch etwas verringert, daß die Ermüdung (oder irgendein anderer Adaptionsprozeß) einsetzt. Das Neuron, das für die Bewegung nach rechts zuständig ist, bleibt bei seiner Entladungsrate im Ruhezustand, so, als ob es nur einen unbewegten Stimulus »sehen« würde. Da das Neuron für die Bewegung nach links einen viel größeren Output zeigt als dasjenige, das für die Bewegung nach rechts zuständig ist, ist das Ergebnis eine wahrgenommene Bewegung nach links – eine »richtige« Wahrnehmung.

Drittens: Bild **97c** zeigt, was passiert, wenn der Adaptionsstimulus weggenommen wird und durch ein unbewegtes Gitter ersetzt wird. Das Neuron, das für die Linksbewegung zuständig ist, ist ermüdet und zeigt nicht einmal die Entladungsrate im Ruhezustand, bis es sich erholt hat. Umgekehrt entlädt sich das Neuron, das für die Rechtsbewegung zuständig ist, weiter mit der Rate des Ruhezustands, wie es dies die ganze Zeit über getan hat. Aber jetzt wird diese Rate des Ruhezustands durch spätere Prozesse als ein Signal für Bewegung genommen, da sie nicht wie in Bild **97a** durch die Aktivität des Neurons, das für die Linksbewegung zuständig ist, aufgehoben wird, oder, wie in Bild **97b** sogar noch überstiegen wird. Als Ergebnis davon wird eine scheinbare Bewegung nach rechts wahrgenommen –

die Bewegungsnachwirkung – die solange anhält, bis die ermüdete Zelle für die Linksbewegung sich erholt.

Eine Abwandlung der obigen Erklärung nimmt an, daß die Links- und Rechtsneuronen durch Hemmungsbahnen aneinander angeschlossen sind, die auf Bild **97** als gepunktete Pfeile dargestellt sind und die Zellpaare miteinander verbinden. Wenn diese Bahnen eine Hemmung entsprechend der Aktivitätshöhe einer jeden Zelle übermitteln würden, so würde die aktivste Zelle am Ende sozusagen als »Sieger hervorgehen«, denn sie hätte ihren »Gegner« zum Schweigen gebracht. Auf diese Weise wären die späteren Interpretationsprozesse nicht damit belastet, die relativen Aktivitäten der Links- und Rechtsneuronen miteinander vergleichen zu müssen, da nur ein Signal »durchkommen« würde. Die Nachwirkung könnte dann das Ergebnis davon sein, daß die Rechtszelle für ein oder zwei Augenblicke von der Hemmung befreit würde, und zwar durch Ermüdung, die sich in der Linkszelle während der Adaption aufgebaut hätte. Ich möchte dieses Schema nicht bis in alle Einzelheiten verfolgen, aber ich erwähne es, um die Berechnungskraft von Verbindungen zwischen Neuronen zu illustrieren. Ein Paar einfacher Hemmungsfasern könnte einen großen Einfluß auf die »Interpretation«, die »Ausgleichung« oder »Aufhebung« entgegengesetzter Richtungssignale haben.

Man könnte fragen: warum sollte eine solche Aufhebung notwendig sein? Der Grund ist uns schon vertraut: Ohne sie ist jedes gegebene Neuronensignal zweideutig. Zum Beispiel: beruht ein Output vom Typ der Entladungsrate im Ruhezustand auf einem unbewegten Muster oder auf einem tatsächlich bewegten Muster, das sich aber in eine Richtung bewegt, auf die das Neuron nicht eingestellt ist? Indem man zwei entgegengesetzte Prozesse aneinander koppelt (die Entdeckung von linksgerichteter und rechtsgerichteter Bewegung), wird die Zweideutigkeit auf einfache und ökonomische Weise aufgelöst: Sowohl in Bild **97a** wie auch **97b** ist die Aktivität der Rechtszelle die gleiche, aber die sich daraus ergebende Wahrnehmung ist verschieden. Dieser Kunstgriff im Nervensystem ist möglich, wenn die betreffende Stimulusdimension einen bipolaren Charakter hat, mit einem »Nullpunkt« in der Mitte, wenn weder die eine noch die andere Stimuluseigenschaft vorhanden ist. Hier haben wir linksgerichtete und rechtsgerichtete Bewegung als die beiden Enden des Kontinuums, mit dem »unbewegten Zustand« in der Mitte.

Es gibt noch andere zweiwertige Sinnesdimensionen, zum Beispiel Helligkeit und Dunkelheit mit einem mittleren Grau als Nullpunkt. Dementsprechend könnten die negativen Nachbilder, die in Bild **81** beobachtet wurden, durch entgegengesetzte Prozesse erklärt werden, in diesem Fall Mechanismen, die die Helligkeits- und Dunkelheitswahrnehmung vermitteln (siehe Kapitel 6). Man kann auch farbige negative Nachbilder erhalten (siehe Bild **98**, Tafel **6**), die in ähnlicher Weise auf entgegengesetzte Prozesse zwischen verschiedenen Typen von Farbmechanismen hinweisen (rot versus grün und blau versus gelb, wobei der Nullpunkt auf jedem Kontinuum wieder Mittelgrau ist).

Um zur Frage nach den Mechanismen für die Entdeckung von Bewegung zurückzukehren: es ist nicht unwichtig festzustellen, daß, obwohl die *Richtung* der Bewegung von Bild **97** durch den Ort codiert wird, also eine jeweils verschiedene Nervenzelle verwendet wird, um Aktivität in verschiedenen Richtungen zu codieren, die *Geschwindigkeit* der Bewegung sehr gut durch *Frequenzen* codiert werden könnte. Mit anderen Worten: je schneller die Bewegung, umso aktiver das Neuron und umso häufiger seine Nervenimpulse.

Schließlich sollte festgestellt werden, daß das in Bild **97** gezeigte Neuronenpaar nur ein Paar unter vielen ist. Jedes Paar befaßt sich mit einem anderen Kontinuum, innerhalb dessen eine Bewegung ablaufen kann – links/rechts, auf/nieder oder irgendein anderer Winkel. Die Paare könnten in der gestreiften Hirnrinde angesiedelt sein, da die Hyperkolumnen sicherlich richtungsempfindliche Zellen enthalten, oder aber in der Netzhaut, da Zellen mit dieser Eigenschaft auch dort in vielen Arten auftreten. Bei einem sich drehenden Spiralstimulus wie dem von Bild **96** würden während der Adaptionszeit Zellen, die mit all diesen Kontinua zu tun haben, stimuliert werden, aber es würde natürlich nur jeweils ein Teil eines jeden Paares aktiviert werden (daher im Falle der Spirale die wahrgenommene Bewegung der Zusammenziehung, das heißt eine Bewegung von allen Seiten nach innen, gefolgt von einer scheinbaren Ausdehnung). Eine weitere Komplikation besteht darin, daß jedes Zellpaar ein begrenztes rezeptives Feld hätte, und man sich deshalb einen ganzen Satz von Paaren vorstellen muß, die dazu abgestellt sind, jeden Teil des Sehfeldes zu analysieren.

Abhängige Nachwirkungen

Im Jahre 1965 entdeckte Celeste McCollough eine besonders merkwürdige Art von Nachwirkung, die seither viele Forschungsarbeiten angeregt hat; bis dato sind darüber und über verwandte Wirkungen mehr als hundert Forschungsberichte publiziert worden. Sie können diese Nachwirkung selbst sehen, wenn Sie Bild **99** (Tafel **6** und **7**) verwenden. Schauen Sie zuerst auf den Teststimulus von Bild **99**a, der lediglich ein Muster von schwarzen und weißen Linien, einige vertikal, einige horizontal, ist. Beachten Sie, daß dieser Stimulus ganz farblos ist. Adaptieren Sie als nächstes ihr visuelles System an die Bilder von **99b** und **99c**. Schauen Sie für zehn Sekunden auf das rote vertikale Muster und dann für zehn Sekunden auf das grüne horizontale Muster, gehen Sie dann für weitere zehn Sekunden zum roten vertikalen zurück usw., wobei Sie zwischen den beiden Adaptionsstimuli für einen Zeitraum von mindestens drei Minuten hin- und herwechseln, oder, wenn Sie es ertragen können und eine starke Wirkung erhalten wollen, sogar ganze zehn Minuten lang. Wenn diese Adaptionszeit vorüber ist, blikken Sie zurück zu Bild **99**a und passen Sie auf, was Sie sehen. Der sogenannte *McCollough-Effekt* besteht darin, daß nach der Anpassung der schwarz-weiße Teststimulus farbig erscheint. Das heißt, Sie können negativ gefärbte Nachbilder sehen. Diese Farbillusionen sind jedoch keine Nachbilder der üblichen Art, denn wenn Sie sorgfältig hinschauen, werden Sie sehen, daß die vertikalen Linien im Teststimulus blaßgrün erscheinen (die vertikalen Adap-

tionslinien waren rot), und die horizontalen Testlinien erscheinen blaßrot (die horizontalen Adaptionslinien waren grün). Da jedoch alle Teile der Netzhaut während der Adaptionszeit gleichermaßen der roten und grünen Farbe ausgesetzt waren, können diese illusionären Farben nicht auf diesselben Mechanismen zurückzuführen sein, die man als Ursache der normalen negativen farbigen Nachbilder von Bild **98** annimmt. Negative farbige Nachwirkungen sind also irgendwie an die Richtung des Stimulus, der sie verursachte, »gebunden« worden. Probieren Sie aus, welche Wirkung es hat, wenn Sie Bild **99a** um 90° drehen: die illusionären Farben im Teststimulus müßten nun den Platz wechseln und auf diese Weise zum Ausdruck bringen, daß »vertikal« und »horizontal« in Beziehung zur Netzhaut und nicht zur Welt definiert werden.
Der McCollough-Effekt war der erste von vielen gleichartigen Nachwirkungen, die in den letzten zehn Jahren entdeckt wurden. Diese Nachwirkungen werden als die Gruppe der sogenannten *»abhängigen Nachwirkungen«* zusammengefaßt, weil das Erscheinen einer irgendwie gearteten Nachwirkung von einer anderen Stimuluseigenschaft abhängig gemacht wird (im Falle des in Bild **99** dargestellten McCollough-Effekts hängt es von der Anwesenheit vertikaler und horizontaler Linien ab). Ähnliche Farbnachwirkungen können von der Richtung einer Bewegung (zum Beispiel rechtsgerichtete versus linksgerichtete Bewegung), von der Linienbreite (breite versus schmale Streifen) oder von der Krümmung (konvexe versus konkave Linien) abhängig gemacht werden. Darüber hinaus kann man die ganze Geschichte umdrehen und beispielsweise eine Bewegungsnachwirkung von der Farbe der Testanordnung abhängig machen. Alle möglichen Kombinationen dieser Art können vorgenommen werden: deshalb erschienen bisher schon so viele Forschungsberichte über diese Wirkungen – und ohne Zweifel werden noch viele andere nachfolgen.
Aber hinter der Jagd nach abhängigen Nachwirkungen stecken noch andere Gründe als die bloße Neuheit oder eine Neugierde, alle wahrscheinlichen und unwahrscheinlichen Kombinationen auszuprobieren. Man hoffte, daß diese neue Klasse von Nachwirkungen ein neues Instrument abgeben würde, das Funktionieren des visuellen Systems weiter zu erforschen, eine neue Mikroelektrode, wenn Sie so wollen. So haben verschiedene Leute spekuliert, daß ihr Vorhandensein die Existenz »doppelt eingestellter« Neuronen im visuellen System wiederspiegeln könnte, Neuronen, die danach verlangen, daß ein Stimulus zwei (oder mehr) Eigenschaften aufweist, bevor sie anfangen, sich zu entladen. Zum Beispiel könnte es Neuronen geben, die danach verlangen, daß der optimale Stimulus nicht nur die entsprechende Richtung, sondern die richtige Farbe hat. Ein Beispiel dafür könnten Zellen sein, die auf vertikal/rot, schräg/rot, horizontal/rot, vertikal/grün, schräg/grün usw. eingestellt sind. Wenn nun solche Zellen in der Art von Gegensatzprozessen gepaart wären, wie wir stark vermuteten, als wir die Bewegungsnachwirkung erklärten, dann gibt es offensichtlich eine neurale Grundlage zur Erklärung dieser Nachwirkungen. Man kann sich vorstellen, daß die Adaptionszeit nur die eine Hälfte eines jeden Gegensatzpaars ermüdet oder auf andere Weise adaptiert, wobei die Nachwirkung dann als Resultat der Adaption zum Vorschein kommt. Dieser Erklärungsansatz wird durch einige neurophysiologische Berichte unterstützt, die besagen, daß manche Richtungsdetektoren tatsächlich auch farbspezifisch angelegt sind.
Aber die Erklärung mittels doppelt eingestellter Neuronen ist nicht ohne Probleme. Erstens: angesichts der großen Zahl von abhängigen Nachwirkungen impliziert diese Erklärung eine ungeheure Anzahl von doppelt eingestellten Zellen, um alle möglichen Kombinationen von Stimuluseigenschaften abzudecken, die nach dem gegenwärtigen Wissensstand abhängige Nachwirkungen erzeugen. Dies scheint eine ziemliche Verschwendung des Nervenapparates zu sein, aber andererseits gibt es tatsächlich eine ungeheure Zahl von Zellen in der Sehrinde. Zweitens, und dies ist wichtiger: abhängige Nachwirkungen können sehr dauerhaft sein. Wenn es Ihnen gelungen ist, die ganzen zehn Minuten der Adaption an Bild **99b** und **99c** durchzuhalten, so ist ihre abhängige Nachwirkung wahrscheinlich immer noch vorhanden. Dann schauen Sie noch einmal auf den Teststimulus von Bild **99a**. Haben Sie ein flüchtiges Wiedererscheinen der illusionären Farben gesehen? Wenn ja, dann entspricht Ihre Erfahrung vielen Berichten über die lange Dauer dieser Wirkungen. Sie können sogar wochenlang andauern, wenn die anfängliche Adaption lange genug anhält (etwa eine halbe Stunde). Diese Langlebigkeit läßt einen Mechanismus vermuten, der von der normalen Kurzzeitadaption der Neuronen, die für normale Nachwirkungen zuständig sind, sehr verschieden ist. Vielmehr wird eine Erklärung begünstigt, die eine Art von Lernen impliziert. Wie John Mellon lakonisch bemerkte, läßt es vermuten, daß, wenn wir keine Neuronen besitzen, die sowohl farb- wie auch richtungsspezifisch eingestellt sind, bevor wir uns an Bild **99b** und **99c** adaptieren, so haben wir sie aber vielleicht dann, wenn wir damit fertig sind. Mit anderen Worten: Adaptation kann womöglich doppelt eingestellte Zellen *erzeugen.*

Simultane versus (sukzessive) optische Täuschungen

Nachwirkungen sind Beispiele für sukzessive optische Täuschungen, bei denen die Stimulation an einem bestimmten Zeitpunkt Folgen für die Wahrnehmung darauffolgender Ereignisse hat. Solche optischen Täuschungen heben sich von simultanen Wirkungen ab, bei denen zwei oder mehr gleichzeitig vorgeführte Stimuli zusammenwirken, um einen Täuschungseffekt hervorzurufen. Es stellt sich heraus, daß es sehr viele optische Täuschungen gibt, die aus der simultanen Vorführung mehrerer Linienstimuli herrühren. Einige dieser optischen Täuschungen lassen sich allem Anschein nach sehr gut mit den Kipp- und Breitennachwirkungen vergleichen und haben deshalb neurophysiologische Spekulationen über ihre Ursachen herausgefordert, die mit der Erklärung der Nachwirkungen im Stil von Békésy vergleichbar sind.
Betrachten Sie zum Beispiel Bild **100**. Die beiden mittleren kreisförmigen Gitter bestehen eigentlich aus vertikalen

Linien, aber diese Linien sehen aus, als wären sie aus der Vertikalen herausgekippt worden, und zwar in der entgegengesetzten Richtung zum Winkel der Linien, die sie umgeben. Könnten die umgebenden Linien auf irgendeine Weise eine Veränderung in den Aktivitätsprofilen, die mit den mittleren Linien zu tun haben, bewirkt haben, eine Formveränderung, die der beschriebenen Kippnachwirkung ähnlich ist? Blakemore, Carpenter und Georgeson unterstellten, daß dies so sein könnte, und haben ferner die Vermutung ausgesprochen, daß *Hemmung* zwischen Liniendetektoren in diesem Zusammenhang dieselbe Rolle spielen könnte wie die Adaption in der entsprechenden sukzessiven optischen Täuschung, nämlich der Kippnachwirkung.

Hier stellt man sich vor, daß die richtungsmäßig eingestellten Zellen einander hemmen könnten, indem jede Zelle versucht, sozusagen die Aktivität ihres »Richtungsnachbars« zu verringern. Diese Hemmung würde die Aktivitätsprofile, die als Reaktion auf die vertikalen Linien von Bild **100** erzeugt wurden, stören und solche Profile hervorbringen, die für nicht vertikale Linien charakteristisch sind: von daher die optische Täuschung. Die optische Täuschung von Zöllner (siehe Bild **101**) liefert ein weiteres Beispiel einer auf die Richtung bezogenen optischen Täuschung, die nach demselben allgemeinen Prinzip erklärt werden kann.

Was kann das Ziel einer solchen Hemmung sein? Warum muß so ein merkwürdiger Vorgang eingeführt werden, ein Vorgang, der fähig ist, Verzerrungen herbeizuführen? In Kapitel 3 erfüllte die Hemmung (verbunden mit Erregung) die Funktion, bestimmten Gehirnzellen eine Empfindlichkeit für Muster zu verleihen, ihnen für ihre Aktivierung optimale Stimuli zuzuführen, und dies erwies sich als sehr nützlich, um Detektoren zu erzeugen, was wiederum ein Schritt vorwärts war auf dem Weg zur Herstellung der Formbeschreibung einer visuellen Szene. Aber hier spielt die Hemmung eine ganz andere Rolle. Welchen Nutzen könnte sie haben? Blakemore, Carpenter und Georgeson schlagen ebenso wie frühere Autoren, die die Rolle der Hemmung in Sinnessystemen untersucht haben, vor, daß sie unter bestimmten Umständen dazu dienen könnte, die »Schärfe« des Gipfels in den Aktivitätsprofilen von Richtungsdetektoren zu verbessern. Auf diese Weise könnte sie die Endeckung des Aktivitätsgipfels erleichtern, der, in ihrer Theorie der Richtungswahrnehmung, die wahrgenommene Richtung der fraglichen Linienformen bestimmt. Aber wenn man, wie in diesem Kapitel, als den wesentlichen Aspekt eines Aktivitätsprofils nicht seinen Gipfel, sondern eher dessen ganze Gestalt betrachtet, anhand derer die Interpretationsprozesse die Aufgabe der Interpolation erfüllen kann, dann ist nicht so klar, warum ein Vorgang, der die Gipfel mehr hervortreten läßt (wie die Hemmung es mit Sicherheit vermag), so vorteilhaft sein soll. In unserer Gesamtschau muß die Hemmung, wenn sie hier eine wertvolle Aufgabe erfüllt, das ganze Aktivitätsprofil in irgendeiner Weise verbessern und nicht nur dabei mithelfen, den Gipfel zu lokalisieren. Deshalb könnte es besser sein, sich die Hemmung so vorzustellen, daß sie ein »richtiges« Aktivitätsprofil neu herstellt, eines, das sich besser für den gesamten Interpolations- und Interpretationsprozeß eignet. Vielleicht nimmt also die

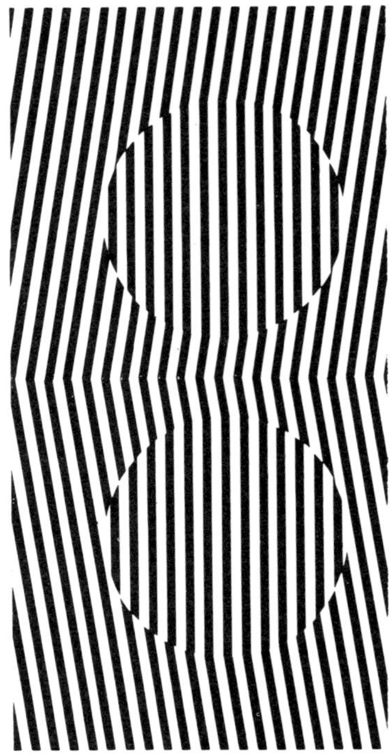

Bild 100. Die beiden Scheiben bestehen aus vertikalen Linien, die sie umgebenden Linien lassen diese aber »gekippt« erscheinen.

Hemmung unerwünschte Bestandteile aus der gesamten Aktivität heraus, und zwar solche Bestandteile, die durch eine gewisse »Schlampigkeit« in der Richtungseinstellung der Liniendetektoren hineingeraten sein könnten.

Ingenieure nennen diesen Vorgang manchmal »Enttrübung«. Vielleicht hat das visuelle System mit Hilfe der Hemmung bestimmte Enttrübungsmechanismen entwikkelt, die bei den meisten Szenen, mit denen es zu tun hat, sehr gut funktionieren, aber eben um den Preis, daß sie in anderen, seltener vorkommenden Szenen optische Täuschungen hervorrufen. Alle technologischen Systeme sind dazu bestimmt, innerhalb eines bestimmten, abgegrenzten Situationsbereichs zu funktionieren. Vielleicht sind die optischen Täuschungen von Bild **97** und **98** Beispiele dafür, wie das System sozusagen außerhalb seiner Bestimmung arbeitet, wobei die Spezialisierung durch die Evolution auf dem Wege eines natürlichen Selektionsprozesses hergestellt wurde, um sich mit natürlichen und alltäglichen Szenen auseinanderzusetzen, nicht aber mit künstlichen Linienzeichnungen.

Bild 101. Die Zöllnersche Täuschung. Die langen, schrägen Linien sind parallel, sehen aber aus, als würden sie aufeinander zuführen.

a

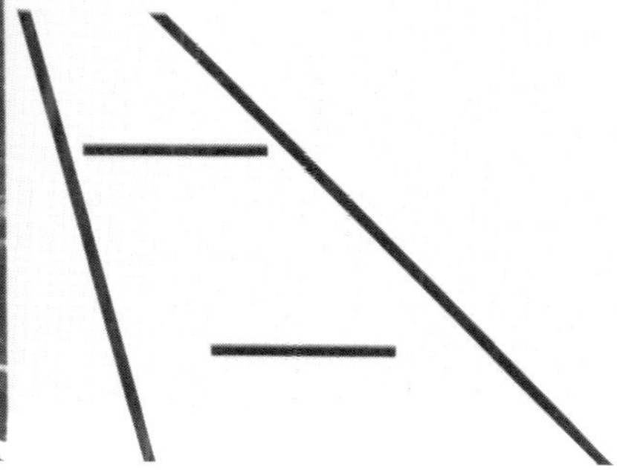

b

Bild 102. Die Ponzo'sche Täuschung. Die obere horizontale Linie erscheint länger als die untere, vielleicht, weil eine falsche Anwendung der Größenwahrnehmungsmechanismen von seiten des Gehirns vorliegt, wobei diese Mechanismen für normale Betrachtungsweise angemessen sind (siehe die Eisenbahngleise), nicht aber für einfache Linien-Zeichnungen (b).
Richard Gregory schreibt über diese optische Täuschung:
Die beiden Rechtecke, die auf die Fotografie der Bahngleise gelegt wurden, haben genau dieselbe Größe, und doch sieht das obere von ihnen bedeutend größer aus. Ich betrachte diese optische Täuschung als den Prototyp visueller Verzerrungen, in denen der Wahrnehmungsmechanismus im Gehirn eine grobe Größenkonstanz für ähnliche Objekte, die in verschiedenen Abständen plaziert sind, aufrechtzuerhalten sucht. Da wir wissen, daß die entfernteren Querbalken genauso groß sind wie die näheren, wird jedes Objekt, das in einer mittleren Entfernung zwischen den Schienen liegt (das obere Rechteck) unbewußt vergrößert. Wenn die Rechtecke aber reale Objekte wären, die zwischen den Schienen liegen, würden wir tatsächlich sofort wissen, daß das entferntere größer ist.

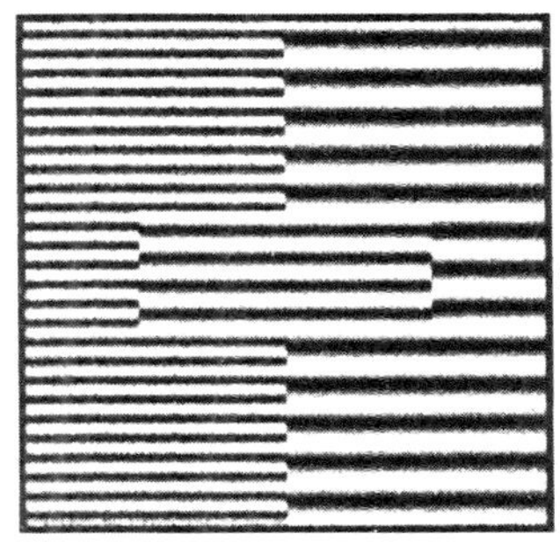

a

Weitere geometrisch-optische Täuschungen

Es gibt eine große Zahl von optischen Täuschungen, die auf einer Zusammenstellung von Linien beruhen (die sogenannten *geometrisch-optischen Täuschungen*), und ich kann hier nur eine Auswahl davon vorführen. Außerdem ist es wichtig zu beachten, daß es auch eine große Anzahl von Theorien über diese optischen Täuschungen gibt, von denen die meisten in nicht-physiologischer Sprache gehalten sind. Für uns war es praktisch, bestimmte Linientäuschungen zu verwenden, um das Thema dieses Kapitels (optische Täuschungen als Mikroelektrode des Psychologen) zu veranschaulichen. Platzgründe halten mich jedoch davon ab, auf die Theorien einzugehen, aber zumindest illustriert Bild **102** und der dazugehörige Text eine viel diskutierte Theorie dieser Art. Wer sich dafür interessiert, kann sich an die Bibliographie am Ende des Buches halten, die ihm die geeigneten Quellen, die diese Theorien beschreiben, aufweist, wenn er sie weiter verfolgen will.
Eine optische Täuschung, die den Gesamtentwurf dieses Kapitels schön abrundet, ist auf Bild **103a** dargestellt. Dort wird eine gleichzeitige Linienbreitentäuschung gezeigt, die von Donald MacKay erfunden worden ist. Die horizontalen Linien in der eingesetzten mittleren Region haben in Wirklichkeit durchgehend dieselbe Breite, aber sie sehen in der linken und rechten Hälfte dieser Region auffallend verschieden aus. Das heißt, die Region, die gegen den Hintergrund mit den dünnen Linien gesetzt ist, scheint breitere Linien zu enthalten als der Teil, der auf dem Hintergrund mit den breiteren Linien liegt. Dies ist eine simultane Spielart der Linienbreitennachwirkung (siehe Bild **94**). Sie kann mit Hilfe der Hemmung zwischen breitenspezifischen

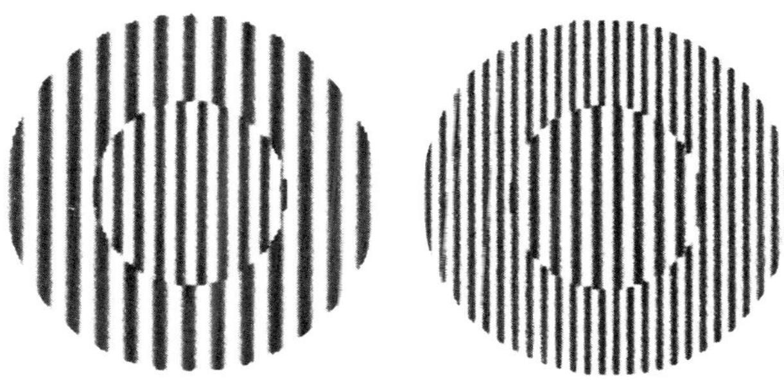

b

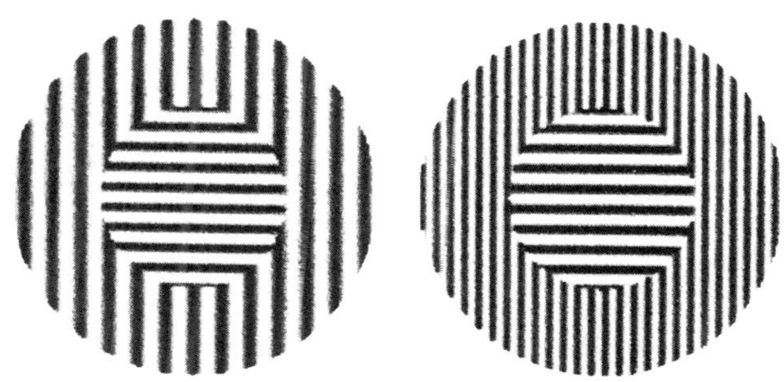

c

Bild 103. Größenkontrastwirkungen.
a) Die in der Mitte eingesetzten Linien haben quer über das Muster dieselbe Breite, aber dort, wo sie von breiten Linien umgeben werden, erscheinen sie schmaler als da, wo sie von dünnen Linien umgeben werden. Diese Wirkung kann verstärkt werden, wenn ein dünner schwarzer Faden über die vertikale Mittellinie des Musters gelegt wird.
b) Eine andere Version der in a) beschriebenen Wirkung. Die Linien in den schmalen eingesetzten Kreisen haben in beiden Hälften der Abbildung dieselbe Breite, sind aber offensichtlich verschieden breit.
c) Die Breitenkontrastwirkung ist zumindest verringert, wenn die Linien der Umgebung rechtwinklig zu den zentralen Linien gesetzt werden. Daran zeigt sich, daß die Wirkung richtungsspezifisch ist (siehe Text).

Detektoren erklärt werden, genauso, wie die Hemmung zwischen richtungsspezifischen Zellen für die simultane Kipptäuschung verantwortlich gemacht wurde (siehe Bild **100**).

Es ist eine interessante Tatsache, daß die MacKaysche simultane Täuschung des Linienbreitenkontrasts verschwindet oder zumindest wesentlich verringert wird, wenn die Linien in der mittleren Region in einen 90°-Winkel zu denen der Umgebung gesetzt werden: vergleichen Sie Bild **103b** mit Bild **103c**. Dies legt nahe, daß Linien - eingestellte Vorgänge im Spiel sind, daß außerdem, wenn die Wirkung durch Hemmung verursacht wird, diese Hemmung nur zwischen Zellen mit der gleichen bevorzugten Richtung stattfindet. In der Sprache der Hyperkolumnentheorie läßt dies vermuten, daß die Hemmung auf Platten mit derselben oder einer ähnlichen Richtungseinstellung beschränkt bleibt.

Eine Auswahl weiterer geometrischer Täuschungen ist auf Bild **104** zu sehen. Die Verschiedenheit der Wirkungen ist eindrucksvoll und vermittelt genügend Spielraum, um nach Hinweisen über visuelle Mechanismen zu suchen.

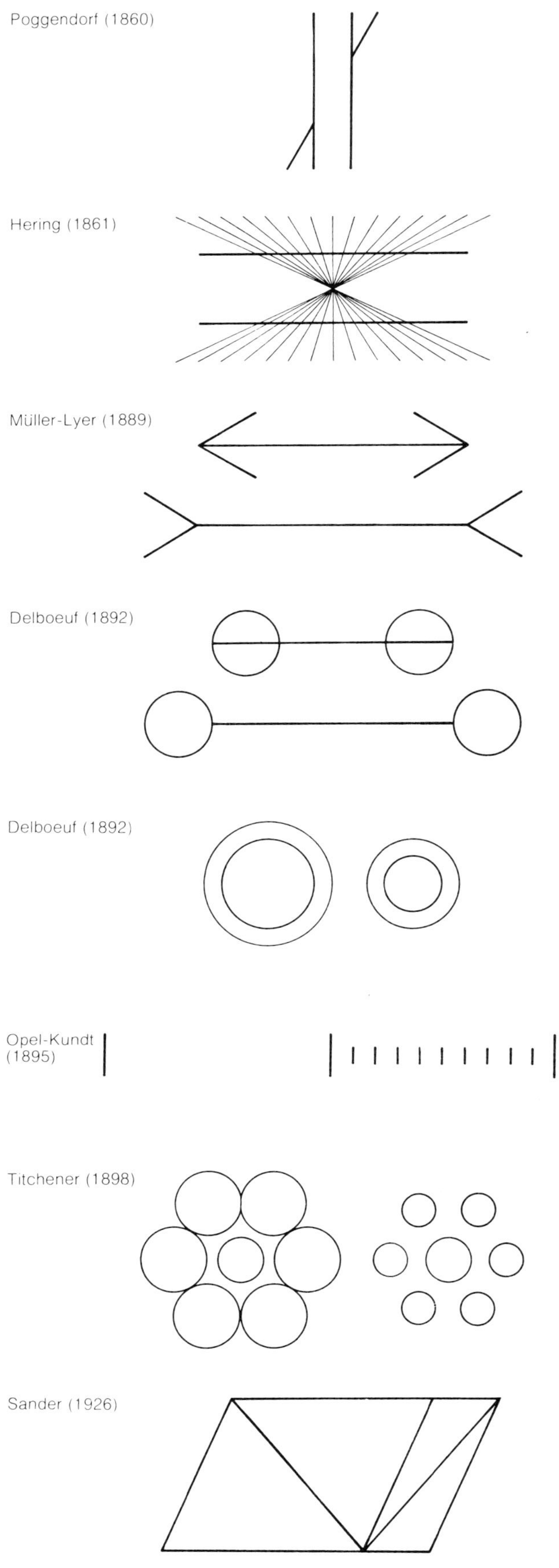

Bild 104. Geometrische Täuschungen.

Drei Methoden, sich mit dem Problem des Sehens zu befassen

Dieses Kapitel hat gezeigt, wie hervorragend sich die psychologische Vorgehensweise bei der Erforschung des Sehens mit den physiologischen und computerwissenschaftlichen Methoden, die in den früheren Kapiteln beschrieben wurden, verbinden läßt. Die Logik des psychologischen Ansatzes sieht so aus: Nehmen wir das visuelle Phänomen als den *Output* einer Apparatur (des visuellen Systems), die als *Input* das Netzhautbild aufnimmt, und fragen wir, was für Mechanismen in dieser Apparatur vorhanden sein müssen, um auf der Grundlage des Inputs den Output zu erklären. Meistens sind die für die Forschung ausgewählten Phänomene optische Täuschungen, weil man hofft, daß der Zusammenbruch eines Systems, (das heißt das Auftreten einer optischen Täuschung), eine gute Gelegenheit ist, Hinweise darüber zu sammeln, wie das System sowohl normal als auch anormal arbeitet.

Dieser psychologische Zugang zu den visuellen Mechanismen ist die natürliche Ergänzung zu computerwissenschaftlichen und neurophysiologischen Vorgehensweisen. Der computerwissenschaftliche Ansatz versucht das Problem des Sehens anzugehen, indem er die umfangreichen Mittel des Computers zum Aufbau eines Bildverarbeitungssystems ausnützt. Der neurophysiologische Ansatz erforscht Wahrnehmungsmechanismen unmittelbar durch physiologische und anatomische Untersuchungen des visuellen Systems. Alle drei Methoden sind in den letzten Jahren miteinander verbunden worden, so daß es manchmal schwierig ist, zu erkennen, wer der Computerwissenschaftler, wer der Psychologe und wer der Neurophysiologe ist. Deshalb wird es immer mehr üblich, daß jeder beliebige Forscher, der sich mit dem Sehen befaßt, sich einen dieser »Hüte« aufsetzt, je nachdem, welches besondere Problem er gerade untersucht. Mit Sicherheit ist es für den Psychologen notwendig geworden, sich mit der Literatur der computerwissenschaftlichen und neurophysiologischen Forschung vertraut zu machen, damit er aus den großen Fortschritten, die diese Disziplinen in den letzten beiden Jahrzehnten gemacht haben, Nutzen ziehen kann.

Aber alles in allem stammt die gegenwärtige Spannung bei der Erforschung des Sehens aus der Verschmelzung aller drei Methoden in eine einzige. Dieses Kapitel hat einen Aspekt dieser Verbindung hervorgehoben, und zwar die Beziehung zwischen psychologischen Untesuchungen bestimmter optischer Täuschungen, vor allem der Nachwirkungen einerseits, aber auch Neurophysiologie der Hyperkolumnen andererseits. Aber dies stellt natürlich nur einen winzigen Bruchteil der gesamten Forschungsliteratur dar.

5 Das Sehen von Objekten

Wir sind erstaunlich gut im visuellen Erkennen von Objekten. Haben Sie sich zum Beispiel jemals überlegt, wie unsere außerordentliche Fähigkeit, Karikaturen von Personen des öffentlichen Lebens zu erkennen, zustande kommt? Einige gut gesetzte Striche aus der Feder des Künstlers fangen das Aussehen einer Person oder ihrer Fotografie ein (siehe Bild **105**). Wir können in allen drei »Objekten« - der Person, der Fotografie und der Karikatur - eine gewisse fundamentale Ähnlichkeit feststellen, obwohl sie sich in ihren Einzelheiten außerordentlich unterscheiden.

Auf den ersten Blick läßt unser Erfolg beim Erkennen von Karikaturen vermuten, daß die dafür unbedingt notwendige Information in den scharf abgesetzten Konturen eines Input-Bildes besteht, und daß alles andere für diese Aufgabe nicht gebraucht wird. Aber dem ist nicht so, wie man aus Bild **106** entnehmen kann. Wir können ebensogut eine verschwommene Fotografie erkennen wie eine, die nur die scharfen Konturen des Originals behält.

Eine andere Erkenntnisleistung besteht in der Leichtigkeit, mit der wir veschiedene Drucktypen lesen können. Wir können leicht alle Muster von Bild **107** als große »T«s sehen, obwohl die Formen, aus denen sie bestehen, sehr variieren. Unsere Fähigkeit, mit verschiedenen Arten von Handschriften zurechtzukommen, ist eine weitere Leistung auf diesem Gebiet. Wir haben kaum Schwierigkeiten zu erkennen, mit welchen handgeschriebenen Zahlen wir es zu tun haben, trotz beträchtlicher Unterschiede in den Einzelheiten der verschiedenen Ziffern (siehe Bild **108**).

Wie in Kapitel 1 bemerkt wurde, verdeckt die vertraute Fähigkeit des visuellen Systems, Objekte zu erkennen, seine großen Leistungen in dieser Hinsicht und kann uns fälschlicherweise dazu verleiten zu glauben, daß diese Aufgabe einfach sei. Aber ihre tatsächliche Komplexität ist so groß, daß alle Versuche einer Verwirklichung auf dem Niveau der Feinheit und Raffiniertheit, wie sie im Gehirn existiert, zu verstehen, bis jetzt gescheitert sind, gleichgültig, wer danach geforscht hat, seien es nun Psychologen, Ingenieure, Neurophysiologen, Mathematiker oder wer auch immer. Dieser Mißerfolg ist umso bemerkenswerter, wenn man sich daran erinnert, daß große Geldsummen für die Erforschung dieses sogenannten »Objekterkennungsproblems« ausgegeben wurden, und zwar wegen der ungeheuren industriellen und militärischen Möglichkeiten, die ein erfolgreiches Verständnis eröffnen würde. Kompetente visuelle Roboter sind davon noch weit entfernt, wenn man etwa ihre Kompetenz an der menschlichen Leistungsfähigkeit mißt. Trotzdem haben die Fortschritte der letzten Jahre Kompetenz etwa an der menschlichen Leistungsfähigkeit mißt. Trotzdem haben die Fortschritte der letzten Jahre ausgereicht, uns in den Stand zu versetzen, das Wesen der anstehenden Probleme klarer zu sehen und einen Begriffsrahmen zu skizzieren, innerhalb dessen gezielter geforscht werden kann. Das Ziel dieses Kapitels ist es, diesen Begriffsrahmen zu erläutern.

Bild 105. Fotografie und Karikatur.

Bild 106. Verzerrte Fotografien. Es ist leicht, Groucho Marx zu erkennen, selbst dann, wenn seine Fotografie (a) verschwommen (b) oder nur im Umriß (c) wiedergegeben ist (technisch gesehen sind Hoch- bzw. Tiefpaßfrequenzen ausgefiltert worden).

Strukturbeschreibungen

Was bedeutet es eigentlich, etwas zu »erkennen«? Wenn wir alle »T«s in Bild **107** als »dasselbe Ding« erkennen, worin liegt dann ihre »Gleichheit«?

Stuart Sutherland und andere haben argumentiert, daß man das Erkennen von »Gleichheit« am besten im Sinne von *Strukturbeschreibungen* begreift. Alle Muster von Bild **107** sind »T«s, weil sie alle die selbe *Struktur* gemeinsam haben, die abstrakt folgendermaßen definiert werden kann: ein »T« ist ein »vertikaler Balken«, der an seinem oberen Ende mit der Mitte eines »horizontalen Balkens« verbunden ist. Solange die Ausdrücke »vertikaler Balken« und »horizontaler Balken« in dieser Strukturbeschreibung flexibel definiert werden (siehe unten), dann passen alle »T«s von Bild **107** in die gegebene Beschreibung, und darin liegt ihre »T-heit«. Die strukturelle Beschreibung für ein »T« ist also, wenn Sie so wollen, eine allgemeine Formel für ein »T«.

Sutherland zufolge untersucht unser visuelles System beim Erkennen der »T«s von Bild **107** das Muster, verdeutlicht seine Struktur in einer symbolischen Beschreibung und stellt dann fest, daß diese Strukturbeschreibung auf die *gespeicherte Beschreibung* für ein »T« paßt. Die gespeicherte Beschreibung für ein »T« ist irgendwo in unseren Köpfen als ständige Erinnerung angesiedelt, die wir aufgebaut haben, als wir lesen lernten. Natürlich sind wir uns dieses ganzen Erkenntnisvorgangs nicht voll bewußt, denn wenn wir auf Bild **107** schauen und alle einzelnen Figuren als »T«s erkennen, brauchen wir nicht überlegt und bewußt jede Figur zu mustern und zu kontrollieren, ob sie tatsächlich zu dem paßt, was wir vor langer Zeit als Bestandteil des »T«s gelernt haben. Der ganze Vorgang ist vielmehr automatisch und unbewußt, zumindest für einen fließend lesenden Erwachsenen, der einen einigermaßen leserlichen Text vor sich hat. Aber obwohl wir uns dessen, was vor sich geht, nicht bewußt sind, muß trotzdem irgendwo in unserem Gehirn eine gespeicherte Beschreibung von einem »T« vorhanden sein, und die Tätigkeit, ein »T» zu erkennen, muß einen Vergleich zwischen der Strukturbeschreibung, die aus dem Input gewonnen wurde, und der gespeicherten Beschreibung beinhalten.

Um ein anderes Beispiel zu nennen: wenn wir die Karikatur von Nixon in Bild **105** erkennen, gelangen wir zu einer strukturellen Beschreibung dieser Karikatur und bemerken, daß sie zu einer gespeicherten Strukturbeschreibung von »Nixon« paßt, die wir irgendwann als Erinnerung verankert haben, als wir zum ersten Mal Notiz von ihm nahmen. Diese Beschreibung könnte die folgenden Items beinhalten: »Kleine Augen mit buschigen Augenbrauen, eine lange vorstehende Nase, zurückweichender Haaransatz, gekräuseltes Haar, geschwollene Backen, rasiertes, aber dunkles Kinn« usw. Aber diese besonderen Charakteristika müßten irgendwo mit der Struktur eines Gesichtes verbunden werden, das selbst etwa folgendermaßen beshrieben sein könnte: »Ovaler Umriß, in dessen unterer Region ein horizontaler Balken (Mund) eingesetzt ist, im mittleren Teil ein vertikaler Balken (Nase) und zwei rundliche Flecken (Augen) an der oberen Grenze des mittleren Teils« usw. Wenn wir eine Karikatur von Churchill erkennen, so ist die Strukturbeschreibung für »Gesicht« dieselbe, aber es wird ein anderer Zusammenhang von Einzelheiten damit verbunden, die schließlich das Erkennen von »Churchill« ermöglichen.

Wenn wir Strukturbeschreibungen in Worten audrücken, so soll das nicht so verstanden werden, als wären die Symbole in unseren Köpfen, die diese Beschreibungen liefern, selbst in Wortform gehalten. Sie sind keine verbalen Symbole als solche, obwohl es möglich ist, die sprachliche Analogie zu verwenden und diese Symbole »visuelle Wörter« zu nennen, da jedes ein bestimmtes gesehenes »Ding« vertritt, genau wie auch Worte für »Dinge« stehen (wenn auch nicht ausschließlich). Es ist nicht leicht, sich »visuelle« Wortsymbole vorzustellen, wie wir in Kapitel 1 herausfanden, als die Vorstellung von Sehen als symbolische Szenenbeschreibung eingeführt wurde. Aber wir haben in dieser Sache

Bild 107. Der Buchstabe »T« in verschiedenen Drucktypen.

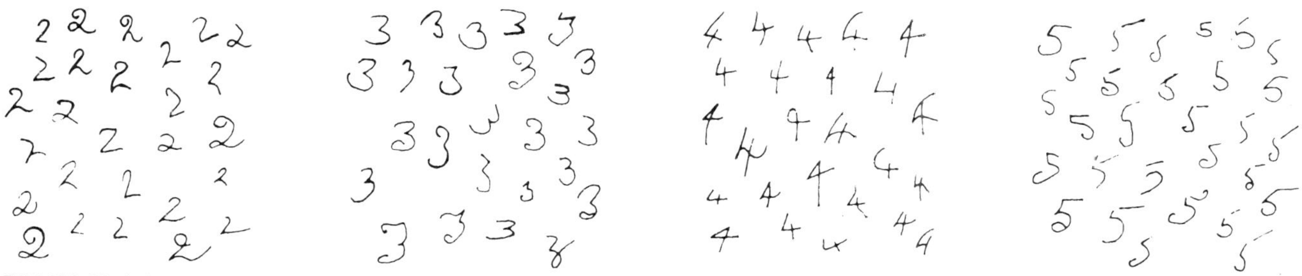

Bild 108. Variationen handgeschriebener Zahlen.

keine Wahl: beim Sehen geht es ganz einfach um die Bildung von Symbolen für Entitäten in der vor uns liegenden Szene, und so ist es eben. Wir müssen uns nur an die Vorstellung gewöhnen, daß Tausende und Abertausende von Symbolen (»visuellen Wörtern«) in unseren Gehirnen aktiviert werden, wenn wir ein »T«, ein Bild von Nixon oder irgendetwas anderes anschauen, und daß innerhalb dieser Vielzahl eines ist, das für die »T-heit« steht, wenn ein »T« zugegen ist oder eines, das für Nixon steht, wenn er oder ein Bild von ihm erscheint. Diese Symbole könnten als »höhergradig« eingestuft werden, da sie von der Aktivierung »niedriggradiger« herrühren, die Formen repräsentieren. Sehen Sie sich um und besinnen Sie sich darauf, daß bei allen Dingen, die Sie sehen, sei es eine einfache Form, ein Formenkomplex oder ein gepolsterter Lehnstuhl, das »Sehen« in jedem Fall durch irgendeine Art von Symbol vermittelt worden sein muß, das in Ihrem Gehirn ausgewählt oder aktiviert worden ist. Dieses Symbol steht für das visuelle Objekt und erstellt seine explizite Beschreibung. Wenn die Symbole, die zu den Strukturbeschreibungen passen, die aus der vor Ihnen liegenden Szene stammen, aus der ganzen ungeheuren Zahl von Möglichkeiten, von denen der größte Teil die meiste Zeit innerhalb unserer Köpfe schlafend liegt, ausgewählt worden sind, dann ist die Zusammenstellung der ausgewählten aktivierten Symbole ganz einfach unsere visuelle Erfahrung im betreffenden Augenblick. Dies ist eine seltsame, sogar fantastische Entdeckung, aber sie ist unausweichlich.

Wenn man über das Erkennen als Tätigkeit des Aufeinanderabstimmens von Strukturbeschreibungen spricht, so ist dies nicht so sehr eine richtiggehende Theorie des Erkennens, sondern vielmehr eine Erläuterung dessen, was eine erfolgreiche Theorie leisten muß. Erstens: sie muß erklären, wie passende abstrakte symbolische Beschreibungen der Struktur eines Input-Bildes aufgebaut werden. Zweitens: sie muß uns sagen, wie solche Beschreibungen gespeichert werden können. Und drittens: sie muß uns mitteilen, wie irgendeine gegebene Strukturbeschreibung, die aus dem Anschauen eines Input-Bildes gewonnen wird, mit der »richtigen« gespeicherten Beschreibung aus all den unzähligen, die wir besitzen, in Verbindung gebracht werden kann – und wie dies, normalerweise, im Bruchteil einer Sekunde geschehen kann. Dies sind hohe Ansprüche an eine Theorie, und vielleicht können Sie jetzt allmählich einschätzen, warum das Problem des »Objekterkennens« so kompliziert ist.

Modellzuordnung

Die Vorstellung vom Erkennen mit Hilfe struktureller Beschreibungen erfordert ein großes Ausmaß an Ausarbeitung, bevor man sagen kann, daß sie eine adäquate Theorie darstellt. Aber sie hat immerhin den Vorzug, bestimmte Zugänge zum Problem des Erkennens als inadäquat aufzuzeigen, wenn Erkenntnisleistung sich auf menschliche Fähigkeiten beziehen soll. Ein solches inadäquates Schema ist die Modellzuordnung. In Kapitel 2 wurden die Schwierigkeiten bei der Herstellung eines Winkeldetektormodells umrissen, und diese Schwierigkeiten würden gleichermaßen auf die Herstellung von Objektmodellen zutreffen. Aber darüber hinaus würde es sich als ganz unmöglich erweisen, ein Modell zu bauen, das beispielsweise mit all den Spielarten und Verzerrungen der in Bild **107** gezeigten »T«s zu Rande käme. Man könnte niemals eine Ansammlung von Fotozellen, noch so schlau und raffiniert zusammenstellen, daß sie ein starkes kombiniertes Signal geben würde, sobald ein »T« vorhanden ist, und erst recht nicht für all die verschiedenen Typen von »T«s, die wir tatsächlich erkennen können.

Das Erkennen von Modellstrukturen spielt jedoch eine wertvolle Rolle in vielen künstlichen Erkennungssystemen in der Wirtschaft. Das Erkennen von Kontonummern auf Bankschecks ist ein gutes Beispiel dafür (siehe Bild **109**). Im Zahlenleser ist ein Satz von Schablonen, eine für jede Ziffer, vorhanden, und diese Maschine funktioniert so, daß sie zu sehen versucht, welche Schablone am besten auf die Nummer des Schecks paßt, den sie zu lesen hat. Dieser Vogang ist im Prinzip demjenigen ganz ähnlich, der beim Winkelmodell von Kapitel 2 versucht wurde, nur, daß die Einzelheiten der maschinellen Anlage verschieden sind. Das System funktioniert in diesem Bereich dadurch recht effektiv, daß

Bild 109. Spezial-Ziffern auf einem Bankscheck.

ein speziell angefertigter Satz von Ziffern vewendet wird, deren Formen für das künstliche Auge sehr verschieden voneinander sind, und indem man nicht zuläßt, daß die Sache durch Variationen in Helligkeit, Kontrast, Form und Größe der Ziffern kompliziert wird. So ist dies also ein vollkommenes Erkennungssystem für die Aufgabe, mit der es sich auseinanderzusetzen hat, aber diese Aufgabe ist sehr einfach und alltäglich, gemessen an menschlichen Erkenntnisleistungen. Der Vorteil dieses Schablonensystems ist natürlich, daß es seine simple Aufgabe äußerst schnell und sehr ökonomisch erledigen kann.

Von Formbeschreibungen zu Objektbeschreibungen

Rekapitulieren wir an dieser Stelle, was bis jetzt in diesem Buch über »Szenenbeschreibungen« gesagt wurde.

In Kapitel 1 wurde zum erstenmal die Vorstellung eingeführt, daß das Sehen eine symbolische Szenenbeschreibung ist, die verschiedene Aspekte einer Szene explizit macht. In Kapitel 2 wurde das Konzept der Formbeschreibung erklärt, und einige Probleme bei der Herstellung eines Satzes von Modellen, die für Figuren stehen, wurden skizziert. In Kapitel 3 wurde weiterhin das Ziel verfolgt, eine zufriedenstellende Szenenbeschreibung zu erhalten, und zwar mit Hilfe einer Darstellung des Systems der gestreiften Hirnrinde, das darauf abgestellt zu sein scheint, Berechnungen zu leisten, die zu der Aktivierung von neutralen Formsymbolen führen. In Kapitel 4 wurden psychologische Vorgehensweisen bei der Erforschung von Formbeschreibungsmechanismen in Verbindung mit der Darstellung verschiedener optischer Täuschungen erklärt. Und nun haben wir den Punkt erreicht, von Symbolen für Formen zu Symbolen für Objekte überzugehen. Diese allgemeine Vostellung wurde kurz in Bild **31** berührt: dort wurde gezeigt, wie man im Prinzip versuchen könnte, eine symbolische Objektbeschreibung aus einer symbolischen Formbeschreibung zu gewinnen, indem zur Veranschaulichung die Möglichkeit hergenommen wurde, eine Szenenbeschreibung, »Rechteck vorhanden«, dadurch zu gewinnen, indem man das Vorhandensein von vier Ecken feststellt, die passend durch vier Räder verbunden sind.

Irgendwie schreitet also das visuelle System von seiner »primitiven« Formbeschreibung zu seiner »höhergradigen« Objektbeschreibung fort. Dieser Vorgang erfolgt jedoch nicht in einem Schritt. Wir sagten, daß ein »T« ein vertikaler Balken ist, der an seinem oberen Ende mit der Mitte eines horizontalen Balkens verbunden ist. Beachten Sie aber, daß der Begriff »Balken« sehr allgemein ist und nicht mit einer einzigen Form gleichgesetzt werden kann, wie ein Blick auf Bild **107** bestätigt. Eine einfache Formbeschreibung der Art, wie sie in Kapitel 3 behandelt wurde, lautete etwa folgendermaßen: »Linie vorhanden an der Stelle der entsprechenden Hyperkolumne, Richtung 25°, niedriger Kontrast, mittlere Verschwommenheit. Diese Art der Formbeschreibung ist offensichtlich sehr verschieden von derjenigen, die den Begriff »Balken« verwendete, um damit all die verschiedenen »T«s in Bild **107** abzudecken. Ein »Balken« ist selbst eine Art von Objekt und verlangt nach einer eigenen symbolischen Beschreibung auf einem wesentlich höherem Niveau als dem einfacher Formen. So könnte ein »Balken« als »Aggregat von Formen, dessen eine Achse etwa fünfmal so lang ist wie die andere Achse« definiert werden. Und es muß als erster Schritt zum Erkennen eines »T«s ein Symbol aktiviert werden, das eine solche Wahrnehmungsentität darstellt; denn die Definition von »T-heit« beruht auf solchen Balken.

Eine ähnliche Überlegung trifft auf die Strukturbeschreibung von Nixon zu. Ein Auge ist wirklich für sich selbst schon ein sehr subtiler und komplizierter Objektbegriff, erst recht, wenn es bei der Definition von noch viel komplizierteren Objektbegriffen wie zum Beispiel »Nixon« mithilft, und es muß als Vorstufe zum Erkennen eines Gesichtes (fast) jeder Art betrachtet werden. Außerdem könnte eine Strukturbeschreibung zum Erkennen eines Auges Ausdrücke wie »Balken« (für die Augenlider), »Kreise« (für die Pupillen) und so weiter enthalten – Ausdrücke, die ebenso aufgeschlüsselt werden müßten, wie es vorher für den »Balken« beschrieben wurde.

Das Erkennen von Objekten muß also die Aktivierung von Symbolen auf verschiedenen Ebenen der Komplexität beinhalten, so daß die einen bei der Konstruktion der anderen mithelfen können. Um diesen Vorgang etwas näher zu erklären, beginnen wir am besten am Anfang und überlegen uns, was unmittelbar, nachdem eine Formbeschreibung niedrigen Grades gewonnen wurde, geschieht.

Strukturen innerhalb der Formbeschreibungen

In Kapitel 3 haben wir die neurophysiologische Version des Sehens an der Stelle verlassen, wo jeder Teil des Input-Bildes von der Hyperkolumne analysiert worden war. Die Hyperkolumne war dabei der Teil des Nervensystems, der auf seinen speziellen Teil des Inputs (den wir ihr Hyperfeld nannten) »blickte« und beurteilte, welcher Formtyp zugegen war (Linie, Schlitz, Rand) und welches seine Merkmale waren (Richtung, Kontraste, Verschwommenheit).

Das Problem, Strukturen in einer Formbeschreibung aufzufinden, wird in Bild **110** gezeigt. Die beobachtete Szene enthält einen Teddybären, und es wird ein Grautonbild dieser Szene gezeigt. Das Grautonbild wurde aus einem Input-Bild gewonnen, und Sie sollten zu Bild **2** zurückblättern, wenn Sie sich an diese Abfolge nicht gleich erinnern können. Das nächste Bild der Reihe ist eine Formbeschreibung. Dies wird durch eine Menge von kleinen Linienabschniten angezeigt, die über das ganze Bild hinweg von einer hyperkolumnenähnlichen Vorrichtung entdeckt wurden. Diese Formbeschreibung kommt eigentlich aus einem Computersehsystem, das von David Marr ausgedacht wurde. Die Theorie, die in Kapitel 3 über die Art, wie Hyperkolumnen wohl funktionieren, dargestellt wurde, war jedoch stark von Marrs Vorstellungen beeinflußt, und deshalb können wir vernünftigerweise annehmen, daß die Hyperkolumnen eine Formbeschreibung anfertigen würden, die der dargestellten ziemlich ähnlich sähe.

Die Formbeschreibung, die in Bild **110** gezeigt wird, ist nur eine verkürzte Ausgabe der vollständigen Beschreibung.

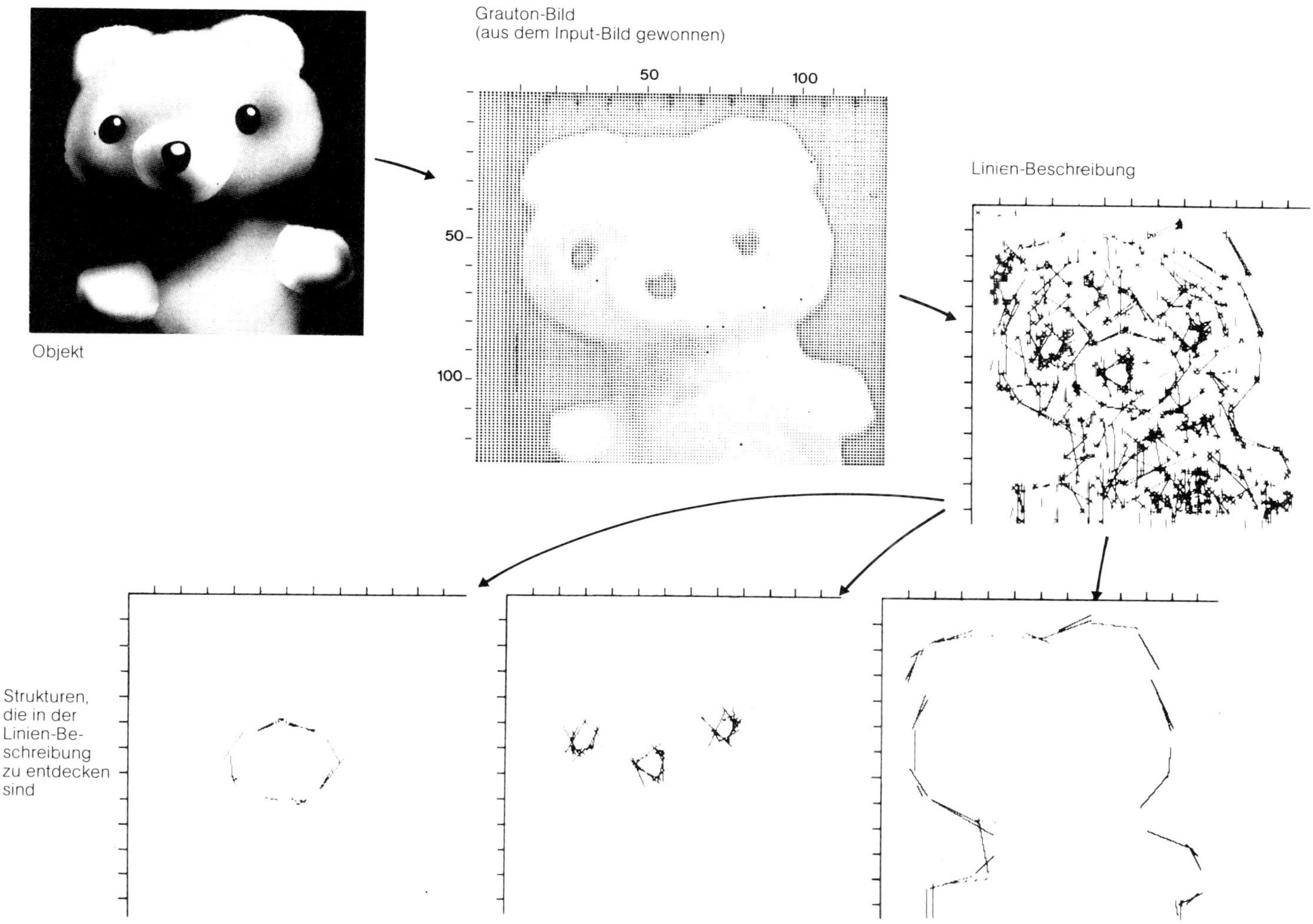

Bild 110. Das Finden von Strukturen in einer Formbeschreibung.

Das heißt, die einzelnen Linienabschnitte haben im Bild lediglich einen Ort und eine Richtung, aber in Wirklichkeit müßte jeder Abschnitt auch eine Feststellung über seinen Typus (Linie, Rand, Schlitz), seinen Verschwommenheitswert und seinen Kontrast bei sich haben. Das Bild würde allzu kompliziert werden, wenn diese ganze Information irgendwie mit eingeschlossen würde, aber wir müssen sie uns als vorhanden vorstellen. Jeder Linienabschnitt muß also so betrachtet werden, daß er zum Zweck der Veranschaulichung die Existenz eines Formsymbols darstellt, das viel reicher definiert ist, als es eine einfache gedruckte Linie jemals wiedergeben kann.

Als erstes bemerkt man bei dieser Formbeschreibung, selbst in dieser vereinfachten Form, ihren unordentlichen und wirren Zustand. Linien erscheinen fast überall. Dies ist vielleicht nicht so erstaunlich, wenn Sie den Teddybären selbst genau anschauen und feststellen, daß auch Ihr eigenes visuelles System viele Formen mit wechselnden Eigenschaften an vielen verschiedenen Orten entdecken kann. Aber das reichliche Vorhandensein dieser verschiedenen Formen ist für uns üblicherweise nicht sofort ersichtlich, da unser visuelles System Formenansammlungen leicht *gruppieren* kann und auf diese Weise Strukturen in der sonst ungegliederten Masse von »niederen« Forminformationen sehen kann: Das Bewußtsein von diesen größeren Strukturen drängt sozusagen das Bewußtsein ihrer Formbestandteile in den Hintergrund. Drei solcher Formansammlungen sind in Bild **110** herausgelöst worden, und jede von den dreien wird unterhalb der Formbeschreibung als Struktur in einem eigenen Bild gezeigt. Diese Strukturen – »Wahrnehmungsgruppierungen«, wenn Sie so wollen – sind der allgemeine Umriß des Teddybären; seine Nase und Augen und seine Schnauze. Alle drei Strukturen wurden von Marrs Computersystem in der wirren, »niederen« Formbeschreibung gefunden, wo sie sozusagen »versteckt« waren. Die Art ihrer Entdeckung stellt eine beträchtliche Leistung dar, da sie einen großen Fortschritt in der Lösung einer der grundsätzlichen Schwierigkeiten beim Erkennen von Objekten erbringt, die als *Segmentierungsproblem* bezeichnet wird.

Das Segmentierungsproblem ist die übliche Bezeichnung für die sehr schwierige Aufgabe, bei einer Masse von Forminformationen herauszufinden, welche Teile zusammengehören und deshalb Strukturen bilden. Unser visuelles System ist darin sehr gut, aber für maschinelle Sehsysteme hat es sich als große Stolperschwelle erwiesen. Und wenn wir schon dabei sind, Marrs Zugang zur Segmentierung zu erklären, ist es am besten, uns als nächstes gleich den *Gruppierungsprinzipien* zuzuwenden, die innerhalb unseres eigenen visuellen Systems zu wirken scheinen.

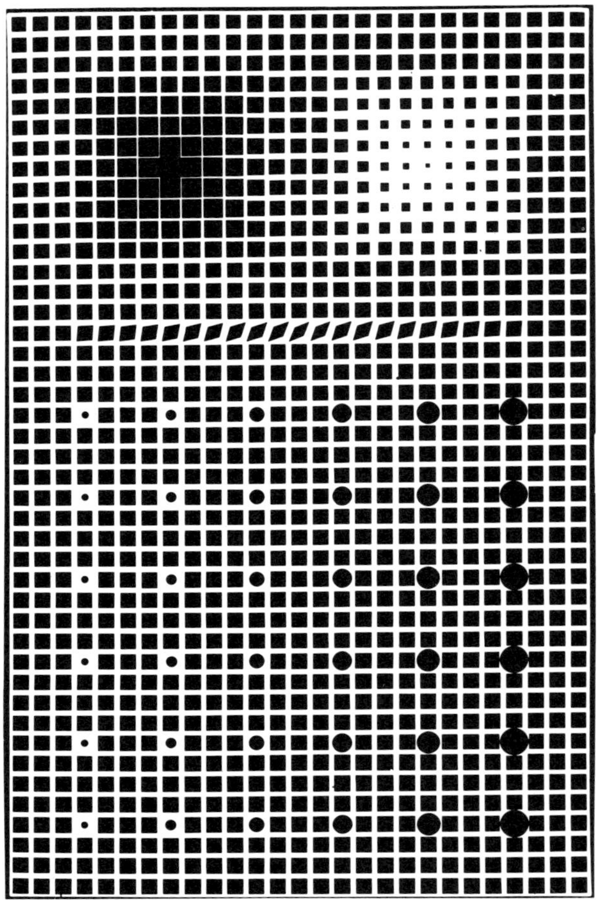

Bild 111. Viktor Vasarely, *Supernovae.*

Gruppierungsprinzipien (= Gestaltgesetze)

Schauen Sie auf das Op-Art-Bild von Victor Vasarely in Bild **111** und beobachten Sie, wie Ihr Auge unmittelbar von bestimmten Strukturen dieses Bildes »eingefangen« wird, obwohl es von einem bestimmten Standpunkt aus betrachtet lediglich eine Vielzahl einzelner Elemente von wechselnder Form in einem regelmäßigen Muster enthält. Zum Beispiel sehen Sie sofort die runden Elemente als unterscheidbares Muster, das sich von den quadratischen Mustern abhebt. Ebenso tritt eine Gruppe von Rautenformen ungefähr auf der Grenze zwischen dem ersten und zweiten Drittel von oben als Gruppe hervor und hebt sich von den rechtwinkligen Formen der Umgebung ab. Dies sind Beispiele für *Wahrnehmungsgruppierungen,* wobei jede von ihnen bestimmte Elemente mit irgendeiner gemeinsamen Eigenschaft in eine Wahrnehmungsstruktur »zusammenfaßt«. In den beiden eben genannten Beispielen ist die gemeinsame Eigenschaft eine *ähnliche Form,* in diesem Falle entweder eine runde oder winklige Form.
Beachten Sie auch, daß, wenn Sie das Bild weiter betrachten, noch andere Wahrnehmungsgruppierungen offenbar werden. Zum Beispiel sehen Sie wahrscheinlich, daß die runden Elemente in Schnüre aufgeteilt sind. Tatsächlich haben viele Leser diese Schnüre wahrscheinlich zuerst gesehen, und dann erst die ganze Gruppe der runden Elemente.

Das Gruppierungsprinzip, das die Bestandteile der Schnüre zusammenbringt, ist das der *ähnlichen Größe.* So haben wir sechs vertikale Schnüre mit runden Elementen, wobei jede Schnur von der anderen durch die Größe ihrer Einzelglieder abgesetzt ist. Die Schnüre auf der rechten Seite des Bildes, die aus den größten Kreisen bestehen, sind diejenigen, die sich am deutlichsten auf dieser Grundlage zusammengruppieren. Das Gruppierungsprinzip der Größe kann man auch im oberen Teil des Bildes in Aktion sehen, wo große quadratische Elemente die eine Wahrnehmungsgruppe bilden, und kleine quadratische Elemente die andere.
Ein anderes Gruppierungsprinzip, das des *guten Verlaufs,* wird in Bridget Rileys Gemälde »Gerade Kurve« (Bild **112**) anschaulich gemacht. Das Gemälde setzt sich nur aus kleinen schwarzen Dreiecken zusammen, die alle gerade Seiten haben. Die Kurven ergeben sich aus dem Umstand, daß unser visuelles System die Kanten, die eine ungefähr gleiche Richtung haben, in höhergradige Wahrnehmungsstrukturen zusammengestellt und dadurch den Schein erzeugt, es seien gekrümmte Linien vorhanden, die über das Gemälde hinweg verlaufen. Die Kurven werden von Ihrem visuellen System »eingesetzt«, das heißt, individuelle Elemente werden auf Grund der Gleichmäßigkeit in ihren Richtungen zusammengeschlossen. Die Macht dieses Gruppierungsprinzips wird durch die Frasersche Spirale (siehe Bild **4**) gut dokumentiert. Dies war die erste optische Täuschung, die in diesem Buch gezeigt wurde, und gleichzeitig die eindruckvollste von allen. Man sieht die scheinbare Spirale, weil das visuelle System der Meinung ist, daß der beste Verlauf zwischen den individuellen Elementen durch eine Spirale verwirklicht wird, und nicht durch die konzentrischen Kreise, die tatsächlich vorhanden sind.
Ein sehr einfaches Gruppierungsprinzip, und dennoch eines der wichtigsten, ist das der *Nähe.* In Bild **113a** sehen wir

Bild 112. Bridget Riley, *Gerade Kurve.*

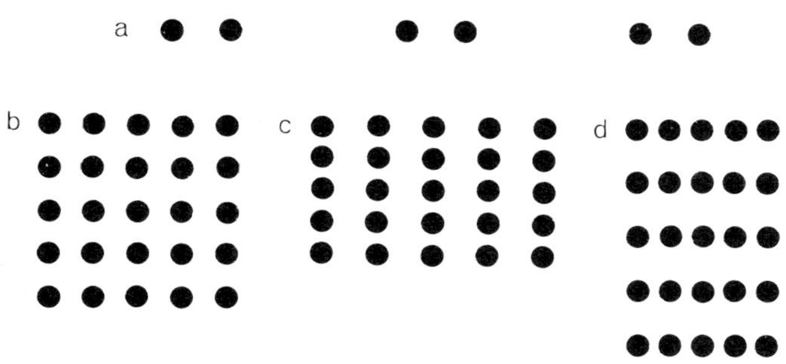

Bild 113. Das Gruppierungs-Prinzip der Nähe.
a) Die Reihe der Kreise erscheint als drei einzelne Paare.
b) Es können gleichermaßen Reihen und Spalten gesehen werden.
c) Spalten herrschen vor, und zwar wegen der Nähe der Kreise entlang der vertikalen Achse.
d) Reihen herrschen vor, und zwar wegen der Nähe der Kreise entlang der horizontalen Achse.

zum Beispiel die Reihe der Kreise in drei Paare aufgespalten, wobei jedes Paar das Ergebnis der Nähe der beiden Teilglieder des Paares zueinander darstellt. In Bild **113b** sind alle Kreise gleichweit voneinander entfernt, und wir können deshalb genauso leicht Kreisreihen wie auch Kreisspalten sehen. Wenn die Punktematrix jedoch wie in Bild **113c** flach zusammengepreßt wird, dann herrschen in der Wahrnehmung die Spalten vor, weil diese Pressung bestimmte Kreise nahe aneinandergebracht hat, und das visuelle System die Tatsache aufnimmt und dementsprechend »Spalten« meldet. Das Vorherrschen von Reihen (Bild **113d**) ist ebenso leicht zu erzeugen, indem man die Form der Matrix in die entgegengesetzte Richtung zusammendrückt, wobei auch hier wieder das Prinzip der Nähe zum Ausdruck kommt.

Das Gruppierungsprinzip der *Geschlossenheit* wird in Bild **114** gezeigt. In der oberen Reihe dieses Bildes ist eine Serie von Klammern zu sehen, die auf verschiedene Arten gruppiert werden können. In der unteren Reihe wurden Linien zwischen den beiden Hälften der Klammern gezogen, um eine Gestalt von »geschlossenem« Umriß herzustellen. In der linken Hälfte dieser unteren Reihe ähneln die geschlossenen Formen im Umriß Fernsehbildschirmen, und in der rechten Hälfte Säulen. Das Prinzip der Geschlossenheit, das heißt, das Sehen von Elementen, die eine vollständige Form als einzelne Struktur erzeugen, verlangt in beiden Fällen, daß die zweideutigen vertikalen Klammern zusammengeschlossen werden, um abgeschlossene Entitäten zu ergeben.

Diese und andere Gruppierungsprinzipien wurden zum erstenmal von den *Gestaltpsychologen*, die in den 20er und 30er Jahren dieses Jahrhunderts arbeiteten, als wichtigste Hinweise über Wahrnehmungsmechanismen hervorgehoben und untersucht. Die Gestaltpsychologen bemerkten, daß viele Wahrnehmungen eine aktive Gruppierung von Elementen, wie eben beschrieben, aufweisen und entwikkelten aus dieser Erkenntnis ihren Lieblingssatz: *Das Ganze ist mehr als die Summe seiner Teile.* Das heißt, daß die Teile nicht als getrennte und isolierte Entitäten in der Wahrnehmung behandelt werden. Vielmehr spielen die Teile zusammen, um eine *Gestalt* zu erzeugen, die beträchtlich von dem abweichen kann, was man erwarten würde, wenn die Teile nichts miteinander zu tun hätten.

Interessanterweise hat Marr herausgefunden, daß Gruppierungsprinzipien der Art, wie sie von den Gestaltpsychologen entdeckt wurden, bei der Segmentierung oder Aufteilung einer niedriggradigen Formbeschreibung sehr wertvoll sind. Und was am wichtigsten ist: er hat entdeckt, daß allgemeine Prinzipien dieser Art einen großen Fortschritt auf dem Weg zu einer erfolgreichen Segmentierung darstellen können, ohne daß diese Segmentierung eine Vorinformation über die Art der Szene, von der die Formbeschreibung kommt, voraussetzt. Auf diese Weise hat sein Computersystem die Strukturen, die in dem unteren Teil von Bild **110** gezeigt werden, »gefunden«, indem es eine Anzahl dieser Gruppierungsprinzipien verwendete, ohne dabei zu »wissen«, daß es nach einem Teddybären oder Teilen eines Teddybärs Ausschau hielt. Die Bärenumrißstruktur ist eine Gruppierung von Formen, die hauptsächlich auf der Grundlage des Richtungsverlaufs erreicht wurde (siehe Bild **112**); Augen und Nase verweisen auf eine Formengruppierung, die hauptsächlich auf den Prinzipien der Nähe und Ähnlichkeit beruht (vergleiche Bild **113**) und die Schnauze zeigt das Prinzip der Geschlossenheit in Aktion, indem Formen zusammengebracht wurden, die einen vollständigen ovalen Umriß ergeben (vergleiche Bild **114**). In Wirklichkeit hing die Herstellung einer jeden Struktur nicht allein von diesen jeweiligen Gruppierungsprinzipien ab, denn es wurden alle Prinzipien auf einmal verwendet und dann kombiniert, um die dargestellten Endergebnisse zu liefern. Darüber hinaus muß darauf hingewiesen werden, daß die Formbeschreibung von Bild **110** in dem, was sie zeigt, sehr verkürzt ist, und daß in Wirklichkeit mehr Spielraum da war, ähnliche Formen zusammenzubringen, sei es auf der Grundlage des Typs (Schlitz, Rand, Linie) oder von gemeinsamen Merkmalen (wie Kontrast und Verschwommenheit), als aus der Illustration offensichtlich wird (die Illustration hebt nur Ort und Richtung der Formen hervor).

Die Formbeschreibung von Bild **110** entspricht in Wirklichkeit nicht ganz der »Roh«-Formbeschreibung, als die wir sie bis jetzt genommen haben. Um zu diesem Stadium zu gelangen, verwendete Marrs Computerprogramm bestimmte Gruppierungsprozesse primitiver Art, um die sehr »niederen« Forminformationen, die durch die hyperkolumnenähnliche Apparatur erzeugt wurden, hervorzubringen. Wenn Sie also genau hinschauen, können Sie sehen, daß einige der Formelemente in dieser Beschreibung ihrer Ausdehnung nach sehr groß sind und das übersteigen, was man von einer einzelnen Hyperkolumne erwarten würde, die nur auf ihr eigenes begrenztes Hyperfeld blickt. Wir wollen diese frühen Gruppierungsoperationen, die Marr für sein System praktikabel fand, nicht im einzelnen beschreiben, sondern lediglich anmerken, daß sie als Typus den bereits beschriebenen ähnlich sind, in ihrer Reichweite aber beschränkter sind (das heißt, sie verbinden benachbarte Formen mit fast gleichem Typus und gleicher Richtung). Marr

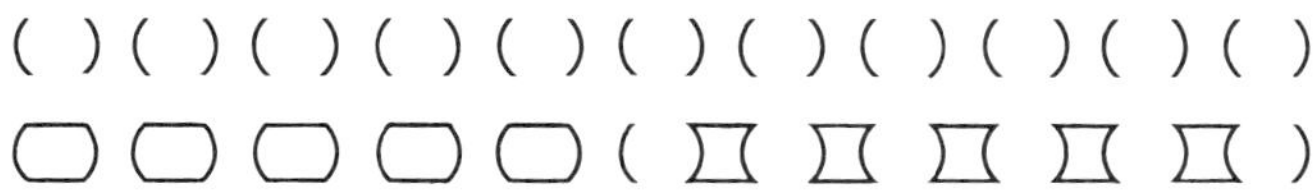

Bild 114. Das Gruppierungs-Prinzip der Geschlossenheit (siehe Text).

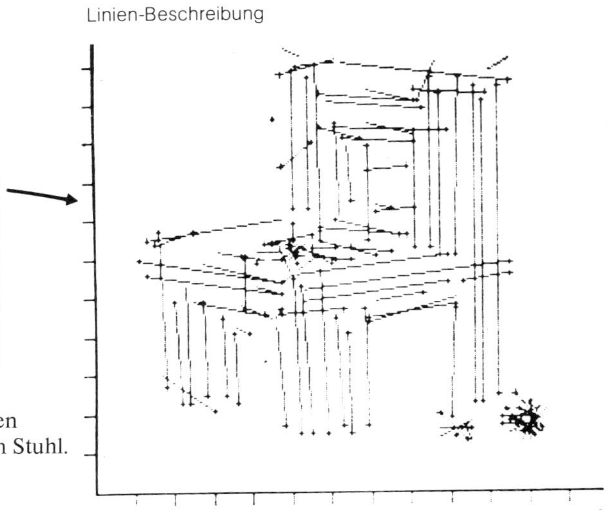

Bild 115. Die Gewinnung der symbolischen Beschreibung »hohen Grades« von einem Stuhl.

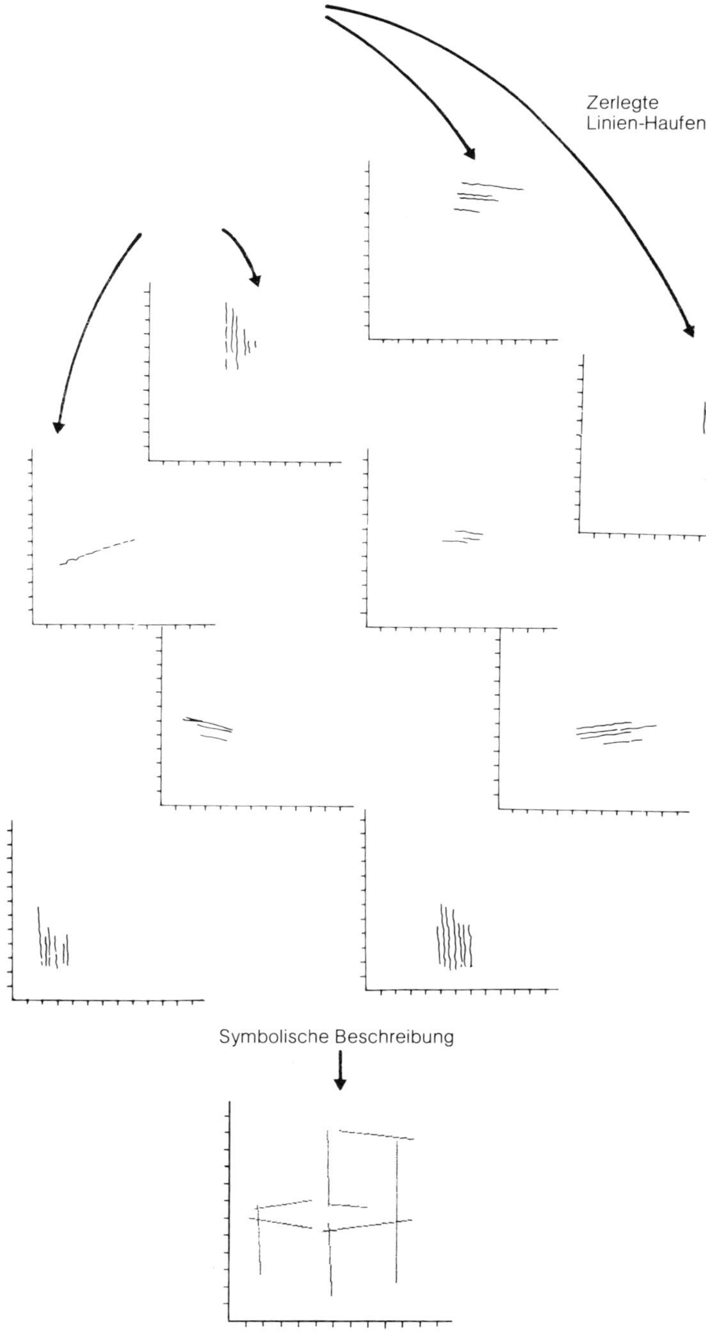

verwendet einen besonderen Ausdruck für eine Linienbeschreibung, die durch ein Minimum von Gruppierungsprozessen erzeugt wurde: er nennt sie *»Primärzeichnung«*. Es ist eine symbolische Beschreibung der verschiedenen Intensitätsveränderungen im Input-Bild, sie befindet sich seiner Vermutung nach auf einem Komplexitätsniveau, das ungefähr den »niederen« Linien des wahrgenommenen »visuellen Bildes« entspricht. Alle nachfolgenden Analysen und Interpretationen verwenden die Primärzeichnung und nicht etwa die vorhergehenden Messungen, auf denen diese Zeichnung beruht, als Informationsreservoir. Deshalb ist die Primärzeichnung oder der Punkt, an dem die »visuelle Erfahrung« beginnt, der einzige Input für die späteren Vorgänge des Objekterkennens, Denkens, Problemlösens usw.

Denken Sie daran, daß, obwohl in Bild **110** für Illustrationszwecke die Strukturen, die das System entziffern, als Ansammlung ihrer Formenbestandteile ausgedruckt wurden, in Marrs Programm für jeden einzelnen von ihnen ein Symbol vorhanden wäre. Oder, wie Marr es ausdrücken würde, jede wäre *explizit benannt*, und man könnte sich von daher bei nachfolgenden Objekterkennungsvorgängen auf sie beziehen. Mit anderen Worten, jede Struktur wäre in Marrs Computerprogramm mit einem Etikett vertreten. Mit dem Etikett wäre eine Liste seiner Formbestandteile, sein Ort usw. verbunden, aber das Etikett – der Name – wäre das vereinigende Symbol, das der Linienansammlung ihre strukturelle Identität verleiht. Deshalb können wir die »Benennung« durch Marrs Programm damit gleichsetzen, daß unser visuelles System eine solche Struktur »bemerkt«, wie zum Beispiel in dem Gemälde von Vasarely (Bild **111**). Unser »Bemerken« ist ein Akt der expliziten Beschreibung, und es muß irgendein Symbol in unseren Köpfen geben, das die Beschreibung *ist*. Dies ist nicht leicht zu verstehen, aber ich hoffe, daß inzwischen genug über explizite Beschreibungen und das Sehen gesagt wurde, damit sie die wesentliche Aussage verstehen können. Auf jeden Fall werde ich im nächsten Abschnitt ein weiteres Beispiel angeben, damit die Sache noch klarer wird.

Zurück zu den Karikaturen

In Bild **115** ist die beobachtete Szene ein Stuhl, und Marrs Programm erzeugt die gewohnte ausgearbeitete Formbeschreibung (in diesem Fall wird die inzwischen vertraute Grautonbeschreibung ausgelassen). Im nächsten Stadium werden Linienansammlungen, in verschiedenen Gegenden der Szene als zusammengehörig herausgelöst: sie sind in Bild **115** in Einzeldarstellungen eigens abgedruckt. Diese Ansammlungen wurden hauptsächlich dadurch gefunden, daß man Elemente mit ähnlicher Richtung zusammengruppierte. Jede Ansammlung ist somit als eine Einheit mit gegebener Lage, Richtung und Ausdehnung beschrieben. Diese Einheit muß dann mit einem Symbol etikettiert werden und die eben erwähnten Merkmale würden mit diesem Symbol verknüpft werden. Wenn die »Dinge«, für die diese Symbole stehen, gedruckt werden, dann erscheint ein skelettartiger Umriß des Stuhles. Jedes »Ding« ist eine Wahrnehmungseinheit, wenn Sie so wollen, und Marr hat uns gezeigt, wie sie aus dem Input-Bild einer Szene herausgelöst (das heißt explizit beschrieben) werden können.
Sie werden ohne Zweifel sofort die Ähnlichkeit zwischen dem Stuhlskelett von Bild **115** und der Art von Skizze feststellen, die ein Karikaturist von dem betreffenden wirklichen Stuhl machen könnte. Ist es möglich, daß wir deshalb so gut im Erkennen von Karikaturen sind, weil sie im wesentlichen den strukturellen Objektbeschreibungen gleichen, die unser visuelles System normalerweise herstellt? Die Karikatur liefert vielleicht eine »Abkürzung«, wenn man so will, sowohl für die Erarbeitung von normalen Strukturbeschreibungen wie auch für den Vergleich dieser Beschreibungen mit den gespeicherten Beschreibungen zum Zwecke des Erkennens. Die Karikatur könnte das erforderliche Informationsminimum für eine adäquate Strukturbeschreibung darstellen. Sie ist auch ein besonders »gutes« Minimum, weil sie eine so starke Ähnlichkeit mit der Art von Strukturbeschreibung hat, die ohnehin aufgebaut werden würde. Dies ist die Interpretation der Karikaturen, die Marrs Zugang zur Analyse von Szenen angeregt hat. Wenn man sich seinen Erfolg bei der Reduktion komplexer natürlicher Szenen auf skelettartige Strukturbeschreibungen vor Augen hält, so liefert sein Ansatz außerdem eine überzeugend einfache Erklärung, warum wir so geschickt darin sind, Karikaturen zu erkennen.

Zurück zu verschwommenen Bildern

Wir können auch gut verschwommene Bilder erkennen, genauso wie Karikaturen, und diese Tatsache (durch Bild **106** demonstriert) muß ebenfalls erklärt werden. Es ist jedoch nicht schwierig, diese interessante Eigenheit in das bis jetzt umrissene allgemeine Schema einzubauen. Wir müssen nur annehmen, daß bei unserer Fähigkeit, die wesentliche skelettartige Struktur aus einem normalen natürlichen Bild herauszuziehen, wir dies auch bei einem natürlichen verschwommenen Bild tun können. Dies klingt recht einleuchtend, obwohl offensichtlich noch niemand vesucht hat, dies

Bild 116. Das Figur-Grund-Phänomen: Wir können entweder ein weißes Kreuz auf dunklem Grund oder ein schwarzes Kreuz auf hellem Grund sehen.

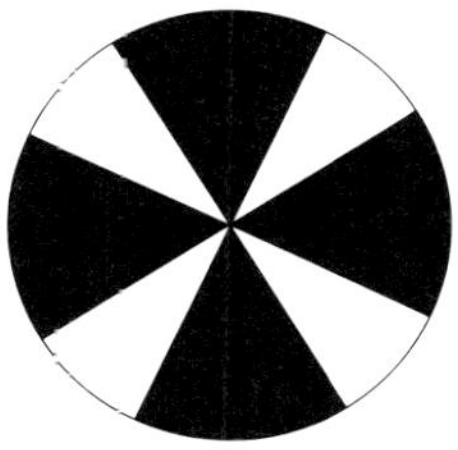

mit einem Computersystem durchzuführen. Aber schließlich könnte ein Fleck in einem verschwommenen Bild leicht durch ein eigenes Symbol explizit beschrieben werden, und mit diesem Symbol könnten Informationen über Lage, ungefähre Richtung und Ausdehnung verbunden sein, genau wie bei den Anhäufungen Formelemente in der Formbeschreibung des Stuhls von Bild **115**. Natürlich dürfte die Verschwommenheit nicht allzu stark sein, sonst könnte überhaupt kein Skelett herausgezogen werden, aber es gibt bestimmte Grenzen der Verschwommenheit innerhalb derer wir sie noch bewältigen können, bevor die Möglichkeit des Erkennens verlorengeht. Wenn das verschwommene Bild einmal durch einen »scharfen« Satz von Entitäten mit einem skelettartigen Rahmen beschrieben ist, dann kann die so erreichte Strukturbeschreibung wie gewöhnlich mit gespeicherten Beschreibungen verglichen werden, und wenn eine Entsprechung gefunden ist, wird das Erkennen vollzogen.

Figur und Grund

Das Segmentierungsproblem steht in engem Zusammenhang mit dem von Psychologen so bezeichneten *Figur-Grund-Phänomen.* Wenn wir auf Bild **116** schauen, sehen wir entweder ein weißes Kreuz, das sich gegen einen schwarzen Untergrund abhebt, oder ein schwarzes Kreuz auf weißem Untergrund. Um es anders auszudrücken, wir sehen Bild **116** als eine Figur auf einem Grund, und dies ist deshalb interessant, weil es zeigt, daß das Herauslesen einer Figur von ihrem Hintergrund ein *aktiver* Wahrnehmungsvorgang ist, wie er es auch sein muß, wenn bei Bild **116** das visuelle System mit zwei veschiedenen Antworten zu verschiedenen Zeitpunkten aufwarten kann. Wir können dafür ebenso gut sagen, daß das visuelle System Bild **116** zu verschiedenen Zeitpunkten verschieden »segmentiert«.
Die Leitlinie für die Segmentation bei Bild **116** ist die Helligkeit: entweder werden die weißen Elemente zusammengebracht, oder die schwarzen. Dies ist eine recht simple, aber wertvolle Grundlage für eine Gruppierung. Auch Farbe kann eine gute Grundlage für die Gruppierung sein. Vielleicht hat sich das Farbensehen tatsächlich aus diesem Grund entwickelt. Viele der doppeldeutigen Bilder in Kapitel 1 illustrieren sehr hübsch diese Figur-Grund-Phänomene (zum Beispiel Bild **17**). Immer wenn Figur und Grund wie in diesen zweideutigen Bildern oszillieren, liegt die Sache wahrscheinlich so, daß die verschiedenen Gruppierungsprinzipien keine einzelne »Lösung« hervorbringen, sondern daß verschiedene miteinander konkurrierende, Wahrnehmungsstrukturen zu verschiedenen Zeitpunkten

W	E	D	N	E	S	D	A	Y	E	A	R	U	O	H	Y
I	E	V	E	N	I	N	G	E	S	U	N	S	E	T	A
N	A	E	Y	A	D	N	U	S	G	S	E	C	O	N	D
T	U	P	K	N	I	G	H	T	N	A	R	E	T	O	D
E	G	S	U	M	M	E	R	E	E	T	U	N	I	M	I
R	U	Y	A	D	E	K	H	R	H	U	M	T	M	A	M
D	S	L	E	N	T	T	V	D	G	R	O	U	E	Y	W
E	T	U	U	X	Y	L	I	A	D	D	M	R	E	V	E
C	R	J	A	N	U	A	R	Y	R	A	E	Y	W	E	N
E	T	S	A	U	T	U	M	N	F	Y	N	C	V	O	O
M	O	N	D	A	Y	N	O	O	S	C	T	W	A	N	O
B	D	L	L	H	A	N	P	Q	E	L	C	Y	C	D	N
E	A	I	C	X	D	A	T	E	A	R	E	T	S	A	E
R	Y	R	E	S	I	R	N	U	S	P	R	I	N	G	I
B	A	P	Z	N	R	T	O	M	O	R	R	O	W	O	N
M	L	A	T	E	F	O	R	T	N	I	G	H	T	M	L

Bild 118. Wieviele englische Wörter können Sie entdecken?

»entdeckt« werden. In einer normalen Szene kann jedoch fast immer eine einzige Antwort auf das Problem der Segmentierung der verschiedenen Elemente der Formbeschreibung gefunden werden. Und dies ist die »richtige« Antwort in dem Sinn, daß die gefundenen Strukturen üblicherweise diejenigen sind, die der Wirklichkeit tatsächlich entsprechen.

Figur-Grund-Phänomene werden nirgendwo besser illustriert als in einer kürzlich erschienenen Art von Kritzelblock (siehe Bild **117**, Tafel 7). Die Muster auf jeder Seite dieser Blöcke können in unendlich verschiedener Weise interpretiert werden, wie die zwei Beispiele, die von meinen beiden Töchtern in Bild **117** geliefert wurden, verdeutlichen. Und wenn man auf die Muster schaut, taucht eine große Vielfalt veschiedener Wahrnehmungsorganisationen auf, da die Gruppierungsprinzipien in unserem visuellen System ständig neue Figur-Grund-Lösungen für den vielfältigen und mehrdeutigen Input erfinden. Welches Muster ist »in Wirklichkeit« vorhanden? Es gibt keine Antwort auf diese Frage. Und tatsächlich gibt es sogar bei normalen Szenen, in denen es ganz klar ist, welches Muster man »vernünftigerweise« sieht, immer noch andere theoretische Möglichkeiten, die unbemerkt bleiben.

Der automatische Charakter der Trennung von Figur und Grund verleitet uns dazu, sie für selbstverständlich zu nehmen. Aber eine andere Art von Puzzle-Spiel, das gegenwärtig auf dem Markt ist, übt seine Faszination dadurch aus, daß es Gruppierungsprinzipien außer Kraft setzt, und so die Aufgabe stellt, versteckte Wörter zu finden, was recht schwierig ist (siehe Bild **118**). Normalerweise gruppieren wir Buchstaben, die zu einem Wort gehören, nach dem Prinzip der Nähe. Aber in Bild **118** ist dieser Leitfaden entfernt worden, indem alle Buchstaben den gleichen Abstand voneinander haben. Dies zwingt uns, große Kenntnis über Wörter zu besitzen, um die einzelnen Buchstaben zusammenordnen zu können, und der niedrige Effekt dieser Methode ist aus der Schwierigkeit, die versteckten Wörter zu finden, deutlich ersichtlich.

Segmentierung durch die Struktur

Gruppierungsprinzipien und ähnliche Dinge, die mit der Figur-Grund-Unterscheidung zu tun haben, werden von Psychologen und anderen oft mit Hilfe von Mustern untersucht, die sorgfältig kontrollierte *visuelle Strukturen* aufweisen. Schauen Sie zum Beispiel auf Bild **119**, Sie müßten innerhalb dieses Bildes ziemlich leicht eine »versteckte« quadratische Fläche sehen können. Die Fläche ist als eigene Region vom Rest der Abbildung durch eine leicht unterschiedliche Struktur abgetrennt. Der Unterschied besteht in diesem Falle darin, daß die kleinen U-Formen in der mittleren quadratischen Fläche aufrecht stehen, während sie in der Umgebung auf der Seite liegen. Unser visuelles System entdeckt den Unterschied, und wir sehen die Fläche als eine getrennte Wahrnehmungseinheit herausgelöst.

Bela Julesz und seine Kollegen, die sich Bild **119** ausgedacht haben, versuchten herauszuarbeiten, wie das visuelle System es schafft, Regionen auf der Grundlage ihrer Struktur zu identifizieren, indem sie Beispiele für Strukturunter-

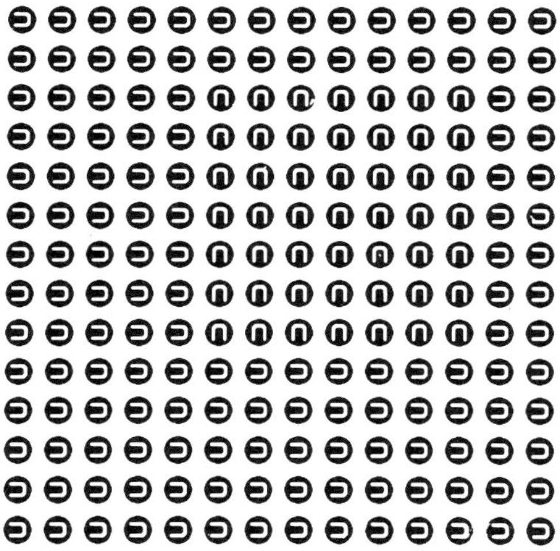

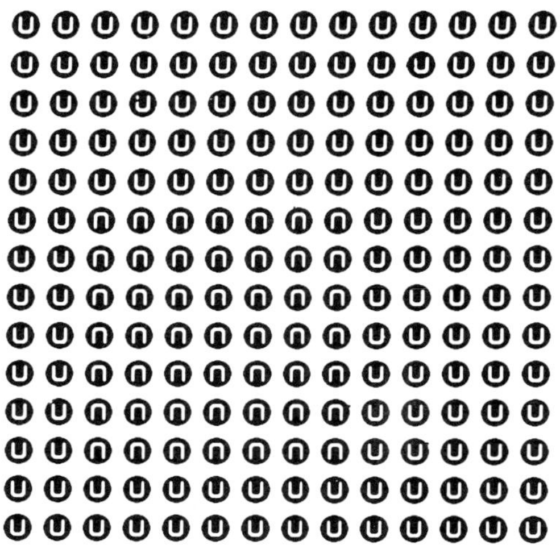

Bild 119 (links). Das Quadrat mit den Strukturelementen, die sich von denen der Umgebung unterscheiden, kann relativ leicht gesehen werden.

Bild 120 (rechts). Auch hier ist ein Quadrat mit Strukturelementen vorhanden, die sich von denen der Umgebung unterscheiden, aber diesmal kann es nur mit genauem Hinsehen gefunden werden.

Bild 121 (links). Der sich unterscheidende Quadrant kann leicht entdeckt werden, da die Richtungen seiner Bestandteile, bezogen auf diejenigen der Umgebung, verdreht sind.

Bild 122. (rechts) Welches ist der abweichende Quadrant? Das Muster ist mit dem von Bild 121 mit Ausnahme der schwarzen Linien identisch, abgesehen davon, daß es als ganzes in eine neue Position gedreht wurde. Einzelheiten im Text.

schiede gesucht haben, die wir nicht auseinanderhalten können, und diese als Hinweise daraufhin verwendeten, wie wir mit denjenigen umgehen, die uns keine Schwierigkeit bereiten. Betrachten Sie zum Beispiel Bild **120**. Können Sie die versteckte Fläche diesmal entdecken? Wahrscheinlich nicht, wenn Sie nicht sehr sogfältig und bewußt hinschauen und hochgradige kognitive Prozesse in Gang setzen (zum Beispiel das Erinnern bestimmter Elemente, dann das Vergleichen mit anderen usw.) Mit anderen Worten, die Fläche von Bild **120** tritt nicht unmittelbar als Figur gegen den Grund hervor, wie das bei der Fläche von Bild **119** der Fall ist, und dies vermittelt einen Hinweis über die Mechanismen des unmittelbaren Struktursehens. Im besonderen läßt sich vermuten, daß Unterschiede in der Richtung verwendet werden können (da solche Unterschiede in Bild **119** existieren), während bloße Verkehrungen der Lage bestimmter Strukturelemente nicht so hilfreich sind (die innere Fläche von Bild **120** besteht aus umgekehrten »U«s, so daß der einzige Unterschied zu den aufrechtstehenden in der Lage des Verbindungsstücks zwischen den beiden senkrechten Linien dieses Buchstaben liegt).

John Mayhew und ich haben jedoch vor kurzem entdeckt, daß die Richtungsunterschiede zwischen zwei Regionen manchmal sehr ausgeprägt sein können und trotzdem unbemerkt bleiben. Betrachten Sie zum Beispiel Bild **121**. Man kann leicht ein Quadrat als einzelne Figur hervortreten sehen, da seine »Webstruktur« eine von der der Umgebung verschiedene Richtung hat. Aber können Sie ebenso leicht dasselbe hervortretende Quadrat in Bild **122** sehen? Wohl sicherlich nicht, und trotzdem ist der *einzige* Unterschied zwischen beiden Bildern der, daß im letzteren die Grenzen zwischen den Unterregionen des Bildes mit einer schwarzen Linie markiert wurden. Schauen Sie genau hin und überprüfen Sie selbst diesen erstaunlichen Umstand. Die Schlußfolgerung daraus scheint zu sein, daß die analytische Segmentierung einer visuellen Struktur manchmal wesentlich davon abhängt, ob man Unterschiede an den *Grenzen* zwischen Regionen entdeckt, und daß die Figur-Grund-Wahrnehmung mittels der Strukturwahrnehmung scheitern kann, wenn diese Grenzen auch von einer noch so dünnen Linie verdeckt sind. Das ist erstaunlich, da der bei weitem größte Teil der Strukturregionen von Bild **122** durch die schwarzen Ränder ganz unbeeinträchtigt bleibt, und weil man vorher dachte, daß das »Regionenfinden« auf dieser Grundlage hätte ganz leicht vonstatten gehen können.

Tarnung und Beschränkung

Gruppierungsprinzipien nützen bestimmte typische Objekteigenschaften in der tatsächlichen Welt aus. Das heißt, daß es normalerweise tatsächlich so *ist*, daß Objekte oder Unterregionen von Objekten aus Elementen mit ähnlicher Struktur zusammengesetzt *sind*, oder daß ihre Grenzen durch Formen mit Richtungskontinuität definiert werden usw. Alltägliche Objekte werden auf diese Weise konstruiert und der Grund, warum die Gruppierungsprinzipien von Marr so erfolgreich benutzt werden können, liegt darin, daß diese Prinzipien jene Tatsache ausnützen. Um dies in die technische Sprache zu übersetzen, kann man sagen, daß Gruppierungsprinzipien bestimmte *Beschränkungen* der Formbeziehungen benutzen, die typischen Objekten anhaften.

Nicht alle Objekte haben diese Beschränkungen an sich; getarnte Objekte sind ein gutes Beispiel für das Gegenteil. In Bild **123** ist das Flugzeug deshalb so schwierig zu erkennen, weil bewußt beabsichtigt wurde, seine tatsächlichen Grenzen mit den normalen Regeln in Konflikt zu bringen. So gruppiert das Prinzip des guten Verlaufs zum Beispiel die Ränder der Tarnungsflecken auf den Seiten des Flugzeugs

Bild 123. Militärische Tarnung.

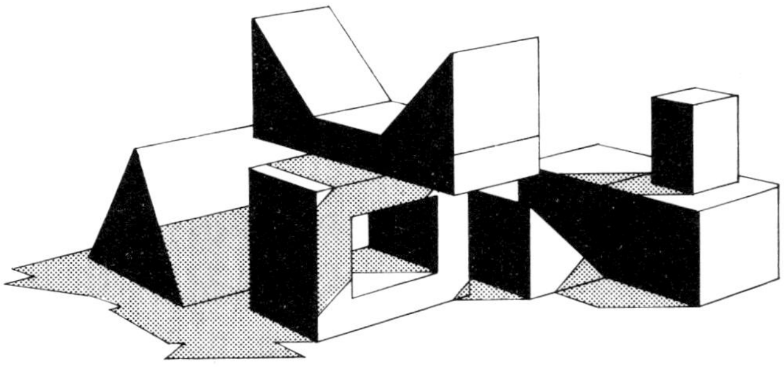

Bild 124. Eine »Blockwelt«-Szene von der Art, wie sie durch das Programm von Waltz leicht zur Wahrnehmung vorbereitet werden kann.

und bewirkt, daß diese in der Wahrnehmung vorherrschen, und zwar zuungunsten der tatsächlichen Ränder des Objekts. Viele Beispiele von Tarnung bei Tieren können ebenso interpretiert werden, das heißt, als die Erzeugung von Grenzen innerhalb und quer über das Tier hinweg, wobei diese Grenzen mit den normalen Einschränkungen, innerhalb derer sich Formen von Objekten zusammenordnen, in Konflikt geraten. Die Beispiele aus Kapitel 1 (siehe Bild **20** und **21**) illustrieren diesen Punkt noch weiter.

Computersehen und die Welt der Blöcke

Das zur Zeit am besten ausgearbeitete Beispiel der Analyse von Beschränkungen im Feld des Computersehens ist die Arbeit von David Waltz, die mit der sogenannten *Blockwelt* zu tun hat. Eine typische Blockweltszene ist in Bild **124** dargestellt. Sie besteht aus einer Ansammlung von Bauklötzen von der Art, mit der Kinder spielen. Das Problem, das Waltz anging (anschließend an Vorarbeiten von Roberts und Guzmann, die aber weniger detailliert waren), bestand in der Frage, wie man die Szene in ihre Bestandteile zerlegen und sie so für Wahrnehmungen vorbereiten könne. Unser visuelles System vollzieht diese Aufgabe mit Leichtigkeit. Wir können ohne weiteres das Vorhandensein des Bogens, des Dreieckblocks, des Keils, der auf den Quadern ruht usw. feststellen. Aber ein genaueres Hinsehen zeigt uns, daß diese Zerlegung eine intelligente Leistung der visuellen Informationsverarbeitung und nicht irgendetwas unmittelbar »offensichtliches« ist. Wie kommen wir nun aber dazu, benachbarte Gegenden als zu einem oder dem anderen Block gehörig zu sehen?

Waltz hat ein Computerprogramm erdacht, das dieses Problem in einer sehr gründlichen Weise löst. Es kann die Szene von Bild **124** trotz des Vorhandenseins von Schatten in seine Blockbestandteile zerlegen. Die Schatten sind in Waltz' Programm sogar noch hilfreicher, weil es aus den Beschränkungen zwischen Regionen, die in der Blockszene zum selben Objekt gehören, profitiert. Wenn das Programm zum Beispiel eine Pfeilspitzenverbindung vorfindet, wie die, die in Bild **125** mit einem Kreis bezeichnet ist, dann weiß es, daß es nur drei vernünftige Möglichkeiten für die Etikettierung ihrer Formbestandteile gibt (siehe Bild **125b, c, d**). Alle anderen Etikettierungen würden Eckverbindungen beschreiben, die in einer wirklichen Szene einfach nicht vorkommen könnten. Das Programm verwendet dann andere Beschränkungen, um auszuwählen, welche der drei möglichen Etikettierungen die richtige ist. Zum Beispiel zieht man einen Nutzen aus der Beschränkung, daß eine konvexe Ecke an einer Verbindungsstelle sich ihrer Länge nach nicht verändern kann, so daß sie zu einer konkaven Ecke an der nächsten Verbindungsstelle würde: auch dies wäre wieder physikalisch unmöglich. Ausgehend von dieser und anderen Beschränkungen (zum Beispiel denjenigen, die durch die Schatten erzwungen werden) schließt Waltz' Programm wechselseitig unvereinbare Formbezeichnungen aus, wobei gleichzeitig die richtigen entdeckt werden, und von diesem Punkt an ist die Zerlegung der Szene in ihre Blockbestandteile einfach, es werden dabei Grenzbezeichnungen verwendet.
Aber hier liegt auch der Pferdefuß. Waltz' Programm verwendet Beschränkungen, die für die Welt der Blöcke gelten; sie lösen aber nicht das Zerlegungsproblem, das sich bei vielen natürlichen Bildern stellt (zum Beispiel beim Teddybären, mit dem sich Marrs Programm beschäftigt, siehe Bild **110**). Das heißt, daß die Beschränkungen, die von Waltz verwendet werden, spezieller sind als die Gruppierungsprinzipien von Marr, und deshalb nur wenig anwendbar. Trotzdem stellt Waltz' Leistung bei der Abfassung seines äußerst intelligenten Programms einen eindrucksvollen Meilenstein auf dem Weg zu einem hochgradigen Computersehen dar. Es gibt zur Zeit kein anderes Beispiel für die Leistungsfähigkeit einer Beschränkungsanalyse, das diesem gleichkommt.

Segmentierung mit Hilfe des Objekterkennens

Marrs Programm versucht seine Formbeschreibung ohne die Hilfe von Objekterkennungsprozessen zu zerlegen. So war der Umriß des Teddybären als eine »Wahrnehmungsstruktur« gefunden worden, ohne daß dem Programm befohlen worden wäre, nach einer Teddybärform zu »suchen«.

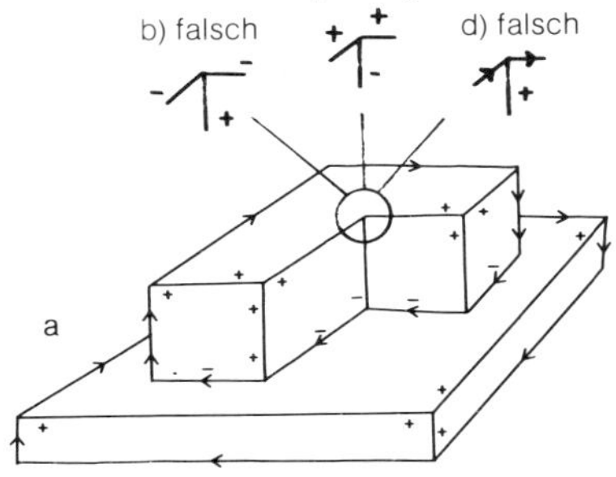

Bild 125. Eine Strichzeichnung einer Blockszene ohne Schatten. Linien für Objektgrenzen sind mit Pfeilen bezeichnet. Linien, die benachbarte Regionen voneinander trennen, werden entsprechend der Oberflächengeometrie als konkav (–) oder konvex (+) bezeichnet. Drei mögliche Arten von Pfeilspitzenbezeichnungen (b, c, d) werden als »Kandidaten« für die mit einem Kreis umrandeten Pfeilspitzen-Verbindung eliminiert, weil sie nicht mit den Beschränkungen übereinstimmen, die durch andere Verbindungen in der Szene (Gabelungen, Ls, Ts und weitere Pfeilspitzen) auferlegt sind.

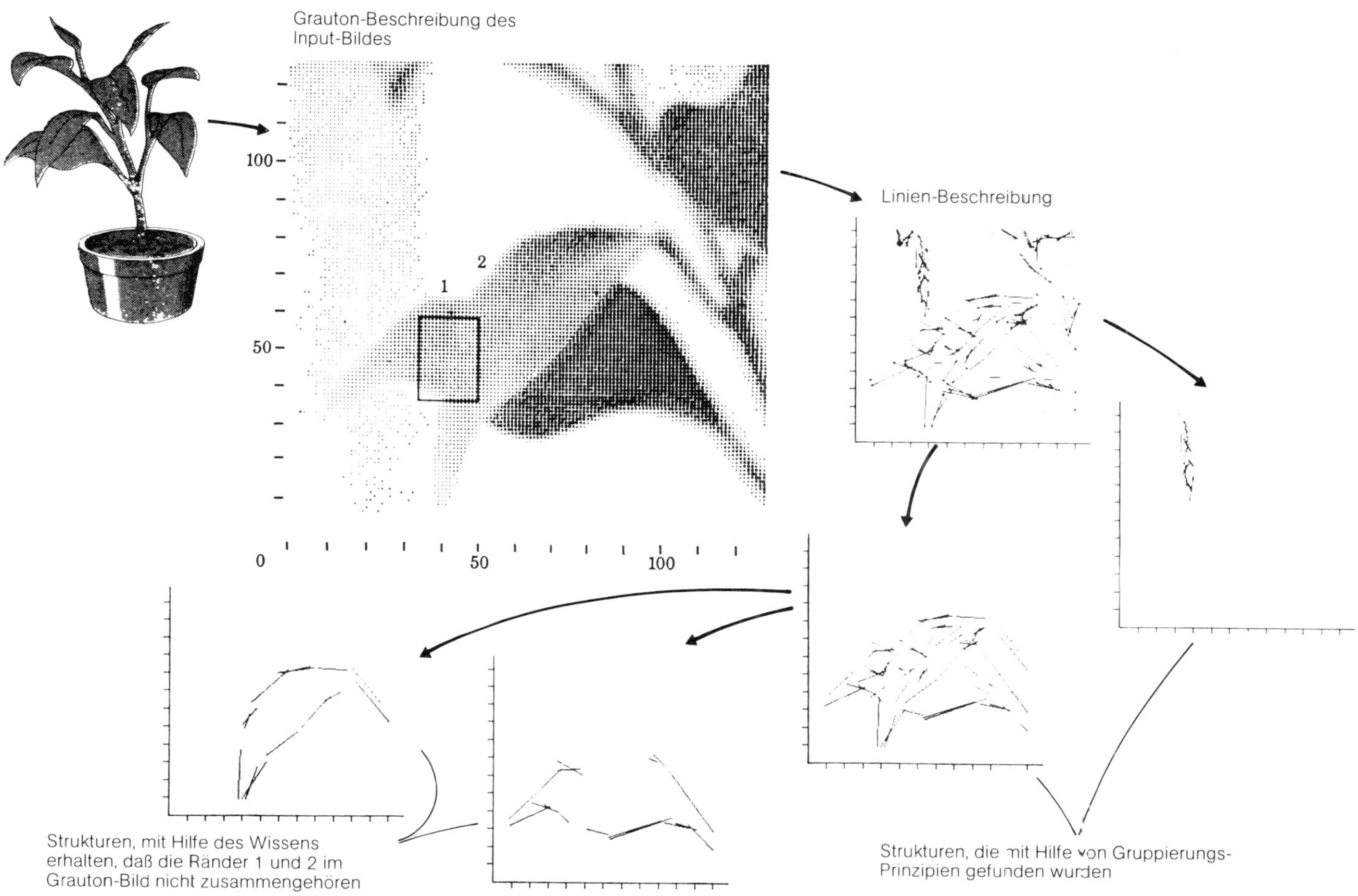

Bild 126. Zerlegung einer Formbeschreibung dort, wo Gruppierungsprinzipien nicht mehr weiterhelfen.

Auch war der Erfolg des Programms nicht davon abhängig, daß es etwa auf halber Strecke das Vorhandensein eines Teddybären herausgefunden hätte, um diese Information dann dafür zu benutzen, nach seiner Nase und seinen Augen Ausschau zu halten. Alle diese Strukturen wurden gefunden, ohne daß das Programm »wußte«, was es tat. Es gibt aber Fälle, in denen Doppeldeutigkeiten bei der Zerlegung auftauchen, und dann kann die Verwendung von Informationen aus komplexeren Prozessen, die mit der Objekterkennung zu tun haben, nützlich sein.

Ein Beispiel dafür, von Marr benannt, ist in Bild **126** dargestellt. Es handelt sich um einen Blumentopf, und derjenige Teil der Grautonbeschreibung, der sich mit den Blättern befaßt, wird in seine Strukturbestandteile zerlegt. Die Formbeschreibung zeigt die mittlerweile vertraute Menge von Forminformationen, die nach Interpretation verlangt. Die Struktur im linken oberen Flächenteil wird mit Hilfe der Prinzipien der Nähe und Ähnlichkeit ohne weiteres entdeckt. Aber die Blätter selbst bleiben hartnäckig aneinander gebunden, und werden nicht einzeln als zwei verschiedene Objekte herausgelöst. Das Problem besteht darin, daß in der Überschneidungsfläche der beiden Blätter (in der Grautonbeschreibung als eingesetztes Rechteck zu sehen) die erste Formbeschreibung nicht genügend Linien finden kann, um die beiden Blätter klar von einander abzugrenzen; so ähnlich sind sich die Grautöne in diesem Bereich. Marr war der Meinung, daß er sein Programm dazu bringen könnte, dieses Problem zu lösen, wenn er ihm »mitteilen« würde, daß die Linienabschnitte, die aus den mit 1 und 2 bezeichneten Bereichen der Grautonbeschreibung stammen, von verschiedenen Objekten herrühren. Mit Hilfe dieses Hinweises hatte das Programm dann keine weiteren Schwierigkeiten, die beiden Blätter als solche zu analysieren, wie Bild **126** zeigt.

In diesem Falle kam die Information über die Bereiche 1 und 2 von Marr selbst; er teilte seinem Programm mit, was es damit anzufangen hätte. Im Prinzip kann man sich jedoch vorstellen, daß diese Information von Objekterkennungsprozessen höheren Grades kommt, die Marrs Programm beigefügt worden wären. Diese Prozesse könnten es fertig gebracht haben, aus einer Zerlegung der Art, wie sie schon vollzogen worden ist, zu erkennen, daß, sagen wir, ein Blumentopf in der Szenerie vorhanden ist, und daß deshalb Blätter an verschiedenen Stellen zu erwarten sind. Dann könnte Information über die wahrscheinliche Form der Blätter bei der Zerlegung niedrigeren Grades eingespeist werden und die wesentlichen Hinweise über die Bereiche 1 und 2 liefern. Alternativ dazu und vielleicht im gegenwärtigen Fall auch wahrscheinlicher, könnten Prozesse höheren Grades entdecken, daß sie bei der Erkennung der großen Formenansammlung ohne Erfolg geblieben sind und daraufhin dem visuellen System die Anweisung geben, »genauer hinzuschauen«. So könnten die Augenbewegungen auf diesen Bereich gerichtet werden, um die Wahrschein-

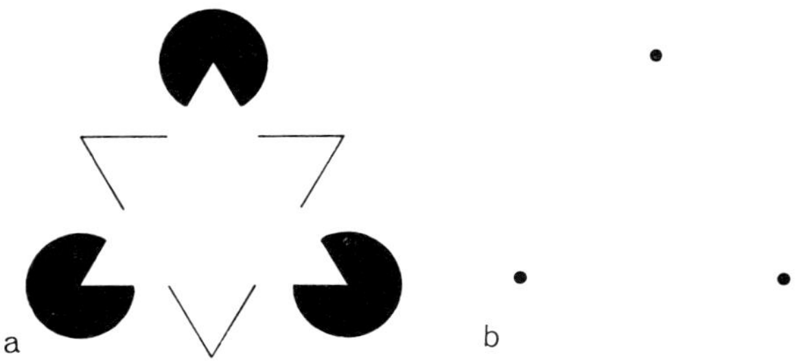

Bild 127. a) Kanziszas Dreieck, das verstärkte Helligkeit und täuschende Umrisse aufweist, im Gegensatz zu einem Dreieck mit hinzugedachten Seiten, aber ohne Helligkeit und Umrisse (b). (Beachten Sie, daß die meisten Demonstrationen vorgetäuschter Kontrast-Umrisse dadurch verstärkt werden können, indem man Pauspapier über die Anordnungen legt und/oder sie aus der Entfernung betrachtet).

lichkeit, brauchbare neue Linien aufzuschnappen, zu maximieren, oder vielleicht würde die Szene von einem ganz anderen, günstigerem Ausgangspunkt betrachtet werden, wobei der Beobachter seinen Kopf oder seine Körperstellung verändert. Alternativ dazu könnte die Aufmerksamkeit auf andere Hinweisqualitäten gerichtet werden, zum Beispiel Entfernung, Farbe usw.

Auf diese Weise kann eine Hilfestellung durch den sogenannten »Abwärtsfluß der Information« erfolgen. Dies ist eine passende Bezeichnung, weil sie die wesentliche Eigenschaft der Information klar zum Ausdruck bringt, nämlich die Tatsache, daß komplexere Vorgänge das Funktionieren von Vorgängen niedrigeren Niveaus beeinflussen. Wenn die abwärtsfließende Information eine Hilfe anbietet, die aus dem Wissen über Objekte stammt (zum Beispiel die wahrscheinliche Form von Blättern im obigen Beispiel), dann wird sie normalerweise als »*begriffsgetriebene Informationsverarbeitung*« bezeichnet. Das heißt, ein Begriff (zum Beispiel »Blattheit«) leistet (das heißt »führt«) die Interpretation der Information, die durch das Input-Bild gegeben ist. Wenn die abwärtsfließende Information andererseits nur eine neue Anwendung der Prozesse niedrigen Niveaus anleitet (zum Beispiel eine Kopfbewegung erzeugt, um neue Information ins Spiel zu bringen), ohne sich auf Objektbegriffe oder ein Wissen über Objekte zu verlassen, dann sagt man normalerweise, daß sie lediglich eine *Kontrollfunktion* ausübt. Im letzteren Fall nennt man die ganze Verarbeitung *datengetrieben*, anstatt *begriffsgetrieben*, da ein Wissen von hohem Niveau über Objekte keine Rolle spielt. Dies ist auch dann der Fall, wenn Kontrollprozesse von hohem Niveau »beobachten«, wie gut die Vorgänge des niedrigeren Niveaus vonstatten gehen, und ihre Tätigkeiten entsprechend leiten, wenn irgendwelche »Schwierigkeiten« (zum Beispiel mangelhaftes Erkennen) auftauchen.

Wann und wie genau beim Sehen ein Wissen über die Welt im Sinne von Objektbegriffen Vorgänge, die ohne ein solches Wissen vonstatten gehen, ablöst oder sich mit ihnen verbindet, ist eine offene Kontroverse. Manche sind der Meinung, daß begriffsgetriebene Verarbeitung schon in den frühesten Stadien des Sehens mit im Spiel sein muß, auch in den Stadien, die mit dem Aufbau einer Formbeschreibung zu tun haben. Andere wie zum Beispiel Marr behaupten, daß viel erreicht werden kann, ohne daß Objektbegriffe in den Prozeß eingehen, es sei denn sehr spät, und er führt seine »Primärzeichnung« und ihre Zerlegung auf, um seine Ansicht zu untermauern.

Ein Beispiel für diese Kontroverse aus dem Feld der Psychologie bezieht sich auf eine optische Täuschung, die als Kaniszas Dreieck (siehe Bild **127a**) bezeichnet wird. Diese Figur besteht aus drei Scheiben, in die Sektoren eingeschnitten sind, und einigen Linien, die auf einem Hintergrund von gleichmäßiger Lichtintensität liegen. Wir sehen jedoch ein vorgetäuschtes helles Dreieck, das dem Anschein nach über den anderen Formelementen liegt. Richard Gregory hat die Vermutung ausgesprochen, daß der täuschende helle Umriß von unserem visuellen System »erzeugt« wird, um das Input-Bild sinnvoll zu machen. Die verschiedenen schwarzen Elemente schlagen den Objektbegriff »Dreieck« vor, und das genügt schon, helle Ränder zu »erfinden«, um diesem Dreieck eine vollständige Umrißlinie zu verleihen. Wenn diese Erklärung richtig ist, dann haben komplexe Objektbegriffe (»Dreieck vorhanden, das Scheiben und ein nur in Umrissen vorhandenes Dreieck überdeckt«) nicht nur zu einer Zerlegung der Figur geführt, sondern auch dazu, daß Ränder in der Formbeschreibung erzeugt wurden. Insofern beinhaltet Gregorys Theorie mehr als die bloße Feststellung, daß die verschiedenen Stücke von Kaniszas Dreieck zusammengruppiert wurden, und daß dann die Strukturbeschreibung für ein Dreieck erstellt wurde. Letztere Art des Vorganges läuft in Bild **127b** ab, hat aber nichts mit vorgetäuschten hellen Rändern zu tun. Insofern behauptet Gregory hier, daß komplexe Begriffe schon in den ersten Stadien des Sehens stark mit im Spiel sind.

Aber man kann das täuschende Dreieck auch anders sehen. Und zwar, wie ich zusammen mit Jeremy Clatworthy argumentiert habe, so, daß die Wirkung im wesentlichen von niedrigem Niveau ist, mit Helligkeitskontrastwirkungen zu tun hat, und ziemlich wenig von Objekterkennungsprozessen abhängt, obwohl die täuschende Helligkeit, die in der Figur entsteht, natürlich Formbeschreibungen von Umrissen erzeugt, die anschließend für die symbolische Beschreibung »Dreieck vorhanden« verwendet wird. Ich werde die Begründung für das niedrige Niveau der Prozesse vollständig in Kapitel 6 darlegen, wo ich mich mit dem Problem der Helligkeitswahrnehmung auseinandersetzen werde. Ich erwähne es an dieser Stelle nur zur Veranschaulichung der einen Seite der Kontroverse, wann normalerweise Wissen und begriffsgetriebene Verarbeitung in den Ablauf der Vorgänge eintreten, die das Sehen konstituieren.

Daß das Wissen irgendwie eine Rolle spielt, kann natürlich nicht bezweifelt werden. Denken Sie zum Beispiel an Bild **19**. Bevor Ihnen mitgeteilt wurde, daß ein Dalmatinerhund abgebildet ist, hatten Sie wahrscheinlich große Schwierigkeiten, in diesen Formen irgendetwas anderes zu sehen als eine Reihe von Sprenkeln und Flecken. Ein ähnlicher Effekt tauchte in Bild **18** auf, das den Reiter auf dem Pferd darstellt. Und schließlich ist die Interpretation der umgedrehten Figuren, die Little Lady Lovekins und Old Man Muffaroo (siehe Bild **14**) verkörpern, zweifelsohne auch begriffsgetrieben. Das heißt, diese doppeldeutigen Formen und Figuren bieten eine Ansammlung von Formkomplexen an, die in mehr als einem einzigen Formzusammenhang geordnet werden

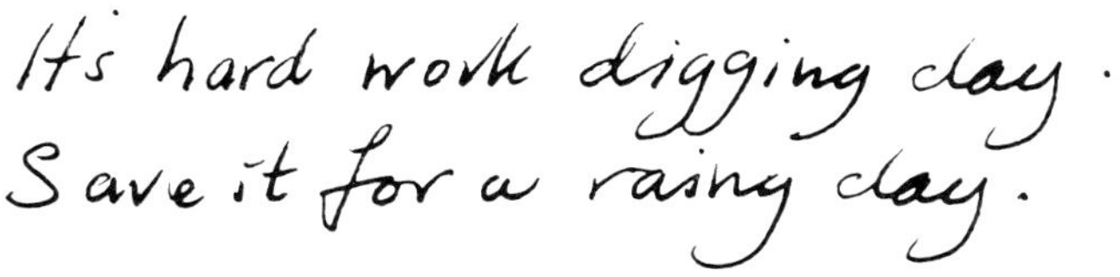

Bild 128. Wie heißt das jeweils letzte Wort in beiden Sätzen? (Siehe Text).

Bild 129. Können Sie den Druckfehler entdecken?

können, und welche Strukturen zur gegebenen Zeit hervortreten, hängt von der Deutung des Gesamtbildes ab. Wenn die Strukturbeschreibung für einen großen Vogel mit der Struktur des Input-Bildes verglichen wird (siehe Bild **13**), dann sieht man dementsprechend den großen Vogel, und die dazugehörige Struktur wird vorherrschen. Wenn andererseits das Bild umgedreht wird, und die Strukturbeschreibungen für ein Boot, eine Insel, einen Mann usw. verglichen werden, dann werden die einzelnen Strukturen, die mit diesen Objekten verbunden sind, dominant. Was hier in der Szene erkannt wird, scheint das, was schließlich zueinander gruppiert wird, so wesentlich zu bestimmen, daß es zunächst schwierig ist, das visuelle System zu den alternativen Gruppierungen zu zwingen, die man ohne weiteres herstellen kann, indem man die Bilder einfach umdreht.

Die Rolle der begriffsgetriebenen Verarbeitung beim Sehen wird beim Lesen sehr offensichtlich. Ob wir »clay« (englisch: »Lehm«) oder »day« (englisch: »Tag«), sehen, wie die Beispielsätze von Bild **128** zeigen, hängt sehr vom Kontext ab. Wie sehr mag man von einer gegebenen Interpretation des Textes »besessen« sein kann, wird am Programmdeckblatt von Abb. **129** deutlich. Ich überlasse es Ihnen, den Druckfehler zu entdecken, den dieses Deckblatt enthält. Es ist ein Original-cover, das zu mehreren Zeitpunkten seiner Herstellung in der Druckabteilung meiner Universität überprüft wurde, und trotzdem wurde der Fehler von allen, die es zu Gesicht bekamen, übersehen, bis es zu spät war, und die Sache schon verteilt wurde. Hier haben wir ein schönes Beispiel von begriffsgetriebener Verarbeitung in Aktion, wobei das, was »gesehen« wird, diktiert wird, und zwar in diesem Fall auf Kosten dessen, was wirklich vorhanden ist.

Blockporträts, kubistische Kunst und Strukturbeschreibungen

Schauen Sie auf das Blockbild von Bild **130** (Tafel **8**). Was sehen Sie? Die meisten Menschen berichten von nichts anderem als einer Menge von Blöcken mit abgestuften Blautönen. Nachdem Sie Kapitel 1 gelesen haben, könnten Sie es als eine Grautonbeschreibung mit einer sehr groben Körnung beschreiben, so daß jeder Block einen Grauton hat, der das durchschnittliche Grau einer relativ großen Fläche des Input-Bildes darstellt. Vergleichen Sie mit dem dritten Grautonbild von Bild **3**. Aber selbst jetzt, wo Sie schon »schlau« genug sind, werden Sie wahrscheinlich trotzdem nicht erraten, welches das ursprüngliche Input-Bild war.

Schauen Sie jetzt aus einer Entfernung von etwa 2 Metern auf Bild **130** und kneifen Sie dabei Ihre Augen so zu, daß

Bild 131. Das Blockporträt von Bild 130 (Tafelseite 8) hat in Wirklichkeit zwei Bestandteile: a) ein verschwommenes Bild von Abraham Lincoln und b) einen Zusammenhang von scharfen Rändern, die die Blöcke umreißen. Wenn man es verschwimmen läßt, verschwindet b) und a) wird sichtbar.

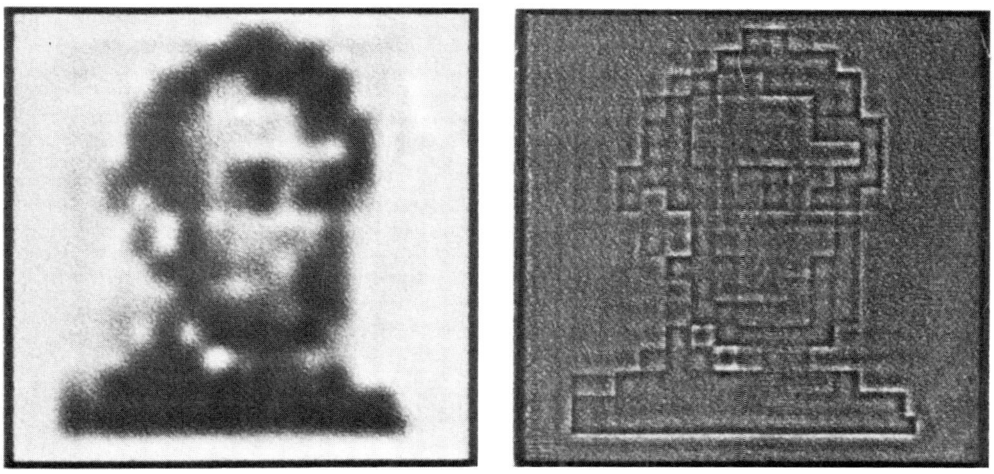

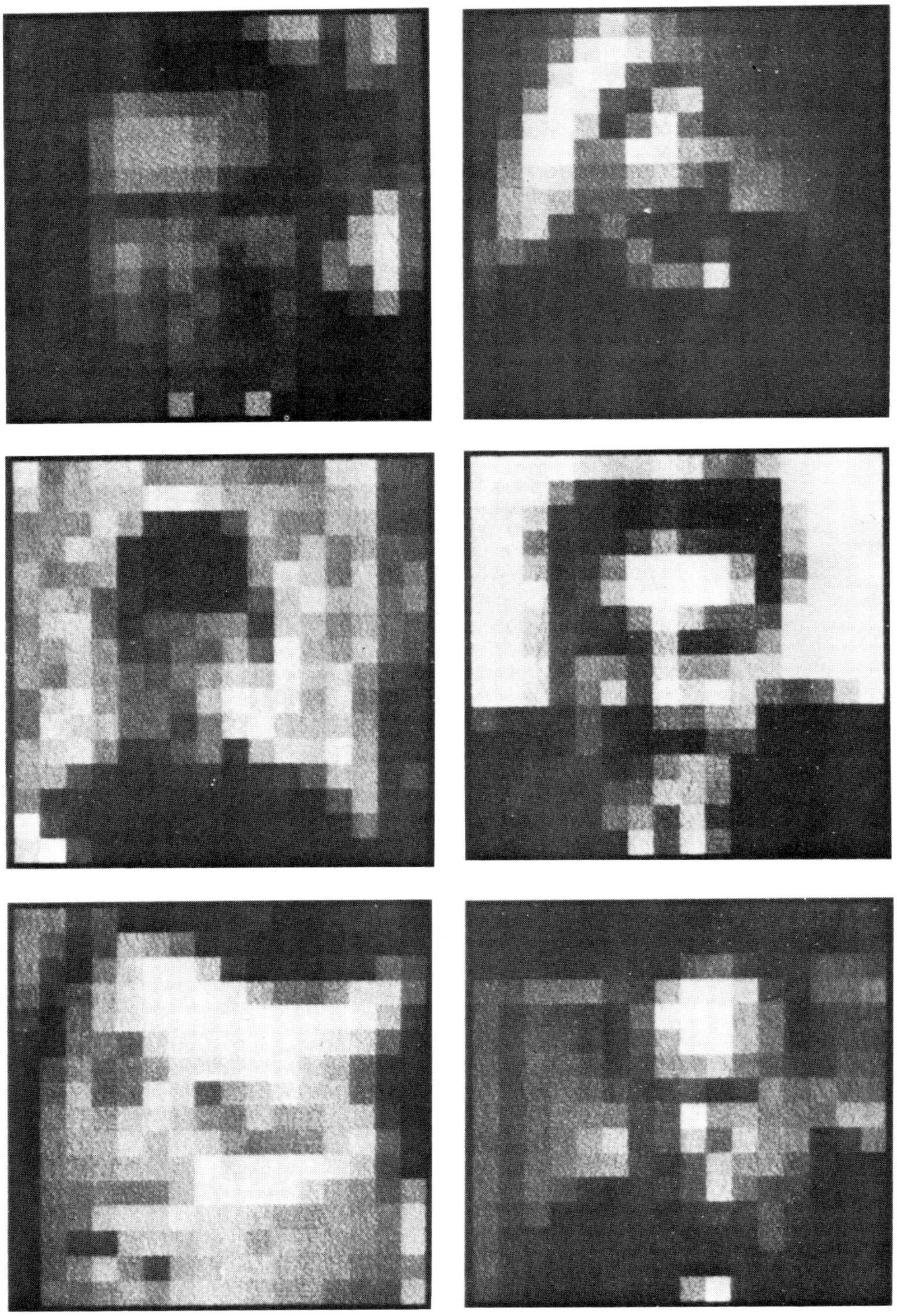

Bild 132. Wer versteckt sich hinter diesen Blockporträts? Einzelheiten im Text. Die Lösungen finden Sie auf Seite 137.

Ihre Sicht verschwommen wird. Wenn Sie eine Brille tragen, können Sie unter Umständen Ihr Input-Bild zufriedenstellend verschwimmen lassen, indem Sie ohne Brille auf das Bild schauen. Wenn Ihre Sicht verschwommen genug ist, werden Sie jetzt nahezu sicher das Objekt erkennen können, das Bild **130** enthält. Sollten Sie Schwierigkeiten haben, die entsprechende Verschwommenheit herzustellen, so wird Ihnen mit Bild **131a** ein entsprechendes verschwommenes Bild angeboten, dessen Untertitel Ihnen mitteilt, was das Objekt darstellt.

Bild **130** stellt eine merkwürdige Situation dar. Normalerweise sind wir gewöhnt, daß scharfes Sehen die beste Voraussetzung ist, Objekte zu erkennen, aber sicher nicht die schlechteste. Millionen von Menschen tragen aus diesem Grunde Brillen. Was geht hier also vor?
Zunächst einmal haben wir über die Art, wie wir veschwommene Bilder erkennen, bereits berichtet, so daß dieser besondere Aspekt der Darstellung nicht noch einmal diskutiert zu werden braucht. Das eigentliche Problem lautet wie folgt: wie kommt es, daß das Porträt in Bild **130** »versteckt« ist,

wenn das Bild scharf ist, und »freigelassen« wird, wenn das Bild verschwommen wird?
Um die Antwort auf dieses Problem zu verstehen, ist es nötig zu verstehen, daß das Blockporträt in Wirklichkeit aus zwei Bildern zusammengesetzt ist (siehe Bild **131**). Das erste davon ist ein grobes Porträt von Abraham Lincoln, und dies erscheint auch, wenn das Bild verschwimmt. Das zweite Bild gibt die scharfen Ränder der Blöcke wieder, und dies ist die Information, die durch das Verschwimmen weggelassen wird. Deshalb ist die Erklärung, warum das Verschwimmen von Bild **130** die Sichtbarkeit des Objektes, das es enthält erhöht, recht einfach. Wenn das grobe Porträt und die scharfen Ränder zusammen vorhanden sind, erzeugt das Bild in uns eine Strukturbeschreibung von Blöcken mit verschiedener Grautönung, und diese Strukturbeschreibung paßt einfach nicht zu der Strukturbeschreibung für Abraham Lincoln. Dementsprechend erkennen wir ihn auf Bild **130** nicht, wenn wir mit normaler Sehschärfe daraufschauen. Wenn aber die Information über die scharfen Ränder weggenommen wird, kann nun eine richtige Strukturbeschreibung für Abraham Lincoln aufgebaut werden, und das Erkennen findet ordnungsgemäß statt. Das Rätsel ist gelöst!
Sie wüßten gerne, wie die beiden Bildbestandteile des Blockporträts zusammengefügt wurden, um es so auszudrücken. Hier kann man nur einfach feststellen, daß es eine physikalische Tatsache ist, daß bei der Erzeugung eines Blockbildes durch die Berechnung von Helligkeitsmittelwerten, über alle Unterregionen des Bildes hinweg zur Ermittlung der Grautöne für die verschiedenen Blöcke, diese »Mittelwertsbildung« die Grobstruktur des ursprünglichen Bildes nicht besonders stört (solange die Blöcke nicht zu groß werden). Allerdings zerstört diese Mittelwertsbildung die scharfen Details des Originals und ersetzt sie durch neue (die Ränder der Blöcke). Wenn also der »Verblockungsprozeß« die grobe Information nicht behindert und wenn weiterhin auch das Verschwimmen diese Wirkung nicht hat, so folgt daraus, daß beide Arten der Umwandlung des Bildes eine ungehinderte Grobstruktur von Abraham Lincoln hinterlassen (selbst, wenn im Falle des Blockporträts dieses Bild versteckt ist) – und dies ist das Bild, das wir schließlich und endlich sehen und pflichtgemäß erkennen.
In Bild **132** werden noch mehrere andere Blockporträts vorgestellt. Überprüfen Sie, ob sie zu erkennen sind, wenn man sie verschwimmen läßt und aus einer Entfernung von etwa zwei Metern betrachtet. Überprüfen Sie Ihre »Lösungen« dieser Probleme, indem Sie die Fotografien ansehen, von denen die Porträts abgeleitet wurden (Seite 137). Es ist interessant, daß das Blockbild einer völlig normalen Ursprungsszene einen beträchtlichen ästhetischen Reiz haben kann. Zumindest kam uns das, John Mayhew und mir, so vor. Wir nahmen eine sehr alltägliche visuelle Szene (den Schornstein meines Hauses, siehe Bild **133**) und reproduzierten sie als Blockbild. Die ästhetische Verbesserung, die durch diese Umwandlung erreicht wurde, ist, wie wir glauben, beträchtlich und erinnert an bestimmte Kunstrichtungen der 20er Jahre dieses Jahrhunderts. Betrachten Sie zum Beispiel die Gemälde von Bäumen (Bild **134**), die von Mondrian im Jahre 1912 geschaffen wurden. Das erste Bild der

Bild 133. Der Schornstein vom Haus des Autors im Originalfoto; und als Blockversion.

Serie ist ziemlich realistisch, aber das letzte ist schon sehr blockähnlich. Im letzten Fall ist es verzeihlich, wenn man nicht bemerkt, daß ein Baum Mondrians Thema war, auch wenn man die ästhetische Wirkung, die durch das blockähnliche Muster erzeugt wird, auskostet.
Eine weitere Illustration kubistischer Kunst erscheint in Bild **135**, diesmal eine Zeichnung von Picasso. Können Sie das Thema dieses Bildes erraten? Lassen Sie es verschwimmen und sehen Sie, ob es hilft. Wenn nicht, schauen Sie auf Bild **136**, und Sie werden eine verschwommene Version des Bildes sehen. Die Verbesserung in der Erkennbarkeit ist beträchtlich, genau wie bei Harmons Blockporträt von Abraham Lincoln.
Es ist verführerisch, auf der Grundlage dieser verschiedenen Darbietungen Spekulationen darüber anzustellen, ob eine Richtung der modernen Kunst, vielleicht unabsichtlich, dahin ging, die Fähigkeit des visuellen Systems, in zufriedenstellender Weise Strukturbeschreibungen zu erzeugen, bis zur äußersten Grenze auszudehnen, damit der Inhalt eines Gebäudes erkannt werden kann. Vielleicht beruhen bestimmte ästhetische Erfahrungen darauf, daß das visuelle System am Rande eines erfolreichen Erkennens schwebt, aber es doch nicht ganz zu vollziehen vermag.

Bild 134. Drei Bilder von Piet Mondrian mit steigendem Abstraktionsgrad.

Die Darstellung von Objektbeschreibungen

Wie sind die Objektbeschreibungen in unseren Gehirnen dargestellt? Was ist die neurale Sprache für Objekte?
In Kapitel 3 haben wir unsere gegenwärtige Unsicherheit über die neuralen Symbole für Formen beschrieben. Der Formcode konnte auf dem Niveau der Zelle, dem Niveau von Zellengruppen, von biochemischen Ereignissen und/oder Impulsmustern liegen. Gegenwärtig bevorzugen wahrscheinlich die meisten, die in diesem Feld arbeiten, die Vorstellung von der einzelnen Zelle als dem geeigneten Niveau für einen Formcode, und Horace Barlow, ein hervorragender Neurophysiologe, hat sowohl diese Frage ausführlich untersucht, wie auch die daraus folgende: könnte die einzelne Zelle auch die geeignete Ebene für die Codierung von Objekten sein? Das heißt, wenn wir all die Muster von Bild **107** als »T«s erkennen, ist dann der neurale Code für »T-heit« eine bestimmte Zelle, die sich in unseren Köpfen entlädt? Und ebenso, wenn wir erkennen, daß unsere Großmutter gerade unser Gesichtsfeld betreten hat, ist dieser Akt des Erkennens in uns als eine »Großmutter-Zelle« dargestellt, die dann aktiv wird? Wenn das der Fall wäre, würden natürlich eine Menge andere Zellen im selben Augenblick aktiv werden, zum Beispiel all die Zellen, die die verschiedenen Formen wiedergeben, aus denen sie besteht. Die Population von aktiven Formenzellen würde sich andauernd verändern, wenn sie ihre Haltung verändern würde, wenn sie ihre Brille auf- oder absetzen würde, wenn sie ein Buch in die Hand nehmen würde oder es wieder weglegen würde usw. Aber trotz der Verschiebungen und Wandlungen der Formbeschreibung für jeden Augenblick, sehen wir sie trotzdem ständig als »Großmutter«. Wird diese »Großmutter-heit« durch eine bestimmte einzelne Zelle garantiert, die während der ganzen Zeit, in der wir sie sehen, aktiv bleibt, eine Zelle, die die unveränderlichen Aspekte der Großmutter trotz der Veränderungen der einzelnen Formen, die zu jeder bestimmten Zeit beschrieben werden, darstellt? Haben wir, kurz gesagt, eine »Großmutterzelle«, um die Strukturbeschreibung der Oma wiederzugeben?

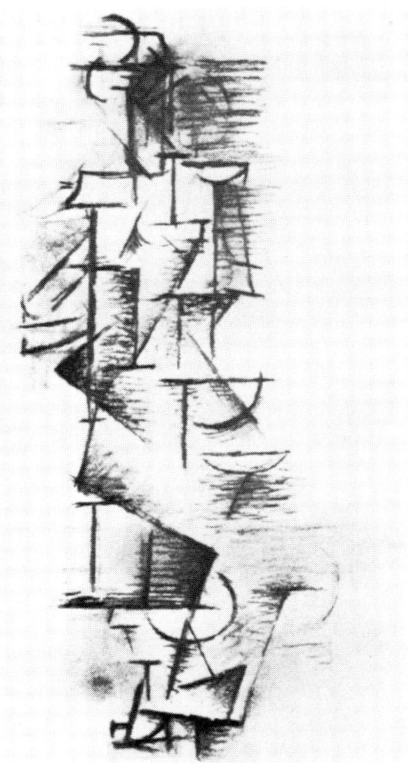

Bild 135. Kohlezeichnung von Pablo Picasso.

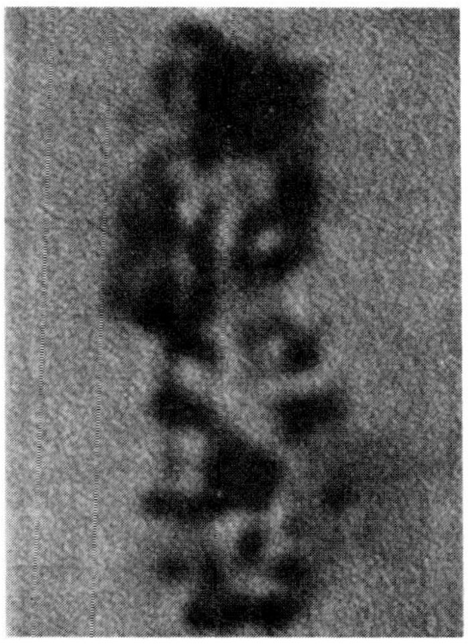

Bild 136. Das Thema von Bild 135, durch Verschwimmenlassen sichtbar gemacht: eine sitzende nackte Frau.

Bild 137. Beispiele von Formen, die dazu verwendet werden, eine inferotemporale Zelle zu stimulieren, die allem Anschein nach sehr komplexe Auslöserformen hat.
Die Stimuli sind von links nach rechts entsprechend ihrer steigenden »Auslösefähigkeit« angeordnet: von Null (1) über wenig (2 und 3) bis Maximum (6).

Das Beispiel, das ich gewählt habe, um die Einzelzellentheorie der Objektwiedergabe zu erklären, war nicht zufällig. Dies ist ein allgemein übliches Beispiel, und zwar so oft, daß die ganze Vorstellung der Einzelzellen Objektwiedergabe oft als »Großmutterzellentheorie« bezeichnet wird, als Kurztitel sozusagen.

Diese Vorstellung hat einige merkwürdige Aspekte an sich. Zunächst unterstellt sie, daß wir für jedes zu erkennende Objekt eine eigene Zelle haben, so daß wir fragen können: Gibt es genügend Zellen im Gehirn, um damit über die Runden zu kommen? Es ist schwer, diese Frage definitiv zu beantworten, aber wahrscheinlich lautet die Antwort »ja«. Es gibt über 10 000 000 000 Zellen im menschlichen Gehirn, und es ist wahrscheinlich, daß ein sehr großer Teil von ihnen grob gesagt dem Erkennen von Objekten gewidmet ist. Die Frage lautet dann weiterhin: Wie viele verschiedene Objekte, Szenen, Muster usw. können wir erkennen? Es ist furchtbar schwierig, das zu schätzen, aber bedenken Sie, daß im *Oxford English Dictionary* nur etwa 464 000 Wörter angegeben sind (einschließlich Anhang), von denen ein normaler Englischsprechender nur etwa 20 000 kennt. Beachten Sie auch, daß die »Großmutterzellentheorie« keine jeweils verschiedenen Einzelzellen dieser Art erfordert, um für jede einzelne Szene als Ganzes aktiv zu sein. Vielmehr wird eine Gruppe aus vielen Zellen zu jedem gegebenen Zeitpunkt aktiv sein, von denen jede ein bestimmtes Objekt oder, auf einer niedrigeren Ebene der Beschreibung, eine bestimmte Form darstellen wird. Wenn jede einmalige Szene, die wir sehen können, eine eigene Zelle erfordern würde, dann wären wir im Laufe unseres Lebens offensichtlich bald mit unseren Zellen am Ende. Aber das würde nicht passieren, wenn jede einmalige Szene durch einen einmaligen Zusammenhang von aktiven Formzellen und Objektzellen dargestellt würde. Individuelle Zellen würden immer und immer wieder bei der Darstellung verschiedener Szenen verwendet, aber jedesmal wären sie in veschiedener »Gesellschaft«, so daß das Gesamtmuster der Aktivität einmalig bliebe.

Die zweite Merkwürdigkeit der »Großmutterzellentheorie« besteht darin, daß auf Grund dessen, daß wir uns keine neue Gehirnzelle wachsen lassen können, sondern mit der Zahl, mit der wir geboren wurden, auskommen müssen, Gehirnzellen vorhanden sein müssen, die sozusagen schlummern und darauf warten, sich im Laufe unseres Lebens mit neuen Erkenntnisvorgängen auseinanderzusetzen. Wenn Sie jemandem vorgestellt werden, dann scheint es der »Großmutterzellentheorie« zufolge, daß Sie eine Zelle seiner Beschreibung widmen, und dies ist die Zelle, die aktiviert wird, wenn Sie ihn später wiedererkennen. Haben wir also eine ungeheure Anzahl schlafender Zellen, die alle auf ein Erwachen warten, um auf irgendeine Weise in eine Objektbeschreibung eingebaut zu werden? Oder können Zellen, die »alte« Erkennungsleistungen codiert haben, auf irgendeine Weise abgestellt werden und mit der Codierung von neuen wieder ins Leben treten? Wir haben im Augenblick noch keine Antwort auf diese Fragen. Unsere Unwissenheit über neurale Mechanismen, die Objektdarstellungen vermitteln, ist sogar so groß, daß wir nicht einmal wissen, ob solche Fragen vernünftig sind.

Trotzdem existiert einiges Material zur Unterstützung der Vorstellung, daß einzelne Zellen der Wiedergabe von Objektbeschreibungen gewidmet sind, zum Beispiel in den beachtlichen neurophysiologischen Ergebnissen, über die Charles Gross und seine Kollegen berichten. Indem sie Einzelzellenableitungen im inferotemporalen Cortex (eine Gegend vor dem Cortex prästriate: siehe Seite 44) machten,

Die Auflösungen der Blockporträts in Bild 132: obere Reihe Richard Nixon, Queen Victoria; mittlere Reihe Charlie Chaplin, Graucho Marx; untere Reihe John F. Kennedy, Sir Winston Churchill.

entdeckten sie einige Zellen mit hochkomplexen und spezifischen Auslösererfordernissen. Eine besonders berühmte Zelle dieser Art ist als »Affenpfotendetektor« bekannt geworden, da es so aussah, als würde sie sich nur entladen, wenn eine Affenpfote im Input-Bild vorhanden war. Verschiedene andere Stimuli ergaben nur schwache Reaktionen (siehe Bild **137**). Zellen im inferotemporalen Cortex haben oft sehr große rezeptive Felder, die manchmal den größten Teil des Gesichtsfeldes umspannen, und dies ist eine Tatsache, die weiterhin die Vorstellung unterstützt, daß sie aktiv werden, wo immer und wann immer ihr erforderliches Objekt zugegen ist.

Es mag in Wirklichkeit vielleicht nicht richtig sein, Gross' Ergebnisse im Sinne eines Affenpfotendetektors zu interpretieren, und gewiß haben andere Wissenschaftler Zweifel angemeldet, daß dies ihre wahre Bedeutung ist. Wir müssen immer daran denken, wie ich ausführlich in Kapitel 3 dargelegt habe, daß es gefährlich ist, eine *Eigenschaft* eines Neurons unmittelbar mit seiner *Funktion* gleichsetzen zu können: »Liniendetektoren« haben die Eigenschaft, auf eine Linie von gegebenem Typ optimal zu reagieren, aber das heißt nicht, daß sie »Liniendetektoren« im vollen und eigentlichen Sinn dieses Ausdruckes sind, das heißt, daß es ihre Funktion wäre, Linien zu entdecken. Trotzdem könnten Gross' Einheiten ein Beispiel für Barlows Vorstellungen sein: einzelne Neuronen, die komplexe Objekte darstellen. In unserer Ausdrucksweise wäre das Affenpfotenneuron dann die neurale Darstellung der gespeicherten Strukturbeschreibung für »Affenpfote«. Ob diese Spekulation durch zukünftige neurophysiologische Forschung bestätigt werden kann, wird man noch sehen. Manche Menschen bezweifeln, daß die Neurophysiologie uns viel über komplexe Gehirnvorgänge mitteilen kann, und zwar mit dem Argument, daß diese von komplexen Interaktionen zwischen den Zellen abhängen müssen, und daß die gegenwärtigen Mittel des Neurophysiologen zu begrenzt sind, um diese komplexen Interaktionen zu erforschen. Für diejenigen, die dieser Überzeugung anhängen, besteht der richtige Weg nach vorne nun darin, sich auf die Methode des Computersehens zu konzentrieren. Wenn wir tatsächlich eine Maschine konstruieren können, die Objekte in der Weise sehen kann, wie wir sie sehen, dann werden wir vielleicht eine bessere Vorstellung darüber haben, welche Fragen neurophysiologisch zu stellen sind. Aber wie dem auch sei, die Aussichten für die Zukunft sind wirklich aufregend.

6 Das Sehen von Licht und Helligkeit

Stellen Sie sich vor, Sie würden auf einen Schreibtisch schauen, der von einer Tischlampe beleuchtet wird, und auf diesem Schreibtisch läge eine schwarz umrandete Schreibunterlage mit einem weißen Bogen Papier, wie in Bild **138** gezeigt wird. Wenn Sie im alltäglichen Leben mit einer solchen Szene in Berührung kämen, würden Sie ohne weiteres erkennen, daß beide Ränder der Schreibunterlage schwarz sind, und das Papier weiß. Aber diese scheinbar recht einfache Sachlage ist in Wirklichkeit zutiefst rätselhaft. Und zwar ist sie es deshalb, weil der schwarze Rand der Schreibunterlage, der unmittelbar unter der Lampe liegt, dem Auge *mehr* Licht zusendet als der entferntere Rand des Papiers – der aber dennoch weiß erscheint! Wie kann aber eine Oberfläche schwarz erscheinen, wenn sie dem Auge mehr Licht zusendet als eine, die weiß erscheint? Wenn man den Grad der Schwärze bzw. Weiße einer Oberfläche lediglich entsprechend der Lichtmenge sehen würde, die von der betreffenden Oberfläche her in das Auge eintritt, dann müßte die physikalisch *schwarze* Oberfläche unter der Lampe *weißer* erscheinen als die weiße Oberfläche, die von der Lampe entfernt ist!

Die Szene von Bild **138** ist durchaus alltäglich, es sind dabei keine Tricks und Kniffe im Spiel. Denn diese finden bereits im visuellen System des Beobachters statt. Irgendwie hat dieses System bemerkt, daß der schwarze Rand unter der Lampe stärker beleuchtet ist, als das weiße Papier, das von der Lampe entfernt ist, und daß es, wenn dieser Beleuchtungsfaktor einmal miteinbezogen wird, »passend« ist, die Oberflächen jeweils als schwarz und weiß zu sehen, weil sie in Wirklichkeit eben auch so sind.

Das Problem, mit dem das visuelle System in dieser Situation konfrontiert ist, wird in Bild **139** veranschaulicht, wo die wahrscheinlichen *Leuchtdichteprofile* quer über die Schreibunterlage hin in schematischer Form gezeigt werden.

Bild 138. Die alltägliche Form der Beleuchtung, aber sie stellt das visuelle System vor eine schwierige Aufgabe (siehe Text).

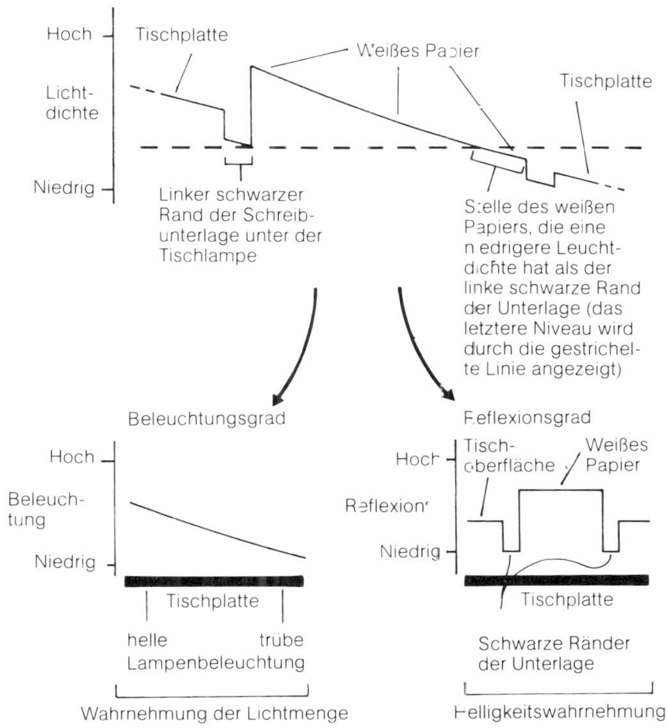

Bild 139. Die Leuchtdichte wird bestimmt durch die Beleuchtung und den Reflexionsgrad.

den. Der Ausdruck »Leuchtkraft« bezieht sich auf die Lichtmenge, die von einer Oberfläche ausgeht und hängt von zwei Faktoren ab: erstens von der Lichtmenge, die auf die Oberfläche fällt (ihre *Beleuchtung*), und zweitens dem Anteil dieser einfallenden Lichtmenge, der von der Oberfläche zurückgeworfen wird (ihrem *Reflektionsgrad*).

Das Begriffskorrelat für die Wahrnehmung des Reflexionsgrads wird als »*Helligkeit*« bezeichnet, und diese variiert von schwarz (niedriger Reflexionsgrad) über grau (mittlerer Reflexionsgrad) bis weiß (hoher Reflexionsgrad). Das visuelle System ist bemerkenswert gut im Berechnen der Helligkeit ungeachtet der Beleuchtung, und dieser Tatbestand soll durch Bild **138** hervorgehoben werden. Auf irgendeine Weise können wir eine hell erleuchtete schwarze Oberfläche als schwarz sehen, selbst wenn die Leuchtdichte dieser Oberfläche größer ist als die einer schwach erleuchteten weißen Oberfläche. Das visuelle System muß bei seiner Arbeit von einem in sich mehrdeutigen Leuchtdichteprofil (Bild **139**) ausgehen und schafft es daraus doch, die beiden unterschiedenen Stimuluseigenschaften (Bild **139** unten) zu entnehmen, nämlich den Reflexionsgrad der Oberfläche (wahrgenommen als Helligkeit) und die Beleuchtung (wahrgenommen als Lichtstärke: wir können zwischen einem hell beleuchteten und einem schwach beleuchteten Weiß unterscheiden, ebenso zwischen einem hell beleuchteten und einem schwach beleuchteten Schwarz).

Die Berechnung der Helligkeit

Wie kann das visuelle System aus dem Leuchtdichteprofil einer Szene den Reflexionsgrad der verschiedenen Oberflächen ableiten, wenn im Leuchtdichteprofil der ungewollte Anteil der wechselnden Beleuchtung über die ganze Szene hinweg enthalten ist? Der Kunstgriff, den das visuelle System bei der Lösung dieses Problems anwendet, scheint die Tatsache auszunützen, daß Abstufungen in der Beleuchtung vergleichsweise allmählich verlaufen, Variationen im Reflexionsgrad jedoch ziemlich plötzlich. Man kann dies auf Bild **139** (unten) sehen, wo die Übergänge von Schwarz zu Weiß und umgekehrt schroff sind, während der Beleuchtungsabfall von links nach rechts vergleichsweise sanft verläuft. Auf Grund dieser Überlegung wäre es eine Möglichkeit, den Bestandteil, der durch wechselnde Beleuchtung entsteht, »herauszufiltern«, und zwar folgendermaßen:
Zuerst werden *Ränder entdeckt,* die durch entsprechend große, schroffe Sprünge der Leuchtdichte zwischen den Flächen, die auf beiden Seiten liegen, gekennzeichnet sind. Das heißt, daß alle Information über Unterschiede in der Leuchtdichte zwischen benachbarten Punkten des Input-Bildes vernachlässigt wird, sofern diese Unterschiede einen bestimmten Schwellenwert nicht überschreiten. Auf diese Weise werden die allmählichen Übergänge der Leuchtdichte ausgeschieden, während die plötzlichen erhalten bleiben.
Zweitens werden die erforderlichen Helligkeitsprofile aufgebaut, indem sie *zwischen den Rändern wiederhergestellt werden.* Dabei ist es nötig, die Flächen zwischen den schwellenwertabhängigen Rändern durchgängig miteinander in Verbindung zu bringen, indem diese Flächen Helligkeitswerte erhalten, die durch die Größe der Unterschiede in der Leuchtdichte, auf denen die Ränder beruhen, bestimmt sind.
Dieser allgemeine Ansatz zur Berechnung der Helligkeit wurde von Edwin Land vorgeschlagen, in Übereinstimmung mit seinen psychologischen Untersuchungen der Helligkeitswahrnehmung. Berthold Horn hat sie in einem erfolgreichen und eleganten Computerprogramm verwendet, das, wie David Marr dargelegt hat, viele Eigenschaften besitzt, die es in idealer Weise dafür geeignet erscheinen lassen, durch bekannte Mechanismen in der Netzhaut ausgeführt zu werden. Ich will kurz beschreiben, wie diese Berechnung funktioniert, da sie ganz besonders gut den gegenwärtigen Stand der Wissenschaft über das Sehen zum Ausdruck bringt – ein faszinierendes Zusammenspiel, wie wir bereits gesehen haben, von Psychologie, Neurophysologie, Neuroanatomie und Computerprogrammen.

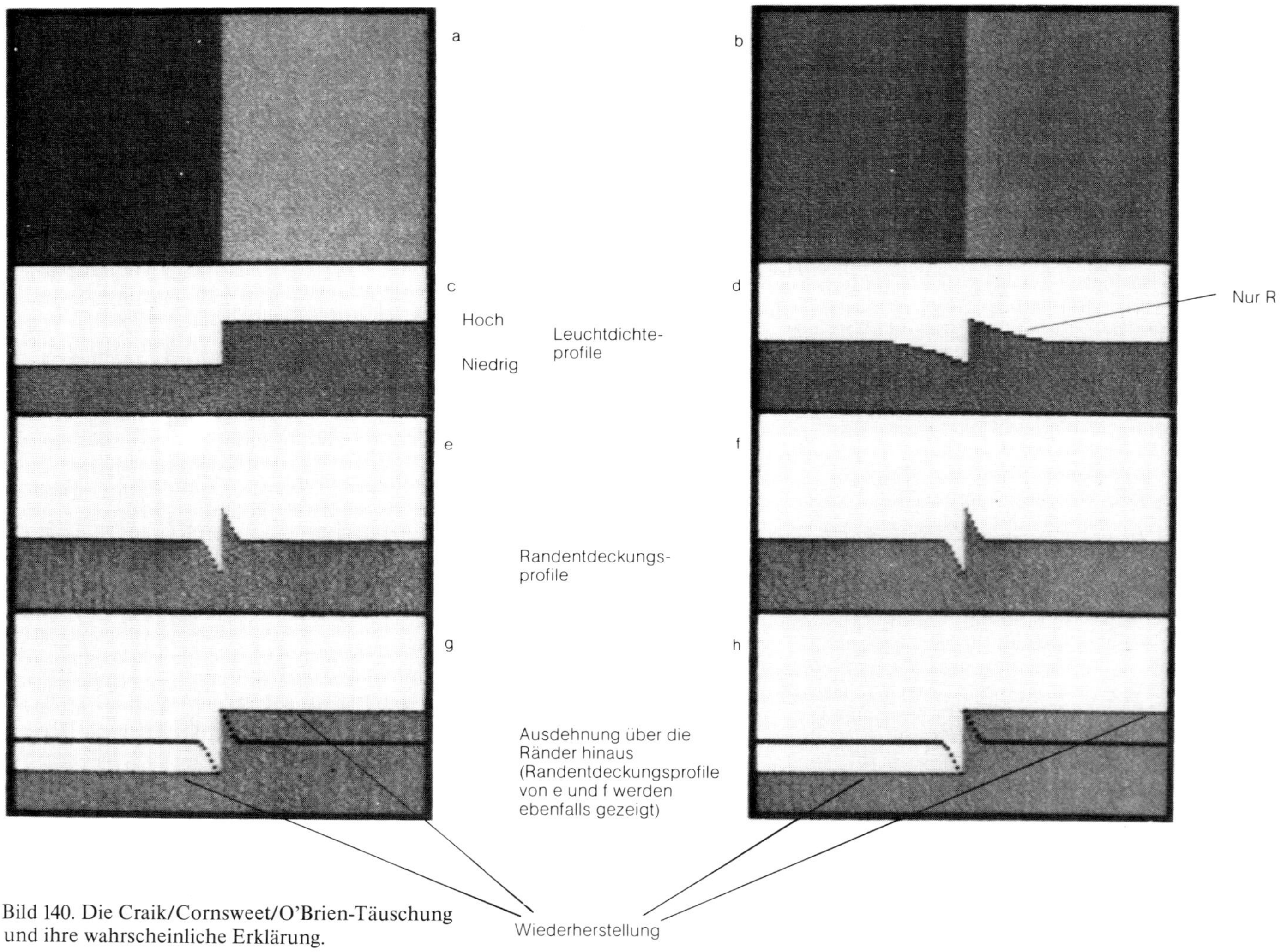

Bild 140. Die Craik/Cornsweet/O'Brien-Täuschung und ihre wahrscheinliche Erklärung.

Die optische Täuschung nach Craik/Cornsweet/ O'Brien

Beginnen wir mit der Psychologie: Sehen Sie sich die beiden Stimuli von Bild **140a** und **b** an. Sie sehen sehr ähnlich aus: in beiden Fällen eine hellgraue Fläche, die an eine dunkelgraue angrenzt. Aber in Wirklichkeit sind sie sehr verschieden, wie ihre hinzugefügten Leuchtdichteprofile verraten (Bild **140c** und **d**). Und zwar ist der linke Stimulus tatsächlich aus aneinandergrenzenden hellgrauen und dunkelgrauen Flächen zusammengesetzt, die entsprechenden Flächen im rechten Stimulus sind zwar *gleich,* aber an der Grenze zwischen ihnen ist ein Rand vorhanden (Bild **140d**). Prüfen Sie diese überraschende Tatsache selbst nach, indem sie die Grenze in Bild **140b** mit einem Bleistift bedecken. Auf diese Weise können Sie die beiden Flächen in ihren wirklichen Helligkeiten sehen.

Diese optische Täuschung, die nach Craik/Cornsweet/ O'Brien benannt ist, die sie zusammen entdeckt haben, übt eine starke Wirkung aus, sie ist eine der eindrucksvollsten von allen optischen Täuschungen. Sie stellt ein besonders verblüffendes Beispiel dafür dar, wie das visuelle System manchmal übertölpelt werden kann, indem gewissermaßen eine Berechnungsstrategie verwendet wird, die zwar normalerweise erfolgreich ist, in manchen Fällen jedoch für den maßgeblichen Input völlig ungeeignet. Wie so viele andere optische Täuschungen vermittelt sie einen wertvollen Hinweis darauf, wie das visuelle System im Normalfall funktioniert. Und sie legt die Vermutung nahe, daß die Berechnung der Helligkeit, die vom visuellen System vollzogen wird, tatsächlich so erfolgt, wie Land es vorgeschlagen hat, da die offensichtliche Erklärung dafür folgendermaßen lautet:

Sowohl in Bild **140a** wie auch in **140b** entdeckt das visuelle System zuerst den Kontrastrand, der oberhalb des Schwellenwerts liegt und die beiden grauen Flächen trennt, wobei alle anderen Informationen über die Leuchtdichte vernachlässigt werden. Dies erzeugt die Profile der entdeckten Ränder, die in Bild **140e** und **f** aufgeführt sind und die, wie man sehen kann, sehr ähnlich sind. Als nächstes stellt das visuelle System in jedem Fall die Flächen auf beiden Seiten des Randes wieder her, um die wahrgenommenen Helligkeitsprofile (siehe Bild **140g** und **h**) zu erzeugen. Infolgedessen liegen die Gründe dafür, daß Bild **140a** und **140b** gleich aussehen, darin, daß das visuelle System bei beiden eine Helligkeitsberechnung anwendet, deren Ziel es ist, Probleme, die auf wechselnder Beleuchtung beruhen – falls eine solche vorhanden ist – zu eliminieren, und diese Helligkeitsberechnung führt fälschlicherweise zu der Annahme, daß das Randprofil von Bild **140d** von der Grenze zwischen zwei Regionen mit verschiedenen Reflexionsgraden herstammt. Es wird ein dementsprechendes Helligkeitsprofil erzeugt, aber in diesem Fall ein täuschendes.

Die optische Täuschung nach Craik/Cornsweet/O'Brien zeigt eine raffinierte Art, wie man das visuelle System übertölpeln kann, indem man einen seiner Tricks gegen dieses System selbst wendet. Ähnliche Inputs kommen jedoch auch in normalen Situationen des täglichen Lebens vor, wie Floyd Ratliff dargelegt hat. Betrachten Sie zum Beispiel das

Bild 141. Detail einer chinesischen Ting Yao-Untertasse als Beispiel für das berühmte weiße Ting-Porzellan, hergestellt in der Sung-Dynastie um 1000 n. Chr.
Obwohl die gesamte Oberfläche nur mit einer einzigen cremeweißen Glasur überzogen ist, erscheint das eingeritzte Lotusmuster heller als der Hintergrund, da die Kerben mit ihren scharfen Innenrändern und ebenen Außenrändern genau die Art von Kontur darstellen, die den scheinbaren Helligkeitsunterschied in der Craik/ Cornsweet/O'BrienTäuschung verursacht.

Stück weißen Ting-Porzellans auf Bild **141**. Seine Glasur ist einfarbig weiß, aber das eingeritzte Lotusmuster erscheint heller als der Hintergrund, da die Kerben Ränder haben, die ziemlich ähnlich geformt sind wie bei der optischen Täuschung nach Craik/Cornsweet/O'Brien, so daß Schatten erzeugt werden, die so geartet sind, daß sie eine täuschende Helligkeitswirkung hervorrufen können.

Es muß natürlich daran erinnert werden, daß wir hier lediglich über die Berechnung der Helligkeit sprechen, falls erwähnt wird, daß die ganze Leuchtdichteinformation mit Ausnahme derer, die sich auf die Ränder bezieht, vernachlässigt wird. Für die Wahrnehmung der Lichtstärke muß auch die Beleuchtung aufgenommen werden, und hier spielen auch Leuchtdichteabstufungen, die sich nicht auf die Markierung der Ränder beziehen, wahrscheinlich eine wesentliche Rolle. Auch können allmähliche Übergänge der Leuchtdichte unbeeinflußt entdeckt und für die Wahrnehmung dreidimensionaler Formen verwendet werden. Blättern Sie zurück zu Bild **16**, um zu sehen, wie Schatten und Schattierungen, also Beispiele von Beleuchtungsunterschieden, wirksame Anhaltspunkte für die Tiefenwahrnehmung sein können.

Die Entdeckung von Rändern zur Berechnung der Helligkeit

In Kapitel 2 und 3 wurde viel Aufmerksamkeit darauf verwendet, auf welche Weise Formen, zum Beispiel Ränder entdeckt werden. Wie wir sehen konnten, war dies eine viel kompliziertere Sache, als man erwartet hatte, und es erforderte eine große Menge raffinierter Berechnungssysteme im gestreiften Cortex. Es stellt sich jedoch heraus, daß die Erfordernisse für eine Randentdeckung zur Berechnung der Helligkeit weit weniger zwingend sind, und daß ziemlich einfache Mechanismen genügen können, Mechanismen, die mit ziemlicher Sicherheit in der Netzhaut angesiedelt

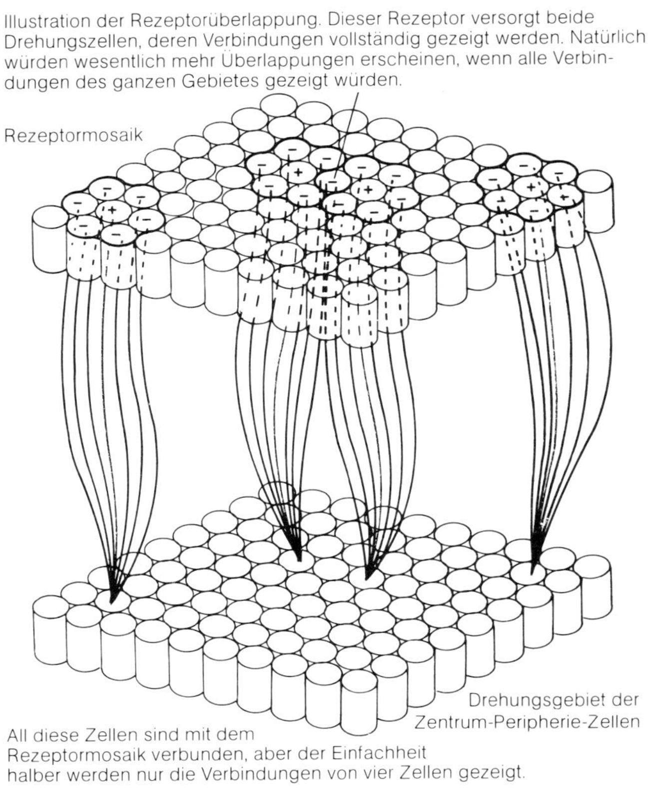

Bild 142. Ein Drehungsnetzwerk für On-Zentrum/Off-Peripherie-Zellen.

sind. Aber bevor wir weitergehen, um die neurale Grundlage für diese Art von Randentdeckung zu beschreiben, wollen wir zuerst einige der damit verbundenen allgemeinen Vorstellungen einführen, damit die neuralen Vorgänge besser verstanden werden können.

Die Entdeckung von Rändern zur Helligkeitswahrnehmung hängt sowohl in Horns Computerprogramm wie auch im visuellen System selbst vom Vorgang der Drehung ab. Über die Drehung wurde in den Kapiteln 2 und 3 viel gesagt, aber damit Sie sich an die allgemeine Vorstellung erinnern, zeigt Bild **142** ein Rezeptorenmosaik, das durch verschiedene Bündel von Verbindungsfasern mit einer Drehungsanordnung von Zellen gekoppelt ist. Jede Drehungszelle zieht aus dem Rezeptormosaik eine bestimmte Art von Information, und zwar entsprechend dem Muster der erregenden und hemmenden Verbindungen, das ihr eingegeben wird. In jeder gegebenen Drehungsanordnung sind alle Zellen auf dieselbe Art von Information eingestellt, aber sie »schauen« alle auf verschiedene Teile des Input-Bildes. Im Beispiel von Bild **142** empfängt jede Drehungszelle Inputs von einer annähernd kreisförmigen Gruppe von Rezeptoren. Die Gruppen für genau vier Drehungszellen sind durch starke Linien hervorgehoben, um besser zu veranschaulichen, worauf eine jede solcher Zellen »blickt«. In den vorhergehenden Drehungen, die in diesem Buch beschrieben wurden, war die Rezeptorengruppe eckenförmig oder linienförmig usw., aber die grundlegende Vorstellung von der Drehung ist hier genausogut anwendbar.

Beachten Sie, daß der zentrale Rezeptor einer jeden Gruppe eine Drehungszelle speist, deren Lage in der Drehungsanordnung genau der des zentralen Rezeptors entspricht. Die beiden Zellschichten, das Rezeptormosaik und die Drehungsanordnung sind auf diese Weise ordentlich übereinander aufgereiht. In Bild **142** werden der Einfachheit halber nur die Fasern, die die Verbindung zu einigen wenigen Drehungszellen herstellen, gezeigt, aber in Wirklichkeit müßte jede Drehungszelle mit dem Rezeptormosaik in ähnlicher Weise verbunden sein, und zwar jeweils mit einem Satz von Inputs, der von Rezeptorgruppen an leicht unterschiedlichen Stellen im Rezeptormosaik kommt. Wegen dieser vielfachen Verbindungen muß jeder Rezeptor viele verschiedene Drehungszellen versorgen. Aber Bild **142** zeigt – auch hier wieder der Einfachheit willen – nur eine kleine Überlappung, und zwar die zwischen den rezeptiven Feldern der beiden mittleren Drehungszellen, deren Schaltplan im ganzen gezeigt wird, und denen, die einen Rezeptor gemeinsam haben.

Wie in unseren vorhergehenden Drehungen transportieren die Rezeptorverbindungen entweder erregende oder hemmende Einflüsse zu den Zellen in der Drehungsanordnung, die dann im weiteren die Summe dieser beiden Input-Typen addieren. In Bild **142** führt der zentrale Rezeptor einer jeden Gruppe (dargestellt mit einer braunen Verbindungsfaser) seiner Drehungszelle Erregung zu, während diejenigen der Peripherie Hemmung zuführen. Diese beiden Wirkungsweisen sind auf dem Rezeptormosaik durch Plus- bzw. Minuszeichen gekennzeichnet. Da die Zentrum- und die Peripherieverbindungen in dieser Weise antagonistisch sind, werden die Drehungszellen üblicherweise als *On-Zentrum/Off-Peripherie*-Einheiten bezeichnet. Es gibt auch Zellen, die in umgekehrter Anordnung verkabelt sind, und diese werden, wie zu erwarten, als *Off-Zentrum/On-Peripherie*-Einheiten bezeichnet (Bild **143**).

Das grundlegende Ziel ist es, die Drehungsmaschinerie der eben beschriebenen Art für die Entdeckung von Rändern zu verwenden. Deshalb ist es wünschenswert, die erregenden und hemmenden Einflüße auf eine Zelle dazu zu bringen, daß ihr Additionsergebnis gleich Null ist, wenn kein Rand auf einer Rezeptorengruppe, die die Zelle versorgt, liegt. Das kann erreicht werden, indem man jedem Rezeptor der Gruppe eine bestimmte *Gewichtung* seines Einflusses gibt, so daß damit alle Rezeptoren gleichermaßen aktiv sind, weil – durch eine Fläche von gleichmäßiger Beleuchtung stimuliert – somit die Nettowirkung aller Rezeptoren gleich Null ist. Eine passende Gewichtung, um dies mit unserer einfachen Zentrum/Peripherie-Gruppe zu erreichen, ist + 1 oder – 1 für das Zentrum und + $^1/_6$ oder – $^1/_6$ für die Peripherie, je nachdem, welche Art von Einheit vorliegt. Gewichtungsdiagramme, die auf dieser Grundlage entworfen wurden, sind in Bild **144** für beide Einheiten abgebildet. Sie können ohne weiteres einschätzen, daß das + 1 des On-Zentrums durch die sechs Rezeptoren der Off-Peripherie aufgehoben wird, da jeder der sechs Rezeptoren $^1/_6$ seiner Aktivität als Hemmung einspeist. Ebenso wird das – 1 des Off-Zentrums durch die sechs »Dosierungen« der peripheren Erregung aufgehoben, von denen jede eine Gewichtung von + $^1/_6$ darstellt. Also wird durch die Zusammenstellung der Gewichtung, die den Aktivitäten der zentralen und peripheren Rezeptoren verliehen wird, sichergestellt, daß eine

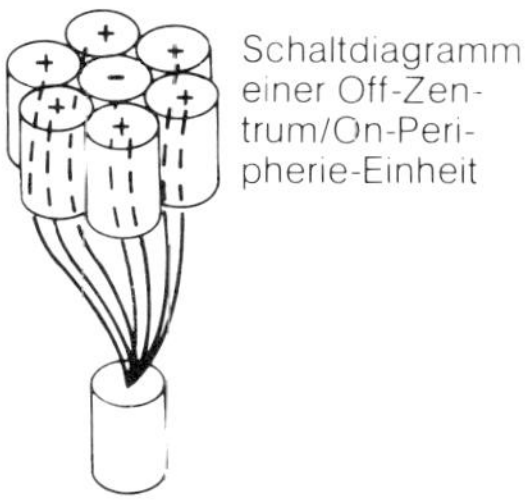

Bild 143. Schaltdiagramm einer Off-Zentrum/On-Peripherie-Einheit.

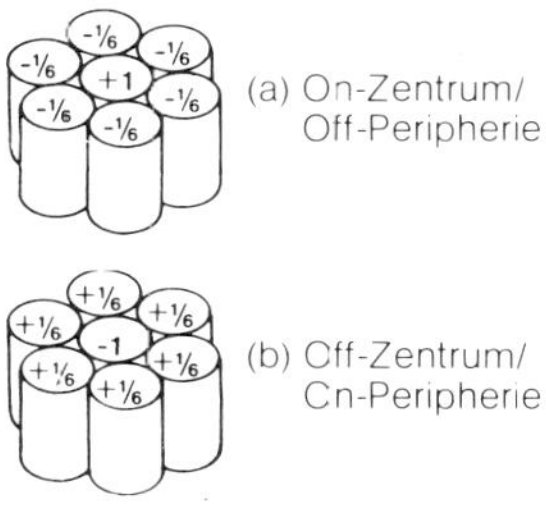

Bild 144. Gewichtsdiagramme für Zentrum-Peripherie-Einheiten.

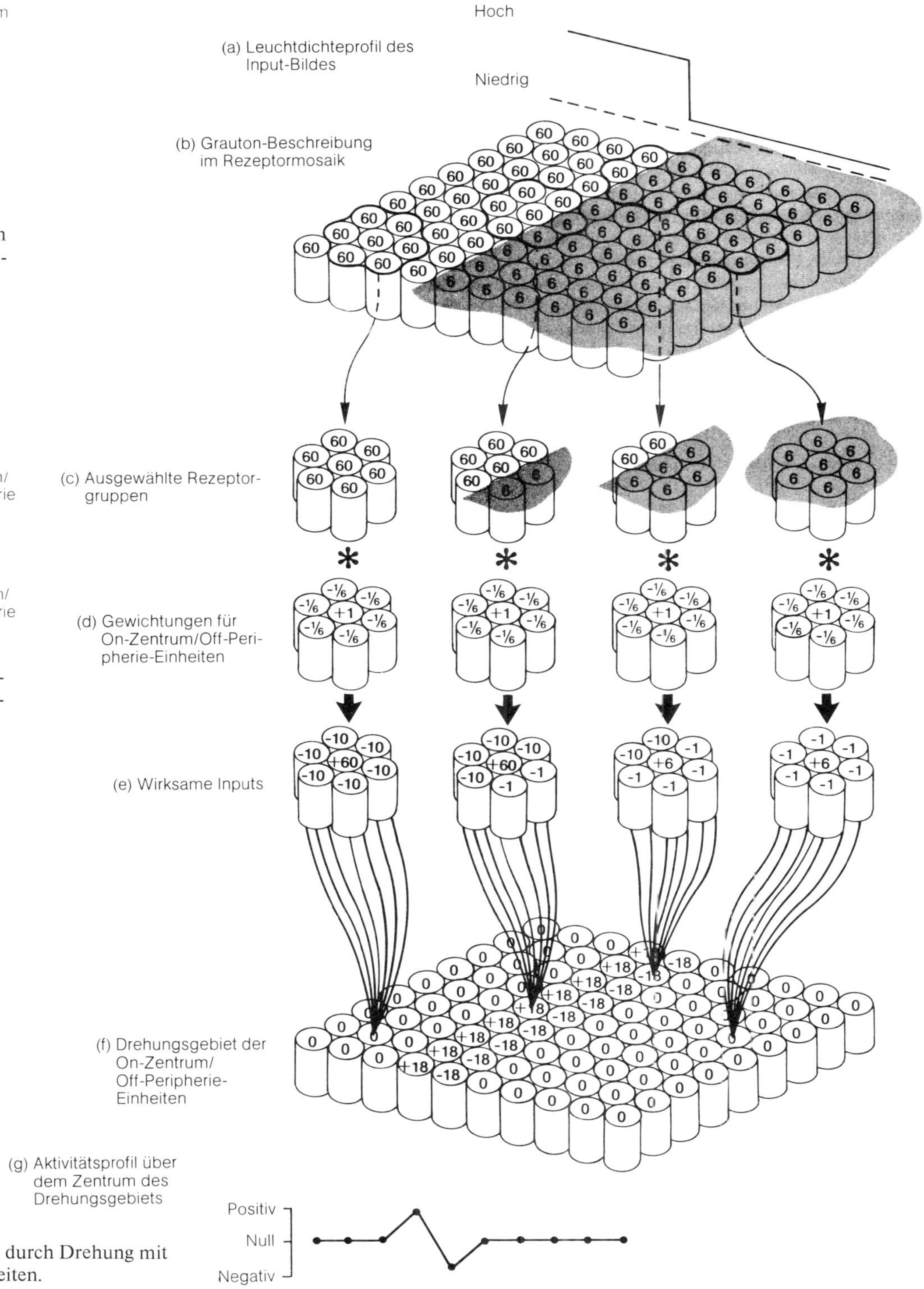

Bild 145. Randentdeckung durch Drehung mit Zentrum-Peripherie-Einheiten.

Fläche von gleichmäßiger Beleuchtung den geforderten Null-Output ergibt. Sehen wir nun, was sich abspielt, wenn diese Drehungsmaschinerie mit dem Input konfrontiert wird, den sie erkennen soll - einen Rand.

Ein Input-Bild mit einem schroffen Leuchtdichteprofil (Bild **145a**) wird auf einem Rezeptormosaik (Bild **145b**) gezeigt; dabei ist der dunkle Teil des Randes grau schattiert und die helle Seite wurde weiß gelassen. Die dunkle Fläche erzeugt eine nur schwache Rezeptoraktivität, die hier zur Veranschaulichung als Ziffer 6 in jedem Rezeptor dargestellt wird; dies zeigt »sechs Aktivitätseinheiten« an. Die helle Seite des Randes in Bild **145b** erzeugt eine Rezeptoraktivität von 60 Einheiten, und das Ziffernmuster über das gesamte Rezeptormosaik hinweg stellt eine Grautonbeschreibung des Input-Bildes dar.

Nachdem nun eine Grautonbeschreibung mit Hilfe des Rezeptormosaiks erreicht worden ist, geht die Drehungsanordnung von Bild **145f** dazu über, nach Rändern zu »suchen«. Jede Drehungszelle »inspiziert« eine bestimmte Gegend des Rezeptormosaiks, wie anhand von Bild **142** beschrieben wurde, und addiert die hemmenden und erregenden Wirkungen, die aus diesem Bereich kommen. Es werden Rezeptorgruppen, die vier Drehungszellen versorgen, dargestellt in Bild **145b**, durch eine Umrandung hervorgehoben und dann nochmals als isolierte Gruppen in Bild **145c**. Die Aktivität eines jeden Rezeptors muß in ihrer Wirkung gewichtet werden, und Gewichtungsdiagramme für On-Zentrum/Off-Peripherie-Einheiten werden in Bild **145d** gezeigt. Die Aktivität eines jeden Rezeptors wird mit der entsprechenden Gewichtung multipliziert, und dieser Vorgang wird durch die Sternchen zwischen Bild **145c** und **145d** versinnbildlicht. Die Ergebnisse der Multiplikation sind in Bild **145e** dargestellt; dies ist der Satz der wirksamen Inputs (das heißt der Input nach der Gewichtung), die den Drehungszellen zur Berechnung zugeführt werden. Die dabei erreichten Ergebnisse zeigt Bild **145f**, wo der größte Teil der Drehungsanordnung inaktiv ist (Nullergebnisse), wo aber andererseits hohe positive und hohe negative Additionsergebnisse auf beiden Seiten der Randgrenze vorhanden sind. Diese Randergebnisse sind + 18 bzw. – 18. In Bild **145g** wird ein Aktivitätsprofil der Drehungsanordnung gezeigt, und dies unterstreicht die Tatsache, daß die Anordnung bei der Lokalisierung des Randes erfolgreich war.

An dieser Stelle könnte folgende Frage auftauchen: wenn Bild **145** auch nicht den biologischen Drehungsapparat darstellen soll, wie wären die negativen Zahlen in einer biologischen Entsprechung, die aus Nervenzellen bestünde, codiert? Das allgemeine Problem, negative Quantitäten in biologischen Drehungen festzuhalten, wurde bereits früher im Zusammenhang mit dem Entwurf von »Schwarz-auf-weiß«- und »Weiß-auf-schwarz«-Eckendetektoren (siehe Kapitel 2) erörtert. An dieser Stelle soll es genügen zu bemerken, daß wir später in diesem Kapitel eine Lösung bringen wollen, die der früher vorgeschlagenen ähnlich ist, nämlich, daß es verschiedene Zellpopulationen gibt, die sich mit den Quantitäten befassen, die in Bild **145** als positive und negative Zahlen erscheinen.

Eine weitere Frage, die Sie vielleicht noch beschäftigt, lautet folgendermaßen: wo werden die Gewichtungsmultiplikationen real vollzogen? Es ist sehr leicht, sich verschiedene Kabel vorzustellen, die von jedem Rezeptor ausgehen und an verschiedenen Drehungszellen enden: aber diese verschiedenen Kabel müssen verschiedene Botschaften transportieren, manchmal nagative, manchmal positive, manchmal schwache, manchmal starke, entsprechend dem Gewichtungsdiagramm. »Entscheidet« der Rezeptor, was er zu jeder Drehungszelle schickt, oder erhält jede Drehungszelle die Rezeptorbotschaften zunächst ungewichtet, und gewichtet sie erst vor der weiteren Berechnung in angemessener Weise? Beide Möglichkeiten sind im Prinzip gleich gut, aber es zeigt sich, daß der Zentrum-Peripherie-Berechnungsapparat des biologischen Systems eine Methode zu verwenden scheint, die sich von beiden ziemlich unterscheidet, und die ich im passenden Zusammenhang noch beschreiben will.

Merken Sie sich für den Augenblick nur das grundlegende Ziel unserer Helligkeitsberechnung: es besteht darin, herauszufinden, wo die Ränder in der Input-Szene gelagert sind, ferner, nur diejenigen zu registrieren, die bezüglich der Größe des Sprunges in der Intensität über einem bestimmten Schwellenwert liegen, und schließlich die Flächen zwischen den so erhaltenen Rändern »miteinander zu verbinden«, um das gewünschte Helligkeitsprofil zu erstellen. Sehen wir nun, wie sich die Drehungsmaschinerie zur Randerkennung mit einem schwachen Rand auseinandersetzt, von dem man annehmen kann, daß er wahrscheinlich eher von einem Unterschied in der Beleuchtung als von einem Unterschied im Reflexionsgrad stammt.

Auf Bild **146a** wird ein Rand mit einem relativ schwachen Leuchtdichteunterschied zwischen den Flächen auf seinen beiden Seiten als Profil dargestellt und in Bild **146b**, wie er auf einem Rezeptormosaik liegt. Die beiden Flächen, die durch den Rand begrenzt werden, stimulieren die Aktivität der Rezeptoren in einer Höhe von 60 und 54 Einheiten. Diese Zahlen wurden gewählt, um die Rechnung zu vereinfachen, aber auch ein schwächerer Rand würde natürlich im wesentlichen ähnlich behandelt. Um weitere wichtige Aspekte der Helligkeitsberechnung zu veranschaulichen, habe ich den schwachen Rand in einem Winkel zur Vertikalen angeordnet, und ihn in Verbindung mit seinen Off-Zentrum/On-Peripherie-Einheiten dargestellt: dies unterscheidet das vorliegende Beispiel von der Drehungsverbindung aus Bild **145** in zwei weiteren Punkten, abgesehen von der blassen Qualität des Randes. Aber trotz dieser Unterschiede folgen die verschiedenen Schritte in der Randanalyse genau denjenigen, die im einzelnen zu Bild **145** erklärt wurden, und Sie dürften keine Schwierigkeiten haben, die Rechnung selbst zu verfolgen und zu verstehen, wie es dazu kommt, daß der Rand in der Drehungsanordnung als Zellstreifen dargestellt wird, der auf einem Aktivitätsniveau von + 2 und – 2 reagiert. Aber man muß hier verschiedene neue Merkmale beachten:

Erstens machte die Tatsache, daß der Rand nicht vertikal war, keinen Unterschied. Die kreisförmig symmetrisch angelegten Zentrum-Peripherie-Einheiten haben die wertvolle Eigenschaft, für Ränder ohne Rücksicht auf ihre Richtung empfindlich zu sein. Dies ist deshalb von Nutzen, da es bedeutet, daß die Helligkeitsberechnung voranschreiten kann, ohne die Existenz vieler verschiedener Drehungsanordnungen, von denen jede für eine andere Richtung zuständig wäre (wie im Falle der Formerkennung bei Rändern, wo die Richtung wichtig war). Die Richtung ist unwichtig für die Zentrum-Peripherie-Einheiten, und das ist für unsere momentanen Ziele günstig. Natürlich liegen die besonderen Randbeispiele, die für Bild **145** und **146** ausgewählt wurden, genau auf den Grenzen zwischen den Rezeptoren, und andere Richtungen (oder auch gleiche Richtung, nur leicht seitwärts verschoben) könnten ein gewisses Problem für die Entscheidung aufwerfen, ob man einen halb bedeckten Rezeptor für aktiv oder inaktiv halten soll. Aber das ist ein Detail, das wir vernachlässigen können, und wir wollen nur feststellen, daß das Problem in einem tatsächlichen Rezeptormosaik mit sehr feinen Entscheidungen (die menschliche Netzhaut z.B.) im wesentlichen unbedeutend ist.

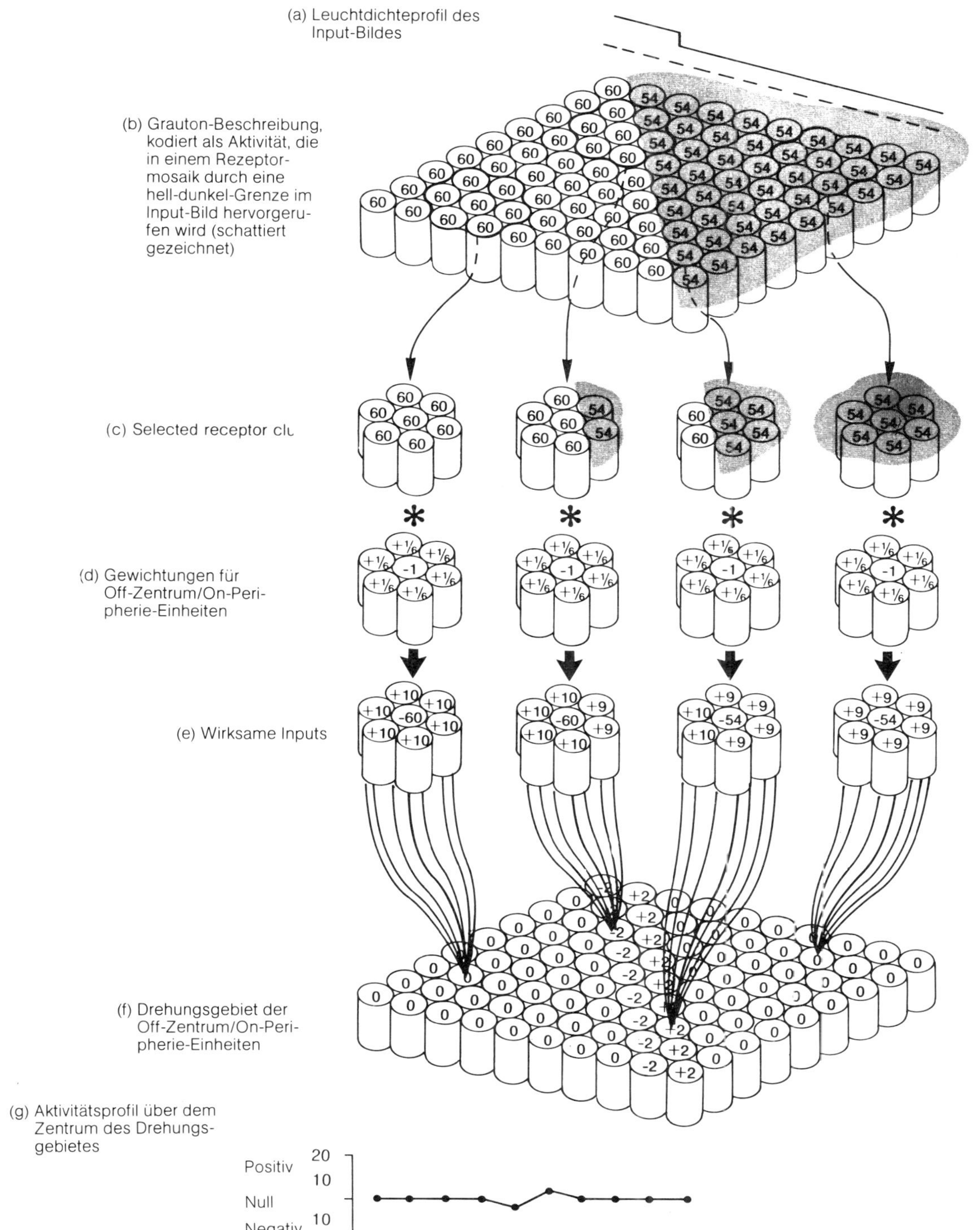

Bild 146. Drehungsentdeckung eines schwachen Randes.

Zweitens hat der Umstand, daß wir Off-Zentrum-Einheiten haben, die die Drehung anstelle von On-Zentrum-Einheiten wie in Bild **145** vollziehen, auch keinen wesentlichen Unterschied gemacht. Er hat lediglich dazu geführt, daß die Grenze durch einen Wechsel von Negativ zu Positiv in der Aktivität der Drehungszelle wiedergegeben wird, und zwar in dem Maße, wie man quer über die Drehungsanordnung von Hell zu Dunkel vorwärtsschreitet, anstatt durch einen Wechsel von Positiv zu Negativ wie in Bild **145**. Es könnte deshalb die Frage gestellt werden: warum soll man sich mit beiden Einheiten befassen? Eine der Antworten darauf lautet, daß man zwar in einem Computersystem nicht beide Arten braucht, weil negative Quantitäten ohne weiteres mit Hilfe der Rechenapparatur des Computers erfaßt werden können, in biologischen Systemen dagegen, die aus Nervenzellen bestehen, erzeugen negative Quantitäten Probleme bei der Wiedergabe. Eine Zelle kann entweder aktiv oder inaktiv sein: sie kann aber nicht »negativ aktiv« sein. Natürlich wäre es im Prinzip möglich, »Null« nicht durch Inaktivität, sondern durch ein mittleres Aktivitätsniveau wiederzugeben, und dann davon ausgehend »positive« Quantitäten durch Aktivität oberhalb dieses mittleren Niveaus anzuzeigen und »negative« durch eine Aktivität, die darunter liegt. Biologische Systeme scheinen diese Möglichkeit manchmal zu verwenden, aber im Falle der Helligkeitsberechnung ist es am wahrscheinlichsten, daß positive Quantitäten den einzelnen Zellkanal (in diesem Falle die On-Zentrum-Zellen) hinuntergeschickt werden und negative den anderen Kanal (hier die Off-Zentrum-Zellen). Auf dieses Thema wurde an anderer Stelle in diesem Kapitel Bezug genommen, und eine breitere Erörterung fand schon in Kapitel 2 statt. Ein Vorteil, der bei der Verwendung getrennter negativer und positiver Kanäle entsteht, im Gegensatz zur Ausnützung von Schwankungen um ein mittleres Aktivitätsniveau, besteht nach Marr darin, daß es sowohl die anfängliche Festsetzung wie auch die späteren Festsetzungen eines Schwellenwertes außerordentlich erleichtert. Anhand dieser Bestimmungen wird darüber entschieden, wann man davon ausgehen muß, daß ein Randsignal wohl eher von einem wirklichen Rand als von einer Beleuchtungsabstufung stammt. Veränderungen des Schwellenwertes sind notwendig, um mit Problemen fertigzuwerden, die durch Veränderungen der Gesamtbeleuchtung einer Szene (siehe unten) entstehen.

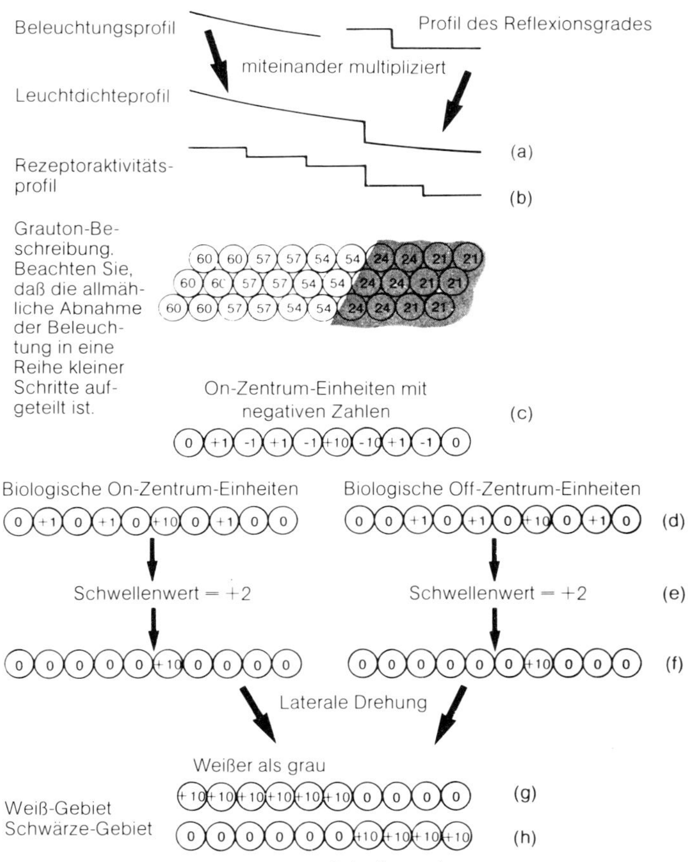

Bild 147. Helligkeitsberechnung durch biologische Zentrum-Peripherie-Einheiten.

Drittens kann weiterhin bei Bild **146** im Vergleich mit Bild **145** festgestellt werden, daß der blasse Rand ein schwaches Randsignal in der Drehungsanordnung hervorgerufen hat. So erzeugte in Bild **145** ein Rand, der in der Grautonbeschreibung durch benachbarte Rezeptoraktivitäten von 60 und 6 wiedergegeben wurde, Drehungssignale von +18 und -18, während in Bild **146** der mit 60/54 wiedergegebene Rand mit -2/+2 zum Vorschein kam. Genauso muß es auch sein. Der erste Schritt der Helligkeitsberechnung besteht im Erkennen von Rändern, aber damit ist die Notwendigkeit verbunden, sanft verlaufende Leuchtdichteabstufungen zu vernachlässigen, was wiederum heißt, daß »sehr blasse Ränder« übergangen werden, und zwar auf der Annahme beruhend, daß diese eher von Beleuchtungsunterschieden als von Unterschieden im Reflexionsgrad kommen. Natürlich beinhaltet diese entscheidende Annahme die Gefahr, echte, aber sehr schwache Veränderungen des Reflexionsgrades (das heißt wirkliche, aber sehr schwach und allmählich verlaufende Ränder) zu übersehen, aber dies ist der Preis, den das visuelle System bezahlen muß, um dafür die richtige Berechnung der Helligkeit in den meisten Fällen »einzutauschen«). Auf jeden Fall muß man, um entscheiden zu können, ob ein Rand über dem Schwellenwert liegt oder nicht, erst seine Stärke kennen, und diese ist durch die Größe des Drehungssignals gegeben. Wenn der Schwellenwert, sagen wir, auf plus oder minus 3 festgelegt wäre, dann würde der erste Rand (plus oder minus 18) angenommen, da er durch einen Unterschied im Reflexionsgrad erzeugt wurde, während der zweite (plus oder minus 2) vernachlässigt würde (aber nur bezogen auf die Helligkeitsberechnung; wie vorher schon bemerkt, könnte es wünschenswert sein, ihn für einen anderen Zweck im Auge zu behalten).

Wiederherstellung durch Entdrehung

Der letzte Schritt bei der Helligkeitsberechnung besteht darin, daß ein Helligkeitsprofil hergestellt wird, indem die »Lücken« zwischen den Rändern »ausgefüllt« werden, die durch die Drehung entdeckt und so eingestuft worden sind, daß sie über dem Schwellenwert liegen und deshalb für die Helligkeitsberechnung »beachtenswert« sind. Dies ist etwas schwieriger zu erreichen, aber im wesentlichen ist es genau das Gegenteil der ursprünglichen Zentrum-Peripherie-Drehung und wird deshalb manchmal als »Entdrehung« bezeichnet. Es kann durch Anordnungen von Einheiten vollzogen werden, in denen sich die aneinander grenzenden gegenseitig verstärken (=*Bahnung*). Die Zentrum-Peripherie-Drehungen, die oben beschrieben wurden, hatten als Schlüsseleigenschaft die gegensätzliche Wirkung von Erregung und Hemmung (manchmal als laterale Hemmung bezeichnet). Aber der letzte Schritt in der Helligkeitsberechnung verwendet ausschließlich Erregung, so daß sich die Aktivität vom Rand her ausdehen kann, wie es für die optische Täuschung nach Craik/Cornsweet/O'Brien kurz beschrieben wurde.
Sehen Sie sich zum Beispiel ein Leuchtdichteprofil an, das aus einer allmählichen Beleuchtungs-Veränderung besteht,

die einer schroffen Veränderung des Reflexionsgrades überlagert wurde (Bild **147a**). Das Ziel der Helligkeitsberechnung ist es offensichtlich, aus diesem doppeldeutigen Input das Reflexionsprofil herauszuziehen. In Bild **147b** ist eine Grautonbeschreibung dargestellt, und zwar in Form von Aktivitätsniveaus im Rezeptormosaik (wenn es auch aus Platzgründen ein kleineres Mosaik ist). Seine Ziffern zeigen an, daß der Beleuchtungsbestandteil in Form einer Abfolge von kleinen Schritten erscheint: 60/57, 57/54, 24/21. Andererseits ist der Schritt beim Reflexionsgrad viel größer: 54/24.

Als nächstes bemerkt man, daß die Grautonbeschreibung mit On-Zentrum-Einheiten verbunden ist. Ein mittlerer Streifen von Drehungszellen aus einer Drehungsanordnung wird in Bild **147c** gezeigt. Bei dieser Drehungsverbindung wurden auch negative Zahlen zugelassen, und aus diesem Grund erscheinen einige negative Zahlen in den Drehungszellen. Versuchen Sie selbst herauszufinden, warum die Zahlen so sind, wie sie sind, und lassen Sie sich dabei durch Bild **145** inspirieren.

In Bild **147d** sind Drehungen von »biologischen« Zentrum-Peripherie-Einheiten dargestellt, wobei ihre Eigentümlichkeit darin besteht, daß keine negativen Zahlen zugelassen werden. Deshalb wird jede Zelle, die negativ wäre, mit Null bestimmt. Es werden Drehungen mit On-Zentrum- und Off-Zentrum-Einheiten dieser Art dargestellt, und zwar wiederum mit den Ergebnissen aus nur einem Streifen quer über eine gesamte Drehungsanordnung. Wie man sehen kann, erscheinen in jedem Streifen nur positive Zahlen, aber die Stelle, an der sie erscheinen, ist in jedem Falle eine andere. So erscheinen die negativen Zahlen von Bild **147c** als positive Zahlen in Bild **147d** für die Off-Zentrum-Einheiten. Und die positiven Zahlen in Bild **147c** erscheinen als positive Zahlen auf dem On-Zentrum-Streifen von Bild **147d**. Dies mag kompliziert klingen, aber die Kompliziertheit ist mehr Schein als Realität, wie Bild **147d** zeigt.

Da wir nun unsere On-Zentrum- und Off-Zentrum-Drehungsverbindungen erhalten haben, besteht der nächste Schritt darin, den Schwellenwert anzuwenden. In Bild **147e** ist der Schwellenwert auf +2 festgelegt. (In wirklichen Situationen müßte der Schwellenwert von den genauen Umständen des Sehens abhängig sein. Wenn zum Beispiel das allgemeine Beleuchtungsniveau hoch ist, ist es wahrscheinlich, daß Veränderungen in der Beleuchtung ebenfalls groß sind, und wenn der Schwellenwert niedrig gelassen würde, so würden diese Veränderungen unter der Maske echter Veränderungen des Reflexionsgrades auftreten. Aber wie der Schwellenwert festgelegt und von neuem festgesetzt wird, um zu den vorherrschenden Lichtbedingungen zu passen, ist eine Einzelheit, die wir hier beiseite lassen müssen). Das Ergebnis der Anwendung des Schwellenwerts von +2 ist in Bild **147f** dargestellt: er läßt nur die großen Randmessungen von +10 zu, die dann als einzige in jeder Drehungsanordnung erscheinen.

Wenn der Schwellenwert einmal angewendet ist, dann besteht der letzte Schritt darin, das gewünschte Helligkeitsprofil herzustellen, indem die Aktivität von den Rändern, die über dem Schwellenwert liegen, nach außen ausgedehnt wird. Dieser Vorgang wird in zwei ganz neuen Anordnungen vollzogen, die in Bild **147g** und **h** jeweils als *Weiß- und Schwarzanordnung* bezeichnet werden. Die Weißanordnung zeigt die Ergebnisse, die entstehen, wenn von dem Rand, der durch die On-Zentrum-Einheiten aufgezeichnet wurde, nach außen gegangen wird, und die Schwarzanordnung macht dasselbe bei den Off-Zentrum-Einheiten. Auf irgendeine Weise wird verhindert, daß die Aktivität in der Weißanordnung sich in der falschen Richtung, nämlich über die Weiß-Schwarz-Grenze hinweg ausdehnt, und umgekehrt bei der Schwarzanordnung. Diese wesentliche Beschränkung wird vielleicht schon dadurch erreicht, daß ein jedes Schwarz-Weiß-Paar von Zellen, die sich mit demselben Teil der Grautonbeschreibung befassen, in der Art eines Gegensatzprozesses aneinandergekoppelt werden, so daß die jeweils aktivere Zelle »gewinnt« und somit die andere bis auf ein Nullniveau hin hemmt. Auf diese Weise würde keine Bahnung, die in einer der beiden Anordnungen über den Rand hinausgeht, jemals den Wert der hemmenden gegensätzlichen Zelle überschreiten, und auf diese Weise würden sie sozusagen »unterbunden«. Ohne zu sehr ins einzelne zu gehen, kann man leicht sehen, daß die Weiß- und Schwarzanordnungen der Art, wie sie in Bild **147g** und **h** dargelegt sind, zwischen sich das Helligkeitsprofil von Bild **147i** »führen« können. Beachten Sie, in welch intelligenter Weise die Verwendung von Weiß- und Schwarzzellen bedeutet, daß die Aktivität immer positiv ist: nur bedeutet eben positive Aktivität in beiden Fällen etwas Verschiedenes.

Es bleibt nun noch zu erklären, wie die Ausdehnung der Aktivität, die für die Entdrehung notwendig ist, innerhalb der Weiß- und Schwarzanordnungen durch den Vorgang der lateralen Bahnung erreicht wird. Das Verbindungsnetz, das dafür erforderlich ist, ist in Bild **148a** dargestellt. Diesmal sind die Verbindungen innerhalb der Anordnung selbst, was im Gegensatz zur Zentrum-Peripherie-Drehung steht, wo die Verbindungen von den Rezeptoren zu den Drehungszellen verlaufen (beachten Sie aber die späteren Bemerkungen über die Netzhautapparatur für die Entdrehung). Um den Vorgang der Entdrehung zu vermitteln, verlaufen die Fasern, die die Zellen miteinander verbinden, hier zwischen benachbarten Zellen einer jeden »Entdrehungsanordnung«. Beachten Sie, daß in Bild **148a** jede Entdrehungszelle durch eine Zahl dargestellt wird – die Randinformation nach der Schwellenwertprozedur, die auf der vorhergehenden Stufe in die Anordnung eingespeist wurde. Die Anordnung von Bild **148a** könnte sowohl eine Schwarz- als auch Weißanordnung sein: zum Zweck der Präsentation macht das keinen Unterschied, da sie beide auf ähnliche Weise funktionieren und beide ausschließlich mit positiven Zahlen operieren.

Eine jede Zelle in Bild **148a** beeinflußt sowohl ihre Nachbarn, wie sie auch selbst von ihnen beeinflußt wird. Deshalb werden »doppelte« Verbindungen zwischen den Zellen dargestellt. Der Einfachheit halber werden in Bild **148a** nicht alle Verbindungen angegeben, aber Sie müssen sich vorstellen, daß alle benachbarten Zellen so miteinander verbunden sind, wie dies für die drei ausgewählten Beispiele gezeigt wird. Die $+\,^1/_6$-Bruchteile einer jeden Verbindung zeigen die Gewichtung der lateralen Bahnung an, die durch

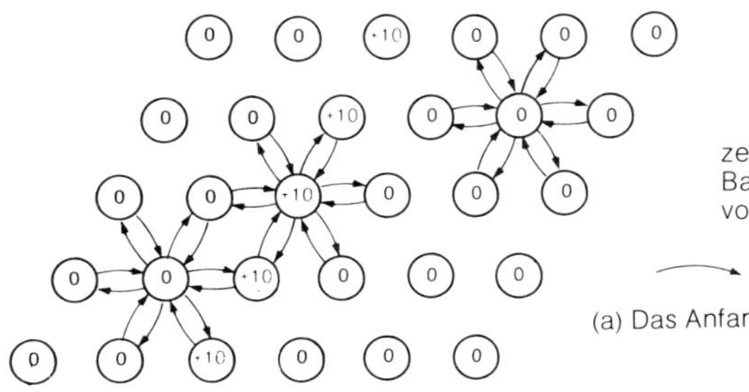

(a) Das Anfangsstadium

(b) Das Endstadium

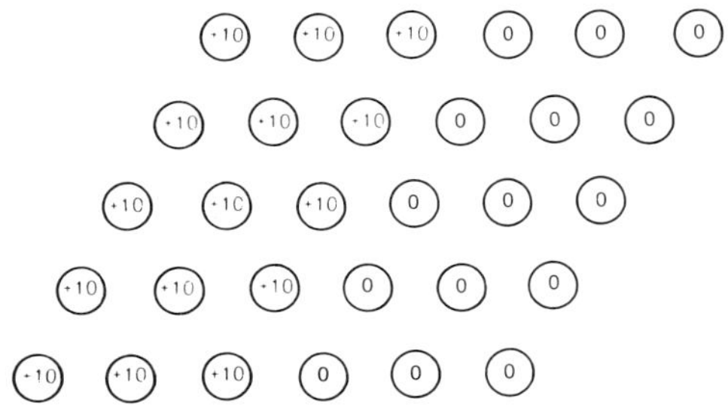

Bild 148. Entdrehung durch laterale Bahnung (siehe Text).
a) Anfangsstadium: Es werden nur die Verbindungen einiger weniger Zellen gezeigt, in Wirklichkeit aber sind alle Zellen auf gleiche Weise verbunden.
b) Endstadium: Zur Vereinfachung sind alle Verbindungen weggelassen worden.

die Verbindung vermittelt wird. Das heißt, daß jede Zelle ihre Nachbarn mit $^1/6$ ihres eigenen Aktivitätsniveaus erregt. Auf diese Weise »hilft« jede Zelle ihren Nachbarn »aus« und umgekehrt wird ihr selbst »geholfen«.

Es ist wichtig zu verstehen, daß der Vorgang der Bahnung sich solange immer von neuem wiederholt, bis ein stabiler Zustand im Netzwerk erzielt worden ist. Sehen Sie sich zum Beispiel die Zelle in der linken unteren Ecke von Bild **148a** an, die mit ihren Verbindungen zu Nachbarzellen dargestellt ist. Sie beginnt auf einem Nullniveau, weil dies in sie im vorhergehenden Schwellenwertstadium eingespeist wurde. Sie beginnt also damit, daß sie ihren Nachbarn keine Erregung anbietet, weil natürlich $0 \times {}^1/6 = 0$ ist. Andererseits erhält sie Erregung von zwei Nachbarzellen, die einem Niveau von +10 angefangen haben, weil sie »auf« einem Rand liegen. Da $+10 \times {}^1/6 = 1{,}67$ ergibt, ist die gesamte Bahnung, die diese Einheit erhält, 3,34. Da sie nun auf einem Aktivitätsniveau von 3,34 steht, kann sie dazu übergehen, die Bahnung auf ihre Nachbarn, die vom Rand weiter entfernt sind, zu übertragen, denn diese erhielten am Anfang gar keine Erregung, da sie beim Beginn der Entdrehung durchwegs von Zellen mit einem Aktivitätsniveau von Null umgeben waren. Vielleicht können Sie intuitiv erfassen, daß bei einer solchen Art der progressiven Bahnung eine Ausdehnung von Aktivität wie ein Lauffeuer durch das ganze Netzwerk rasen würde. Bald hätten alle Zellen auf derselben Seite der Grenze denselben Wert angenommen – und das Helligkeitsprofil wäre entsprechend den Erfordernissen hergestellt, wie Bild **148b** zeigt.

Sie könnten aber an dieser Stelle vernünftigerweise fragen: was hält diese Bahnung davor zurück, quer über die Randgrenzen zu rasen? Warum haben am Ende nicht *alle* Zellen den Wert +10? Die Antwort muß lauten: die entgegengesetzte Entdrehungsanordnung stoppt dieses Ereignis dadurch, daß sie eine solche Ausdehnung hemmt. Weiter oben wurde darüber einiges bemerkt, und man muß annehmen, daß, wenn beispielsweise Bild **148a** eine Weißanordnung ist, die Schwarzanordnung dann die notwendige Hemmung verursacht, die diese Ausdehnung beizeiten stoppt. Die Schwarzanordnung müßte also Hemmung liefern, um die Weißanordnung daran zu hindern, »verrückt zu spielen« und anhand des Vorgangs der fortgeleiteten Bahnung zu »superweißen« Aktivitätsniveaus emporzusteigen, während die Ausgangssituation weitaus bescheidener ist. Jedenfalls würden die Zellen auf dem Rand anfänglich von ihren Nachbarn keine Bahnung erhalten, aber wenn diese Nachbarn einmal geweckt worden sind, wie man sagen könnte, würden sie eben die Zellen unterstützen, von denen sie selbst aktiviert werden würden, und wenn diese letzteren nicht durch Hemmung von der Schwarz-Anordnung »niedergehalten« würden, würde das ganze System außer Kontrolle geraten. Obwohl also das visuelle System das Problem der Nichtzulassung negativer Aktivitätsniveaus dadurch löst, daß es einen Schwarzkanal erfindet, um den Weißkanal zu ergänzen, muß ein Preis dafür bezahlt werden, daß die beiden Anordnungen »miteinander sprechen« müssen, damit keine unsinnigen Ergebnisse entstehen. Das »Sprechen« nimmt wahrscheinlich die Form von hemmenden (subtrahierenden) Querverbindungen an, und zwar, wie bereits bemerkt, als Gegensatzprozeß.

In diesem Abschnitt wurde die wahrscheinliche Grundlage für die Berechnung von Helligkeit durch visuelle Systeme erklärt. Als nächstes sehen wir uns an, welche Zellen wohl einen jeden dieser Schritte, nämlich das Erkennen des Randes, die Schwellenwert-Festlegung und schließlich die Entdrehung vollziehen.

Die Netzhaut

Die Netzhaut ist eine Zellschicht, die auf der inneren Oberfläche des Augapfels liegt (siehe Bild **149**, Tafel **9**), und sie enthält lichtempfindliche Rezeptoren, um die symbolische Szenenbeschreibung in die Wege zu leiten. Das Linsensystem des Auges vereinigt ein Bild der beobachteten Szene in einem Brennpunkt auf der Rezeptorschicht, die Rezeptoren »bemerken«, wenn Licht auf sie fällt, und lösen Aktivität in verschiedenen Nervenzellen der Netzhaut aus, die dann ihrerseits Botschaften zum Gehirn schicken. Auf Bild **150** ist ein Querschnitt durch eine menschliche Netzhaut dargestellt, und zwar vergrößert, so daß bestimmte Einzelheiten der Struktur sichtbar werden. Der erste und interessanteste Punkt daran ist, daß die Rezeptoren hinter der Netzhaut versteckt sind und nicht auf der Oberfläche liegen, die das Licht aufnimmt. Dies ist eine merkwürdige Anordnung, da das Licht, das sie stimuliert, zuerst durch viele (wenn auch nahezu transparente) Zellschichten wie auch Blutgefäße hindurchwandern muß, bevor es die Rezeptoren aktivieren und auf diese Weise den Prozeß des Sehens in Gang setzen kann. Aber obwohl diese Anordnung merkwürdig ist, stellt sie offensichtlich doch keine wesentliche Beeinträchtigung dar, wie unser außerordentlich gutes Sehvermögen bezeugt. Sie könnte sogar die Rezeptorschicht vor möglichen Deformationen, die durch Augenbewegungen hervorgerufen würden usw. schützen. Andererseits haben Kraken und Tintenfische Augen, die den unseren sehr ähnlich sind, außer, daß ihre Rezeptorschicht auf der äußeren Oberfläche der Netzhaut liegt, wo das Licht unmittelbar auftreffen kann, und deshalb scheinen die Vor- und Nachteile beider Möglichkeiten nicht so gravierend zu sein.

Die Rezeptoren bilden eine Zellschicht, ein Mosaik, das in Bild **42** bereits in der Draufsicht gezeigt wurde. Das Mosaik besteht aus zwei Arten von Rezeptoren, die auf Grund ihrer verschiedenen anatomischen Formen als *Stäbchen* und *Zapfen* bezeichnet werden (Bild **151**). Es haben keineswegs alle Lebewesen beide Arten von Rezeptoren. Die Taube hat beispielsweise eine Netzhaut, die nur aus Zapfen besteht, während die Netzhaut der Katze fast nur Stäbchen enthält. Es ist durchaus möglich, daß bestimmte Tiere nie die Fähigkeit des Sehens mit Stäbchen und Zapfen entwickelt haben, es kann aber auch sein, daß sie es angesichts ihrer eigenen jeweiligen Überlebensprobleme für besser hielten, sich nur auf einen Typus zu konzentrieren. Die Katze ist zum Beispiel im wesentlichen ein Nachttier, und ihre Stäbchen-Netzhaut ist besonders gut an das niedrige Lichtniveau angepaßt, was für die Nacht ja charakteristisch ist (siehe unten).

Stäbchen und Zapfen enthalten verschiedene Arten von *lichtempfindlichem Pigment*, die sie dazu befähigen, sich auf bestimmte Aufgaben zu spezialisieren. Die Stäbchen haben eine Substanz, die als Sehpurpur (Rhodopsin) bezeichnet wird, und als Folge davon sind sie etwa 500mal lichtempfindlicher als Zapfen. Andererseits enthalten Zapfen Pigmente, die das Farbsehen möglich machen. Deshalb sind Stäbchen und Zapfen eigentlich zwei verschiedene lichtempfindliche Systeme, die zusammen in eine einzige »Kamera« - das Auge - hineingepackt sind.

Es gibt etwa 120 Millionen Stäbchen in jedem menschlichen Auge, und sie verteilen sich über die ganze Netzhaut, mit Ausnahme der Fovea und des blinden Flecks (Bilder **152** und **153**). Die Anzahl der Zapfen beträgt etwa 6 Millionen in jedem Auge, und sie konzentrieren sich auf die zentrale Region der Netzhaut. In der *Fovea*, einer winzigen Eindellung direkt im Zentrum der Netzhaut, gibt es tatsächlich nur Zapfen, die mit einer sehr hohen Dichte von etwa 150 000 Zapfen pro Quadratmillimeter zusammengepackt sind. Der innerste Mittelpunkt der Fovea, wo die Zapfen am kleinsten und am engsten zusammengedrängt sind, ist sehr klein - nur etwa ein Zehntausendstel Millimeter im Durchmesser - und dient deshalb einem Sehwinkel von nicht mehr als 20 Minuten oder dem Drittel eines Grades. Der »Sehwinkel« ist geeignet, die Größe eines Netzhautbildes zu beschreiben, ungeachtet der jeweiligen Größe oder Entfernung des Objektes, von dem es stammt. Der betreffende Winkel wird durch imaginäre gerade Linien dargestellt, die vom Auge zu den Außenkanten des Objektes gezogen werden, welches dann als die Basislinie dieses Winkels gilt. Zum Beispiel stellt eine Linie von einem Zenti-

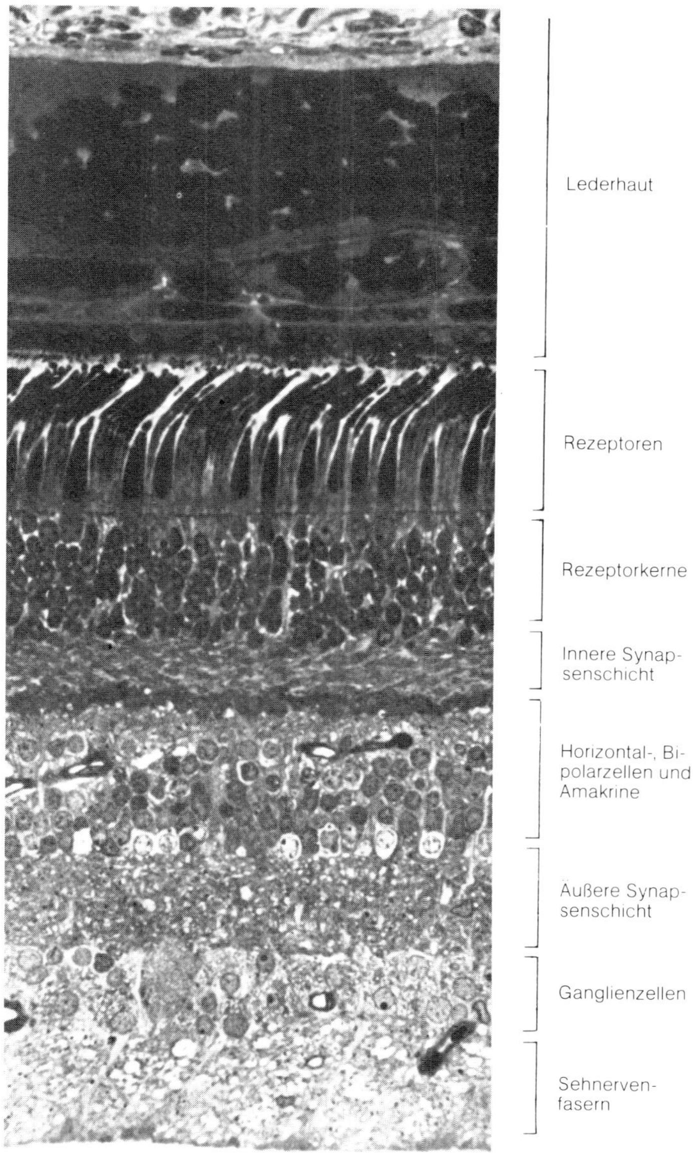

Bild 150. Querschnitt durch die Rückseite der menschlichen Netzhaut; Vergrößerung ungefähr x 350.

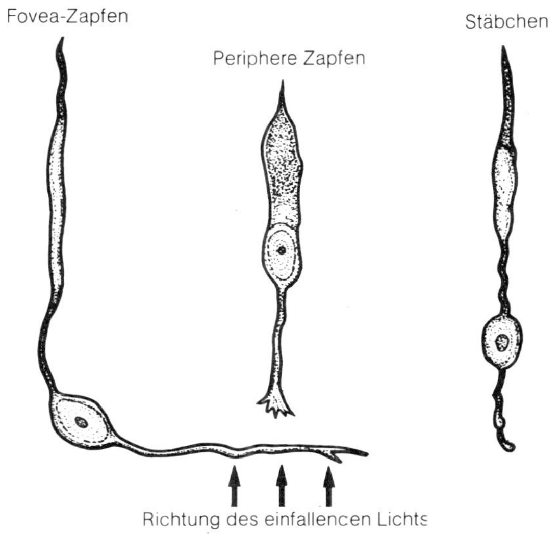

Bild 151. Stäbchen und Zapfen.

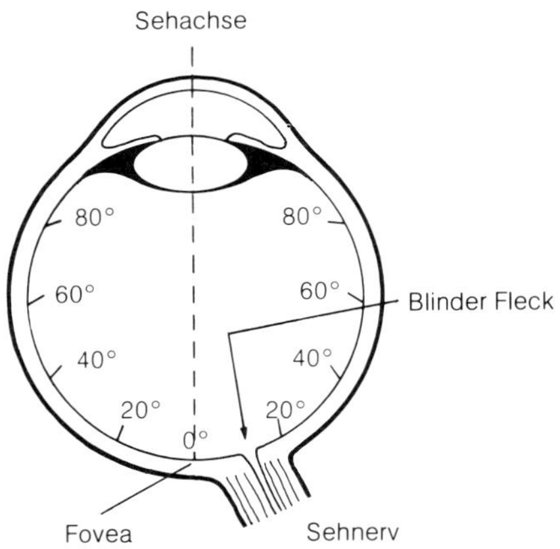

Bild 152. Der Querschnitt durch das Auge zeigt, wie die Netzhautregion aufgrund ihres Exzentrizitätswinkels zur Fovea bezeichnet werden kann.

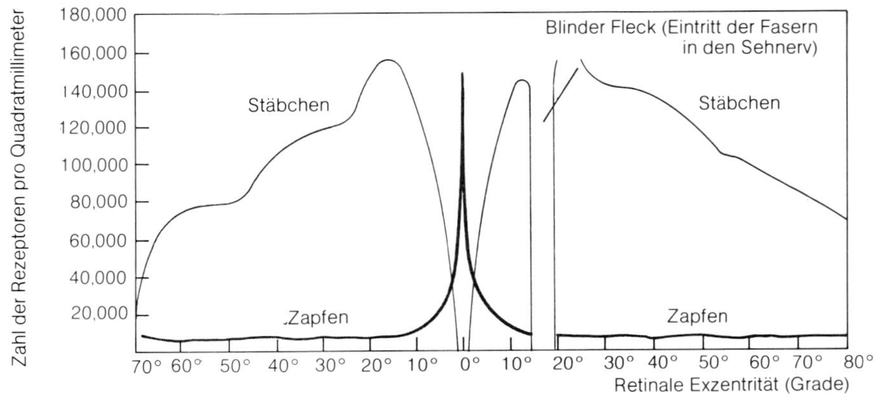

Bild 153. Verteilung der Stäbchen und Zapfen entsprechend ihrer retinalen Exzentrizität.

meter Länge, die aus einer Entfernung von etwa 57 Zentimetern angesehen wird, die Basislinie eines Sehwinkels von einem Grad dar, und genauso ist es mit einer Linie von zwei Zentimeter Länge, die aus einer Entfernung von etwa 114 Zentimetern gesehen wird. Der Mittelpunkt der Fovea, von dem gerade die Rede war, würde dementsprechend vom Bild einer Scheibe ausgefüllt sein, deren Durchmesser etwa 0,3 Zentimeter beträgt, und die aus einer Entfernung von etwa 57 Zentimetern angeschaut wird, da diese Scheibe die Basis eines Sehwinkels von etwa ⅓ Grad darstellt.

Diese zentrale Region der Fovea enthält nur etwa 2000 Zapfen insgesamt, aber selbst in dieser eng gepackten Netzhautgegend können mit entsprechender Sorgfalt weitere Variationen in der Größe der Zapfen entdeckt werden, so daß die zentralste Stelle unseres Blickes, die durch die kleinsten und am engsten gepackten Zapfen versorgt wird, von insgesamt nur einigen Dutzend Rezeptoren abhängen kann. Es ist ein bemerkenswerter Gedanke, daß, wenn wir irgend etwas sehr genau betrachteten und uns auf diese Weise bemühen, unsere Fähigkeit zur Erkennung sehr feiner Einzelheiten zu steigern, wir uns vielleicht nur auf 20 bis 30 Zapfen verlassen, von denen jeder einen Durchmesser von etwa 1 Mikron oder $^1/_{1\,000\,000}$ eines Meters hat. Diese biologische Apparatur stellt bei weitem jede Detektoroberfläche in den Schatten, die bis jetzt in künstlichen Sehsystemen verwendet wurde. Um des Kontrastes willen soll hier angemerkt werden, daß eine Fernsehkamera normalerweise ein Bild mit nur 400 000 Punkten (oder pixels) erzeugt. Dies ist außerordentlich wenig, verglichen mit der Anzahl der Elemente in einem Bild, das vom menschlichen Auge geliefert wird.

Es gibt ferner etwa 126 Millionen Rezeptoren (entspricht den pixels) in jedem Auge; aber es verlassen nur etwa 800 000 Nervenfasern jedes Auge und transportieren Botschaften über die Sehnerven zum Gehirn. Es ist also nicht jeder Rezeptor mit einer eigenen Verbindung zum Gehirn ausgestattet, da das mittlere Verhältnis von Rezeptoren zu Nervenfasern etwa 15 zu 1 ist. In der Fovea ist dieses Verhältnis fast 1 zu 1, aber es ist irreführend, sich vorzustellen, daß jeder Rezeptor in der Fovea seine eigene »private Telefonleitung« zum Gehirn hat, da zwischen jedem Rezeptor und den Output-Kabeln der Netzhaut viele Zellen sind, die Rezeptorsignale in verschiedener Weise miteinander verbinden. Diesen Zellen wollen wir uns nun zuwenden.

Wenn die Rezeptoren einmal stimuliert sind, geben sie ein Signal an die *Bipolarzellen* weiter, die ihrerseits Signale an die Ganglienzellen weitergeben, die dann entlang der Nervenbahnen im Sehnerv ihre Botschaften zum Gehirn schicken. Diese Abfolge der Verbindungen ist in Bild **154** (Tafel **10**) schematisch dargestellt. Beachten Sie, daß jeder Rezeptor mehr als eine Bipolarzelle versorgen kann (und dies ist der Grund dafür, daß die Vorstellung, Rezeptoren hätten Privatleitungen zum Gehirn, irreführend ist), und ferner, daß Ganglienzellen Botschaften von mehr als einer Bipolarzelle aufnehmen können. Die Abfolge: Rezeptor-bipolare Ganglienzelle wird oft als »vertikale Organisation« der Netzhaut bezeichnet, um sie von der »horizontalen Organisation« zu unterscheiden, die aus Zellen und deren Fasern besteht, die seitlich verlaufen. Die letzteren Zellen gibt es in zwei Ausführungen: *Horizontalzellen*, die laterale Botschaften auf der Ebene der Rezeptor-Bipolarzellen-Verbindung transportieren, und *Amakrine*, die dasselbe bei der Bipolar-Ganglienzellen-Verbindung machen. Es muß betont werden, daß Bild **154** zwar für unsere Zwecke angemessen und nicht irreführend ist, daß es aber eine im höchsten Maße schematische Skizze der Netzhautanatomie ist. Es können Unterteilungen in verschiedene Zellklassen vorgenommen werden, ebenso wie die Rezeptoren in Stäbchen und Zapfen unterteilt werden können. Die Netzhautanatomie ist in der Tat ein sehr hoch entwickeltes Wissensgebiet. Trotzdem weiß man wenig darüber, wie die Netzhaut funktioniert und welche Aufgabe sie in der Berechnung erfüllt. Warum schieben sich so viele Zellen zwischen die Rezeptoren und die Gehirnzellen, die damit beschäftigt sind, eine Szenenbeschreibung herzustellen – so die einfachen Zellen der Sehrinde usw.?

Die weit gefaßte Antwort auf diese Frage ist, daß die Netzhaut einen Großteil der visuellen Analyse selbst vollzieht, bevor sie Botschaften an das Gehirn weiterschickt. Sie ist selbst, wenn Sie so wollen, ein visuelles Gehirn. Interessanterweise entwickelt sich die Netzhaut im Fötus aus einem Auswuchs des embryonalen Hirngewebes; es ist also gar nicht falsch, wenn man sie als ein Gehirn bezeichnet. Wenn man sich die Netzhaut aber als ein Miniaturhirn vorstellen soll, worüber »denkt« sie dann nach? Es stellt sich heraus, daß die Antwort bei verschiedenen Tieren unterschiedlich ist. Diejenigen, die gut entwickelte visuelle Mechanismen in ihrem tatsächlichen Gehirn haben, wie Menschen, Katzen und Affen, haben eine recht »einfältige« Netzhaut. Andere Tiere, die nicht über diese ausgedehnte Sehapparatur im Zentralhirn verfügen, sind bei ihrer visuellen Analyse mehr auf ihre Netzhaut angewiesen, die deshalb komplizierter wird. In der nun folgenden neurophysiologischen Darstellung wollen wir uns damit zufriedengeben, das typische Funktionieren der einfacheren Netzhaut zu beschreiben.

Die Neurophysiologie der Netzhaut

Einige wichtige Hinweise über die Netzhautfunktion sind von neurophysiologischen Untersuchungen gekommen, bei denen die früher im Zusammenhang mit den Sehrinden-Zellen beschriebene Technik der Ableitungen von einzelnen Zellen verwendet wurde (siehe Kapitel 3, Seite 48). Das Prinzip besteht darin, eine Mikroelektrode in eine Netzhautzelle einzuführen und davon Ableitungen zu machen, während die Netzhaut mit einem Lichtmuster (vergleichen Sie Bild **56**) stimuliert wird. Das Lichtmuster wird in verschiedener Weise beeinflußt, und dann wird die Informationsverarbeitungsfunktion, die von der Zelle erfüllt wird, aus der Art ihrer Antworten, ihrem optimalen Stimulus usw. abgeleitet.
Das Tier, das zu unserem Verständnis der Netzhautfunktion in den letzten Jahren am meisten beigetragen hat, ist der Furchenmolch (Necturus maculosus), ein merkwürdiges Tier, das in den schlammigen Tiefen von Flüssen lebt, die voll von angeschwemmtem Sand sind. Ironischerweise ist die Lebensumwelt des Furchenmolchs so beschaffen, daß er sich in seinem Lebenskampf kaum auf sein Sehvermögen verlassen kann. Und trotzdem hat sich dieses Tier als ein Geschenk für Neurophysiologen erwiesen, die sich für die Funktion der Netzhaut interessieren, weil er mit vergleichsweise großen Netzhautzellen gesegnet ist. John Dowling und Frank Werblin haben diese Tatsache ausgenützt, um feine Eletrodenspitzen in einen jeden Zelltypus, sogar in Rezeptoren, einzuführen, was bei den meisten Tieren nicht gemacht werden könnte, ohne einen beträchtlichen Schaden anzurichten. Wenn die Elektrode einmal so eingeführt ist, kann man von der Zelle Ableitungen machen, wenn sie auf Stimuli reagiert, die auf einem vom Versuchstier betrachteten Bildschirm aufleuchten.
Mit solchen Methoden haben Dowling und Werblin herausgefunden, daß die Rezeptoren auf die Leuchtdichte des Input-Bildes in genau der Weise reagieren, die für eine Grautonbeschreibung notwendig ist. Das heißt, ihre Reaktion (in Wirklichkeit eine Spannungsänderung entlang ihrer Zellmembrane) ist zu der Intensität des einfallenden Lichtes proportional und dauert genauso lang, wie auch der Stimulus andauert. Das Spannungsniveau entspricht also voll und ganz den Zahlen in der Grautonbeschreibung eines Input-Bildes, das von einem Computer hergestellt wird. Erinnern Sie sich aber daran, daß der Begriff »Grauton« in diesem Buch sehr weit gefaßt ist und auch einen Zapfen miteinschließt, der selektiv auf eine bestimmte Farbe reagiert (oder genauer, auf Licht von einer bestimmten Wellenlänge – siehe weiter unten). Das könnte sich für einige Leser als verwirrend erweisen, die sich deshalb einen Zapfen lieber so vorstellen, daß er jeweils einen »Blauton«, »Rotton« oder »Grünton«, je nachdem, codiert. Aus Platzgründen kann ich mich mit der Farbwahrnehmung nicht allzu ausführlich beschäftigen; ich werde sie jedoch später kurz erwähnen.
Die Rezeptoren sind dann also der »Sitz« der Grautonbeschreibung. Was kommt als nächstes? Die Antwort ist, daß die Bipolarzellen die Stelle sind, wo die Zentrum-Peripherie-Randmessungen vorgenommen werden. Der Schaltplan ist in einer äußerst schematischen und abgekürzten Form in Bild **155** dargestellt, wo die Anordnung für eine On-Zentrum-Bipolarzelle gezeigt wird. Diese Einheit erhält über eine *Synapse* genannte Verbindung (siehe Seite 34) Erregung von einem zentralen Rezeptor. Weitere Rezeptoren, die diesen zentralen Rezeptor umgeben, führen der Bipolarzelle Hemmung zu, allerdings nicht unmittelbar: statt dessen versorgen die Rezeptoren der Peripherie Horizontalzellen, die dann im weiteren die Bipolarzelle hemmen. Die Horizontalzelle scheint also den idealen Platz abzugeben, um die erforderte Gewichtung der Signale der Peripherierezeptoren zu besorgen, was eine äußerst saubere Lösung des Problems der Durchführung ist.
Es ist sehr wichtig zu wissen, daß Bild **155** *sehr* schematisch ist und daß der Einfachheit willen eine Menge interessanter Einzelheiten ausgelassen wurden. Zum Beispiel könnten einige Rezeptoren den Bipolarzellen Erregung zuführen, die dadurch empfindlicher würden, wenn dies auch auf

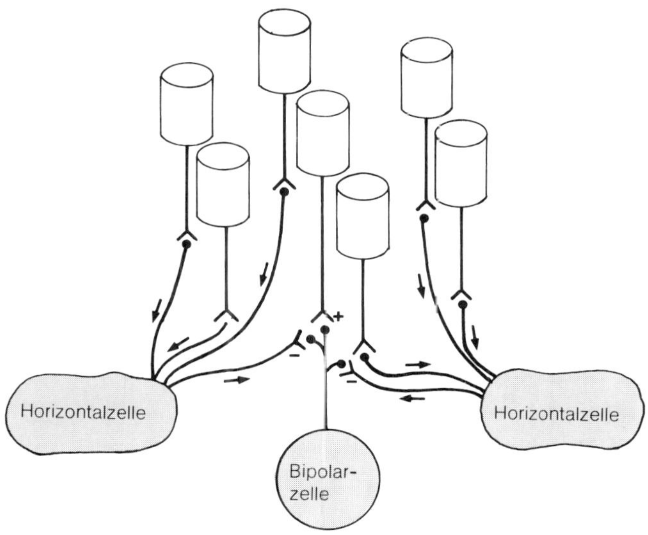

Bild 155. Stark schematisiertes und verkürztes Schaltdiagramm einer Bipolar-Zentrum-Peripherie-Zelle. Die Symbole + und – zeigen erregende und hemmende Synapsen, die auf eine Bipolarzelle treffen.

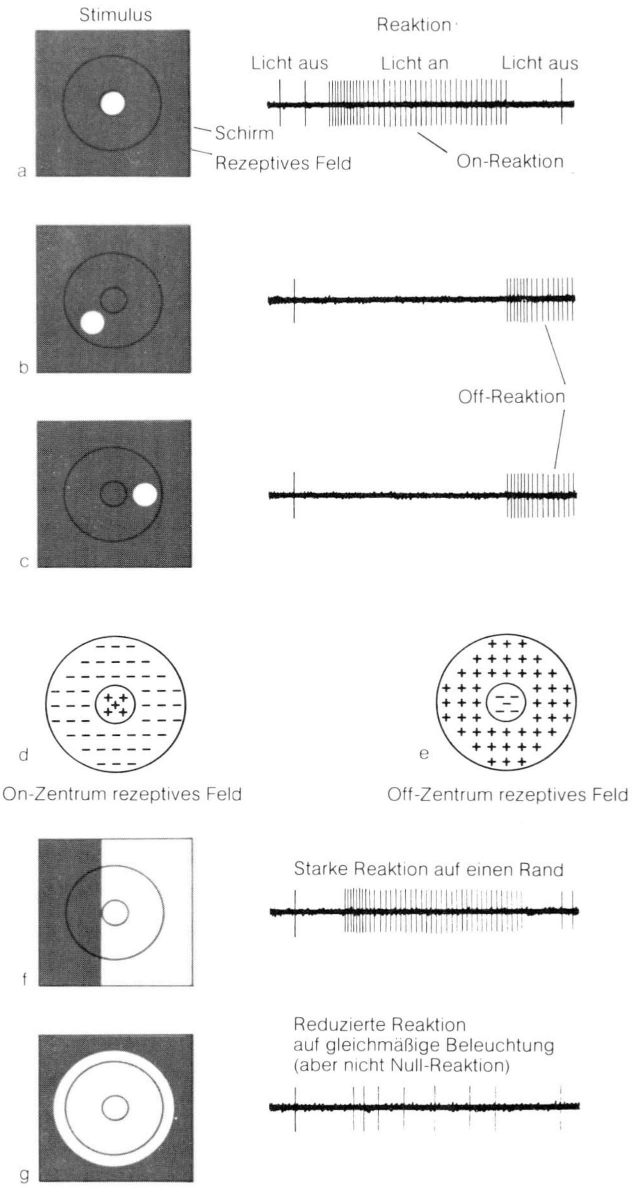

Bild 156. Ableitung von einer einzelnen Ganglienzelle der Katze.

Kosten der Genauigkeit im Detail stattfände; denn die Bipolarzelle wäre dann nicht mehr imstande, ein verändertes Signal zu liefern, wenn ein sehr kleiner Lichtpunkt über diese vergrößerte zentrale Region bewegt würde. Sie würde ständig »denken«, daß der Punkt am selben Platz wäre. In dem wirklichkeitsnäheren, wenn auch immer noch schematischen Schaltplan der Netzhaut von Bild **154** kann man die meisten Bipolarzellen dabei sehen, wie sie Inputs von verschiedenen Rezeptoren sammeln – die zweite Bipolarzelle von rechts ist die einzige auf dem Bild, die einen Input von nur einem Rezeptor empfängt.

Eine weitere interessante Komplikation, die in Bild **155** nicht zum Ausdruck kommt, besteht darin, daß es zusätzlich zu den Verbindungen: Rezeptor-Horizontalzelle-Bipolarzelle auch noch die Verbindungen: Rezeptor-Horizontalzelle-Rezeptor gibt. Dowling und Werblin nehmen an, daß diese letzteren Verbindungswege die Rezeptoren dazu befähigen, sich in ihrer Empfindlickeit der allgemein vorherrschenden Beleuchtung einer Szene anzupassen.

Die letzte, aber sehr wichtige Komplikation, auf die ich aufmerksam machen möchte, besteht in der Fähigkeit der Rezeptoren, zwei Bipolarzellen gleichzeitig zu versorgen. Eine Bipolarzelle eines jeden Paares könnte dabei eine On-Zentrum-Einheit sein, die andere eine Off-Zentrum-Einheit. Mit Sicherheit findet man in etwa die gleiche Anzahl von Bipolarzellen beider Arten beim Furchenmolch, und dies paßt natürlich recht gut in das Bild, da die beiden Arten von Bipolarzellen den jeweiligen Anfang der Weiß- bzw. Schwarzkanäle bilden. Der vierzehnte Rezeptor von rechts auf Bild **154** wird dargestellt, wie er zwei verschiedene Bipolarzellen versorgt, während die meisten der Darstellung nur eine versorgen. Eine Off-Zentrum-Bipolarzelle hätte im Prinzip den gleichen Schaltplan wieder, der in Bild **155** für eine On-Zentrum-Bipolarzelle gezeigt wird, nur, daß die Plazierung der erregenden und hemmenden Wirkung umgekehrt wäre. Das heißt, bei diesen Off-Zentrum-Bipolarzellen würde der zentrale Rezeptor Hemmung zuführen und die Horizontalzellen würden Erregung zuführen.

Wenn die Bipolarzellen der Ort sind, wo der erste Schritt der Helligkeitsberechnung vorgenommen wird, nämlich die Randerkennung, wo sind dann die Stellen für die nächsten beiden Vorgänge – die Schwellenwertbestimmung und die Entdrehung? Marr hat nahegelegt, daß die Bipolarzellen gut dafür geeignet sind, in einer schwellenwertbezogenen Weise zu arbeiten, und dies würde bedeuten, daß sie nur dann reagieren, wenn der Rand, mit dem sie sich befassen, genügend hervortritt. Wie ihre Reaktionsschwelle angepaßt wird, was ja notwendig ist, um den Erfordernissen wechselnder Lichtverhältnisse in der Gesamtsituation nachzukommen, ist nicht klar, aber sie könnte irgendwie durch die Horizontalzellen oder die Amakrinen festgelegt werden.

Die interessanteste Annahme von Marr, bezogen auf die Funktion der Netzhaut, besteht darin, daß der Entdrehungsvorgang in der Bipolar-Ganglienzellen-Verbindung vollzogen und durch die lateralen Verbindungen vermittelt wird, die von den Amakrinen zur Verfügung gestellt werden. Ich will hier nicht die Einzelheiten verfolgen, aber die ungefähre Vorstellung ist folgende: es gibt zwei Gruppen von Ganglienzellen, wovon die eine die Helligkeitsinformation von Heller-als-grau-Werten transportiert, die andere die Information über Dunkler-als-grau-Werte behandelt. Jede Leitungsbahn würde durch Bipolarzellen des entsprechenden Typs versorgt, und die Notwendigkeit, daß aus bereits erwähnten Gründen diese beiden Leitungsbahnen während der in ihnen stattfindenden Vorgänge eng verbunden bleiben sollen, könnte nach Marr mit Hilfe von anderen Verbindungen erfüllt werden, die durch weitere Arten von Amakrinen zur Verfügung gestellt würden. Blättern Sie zurück zu Bild **154** und beachten Sie, daß die innere Synapsenschicht, in der die Bipolar-Ganglien-Amakrinen-Verbindungen liegen, reichlich mit lateralen Fasern versorgt ist, die durch die Amakrinen zur Verfügung gestellt werden. Ein solches Netzwerk scheint im Prinzip sehr gut dafür geeignet zu sein, den Entdrehungsvorgang durchzuführen, der exakt solche lateralen Verbindungen erfordert (blättern Sie bitte zurück zu Bild **148**).

Marrs Annahme, daß die Entdrehung in der Schicht der Ganglienzellen vollzogen wird, ist allerdings noch umstritten und nicht verifiziert. Die gängige Ansicht besteht darin, daß Ganglienzellen ebensosehr Randdetektoreinheiten sind, wie es oben für die Bipolarzellen beschrieben wurde. Das heißt, sie werden normalerweise als Einheiten betrachtet, die dazu verhelfen, Kontrastveränderungen trotz Variationen der allgemeinen Leuchtdichte zu entdecken. Ganglienzellen weisen mit Sicherheit eine gegensätzlich angelegte Zentrum-Peripherie-Organisation ihrer rezeptiven Felder auf, wenn sie mit Hilfe der Ableitungen von einzelnen Zellen in Verbindung mit einfachen Stimuli wie Punkten oder Rändern untersucht werden. Dies ist seit den frühesten Pioniertagen der Ableitungen von einzelnen Zellen bekannt, und zwar aus Untersuchungen über die Netzhaut von so unterschiedlichen Tieren wie Katzen, Fröschen und Kaninchen. Und die Zentrum-Peripherie-Organisation auf der Ebene von Ganglienzellen war bei den meisten Zellen das übliche Untersuchungsergebnis. In Bild **156** sind typische Ableitungen wiedergegeben, die mit Hilfe der üblichen Versuchanordnung für Ableitungen von einzelnen Zellen, wie sie in Verbindung mit dem Affenexperiment von Bild **42** beschrieben wurde, von Katzen gewonnen wurden. Bei dieser Ganglienzelle leuchtete ein Lichtfleck an der Stelle auf dem Bildschirm auf, so daß er im Zentrum des rezeptiven Feldes landete und brachte auf diese Weise die Zelle dazu, heftig Impulse auszusenden (siehe Bild **156a**). Umgekehrt erzeugte ein Fleck, der irgendwo anders auf der Peripherie des rezeptiven Feldes aufleuchtete (zum Beispiel Bild **156b** und **c**) Hemmung, wobei die Entladungsrate im Ruhezustand eliminiert wurde. Offensichtlich ist eine solche Zelle eine On-Zentrum-Off-Peripherie-Einheit. Beachten Sie, daß die Zelle einen Schwall von Impulsen losläßt, wenn der Lichtfleck in der Peripherie ausgeschaltet wird, so, als ob die durch den Fleck erzeugte Hemmung sie irgendwie »niedergehalten« hätte; so daß sie kurzzeitig zurückspringt, sobald der Lichtfleck ausgeschaltet und die Hemmung dadurch beendet wird. Genau diese Art der Reaktion ließ die Bezeichnungen Off-Peripherie und (wo es paßt) On-Zentrum entstehen, wobei der nach der Stimulierung auftretende Impulsschwall als Off-Reaktion bezeichnet wird. Beachten Sie, daß die Zentrum- und Peripherieregionen konzentrisch sind und in ihrer Anordnung ausgemacht werden können, indem man bei der Untersuchung einen Lichtfleck verwendet, so daß das Diagramm des rezeptiven Feldes entsteht, das in Bild **156d** dargestellt ist. Das entsprechende Diagramm einer Off-Zentrum-Einheit ist in Bild **156e** dargestellt.

Die Ganglienzellen in der Netzhaut reagieren sehr gut auf passend gelegene Ränder. Zum Beispiel wird in Bild **156f** ein Hell-Dunkel-Rand gezeigt, der so auf das rezeptive Feld trifft, daß das Erregungszentrum auf seiner ganzen Oberfläche eine hohe Lichtintensität empfängt, während die Hemmungsperipherie nur zum Teil bedeckt ist. Diese Anordnung des Stimulus erzeugt eine lebhafte Reaktion, weil die Hemmung, die in der Peripherie entsteht, nicht ausreicht, um die Erregung aufzuheben, die im Zentrum erzeugt wird.

Was geschieht, wenn ein Lichtfleck verwendet wird, der groß genug ist, um das ganze rezeptive Feld zu bedecken, das durch die Verwendung kleiner Lichtpunkte ermittelt wurde? Die meisten Ganglienzellen der Netzhaut scheinen unter diesen Umständen weniger erregbar zu sein (siehe Bild **156g**), aber es stimmt nicht, daß so ein Stimulus gar keine Reaktion erzeugt, wie es in der einführenden Literatur über das Sehen so oft konstatiert wird; zumindest stimmt es nicht für alle Arten von Ganglienzellen der Netzhaut. Viele von ihnen reagieren ziemlich gut auf gleichmäßige Beleuchtung, wenn auch nicht ganz so stark wie auf einen passend gelegenen Rand.

Wie lassen sich diese Reaktionseigenschaften der Ganglienzellen der Netzhaut mit Marrs Sichtweise vereinbaren, die besagt, daß sie der Ort sind, an dem die Entdrehung stattfindet? Die Argumente sind äußerst technisch formuliert: es soll hier genügen zu sagen, daß man auf Grund seiner Sichtweise eine Spur antagonistischer Zentrum-Peripherie-Organisation erwarten müßte, wenn diese Zellen unter Verwendung von Lichtpunkten untersucht werden, da sie ihren Input von den Bipolarzellen erhalten, die, der allgemeinen Überzeugung zufolge, die Zentrum-Peripherie-Berechnung in Gang setzen. Die Erregbarkeit durch große beleuchtete Flächen ist natürlich auch zu erwarten, wenn die Ganglienzellen tatsächlich die Träger des Outputs der Helligkeitsberechnung sind; denn wir sehen ja die Hellikeit von Oberflächen über ihre ganze Ausdehnung und nicht nur an ihren Rändern. Diese Erregbarkeit durch gleichmäßige Beleuchtung kommt wahrscheinlich von der Bahnung, die ihnen benachbarte Ganglienzellen zuführen, und zwar möglicherweise über die Amakrinen (siehe oben), wobei diese Nachbarn den Input entweder von anderen benachbarten Ganglienzellen erhalten (wiederum über Amakrine) oder von Bipolarzellen, die angesichts der Entdeckung eines Randes hochgradig reagieren. Aber dies alles wäre nur dann so, wenn man Marrs Theorie zugrundelegt, wie die Helligkeitsberechnung nach Land-Horn in der neuralen Apparatur der Netzhaut vollzogen werden kann. Obwohl diese Theorie auf vielerei Weise ansprechend ist, muß sie dennoch erst bestätigt werden, und es ist durchaus möglich, daß die Helligkeitsentdrehung tatsächlich irgendwo im Gehirn stattfindet und nicht in der Netzhaut. John Mayhew und ich versuchen, diesem Problem wie auch dem ganzen System der Helligkeitsberechnung auf die Spur zu kommen, indem wir eine Computersimulation von Marrs Theorie herstellen, um zu sehen, welcher Output bei verschiedenen Arten von Stimuli erwartet werden kann oder nicht. Ohne eine derartige Theorie in einem Computerprogramm real durchzuspielen, ist es schwierig, genau zu wissen, was sie im einzelnen bei allen Arten von Stimuli leistet. Darüber hinaus würde man, wie Horn nahelegt, auf der Ebene der Ganglienzellen eine gesteigerte Empfindlichkeit für Ränder erwarten müssen, wenn der Entdrehungsvorgang nicht vollständig ist (das heißt: nicht die genaue Umkehrung der anfänglichen Zentrum-Peripherie-Wirkung, die die Beleuchtungskomponente aus der Leuchtdichtevariation

entfernt). Tatsächlich könnte ein Mangel an vollständiger Genauigkeit im Stadium der Entdrehung von Bedeutung sein, wenn es darum geht, verschiedene optische *Helligkeitskontrasttäuschungen* zu erklären.
Aber bevor wir uns diesen zuwenden und das Thema der Neurophysiologie der Netzhaut verlassen, will ich noch eine auffallende Eigenschaft der Ganglienzellen der Netzhaut erwähnen, die mit Marrs Theorie übereinzustimmen scheint. Es ist dies die *Peripheriewirkung*, die von James McIlwain entdeckt worden ist. Wenn ein Rand nach der Grenze des rezeptiven Feldes einer Ganglienzelle der Netzhaut dargeboten wird, auf die ein gerade unter dem Schwellenwert liegender Stimulus fällt, kann die Zelle dann aktiv werden und diesen unterhalb des Schwellenwertes liegenden Input, der vorher unentdeckt blieb, »bemerken«. Auf den ersten Blick scheint dies überraschend: Wir haben hier einen Stimulus, der *außerhalb* des üblicherweise ermittelten rezeptiven Feldes (unter Verwendung kleiner Lichtpunkte auftrifft), der aber trotzdem imstande ist, die Zelle zu beeinflussen. Wenn jedoch Ganglienzellen in der Netzhaut tatsächlich der Ort für die Entdrehung sind, dann würde man irgendeinen derartigen Effekt erwarten, wobei die Bahnung durch Amakrine vermittelt wird, die die laterale Bahnung zwischen Ganglienzellen der Netzhaut weitergeben. Ob dies tatsächlich die richtige Deutung der Peripheriewirkung nach McIlwain ist, bleibt abzuwarten, aber sie scheint auf jeden Fall mit Erwartungen übereinzustimmen, die sich darauf stützen, daß die Ganglienzellen der Netzhaut der Ort für die Entdrehung sind. Weitere Untersuchungen dieser Wirkung sind zu erwarten, die durch Vorstellungen geleitet sind, was herausgefunden werden »müßte«, wenn die Hypothesen von Land-Horn/Marr gültig sind.
An dieser Stelle muß betont werden, daß die Darstellung der Ganglienzellen der Netzhaut hier notwendigerweise sehr verkürzt und vereinfacht ist. In Wirklichkeit gibt es viele verschiedene Arten von Ganglienzellen in der Netzhaut (wie es auch verschiedene Arten von Rezeptoren, Bipolar-, Horizontalzellen und Amakrinen gibt), und es ist nahezu mit Sicherheit so, daß nicht alle von ihnen an der Entdrehung beteiligt sind, auch wenn es bei einigen von ihnen der Fall ist. Diejenigen Ganglienzellen, bei denen es am wahrscheinlichsten ist, daß sie der Entdrehung dienen, sind die, die mit *gleichbleibender* Aktivität auf einen Stimulus reagieren, und zwar solange der Stimulus andauert. Diese werden als X-Zellen bezeichnet. Andere Ganglienzellen reagieren nur *vorübergehend* auf einen Stimulus, indem sie einen Schwall von Impulsen erzeugen, aber nur in dem Augenblick, wo er erscheint und/oder wenn er verschwindet. Diese werden als Y-Zellen bezeichnet und könnten mit dem Erkennen von Bewegung befaßt sein. Eine weitere Gruppe sind die W-Zellen, von denen zumindest einige durch das totale Fehlen einer Zentrum-Peripherie-Organisation gekennzeichnet sind: sie könnten deshalb eher etwas mit dem Ermitteln des allgemeinen Beleuchtungsniveaus zu tun haben, anstatt mit Erkennen von Rändern und der Helligkeitsberechnung. Darüber hinaus unterscheiden sich alle Arten von Zellen in der Größe ihrer rezeptiven Felder und ihrer Verteilung über die Netzhaut. X-Zellen finden sich hauptsächlich im Zentrum der Netzhaut, Y-Zellen an ihrer Peripherie, und die Feldgrößen der Ganglienzellen nehmen im allgemeinen mit dem Fortschreiten vom Zentrum zur Peripherie zu. Mit Sicherheit ist die Netzhaut ein komplexes Gebilde, das die Bezeichnung eines »Miniaturgehirns« durchaus verdient.

Kontrasttäuschungen

Ich begann die Erklärung der wahrscheinlichen Basis der Helligkeitsberechnung im visuellen System mit der Vorstellung der optischen Täuschung nach Craik/Cornsweet/O'Brien. Dies ist ein schönes Beispiel für eine Kontrasttäuschung, das heißt, für einen Stimulus, der bestimmte helle und dunkle Regionen besitzt, die zusammen irgendeine täuschende Helligkeits-Dunkelheits-Wirkung erzeugen. Es gibt viele solcher optischen Täuschungen, und wie es bei optischen Täuschungen üblich ist, vermitteln sie wertvolle Hinweise darüber, wie visuelle Mechanismen funktionieren.
Beginnen wir mit der Betrachtung der vielleicht einfachsten Kontrasttäuschung von allen, die zum ersten Mal in Kapitel 1, Bild **11** gezeigt wurde und jetzt in Bild **157a** wiederum aufgeführt wird. Die kleinen eingesetzten grauen Quadrate haben dieselbe Leuchtdichte, obwohl dies kaum zu glauben ist, da das eine, das auf weißem Grund liegt, so viel dunkler aussieht als dasjenige, das in die schwarze Fläche eingesetzt ist. Wie kommt es zu dieser optischen Täuschung, diesem Versagen in der »richtigen« Helligkeitswahrnehmung? Eine optische Täuschung dieser Art ist tatsächlich eine notwendige Folge der Helligkeitsberechnung nach Land-Horn, und daß sie existiert, verleiht der Vorstellung, daß unser eigenes visuelles System auf ähnliche Weise arbeitet, noch mehr Glaubwürdigkeit. Die Täuschung stellt, wenn Sie so wollen, einen Preis dar zur Erreichung einer angemessenen wirklichkeitsgetreuen Helligkeitswahrnehmung in den meisten Situationen, mit der Phase der Randerkennung zu Beginn, worauf dann eine Entdrehungsphase zu folgen hat. Ich möchte jetzt genauer erklären, warum dies so sein muß.
Betrachten Sie als erstes Bild **157b**: Es zeigt das Ergebnis, das man erhält, wenn man Bild **157a** einer Randerkennungsdrehung von der Art unterwirft, die man den Bipolarzellen zuschreibt. Bild **157b** ist deshalb ein Drehungsbild (siehe Seite 41) und muß in folgender Weise interpretiert werden: stellen Sie es sich so vor, als ob es aus einer Menge von Punkten zusammengesetzt sei, die so klein und so eng zusammengedrängt sind, daß kein einzelner Punkt als eine getrennte Entität unterschieden werden kann. Jeder Punkt stellt den Output aus einem Paar von Bipolarzellen dar, einer On-Zentrum-Einheit und einer Off-Zentrum-Einheit. Wenn beide Bipolarzellen sich auf einem Nullniveau entladen, so erscheint der Punkt, der sie wiedergibt, auf einem mittelgrauen Niveau. Wenn andererseits eine oder beide sich auf einem Nicht-Nullniveau entladen, so wird der Punkt entweder heller als mittelgrau, falls die On-Zentrum-Einheit dominant (aktiver) ist, oder er wird dunkler als mittelgrau, wenn die Off-Zentrum-Einheit do-

miniert. Das Drehungsbild zeigt also als Ganzes an, wo die Ränder sind, und dies kann man leicht sowohl im Drehungsbild selbst sehen, wie auch im Aktivitätsprofil, das sich auf einen mittleren Querstreifen dieses Bildes bezieht, und das unmittelbar darunter aufgeführt ist. Dieses Randprofil erinnert natürlich sehr an die Randprofile, die im Zusamenhang mit der optischen Täuschung nach Craik/Cornsweet/O'Brien gezeigt wurden (Bild **140**).

Betrachten Sie dann Bild **157c**: es zeigt das Ergebnis der Entdrehung des Randdrehungsbildes von Bild **157b**, wobei Sie so ähnlich vorgehen sollten, wie dies früher in diesem Kapitel beschrieben wurde. Stellen Sie sich Bild **157c** als Veranschaulichung der Aktivität in Ganglienzellen der Netzhaut vor, die als Entdrehungsvorrichtungen angesehen werden. Jeder Punkt des Bildes (wieder sind die Punkte zu klein und zu eng gedrängt, als daß sie im Bild einzeln hervorgehoben werden könnten) wird mittelgrau, wenn ein On-Zentrum- und Off-Zentrum-Paar von Zellen, die sich mit dem betreffenden Bildpunkt befassen, beide entweder inaktiv oder auf dem gleichen Niveau aktiv sind. Wenn aber die On-Zentrum-Einheit »gewinnt«, erscheint der Punkt im Bild heller als mittelgrau. Wenn die Off-Zentrum-Einheit stärker ist, dann wird der Punkt dunkler als mittelgrau. Das Computerprogramm, das diese Entdrehung vollzogen hat, ist von John Mayhew erstellt worden, und sein wesentlicher Punkt zeigt sich an einer Stelle in den Überlegungen des Computers, wo eine vollständige und eigentliche Entdrehung noch nicht erreicht wurde.

Das Entscheidende an Bild **157c** besteht natürlich darin, daß es eine Kontrasttäuschung der Art verkörpert, wie wir sie selbst sehen, wenn wir auf den Input-Stimulus - Bild **157a** - blicken. Es ist notwendig, daß man hier sorgfältig auf die Helligkeitsniveaus der eingesetzten Quadrate von Bild **157c** in ähnlicher Umgebung achtet, sonst wird das visuelle System Bild **157c** nur als ein weiteres Input-Bild für seine eigene Helligkeitsberechnung behandeln und uns eine weitere Kontrasttäuschung bescheren, die wir uns dann irrtümlich eher als »physikalisches« Ereignis einbilden würden denn als psychologisches. Deshalb ist ein Leuchtdichteprofil von Bild **157c** unmittelbar darunter aufgeführt, und zusätzlich sind die Quadrate auch noch getrennt auf einer mittelgrauen Umgebung abgedruckt. In beiden Fällen können die »echten« verschiedenen Helligkeiten der eingesetzten Quadrate erkannt werden. Die Helligkeitsberechnung nach Land-Horn erzeugt also eine Kontrasttäuschung, und dies geschieht als unausweichliche Folge einer Strategie, die darin besteht, eine Randerkennungsphase zu verwenden, auf die eine Entdrehungsphase folgt. Dies ist eine eindrucksvolle Parallele zu unserer eigenen Erfahrung und unterstützt die Vorstellung, daß das visuelle System zumindest in einer ähnlichen Weise funktioniert.

Die Mach-Streifen

Die vielleicht bekannteste Kontrasttäuschung läuft unter dem Namen Mach-Streifen. Ernst Mach war ein österreichischer Sinnesphysiologe, dessen Untersuchungen von verschiedenen visuellen Phänomenen ihn zu dem Schluß

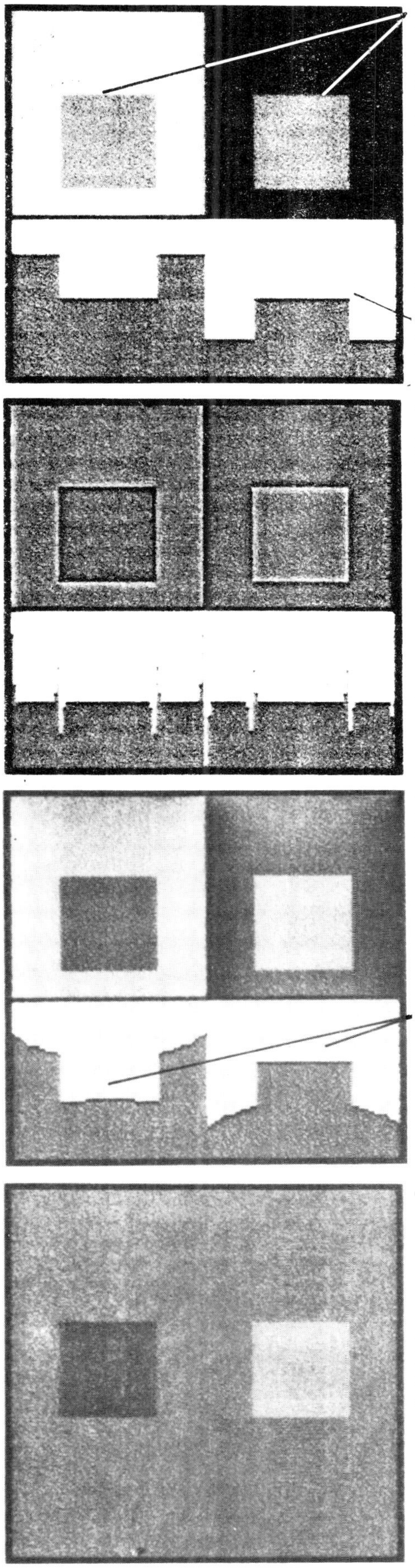

Bild 157. Erklärung einer einfachen Kontrasttäuschung.

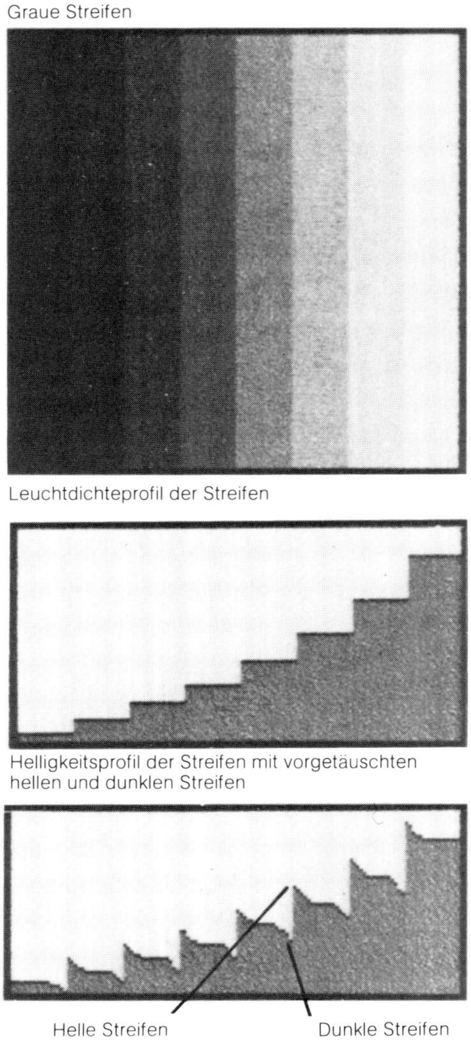

Bild 158. Mach-Streifen.

Bild 159. Die Matrix der Chladni-Figuren, in der Hermann zum ersten Mal die dunklen Punkte in den nichtfixierten Kreuzungen beobachtete.

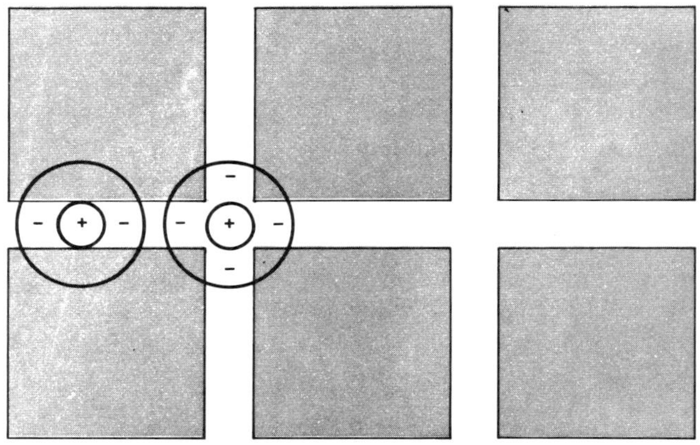

Bild 160. Der mögliche Einfluß weißer und schwarzer Regionen auf die Aktivität der On-Zentrum rezeptiven Felder. Diejenigen, die sich mit den Kreuzungen befassen, würden stärker gehemmt als die anderen.

führten, daß es Vorgänge lateraler Hemmung geben muß, die im visuellen System wirksam sind – und er gelangte zu diesem Schluß bereits in den Jahren um 1860, also lange bevor die modernen »Waffen« der Mikroelektroden zugänglich waren. (Erinnern Sie sich, daß die Zentrum-Peripherie-Einheiten auf der Basis lateraler Hemmung aufgebaut sind: das heißt, daß eine Off-Peripherie-Einheit eine On-Zentrum-Einheit lateral hemmt). Die Erscheinung, die Mach beeindruckte und mit der sein Name nun fest verbunden ist, ist in Bild **158** dargestellt. Jeder Graustreifen ist in Wirklichkeit von durchgehend gleicher Leuchtdichte, wie das Leuchtdichteprofil des Bildes anzeigt, aber sie erscheinen sehr unterschiedlich. So sind die Grenzen zwischen den Streifen dem Anschein nach durch helle und dunkle Streifen, die täuschenden Mach-Streifen, begrenzt, so daß das Helligkeitsprofil so wahrgenommen wird, wie es im unteren Teil von Bild **158** dargestellt ist. Wie sind die Mach-Streifen zu erklären? Sie sind möglicherweise eine unausweichliche Folge der Helligkeitsberechnung nach Land/Horn, wie es auch die Kontrasttäuschung war, die oben behandelt wurde. Andererseits könnte es notwendig sein, sie als ein Versagen der Helligkeitsberechnung zu betrachten, das laut Land/Horn als das Ergebnis einer mangelhaften Ausführung dieser Strategie im visuellen System zu verstehen ist. Es ist beispielsweise möglich, daß das Entdrehungsnetzwerk nicht so perfekt angelegt ist, um sich mit der Randinformation, die es von den Bipolarzellen erhält, angemessen auseinandersetzen zu können. Das heißt, dieses Netzwerk, gleichgültig, ob es sich in der Netzhaut oder im Gehirn befindet, ist der Aufgabe nicht ganz gewachsen, sich unter den Bedingungen, wo Mach-Streifen entstehen, von den Rändern her auszudehnen. Aber warum genau dieses Versagen in bestimmten Bildern auftaucht, und in anderen wieder nicht, ist eine komplizierte Wissenschaftsfrage, mit der man sich augenblicklich noch auseinandersetzt.

Das Hermann-Gitter

Eine weitere bekannte Kontrasttäuschung ist in Bild **159** dargestellt, wobei die Darstellung aus einem Buch stammt, das John Tyndall im Jahre 1869 über den Klang geschrieben hat. Während er dieses Buch las, bemerkte Hermann,

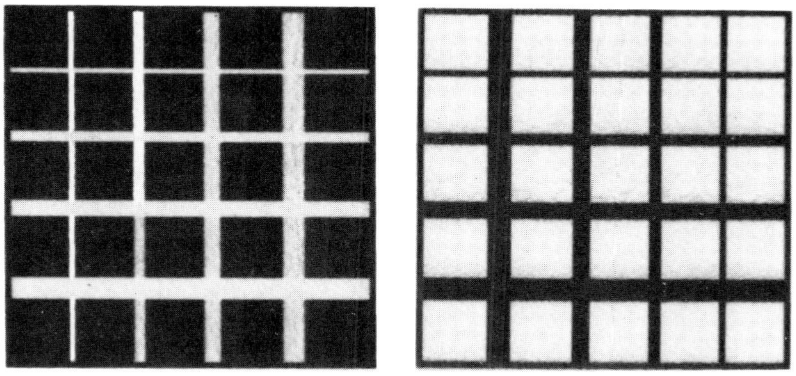

Bild 161. Hermann-Gitter mit Kreuzungen unterschiedlicher Größe. Versuchen Sie, nur auf eine Seite der Kreuzungen zu schauen, und Sie werden merken, daß Sie, um einen täuschenden Punkt zu sehen, von den Kreuzungen mit dicken Balken wesentlich weiter wegschauen müssen als von denen mit dünnen Balken. Dieser Effekt ist die Grundlage des Experiments für Experimentalklassen, welches im Text beschrieben wird. Beachten Sie auch, daß (a) »dunkler-als-weiße Punkte« herstellt, während (b) »weißer-als-schwarze Punkte« hervorbringt. Sie könnten es aufschlußreich finden, diese Ergebnisse mit Hilfe der Zentrum-Peripherie-Analyse zu erklären.

daß an den Überschneidungen zwischen Figurbestandteilen dunkle schattenhafte Punkte erschienen. Auf diese Weise leistete Tydalls Buch über den Klang einer indirekten Beitrag zum Sehen. Hermann berichtete über diese Beobachtungen im Jahre 1870, und seitdem wurde die sogenannte Hermannsche Gittertäuschung oft von Wissenschaftlern, deren Thematik das Sehen war, untersucht und diskutiert. Die gegenwärtig am meisten beachtete Erklärung betrachtet die optische Täuschung als eine unbeabsichtigte Nebenwirkung der Zentrum-Peripherie-Analyse. Das Prinzip ist in Bild **160** dargestellt, wo man sehen kann, daß eine On-Zentrum-Einheit, die sich mit einer Kreuzung befaßt, von den umgebenden Balken des Gitters vier Hemmungs-»Dosen« empfängt, während eine ähnliche Einheit, die sich mit einer Zone zwischen den Kreuzungen befaßt, nur zwei Hemmungs-»Dosen« erhält. Das Nettoresultat bestünde dann darin, daß auf den Kreuzungen ein schwächeres Zentrum-Peripherie-Signal erzeugt würde als zwischen ihnen. Deshalb kann man sich vorstellen, warum die Kreuzung grau erscheint, verglichen mit den Regionen dazwischen, die weiß erscheinen.

Eine interessante Eigenschaft des Hermann-Gitters ist, daß die grauen Punkte nicht auf den Kreuzungen erscheinen, die direkt betrachtet werden, sondern nur an den Kreuzungen, die auf die periphere Netzhaut fallen. Dies ist zumindest in Bild **159** der Fall, man kann die Wirkung des Hermann-Gitters aber auch im zentralen Blickfeld erhalten, wenn die Größe der Linien genügend verringert wird. Sie müßten zum Beispiel in Bild **161** kleine graue Punkte dort sehen können, wo die Linien dünn sind, selbst wenn Sie die Kreuzungen zentral (oder zumindest nahezu zentral) ins Auge fassen. Der Grund dafür steht mit ziemlicher Sicherheit mit der Tatsache in Verbindung, daß sich die Größe der rezeptiven Zentrum-Peripherie-Felder quer über die Netzhaut verändert, wobei die kleinen in den zentralen Regionen zu finden sind, und zunehmend größere in Richtung Peripherie. Dies stimmt offensichtlich gut mit der Zentrum-Peripherie-Analyse zur Erklärung dieser optischen Täuschung überein, weil diese Erklärung darauf beruht, daß die Größe der Kreuzung ziemlich »sauber« zu der Größe der Off-Zentrum-Einheit paßt (Bild **160**). Auf Grund dieser Erklärung kann man die ganze Geschichte mit dem Hermann-Gitter einfach umdrehen, und anstatt sie für eine optische Täuschung zu halten, die nach Erklärung verlangt, diese Täuschung als Mittel betrachten, die Größe der rezeptiven Felder von Zentrum-Peripherie-Einheiten bei menschlichen Beobachtern zu messen, für die Mikroelektrodeneinführungen offensichtlich unangebracht sind. Wenn dies geschehen ist, und zwar dadurch, daß man die Größe der Kreuzung herausfindet, die notwendig ist, um bei einer ganzen Skala von Fixierungsexzentrizitäten (das heißt, Entfernungen von der zentralen Blickrichtung auf die betreffende Kreuzung einen täuschenden grauen Punkt zu erzeugen, dann kann man eine Kurve entwerfen, die das Verhältnis von »erforderlicher Größe der Kreuzung« zur »Exzentrizität der Blickrichtung« beinhaltet, und sie dafür verwenden, die Größe der Feldzentren an verschiedenen Stellen der Netzhaut zu schätzen. Dies ist das allererste Experiment zur Psychophysik des Sehens, das von Studenten durchgeführt wird, die unsere Veranstaltungen über das Sehen in der Universtität Sheffield besuchen. Es ist besonders günstig, den Kurs mit einer optischen Täuschung zu eröffnen, um einem neurophysiologischen Mechanismus auf die Schliche zu kommen, dessen Bedeutung für die Berechnung man nun zu verstehen beginnt.

Zurück zu Kaniszas Dreieck

In Kapitel 5 wurde eine optische Täuschung, genannt Kaniszas Dreieck, eingeführt (Bild **162**), und es wurde eine Erklärung ihrer täuschenden hell-dunklen Konturen hinzugefügt, die diese als das Ergebnis der Versuche des visuellen Systems auffaßt, den Input-Stimulus mit Hilfe von Kategorien wie »Objekthypothese eines Dreiecks, das Scheiben bedeckt usw.« zu interpretieren. Diese Art der »kognitiven« oder »höhergradigen« Erklärung, die von Richard Gregory und anderen vorgezogen wird, steht in auffälligem Gegensatz zu einer »datengetriebenen« oder »niedriggradigen« Erklärung, die die Konturen als Nebenwirkung der Helligkeitsberechnung im visuellen System auffaßt. Diese letztere Sichtweise, der ich selbst, Jeremy Clatworthy und andere anhängen, versucht, die Konturen als unübliche Beispiele von Helligkeitskontrasttäuschungen zu erklären. Die grundlegende Idee dabei ist, daß der Input durch Zentrum-Peripherie-Einheiten analysiert wird, und daß dann der Entdrehungsvorgang die Ränder ausdehnt, die in die Scheiben hineinragen, so daß auf diese Weise die Spitzen des Dreiecks über ihre »richtigen« Gren-

Bild 162. Kanizsas Dreieck.

Bild 163. Kanizsa-artige Figur. Das graue Dreieck, das innerhalb der eingeschnittenen Scheiben und der unterbrochenen Linien liegt, erscheint heller als das physikalisch gleichartige Dreieck rechts davon.

Bild 164. Klassische Darstellung des simultanen Helligkeitskontrasts. Das linke Dreieck erscheint heller als das rechte Dreieck.

zen hinaus entstehen und die optische Täuschung hervorrufen. John Mayhew und ich versuchen gegenwärtig, diese Vorstellung mit einer genauen Computersimulation der Apparatur für die Helligkeitsberechnung zu überprüfen, die früher in diesem Kapitel beschrieben wurde. Diese Arbeit ist noch nicht beendet, aber es gibt einiges indirektes Beweismaterial zugunsten dieser Vorstellung, wie aus folgendem hervorgeht:

Erstens: man braucht kein unvollständiges verdeckendes Objekt, um die Helligkeitstäuschung zu erhalten. Auch wenn es durch ein deutlich sichtbares bedeckendes Dreieck ersetzt wird (Bild **163**), erscheint trotzdem eine täuschende Steigerung der Helligkeit. Man kann hier nicht so leicht einsehen, warum die optische Täuschung entstehen sollte, wenn die richtige Erklärung eine höhergradige ist, die mit Objekthypothesen zu tun hat. Das heißt, es scheint einfach keinen Grund dafür zu geben, daß der Irrtum in Bild **163** dann entsteht, wenn die Wirkung auf Vorgängen mit höhergradiger Deutung beruhen. Natürlich könnte man argumentieren, daß die optische Täuschung von Bild **163** einfach verschieden ist von Bild **162**, wenn auch einige oberflächliche Ähnlichkeiten bestehen. Aber auf jeden Fall zeigt Bild **163**, wie Kaniszas Dreieck im Prinzip als Helligkeitskontrasttäuschung mit einer unvollständigen Grenze (vergleiche Bild **164**) und einer weißen Innenfläche angesehen werden kann, die trotzdem den Helligkeitskontrasteffekt erleidet.

Zweitens: das Hervortreten der täuschenden Konturen im Bild von Kanisza wird wesentlich verringert, meiner Ansicht nach auf Null, wenn die Leuchtdichte der erzeugenden Scheiben und Linien dem Grund, auf dem sie liegen, ungefähr angeglichen wird. Dies kann in verschiedener Weise geschehen, aber in Bild **165** (Tafel **11**) werden zarte Pastelltöne verwendet. Hier liegt noch immer die Input-»Beweislage« für ein bedeckendes Objekt vor, warum wird es also nicht »hypothetisch« angenommen und dementsprechend eine täuschende Hell-dunkel-Kontur erzeugt? Dies scheint mir eine schwierige Version des Kanisza-Dreiecks, mit der sich die kognitive Theorie auseinanderzusetzen hätte. Eine weitere schwierige Figur für diese Theorie ist Bild **165b**, die Kreise zeigt, in die Sektoren eingeschnitten worden sind, und die eher aus Punkten denn aus zusammenhängendem Schwarz bestehen. Hier ist kein täuschendes Dreieck vorhanden, obwohl das Bild Hinweise auf Bedeckung gibt; und so werden die Erwartungen des kognitiven Standpunktes nicht erfüllt. Umgekehrt erzeugten Punktstrukturen dieser Art, wie sie in Bild **165b** verwendet werden, schwache Helligkeitskontrastwirkungen, und deshalb ist auf Grund dieser Theorie das Fehlen eines täuschenden Dreiecks verständlich.

Aber Kaniszas Dreieck steht gegenwärtig im Mittelpunkt einer Kontroverse: welche Theorie und unter welchen Umständen für täuschende Konturen ist sie angemessen? Es wäre unklug, bezüglich der »richtigen« Erklärung dogmatisch zu werden. Ich ziehe es ganz eindeutig vor, die niedrigradige Theorie so stark wie möglich vorwärtszutreiben, um zu sehen, wo ihre Grenzen liegen, bevor ich höhergradige Faktoren einführe. Die Zukunft könnte jedoch dahingehend entscheiden, daß beide Erklärungen einen Beitrag leisten können, was uns als Endergebnis so vieler wissenschaftlicher Kontroversen vertraut ist.

Farbenwahrnehmung als Helligkeitsberechnung

Ich sagte bereits, daß aus Platzgründen eine angemessene Behandlung der Farbenwahrnehmung in diesem Buch nicht möglich ist. Aber ich möchte kurz Lands Ansicht erwähnen, daß Farbenwahrnehmung darin besteht, die Ergebnisse von Helligkeitsberechnungen zu verbinden, die auf *drei* verschiedenen Grautonbeschreibungen vollzogen werden – eine erhält man durch Zapfen, die für blaues Licht empfindlich sind, eine durch rotempfindliche Zapfen und eine durch grünempfindliche Zapfen. Die Idee, sich diese Zapfen so vorzustellen, daß sie verschiedene Grautonbeschreibungen liefern, wobei jede aus Licht mit verschiedener Wellenlänge entsteht (die Wellenlänge ist die physikalische Entsprechung der Farbe: lange Wellenlängen erscheinen rot, mittlere grün und kurze blau) wird in Bild **166** (Tafel **11**) veranschaulicht. Alle vier Bilder stellen dieselbe Szene dar, aber eines von ihnen wurde unter

Verwendung aller drei Wellenlängenbereiche erstellt und erscheint deshalb farbig, während die anderen drei die Szene in Grautönen wiedergeben, die der Leuchtdichte der Gegenstände in der Szene entsprechen, wenn sie im Licht nur einer bestimmten Wellenlänge betrachtet werden. Deshalb ist jede von diesen drei Abbildungen, wenn Sie so wollen, eine Grautonbeschreibung eines farbigen Input. Land hat die Annahme formuliert, daß die drei verschiedenen Zapfentypen genau diejenigen Beschreibungen der beobachteten Szene liefern, wo jeder von ihnen dann einer mehr oder weniger unabhängigen eigenen Helligkeitsberechnung unterzieht (um die Unterschiede in der Beleuchtung zu beseitigen), daß darauf dann die Information auf den drei Helligkeitsskalen zu den Farben vereint wird, die einen der markantesten Aspekte unserer visuell wahrgenommenen Welt darstellen. Ob die Helligkeitsberechnungen wirklich ganz unabhängig sind, ist ein kontroverses Thema, und wir wissen sehr wenig darüber, wie die Helligkeitsinformation jeder Skala zu einer neuralen Repräsentation irgendeiner Art kombiniert wird. Aber Land hat die Richtung angegeben, indem er seine sogenannte »Retinextheorie« (lateinisch »retina«: Netzhaut) auf einigen bemerkenswerten Erscheinungen der Farbenwahrnehmung aufbaut, die der interessierte Leser mit Hilfe der Bibliographie am Ende des Buches weiterverfolgen kann.

Zusammenfassung

Vielleicht hat dieses Kapitel Sie etwas mehr in Staunen versetzt als die bisherigen. Wie viele Laien würden schließlich erwarten, daß an einer so alltäglichen Sache wie dem Sehen von Schwarz und Weiß, irgendein besonderes Problem wäre? Und trotzdem ist eine außerordentlich komplizierte Apparatur notwendig, selbst um diese elementare Information aus dem in sich mehrdeutigen Netzhautbild zu extrahieren. Diese Vorgänge sind sogar so kompliziert, und auch jetzt noch so wenig bekannt, daß ich es für richtig hielt, eine Beschreibung und Erörterung des Nervenapparates, der hier wesentlich mit im Spiel ist, der Netzhaut nämlich, bis auf dieses späte Kapitel zu verschieben. Dies ist sicher merkwürdig. Wer hätte gedacht, daß ein Buch über das Sehen bis zum Schluß die Erörterung des Auges hinausschieben würde?! Aber dies ist deshalb geschehen, weil das Sehen von Schwarz, Grau und Weiß eine schwierige Sache ist und am besten behandelt werden kann, wenn der Leser das einfachere Material über das Sehen von Formen und Gegenständen durchgearbeitet hat.

Eines der merkwürdigen Dinge, die in diesem Kapitel beschrieben wurden, bestand darin, daß das visuelle System Schwärze als eine selbständige Eigenschaft von Oberflächen erkennt, genau wie es Blau, Rot oder was auch immer wahrnimmt. Dies ist der Vorstellung der meisten Menschen geradezu entgegengesetzt. Die Theorie der »Inneren Leinwand« von Kapitel 1 beinhaltete die gängige Ansicht, daß Schwarz lediglich als das *Fehlen* von Aktivität in den Nervenzellen registriert wird, aber diese normale Erwartung ist in Wirklichkeit weit von der Wahrheit entfernt. Schwärze wird durch *Aktivität* in einer bestimmten Population von Nervenzellen codiert, wobei größere Aktivität ein tieferes Schwarz darstellt. Natürlich wissen wir noch nicht, wo diese Codierung letztlich stattfindet – wir kennen nicht die Stellen im Gehirn, deren Aktivität das nervliche Korrelat der bewußten Wahrnehmung von Schwärze ist. Die Zellen in der Retina, die die Wahrnehmung von Schwärze zu beziehen scheinen, können nur ein erster Schritt sein: niemand unterstellt, daß die Netzhaut das ganze Geschäft der Helligkeitswahrnehmung abwickelt. Irgendwie müssen ihre Outputs mit einer ganzen Schar von weiteren visuellen Prozessen, die vom Gehirn durchgeführt werden, in Verbindung gebracht werden, und womit sich dieses Kapitel beschäftigt, ist nur ein frühes Stadium der Apparatur für das Sehen von Helligkeit und Licht. Dies ist aber eine schöne Widerspiegelung des gegenwärtigen Wissens: wir haben nur eine vage Vorstellung von den Gehirnmechanismen, die mit diesen Wahrnehmungsattributen zu tun haben.

Wenn es Ihnen schwerfällt zu glauben, daß Schwärze durch Aktivität in bestimmten Zellen codiert wird, anstatt nur durch Inaktivität der Zellen, die die ganze Schwarz-Grau-Weiß-Skala abdecken, hilft Ihnen vielleicht die Betrachtung folgender merkwürdiger Tatsache. Ein Fernsehbildschirm erscheint hellgrau, wenn er ausgeschaltet ist, und trotzdem kann uns das Gerät ohne weiteres schwarze Flächen bescheren, wenn das übermittelte Bild sie erfordert. Dies ist merkwürdig, da die elektronischen Einrichtungen des Fernsehgeräts keine Möglichkeit haben, den Bildschirm dunkler werden zu lassen, sondern nur, ihn aufzuhellen! Die schwarzen Flächen, die wir in Fernsehbildern wahrnehmen, werden also durch unser eigenes visuelles System als Ergebnis seiner Helligkeitsberechnung »geschaffen«. Es wird Schwärze »entdeckt«, wo physikalisch nur Grau existiert. Und wenn unsere Hirnzellen nur auf die physikalische Leuchtdichte von Punkten des Bildschirms reagieren würden, wie es die Theorie der »Inneren Leinwand« von Kapitel 1 vorschlägt, dann könnten wir niemals irgendwelche schwarze Flächen auf dem Bildschirm sehen – nur die Grauskala bis Weiß.

Es ist meiner Erfahrung nach schwierig genug, Menschen davon zu überzeugen, daß dem Sehen von Formen und Gegenständen etwas Problematisches anhaftet. Aber es ist noch schwieriger, sie zu der Meinung zu bringen, daß das Sehen von Helligkeit ein Problem darstellt. Das Beispiel aus dem vorhergehenden Absatz, und dazu noch die verschiedenen Kontrasttäuschungen, die in diesem Kapitel vorgeführt wurden, werden vielleicht dazu beitragen, die gängige Sichtweise zu untergraben und Sie dazu führen, die Schwierigkeiten richtig einzuschätzen. Aber wenn Sie einen abschließenden Anstoß in dieser Richtung benötigen, können wir dieses Kapitel auch mit einer bekannten Tatsache beenden, die fast alle psychologischen Lehrbücher den Studenten darbieten. Wenn Sie in einen dunklen Keller hinabsteigen, um etwas Kohle zu sammeln, die an einer weißgestrichenen Wand aufgeschichtet ist, und dann mit einem gefüllten Eimer in einen sonnenbeschienenen Raum zurückkehren, so ist die Lichtintensität, die in das Auge von der sonnenbeschienenen Kohle her eintritt, größer als die, die von der schwach beleuchteten Kellerwand kam. Und dennoch sieht die Kohle noch immer schwarz aus, und die Wand sah noch immer weiß aus. Dies ist eine Illustration par excellence für das Berechnungsproblem der Helligkeitswahrnehmung. Schwarz bleibt Schwarz, selbst wenn es eine größere Leuchtdichte hat als ein schwach beleuchtetes Weiß – ein großartiges Beispiel der visuellen Berechnung.

7 Sehen mit zwei Augen

Haben Sie sich jemals überlegt, warum wir zwei Augen haben? Wenn Sie glauben, daß die Antwort auf der Hand liegt, versuchen Sie ein einfaches Experiment: schließen oder bedecken Sie ein Auge und gehen Sie dann im Zimmer, oder wo immer Sie sich bei der Lektüre dieses Buches gerade befinden, umher. Sieht die Welt anders aus? Sind Sie irgendwo angestoßen? Ich bezweifle es. Das visuelle System ist so reich begabt mit einer Vielzahl von Mechanismen für ausführliche Szenenbeschreibungen, daß Sie in der Lage waren, die verschiedenen Gegenstände im Raum recht gut und in ihren richtigen räumlichen Beziehungen zu sehen, obwohl Sie sich auf ein Auge beschränken mußten. Dieses einfache Experiment zeigt tatsächlich, daß wir gut ohne beidäugiges oder *binokulares* Sehen auskommen können. Einige von den berühmten Fällen einäugiger oder *monokularer* Leistungen werden dadurch etwas besser verständlich. Zum Beispiel war der Nawab von Pataudi nach dem Verlust eines Augenlichts ein hervorragender Cricketspieler, und auch Wiley Post, der den ersten Alleinflug um die Welt unternahm, war ebenfalls einäugig. Solche hervorragenden Leistungen zeigen an, daß trotz all der Vorzüge, die uns das binokulare Sehen beschert, das monukulare Sehen kein verhängnisvolles Handicap ist. Dieser Schluß wird durch eine Schätzung unterstützt, daß etwa zwei Prozent der Menschen im wesentlichen einäugig sind, weil ihre Augen nicht richtig zusammenwirken, wenn auch jedes Auge für sich sehr gut arbeitet. Aber diese Menschen kommen sehr gut zurecht, so daß viele von ihnen nicht einmal ahnen, daß sie unter einem binokularen Sehmangel leiden, bis er durch eine augenärztliche Routineuntersuchung entdeckt wird. Solche Überlegungen verleiten zu der Annahme, daß die richtige Antwort auf die Frage, mit der ich dieses Kapitel begann, so lautet, daß der wesentliche Vorteil, der durch zwei Augen gegeben ist, einfach darin besteht, daß der Besitz von zwei Augen eine gute Versicherung gegen den Verlust eines von beiden ist!

Wenn wir aber die Umstände des Sehens sorgfältiger auswählen, *kann* uns ein einäugiges Sehexperiment einen Hinweis über einen möglichen Grund für die Entwicklung des binokularen Sehens liefern. Führen Sie das Experiment noch einmal durch, schauen Sie diesmal aber zuerst mit zwei Augen und dann mit nur einem auf eine Blumenvase, einen Baum, einen Busch, oder irgendeinen ähnlichen Gegenstand, der viele verschiedene Teile aufweist, die in verschiedenen Entfernungen (oder »Tiefen«) von Ihnen angeordnet sind. Mit nur einem Auge ist es schwierig, die jeweilige Tiefe der Blätter, Blütenblätter usw. zu unterscheiden, aber mit zwei Augen ist es einfach. Der Tiefeneindruck der durch das geöffnete zweite Auge entsteht, wird als *stereoskopisches Sehen* bezeichnet (Ausdruck aus dem Griechischen für »plastisches Sehen«). Wiederholen Sie das Experiment einige Male, um sicherzugehen, daß Sie, wenn Sie das geschlossene Auge öffnen, den Übergang von Nicht-Tiefe zu Tiefe sehen. Achten Sie auch darauf, mehrere Sekunden lang mit nur einem Auge zu schauen, bevor Sie wieder mit beiden sehen. Diese Vorsichtsmaßnahme ist notwendig, weil die dreidimensionale Wirkung die vor dem Schließen des einen Auges besteht, und die selbst auf dem beidäugigen Sehen beruht, so viel Zeit braucht, um abzuklingen. Achten Sie darauf, Ihren Kopf während der ganzen Zeit nicht zu bewegen. Gegenstände in verschiedenen Tiefen erzeugen Netzhautbilder, die sich mit verschiedenen Geschwindigkeiten über die Netzhaut hin bewegen, wenn der Kopf bewegt wird. Dies ist ein Kriterium für die Tiefenbestimmung, die als *Kopfbewegungsparallaxe* bezeichnet wird. Das Gehirn ist der Aufgabe recht gut gewachsen, mit Hilfe dieses Kriteriums lebhafte Tiefenwahrnehmungen zu erzeugen, die sich als ebensogut erweisen können wie das stereoskopische Sehen. Deshalb wurden Sie im Absatz am Anfang aufgefordert, mit einem bedeckten Auge im Raum *umherzugehen*, anstatt ihn sich aus einer einzelnen stationären Position anzusehen. Das Gehen stellt sicher, daß das Tiefenkriterium der Kopfbewegungsparallaxe für das visuelle System zur Verfügung steht, und deshalb half das Gehen meiner Absicht darzulegen, wie gut wir auch mit nur einem Auge zurechtkommen. Aber obwohl das Umherwandern in dem anfänglichen einäugigen Sehexperiment dazu beitrug, eine mit Tiefe »ausgestattete« visuelle Welt herzustellen, ist es keineswegs so, daß die Welt bei stationärem, monokularem Sehen ganz flach erscheint. Natürlich verlieren bestimmte Gegenstände wie z.B. Blumenvasen, unter diesen Umständen eine bestimmte subjekive »Tief-heit« (das heißt Stereoskopie), aber die Welt im ganzen wird immer noch dreidimensional gesehen. Einige dieser *monokularen Tiefekriterien*, die das Gehirn für diese Art von Entfernungswahrnehmung verwendet, sind in Bild **167** dargestellt, das außerdem auch aufzeigt, wie geschickt die Maler darin sind, diese Tiefenkriterien für ihre eigenen Zwecke zu entfalten.

Natürlich vermittelt uns ein Bild eine paradoxe Wahrnehmung insofern, als wir Tiefe darin sehen und trotzdem zur selben Zeit sehen, daß es auf einem flachen Blatt Papier abgedruckt ist. Wenn die Kriterien, die den letzteren flachen Aspekt der Wahrnehmung unterstützen, dadurch beseitigt werden, daß das Bild einäugig durch eine Röhre angesehen wird, die alles, mit Ausnahme der monokularen Ansicht des Bildes selbst, verdunkelt, dann verschwindet das Paradox und darüber hinaus wird die Tiefenwirkung gesteigert – ein Trick, den Sie ruhig ausprobieren können, wenn Sie das nächste Mal eine Bildergalerie besuchen.

Anaglyphe

Oben in Bild **168** (Tafeln **12** und **13**) sind zwei ziemlich ähnliche Bilder abgedruckt. Unmittelbar darunter erscheint ein

Bild 167. Monokulare Tiefenkriterien.

Anaglyph dieses Paares, das dadurch entstanden ist, daß das linke Bild in Rot und das rechte in Grün abgedruckt wurde, und zwar eines über dem anderen. Der Ausdruck »Anaglyph« kommt aus dem Griechischen und bezeichnet eine Reliefschnitzerei, und wenn Sie einmal durch die rot-grüne Brille, die innen an dem Einband dieses Buches angebracht ist, auf das Anaglyph schauen, werden Sie sehen, warum dieser Ausdruck so angebracht ist. Wenn Sie normalerweise beim Lesen eine Brille tragen, nehmen Sie sie nicht ab, sondern halten Sie die rot-grüne Brille davor. Überzeugen Sie sich, daß der rote Filter vor Ihrem rechten Auge ist und der grüne vor dem linken Auge. Wenn beide Augen so zusammenarbeiten, wie sie es sollten, wird das Anaglyph dreidimensional erscheinen. Sollte die 3D-Wirkung nicht gleich eintreten, seien Sie geduldig. Viele Menschen brauchen einige Minuten, um es zu erkennen, ist es aber einmal gelungen, sehen sie es ganz deutlich. Sobald Sie der Meinung sind, daß Sie die Wirkung gespürt haben, schließen Sie ein Auge oder bedecken Sie es. Der Eindruck der Tiefe wird dann verschwinden, und daran zeigt sich, daß er vom beidäugigen Sehen abhängt und nicht von irgendeinem der monokularen Tiefekriterien, die sowohl im roten wie auch im grünen Bildteil vorhanden sind.

Die Art, in der ein Anaglyph funktioniert, ist ebenfalls in Bild **168** dargestellt. Das grundlegende Prinzip dabei ist, daß die beiden Bildteile zwei Hälften eines *Stereogramms* sind, auch *Stereopaar* genannt, und daß der rot-grüne Druck gepaart mit der rot-grünen Brille ein Mittel darstellt, den einen Bildteil dem einen Auge vorzuführen und den anderen Bildteil dem anderen Auge.
Manche Menschen sind, wenn ihnen zum ersten Mal Anaglyphe gezeigt werden, besorgt, daß sie die 3D-Wirkung vielleicht nicht erleben könnten, weil sie farbenblind sind. Aber die Verwendung von Rot und Grün ist keine Notwendigkeit in sich: die Tiefenwirkung, die im Anaglyph gesehen wird, hat mit dem Farbensehen als solchem überhaupt nichts zu tun, und Farbenblindheit beeinflußt sie in keiner Weise.

Querdisparation

Schauen Sie sich die beiden getrennten Hälften des Stereogramms, das in Bild **168** (oben) gezeigt wird, sorgfältig an. Obwohl diese beiden Bilder änlich sind, unterscheiden sie sich in ihren Einzelheiten. Diese Unterschiede, die in der Fachsprache als *Querdisparation* bezeichnet werden, ahmen

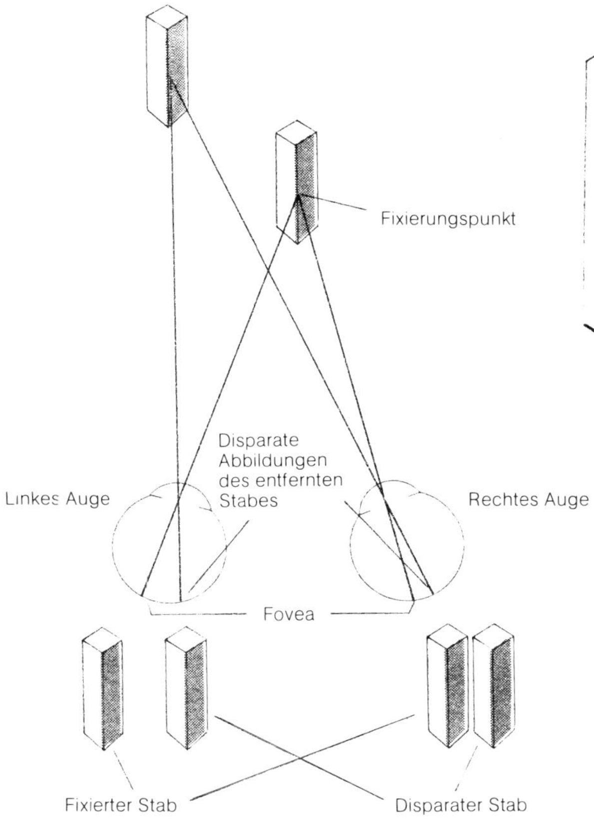

Bild 170. Querdisparation. Die Augen sind auf den höheren Stab gerichtet, der deshalb ein Bild in das Zentrum beider Netzhäute (der Fovea) projiziert. Das Bild des entfernteren Stabes trifft auf unterschiedliche oder disparate Zellen in beiden Augen - im linken Auge weiter links von der Fovea. Das Ausmaß der sich daraus ergebenden Querdisparation wird durch die Stabpaare unterhalb jeden Auges illustriert.

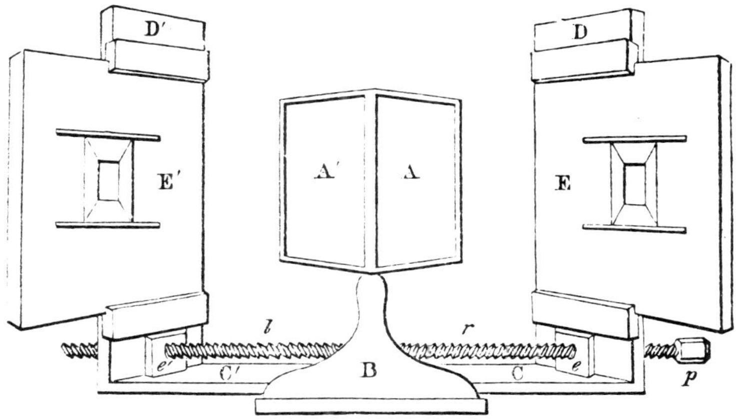

Bild 171. Wheatstones Stereoskop. Die Abschnitte EE' enthalten disparate Zeichnungen, die, wenn der Betrachter die Vorrichtung betrachtet, durch die Spiegel AA' reflektiert werden, und zwar jeweils in einem Auge.

Unterschiede nach, die normalerweise zwischen den Ansichten echter 3D-Szenen, die von beiden Augen empfangen werden, vorhanden sind.

Die markanteste Querdisparation zwischen den beiden Bildteilen ist vielleicht am leichtesten erkennbar, wenn das Anaglyph selbst ohne die Brille betrachtet wird: Eine Disparität in der Lage der Figuren im roten und grünen Bild ist nun deutlich sichtbar. Aber natürlich ist diese besondere Disparität eine vorsätzliche und künstliche, die sorgfältig fotografisch erzeugt wurde, um den seltsamen Eindruck dieser Figuren zu vermitteln, die, wenn das Anaglyph durch die Brille betrachtet wird, mitten in der Luft hinter der Seite schweben.

Die Tatsache, daß beide Augen nicht eine genau gleiche Ansicht von einer 3D-Szene erhalten, wird in Bild **169** (Tafel **13**) durch das Bild eines Beobachters veranschaulicht, der auf einen Festkörper - eine Pyramide mit abgeschnittener Spitze - schaut. Die linke und recht Abbildung ist über dem Beobachter aufgeführt, und Sie können sehen, daß die Spitze der Pyramide bei beiden in eine leicht unterschiedliche Lage fällt: sie ist in beiden Abbildungen aus der Mitte gerückt, in der linken Abbildung nach recht und umgekehrt. Dieser Unterschied ist einfach eine unmittelbare geometrisch-optische Folge der Tatsache, daß sich beide Augen an verschiedenen Stellen des Kopfes befinden. Sie können ohne weiteres die Querdisparation selbst beobachten, indem Sie auf Gegenstände schauen, die nicht zu weit von Ihnen entfernt sind, und feststellen, daß beide Augen die Gegenstände in jeweils leicht unterschiedlicher Lage sehen: diese Unterschiede verdeutlichen sich, wenn Sie die Augen abwechselnd schließen bzw. bedecken.

Bild **170** veranschaulicht auf andere Weise, wie es dazu kommt, daß beide Augen verschiedene Abbildungen von dem erhalten, was wir betrachten.

Stereoskope

Die meisten Leser hatten dieses Buch wahrscheinlich nicht nötig, um zu wissen, daß das Binokularsehen etwas mit der Tiefenwahrnehmung zu tun hat, weil sie es in ihrer Kindheit durch das Spielen mit der einen oder anderen Form eines *Stereoskops* gelernt haben. Stereoskope sind optische Instrumente, die es ermöglichen, daß beiden Augen ein verschiedenes Bild vermittelt wird, und dienen auf diese Weise demselben grundsätzlichen Ziel wie die Anaglyphe, enthalten aber Bestandteile wie Spiegel, Prismen und Linsen.

Den ersten und einfachsten Typ eines Stereoskops hat Wheatstone etwa im Jahre 1833 erfunden. Seine Vorrichtung beruhte auf zwei Spiegeln und ist in Bild **171** durch seine eigene Zeichnung und in Bild **172** durch eine schematische Ansicht veranschaulicht. Während er dieses Instrument benutzte, entdeckte Wheatstone, daß Querdisparationen der Art, wie sie im vorangegangenen Abschnitt beschrieben wurden, über die zuvor schon durch andere Wissenschaftler Vermutungen angestellt worden waren, tatsächlich vom Gehirn für die Tiefenwahrnehmung verwendet werden. Sein Stereoskop funktioniert so, wie es in den Untertiteln zu Bild **171, 172** und **173** (Tafel **13**) beschrieben wird.

Es gibt noch andere Möglichkeiten, das Problem zu lösen, wie man beiden Augen verschiedene Bilder vorführen kann. Ein Stereoskop, das in Vitkorianischen Zeiten beliebt war, ist in Bild **174** dargestellt. Die beiden Fotografien, die in der Vorrichtung angebracht sind, bilden dieselbe Szene ab, sie stammen nur von leicht verschiedenen Kamerastellungen, die

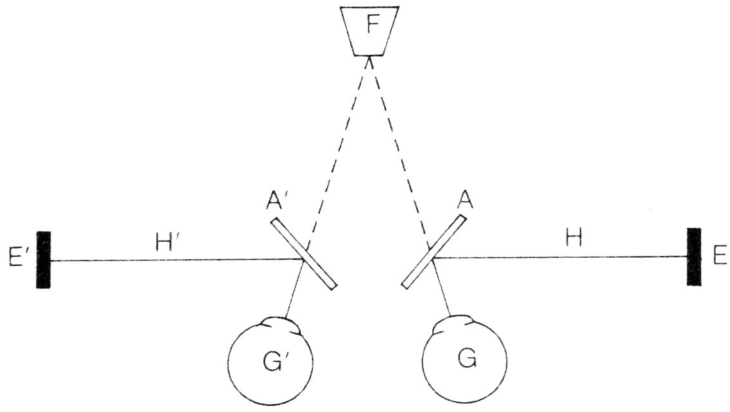

Bild 172. Planzeichnung des Stereoskops von Wheatstone. Dies verdeutlicht, daß das verschmolzene Objekt F (hier eine abgeschnittene Pyramide) direkt vor den Augen GG' des Beobachters und hinter den Spiegeln AA' räumlich gesehen wird. Die Linien HH' stellen Lichtstrahlen der disparaten Zeichnungen EE' dar.

gewählt wurden, um die verschiedenen Sehpositionen beider Augen nachzuahmen. So könnten die Bilder mit einer einzelnen Kamera aufgenommen worden sein, die zwischen den Aufnahmen um etwa 6 cm seitlich verschoben wurde. Alternativ dazu hätte eine spezielle stereoskopische Kamera verwendet werden können, die mit zwei etwa 6 cm voneinander entfernten Linsen ausgestattet ist und zwei Fotos gleichzeitig aufzunehmen vermag. Wie dem auch sei, die binokulare Fusion des Fotopaars wird im Stereoskop durch ein Prisma mit Linse ermöglicht, das jedes Auge versorgt (Bild **175**). Diese geistreiche Anordnung, die von Brewster im Jahre 1847 erfunden wurde, verwendet die optische Wirkung des Prismas mit Linse, um die Lichtstrahlen, die von den beiden Fotografien kommen, zu »beugen«, so daß es für beide Augen so aussieht, als kämen sie von einem gemeinsamen Ausgangspunkt. Der Linsenaspekt des Prismas mit Linse stellt sicher, daß der Beobachter seinen Blick auf einen Brennpunkt richten kann, indem er einen Zustand des optischen Systems seiner Augen verwendet (in der Fachsprache: *»Akkommodationssystem«*), der dem Winkel der *Vergenz* (Verhältnis der Sehachsen zueinander) zwischen seinen Augen, der für die Fusion erforderlich ist, entspricht. Dieser letztere Winkel ist derjenige zwischen den gepunkteten Linien in Bild **175**, und er variiert je nachdem, ob wir Gegenstände, die uns nahe sind, fixieren (großer Vergenzwinkel, großer Akkommodationsaufwand bei der Durchschnittsperson erforderlich) oder die uns entfernt sind (kleiner Vergenzwinkel, kleiner Akkommodationsaufwand). Auf jeden Fall besteht das Gesamtergebnis darin, daß der Beobachter eine einzige verschmolzene Szene sieht, wobei die verschiedenen Gegenstände in der Szenerie in stark verschiedenen Tiefen erscheinen, die denjenigen ähnlich sind, die in der ursprünglichen Szenerie, aus der die Fotografien stammten, gesehen worden wären, wäre diese Szene wie üblich angeschaut worden.

Diese Anordnung nach Brewster wird auch bei modernen Stereoskopen verwendet, die in jedem guten Spielzeuggeschäft erhältlich sind, und es lohnt sich durchaus, sich eines anzusehen. Wenn Sie die stereoskopische Wirkung, die durch ein Stereoskop erzeugt wird, noch nie erlebt haben, kann das recht verblüffend sein, wobei die allgemeine Stärke der Stereoskopie noch die übertrifft, die mit den Anaglyphen in diesem Kapitel erzielt wurde.

Bild 174. Ein viktorianisches Stereoskop auf der Grundlage von Brewsters Modell.

Das Stereoskop des armen Mannes

Die einfachste und billigste Art, wie man die Hälften eines Stereopaars jeweils getrennt in beide Augen bekommt, ist das Schielen. Diese Technik ist in Bild **176** dargestellt. Allerdings können nur wenige Menschen ihre Augen willkürlich in der kontrollierten Weise zum Schielen bringen, die für den Erfolg dieser Technik erforderlich ist – zumindest nicht ohne beträchtliche Übung. Aber diese Übung wird reich belohnt, weil sie es Ihnen ermöglicht, Ihr Repertoire an Kritzeleien, mit denen Sie sich in langweiligen Momenten bei Gesprächen, Seminaren, Vorlesungen usw. beschäftigen können, enorm zu erweitern! Wenn Sie einmal imstande sind, »richtig« zu schielen, können Sie eine unbegrenzte Vielfalt von hausgemachten Stereowirkungen erforschen, indem Sie Ihre eigenen Stereopaare zeichnen. Präzision beim Zeichnen ist nicht erforderlich. Die Kritzeleien in Bild **177** (Tafel **14**) werden beim binokularen Sehen ohne Probleme verschmelzen, obwohl ihre verschiedenen Teile nicht genau aufeinanderpassen, so daß das obere verschmolzene »Geflecht« Ihnen näher erscheint als das untere. Eine Methode, die Ihnen dabei hilft, in der erforderlichen Weise Schielen zu lernen, ist in Bild **178** dargestellt. Halten Sie einen Bleistift oder irgendeinen anderen Stift ungefähr in die Mitte des Abstands zwischen Ihnen und den beiden Hälften des Stereopaars, das in Bild **169** (oben) gezeigt wird. Fixieren Sie die Spitze des Bleistifts, und nun schielen Sie im richtigen Aus-

Bild 175. Schematische Darstellung zur Illustration des Prinzips von Brewsters Stereogramm.

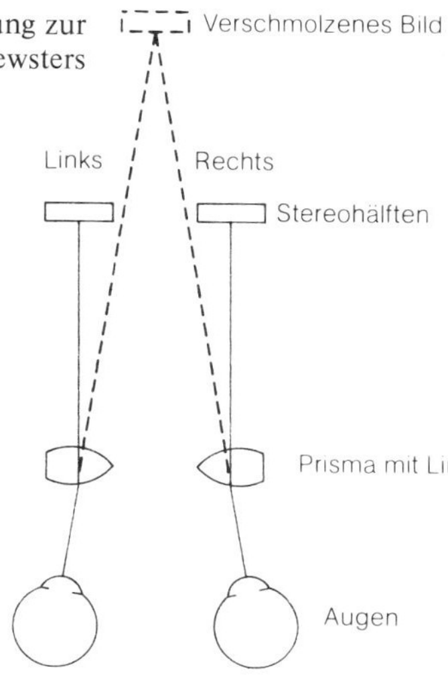

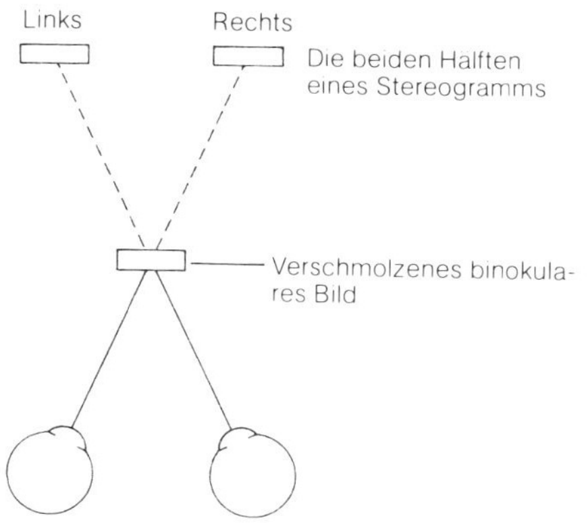

Bild 176. Die Schielmethode zur Fusion von Stereogrammen. Beachten Sie, daß die »linke Hälfte« durch das Schielen auf das rechte Auge trifft, das Umgekehrte gilt für die »rechte Hälfte«. Dies bedeutet, daß die Tiefenwirkung umgedreht wird, siehe auch Bild 183.

maß. Halten Sie die Spitze des Bleistifts unter die Stereohälften, so daß er sie nicht verdeckt, und versuchen Sie allmählich, Ihre Aufmerksamkeit nicht dem Bleistift, sondern dem Stereogramm zuzuwenden. Mit etwas Mühe und ein bißchen Glück werden die Stereohälften schließlich in die Fusion »einschnappen«, und wenn dies einmal geschehen ist, können Sie den Bleistift weglegen und ganz ohne diese Hilfe auf die berühmte Stereowirkung blicken. Zuerst werden Sie bemerken, daß Ihre Fähigkeit, Fusion und Brennpunkt zu halten, zu- und abnimmt, und Ihre Augen werden ermüden: Strengen Sie sich also nicht zu sehr an. Aber wenn Sie ausdauernd sind, müßten Sie schließlich eine binokulare Fusion erhalten, ohne dafür den Bleistift zu brauchen. (Beachten Sie, daß die Pyramide von Bild **169** bei der Fusion durch Schielen zurückweichen und nicht hervortreten wird; siehe unten). Einige Leser ziehen es vielleicht vor, den Vergenzwinkel ihrer Augen zu »entspannen«, anstatt ihn zu stark konvergieren zu lassen, wie es beim Schielen der Fall ist, um die Stereowirkung zu erzielen (Bild **179**). Dies ist jedoch eine weniger übliche Fähigkeit und kann anzeigen, daß Ihre Augen eine natürliche Tendenz haben, sich ohnehin nach außen zu drehen. Beachten Sie, daß es dann, wenn die Stereohälften mehr als etwa 6 cm voneinander entfernt sind (dem ungefähren Abstand zwischen den Augen), not-

Bild 178. Ein hilfreicher Trick, um das Schielen zu erlernen, so daß Sie die binokulare Fusion eines Stereopaares erreichen.

wendig sein wird, die Augen aus der Parallelen nach außen zeigen zu lassen, wenn die Fusion erreicht werden soll. Manche Augenärzte glauben, daß es für jemanden mit ganz normalen Augen unmöglich ist, den Vergenzwinkel über die Parallele hinaus willkürlich zu vergrößern, das heißt, daß bestenfalls eine Entspannung der Konvergenz in die Parallele erreicht werden kann. Angesichts dieser Möglichkeit scheint es am besten, die Überkonvergenz zu praktizieren, und nicht die Entspannung der Konvergenz, um nicht darauf beschränkt zu sein, Stereohälften verschmelzen zu lassen, die nur bis etwa 6 cm voneinander entfernt sein dürfen. Vielleicht hilft es Ihnen beim Üben, wenn Sie erfahren, daß eines der größten Probleme, das es zu überwinden gilt, ob Sie nun überkonvergieren oder unterkonvergieren wollen, darin besteht, daß Sie Ihre normale Verbindung zwischen Vergenzwinkel und Akkommodation »entkoppeln« müssen. Wenn Sie also üben, können Sie damit rechnen, daß Sie während der Anfangszeit ein ziemlich verschwommenes Bild sehen. Später werden Sie feststellen, daß es scharf und deutlich wird. Und schließlich, wenn Sie sich entscheiden, die Unterkonvergenz zu praktizieren, können Sie damit rechnen, die Tiefenwirkung, die im Text beschrieben wurde, bei jedem dazugehörigen Anaglyph zu sehen. Dies ist deshalb

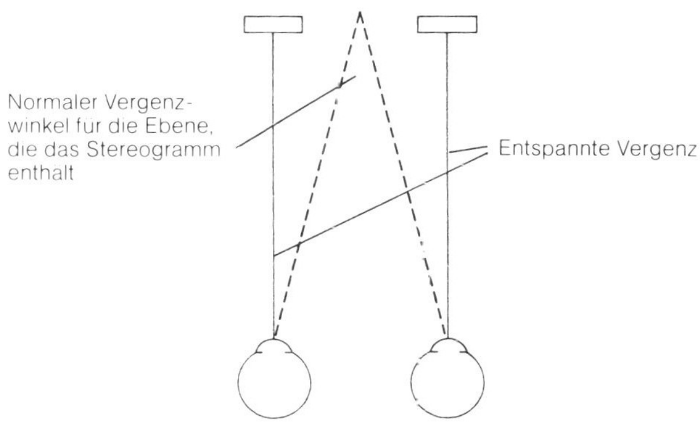

Bild 179. Entspannung der Konvergenz, um die Stereofusion zu erreichen.

so, weil die Unterkonvergenz daraus resultiert, daß die linke Stereohälfte zum linken Auge geht und die rechte Stereohälfte zum rechten Auge, wie es im Falle der Anaglyphen geschieht (wenn die Brille wie vorgeschrieben - roter Filter vor dem rechten Auge - getragen wird). Wenn Sie umgekehrt Überkonvergenz praktizieren, können Sie damit rechnen, eine umgekehrte Tiefenwirkung zu sehen, weil das rechte Auge die linke Stereohälfte empfängt und umgekehrt (siehe Bild **183**).

Zufallspunktstereogramme

Die letzten beiden Jahrzehnte waren Zeugen großer Fortschritte unseres Verständnisses der Stereoskopie an allen drei Fronten - der psychologischen, physiologischen und computerwissenschaftlichen. Ein Angelpunkt dieser Entwicklungen war die Auswertung des computererzeugten *Zufallspunktstereogramms* durch Bela Julesz, einem Radaringenieur, der sich der Psychologie des Sehens gewidmet hat.
Wie jedes andere Stereogramm besteht das Stereogramm von Julesz aus zwei Hälften, die beiden Augen vorgeführt werden müssen, wobei eine stereoskopische Sehtechnik der oben beschriebenen Art angewendet wird. In Bild **180** (Tafel **15**) ist ein Beispiel dargestellt, das mit der rot-grünen Brille angeschaut werden sollte, wobei wie oben sichergestellt sein muß, daß der rote Filter sich vor Ihrem rechten Auge befindet (die beiden Hälften dieses Stereogramms sind in Schwarz und Weiß unter der Anaglyphspielart abgedruckt). Wenn Sie ein normales binokulares Sehvermögen haben, werden Sie die Tiefe so erleben, wie es im kleinen Diagramm unter dem Anaglyph veranschaulicht ist. In der Mitte des Anaglyphen werden Sie ein Quadrat (A im kleinen Diagramm) sehen, das einige Zentimeter über seiner Umgebung (S) schwebt. Auch die Umgebung wird so erscheinen, als wäre sie von der Seite hochgehoben, und zwar wieder um einige Zentimeter. Diese letztere Wirkung ist lediglich darauf zurückzuführen, daß die beiden Stereohälften in einer leicht voneinander abgesetzten Weise auf das Blatt gedruckt wurden und auf diese Weise dem ganzen Bild Disparität verleihen.
Der Tiefeneindruck ist für manche Beobachter mit einem Stereogramm dieser Art schwerer zu erreichen als mit Stereogrammen von natürlichen Szenen (zum Beispiel Bild **168**). Wenn Sie also Schwierigkeiten haben, diese Wirkung zu erleben, geben Sie Ihre Versuche nicht zu früh auf.
Wie entsteht diese Illusion von Tiefe? Trotz der Tatsache, daß beide Hälften des Stereogramms identisch aussehen, enthalten sie in Wirklichkeit ein Tiefenkriterium der Querdisparation, das jenes nachahmt, welches durch eine tatsächlich hervortretende quadratische Oberfläche erzeugt würde. Es ist, als ob das gesprenkelte Quadrat vor einem gesprenkelten Hintergrund gehalten würde, so daß die Grenzen des Quadrates in der Struktur des Hintergrundes aufgehen, so daß die Grenzen mit je einem Auge allein nicht gesehen werden könnten. Tatsächlich hat jedes halbe Stereogramm ein Quadrat in sich, das, bezogen auf die entsprechende Fläche in der anderen Hälfte, verschoben ist, ganz ähnlich wie die Quadrate im Anaglyph der abgeschnittenen Pyramide (Bild **173**), nur daß die Quadrate des Zufallspunktstereogramms dem monokularen Sehen verborgen sind. Dies wird verständlicher, wenn ich beschreibe, wie das Stereogramm hergestellt wurde.
Der erste Schritt in der Herstellung eines Zufallspunktstereogramms besteht darin, ein Stück »visueller Zufallsstruktur« zu erzeugen. Im Stereopaar von Bild **180** wurde ein Computer verwendet, um ein Zufallskaromuster mit kleinen schwarzen und grauen Quadraten (oder »Punkten« - von daher der Name »Zufallspunktstereogramm«) zu »zeichnen«. Aber auch andere Bestandteile hätten mit gleich gutem Effekt verwendet werden können, zum Beispiel runde Punkte oder kurze Linien, wie die Anaglyphen von Bild **181** (Tafel **14**) zeigen. Das Entscheidende an einem Zufallspunktstereogramm ist nicht die Form der verwendeten Elemente, sondern die Tatsache, daß sie nach dem Zufallsprinzip verteilt werden, was in der Sicht eines jeden Auges die Fläche versteckt, die am Ende in der Tiefenwirkung erscheint. Das heißt, der Zufallscharakter der Struktur, aus der sich das Bild zusammensetzt, stellt sicher, daß die Fläche, in der Disparität herrscht, nicht ausgemacht werden kann, wenn jedes halbe Stereogramm für sich betrachtet wird. (Beachten Sie, daß die abweichende Fläche oft entdeckt werden *kann*, wenn ein Anaglyph *ohne* die rotgrüne Brille betrachtet wird. Dies ist aber ein Nebeneffekt davon, daß ein Bild auf das andere gedruckt wurde, und sobald das Anaglyph durch die Brille angeschaut wird, verschwindet dieser Nebeneffekt, und der einzige noch verbleibende Hinweis auf die Form der Fläche, die räumlich gesehen werden soll, ist die Disparität zwischen beiden halben Stereogram-

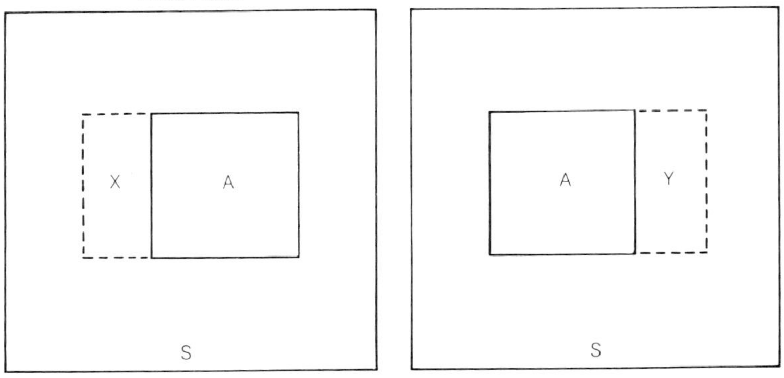

Bild 182. Die Erstellung eines Zufallpunktstereogramms. Die disparate Fläche wird mit A bezeichnet, ihre Umgebung mit S. Verschiebt man die Fläche A in jeder Hälfte, so wird ein gewisses Gebiet der Struktur »verdeckt« und kann so nicht mehr gesehen werden. Die Verschiebungen ergeben außerdem »Löcher« (X und Y) in jeder Stereogrammhälfte, aber diese werden mit neuer Zufallsstruktur aufgefüllt, so daß sie im Endprodukt nicht mehr bestehen. Die verschobenen Flächen bleiben so in jedem Fall des Stereopaares vollkommen versteckt, dies garantiert die entscheidende Eigenschaft des Zufallspunktstereogramms.

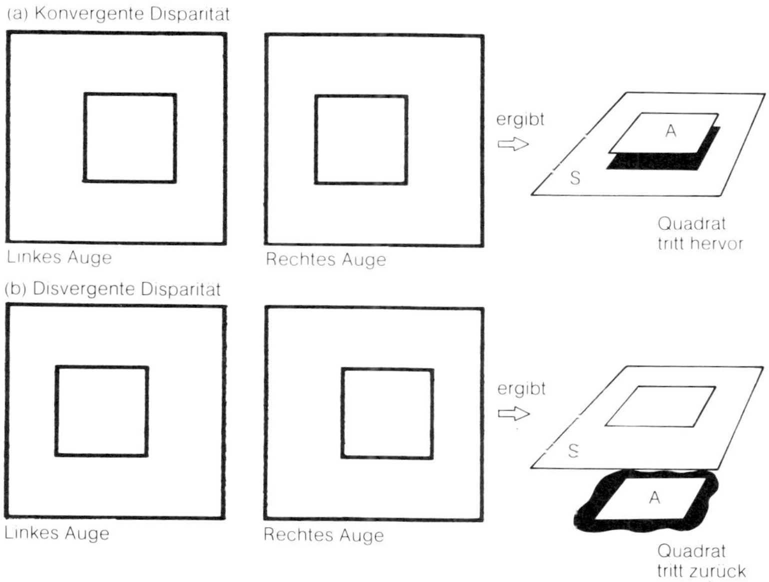

Bild 183. Disparitätsarten.

men. Allerdings gibt es oft auch dann keine Spur von der Form, die räumlich gesehen werden soll, wenn das Anaglyph *ohne* die rot-grüne Brille betrachtet wird).

Wenn einmal ein Stück visueller Zufallsstruktur irgendeiner Art erzeugt wurde, besteht der nächste Schritt darin, zwei Kopien dieses Stücks Struktur anzufertigen, die gleich aussehen, in Wahrheit aber leicht verschieden sind. Diese zwei Kopien werden zu den beiden Hälften des Stereopaares. In einem oder beiden wird ein bestimmtes Stück der Zufallsstruktur leicht horizontal verschoben, normalerweise in beiden Hälften in verschiedene Richtungen. Dieser Vorgang wird in Bild **182** für ein Zufallspunktstereogramm veranschaulicht, das wie in Bild **180** eine quadratförmige disparate Fläche hat (denken Sie aber daran, daß die disparate Fläche fast jede erforderliche Form annehmen kann: siehe die späteren Beispiele). Die disparate Fläche wird A genannt, ihre Umgebung S. Eine Verschiebung der Fläche A resultiert darin, daß ein bestimmter Teil der Struktur »verdeckt« wird und so nicht mehr zu sehen ist. Die Verschiebungen resultieren auch daraus, daß »Löcher« (X und Y) in jedem Halbstereogramm erzeugt werden, diese aber mit neuer Zufallsstruktur gefüllt werden, so daß sie im Endprodukt nicht mehr vorhanden sind. Deshalb ist es unmöglich, durch die Betrachtung jeweils nur eines Teils des Stereopaares zu sehen, welche Fläche verschoben worden ist, und auf diese Weise ist die entscheidende Eigenschaft des Zufallspunktstereogramms sichergestellt.

Manchen Menschen fällt es nicht leicht, sich die Schritte der Erzeugung von Zufallspunktstereogrammen vorzustellen. Um ihnen zu helfen, will ich die folgende alternative Beschreibung anbieten: man erhält zuerst zwei identische Kopien eines Stückes visueller Zufallsstruktur. Diese werden als Umgebung verwendet. Zweitens erhält man zwei identische Kopien eines weiteren gleichen, aber kleineren Stückes Zufallsstruktur. Diese werden als die disparaten Flächen verwendet. Drittens legt man die kleinen Stücke Zufallsstruktur auf die ersten größeren Stücke – ein kleines Stück auf jedes größere Stück – um beide Teile des Stereopaares zu erhalten. Überzeugen Sie sich, daß die kleinen Stücke genau auf die größeren Stücke passen, so daß sie nicht als eigene Entität unterschieden werden können, wenn jede der Stereohälften für sich betrachtet wird. Ordnen Sie die kleinen Stücke auch in verschobene Positionen in den beiden Hälften an, damit ein Kriterium für die Disparität entsteht. Jetzt haben Sie ein Zufallspunktstereogramm.

Probieren Sie nun aus, welche Wirkung erzielt wird, wenn Sie die Brille umdrehen, so daß sich der rote Filter vor Ihrem linken Auge, und der grüne vor Ihrem rechten Auge befindet. Wenn Sie die Brille auf diese Weise halten und von neuem auf Bild **180** blicken, müßten Sie in der Mitte des Anaglyphen ein »Fenster« sehen, durch das Sie ein Quadrat sehen können, das sich ungefähr einen Zentimeter *hinter* dem Fensterrahmen befindet. Auch die Umgebung scheint weiter von Ihnen entfernt zu sein als die Seite, auf die sie abgedruckt ist. Diese Umkehrung der Tiefenwirkung entsteht deshalb, weil Sie, wenn Sie die Brille umdrehen, die Abbildungen austauschen, die die beiden Augen empfangen, so daß nun die Disparität das nachahmt, was in beiden Augen durch ein echtes Fenster mit einem dahinter sichtbaren Quadrat erzeugt würde.

Dieselbe Wirkung hätte erzielt werden können, wenn bei der Herstellung des Stereogramms die disparaten Quadrate nicht gegen die Mittellinie hin verschoben würden, wie in Bild **183a** dargestellt ist, sondern statt dessen zu den äußeren Rändern, wie in Bild **183b** zu sehen ist. Wie man aus dem Vergleich beider Bilder ersehen kann, entspricht dies voll und ganz dem Austausch der Abbildungen auf beiden Augen.

Wenn wir etwas sehen, was *weiter entfernt* liegt als der Punkt, den wir gerade in den Blick fassen (zum Beispiel das zurücktretende Quadrat in Bild **180**, das als Oberfläche hinter einem Fenster gesehen wird, wenn wir mit der umgekehrten Brille auf die Umgebung schauen), dann sagt man, das Disparitätskriterium sei *divergent*, weil wir unsere Augen auseinanderbewegen (divergieren) müssen, um unseren Blick auf diesen weiter entfernten Gegenstand zu lenken. Ebenso besteht ein *konvergentes* Disparitätskriterium darin, daß es die Wahrnehmung einer Sache verursacht, die uns *näher* ist als der Punkt, den wir gerade fixieren (zum Beispiel das hervortretende Quadrat, das man in Bild **180** sehen kann, wenn man die Umgebung mit der normal verwendeten Brille fixiert). Ob nun ein konvergentes oder divergentes Disparitätskriterium, bezogen auf die Umgebung eines Zufallspunktstereogramms, vorhanden ist, hängt nur von der Verschiebung ab, der die disparate Fläche unterworfen wurde. Wenn Bild **180** mit dem roten Filter vor dem rechten Auge angesehen wird, so daß die disparate Fläche hervortritt, entspricht die Lage dieses Quadrats in jeder Stereohälfte derjenigen von Bild **183a** (konvergente Disparität). Wenn man die Brille umdreht, wird auch die Verschiebung umgekehrt, wodurch die Wirkung des Zurücktretens entsteht (Bild **183b**: divergente Disparität). Der Grund dafür, daß Verschiebungen in entgegengesetzte Richtungen entgegengesetzte Wirkungen erzeugen, ist einfach ein geometrisch-optischer. Zurücktretende Oberfläche erzeugen eben die eine Art der Verschiebung, hervortretende die andere, wenn die Netzhautbilder von realen 3D-Szenen stammen. Das Gehirn nützt diese Tatsache aus und erzeugt dementsprechende Tiefenwahrnehmungen.

Bei einem Stereogramm mit einem hervortretenden Quadrat (Bild **183a**) hat das Quadrat natürlich eine konvergente Disparität, bezogen auf die Umgebung, wie eben erklärt wurde, wenn man aber nach der Fusion das Quadrat fixieren will, weist die Umgebung, bezogen auf das Quadrat, eine divergente Disparität auf. Im wirklichen Leben verändert sich unser Vergenzwinkel ständig, wenn wir umherschauen, deshalb verändern sich auch die Disparitätssignale, die auf unsere Netzhaut treffen, andauernd, selbst bei einer unbewegten Szene.

Ein wichtiger Punkt bei Zufallspunktstereogrammen, der sie auch für die Betrachtung der Tiefenwahrnehmung so wertvoll macht, besteht darin, daß sie das Disparitätskriterium für den Tiefeneindruck in einer sehr »reinen« Form enthalten, ohne daß ein anderes Kriterium für den Tiefeneindruck mit im Spiel wäre. Keines der monokularen Kriterien, für die in Bild **167** Beispiele angeführt wurden, kann dabei eine Rolle spielen, da beide Stereohälften jegliche perspektivische Sicht, Überdeckungen, Schattierungen usw. ganz und gar vermissen lassen.

Stereoskopisches Sehen hängt nicht vom Erkennen des Gegenstandes ab

Der erste wichtige Schluß, den Julesz aus seiner Erforschung der Zufallspunktstereogramme zog, bestand darin, daß die Stereoskopie vom visuellen System rechnerisch bewältigt werden kann, ohne daß ein vorhergehendes Stadium der Objekterkennung nötig wäre. Wir können keinen einzigen »Gegenstand« in beiden Stereohälften von Bild **180** erkennen, wenn wir sie getrennt betrachten, aber dies hält uns nicht davon ab, beide Hälften verschmelzen zu lassen, um ein deutliches stereoskopisches Sehen zu erzielen. »Ah, hier ist ein Quadrat« können wir sogar erst dann sagen (das heißt, daß wir dabei erfolgreich den Gegenstand erkennen), wenn die Tiefenwahrnehmung bereits vollzogen wurde. Diese Überlegungen führen zu einem Gesamtschema, das in Bild **184a** dargestellt ist und das die Abfolge der Verarbeitungs-

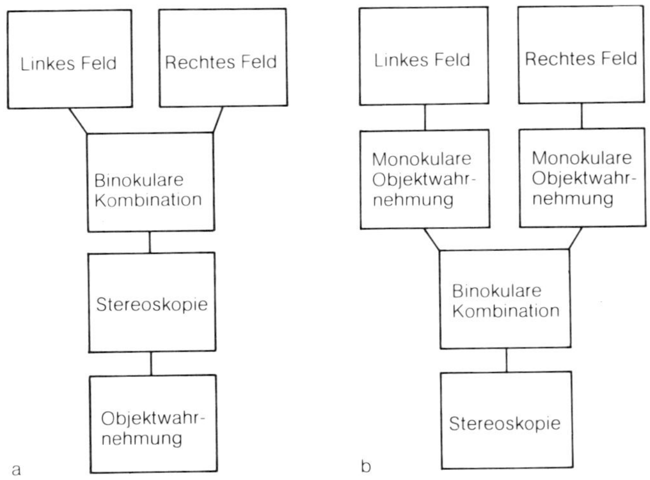

Bild 184. Flußdiagramme zweier unterschiedlicher Theorien der Stereoskopie. Zufallspunktstereogramme zeigen, daß die Stereoskopie nach Theorie a) auftreten kann.

vorgänge zeigt, wenn ein Zufallspunktstereogramm verschmolzen wird.

Diese Schlußfolgerung war überraschend, weil Julesz' Untersuchung das allgemein anerkannte Schema für die Verarbeitung dem von Bild **184b** entsprach. So dachte man, daß für jedes Auge eine vollständige Szenenbeschreibung einschließlich des Stadiums des Objekterkennens getrennt berechnet würde, und daß erst dann die binokulare Fusion erfolge, die zur Tiefenwahrnehmung führt. Durch Zufallspunktstereogramme erwies sich diese Theorie als falsch, zumindest als eine unvollständige Beschreibung des stereoskopischen Sehens, weil die Stereogramme zeigten, daß die binokulare Kombination nicht nach dem Objekterkennen stattzufinden *braucht*. In der Ausdrucksweise dieses Buches heißt das folgendes: der Aufbau von höhergradigen Strukturbeschreibungen des rechten und linken Blickfeldes und der dann folgende Vergleich dieser Beschreibung mit gespeicherten Strukturbeschreibungen für Objekte ist keine notwendige Vorbedingung für stereoskopisches Sehen.

Weil man, bevor die Tiefenwahrnehmung erfolgt, nichts außer einer Zufallsstruktur sehen kann, werden Zufallspunktstereogramme inzwischen in Augenkliniken praktisch angewendet. Sie sind nützliche Teststimuli, weil es für einen Patienten, der auf das Vorhandensein bzw. das Fehlen des beidäugigen Sehens hin untersucht wird, unmöglich ist, mit Hilfe dieser Stimuli absichtlich oder unabsichtlich zu »schummeln«. Wenn er den »versteckten Gegenstand« sehen und benennen kann, so *muß* er ohne jeden Zweifel stereoskopisch gesehen haben. Wenn aber die binokulare Kombination vor dem Objekterkennen erreicht werden kann, auf welcher Verarbeitungsebene geschieht dies dann? Die naheliegende Antwort lautet, daß es auf der Ebene der Formbeschreibung erfolgt. Das heißt, einzelne kleine Punkte, Flekken, Linien, Ränder usw. werden in beiden Gesichtsfeldern als vorhanden beschrieben, und dann werden die Abbildungen auf beiden Augen verschmolzen. Ich werde zu dieser Möglichkeit später zurückkehren, aber im Augenblick will ich diese Theorie nur insoweit berücksichtigen, als sie uns zu der nächsten wichtigen Schlußfolgerung führt, die sich aus Julesz' Untersuchung ableiten läßt.

Das Problem der globalen Stereoskopie

Die zweite wichtige Schlußfolgerung, die bald darauf von Julesz aus den Zufallspunktstereogrammen gezogen wurde, betrifft das ungeheuere Problem der *Mehrdeutigkeit*, mit dem das Gehirn konfrontiert ist, wenn es sich mit der Aufgabe befaßt, das linke und rechte Bild zusammenzusetzen. Wenn die binokulare Fusion auf der Ebene der Formbeschreibung stattfindet, wie »weiß« dann das Gehirn, welches die richtigen Links-rechts-Paare von Formen sind, die miteinander verschmolzen werden müssen? Die naheliegende Antwort könnte lauten, daß es Formen ähnlicher Kontur, Größe, Kontrast usw. verschmilzt. Sehen Sie sich jedoch das Stereogramm von Bild **185** (Tafel **16**) an. Wie Sie aus den getrennten Stereohälften ersehen können, besteht seine Zufallsstruktur aus winzigen Tupfen, die sich alle in Form, Größe, Kontrast usw. sehr ähnlich sind. Wegen dieser Ähnlichkeit könnte jeder beliebige Punkt im einen Bild theoretisch mit jedem beliebigen anderen aus der großen Anzahl von Punkten im anderen Bild verschmolzen werden. Wie kann das Gehirn also entscheiden, welcher Punkt in der linken Stereohälfte mit welchem anderen Punkt in der rechten Stereohälfte verschmolzen werden muß? Wenn es sich herausstellen sollte, daß die Stereofusion dieses Bildes unmöglich ist, wäre dies sogar logisch wesentlich einleuchtender als das Ergebnis, das tatsächlich auftritt – nämlich, daß das Gehirn das Bild ohne jede Anstrengung verschmilzt und das richtige Resultat eines in der Mitte gelegenen Rechtecks erzeugt, das räumlich hervortritt! Wir hätten bestenfalls nicht mehr erwarten können als einen Zufalls-»Nebel« von Punkten in vielen verschiedenen Entfernungen zu uns, wobei eine jede aus der mehr oder weniger willkürlichen Kombination von Punkten aus dem rechten und linken Blickfeld resultiert. Und trotzdem löst das Gehirn das Problem der Mehrdeutigkeit und liefert die »richtige« Antwort. Es gibt uns genau die Tiefenwahrnehmung, die tatsächlich beabsichtigt war, als das Stereogramm hergestellt wurde, wieder. Dies ist wirklich eine verblüffende Leistung des Gehirns, die auch erst damit erkannt wurde, als man Zufallspunktstereogramme erfand.

Das Problem der Mehrdeutigkeit wird oft als das Problem der *globalen Stereoskopie* bezeichnet, weil das Gehirn die gesamte oder »globale« Zusammengehörigkeit von Formen aus der Vielfalt möglicher Entsprechungszusammenhänge zwischen den vorliegenden Einzelelementen herausfinden muß. Jede mögliche Einzelentsprechung zwischen einer Form im linken Gesichtsfeld und der im rechten Gesichtsfeld wird als *lokale Entsprechung* bezeichnet, und das Problem, die richtige Gesamtentsprechung für beide Felder zu erreichen, so daß nur die lokalen Entsprechungen, die hergestellt werden »müssen«, tatsächlich hergestellt werden, wird als *globales Entsprechungsproblem* bezeichnet.

Es ist wichtig festzustellen, daß das Problem der globalen Stereoskopie nicht auf außergewöhnliche und künstliche Stimuli wie computererzeugte Zufallspunktstereogramme beschränkt ist. Betrachten Sie zum Beispiel natürliche Szenen wie einen belaubten Baum, eine Blumenvase oder auch nur einen Teppich, der sich vor Ihnen in den Raum erstreckt. Wie entscheidet das Gehirn, welches Blatt oder Blütenblatt oder welches Teppichmuster aus dem einen Bild mit dem passenden aus all den Tausenden und Abertausenden von Möglichkeiten im anderen Bild verbunden werden muß? Die Beantwortung dieser Frage ist vielleicht die zentrale theoretische Herausforderung für die gegenwärtige Erforschung der Tiefenwahrnehmung.

Komplexe Zufallspunktstereogramme

Das globale Problem der Stereoskopie und die ihr eigentümlichen Schwierigkeiten kommen vielleicht am besten nicht durch einfache Stereogramme, die nur ein räumlich wirkendes Rechteck oder Quadrat enthalten, zum Ausdruck, so problematisch diese auch sein mögen, sondern durch Stereogramme, die ein sehr viel ausgefeilteres »verborgenes Objekt« enthalten. Das Zufallspunktstereogramm von Bild **186** (Tafel **16**) ist so ein Fall. Schauen Sie wie üblich mit der rot-grünen Brille darauf und überprüfen Sie, ob Sie die komplizierte 3D-Form ausfindig machen können, die es enthält. Seien Sie aber geduldig! Viele Menschen brauchen recht lange, um die räumliche Wirkung in einem komplexen Stereogramm dieser Art zu sehen, und müssen es oft mehrmals, jeweils ein paar Minuten lang, probieren. Aber wie schon zuvor werden Mühe und Geduld reichlich belohnt: Die schließlich auftretende Tiefenwirkung ist beachtlich und sehr schön. Wenn das globale Entsprechungsproblem durch Ihr Gehirn erst einmal gelöst worden ist, werden Sie eine sattelartige Form mit einem Ring sehen.

Ein weiteres komplexes Stereogramm ist in Bild **187** (Tafel **17**) dargestellt. In diesem Fall ist das verborgene Objekt eine Wendeltreppe. Ein ähnliches Stereogramm ist in Bild **188** (Tafel **18**) dargestellt, nur daß die Umrißlinie der Wendeltreppe eingezeichnet wurde, um Ihnen zu helfen, räumlich zu sehen. Dieses letztere Stereogramm ist kein echtes Zufallspunktstereogramm, weil es die Regel bricht, wonach die Form, die gesehen werden soll, weder im linken noch im rechten Bild allein sichtbar sein darf, aber die Umrißlinie, die auch mit einem Auge unterschieden werden kann, hilft ungeübten Beobachtern über die Anfangsschwierigkeiten hinweg! An Bild **187** und **188** ist interessant, daß Sie beim Betrachten nur allmählich bemerken, daß die Treppe aus Stufen besteht. Zuerst erscheint die Oberfläche der Wendeltreppe glatt. Aber nach und nach enthüllen sich die Stufen, und das Gehirn fährt fort, die Entsprechung, die zwischen den Punkten im linken Halbstereogramm und denen im rechten erreicht wird, zu verfeinern. Manche Menschen schaffen es nie, die Stufen zu sehen, weil ihr binokulares Sehen nicht scharf genug ist, um die winzigen Unterschiede der Disparität zwischen den Punkten eines Schrittes und denen im darauffolgenden wahrzunehmen.

Drehen Sie die rot-grüne Brille um, während Sie Bild **187** betrachten, so daß der rote Filter das linke Auge bedeckt. Sie müßten nun eine zurückweichende Wendeltreppe sehen, die sich wie ein Korkenzieher durch die Seite hinabwindet. Die Wirkung ist wundervoll, und es fällt manchen Menschen leichter, diese Version zu sehen im Gegensatz zur hervortretenden Wendeltreppe; wenn Sie also Ihre Bemühungen zu Bild **187** mit der Brille in Normalposition aufgeben mußten, so versuchen Sie es jetzt von neuem mit der umgedrehten Brille.

In komplizierten Stereogrammen wie mit dem Sattel (Bild **186**) oder mit der Wendeltreppe (Bild **187**) erscheinen die verschiedenen Teile des Bildes auf einer ganzen Skala von verschiedenen Entfernungen, während bei den früheren Beispielen (Bild **185**) nur drei Entfernungen auftraten – die Seite, die Umgebung und das Quadrat oder Rechteck. Die größere Anzahl von Entfernungen erhält man, indem man verschiedene Teile der Zufallsstruktur in verschiedenem Ausmaß verschiebt – je größer die Verschiebung, desto größer scheint die Entfernung. Diese Beziehung zwischen der Größe der Verschiebung und dem Ausmaß der erscheinenden Entfernung wird durch das Anaglyph von Bild **189** (Tafel **18**) deutlich aufzeigt. Die obere kleine quadratische Fläche wurde im Gesichtsfeld eines jeden Auges um etwa das doppelte Ausmaß im Vergleich zum unteren Quadrat verschoben. Das Ergebnis ist, daß das obere Quadrat etwa zweimal so stark hervorzutreten scheint.

Wie man lernt, Zufallspunktstereogramme zu sehen

Die in Bild **188** dargestellte Taktik, die darin besteht, eine monokulare sichtbare Linie um die Fläche zu ziehen, die räumlich gesehen werden soll, ist besonders hilfreich, wenn die Disparität zwischen dem rechten und linken Bild relativ groß ist, wie es im Anaglyph von Bild **190** (Tafel **18**) der Fall ist. Den meisten Menschen fällt es schwer, in diesem Stereogramm eine räumliche Form zu sehen, wenn aber eine Umrißlinie aus enger zusammengedrängten Punkten hinzugefügt wird, wie auch in Bild **191** (Tafel **18**), dann kann man die optische Täuschung viel leichter entdecken. Diese Umrißlinie hilft Ihnen wahrscheinlich deshalb, weil sie dem Gehirn passende Hinweise für die Kontrolle der Augenbewegungen gibt. Ein Kunstgriff, den das Gehirn anwendet, um das Problem der globalen Stereoskopie zu überwinden, besteht darin, daß vermieden wird, rechte und linke Elemente mit Disparitäten, die einen bestimmten Grenzwert übersteigen, zu verschmelzen. Aber diese Einschränkung bedeutet, daß Formen, die in grob verschiedene räumliche Ebenen fallen und auf diese Weise große Disparitäten erzeugen, nicht verschmolzen werden können, wenn nicht die passenden Augenbewegungen gemacht werden, um beide Formen nacheinander in den Blick zu fassen. Hier besteht das Prinzip darin, daß zuerst ein Links-rechts-Paar einer Form verschmolzen und danach »zusammengeschlossen« gehalten wird, während eine neue Augenbewegung die Möglichkeit bietet, das nächste Formenpaar, das auf Grund seiner sehr verschiedenen Tiefe eine sehr große Disparität besitzt, zu verschmelzen. Eine Grenze für die Größe der Disparität gibt es also nur im Falle anfänglicher Fusionen: Wenn sie einmal vollzogen ist, kann sich eine Fusion erhalten, auch wenn sie auf einer viel größeren Disparität beruht (obwohl es auch dafür Grenzen gibt). Ann Saye und ich haben Beweismaterial gefunden, das die Konzeption untermauert, daß monokular sichtbare Konturen dabei helfen, die Tiefenwahrnehmung hervorzurufen, indem sie die entsprechenden Augenbewegungen erleichtern. Dieses Beweismaterial zeigt, daß die Konturen hilfreich sind, wenn die Disparität groß ist – wenn Augenbewegungen für die Verschmelzung notwendig sind – und nicht, wenn die Disparität klein ist (Bild **192**, Tafel **19**) – wenn Augenbewegungen für die Verschmelzung nicht erforderlich sind.

Ich glaube sogar, daß die Tatsache, daß wir lernen müssen, wie man Zufallspunktstereogramme *überhaupt*, ungeachtet der Größe der Disparität, sieht, darauf zurückzuführen ist, daß diese Stimuli nur schwache Hinweise für Augenbewegungen bieten. Wenn der ungeschulte Leser sich am Anfang abmühte, auch nur das einfache Stereogramm von Bild **180** mit dem räumlich wirkenden Quadrat zu sehen, dessen Disparität recht bescheiden war, so tat er dies wahrscheinlich deshalb, weil er seine Augen fest auf das Bild gerichtet hielt, so fest er nur konnte, weil es vor der binokularen Fusion auf irgend einer anderen Tiefenebene nichts zu »sehen« gibt. Wenn Sie sich in der Fusion der Zufallspunktstereogramme verbessern, lernen Sie wahrscheinlich unbewußt, ihren gerichteten Blick etwas zu entspannen, so daß Sie konvergieren und divergieren können, ohne zuerst in jedem monokularen Einzelbild etwas sehen zu müssen, auf das Sie konvergieren oder divergieren. Die monokularen Umrißlinien von Bild **191** stellen jedoch »etwas« zur Verfügung, auf das konvergiert bzw. divergiert werden kann, und deshalb helfen sie dabei, die Tiefenwahrnehmung zu erreichen.

Die monokularen Konturen könnten natürlich auch in anderer Weise eine hilfreiche Rolle spielen. Zum Beispiel könnten sie hochgradige Informationen über die Form von hohem Niveau liefern, welche prinzipiell die Lösung des Problems der globalen Stereoskopie anführen könnten. Ich persönlich bezweifle jedoch aus zwei Gründen, daß sich tatsächlich aus diesen Konturen ein großer Vorteil ergibt. Erstens haben Ann Saye und ich gezeigt, daß die monokularen Konturen auch dann eine hilfreiche Einrichtung darstellen, wenn ihre Form keine spezifische Beziehung zu der der disparaten Zone besitzt (vergleiche Bild **193**, Tafel **19**). Und zweitens konnten Jeremy Clatworthy und ich in einem Experiment, bei dem verschiedene Gruppen von Versuchspersonen verschiedene Hinweise über das Wendeltreppenstereogramm von Bild **187** erhielten, keine Beweise dafür finden, daß aus Hinweisen ein Vorteil entsteht. Diese Hinweise bestanden zum Beispiel darin, daß man Versuchspersonen mitteilte, was sie sehen »sollten« oder ihnen sogar ein 3D-Modell der Wendeltreppe zeigte, bevor man ihnen das Stereogramm selbst vorführte.

Eine computerwissenschaftliche Lösung für das Problem der globalen Stereoskopie

Eine schematische Illustration des Problems der globalen Stereoskopie ist in Bild **194** (Tafel **19**) aufgeführt. Man sieht dort das rechte und linke Auge, wie es die rechte und linke Hälfte eines Zufallspunktstereogramms betrachtet, das ihm in einem Stereoskop vom Typ Brewster vorgeführt wird. Das ganze Bild **194** ist eine selektive Teilansicht, deshalb muß man sich seine Stereohälften als Ausschnitte eines Zufallspunktstereogramms vorstellen. Der Einfachheit halber wurden nur drei Punkte für die Darstellung herausgenommen, damit ihnen in jeder Stereohälfte besondere Aufmerksamkeit zuteil wird, und von diesen 3 Punken aus wurden Lichtstrahlen (farbige Linien) zur linken und rechten Netzhaut gezogen. Irgendwie verschmilzt dann das Gehirn diese Punkte: die *richtigen Fusionen* werden als ausgefüllte schwarze Punkte in der visuellen Welt wiedergegeben, die durch die binokulare Fusion hergestellt werden. Beachten Sie aber, daß die richtigen Fusionen, durch die alle drei Punkte in derselben Entfernung vom Beobachter liegen, nicht die einzig möglichen sind. Zum Beispiel gibt es im Prinzip nichts, den mittleren Punkt im linken Bild daran zu hindern, anstatt mit dem mittleren Punkt im rechten Bild zu verschmelzen, wie es eigentlich sein »müßte«, mit entweder dem linken oder rechten Punkt im rechten Bild zu verschmelzen. Diese eigentümlichen *falschen Fusionen* oder Geisterfusionen, wie sie manchmal genannt werden, sind zusammen mit allen anderen in Frage kommenden in Bild **194** mit kreisförmigen Umrißlinien dargestellt. So kann das Problem der globalen Stereoskopie als die Aufgabe beschrieben werden sicherzustellen, daß nur die richtigen Fusionen (schwarze Kreise) aus allen neun möglichen Verschmelzungen in Bild **194**, von denen sechs falsch sind (umrandete Kreise), ausgewählt werden. Natürlich wird in Bild **194** das globale Kombinationsproblem stark untertrieben, da der Einfachheit halber nur drei Punkte in jeder Stereohälfte und die von ihnen verursachten möglichen Verwirrungen gezeigt werden. Stellen Sie sich die Zahl der Verwirrungen vor, die in einem reichstrukturierten Stereogramm wie dem von Bild **187** möglich wären.

Ein computerwissenschaftlicher Zugang zur Lösung des Problems der globalen Stereoskopie geht in zwei Stadien vor sich. Zuerst werden alle möglichen lokalen Fusionen, sowohl richtige als auch falsche, hergestellt. Diese lokalen Fusionen werden in einem Netzwerk von Computerelementen, ähnlich den idealisierten Neuronen, mit einem aktiven Element für jede entdeckte lokale Fusion wiedergegeben. Zweitens werden falsche Fusionen durch die kombinierte Aktion von hemmenden und erregenden Verbindungen zwischen Elementen im ganzen Netzwerk »abgetötet« (das heißt, die Elemente, die sie darstellen, werden inaktiviert). Dieser Vorgang läßt die richtigen Fusionen »am Leben« (das heißt »aktiv«), und auf diese Weise liefert der Endzustand des Netzwerkes eine Lösung für das Problem der globalen Stereoskopie. Er ist deshalb eine Lösung, weil er *deutlich* macht, welche Punkte auf welchen Tiefenebenen liegen. Dieser allgemeine Zugang wurde zuerst von Dev ausprobiert, aber ich möchte hier eine Version vorführen, die in ihren wesentlichen Bestandteilen von Marr und Poggio stammt, und die in verschiedener Hinsicht eine Weiterentwicklung ist.

Der untere Teil von Bild **194** zeigt das erste Stadium, in dem alle möglichen lokalen Fusionen identifiziert werden, und zwar für ein auf drei Punkte reduziertes Zufallspunktstereogramm. Es wird ein Netzwerk von Elementen gezeigt, von denen jedes ein idealisiertes Neuron ist und einen Input von jedem Auge erhält. Es steht für jede mögliche lokale Fusion ein Neuron zur Verfügung. Beachten Sie, daß jedes Input-Kabel jeder Netzhaut drei Zellen versorgt, und zwar diejenigen, die sich mit Fusionen befassen, die auf derselben *Sehachse* des betreffenden Auges liegen. Folgen Sie den verschiedenen Kabeln, um diese Tatsache selbst zu überprüfen, und beachten Sie, daß das Neuronennetz in Wirklichkeit nur eine einfache Wiedergabe der visuellen Welt ist, die vor den Augen abgebildet ist, die aber eher in Form von Neuronen angeordnet ist als in wahrgenommenen Fusionen. Deshalb besteht hier das allgemeine Prinzip darin, daß jedes aktive Neuron in einem Ein-zu-Eins-Verhältnis zu einer bestimmten lokalen Fusion steht, so daß dann, wenn eine Form so beschrieben wird, daß sie an einer bestimmten Stelle und einer bestimmten Tiefenebene sich befindet, die Wiedergabe dieser Beschreibung als Aktivität in einer bestimmten Zelle auftritt.

Das Netzwerk der tiefenbezogenen Verarbeitung von Bild **194** eignet sich so sehr für eine neurophysiologische Interpretation, daß es als ein in den Umriß eines Gehirns eingezeichnetes Neuronennetz dargestellt wird. Beachten Sie, daß die Signale, die vom rechten Auge kommen, so dargestellt sind, daß sie am Chiasma opticum zur linken Hemisphäre überwechseln. Wäre die Reihe der drei Punkte auf die andere Seite der Fovea gefallen, hätte man das Netz der Tiefenwirkung eher in der rechten Hemisphäre als in der linken ansiedeln müssen – denn in jeder Hemisphäre existieren getrennte Netze, die sich mit den verschiedenen Regionen des Gesichtsfeldes befassen (siehe Bild **51**, Tafel **4**).

Um zu verstehen, was als nächstes geschieht, muß ein noch größeres Netzwerk von Tiefenverarbeitungszellen gezeigt werden als in Bild **195**. Dieses Netzwerk gleicht im Aufbau vollkommen dem kleineren Bild **194**, aber diesmal sind 8 x 8 = 64 Zellen anstatt nur 9 vorhanden. Es werden Bahnen gezeigt, die vom linken und rechten Auge kommen, um das Netzwerk zu versorgen. Diese Bahnen führen entweder Information über einen schwarzen Punkt an einer bestimmten Stelle der Netzhaut oder Information über einen weißen Punkt. Dies ist deshalb so, weil die Augen ein schwarz-weißes Zufallspunktstereogramm im Blick haben. Deshalb kann man sich den Input eines jeden Auges als Ausschnitt eines Zufallsschachbretts vorstellen, wie in Bild **195** veranschaulicht wird.

Als erstes kann man erkennen, daß die Zellen, die zuerst aktiv werden, diejenigen sind, die einen passenden Input von beiden Augen empfangen, das heißt, Weiße-links-weiße-rechts-Inputs oder Schwarze-rechts-schwarze-links-Inputs. Auf diese Weise kümmert sich keine Zelle darum, ob ihre Inputs schwarz oder weiß sind, sondern nur darum, ob ihre beiden Inputs zueinanderpassen. Dieses Erfordernis stellt natürlich sicher, daß nicht alle Zellen im Netzwerk aktiv werden. Diejenigen, die tatsächlich aktiv werden, sind entweder als schwarze Kreise dargestellt, (und dadurch wird angezeigt, daß sie richtige lokale Fusionen sind) oder als umrandete Kreise mit einem Punkt in der Mitte, um zu zeigen, daß sie falsche lokale Fusionen sind. Folgen Sie einer Input-Bahn von einem Auge aus durch das Netzwerk und beachten Sie, daß ein schwarzer oder ein mit einem Punkt versehener Kreis nur dann vorkommt, wenn diese Bahn auf eine Zelle trifft, deren Input-Bahn vom anderen Auge her dieselbe Information trägt.

Schauen Sie als nächstes auf die Schachbrettmuster, die von beiden Augen kommen. Beachten Sie, daß ein jedes eine

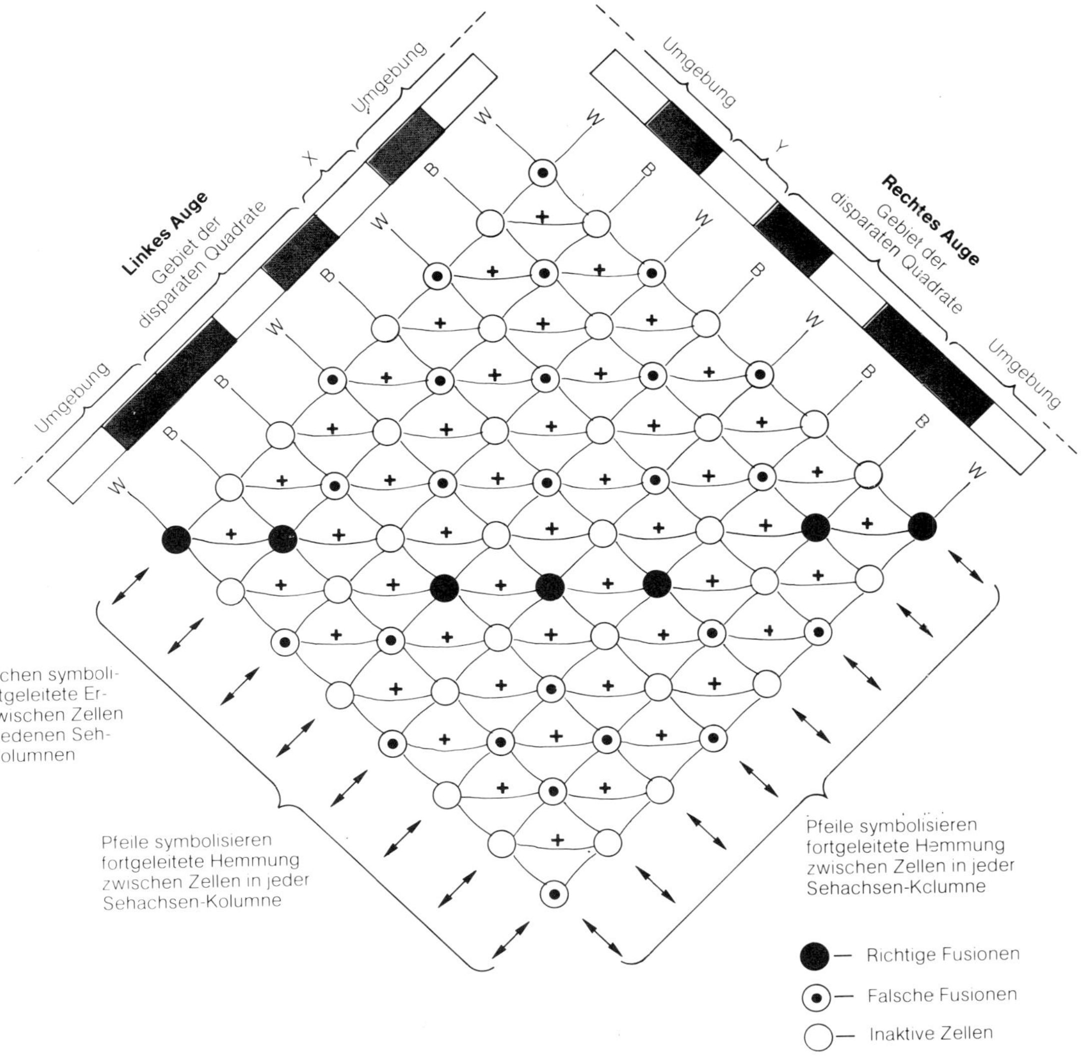

Bild 195. Kooperatives Netzwerk zur Lösung des Globalitätsproblems. Zur Veranschaulichung wird nur ein kleiner, rautenförmiger vertikaler Ausschnitt des gesamten Netzwerks in Bild 197 a gezeigt, der sich mit einem sehr kleinen disparaten Gebiet beschäftigt. Die letztere Form läßt die richtige Fusion weniger ausgedehnt erscheinen als einige Gebiete der Geisterfusion, ein für größere Gebiete nicht repräsentatives Ergebnis (siehe Bild 197 b).

»Fläche mit disparatem Quadrat« besitzt: dies ist ein Abschnitt des Quadrats im Zufallspunktstereogramm, das den Anschein hat, als träte es räumlich hervor, und zwar aufgrund der Disparität seiner Lage in beiden Augen. Überprüfen Sie selbst, daß es der Lage nach in den Schachbrettabschnitten von Bild **195** für beide Augen disparat ist. So erscheint es *zwei* Elemente von links im linken Auge, aber *drei* Elemente von links im rechten Auge. Kleine Flecken der umgebenden Fläche sind mit einer Nulldisparität dargestellt (das heißt, ihre Lage paßt in beiden Augen genau aufeinander). Und achten Sie schließlich auf die X- und Y-Flächen – die Teile des Musters in beiden Augen, die im anderen Auge keine Entsprechung haben, und zwar wegen der Verschiebung, die mit den disparaten Quadraten vorgenommen wurde (blättern Sie zurück zu Bild **182**, um die Erklärung für diese Flächen wiederzufinden).

Nachdem ich nun erklärt habe, wie das Netzwerk aufgebaut ist, und auf die disparate Fläche aufmerksam gemacht habe, muß ich als nächstes erklären, wie es kommt, daß die durch die schwarzen Kreise dargestellten Fusionen aus all denen ausgewählt werden, die anfänglich registriert wurden. Die Schlüsseleigenschaft, mit der dies im Entwurf von Marr und Poggio erreicht wird, besteht darin, daß *hemmende Verbindungen* zwischen den Zellen bestehen, die in der selben Sehachsenkolumne liegen, und *erregende Verbindungen* zwischen den Zellen, die dieselbe Tiefenebene wiedergeben. Die Pfeile unmittelbar außerhalb des Netzes von Bild **195** stellen hemmende Einflüsse dar, die in den Sehachsenkolumnen auf- und abwandern, und die Pluszeichen an den lateralen Verbindungen zwischen Zellen zeigen den Übergang der Erregung zwischen benachbarten Zellen an, die dieselbe Tiefe codieren.

Warum wird versucht, die richtigen Fusionen auf diese Weise auszuwählen? Marr und Poggio argumentieren, daß längs einer jeden beliebigen Sehachse eines jeden Auges ein und nur ein Punkt gesehen werden kann, und daß dieser Punkt in nur einer Tiefenebene gesehen wird. Deshalb scheint es vernünftig, alle Zellen, die Tiefe codieren, entlang einer Sehachse in den »Kampfzustand« zu versetzen um zu sehen, welche die »stärkste« (aktivste) ist und deshalb recht-

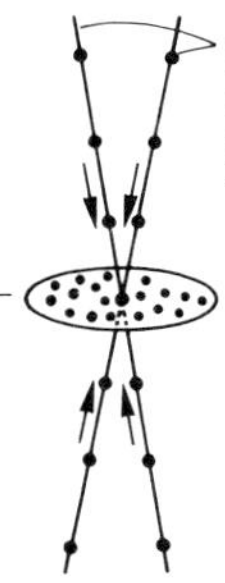

Bild 196. Netzverbindungen einer Einzelzelle in der Rechnungsweise nach Marr und Poggio.

fertigt, daß sie gegen die Konkurrenz aller anderen ausgewählt wird. Aber wie ist es möglich, daß einige sich als stärker erweisen als andere? Die Antwort lautet, daß einige aktive Zellen ein Aktivitätshoch aus der Erregung beziehen, die ihnen von »Freunden« in derselben Tiefenebene von benachbarten Sehachsenkolumnen übermittelt wurde.

Aber warum, könnten Sie fragen, sollte eine Hilfe von lateralen Tiefennachbarn das Mittel sein, die Interessen der richtigen Fusionen zu fördern? Die Antwort lautet, daß die richtigen Fusionen in den meisten Szenen immer hilfreiche Nachbarn haben, da Oberflächen dazu tendieren, in derselben oder in ähnlichen Tiefenebenen zu liegen. Natürlich kommen auch plötzliche Wechsel oder Ungleichheiten der Tiefe vor, aber längst nicht so häufig wie sanft verlaufende Abstufungen. Dies führt dann dazu, daß die Bahnung nicht auf weitgehend ähnliche Tiefennachbarn beschränkt sein muß. Es könnte sein, daß jede Zelle Erregung erhält, die ihr, sagen wir, von ihrem unmittelbaren Nachbarn sowie den Nachbarn, die eine Tiefenschicht weiter entfernt sind, übermittelt wird. Ein weiterer dazu gehöriger Punkt besteht darin, daß die Erregung von Tiefennachbarn kommt, die *rings um* jede Zelle liegen. In Bild **195** wird gezeigt, wie die Bahnung von nur zwei Nachbarn kommt, weil das Netz als ein zweidimensionaler Abschnitt gezeigt wird und nicht als eine vollständige 3D-Entität. Die effektiven Netzverbindungen für eine einzelne Zelle sind in Bild **196** dreidimensional dargestellt, um dies zu verdeutlichen.

Nachdem nun einiges vom Aufbau des Netzwerks erklärt wurde, ist es an der Zeit, sich anzusehen, wie es ein echtes Zufallspunktstereogramm bearbeitet. In Bild **197a** ist ein 3D-Modell eines Netzwerkes mit 7 Tiefenebenen dargestellt. (In Bild **195** wurde, wenn Sie sich erinnern können, nur ein Teil eines vertikalen Abschnittes aus dem Netzwerk gezeigt). Jede Schicht in diesem Gebilde gibt eine Tiefenschicht wieder, wobei die mittlere Schicht für Nulldisparität steht (das heißt, die Tiefe, auf die unser Blick gerichtet ist), die drei oberen Schichten für konvergente (nahe) Disparitäten und die unteren drei für divergente (entferntere) Disparitäten. Der Einfachheit halber werden erregende und hemmende Verbindungen nur bei einigen wenigen Zellen gezeigt, aber in Wirklichkeit haben alle Zellen in allen Tiefenschichten Verbindungen dieser Art. Beachten Sie auch, daß Bild **197a** nur diese Netzstruktur vor der Eingabe eines Stereopaares zur Verarbeitung zeigt.

In Bild **197b** wurden alle Verbindungen zwischen Zellen der Übersichtlichkeit halber weggelassen, und nun stellen die winzigen schwarzen Punkte, die auf jeder Tiefenebene liegen, aktive Zellen dar, wobei jeder Punkt so eine Zelle wiedergibt, die aktiv geworden ist, weil ihre Inputs vom rechten und linken Auge zusammenpassen, sei es als schwarz-schwarze oder als weiß-weiße. Beachten Sie vor allem, daß jeder schwarze Punkt eine aktive Zelle darstellt, wie auch *immer* die Art der Entsprechung ist: lassen Sie sich nicht durch die Vorstellung verwirren, daß die schwarzen Punkte nur schwarz-schwarze Entsprechungen darstellen (obwohl die ursprüngliche Rechnungsweise nach Marr und Poggio im Gegensatz zu der hier vorliegenden Version tatäschlich nur von schwarz-schwarzen Entsprechungen ausging). Die Hemmungsverbindungen sind hier um der Klarheit willen ausgelassen.

Der Anfangszustand des Netzwerks, bevor irgendeine Hemmung oder Erregung zwischen den Zellen übermittelt wurde, ist also derjenige, der in Bild **197b** dargestellt wird. Es ist der erste Schritt in der Verrechnung der globalen Stereoskopie – die Identifikation aller lokalen Fusionen, seien sie nun richtig oder falsch. Und sehen Sie nur, wieviele falsche es davon gibt! Schwarze Punkte erscheinen fast überall und zeigen, wie ausgedehnt das Globalitätsproblem ist. Beachten Sie aber auch, daß die Regionen mit ganz dichtem Schwarz, die die Umgebung des Zufallspunktstereogrammes und seine disparate Fläche darstellen, ebenfalls jeweils in der Nulldisparitätsschicht und den zwei Divergenzdisparitätsschichten sichtbar sind. Die Aufgabe der Verrechnung besteht darin, diese Regionen unangetastet zu lassen, zumindest im Endzustand des Netzwerks, während Tausende und Abertausende von falschen Fusionen eliminiert werden.

Die Ergebnisse der ersten Erregungs- und Hemmungs-»Runde« sind in Bild **197c** dargestellt. Um zu diesem Zustand zu gelangen, mußte jede Zelle folgende Rechnung durchführen: sie hatte eine bestimmte Anzahl von Aktivitätseinheiten, und zwar je nachdem, ob sie zuerst aktiv war oder nicht; dann subtrahierte sie von dieser Anzahl die Summe der Hemmungseinheiten, die ihr von Konkurrenten längs der Sehachsenkolumnen zugeschickt wurden, die »durch« sie hindurch gingen; und dann addierte sie die Erregungseinheiten dazu, die ihr von ihren Nachbarn auf ihrer Tiefenebene gegeben wurden. Sie errechnete diese Gesamtsumme und »fragte« dann, ob sie über einem vorher festgesetzten Schwellenwert liege oder nicht. Im positiven Fall wurde sie »aktiv« für die nächste Runde; wenn die Summe den Schwellenwert jedoch nicht überstieg, dann war die Zelle für die nächste Runde »inaktiv«.

Die Ergebnisse der nächsten Erregungs- und Hemmungs-»Runde« sind in Bild **197d** dargestellt. Sie fragen sich vielleicht, warum mehr als eine Runde notwendig ist. In einem *biologischen* System kann ein Verbindungsnetz von der Art, über die wir gerade sprechen, recht schnell seinen stabilen Endzustand erreichen, wobei alle Verbindungen ständig und *gleichzeitig* Hemmung oder Erregung weitergeben, je nachdem, wie die Einflüsse sind, die sie zur gegebenen Zeit empfangen. Aber in einer serienhaft angelegten Computersimulation eines solchen Netzes muß man sich dem Endzustand in einer Reihe von Schritten nähern, die als *Iterationen* bezeichnet werden, von denen jede nacheinander nur ein kleines Stück der Gesamtrechnung für jede Zelle vollzieht, so daß das Ergebnis einer jeden Iteration, wenn Sie so wollen, einen »Schnappschuß« des Netzes darstellt, wie es auf seinem Weg in den Endzustand durch einen jeweils besonderen Zwischenzustand hindurchgeht. Jede Iteration vollzieht genau dieselbe Berechnung wie alle anderen, aber der Input ist immer verschieden: sie errechnet die Summe von Hemmung und Erregung ausgehend vom Zustand der Zellen, der durch die vorhergehende Iteration erzeugt wurde. Der Zustand des Netzes in verschiedenen Stadien der in ihm stattfindenden Rechnungen ist in Bild **197** durch die Ergebnisse der verschiedenen Iterationen dargestellt. Beachten Sie, daß sofort eine Menge »Abtötungsprozesse« stattfinden, und die erfolgreiche Lösung dann von den recht zerzausten Überbleibseln der ersten Schlacht zu wachsen beginnt. Aber sie wächst recht gut, und am Ende ist der gewünschte Zustand (Bild **197g**), in dem die Umgebung und das disparate Quadrat in verschiedenen Tiefenebenen zusammengesetzt wurden, erreicht. Der Kampf ist gewonnen!

Man sagt vom Netzwerk, das ich gerade beschrieben habe, daß es die Eigenschaft der *Kooperativität* besitzt. Das heißt, es erreicht einen Zustand von globaler Organisation mit Hilfe lokaler aber sehr interaktiver Vorgänge, die ineinandergreifen (oder »kooperieren«), um die geforderte Lösung zu erzeugen. Natürlich »wissen« die lokalen Prozesse nicht, was anderswo im Netzwerk vor sich geht, deshalb liegt hier eine »blinde« Form von Kooperation vor: sie führen lediglich ihre eigene Aufgabe entsprechend den Regeln durch, und der Globalzustand der Organisation »springt« am Ende als unvermeidliche, aber sehr erwünschte Folge »hervor«. Julesz hat als erster die Hypothese aufgestellt, daß Kooperativität in diesem Sinne eine Eigenschaft der Mechanismen der Stereoskopie sei. Wenn er recht hat, dann gewinnt die eben beschriebene Art des Netzwerks eine zusätzliche Glaubwürdigkeit als Modell der tatsächlichen neuralen Berechnung der Tiefenwahrnehmung, die von unserem visuellen System gleistet wird.

Neurophysiologische Mechanismen der Stereoskopie

Wird im visuellen System tatsächlich die Art der Berechnung nach Marr und Poggio verwendet, um die globale Stereoskopie zu erzielen, dann besteht das erste Erfordernis in Neuronen, die lokale Fusionen entdecken können. Viele Neurophysiologen haben die möglichen »Kandidaten« für solche Zellen aufgelistet. Die Technik der Ableitungen von einzelnen Zellen hat bei Katzen kortikale Neurone ans Licht

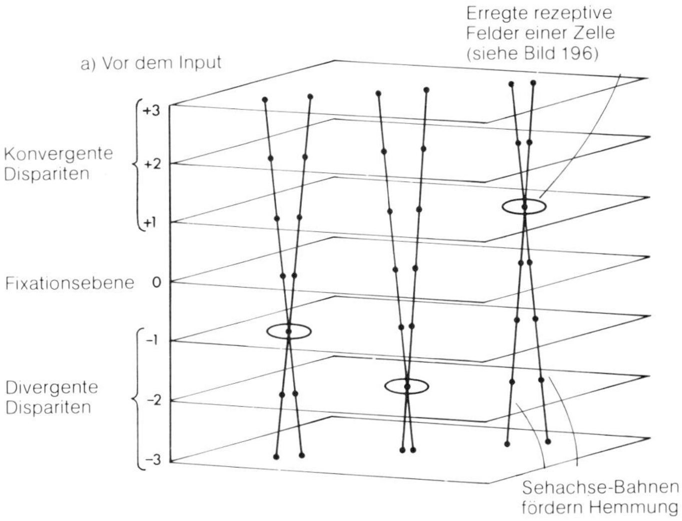

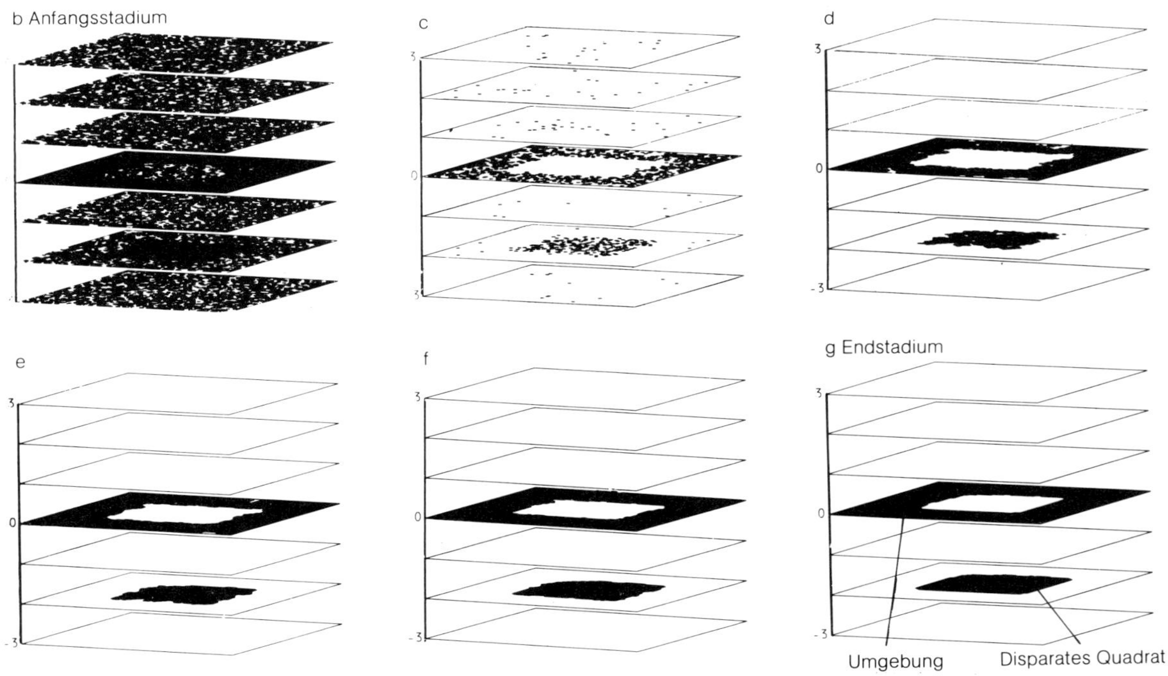

Bild 197. Ein 3D-Bild des Netzwerks nach Marr und Poggio, das sich mit einem Zufallspunktstereogramm befaßt (basiert auf einem von Peter Gale entworfenen Programm).

gebracht, die nur dann aktiv werden, wenn ihr optimaler Stimulus sehr sorgfältig in beiden Augen so gelagert wird, daß er den Disparitätsgrad besitzt, der für die betreffende Zelle erforderlich ist.
Einige Ergebnisse dieser Art, die Blakemore aus Versuchen mit Katzen erhielt, sind im vorliegenden Zusammenhang besonders interessant, weil er etwas fand, was er als Richtungskolumnen (Bild **198**) bezeichnet. Das heißt, wenn seine Mikroelektrode senkrecht zur Oberfläche des Cortex blieb, so daß alle Zellen, von denen er Ableitungen machte, sich in genau einer Kolumne befanden, dann fand er manchmal, daß die Zellen in ihrer erforderlichen Tiefe (Disparität) entlang der Sehachse eines Auges variierten. So ergibt sich die verführerische Aussicht, daß Blakemore die neurophysiologische Apparatur entdeckt hat, die die Sehachsenhemmung liefert, die für die Berechnung nach Marr und Poggio erforderlich ist; denn es wäre ganz offensichtlich einfach für Einflüsse, in diesen Kolumnen auf und ab zu wandern, und zwar entlang den bekannten Faserverbindungen innerhalb der Kolumnen (Bild **54**). Laterale Verbindungen zwischen den Kolumnen könnten dann die Vermittlerwege der lateralen Erregung sein, die von anderen Zellen in derselben Tiefenebene zur Verfügung gestellt wird. Wenn das so ist, ergibt sich hier eine ermutigende und spannende Verbindung zwischen einer computerwissenschaftlichen Analyse einerseits und einer Reihe von neuropsychologischen und neuroanatomischen Erkenntnissen andererseits.

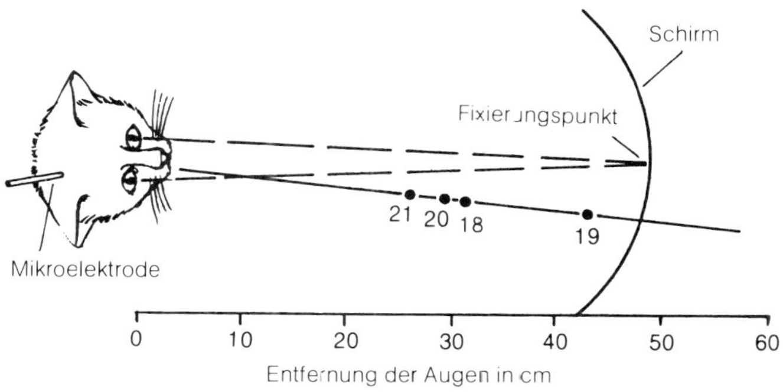

Bild 198. Disparitätsempfindliche Neuronen. Die bezifferten Punkte repräsentieren Zahlen, deren optimaler monokularer Stimulus in beiden Augen einen Disparitätsunterschied aufweisen muß, so daß sie am empfindlichsten für binokulare Stimuli waren, die in den gezeigten räumlichen Positionen vorkamen.

Was ist ein »Punkt«?

Es gibt aber auch Schwierigkeiten mit den oben dargestellten Entwürfen, sowohl in computerwissenschaftlicher wie auch in neurophysiologischer Hinsicht. Diese Schwierigkeiten konzentrieren sich um die täuschend einfache Frage, was eigentlich dieses Ding ist, das verschmolzen wird, um eine lokale Entsprechung zu erzeugen. Wir haben am Anfang angenommen, daß es irgendeine Form ist, und zwar eine Form von der Art, mit der sich die Hyperkolumnenapparatur von Kapitel 3 beschäftigte. Es konnte ein kleines Liniensegment, ein Rand usw. sein, und man stellte sich vor, daß die binokulare Kombination erst auf dieses Stadium der Informationsverarbeitung *folgen* würde. Aber die bekannten neurophysiologischen Disparitätseinheiten scheinen den verschiedenen kortikalen Zellen, die in Kapitel 3 beschrieben wurden, im allgemeinen Niveau der Raffiniertheit des Verarbeitungsprozesses recht ähnlich zu sein. Und wenn wir in Kapitel 3 sagten, daß solche Zellen nur *Vorläufer der Messungen* sind, durch die dann erste eine richtige Formbeschreibung hergestellt wird, und daß sie nicht Teil der Formbeschreibung selbst sind, dann scheinen die bekannten Disparitätszellen schwache »Kandidaten« für die direkte Vermittlung von lokalen Formentsprechungen zu sein.
Beachten Sie, daß wir, als wir die computerwissenschaftliche Lösung nach Marr und Poggio für das Problem der globalen Stereoskopie erklärten, aus Bequemlichkeitsgründen still und leise dazu übergingen, einen zu verschmelzenden Punkt als eine kleine schwarze oder weiße Zone im entweder rechten oder linken Netzhautbild zu behandeln. Man könnte sich vorstellen, daß solche Zonen als neurophysiologische Entsprechung aktive Ganglienzellen in der Netzhaut haben, die Schwarz oder Weiß signalisieren (das heißt, neurale Elemente, die eine kleine Zone des Bildes nach der Helligkeitsberechnung kodieren). Aber wenn man sich einen zu verschmelzenden Punkt so vorstellt, paßt dies überhaupt nicht zu unserem gegenwärtigen neurophysiologischen Wissen über Disparitätszellen. Diese sind alle richtungsselektiv; das heißt, wenn Fasern, die von Ganglienzellen der Netzhaut kommen, verwendet werden, um die Aktivität der Disparitätszellen herzustellen, dann wird genau im selben Augenblick auch die Eigenschaft der Richtungs-Selektivität miteingebaut (siehe Bild **70**: das mögliche Schaltdiagramm, um »gerichtete« Zellen aus den Fasern zu erhalten, die von einem Rezeptormosaik ausgehen).
Deshalb ist die Frage, welche Stimuluseigenschaften im rechten und linken Bild die Grundlage für die lokalen Fusionen darstellen, recht kompliziert, und sie gründlich zu erörtern, würde den Rahmen dieses Buches sprengen. Statt dessen will ich im Rest dieses Kapitels eine große Auswahl verschiedener Stereogramme vorführen, so daß Sie zumindest visuell Möglichkeiten von Fusionen kennenlernen, und damit einige der Phänomene, mit denen sich jede zufriedenstellende Theorie der Stereoskopie auseinanderzusetzen imstande sein muß. Bei der Erörterung dieser Stereogramme wird der Ausdruck »Punkt« locker verwendet werden, um jede beliebige Art von Stimuluselement zu bezeichnen, das zum Zweck einer lokalen Fusion kombiniert wird. Einige Stereogramme (Bild **204–210**) werden im Text nicht besprochen, sondern haben Untertitel, die für sich selbst sprechen: siehe Tafel **21** und **22**.

Täuschende Konturen in der optischen Tiefe

In Bild **199a** (Tafel **20**) ist ein normales Zufallspunktstereogramm durch einen weißen Streifen zweigeteilt. Schauen Sie auf das Anaglyph und verwenden Sie dabei die rot-grüne Brille, und Sie werden sehen, daß der weiße Streifen ein in der Mitte gelegenes hervortretendes Quadrat in zwei Hälften zerschneidet. Wenn Sie aber sorgfältiger hinschauen, werden Sie bemerken, daß das Quadrat in Wirklichkeit über-

haupt nicht in zwei Teile geteilt worden ist, zumindest nicht, was seine scheinbare Tiefe betrifft. Eher scheint der Teil des weißen Streifens, der quer über das Quadrat läuft, in derselben Tiefenebene zu liegen wie das Quadrat selbst. Es sieht so aus, als ob diese mittlere Region des Streifens in das Quadrat »hineingesaugt« würde, und das, obwohl sie ohne Struktur ist und deshalb keine Disparitätskriterien liefert, die rechtfertigen würden, daß ihr dieselbe Tiefe wie dem Quadrat zugesprochen wird.
Eine mögliche Erklärung für diese merkwürdige Tiefenwirkung, deren Grenzen durch täuschende Konturen angegeben sind, die das Tiefengebiet definieren, kann im Sinne der lateralen Erregung gegeben werden, wie sie im Zusammenhang mit der Berechnung der globalen Stereoskopie nach Marr und Poggio schon beschrieben wurde. Vielleicht versorgen Zellen im Tiefenverarbeitungsnetz Disparitätseinheiten, die sich mit der Region des mittleren Streifens befassen, mit lateraler Bahnung und »erwecken sie zum Leben«. Dies ist möglich, weil die Region des mittleren Streifens, bezogen auf die Verarbeitung der Disparität, im wesentlichen mehrdeutig ist - dadurch könnten weiß-weiße Entsprechungen in allen Tiefenebenen entstehen. Insofern ist es logisch, daß diejenigen Zellen, die von ihren Tiefennachbarn Hilfe bekommen, »gewinnen«, und auf diese Weise dem Streifen eine hervortretende räumliche Wirkung verleihen, wenn er durch das in der Mitte gelegene räumliche Quadrat läuft, und ihm die räumliche Wirkung vorenthalten, wenn er durch die Umgebung läuft (wobei diese letztere Region den Streifen »hinunterzieht«, genauso wie das plastische Quadrat ihn »hinaufzieht«).
In Bild **199b** erzeugt eine niedrige Dichte von Punkten einen ähnlichen Effekt, wobei die schwarzen Punkte einer jeden Tiefenebene den Teil des weißen Grundes, auf dem sie liegen, »mit sich nehmen«.

Die Stereoskopie überwindet Unterschiede im Breitenkontrast

Man kann ohne weiteres linke und rechte Stereohälften, die sich im Kontrast stark unterscheiden, verschmelzen, wie man in Bild **200** (Tafel **20**) sehen kann. Deshalb ist die Regelung der Kombination von rechten und linken Punkten nicht so beschaffen, daß, sagen wir, ein »weißer« Punkt mit einer gegebenen Helligkeit in der linken Hälfte nur mit einem weißen Punkt der gleichen Helligkeit in der rechten Hälfte kombiniert werden kann. Eher scheint es so zu sein, daß, solange ein weißer Punkt in einem Feld einen Punkt im anderen Feld finden kann, der weißer als mittelgrau ist, er sich mit ihm verschmelzen wird. Er weigert sich jedoch, mit einem Punkt zu verschmelzen, der dunkler als mittelgrau ist, wie man auf Bild **201** (Tafel **20**) sehen kann, wo der Kontrast umgedreht worden ist. Jedes Element dieses Stereogrammes ist in beiden Hälften von entgegengesetzter schwarz-weißer »Farbe« und Stereoskopie ist unmöglich. So scheint es, daß Fusionen zwischen Stimuluselementen stattfinden können, die durch die Weißanordnung aus dem letzten Kapitel codiert sind, oder zwischen Elementen, die durch die Schwarzanordnung kodiert sind. Allerdings scheint es, daß die Fusion eines Elements, das in der Schwarzanordnung codiert ist, mit einem Element, das in der Weißanordnung codiert ist, nicht stattfinden kann.
Wenn man diese Schlußfolgerung im Zusammenhang mit den Weiß- und Schwarzanordnungen der Netzhaut äußert, so heißt dies natürlich nicht notwendigerweise, daß diese Schlußfolgerung die Ansicht begünstigt, daß das, was einen zu verschmelzenden Punkt darstellt, notwendigerweise eine weiße oder schwarze Zone ist. Möglicherweise bezieht sich die »Weiß-zu-Weiß« und »Schwarz-zu-Schwarz«-Regel beispielsweise auf Linienformen und wird durch richtungsselektive Einheiten vermittelt.
Interessanterweise weiß man schon seit langer Zeit, daß die Umkehr des Kontrastes in einem einfachen Linienstereogramm keine größeren Schwierigkeiten bereitet (siehe Bild **202**, Tafel **21**). Hier könnte es aber sein, wie Paul Whittle argumentierte, daß das Gehirn weiße Ränder (oder schwarze Ränder) miteinander verschmilzt (Bild **203a**). Dann liegt vielleicht der Grund dafür, daß das System bei einem Zufallspunktstereogramm scheitert, darin, daß die Umkehrung des Kontrastes in diesem Fall die Lage solcher Ränder doch recht stark auseinanderreißt, so daß eine zu große Anzahl verschiedener und zu konsistenter Fusionen der Ränder von zufälligbestimmten Blöcken aus weißen oder schwarzen Zellen erzeugt wird. (Bild **203b**).

Stereoskopie von Stereogrammen mit rivalisierenden Strukturen

Wenn zwei Strukturen bei Darbietung im Stereoskop nicht ohne weiteres miteinander verschmelzen, dann nennt man die daraus resultierende Wirkung *rivalisierend,* Das heißt,

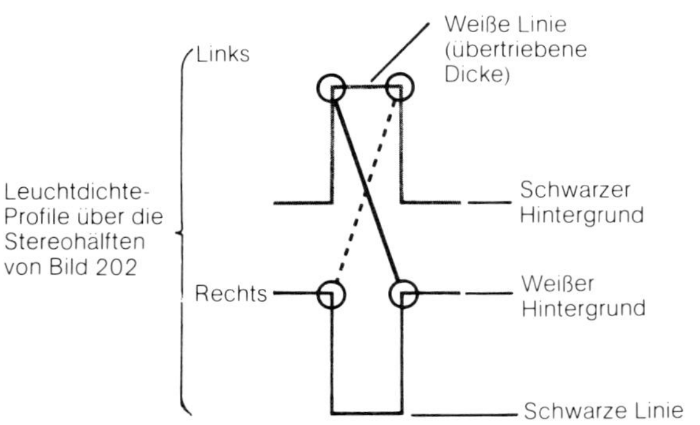

Bild 203a. Whittles Erklärung der Stereoskopie.

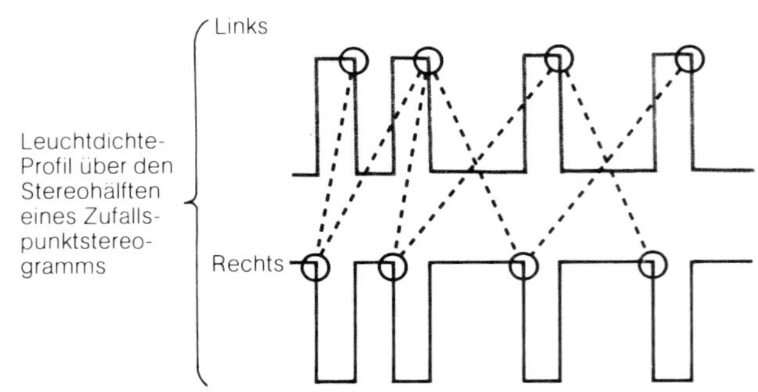

Bild 203b. Leuchtdichteprofile über die beiden Stereohälften eines Zufallspunktstereogramms mit umgekehrtem Kontrast.

zuerst gelingt es einem Auge, dominant zu werden, dann dem anderen, so daß die beiden in einem Zustand der Konkurrenz um den »Besitz« des visuellen Bewußtseins scheinen. Aber trotz eines solchen Wettstreits ist es möglich, stereoskopisch zu sehen, wie man aus Bild **211** (Tafel **23**) ersehen kann. Die Einzelheiten der Strukturen, die die beiden Quadrate bilden, liegen deshalb im Wettstreit miteinander, weil sie systematisch in der Ansicht des linken und rechten Auges zur Übereinstimmung kommen, und trotzdem haben die Quadrate als Ganzes eine Disparitätsverschiebung, die mit Erfolg die Stereoskopie hervorruft. Wir sehen eine Treppe in der Tiefe der drei Quadrate, die insgesamt binokular kombiniert sind, obwohl sie in ihren Einheiten rivalisieren.
Interessanterweise ist die Rivalität dann, wenn die Quadrate mit Strukturen von verschiedenen Raumfrequenzen gekennzeichnet sind, sehr viel ausgeprägter und die Stereoskopie ist viel schwieriger, wenn nicht tatsächlich ganz unmöglich (Bild **212**, Tafel **23**).
Die vielleicht ungewöhnlichste Wirkung dieser Art, die kürzlich von John Mayhew und mir entdeckt wurde, ist in Bild **213** (Tafel **23**) dargestellt. Dort stimmt der Hintergrund in den Einzelheiten seiner Strukturen im linken und rechten Auge überein (und ist deshalb nicht rivalisierend, wenn das Stereogramm binokular kombiniert wird), aber die monokular unterscheidbaren Formen im linken Feld haben überhaupt keine Entsprechung im rechten Feld – und trotzdem ist stereoskopisches Sehen möglich. Darüber hinaus ist der Grad der wahrgenommenen Tiefe eine Funktion der Breite der Formen, wobei die schmalsten am wenigsten hervorzutreten scheinen (oder zurückweichen – der Tiefeneffekt kann sich unmittelbar umkehren), und die breitesten am meisten hervorzutreten scheinen. Dies ist in der Tat merkwürdig! Wie kann Tiefe erscheinen, wenn es im einen Auge nichts für die räumliche Form gibt, womit sie verschmelzen könnte?
Diese letztere Wirkung hat wahrscheinlich etwas mit Panums Grenzfall (Bild **214**, Tafel **23**) gemeinsam. Hier sind die für die Stereoskopie angenommenen minimalen Erfordernisse vorhanden: eine einzelne Linie in einem Auge und ein Linienpaar im anderen Auge. Die Stereoskopie erweist sich als möglich, und die übliche Interpretation besteht darin, daß die einzelne Linie im linken Feld als Partner für beide Linien im rechten Feld dient (Bild **215**). Aber es ist schwierig, diese Interpretation auf Bild **213** anzuwenden, und vielleicht gibt es ganz verschiedene Mechanismen, die sowohl hier wie in Panums Grenzfall selbst zur Wirkung kommen.

Findet die Helligkeitsberechnung vor der Stereoskopie statt?

Im letzten Kapitel wurden Argumente dafür aufgeführt, daß die Helligkeitsberechnung in der Netzhaut stattfindet. Wenn dies wahr ist, müßte man erwarten, daß verschiedene Täuschungen eintreten, und zwar selbst dann, wenn sich schließlich herausstellt, daß die Bestandteile, die diese optischen Täuschungen herbeiführen, auf verschiedenen Tiefenebenen liegen. Gilchrist hat vor kurzem den entgegengesetzten Fall erörtert und die Behauptung geäußert, daß der Grauton, den wir wahrnehmen, haptsächlich von den Beziehun-

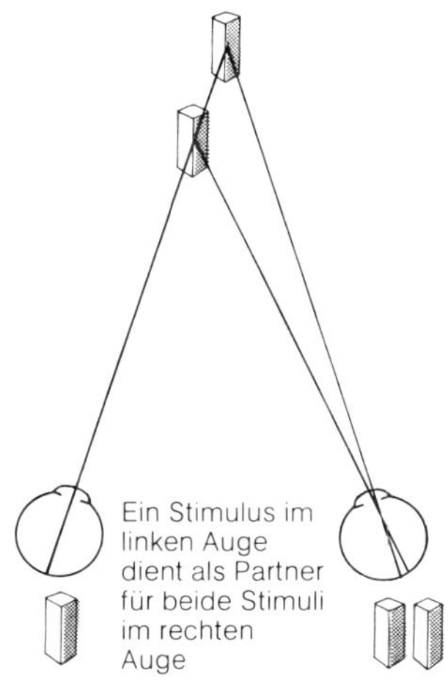

Bild 215. Die übliche Erklärung für Panums Grenzfall.

gen der Leuchtdichte zwischen den Oberflächen abhängt, die auf derselben Tiefenebene wahrgenommen werden, und nicht zwischen den Oberflächen, die im Netzhautbild lediglich aneinandergrenzen. Er betrachtet deshalb die Tiefenwahrnehmung als einen Vorläufer der Helligkeitswahrnehmung; das heißt, wir haben herauszufinden, welche Oberflächen in welchen Tiefenebenen liegen, bevor wir zur Helligkeitsberechnung übergehen. Ohne auf die Einzelheiten dieser Debatte einzugehen, will ich lediglich anmerken, daß die merkwürdige Veränderung der wahrgenommenen Helligkeit (fast ein Fluoreszieren) dann entsteht, wenn das mehrdeutig gefaltete Papierobjekt in Bild **30** in die falsche Wahrnehmungsorganisation umkippt, es nahelegt, daß die Helligkeitsberechnung eher noch komplizierter ist, als ich in Kapitel 6 dargestellt habe, und zumindest in irgendeiner Weise durch die endgültige Wahrnehmungsorganisation der beachteten Szene beeinflußt werden kann.
Jedenfalls haben John Mayhew und ich vor kurzem Gilchrists Hypothese mit Hilfe des Stereogramms von Bild **216** (Tafel **24**) überprüft. Jede für sich allein betrachtete Stereohälfte erzeugt eine Helligkeitskontrastwirkung, die zu erwarten war. Aber auch nach der binokularen Kombination ist die Helligkeitstäuschung noch vorhanden, obwohl die kleinen grauen eingesetzten Stücke nun in verschiedenen Tiefenebenen von ihrer unmittelbaren Umgebung gesehen werden und in derselben Tiefenebene wie das Feld auf der gegenüberliegenden Seite der Figur. Da dieses entgegengesetzte Feld die entgegengesetzte Helligkeit dazu besitzt, was sie auf der Netzhaut umgibt, mußte die binokulare Helligkeitstäuschung die Umkehrung der monokularen sein, wenn Gilchrists Hypothese richtig ist. Für unsere Augen kehrt sie sich aber nicht um, sondern behält hartnäckig dasselbe grundlegende Wesen bei, sei es binokular oder monokular. Sie können selbst entscheiden, was Sie sehen, aber wir bezweifeln, daß Gilchrists Vorstellungen angesichts unseres Stereogramms die Sache vollständig erfassen.

Die Entfernung vom Betrachter verändert das in einem Stereogramm wahrgenommene Ausmaß der Tiefe

Legen Sie das Buch offen auf irgendeine passende Oberfläche und schauen Sie auf das Anaglyph von Bild **218** (Tafel

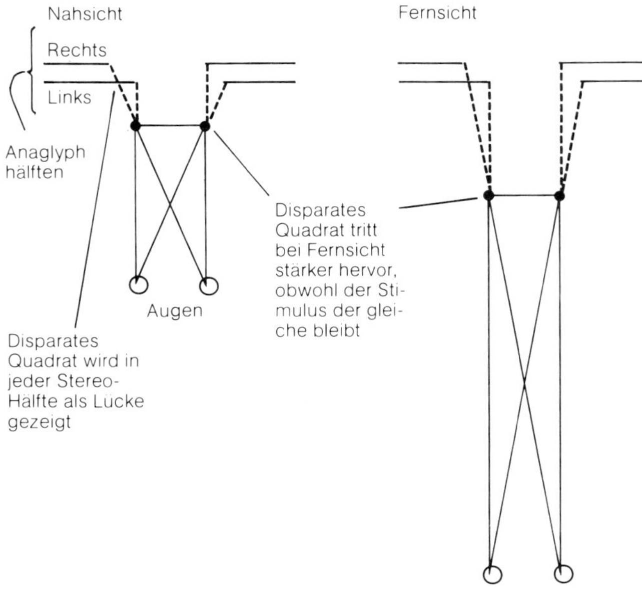

Bild 219. Eine Projektionserklärung der verstärkten Tiefenwirkung, die durch Fernsicht ausgelöst wird.

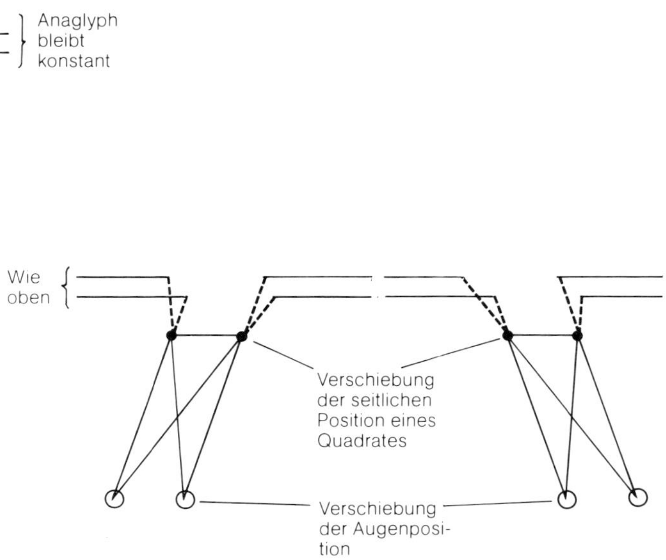

Bild 220. Verschiebung der scheinbaren Position des Quadrates durch eine Kopfbewegung.

24) aus einer Entfernung von etwa 30 Zentimetern. Seine Elemente sind dick gedruckt, damit sie aus dieser relativ großen Entfernung klar sichtbar sind. Achten Sie auf die Größe der Lücke, die zwischen dem mittleren hervortretenden Quadrat und seiner Umgebung zu bestehen scheint – etwa fünf Zentimeter. Treten Sie jetzt (vorsichtig!) zurück und schauen Sie dabei die ganze Zeit auf das Anaglyph. Sie werden bemerken, daß sich die scheinbare Entfernung zwischen Quadrat und Umgebung zurück steigert, je weiter Sie gehen. Wenn Sie zum Beispiel aus einer Entfernung von drei Metern auf Anaglyph schauen, dann wird die Entfernung zwischen Quadrat und Umgebung ungefähr wie 20 Zentimeter erscheinen.

Dies ist eine interessante Wirkung, aber vielleicht nicht so rätselhaft, wie man zuerst denken könnte, da eine Steigerung der Tiefe genau das ist, was man erwartet, und zwar schon aus den optischen Umständen der Situation, wie aus Bild **219** klar hervorgeht. Deshalb ist, da sich natürlich der Stimulus selbst nicht ändert, wenn sich die Betrachtungsentfernung ändert, die Stelle in der Tiefe, die das disparate Quadrat einnehmen »muß«, bei verschiedenen Entfernungen unterschiedlich. Wie aber das Gehirn irgendein gegebenes Disparitätssignal entsprechend den Umständen, unter denen das Sehen stattfindet, interpretiert, ist noch ein Rätsel. Wahrscheinlich gibt es irgendeine subtile Verbindung zwischen Vergenzwinkel und dem Ausmaß derTiefe, welche jedes vorliegende Disparitätssignal zu transportieren hat, so daß das Disparitätssignal skaliert ist, um verschiedene Dinge für verschiedene Vergenzwinkel anzuzeigen.

Es ist auch interessant auszuprobieren, welche Wirkung eintritt, wenn Sie Ihren Kopf seitlich hin und herbewegen, während Sie Bild **218** anschauen. Es wird Ihnen auffallen, daß das disparate Quadrat sich mit Ihrer Kopfbewegung mitbewegt. Dies scheint zunächst sehr merkwürdig: warum bleibt es nicht unbewegt, wie es bei einem normalen 3D-Objekt in dieser Situation sein würde? Um zu verstehen, warum es sich bewegt, hilft es wiederum, die veränderten optischen Umstände dieser Situation zu betrachten, diesmal diejenigen, die durch eine seitliche Veränderung der Lage des Kopfes erzeugt werden. So zeigt Bild **220**, daß der disparate Gegenstand sich einfach so bewegen »muß«, weil dies die einzige Wahrnehmung ist, die mit dem Netzhautbild übereinstimmt.

Schließlich lohnt es sich auszuprobieren, welche Wirkung eintritt, wenn man mit dem Finger über die Oberfläche einer Seite streicht, auf der ein Anaglyph gedruckt ist, und wenn man außerdem die Ecke dieser Seite aufbiegt, so daß ihre Oberfläche eher gekrümmt als flach ist. Diese Änderungen könnten interessante Verzerrungen der verschiedenen Tiefenwirkungen erzeugen, die ebenfalls aus optischen Gründen auf veränderte Disparitätssignale, die den Augen gesendet werden, zurückzuführen sind.

Aber warum zwei Augen?

Ich habe in diesem Kapitel noch einmal versucht darzulegen, wie fruchtbar es ist, den computerwissenschaftlichen, neurophysiologischen und psychologischen Zugang an Problemen der Wahrnehmung zu verbinden. Ich habe aber auch versucht, Ihnen eine große Skala von Stereowirkungen vorzustellen, wovon viele verblüffend und die meisten sehr schön sind. Aus Platzgründen war es mir unmöglich, das, was man darüber weiß, gründlich zu erörtern. Das Gebiet des binokularen Sehens ist vielleicht in der gesamten Psychologie des Sehens der am meisten entwickelte Zweig, und doch konnte ich nur an der Oberfläche bleiben. Wenn Sie aber die Stereowirkungen besonders interessant finden und Ihr Wissen darüber erweitern wollen, so gibt es für Sie am Ende des Buches Empfehlungen für weiterführende Lektüre.

Um dieses Kapitel zu beenden, will ich zu der Frage zurückkehren, mit der es begonnen wurde: warum zwei Augen?

Nachdem wir nun so viele Tiefenwirkungen gesehen haben, lautet die unmittelbare und naheliegende Antwort: wir verwenden das Tiefenkriterium der Querdisparation, die sich aus der Tatsache herleitet, daß beide Augen von verschiedenen Positionen aus auf die Welt blicken, damit wir uns über die relative Tiefe der Gegenstände in der vor uns liegenden Szene informieren können. Aber diese außerordentlich plausible und vernünftige Antwort auf unsere Frage erfaßt vielleicht nicht alle Vorteile, die die Tiefenwahrnehmung bietet. Zunächst können wir wieder, wie schon am Anfang, anmerken, daß die Situation, in der die Disparität das einzige angemessene Tiefenkriterium liefert, die unbewegte Betrachtung von Gegenständen wie Blumenstrauß oder Baum ist. In der Mehrzahl der Situationen können wir aber mit anderen Hinweisen auskommen. Es scheint, als würde diesen Hinweisen durch das visuelle System ein besonderes Gewicht beigemessen, da sie dazu neigen, die Stereoskopie aufzuheben, wenn sie mit ihr in Konflikt geraten. Wenn der Hauptvorteil, der durch zwei Augen entsteht, die Tiefenwahrnehmung ist, so ist es ganz offensichtlich nicht so, daß diese Tiefeninformation vom visuellen System derart betont wird, daß sie über andere Tiefenkriterien, komme was wolle, den Sieg davonträgt.

Diese Überlegung läßt uns unsere Frage: »Warum zwei Augen?« etwas anders beantworten. Könnte es vielleicht sein, daß die Tiefenwirkung ein zweitrangiger Vorteil ist und daß der Hauptvorteil darin besteht, daß das visuelle System ein hervorragendes Mittel zum Zweck einer ausführlichen Szenenbeschreibung auf dem Niveau der Objekterkennung erhält, um Linien zu gruppieren. In Kapitel **5** wurde dargelegt, daß das Gruppieren von Linien ein grundlegender Schritt in Szenenbeschreibungen ist, und es wurden verschiedene Gruppierungsprinzipien dargestellt. Diese Regeln versagten aber unter bestimmten Umständen: denken Sie zum Beispiel an das Problem, das in Bild **126** durch die sich überschneidenden Blätter entstand. Nachdem nun die Tiefenwahrnehmung verfügbar ist, könnte diese Mehrdeutigkeit dadurch aufgehoben werden, daß diejenigen Formen, die sich auf einer ähnlichen Tiefenebene befinden, gruppiert werden. Das heißt, Formen, die zum einen Blatt gehören, werden von denjenigen getrennt, die zum anderen Blatt gehören, ohne daß irgendeine Notwendigkeit entsteht, eine begriffsgetriebene Verarbeitung zu Hilfe zu nehmen, um ihre Mehrdeutigkeit zu entschlüsseln. Unter diesem Gesichtspunkt war vielleicht der anfängliche, evolutionär bedingte Vorteil von zwei Augen eine Lösung für das Problem, Tarnungen aufzudecken. Vielleicht hat das Sehen mit zwei Augen seine wirkliche Bestimmung erreicht, als es eine Methode anbot, Streifenformen, die zu einem Tiger (oder einem anderen Raubtier oder einem anderen herbeigewünschten, aber verborgenen Beutetier) gehörten, zusammenzugruppieren und sie von Streifenformen zu trennen, die durch Zweige, Äste und Blätter eines Baumes erzeugt wurden, hinter dem er sich verbarg, um gleich darauf hinter ihm hervorzuspringen. Diese Spekulation paßt mit Sicherheit zu der Entdeckung der Zufallspunktstereogramme, da diese zeigen, welch ein wundervolles Enttarnungssystem die Stereoskopie ist: erst nach der Fusion kann irgendein beliebiges Objekt gesehen werden.

Interessanterweise werden Stereoaufnahmen vom Flugzeug aus gemacht, um die Tarnung von militärischen Anlagen auf dem Boden zunichtezumachen, ein Kunstgriff, der die Stereoskopie als System zur Entschlüsselung von Tarnung ausnützt. Deshalb ist das visuelle System vielleicht viel besser in der Lage, eine Szene in ihre Teilregionen aufzulösen und auf diese Weise mit der Aufgabe weiterzukommen, die vorhandenen Dinge zu sehen, weil es diese bestimmte Art der Tiefenwahrnehmung, nämlich die Stereoskopie, besitzt.

8 Beschreibungen in unseren Köpfen

Was geht in unseren Köpfen vor, wenn wir sehen? Das war die Frage, mit der wir dieses Buch begonnen haben, und eine erfundene »Normalperson« erstellte daraufhin die fotografische Theorie oder die Theorie der »Inneren Leinwand«. Hoffen wir, daß der »Durchschnittsleser«, für den dieses Buch gedacht ist, dieser Frage inzwischen genauer begegnen kann, indem er vielleicht in groben Zügen folgendermaßen antwortet:

Das Sehen beinhaltet die Herstellung einer *expliziten symbolischen Beschreibung der beobachteten Szene.* Die fotografische Analogie hilft nicht weiter, weil eine Fotografie lediglich ein Bild durch ein anderes ersetzt, wobei die ganze Information über die Szene im neuen Bild liegt. So kommen wir nicht weiter. Wenn wir Dinge sehen, sind wir in einen Prozeß der Identifizierung verwickelt – der Identifizierung von Formen, Objekten und anderen Eigenschaften der Szene. Das Sehen befähigt uns, auf Dinge zu zeigen, sie aufzunehmen, über sie zu sprechen, mit einem Wort: auf sie bezogen zu *handeln.* Dies ist möglich, weil das, was die visuelle Szene enthält, durch eine *Beschreibung explizit* gemacht wird, die in einer *Symbolsprache* gehalten ist. Das Sehen muß ein symbolischer Prozeß sein, weil die Welt an sich offensichtlich nicht in unserem Kopf existiert, und deshalb muß unsere »innere« visuelle Welt eine Sammlung von Symbolen sein, die die Szene und ihre verschiedenen Eigenschaften darstellen. Das Wesen der Gehirnsymbole für das Sehen liegt noch im Dunkeln, aber eine bekannte Theorie enthält die Vermutung, daß jede einzelne Eigenschaft, die wir sehen, durch eine einzelne Gehirnzelle codiert wird. Auf der Basis dieser Theorie ist die Aktivierung einer jeden »sehenden Zelle« dasjenige physikalische Ereignis, das eine bewußte visuelle Wahrnehmung bestimmt, und die meisten Szenen würden die Aktivität sehr vieler solcher Zellen erfordern, wenn sie als Ganzes und ausführlich beschrieben werden sollten. Aber es gibt auch andere Theorien über die visuellen Symbole des Gehirns, und in diesem Stadium kann kaum etwas Endgültiges zu diesem Problem gesagt werden. Mit Sicherheit können wir allerdings sagen, daß das Erreichen einer expliziten Szenenbeschreibung durchaus keine einfache Sache ist. Das *Netzhautbild* eines jeden Auges, das den ganzen Prozeß des Sehens einleitet, ist in sich *mehrdeutig.* Es werden verschiedene *Messungen* von ihm durchgeführt, und diese werden *interpretiert,* damit die erforderliche Identifikation der Szeneneigenschaften vollzogen wird. Die Interpretationsmechanismen sind oft in einem Netzwerk von Zellen auf *niedrigen Niveaus* verkörpert, die nicht auf Informationen *höheren Grades* darüber, welche Objekte die Szene enthält oder nicht enthält, beruhen. Diese Netzwerke, in denen die Zellen durch Erregungs- und Hemmungskoppelungen untereinander verbunden sind, enthalten *Berechnungsstrategien,* die für viele Szenen, aber nicht für alle geeignet sind. Wo sie ungeeignet sind, entsteht eine optische Täuschung, so daß diese Täuschungen wertvolle Hinweise über die normalen Mechanismen des Sehens liefern.

Wir könnten diese Zusammenfassung unseres aufmerksamen und imaginären Lesers dadurch abrunden, daß wir hinzufügen (siehe Bild **221**), daß das Netzhautbild zuerst als *Grautonbeschreibung* in den Rezeptoren der Netzhaut codiert wird (diese Beschreibung, die vom visuellen System erzeugt wird, kommt vielleicht der fotografischen Art der Wiedergabe am nächsten). Dann berücksichtigen bestimmte Netzwerke der Netzhautzellen Variationen in der Beleuchtung der Szene, so daß das Gehirn Informationen über die *Helligkeit* von Punkten in der Szene erhält, die relativ frei von Komplikationen darauf bezogen sind, ob sie im Schatten oder im hellen Licht liegen. Als nächstes wird eine *Formbeschreibung* hergestellt, wobei die Hyperkolumnen der gestreiften Hirnrinde verwendet werden. Diese Beschreibung wird in einem Vokabular von niedriggradigen Symbolen ausgedrückt, die die gesamte nützliche Information über Veränderungen der Helligkeit in der Szene mit Hilfe von Symbolen für solche Dinge wie Ränder, Linien usw. codieren. Die Formbeschreibung wird in Formzusammenhänge zerlegt, die insofern »zusammenpassen«, als sie vom selben visuellen Gebilde stammen. Die Zerlegung baut auf Prozessen der Gruppierung, der Strukturunterscheidung, der Farbwahrnehmung, der Bewegungswahrnehmung, der Tiefenwahrnehmung usw. auf. Schließlich geht das visuelle System weiter zum höhergradigen Problem der *Objekterkennung,* wahrscheinlich so, indem es eine Strukturbeschreibung eines jeden Formenbündels mit gespeicherten Strukturbeschreibungen für bekannte Gegenstände vergleicht und erkennt, was jedes Formenbündel darstellt, indem es Übereinstimmung registriert. Dieser Prozeß kann durch Information hohen Grades über Zusammenhänge gefördert werden.

Für eine Zusammenfassung muß in diesem Schlußkapitel nicht viel mehr gesagt werden, aber Sie sollen noch ein letztes Mal daran erinnert werden, daß die Literatur über die Wissenschaft des Sehens ungeheuer groß ist, und hier nur oberflächlich auf sie eingegangen wurde. Alle Gegenstandsbereiche wurden vereinfacht, um die wesentlichen Züge zu vermitteln, aber hoffentlich hat dies nicht zu einer zu starken Vereinfachung und deshalb zu wirklicher Verzerrung geführt. Für Leser, die auf den Geschmack gekommen sind und sich für weitere Informationen über das Sehen interessieren, sei hier noch einmal auf die Bibliographieseiten hingewiesen, die diesem Kapitel folgen.

Ein Thema, das im ganzen Buch immer wiederkehrte, war die Behauptung, daß das Problem des Sehens am besten durch einen kombinierten Einstieg angegangen werden kann, indem psychologische, physiologische und computerwissenschaftliche Methoden sozusagen unisono verwendet

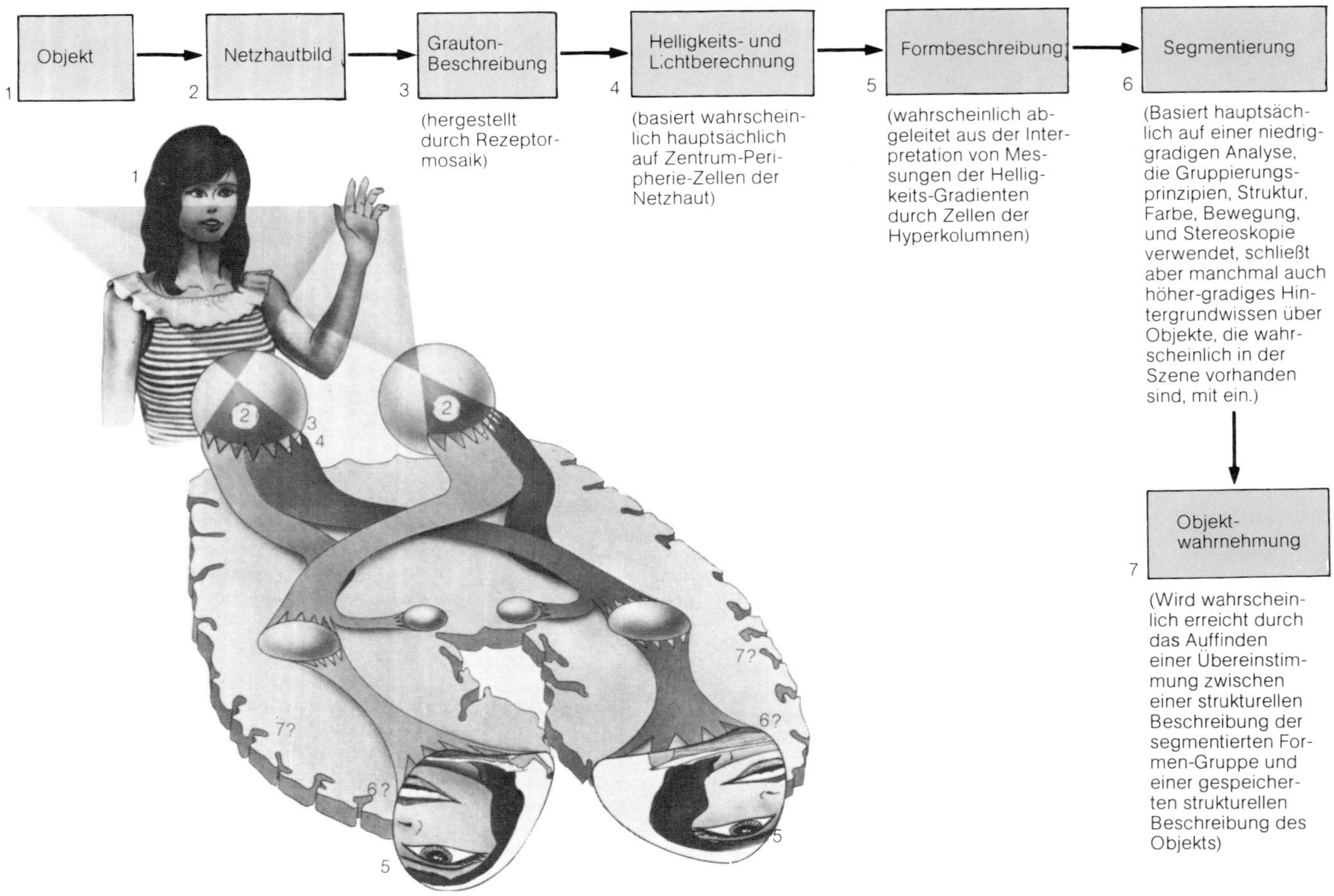

Bild 221. Das visuelle System des Menschen. Die wesentlichen Schritte des Aufbaus einer expliziten symbolischen Szenenbeschreibung.

werden. Das heißt nicht, daß man heutzutage notwendigerweise in allen Sparten bewandert sein muß, um das Sehen weiter zu erforschen, aber es bedeutet, daß eine Vertrautheit mit allen drei wissenschaftlichen Literaturbereichen notwendig ist, und daß ein gemeinsamer Ansatz vermutlich den besten Weg nach vorn darstellt.

Der *Psychologe* liefert Vorgehensweisen, um das Input-Output-Verhalten (vom Netzhautbild zur Wahrnehmung) der besten gegenwärtig bekannten visuellen Systeme, denen des Menschen und anderer Tiere, zu erforschen. Oft sind die für die Forschung ausgewählten Phänomene optische Täuschungen, wobei jede optische Täuschung betrachtet wird als das Ergebnis einer falschen Anwendung eines Interpretationsschemas (niedrigen oder hohen Niveaus) auf eine Szene, für die es nicht konstruiert ist. Auf diese Weise liefern optische Täuschungen Hinweise über Strategien, die das visuelle System für nützlich befunden hat, um sie bei der Interpretation des Netzhautbildes zu verwenden, und diese Strategien sind im Laufe der Evolution durch natürliche Selektion entstanden.

Der *Physiologe* untersucht unmittelbar die Bauelemente der biologischen visuellen Systeme, indem er Techniken wie Mikroelektrodenableitungen verwendet, die oft mit neuroanatomischen Sondierungen Hand in Hand gehen. Er liefert Information über die biologischen »Werkzeuge« des Sehens, um es so auszudrücken, und in dieser Richtung wurden in den letzten zwei Dekaden große Fortschritte gemacht.

Der *Computerwissenschaftler* übernimmt die Aufgabe, die tatsächliche Herstellung eines visuellen Systems zu versuchen. Er untersucht im allgemeinen die grundlegenden Erfordernisse für die Verarbeitung visueller Informationen, wenn auch nur deshalb, weil im allgemeinen seine ersten »Probeschüsse« arg danebentreffen und es deshalb wieder darauf zukommen muß, sich zu überlegen, worin *genau* das Problem besteht, das gelöst werden muß, und welche Programmstrategien ihm offenstehen, um es zu lösen. An diesem Punkt können Kenntnisse der Psychologie und der Physiologie des Sehens wertvoll sein. Andererseits kommt es auch vor, daß viele, die auf diesem Gebiet praktisch arbeiten, die zum Beispiel bestrebt sind, maschinelles Sehen für industrielle Zwecke zu erfinden (wodurch sie ziemlich genau die Inputs kontrollieren können, mit denen sie es zu tun haben), ad-hoc-Lösungen finden können, zum Beispiel speziell entworfene Ziffern auf Schecks. Diese sind für ihr spezielles Problem angemessen, aber sie berühren das, was innerhalb des biologisch-visuellen Systems vor sich geht, nur am Rande. Diese letzteren müssen mit natürlichen Bildern von natürlichen Szenen, die ihnen gegeben sind, zurechtkommen, darüber hinaus auch noch mit Augen (oft) niedriger Qualität, und sie haben deshalb ein raffiniertes Strategiensystem entwickelt, um sich mit diesem problematischen Input auseinandersetzen zu können.

Wenn wir diesen dreifachen Ansatz – psychologisch, physiologisch und computerwissenschaftlich – verwenden, so werden wir, oder zumindest die jüngeren Leser, vielleicht noch die Konstruktion einer Sehmaschine erleben, deren Qualität der des menschlichen visuellen Systems entspricht. Wenigstens stelle ich es mir so vor. Andere halten diese Aufgabe für so schwierig, daß sie erst in Jahrhunderten erreicht werden kann oder aber überhaupt unmöglich ist. Sie glauben, daß das neurale Gewebe mit seinen winzigen Bestandteilen und reichlich verschlungenen Netzen das einzige Material ist, das diese Aufgabe erfüllen kann. Meine eigene Ansicht gründet aber auf der Tatsache, daß wir nicht viel mehr als drei Jahrzehnte hatten, um den elektronischen Computer zu entwickeln, und noch viel weniger, um das herzustellen, was richtigerweise als maschinelles Sehsystem bezeichnet werden könnte, und trotzdem ist der Fortschritt schon recht beachtlich. Natürlich war dieser Fortschritt nicht so schnell und spektakulär, wie man anfangs gehofft hatte. Das Vorhaben, alle Aspekte des Bewußtseins nachzuahmen, künstliche Intelligenz zu erschaffen, hat sich als viel schwieriger erwiesen, als zuerst von vielen Enthusiasten angenommen wurde, und diese bittere Erfahrung hat den Optimismus vieler Betroffener beträchtlich gedämpft. Trotzdem sind wir beständig Zeugen des Heranreifens einer neuen Computertechnologie, und es gibt keine Anzeichen dafür, daß die Maschinenleistungen stagnieren, sei es bezogen auf die Hardware (die elektronische Anlage des Computers) oder auf die Software (die Computerprogramme, die diese Anlagen verwenden).

Was die Hardware betrifft, so ist die spannendste jüngere Entwicklung die des »verteilten Prozessors«. Dies ist ein Rechnungssystem, das sich aus vielen mehr oder weniger unabhängigen Verarbeitungsuntereinheiten zusammensetzt, von denen jede fähig ist, mit ihrer eigenen Aufgabe voranzukommen, auch untereinander und mit anderen Teilen der Maschine zu »sprechen«. Dies sieht wie der wirkliche Beginn einer echten Parallelverarbeitung aus, was bisher das ausschließliche Revier von biologischen Gehirnen war. In den meisten bisherigen Computern gab es nur einen zentralen Prozessor, ein einzelnes Gerät, durch das alle Teile einer Rechnung hindurchgehen mußten, eines nach dem anderen, und zwar in der sogenannten seriellen Weise: jedes Einzelstück der Rechnung muß auf die Fertigstellung des vorhergehenden warten oder den Vorgang unterbrechen. So eine serielle Vorrichtung kann in unbeholfener Weise bestimmte Rechnungen durchführen, die Parallelverabeitung erfordern, indem zum Beispiel eine iterative Technik verwendet wird. Dies ist jedoch langsam und umständlich und wir haben nun parallelverarbeitende Computer, die aus Tausenden und Abertausenden von Mikroprozessoren zusammengesetzt sind, von denen ein jeder zu jedem gegebenen Zeitpunkt seine eigene Arbeit leistet.

Der verteilte Prozessor erinnert in bemerkenswerter Weise an die Hyperkolumnen des visuellen Cortex. Jede Hyperkolumne »schaut« auf ihren speziellen Teil des Netzhautbildes und verarbeitet jegliche Information, die sie dort findet, und auf diese Weise trägt sie ihren Teil zur Formbeschreibung der Szenerie bei. Alle Hyperkolumnen arbeiten parallel, obwohl sie wahrscheinlich während der Segmentierung wie Nachbarn miteinander »sprechen«, wie man es auch bei verteilten Mikroprozessoren einrichten kann. Die Hyperkolumnen versorgen andere Gehirnteile (andere Mikroprozessoren) usw. in einem ausgedehnten parallelverarbeitenden Netzwerk, das in der symbolischen Szenenbeschreibung gipfelt, welche das Sehen konstituiert. Deshalb sind wir auf Grund der Entwicklung des verteilten Prozessorencomputers vielleicht in der Lage, eine Spielart von, sagen wir, Marrs Theorie anzuwenden und sie mit natürlichen Bildern in der »Echtzeit« arbeiten zu lassen (»Echtzeit«: Computersprache für das Arbeiten mit Inputs, so wie sie tatsächlich in einer Umgebung der wirklichen Welt vorkommen, anstatt nur auf Grund einer Erinnerung der Inputs, die zum Zeitpunkt ihres ursprünglichen Entstehens gespeichert und anschließend verwendet werden). In jedem Fall hat diese neue Art von Computermaschinerie ungeheure Folgen für diejenigen, die daran interessiert sind, Parallelverarbeitungsnetze der Art, wie sie in biologischen Systemen vorkommen, nachzubauen.

Nehmen wir einmal an, wir wären in der Lage, eine Sehmaschine herzustellen, die befähigt ist, mit menschlichem Sehen in Konkurrenz zu treten, und zwar in dem Sinne, daß sie dann, wenn sie mit einer natürlichen Szene der Art, an die wir gewöhnt sind, konfrontiert würde, eine explizite Beschreibung des Szeneninhalts ausdrucken oder auf irgendeine andere Output-Vorrichtung »sprechen« könnte: hätte eine solche Maschine eine bewußte visuelle Erfahrung? Wahrscheinlich werden wir es niemals wissen. Denn woher wissen Sie schließlich, ob ich Bewußtsein habe? Offensichtlich deswegen, weil ich es Ihnen sage, und weil ich ziemlich ähnlich wie Sie aufgebaut bin; deshalb geben Sie sich damit zufrieden, von dem Wissen um Ihre eigene bewußte Erfahrung zu extrapolieren und anzunehmen, daß ich diese Eigenschaft auch besitze. Aber so ein Argument würde einen eingefleischten Skeptiker nicht befriedigen, wie die Kontroversen zwischen Philosophen über die Zeitalter hinweg und bezüglich dieser schon altehrwürdigen Frage bezeugen. Deshalb sieht es so aus, daß wir agnostisch bleiben müssen in Bezug auf das Bewußtsein der Maschine. Sicher können wir uns nur darüber sein, daß Maschinen den *Anschein* haben werden, als hätten sie Bewußtsein, wenn man einmal eine Wahrnehmungsfähigkeit voraussetzt, die der des Menschen gleichkommt. Schon jetzt sind Computerprogrammierer typisch anthropomorph eingestellt in ihren alltäglichen Beschäftigungen mit ihren Maschinen. Sie verwenden Ausdrücke wie: »Sie denkt jetzt richtig scharf nach«, »Sie ist durcheinander gekommen«, »Sie hat sich getäuscht«, »Sie glaubte, ich wollte x, aber in Wirklichkeit wollte ich y« usw. So spricht man üblicherweise über intelligente Maschinen, genau wie wir auch über intelligente Tiere sprechen.

Ich glaube aber, daß der Anthropomorphismus noch viel ausgeprägter wird, sogar recht gespenstisch (»Ist hier jemand?«), wenn wir beginnen, mit hochwertigen Wahrnehmungsmaschinen umzugehen. Ich argwöhne sogar, daß intelligente Wahrnehmungsmaschinen sich als weitaus eindrucksvoller erweisen werden als, sagen wir, intelligente Schachspielmaschinen. (Obwohl es wahrscheinlich ist, daß die Entwicklung der letzteren von den ersteren wesentlich abhängen wird, insofern, als es für gutes Schachspielen erforderlich ist, daß in den Positionen der Figuren bestimmte

Möglichkeiten »gesehen« werden, was ja eine Form des Denkens ist, die dem Sehen nähersteht, als wir normalerweise zugeben, und zwar trotz der häufigen Verwendung des Wortes »Sehen«, um ein Verstehen auszudrücken wie zum Beispiel: »Ah, ich sehe, was Sie meinen.«)

Ich bin tatsächlich sicher, daß wir in dem Maße, wie die Herstellung künstlicher Intelligenz voranschreitet, unsere Begriffe über das Wesen des Menschen berichtigen müssen, so wie die Viktorianer dies angesichts der Darwinschen Evolutionstheorie tun mußten. »Der Mensch als Tier? Unsinn!« Dies war die irrationale, allzu verbreitete, aber auch sehr verständliche Reaktion auf Darwins Vorstellungen. Heute lautet die entsprechende Antwort: »Der Mensch als eine Maschine? Lächerlich!« Und darauf folgen sehr schnell Bemerkungen, die einige arg ignorante Mythen zum Vorschein kommen lassen: »Maschinen können nicht denken«, »Computer sind nicht mehr als große, elektronische, arithmetische Rechner«, »Maschinen tun nur, was man ihnen aufträgt«, usw. Aber Maschinen sind einfach nicht notwendigerweise so geartet, und mit Sicherheit nicht die raffinierten Computer unserer Tage, aber diese Tatsache wird nicht allgemein anerkannt. Nicht einmal Science Fiction- und Weltraumgeschichten im Fernsehen haben bis jetzt viele Menschen überzeugt, daß es richtig und vernünftig ist, den Menschen als eine ganz besondere Art Maschine zu betrachten (genauso, wie er auch eine ganz besondere Art von Tier ist). Dies ist vielleicht deshalb so, weil ein häufiges Thema der Science Fiction, vielleicht *das* häufigste, den Inhalt hat, daß »der Mensch mehr ist als ein Roboter«. So wird im letzten Moment der Knoten oft nicht durch die Erscheinung eines *»deus ex machina«* gelöst, sondern, um es so auszudrücken, durch einen *»homo ex machina«!* Der Körper des Menschen ist schon maschinenähnlich, aber sein Intellekt, nein, sein Intellekt ist es nicht! Sein Geist hat irgendeine spezielle maschinenunähnliche Eigenschaft, die die Geschichte wieder ins Lot bringt. In dem Film *»Krieg der Sterne«,* diesem ungeheuer erfolgreichen Weltraumklassiker, traf dies in besonderer Weise zu. Dort gewann der Held (ein Mensch natürlich) dadurch, daß er seinen Computer abschaltete und den Feind mit seinen eigenen bloßen Händen schlug – oder, sollte man vielleicht sagen, mit seinem eigenen bloßen Geist. Tatsächlich könnte der umwälzende Erfolg dieses Films teilweise der Tatsache zugeschrieben werden, daß er dem Verlangen des Menschen schmeichelt, sich selbst als eine Klasse über den Computer stehen zu sehen, so wie er danach verlangte, eine Klasse über den Tieren zu stehen. Aber diese verzerrte Sichtweise wird mit Sicherheit schwinden, wenn die Menschen sich bewußt werden, daß ihre Vorstellungen darüber, was eine Maschine ausmacht, in absurder Weise engstirnig sind. Maschinen brauchen keine Sklaven zu sein, die für immer dazu gezwungen sind, ihre Anweisungen auf den Buchstaben genau zu erfüllen, wenn dies bedeuten soll, daß sie keine Kreativität, kein Lernen, keine Anpassungsfähigkeit, keine Wahrnehmung an sich haben. Wir wissen bereits, wie wir Computer instruieren müssen, damit sie diese Qualitäten in bestimmten Situationen aufweisen können. Ich befürchte jedoch, daß sämtliche Konsequenzen künstlicher Intelligenz für den Durchschnittsmenschen nicht eher faßbar werden, bevor das Problem des Sehens gelöst ist. Erst wenn der Computer eigene Augen erhält und die Fähigkeit, ausführliche symbolische Szenenbeschreibungen herzustellen, wird er sein wahres Potential für lebensechte Handlung enthüllen.

Weiterführende Literatur

Es wäre ein Unding, für ein einführendes Buch wie dieses allzu detailliert auf Literatur zu verweisen. Gleichermaßen unsinnig wäre es, an dieser Stelle nun eine umfassende Bibliographie anzuhängen. Stattdessen möchte ich *einige* Vorschläge zur weiterführenden Literatur unterbreiten, die kapitelweise geordnet ist und mit kurzen Kommentaren erklärt wird. Auf diese Weise sollte der interessierte Leser in der Lage sein, das Thema ohne große Mühe in den hier zitierten Titeln weiterzustudieren.

Kapitel 1 Bilder in unserem Kopf.

Gregory, R. L. (1971). The Intelligent Eye, und

Gregory, R. L. (1977). Eye and Brain: The Psychology of Seeing.
Zwei außergewöhnlich anregende Bücher mit originellen Ideen, geschrieben für Laien.

Held, R. und *Richards, W.* (1972). Perception: Mechanisms and Models.

Held, R. (1974). Image, Object and Illusion, und

Held, R. und *Richards, W.* (1976). Recent Progress in Perception.
Bei diesen drei Büchern handelt es sich um »Readings from Scientific American« mit interessanten Darstellungen und hervorragenden Illustrationen.

Lindsay, P. H. und *Norman, D. A.* (1977). Human Information Processing.
Ein gutes Lehrbuch zur Einführung in das Gebiet der Wahrnehmung.

Kaufman, L. (1974). Sight and Mind: An Introduction to Visual Perception.
Ein gutes Lehrbuch für Fortgeschrittene.

Kapitel 2 Formenwahrnehmung

Ullman, J. R. und *Rosenfeld, A.* (1977). Picture Recognition and Analysis. The Radio and Electronic Engineer, Band 47, Nr. 1/2, Seiten 33–48.
Ein guter Artikel zur Einführung in das Erkennen von Mustern durch Maschinen, der, neben vielem anderen, verschiedene Wege beschreibt, wie mit Schablonen umgegangen werden kann. Der Band hat eine ausführliche Bibliographie.

Kapitel 3 Das visuelle System des Gehirns

Robson, J. G. (1975). Receptive Fields: Neural Representation of the Spatial and Intensive Attributes of the Visual Image.
In: *Carterette, E. D.* und *Friedman, M. P.* (1975) (Eds) Handbook of Perception, Band 5: Seeing, Seiten 81–117.
Ein sehr guter Artikel für all jene, die sich tiefergehende neurophysiologische Kenntnisse über den visuellen Weg erwerben möchten, mit vielen fachtechnischen Ausführungen, jedoch auch mit einer ausführlichen Bibliographie der klassischen Literatur über dieses Gebiet.

Hubel, D. H., *Wiesel, T. N.* und *Stryker, M. P.* (1978).
Anatomical Demonstration of Orientation Columns in Macaque Monkey. Journal of Comparative Neurology, Band 177, Nr. 3, Seiten 361–80.
Dies ist einer der letzten Beiträge in Hubel und Wiesels brillianter Serie über die Neuroanatomie des Gehirns. Er ist schwierig zu lesen, jedoch notwendig, wenn Sie über dieses Gebiet mehr wissen möchten als in diesem Buch erklärt wird, enthält er doch den besten Beweis für die Existenz von Hyperkolumnen.

Marr, D. (1976). Early Processing of Visual Information. Philosophical Transactions of the Royal Society of London, Serie B, Band 275, Seiten 483–524.
Auf diesem Beitrag von Marr baut das vorliegende Buch auf.

Marr, C. und *Nishihara, H. K.* (1978). Visual Information Processing: Artificial Intelligence and the Sensorium of Sight. Technology Review, Band 81, Oktober, Seiten 1–23.
Ein nützlicher Beitrag von Marr über seine Betrachtungsweise der Wahrnehmung.

Maffei, L. und *Fiorentini, A.* (1977). Spatial Frequency Rows in the Striate Visual Cortex. Vision Research, Band 17, Seiten 257–64.
Die Autoren beschreiben Auswirkungen, die davon ausgehen, daß im Visualcortex der Katze unterschiedliche Zellreihen unterschiedliche Raumbereiche analysieren.

Ingle, D. und *Sprague, J. H.* (Eds) (1975). Sensorimotor Function of Mid-brain Tectum. Neuroscience Research Program Bulletin, Band 13.
Fachtechnisch, aber eine gute Quelle für die Arbeit am Colliculus superior.

Kapitel 4 Nachwirkungen – die Mikroelektrode des Psychologen

Mollon, J. D. (1974). After-effects and the Brain. New Scientist, 21. Februar, Seiten 479–82.
Diese bewundernswert klare und prägnante Zusammenfassung erklärt, warum Nachwirkungen so interessant sind für Psychologen, die sich mit der Wahrnehmung beschäftigen.

Blakemore, C. und *Campbell, F. W.* (1969). On the Existence of Neurons in the Human Visual System Selectively Sensitive to the Orientation and Size of Retinal Images. Journal of Physiology, Band 203, Seiten 237–60.
Dies ist einer der klassischen Beiträge aus der letzten Dekade über die Sehforschung und Quelle einiger in diesem Buch präsentierter Daten.

Campbell, F. W. und *Maffei, L.* (1974). Contrast and Spatial Frequency. Scientific American, Band 231, November, Seiten 106–14.
Eine brauchbare Einführung in das Gebiet der Spatialfrequenzanalyse.

Blakemore, C. und *Cooper, G. F.* (1970). Development of the Brain Depends on the Visual Environment. Nature, Band 228, Seiten 477–8.
Berichtet über das auf Seite 94 beschriebene Experiment mit dem Kätzchen in der Trommel.

Gregory, R. L. (1968). Visual Illusions. Scientific American, Band 219, November, Seiten 66–76.
Ein interessanter Beitrag über Teilaspekte des Themas.

Gregory, R. L. (1973). The Confounded Eye.
In: *Gregory, R. L.* und *Gombrich, E. H.* (Eds) (1973). Illusion in Nature and Art, Seiten 49–96.
Dies ist Gregorys vielleicht entscheidendste Erklärung, wie er visuelle Illusionen kategorisiert und betrachtet haben möchte.

Robinson, J. O. (1972). The Psychology of Visual Illusion.
Dieses Buch ist eine wunderbare Quelle für jeden, der illusionäre Figuren aufspüren möchte (Wer fand sie zuerst?) und eine brauchbare Zusammenfassung von Theorien verschiedener Illusionen.

Kapitel 5 Das Sehen von Objekten

Sutherland, N. S. (1973). Object Recognition.
In: *Carterette, E. D.* und *Friedman, M. P.* (Eds) (1973). Handbook of Perception. Band 3: Biology Perceptual Systems, Seiten 157-206.
Ein guter Artikel über die Psychologie des Sehens von Objekten.

Ullmann, J. R. und *Rosenfeld, A.* (1977). Siehe Kapitel 2.

Marr, D. (1976). Siehe Kapitel 3.

Harmon, L. D. (1973). The Recognition of Faces. Scientific American, Band 229, November, Seiten 71-82.
Befaßt sich mit computererzeugten Blockbildern und anderen Möglichkeiten der Wiedererkennung von Gesichtern.

Julesz, B. (1975). Experiments in the Visual Perception of Texture. Scientific American, Band 232, April, Seiten 34-43.
Enthält viele faszinierende Beispiele von Beschaffenheitsunterschieden, die teils leicht, teils schwierig zu trennen sind.

Winston, P. H. (1977). Artificial Intelligence.
Die Anfangskapitel sind ein guter Start, um sich mit der Literatur über die »Block-Welt« zu befassen.

Barlow, H. B. (1972). Single Units and Sensation: A Neuron Doctrine For Perceptual Psychology? Perception, Band 1, Seiten 371-495.
Barlow plädiert hier für Einzelnervenzellen als Code für Elemente der Wahrnehmungswelt.

Wade, N. J. (1978). Op art and Visual Perception.
Perception, Band 7, Seiten 21-46.
Eine interessante und umfassende Darstellung über Wahrnehmungseffekte, wie sie von Op-Art-Künstlern eingesetzt werden.

Kapitel 6 Das Sehen von Licht und Helligkeit

Horn, B. K. P. (1974). Determining Lightness From an Image. Computer Graphics and Image Processing, Band 3, Seiten 277-99.
Logik und Mathematik von Horns Betrachtungsweise über Helligkeitsberechnungen werden klar dargestellt.

Land, E. H. (1977). The Retinex Theory of Colour Vision. Scientific American, Band 237, Dezember, Seiten 108-28.
Lands Theorie über das Sehen von Farbe wird klar dargestellt.

Marr, D. (1974). The Computation of Lightness by the Primate Retina. Vision Research, Band 14, Seiten 1377-88.
Eine Beschreibung der gut ausgerüsteten Retina mit brauchbaren Strukturen, um die Land/Horn-Helligkeitsberechnungen auszuführen.

Robson, J. G. (1975). Siehe Kapitel 3. Eine gute Übersicht über die rezeptiven Feldeigenschaften der retinalen Ganglionzellen ist in diesem Beitrag erhalten.

Frisby, J. P. und *Clatworthy, J. L.* (1975). Illusory Contours: Curious Cases of Simultaneous Brightness Contrast? Perception, Band 4, Seiten 349-57.
Dieser Beitrag diskutiert den Gedanken, daß das Dreieck von Kanisza teilweise durch niedrige Kontrastmechanismen erklärbar sein könnte.

Gilchrist, A. L. (1979). Siehe Kapitel 7.

Kapitel 7 Sehen mit zwei Augen

Julesz, B. (1971). Foundations of Cyclopean Perception.
Dies ist das wichtigste der neueren Werke über binokulares Sehen und enthält viele schöne Anaglyphen.

Pettigrew, J. D. (1972). The Neurophysiology of Binocular Vision. Scientific American, Band 227, August, Seiten 84-95.
Ein klarer Bericht über die auf binokulare Disparität selektiv sensitiven Nervenzellen.

Marr, D. und *Poggio, T.* (1976). Co-operative Computation of Stereo Disparity. Science, Band 194, Seiten 283-7.
Ein ausführlicher Bericht über das in diesem Kapitel beschriebene Netzwerk.

Gilchrist, A. L. (1979). The Perception of Surface Blacks and Whites. Scientific American, Band 240, März, Seiten 88-97.
Relevant zur Diskussion über Stereopsis und Helligkeitswahrnehmung, auf die auf den Seiten ab 164 Bezug genommen wird.

Kapitel 8 Beschreibungen in unseren Köpfen

Boden, M. (1977). Artificial Intelligence and Natural Man.
Eine ausgezeichnete Einführung in das Gebiet der künstlichen Intelligenz.

Winston, P. H. (1977). Siehe Kapitel 5.

Marr, D. und *Poggio, T.* (1977). From Understanding Computation to Understanding Neural Circuitry. Neurosciences Research Program Bulletin, Band 15, Nr. 3, Seiten 470-88.
Ein brauchbarer Bericht für jeden, der sich weitergehend mit den Problemen und Gefahren der Extrapolierung von Eigenschaften der Nervenzellen zu deren Funktionsrolle in einer Berechnung beschäftigen möchte. Diese Ausgabe des Bulletin enthält viele andere für Studenten der Wahrnehmung interessante Artikel.

Personen- und Sachverzeichnis

Sachverzeichnis

Personenverzeichnis